COLLECTION

DE

DOCUMENTS INÉDITS

SUR L'HISTOIRE DE FRANCE

PUBLIÉS PAR LES SOINS

DU MINISTRE DE L'INSTRUCTION PUBLIQUE

PREMIÈRE SÉRIE

HISTOIRE POLITIQUE

CORRESPONDANCE
ADMINISTRATIVE
SOUS LE RÈGNE DE LOUIS XIV

ENTRE LE CABINET DU ROI
LES SECRÉTAIRES D'ÉTAT, LE CHANCELIER DE FRANCE

ET LES INTENDANTS ET GOUVERNEURS DES PROVINCES
LES PRÉSIDENTS, PROCUREURS ET AVOCATS GÉNÉRAUX DES PARLEMENTS
ET AUTRES COURS DE JUSTICE
LE GOUVERNEUR DE LA BASTILLE, LES ÉVÈQUES, LES CORPS MUNICIPAUX, ETC. ETC.

RECUEILLIE ET MISE EN ORDRE
PAR G. B. DEPPING

TOME IV ET DERNIER

TRAVAUX PUBLICS. — AFFAIRES RELIGIEUSES. — PROTESTANTS. — SCIENCES, LETTRES ET ARTS. — PIÈCES DIVERSES

PUBLIÉ PAR GUILLAUME DEPPING FILS

PARIS
IMPRIMERIE IMPÉRIALE

M DCCC LV

AVANT-PROPOS.

L'auteur de cet ouvrage est mort le 5 septembre 1853; trois volumes avaient déjà paru. Pendant dix années, il avait rassemblé les matériaux nécessaires pour ce travail. Le projet en fut soumis à M. Villemain, alors ministre de l'instruction publique, qui l'approuva vivement et donna à l'auteur toutes les facilités pour l'exécuter.

Sachant combien l'auteur attachait d'importance à cette publication, l'ayant suivie dès l'origine, et maintes fois employé par lui dans les recherches qu'elle nécessitait, nous avons demandé à continuer son œuvre. Nous donnons aujourd'hui le tome IV et dernier.

La table générale de l'ouvrage devait être placée à la fin de ce volume; mais, comme elle était trop considérable, il a fallu la renvoyer à un volume spécial, qui paraîtra prochainement.

Dans cet appendice se trouvera aussi la liste générale des errata. Nous tenons pourtant à rectifier dès à présent une erreur qui se trouve dans le IIe volume. Il y est dit (Introduction, page xi), à propos des Grands-Jours tenus à Clermont en 1665, et dont Fléchier a tracé une histoire piquante, que pendant cette session de justice, destinée à juger un effrayant amas de crimes, *trois cent cinquante coupables* furent exécutés ; or, l'exécution n'eut lieu qu'en effigie, les condamnés ayant eu soin de se soustraire par la fuite au châtiment qui les attendait. S'ils étaient tombés entre les mains des archers, il est probable qu'ils n'auraient point trouvé grâce devant messieurs des Grands-Jours, et qu'ils auraient eu le même sort que le vicomte de La Motte-Canillac et le marquis de Veyrac, convaincus d'assassinat, et qui eurent bel et bien la tête tranchée.

Encore un mot en terminant. On a dit qu'il existait une lacune dans la *Correspondance administrative*, que la diplomatie, la guerre, la marine devraient être représentées dans cette collection. Mais il avait été prescrit à l'auteur de ne pas dépasser le nombre de quatre volumes, et c'était un espace à peine suffisant pour traiter les autres parties de l'administration sous le règne de Louis XIV, à savoir : les finances, le commerce, l'industrie, les travaux publics, les affaires religieuses, la justice, la police, les États provinciaux, etc. Au reste, de nombreuses pièces concernant les négociations diplomatiques et les affaires militaires sous Louis XIV ont déjà été publiées par MM. Mignet et Pelet, dans cette même *Collection des documents inédits de l'Histoire de France;* en outre, l'éditeur de la *Correspondance administrative* avait entamé ce sujet dans son ouvrage allemand : *Histoire de la guerre de Munster et de Cologne, alliées de la France, contre la Hollande.* Quant à la marine, l'auteur s'en est occupé dans la section du *Commerce* et dans celle des *Galères;* d'ailleurs, M. E. Sue, dans son *Histoire de la ma-*

rine française, avait déjà publié, sur cette importante partie de l'administration, une foule de pièces tirées de la Correspondance inédite de Colbert et de Seignelay.

Cependant, tel qu'il est, ce recueil servira, nous l'espérons, à donner une idée exacte du vaste et puissant système d'administration que Louis XIV a créé en France, secondé par des ministres tels que Colbert et Pontchartrain; par des magistrats tels que de Harlay et d'Aguesseau; par des intendants tels que Bouchu, Bâville, Pellot, Ferrand, Begon, etc., et par quelques fonctionnaires subalternes dont les noms méritaient d'être préservés de l'oubli.

Dans la collection de médailles frappées en l'honneur de Louis XIV par la reconnaissance ou la flatterie de ses contemporains, il existe une lacune regrettable. On y cherche vainement une médaille qui eût rappelé le plus utile et le plus durable des services rendus par ce monarque à la France, une médaille portant, non pas une ambitieuse devise latine, mais ces simples mots : *A Louis XIV, administrateur.*

Guillaume DEPPING.

INTRODUCTION.

I.

TRAVAUX PUBLICS.

Cette section est courte, et ne contient que peu de documents. Les travaux publics exécutés sous le règne de Louis XIV sont généralement connus; quelques-uns ont été le sujet de publications officielles. J'ai voulu seulement faire voir l'origine de deux grandes entreprises : celle du canal de Languedoc et celle du canal de Bourgogne. Il est intéressant de connaître les premiers essais du Grand-Canal, décrits par celui qui fut l'inventeur du projet, et à qui en revient la principale gloire. Quand on a lu ces expressions naïves d'un homme de génie, on ne peut plus avoir de doute sur le véritable auteur du projet. Riquet nous raconte ingénument comment l'idée lui en est venue, et comment il a essayé de la mettre en pratique. Colbert mérite des éloges pour avoir cru à la possibilité de l'exécution, pour avoir encouragé et soutenu l'inventeur, faiblement d'abord, mais ensuite plus fortement et avec plus de zèle, à mesure qu'il en comprenait l'importance. — Quant au canal de Bourgogne, le plan et les premiers travaux d'exécution appartiennent au règne de Louis XIV; mais c'est aux règnes suivants que revient l'honneur d'avoir surmonté les plus grandes difficultés et terminé l'entreprise. Au xviii° siècle, on prit, pour point de partage des eaux qui devaient alimenter le canal, l'étang de Long-Pendu, dont il est parlé dans les rapports de l'intendant Bouchu, et c'est au xix° siècle que fut exécutée la voûte de 3,800 mètres de long, à travers la montagne, entre les deux versants de l'Océan et de la Méditerranée, en sorte que le canal, long de 241 kilomètres, est maintenant complet.

On voit que le gouvernement de Louis XIV s'occupait en même temps du soin de rendre navigables diverses rivières, et d'améliorer les ports dans l'intérêt du commerce ou de la marine marchande. Pour la première fois, on découvrit que l'Auvergne et le Rouergue renfermaient de vastes dépôts de houille, et qu'il y avait moyen de les faire arriver par eau à la capitale, et de les substituer à la houille anglaise, la seule qui fît concurrence à celle des Pays-Bas. Les côtes de la France furent visitées avec soin par des ingénieurs habiles; leurs rapports sont conservés parmi les papiers provenant du cabinet de Colbert. Peut-être y trouverait-on encore, malgré les progrès de la science, quelques idées utiles à recueillir.

Colbert préférait, pour les transports, le chemin par eau à la voie de terre, comme le prouve ce passage d'une lettre adressée, le 28 novembre 1670, à Derieu : « A l'égard du restablissement des grands chemins de Lisle à Arras, il en sera mis un article dans l'instruction qui sera donnée pour la tenue des Estats de cette première ville. Mais j'estime qu'il sera bien plus advantageux de s'appliquer à faire des canaux ou à rendre les rivières navigables, estant certain que les voictures par eau sont toujours beaucoup plus commodes et de moindres frais [1]. »

A cette époque déjà, des abus se commettaient dans l'emploi des fonds destinés à l'entretien des ponts et chaussées. En Languedoc, certains prélats faisaient appliquer à des chemins de traverse, dans les localités qu'ils favorisaient, les fonds que la province assignait pour les grandes routes. Le cardinal de Bonsy, dans une lettre à Colbert, signale ce détournement.

II.

AFFAIRES RELIGIEUSES.

Sous le règne de Louis XIV, les affaires ecclésiastiques occupèrent une grande partie de l'attention et des soins du gouvernement; ce qui s'explique

[1] *Reg. dépêch. comm.*

INTRODUCTION.

par l'importance que le clergé avait dans l'ancienne monarchie, grâce à l'étendue de ses richesses, à la puissance de ses institutions, à son ascendant sur le peuple et à la prédominance de la religion catholique. La royauté s'appuyait sur le clergé, et celui-ci ne demandait pas mieux que de servir de soutien au trône; mais c'était à la condition de régner sur les esprits, et de jouir sans trouble de ses grandes immunités. Cependant le despotisme de Louis XIV se faisait quelquefois sentir même au clergé, mais avec des ménagements pour les hauts dignitaires de l'Église.

Un roi tel que Louis XIV, maître absolu chez lui, devait naturellement chercher à faire prévaloir ses volontés au dehors. C'est ainsi qu'il ne restait point indifférent au choix du chef de l'Église, d'autant plus que d'autres souverains prenaient part à cette élection; de là, le terme de *factions*, reçu dans le langage usuel, pour désigner les divers partis qui tâchaient de triompher dans le conclave. On trouvera des renseignements curieux à cet égard dans les dépêches des ambassadeurs, surtout dans celles du duc de Chaulnes, qui, à la fin d'une longue lutte contre une partie du conclave, demande en grâce que le roi lui donne l'assurance qu'il ne sera plus employé à de pareilles missions. Ici, comme dans les autres négociations du gouvernement de Louis XIV, l'argent joue un rôle important.

Trois événements considérables, sous le rapport religieux, ont signalé ce règne.

Le premier fut la Déclaration du clergé de 1682, concernant les libertés de l'Église gallicane, que provoqua le gouvernement. Déjà, sous les règnes précédents, des efforts avaient été tentés pour restreindre le pouvoir de la cour de Rome sur les pays de la chrétienté et principalement sur la France, et mettre un terme aux fréquents démêlés entre l'autorité royale et celle du saint-siége. Louis XIV détermina, non sans peine, le clergé à poser en termes précis les bornes des prérogatives pontificales; les quatre fameuses propositions furent formulées pour faire, à l'avenir, partie de la loi française. Nous retrouvons, dans cette affaire, la main habile de Harlay, le jurisconsulte consommé, qui fut l'oracle des décisions judiciaires du temps. La faculté de théologie, guidée ou égarée par la Sorbonne, simple collège, mais puissante corporation de docteurs théologiques, ne fut pas aussi facile que les évêques à sanctionner les règles posées dans la Déclaration. Imbue des idées ultramontaines, elle crut l'autorité de l'Église en danger, et résista quand on la somma d'enregistrer les décisions du clergé gallican. Le parlement intervint : de Harlay usa de toute son adresse pour vaincre cette résistance; il proposa la réforme de la Sorbonne; des docteurs furent exilés. Rome à son tour manifesta son mécontentement, et lança une bulle contre la Déclaration de 1682. Il fallut une nouvelle intervention du parlement, de ce corps de magistrats que la cour fut bien aise d'interposer entre elle et le saint-siége; car il assumait ainsi la responsabilité et les conséquences de cette rupture. L'affaire, qui menaçait de devenir fort grave, puisque l'on alla jusqu'à prétendre « qu'enfin le temps était venu d'établir en France une Église *catholique apostolique*, qui ne serait pas *romaine*[1], » finit par s'arranger; une partie de la Déclaration tomba en désuétude; on ne parla du reste que dans quelques occasions solennelles; et si de temps en temps quelque théologien trop ardent se laissait aller à enseigner la suprématie du pape, soit en chaire, soit dans ses écrits, on le destituait sans bruit, et l'on supprimait sa thèse sans faire d'éclat.

On a fait un grand mérite à quelques prélats, et notamment à Bossuet, d'avoir revendiqué les libertés de l'Église gallicane, et soutenu les droits de la France contre les prétentions de la cour de Rome. Est-il vrai qu'ils défendirent en cette occasion l'indépendance du clergé? N'avaient-ils pas encore plus à cœur d'assurer le triomphe du pouvoir royal? Les documents rassemblés ici prouvent que l'indépendance de l'Église gallicane se réduisit à peu de chose sous le règne de Louis XIV. Nous avons déjà vu le gouvernement s'immiscer dans les délibérations des États provinciaux; à l'égard des assemblées du clergé, il exerçait la même politique.

Cet ordre avait, comme on sait, des assemblées qui se tenaient tous les cinq ans, et se composaient de députés envoyés par les diocèses. Leur action aurait dû être entièrement libre, puisqu'il s'agissait de traiter d'intérêts purement ecclésiastiques. Cependant, le roi s'inquiétait du choix des députés; si un évêque, si un abbé lui déplaisait, il le faisait savoir en termes très-clairs, et il ordonnait au diocèse de procéder à une autre élection : la soumission du clergé était si grande, qu'on n'osait élever la voix contre cet abus de pouvoir. On s'étonne même que Louis XIV n'ait pas supprimé ces assemblées, qui avaient le grave inconvénient de tenir, pendant des mois

---

[1] Voltaire. *Siècle de Louis XIV*, chap. xxxv. *Des affaires ecclésiastiques.*

INTRODUCTION.

entiers, les prélats éloignés de leurs diocèses; mais il trouvait son avantage à les maintenir. En effet, l'assemblée votait un don gratuit que le clergé, pour toute imposition, accordait au roi, et la somme octroyée était d'autant plus forte que c'était une offrande, et non une taxe obligatoire. Ce privilége, dont jouissait le clergé, de fixer et de lever lui-même l'impôt, lui était vendu chèrement par le roi. Il eût été moins onéreux à l'Église, qui était toujours obligée d'emprunter le don gratuit, de se soumettre à une redevance fixe; mais elle tenait à ses assemblées, d'origine ancienne, quoiqu'elles ne fussent qu'un simulacre de liberté, autant que les provinces tenaient à leur titre de pays d'États [1].

Malgré toute son influence, la cour voyait encore d'un mauvais œil ces réunions périodiques, et s'efforçait d'en réduire, d'en annuler l'action. Dès 1675, un ordre du roi enjoignit au clergé de restreindre la durée de ses assemblées à quatre mois, et le nombre des députés à quatre par province; cinq ans après, nouvelles restrictions : des assemblées à deux mois, des députés à deux par province. Le temps était loin où l'assemblée de Poissy avait osé prendre la décision suivante : « Le clergé donne au roy, jusques à six ans prochainement venans, chacun 1,615 livres, et dit que s'il ne s'en contente, il fasse comme il voudra; et si les huguenots leur font quelque dommage, il sera défalqué sur cette somme [2]. »

C'était en 1561 que le clergé s'était exprimé ainsi. Sous Louis XIV, et surtout pendant la dernière moitié de son règne, le don gratuit, considérable et promptement voté, s'accordait sans beaucoup de difficulté, et le clergé était devenu aussi obséquieux que les États provinciaux [3].

Ce n'était pas seulement le choix des députés à l'assemblée du clergé que

---

[1] « C'est dans le même esprit, dit Voltaire, que le clergé, en s'assemblant tous les cinq ans, n'a jamais eu ni une salle d'assemblée, ni un meuble qui lui appartînt. Il est clair qu'il eût pu, en dépensant moins, aider le roi davantage et se bâtir dans Paris un palais, qui eût été un nouvel ornement de la capitale. » (*Siècle de Louis XIV*, chap. xxxv.)

[2] *Assemblée de Poissy*, tome II des *Mélanges de Colbert*. Bibliothèque imp.

[3] L'état suivant, qui porte seulement sur quelques années, et que je trouve dans le tome III des *Mélanges de Colbert*, fera voir l'accroissement du don gratuit :

« En 1690, le clergé imposa 468,027^{lt} 14^s pour la rente au denier 18 des 8 millions qui furent empruntez ou donnez en augmentation de gages pour payer partie des 12 millions du don gratuit accordé au roy, sçavoir :

« 329,138^{lt} 16^s 3^d pour les arrérages des

la cour avait la prétention de diriger ou de modifier; elle ne dédaignait même pas de se mêler de l'élection des supérieurs dans les abbayes et les couvents, même dans les couvents de femmes. Il est juste de dire que certaines communautés religieuses étaient des foyers d'intrigues et de cabales qui dégénéraient quelquefois en actes de violence, et rendaient nécessaire l'intervention de l'autorité supérieure. Il semble que celle de l'évêque ou de l'intendant eût été plus que suffisante pour calmer ces discordes. Mais les lettres de cachet ne pouvant émaner que du cabinet du roi, il fallait bien que le gouvernement se mêlât de ces querelles sourdes et mesquines, qui naissaient et mouraient obscurément dans l'enceinte des cloîtres.

Le second événement considérable, sous le rapport religieux, fut la révocation de l'Édit de Nantes et la suppression du culte protestant en France. Comme les documents qui s'y rapportent forment une section particulière à la suite de celle-ci, nous les examinerons séparément, et nous pouvons passer tout de suite à la troisième affaire, à la persécution exercée contre les jansénistes et les quiétistes. Avant que l'on eût songé à détruire

---

5,500,000ᵗᵗ empruntées au denier 18, et des 293,966ᵗᵗ empruntées en 1686 au denier 20 pour la dépense des missions, y compris les taxations attribuées aux officiers provinciaux;

« 188,888ᵗᵗ 17ˢ 9ᵈ donnés en augmentation de gages aux officiers des décimes pour lesquelles ils ont payé 2,500,000ᵗᵗ.

« — L'assemblée de 1693 fit une imposition annuelle de 150,000ᵗᵗ pour les arrérages au denier 18 des 2,700,000ᵗᵗ, qui furent empruntées pour payer partie des 4 millions accordés au roy pour l'affaire des bois. Cy.............. 150,000ᵗᵗ

« — L'assemblée de 1695 fit une imposition de 243,167ᵗᵗ pour les arrérages, sçavoir : des 3,500,000ᵗᵗ qui furent empruntées au denier 16, et qui ont servy pour payer au roy 10 millions du don gratuit, et des 342,000ᵗᵗ empruntées au denier 18 en vertu de l'arrest du conseil de 1694; dont 300,000ᵗᵗ ont servy pour payer partie du don gratuit, dans laquelle somme des 243,167ᵗᵗ sont comprises les taxations attribuées aux receveurs des décimes provinciaux. Cy.... 243,167ᵗᵗ

« Plus ladite assemblée de 1695 fit une imposition de 137,500ᵗᵗ, qu'elle donna en augmentation de gages au denier 16 aux officiers des décimes, qui ont payé 2,200,000ᵗᵗ qui ont servy à payer le don gratuit. Cy.............. 137,500

« La dite assemblée de 1695 fit aussy une autre imposition

l'hérésie par les proscriptions, les confiscations et les supplices, il y avait eu des disputes interminables sur des points de doctrine secondaires, sur des questions théologiques abstraites; les partisans de l'évêque hollandais Jansénius, les approbateurs de la doctrine du P. Quesnel, avaient été poursuivis, emprisonnés, forcés de sortir du royaume. Excité par son confesseur, Louis XIV, dont l'esprit était peu éclairé, adoptait aisément les rancunes des jésuites, et se faisait leur champion contre les jansénistes, au risque de troubler le repos d'honnêtes et pieux solitaires. Le clergé, se croyant obligé d'être toujours militant, déployait une ardeur extraordinaire contre des communautés religieuses, même contre des femmes, qui tenaient trop fortement à leurs idées. Ces querelles théologiques ont donné lieu à une foule d'actes publics; aussi n'y avait-il pas beaucoup de secrets à tirer des archives. On trouvera donc peu de documents inédits sur cette matière, qui d'ailleurs n'a plus aujourd'hui qu'un médiocre intérêt.

Il y en a davantage sur un point peu connu et plus important : je veux parler de l'influence que le gouvernement de Louis XIV exerça sur la propagation du christianisme dans l'Orient. De nombreux missionnaires

de 71,925^{tt} qu'elle donna en augmentation de gages au denier 18 aux officiers des décimes, à cause des 1,294,659^{tt} qu'ils avoient payé en vertu du rolle fait sur eux par l'assemblée de 1693. Cy.......... 71,925^{tt}

Total des impositions ordinaires depuis 1690 :

En 1690.. 468,027^{tt} 14^s
— 1693.. 150,000
— 1695.. 452,592
_____
1,070,619^{tt} 14^s

* Une autre note du même recueil porte ce qui suit :

« Les moyens de payer le don gratuit sont : 1° une imposition sur tout le clergé; 2° une taxe sur les officiers; 3° un emprunt et création de rente sur la recepte générale du clergé. En 1675, on en a employé deux autres : 1° la restitution des deniers que les payeurs des rentes de l'Hostel-de-Ville avoient receus du clergé sans vérifier d'employs; 2° le 8° denier. Les officiers du clergé jouissoient en 1693 de leurs gages au denier 16 1/2; ils ont de grands priviléges. »

Les ministres trouvaient moyen de se faire allouer une somme par l'assemblée du clergé comme par les États provinciaux. Je lis dans le registre du secrétariat, pour l'année 1707, une permission du roi au comte de Pontchartrain, secrétaire d'État, « de recevoir les gratifications accoutumées de l'assemblée du clergé, des Estats de Bretagne et des compagnies du commerce. »

furent envoyés dans le Levant, en Égypte, en Éthiopie, en Perse, dans le Caucase. A l'exemple de l'Angleterre, on fit venir des enfants de ces contrées éloignées pour les élever et les instruire en France. On formait ainsi des missionnaires et des partisans des chrétiens pour l'avenir. Louis XIV se constituait le protecteur du catholicisme en Turquie, où cette religion était en butte aux persécutions des partisans des Églises grecque et arménienne. En 1705, la France exhorta le pape à obtenir du grand maître de l'ordre de Malte que, par représailles, il mît aux galères les Arméniens et les Grecs schismatiques qui tomberaient en son pouvoir; et un Grec de Scio fut même arrêté à Marseille pour venger les catholiques attachés à la rame sur les galères des Ottomans.

L'acharnement des Arméniens qui professaient les dogmes d'Eutychès, contre leurs compatriotes catholiques, donna lieu à un fait singulier, dont on verra les détails développés dans cette section, et qui est demeuré jusqu'à présent si obscur, que le héros de l'aventure a passé, dans l'esprit de quelques personnes, pour le fameux *Masque de fer*. Voici la vérité telle qu'elle résulte des pièces consignées au registre des dépêches concernant le commerce, que l'on conserve aux archives de la marine.

Un *vertabied*, ou docteur arménien, qui, sorti des rangs du peuple, s'était élevé par la protection du grand muphti jusqu'au poste de patriarche de Constantinople, Avedik (quelques-uns écrivent Arwedik ou Aviedik), se signalait par sa haine contre les catholiques, et les persécutait avec acharnement [1]. Le grand muphti ayant été renversé par une de ces révolutions si fréquentes dans les cours despotiques de l'Orient, Avedik fut enveloppé dans sa disgrâce, jeté au bagne avec les plus vils scélérats, et plus tard exilé à Scio, sur les instances de l'ambassadeur français à Constantinople, des jésuites et des Arméniens catholiques; car, même dans les fers, il n'avait cessé de menacer ses ennemis. C'est pendant la traversée de Constantinople au lieu de son exil qu'il fut saisi et transporté à bord d'un bâtiment français, qui fit aussitôt voile pour Marseille. Le gouvernement avait sans doute ordonné cette arrestation, dont M. de Bonnal, consul de France à Scio, et deux Pères Jésuites, les nommés Braconnier et Terrillon, eurent les premiers l'idée, et dont M. de Fériol, ambassadeur près la Porte Ottomane,

---

[1] *Estat présent de l'Arménie* (par le P. Th. Fleuriau). Paris, 1694, in-12.

dirigea l'exécution[1]. Cependant Louis XIV rappela dans la suite son ambassadeur, dont il sembla, par cette mesure, désavouer la conduite.

Quoi qu'il en soit, lorsqu'on fut informé de l'arrivée du patriarche arménien à Marseille, on se hâta d'y envoyer un exempt de police avec ordre de le prendre et de le conduire à l'abbaye du Mont-Saint-Michel, qui fut obligée de le recevoir et de le garder dans le secret le plus rigoureux. On ne révéla même pas son nom au prieur du monastère, mais ordre lui fut intimé de chercher quelque bénédictin, instruit dans les langues de l'Orient, qui pût s'entretenir avec le prisonnier et *apprendre ses secrets*. On découvrit un moine qui parvint à comprendre le malheureux patriarche. Ce dernier lui dit, avec beaucoup de bon sens, selon moi : « Si l'on a des crimes à m'imputer contre la France, qu'on me juge ! Si je suis innocent, qu'on me rende la liberté ! »

On ne fit ni l'un ni l'autre. En 1709, ainsi après trois ans de détention au Mont-Saint-Michel, Avedik fut conduit à la Bastille, toujours sous le plus grand secret. Là, cet Arménien fit des réflexions, ou plutôt on lui en suggéra. Il ne pouvait espérer de recouvrer sa liberté; car la France avait à craindre que, de retour en Orient, cet homme ne portât ses plaintes au gouvernement turc, et n'excitât ses coreligionnaires à la vengance contre tous les catholiques. Il était donc condamné forcément à une captivité perpétuelle. Une seule chance de salut lui restait encore : c'était d'abjurer sa religion, et de déclarer son adhésion à l'Église romaine. Le moyen était pénible pour un ancien persécuteur des catholiques; mais Avedik crut devoir le préférer à un tombeau dans la Bastille. Le 25 septembre 1710, il fit une abjuration publique entre les mains du cardinal de Noailles, et fut même sacré prêtre dans l'église Notre-Dame de Paris. Par là, il se discréditait à jamais aux yeux de ses coreligionnaires, et cessait d'être un épouvantail pour les catholiques.

Le gouvernement français n'était pourtant pas encore à l'abri de toute crainte. Si Avedik retournait en Orient, il pouvait s'y présenter comme une victime de la tyrannie de Louis XIV, apostasier et rentrer dans le sein de l'Église arménienne. Le récit de son enlèvement et du traitement qu'il avait éprouvé en France eût exaspéré les Musulmans, et brouillé la Porte Otto-

---

[1] Taulès, *L'Homme au masque de fer.* Paris, 1825, in-8°.

mane avec la cour de Versailles. Pour prévenir ce danger, on insinua au ci-devant patriarche l'idée d'aller rendre hommage au pape; le cardinal de la Trémouille, ambassadeur de France près le saint-siége, eut ordre de solliciter à Rome un asile pour l'Arménien converti, et, quand il l'aurait obtenu, de mettre auprès de lui un surveillant qui ne le perdît pas de vue. La dépêche est curieuse; elle porte la date de février 1711. La réponse n'a pas dû se faire attendre; malheureusement, nous n'en avons retrouvé aucune trace. Ce qui peut faire soupçonner que le pape ne voulut pas recevoir l'ex-patriarche, peut-être par crainte des vengeances de la Porte Ottomace, c'est qu'Avedik se trouvait encore à Paris au mois de juillet suivant, quoique le comte de Pontchartrain, dans sa dépêche, eût paru très-empressé d'expédier son néophyte à Rome.

Sur ces entrefaites, Avedik vient à mourir; on serait tenté de croire qu'on se débarrassa de lui par le poison. Cependant le curé de Saint-Sulpice l'avait préparé à la mort, et on avait donné au malade un médecin et un pharmacien. Alors d'Argenson, lieutenant général de police, reçut l'ordre de dresser un acte authentique du décès d'Avedik[1], et d'insister dans cette pièce, qui fut refaite plusieurs fois, sur ce que le défunt avait été libre, qu'il avait abjuré, et qu'enfin il était mort à la suite d'une maladie, afin que ses compatriotes n'accusassent pas les Français d'avoir infligé le martyre à un patriarche de leur nation, et afin que les Turcs n'eussent pas de prétexte pour accabler d'avanies les Francs établis ou voyageant dans le Levant. Il faut lire les termes hypocrites par lesquels le comte de Pontchartrain, secrétaire d'État, dans ses ordres à d'Argenson, peint la douleur que le roi feignit de ressentir, à la nouvelle de la mort de cet Arménien, à qui sa majesté s'était empressée, dit-il, de rendre la liberté, dès que l'étranger avait pu faire entendre quelle était sa qualité. Or, pour apprécier la valeur de cette assertion, il faut se souvenir que le gouvernement savait fort bien, dès la translation d'Avedik en France, quel était cet homme, et que le malheureux, qui ne connaissait personne en France, fut tenu au secret pendant quatre années; il est même probable que depuis sa conversion jus-

---

[1] Cet acte se trouve parmi les papiers de d'Argenson, à la bibliothèque de l'Arsenal. Il a pour titre : *Procès-verbal de M. d'Argenson, contenant enqueste sur la vie et la mort de Mgr Avedyk, patriarche des Arméniens à Constantinople*, du 15 septembre 1711.

INTRODUCTION.

qu'à sa mort on ne le perdit pas de vue, et que le séminaire où il avait été mis après son abjuration, fut pour lui une autre Bastille.

Avedik a pu être un fanatique, un violent persécuteur des Arméniens catholiques, mais il n'était pas justiciable du roi de France; son enlèvement était une violation manifeste du droit des gens.

Aussi la Porte ne s'y montra point insensible; le grand visir porta ses plaintes à l'ambassadeur du roi, qui soutint hardiment qu'Avedik n'avait pas été conduit en France. La Porte prétendit le contraire; on eut alors recours au mensonge, et M. de Fériol assura que le patriarche avait été enlevé par les Espagnols, en guerre avec la Turquie. Louis XIV était bien certain que le roi d'Espagne, son petit-fils, ne le contredirait point. Mais cette explication ne satisfit guère le gouvernement turc; il insista, menaça, une rupture faillit éclater. Louis XIV, qui luttait en ce temps-là contre l'Europe coalisée, sentit qu'il fallait décidément couper court à cette affaire, et son représentant à Constantinople eut ordre d'annoncer la mort d'Avedik, qui était alors bien vivant. Cette nouvelle, dit-il, était parvenue au roi de France, au moment où celui-ci, pour complaire au sultan, faisait rechercher dans toute l'Europe le patriarche, afin de le rendre à son souverain légitime. La ruse réussit à merveille, et il ne fut plus question d'Avedik.

Quelques auteurs, entre autres M. de Taulès, que nous avons cité, ont essayé de faisser passer Avedik pour le fameux *Masque de Fer*: c'est une erreur. Le prisonnier mystérieux désigné sous ce nom fut d'abord enfermé aux îles Sainte-Marguerite, et c'est de là que Saint-Mars le transféra dans la prison de la Bastille lorsqu'il en fut nommé gouverneur, comme il a été dit dans l'introduction du tome II. Or, l'Arménien Avedik n'avait jamais été emprisonné aux îles Sainte-Marguerite; aussitôt après son débarquement en Provence, il fut conduit au Mont-Saint-Michel, et quelques années plus tard transporté de ce monastère à la Bastille, à une époque où l'homme au masque de fer ne devait plus exister. Celui-ci, selon la tradition, mourut en prison. Avedik, au contraire, en était sorti depuis son abjuration, et habitait le séminaire qui devint son tombeau peu de temps après.

Mais revenons au clergé. Sous Louis XIV, il s'opéra un heureux changement dans les mœurs du premier ordre de l'État. Les prélats dépouillèrent la grossièreté et l'ignorance des âges précédents; ils se rendirent recommandables par leurs talents, leurs vertus et leur piété. Il y eut pourtant des exceptions, parmi lesquelles il faut signaler l'évêque de Gap, Charles-Bénigne Hervé, qui étala aux yeux de tous les scandales de sa vie privée. Il avait commencé par mener une conduite exemplaire; on vantait ses mœurs pures et son zèle pour la religion, quand tout à coup, à un âge où les passions sont d'ordinaire apaisées, il se dissipa, et finit même par s'abandonner entièrement à la plus honteuse débauche. « La dégringolade fut rapide et affreuse, » pour nous servir des expressions de Saint-Simon [1]. La duchesse d'Orléans nous a conservé quelques-uns de ses propos d'un cynisme éhonté [2]. On l'exila de Gap à Condom, de Condom on le relégua dans un autre monastère, puis dans un troisième, et ainsi de suite. Partout le scandale de sa conduite faisait désirer son éloignement, et le gouvernement royal, qui avait pour maxime constante de ménager les hommes placés dans une condition élevée, ne put y mettre un terme qu'en le forçant à résigner son évêché entre les mains du roi, moyennant quoi on lui assurait une existence agréable, c'est-à-dire 20,000 livres de pension et la liberté de résider à Paris. Il paraît qu'il usa largement de la permission; « il allait même effrontément à la cour, où il contait fleurettes aux dames en passant [3]. » Tourmenté, vers la fin de sa vie, par les remords de sa conscience, qu'il a définie lui-même « un tyran qui ne quitte jamais l'homme, et le suit en tous lieux jusqu'au milieu des compagnies les plus charmantes [4], » il fit pénitence, aida les capucins dans leurs missions apostoliques, et mourut en 1706 avec beaucoup de repentir de ses égarements passés.

Dans le bas clergé, les exemples de mauvaises mœurs étaient plus fréquents. Des plaintes parvenaient à la cour sur les désordres de plusieurs communautés; pour les moines on était sévère, la prison ou l'exil était la punition de leurs fautes; la police était appelée à les surveiller.

Les communautés de femmes s'étaient fort multipliées surtout à Paris, et toutes n'étaient pas un sujet d'édification; aussi, voit-on le gouvernement

---

[1] *Notes sur le Journal de Dangeau*, citées par Lemontey, dans son *Essai sur l'Établissement monarchique de Louis XIV*. Paris, 1818, in-8°.

[2] *Mémoires de la cour de Louis XIV et de la régence*. Paris, 1823, in-8°.

[3] Saint-Simon. *Notes sur le Journal de Dangeau*.

[4] *Réflexions de M. Hervé, ancien évêque de Gap, sur différentes matières de religion*. Paris, 1717, in-12.

les surveiller sans relâche, et empêcher qu'il ne s'en établisse de nouvelles, sans autorisation par lettres patentes.

III.

PROTESTANTS.
PRÉLUDES ET SUITES DE LA RÉVOCATION DE L'ÉDIT DE NANTES.

Nous arrivons à l'événement le plus regrettable du règne de Louis XIV, à la persécution et à la suppression violente du culte protestant, que l'édit de Nantes avait solennellement reconnu et autorisé. A mesure que son despotisme s'affermissait, Louis XIV se plaisait à l'idée de l'étendre aussi sur les croyances de ses sujets, et de rétablir l'unité de foi et de culte qui jadis avait régné en France. Le clergé catholique lui présentait ce projet comme aussi méritoire que praticable, supportant avec peine le partage de son autorité, principalement dans les villes qui renfermaient beaucoup de familles protestantes riches et considérées. On a vu dans la section précédente que le clergé tenait tous les cinq ans une sorte d'assemblée délibérative, tolérée par Louis XIV, qui en tirait profit pour ses finances. Il ne faudrait pas croire que le premier ordre de l'État ne recueillît aucun avantage de ces assemblées périodiques, d'ailleurs sans prestige et sans autorité; chaque fois qu'il se réunissait pour voter, avec une apparence de liberté, un don que le monarque voulait bien ne pas exiger comme une dette, il demandait, en échange de l'argent versé dans le trésor royal, quelques faveurs, c'est-à-dire la suppression de quelques garanties accordées au parti des huguenots. Ce qui fait dire à l'historien Rulhière « que le gouvernement, de jour en jour plus obéré, lui vendait en détail la cassation successive de tous les priviléges dont il était possible de les dépouiller (les protestants) sans une criante injustice[1]. » Le clergé préludait ainsi à la ruine d'une secte qui, après avoir longtemps agité l'État, ne songeait plus qu'au repos, et tournait vers le

---

[1] *Éclaircissements historiques sur les causes de la révocation de l'édit de Nantes.* Genève, 1788, 2 vol. in-12, Ire partie, pag. 30 et 31.

travail cette activité et cette persévérance qui la distinguaient. Rentrés dans leurs diocèses, les prélats mettaient à exécution les plans qu'ils avaient concertés, pendant la tenue des assemblées, pour la destruction de l'hérésie ; et l'on voit l'un d'entre eux, Daniel de Cosnac, évêque de Valence, se vanter d'avoir détruit, à ses frais, les temples protestants de son diocèse, même avant la révocation de l'édit de Nantes[1]. Aussi ce fut un concert d'éloges de leur part, lorsque le roi prit le parti de révoquer l'édit de Nantes[2]. Bossuet, Fléchier, et les autres évêques ne peuvent assez vanter la piété fervente du nouveau Constantin, du nouveau Théodose, qui ne veut pas tolérer l'hérésie dans ses États, qui l'écrase, qui rétablit l'unité de foi et assure le triomphe de l'Église.

Déjà depuis plusieurs années on avait suscité des entraves à l'exercice des droits dont jouissaient les protestants; ils étaient exclus des charges publiques; on faisait difficulté de les admettre dans les corporations; s'ils voulaient publier des livres religieux, le chancelier leur en refusait l'autorisation ; les académies protestantes étaient supprimées; la moindre contravention entraînait la fermeture de leurs temples; ils étaient dénoncés du haut de la chaire catholique comme mauvais citoyens, et il faut avouer que

---

[1] *Mémoires de Daniel de Cosnac*, publiés pour la Société de l'histoire de France par M. le comte Jules de Cosnac. Paris, 1852, 2 vol. in-8°. (Voy. t. I, p. 425.)

[2] Quel motif engagea le roi à révoquer l'Édit? Rulhière, d'ailleurs si favorable à Louis XIV, dit en propres termes : « .... *Il croyait racheter ses désordres* et mériter du ciel une grâce plus décidée en travaillant à ces conversions avec plus de ferveur. Louis XIV, digne d'avoir donné son nom à son siècle, céda en cette occasion à l'esprit de ce siècle, et dans ses fréquents retours vers Dieu, il formait le dessein de convertir les huguenots, comme du temps de Philippe-Auguste et de saint Louis, il eût, en expiation de ses péchés, fait vœu d'aller conquérir la Terre-Sainte. » (Ire part. pag. 61.) Rien de mieux, si Louis XIV eût essayé de convertir les huguenots par la persuasion et non par la persécution. Mais il employa des voies le rigueur, et Bâville, qui dans la province de Languedoc, dont il était intendant, seconda si bien les desseins de son maître pour l'extirpation de l'hérésie, ne peut s'empêcher de faire cet aveu dans ses *Mémoires pour servir à l'histoire du Languedoc, dressés en 1698* (Marseille 1754). « Les nouveaux convertis se confesseront, et communieront tant qu'on voudra, pour peu qu'ils soient pressés et menacés par la puissance séculière. Mais cela ne produira que des sacriléges. Il faut attaquer les cœurs, c'est où la religion réside; on ne peut l'établir solidement sans les gagner. »

cette façon pas d'agir n'était propre à leur inspirer de l'attachement pour la personne de Louis XIV ni du respect pour sa politique. Il y en eut qui tournèrent leur regard vers l'Angleterre et la Hollande, où dominait la religion réformée, et un protestant, Roux, dit Marsilly, fut arrêté en France dans l'année 1669, au retour d'un voyage pendant lequel il avait cherché à susciter des ennemis à Louis XIV à cause de sa rigueur envers les huguenots. On lira les aveux qu'il fit avant de subir le dernier supplice. Mais c'est un fait isolé, et cet ardent ennemi du roi n'aurait probablement jamais ébranlé le trône, malgré les négociations qu'il avait entamées avec les personnages les plus considérables de l'Angleterre.

Au reste, les protestants ne se montraient pas moins soumis, moins paisibles que les autres Français. Repoussés des emplois publics, ils se livraient au commerce, à l'industrie et à l'agriculture, à l'exercice des professions libérales, telles que la médecine, le barreau, l'enseignement privé, etc. Attirés, encouragés par Colbert, qui eut le tort de se prêter, dans la suite, aux persécutions dirigées contre la religion réformée, des protestants étrangers étaient venus fonder en France d'importantes manufactures [1].

Malgré cela, Louis XIV se décida, le 22 octobre 1685, à frapper le grand coup.

L'exercice du culte protestant fut interdit; les pasteurs bannis du royaume; ils purent emmener leurs femmes, et leurs enfants âgés de moins de sept ans; quant aux autres, il fallut qu'ils les laissassent en France. On permit aux enfants ayant atteint leur septième année d'abjurer malgré leurs parents. On défendit les assemblées de charité et les hôpitaux pour les calvinistes. Une foule d'arrêts, de déclarations, d'ordonnances, suivirent le grand édit [2]. La désolation, la mort, la ruine se répandirent parmi la population calviniste. Les liens de parenté furent brisés; le despotisme, s'introduisant au foyer domestique, y porta la discorde. On vit, la plupart du temps, dans une même famille, les uns, cédant à la terreur ou à l'intérêt, embrasser la

---

[1] Voyez, sur ce point, les mémoires dressés par les intendants des généralités (*Fonds Mortemart*, Bibliothèque impér.), et l'ouvrage de M. Weis, *Histoire des réfugiés protestants de France, depuis la révocation de l'édit de Nantes jusqu'à nos jours*. (Paris, 1851, 2 vol. in-12), tome I", pag. 30-44.

[2] Il y en eut plus de 200. (Voy. Benoît, *Histoire de l'édit de Nantes*. T. V. Pièces justificatives.)

religion du plus fort; les autres persister, au contraire, dans la foi de leurs ancêtres, s'exposer à la persécution, ou prendre la fuite au risque d'être saisis et conduits aux galères [1]. Quelquefois le mari se faisait catholique, pendant que la femme, accompagnée de ses enfants, allait chercher la liberté religieuse à Genève, à Londres, ou dans la capitale de la Hollande. Ailleurs les fils et les filles fuyaient le toit paternel pour se livrer aux mains des prêtres. D'autres fois, les enfants, nouveaux convertis, se mettaient en possession des biens de leurs parents qui, préférant l'exil et la misère à l'abjuration, émigraient pauvres et dénués de tout, ou bien étaient jetés dans les cachots comme protestants opiniâtres. Nous avons recueilli un grand nombre d'ordres du cabinet du roi qui se rapportent à cette déplorable dissolution des liens de famille. On est surpris de voir tant de femmes résister à la persécution, et rester fidèles à leurs croyances, tandis que tous les membres de la famille cèdent aux moyens employés pour les convertir. La police de Paris fut appelée en aide au clergé pour contraindre les artisans protestants de la capitale à faire leur abjuration, et si ce fait ne révoltait pas toute âme honnête, il serait curieux comme une preuve de l'étrange voie choisie pour arriver à cette prétendue unité de religion, au nom de laquelle on commettait tant d'iniquités. Il est fâcheux de trouver un magistrat illustre, A. de Harlay, mêlé à ces intrigues de la police, les sanctionnant par son autorité, les encourageant même par une soumission servile aux volontés royales, qu'il ose mettre au-dessus des lois et de la justice.

Toutes ces persécutions atteignaient sans pitié le menu peuple calviniste; mais les familles nobles étaient traitées avec un peu plus de ménagement, le clergé n'osant pas agir à leur égard comme il faisait envers les roturiers, qu'aucun titre ne recommandait à l'indulgence. Le lieutenant général de police reçut une réprimande du cabinet du roi pour avoir envoyé ses agents chez une comtesse protestante, et il lui fut recommandé de faire à l'avenir une distinction entre les gens du commun et les personnes de qualité. Il paraît que plusieurs familles de gentilshommes négocièrent avec le gouver-

---

[1] M. l'amiral Baudin a donné des détails sur le traitement des protestants aux galères dans le *Bulletin de la Société de l'Histoire du protestantisme français* (Paris; 1852, in-8°), tome I, pag. 50-58. Il fait mention d'un enfant condamné par Baville, *pour avoir, étant âgé de plus de 12 ans, accompagné son père et sa mère au prêche.*

nement, et ne voulurent se faire catholiques qu'aux conditions les plus avantageuses pour elles. On les trouva trop exigeantes; néanmoins, on leur accorda de nombreuses faveurs. Louis XIV mettait sa gloire à faire entrer dans le sein de l'Église le plus de convertis, ou, comme on disait alors, le plus de *réunis* qu'il pouvait; et certes, pour lui résister et se résigner aux persécutions, il fallait une foi bien robuste ou une volonté bien opiniâtre; car il était prodigue de grâces envers les gentilshommes calvinistes qui consentaient à renier la foi de leurs ancêtres. A l'archevêque de Paris était réservé l'honneur de recevoir les abjurations des personnes de qualité. J'ai vu un ordre du roi conçu en ces termes : « Ordre pour tirer de la Bastille le sieur de Cuville, et le conduire à l'archevêché de Paris; et en cas qu'il fasse abjuration, le mettre en liberté, si non le remettre à la Bastille [1]. »

Il existait alors une famille éminente, celle des ducs de la Force, qui donna, sous le rapport de la conversion, quelques embarras au roi, et provoqua, par sa résistance, une série de mesures de police qu'on trouvera dans cette section, documents singuliers qui nous font connaître à quel point le gouvernement de Louis XIV compromit sa dignité dans la triste affaire de la révocation de l'édit de Nantes.

Le chef de cette illustre maison était alors Jacques-Nompar de Caumont, duc de la Force, homme d'un caractère faible et chancelant dans ses opinions. Un prêtre oratorien, le P. Bordes, avait essayé déjà de le convertir, et il en serait venu facilement à bout sans la duchesse de la Force, seconde femme du duc [2], née Suzanne de Béringhen, huguenote ferme, et décidée à tout braver plutôt que de céder aux ordres de Louis XIV. Nous avons déjà vu que c'était en général chez les femmes qu'on trouvait le plus de fidélité et d'attachement aux croyances calvinistes. De ce mariage étaient nés plusieurs enfants, quatre filles : Charlotte, Suzanne, Jeanne et Magne, dont les trois premières devinrent religieuses, et la dernière mourut jeune; et trois fils : Henri-Jacques Nompar, duc de Caumont, né en 1675, héritier du titre et des biens de sa maison; Armand-Nompar de Caumont, mar-

[1] *Reg. du secrétariat de la maison du roy.* Ann. 1686.

[2] Il avait épousé en premières noces Marie de Saint-Simon, fille d'Antoine, marquis de Courtaumer, dont il eut trois filles; l'une d'elles, Jeanne, épousa Claude-Antoine de Courtaumer et se fit catholique.

quis de Castelnau, et le chevalier de la Force [1]. Tous ces enfants étaient encore en bas âge lors de la révocation de l'édit de Nantes et du commencement des rigueurs contre les protestants.

On n'espérait rien, à ce qu'il paraît, de l'opiniâtreté bien connue de la duchesse; mais on voulait absolument avoir le duc son mari. Ayant, par son irrésolution, impatienté le roi, qui avait plusieurs fois « daigné lui parler pour sa conversion, » comme le rapporte Dangeau, il reçut de lui, en janvier 1686, une première marque de disgrâce par un exil dans sa terre de la Boulaye, près d'Évreux, en Normandie. Les enfants en bas âge furent arrachés aux parents par la police et confiés à la duchesse de Saint-Simon, leur parente. Le duc aurait voulu passer en Angleterre, mais le roi s'y opposa. Le coadjuteur de Rouen travailla donc à convertir M. de la Force, qui, selon son habitude, se laissa faire, et le *Mercure galant* put imprimer, au mois de mai de l'année 1686, l'annonce suivante : « Enfin M. le duc de la Force, après avoir eu plusieurs conférences avec M. l'archevêque de Paris, a esté entièrement convaincu des erreurs de la religion protestante. Plus cette conqueste a coûté de soins, plus elle est glorieuse à l'Église et à ce prélat; et plus M. de la Force a cherché à s'éclaircir pleinement sur tous ses doutes, plus on a sujet de croire qu'il a esté pénétré des lumières de la foy. » Le mois suivant, la même gazette mentionnait l'abjuration des fils de M. de la Force, pensionnaires au collége de Louis-le-Grand, autrefois collége de Clermont, laquelle avait eu lieu solennellement dans l'église de Saint-Louis, entre les mains du révérend P. de la Chaise.

La conversion de M. le duc de la Force n'était pas sincère, et Louis XIV apprit bientôt que le protestantisme continuait à dominer au château de la Boulaye. En 1689, trois domestiques attachés à cette religion furent arrêtés et enfermés au château fort de Pont-de-l'Arche. Le 29 juin de la même année, le duc fut séparé de sa famille et conduit à la Bastille, où on lui donna, pour le servir, deux domestiques que le gouverneur de cette prison eut soin de choisir parmi d'anciens catholiques. Le lieutenant de police se

---

[1] Le *Mercure galant* parle de quatre fils; nous n'en trouvons que trois mentionnés dans les dépêches ministérielles. Le P. Anselme n'en indique pas d'autres, non plus que la *Généalogie de la maison de la Force* (Paris, 1757, in-4°), ni la *Notice historique sur la maison de la Force* (Paris, 1847, in-8°).

rendit, par ordre du roi, à l'hôtel de la Force, à Paris, pour saisir et visiter tous les papiers qui s'y trouveraient [1].

Pendant que le duc expiait ainsi son indifférence pour la religion dominante, on ne perdait pas de vue sa femme à la Boulaye. Deux femmes protestantes, attachées à son service, lui furent enlevées et renvoyées de France; la duchesse elle-même fut conduite au château fort d'Angers pour y être traitée en prisonnière d'État, comme son mari l'était à la Bastille. Tous les gens qui la servaient furent également arrêtés; le secrétaire d'État écrivit à M. de Chamillart, intendant de la généralité de Caen : « Le roy m'ordonne de vous escrire encore que son intention est qu'après que Mme la duchesse de la Force sera arrestée, vous vous saisissiez de toutes les lettres et papiers qui sont à la Boullaye, que vous en fassiez un inventaire, et que vous me l'envoyiez, avec les remarques que vous aurez jugé à propos d'y faire.... »

Parmi les papiers qui furent minutieusement examinés par l'intendant, on trouva le testament de M. le duc de la Force, dans lequel, s'exprimant à cœur ouvert, il déclarait son attachement pour la religion protestante, avouait que son abjuration n'avait pas été sincère, et jurait de mourir dans la foi de ses aïeux. Il est probable qu'un pareil testament lui fut inspiré, sinon dicté, par sa femme, qui exerça toujours un grand ascendant sur son esprit. Nous ne connaissons ce document que par le *Mercure historique et politique,* journal publié à la Haye par des écrivains ennemis de Louis XIV et de sa politique à l'égard des protestants; peut-être la pièce est-elle apocryphe ou simplement inexacte dans quelques parties; mais ce qui est hors de doute, c'est que le testateur y professait des sentiments contraires à la religion catholique; car, M. le duc de la Force étant sorti de la Bastille, tous ses papiers lui furent rendus, hormis « ce mauvais testament qu'il avoit fait, » et le roi voulut qu'il le brûlât lui-même en présence du lieutenant général de police, « afin que pareille faute demeure dans l'oubly [3]. »

En effet, le duc quitta la Bastille le 29 avril 1691, après une détention de deux années. Il est probable que les révélations contenues dans son testament lui valurent cette injuste et longue captivité. Moins résolu que sa

---

[1] Lettre du roy au sieur de la Reynie du 7 juillet 1689. (*Reg. secr.*)

[2] Lettre du 16 juillet 1689. (*Reg. secr.*)

[3] Lettre de Seignelay à de la Reynie du 13 juin 1691. (*Reg. secr.*)

femme, il finit par céder au système de rigueur exercé contre lui; ayant déclaré vouloir être catholique, il fut conduit à la maison religieuse de Saint-Magloire pour y faire son abjuration; après quoi, on le relâcha, ainsi que sa femme, qui sortit de prison aussi bonne protestante qu'elle y était entrée. Le duc put revenir à la Boulaye, et, comme l'état de sa santé exigeait des soins assidus, on permit à la duchesse de le rejoindre. Mais bientôt on soupçonna de nouvelles influences de l'épouse sur l'époux. Celui-ci visitait bien ses écuries, mais il se dispensait d'aller à la messe, sous prétexte d'indisposition. Vers la fin de 1697, arriva un ordre du roi enjoignant à la femme de se retirer du château, « pour ne plus inspirer au mari des sentiments contraires aux bonnes dispositions dans lesquelles il était depuis sa conversion. » Soit que l'exécution de cet ordre ait été différée, soit que la santé chancelante de M. de la Force ait inspiré quelque commisération au monarque, l'année suivante nous retrouvons les deux époux réunis dans leur château, toujours assujettis à l'espionnage de la police et du clergé. Le roi s'étonnait que ce qu'il appelait « ses bontés pour la famille de la Force » trouvât des cœurs si ingrats, et produisît aussi peu d'effet. Il crut donc servir puissamment la religion en portant de nouveau le trouble dans cette famille, en punissant le mari d'avoir plus de déférence pour sa femme que pour son roi, et la femme d'oser professer une autre religion que celle du souverain de la France.

Au mois d'octobre 1698, un exempt de police fut envoyé dans le château de la Boulaye pour y demeurer toujours auprès du duc, et empêcher sa femme de lui parler de religion. En même temps le Père Bordes, de l'Oratoire, qui déjà, comme nous avons vu précédemment, avait préparé la conversion de M. de la Force, reçut ordre de se rendre près de lui, afin de le maintenir dans la bonne voie, et de déjouer, à l'aide de l'agent de la police, les effets de l'influence féminine. Voilà donc le pauvre duc, entre sa femme d'une part, un exempt et un prêtre de l'autre tiraillé des deux côtés! Cependant la femme avait à sa disposition des moments de tête-à-tête, pendant lesquels la victoire lui était aisée. Croirait-on que le prosélytisme, dépouillant tout sentiment de pudeur, osa pénétrer jusque dans la chambre nuptiale et s'installer entre la femme et le mari! L'exempt de police eut ordre en effet de ne quitter le duc ni jour ni nuit, et de défendre à la duchesse de coucher dans la chambre du duc. Cet exempt était autorisé à reléguer Mme de la Force dans ses appartements et même à l'y enfermer, si elle persistait à parler de religion à son mari. De son côté, le Père Bordes avait le pouvoir d'entrer à toute heure chez le duc et de renvoyer la duchesse toutes les fois que celle-ci le gênerait. Et c'était un roi, coupable d'adultère, qui troublait ainsi, à l'aide de la police et du clergé, l'union légitime de deux époux!

Les fils étaient, en matière religieuse, presque aussi indociles que leur mère. Le duc de Caumont n'était pas encore le zélé convertisseur qui se distingua dans la suite par ses persécutions contre les protestants du duché de la Force. Le roi ayant appris que ni lui, ni son frère l'abbé, ne faisaient aucun exercice de la religion catholique, décida qu'une chapelle serait construite dans l'intérieur du château, et que l'on y dirait la messe tous les jours. Le comte de Castelnau, qui tenait du caractère de la duchesse, faillit être incarcéré à la Bastille; mais, eu égard à son état maladif, on voulut bien se contenter de l'enfermer dans l'abbaye de Sainte-Croix, puis on lui permit de venir à Paris. Cinq domestiques du château de la Boulaye, convaincus ou suspects de calvinisme, furent arrêtés et conduits dans les prisons du Pont-de-l'Arche.

Au milieu de toutes ces tribulations, le duc succomba le 21 avril 1699, dans sa soixante et dixième année. Deux ans auparavant, il avait été affligé d'une grave maladie et sur le point de mourir; on avait éloigné de lui sa femme, dans la crainte qu'à son heure suprême, elle ne lui inspirât des remords de conscience.

« Le duc de la Force est considérablement malade en Normandie, dit Dangeau à la date du 25 décembre, et on ne croit pas qu'il en réchappe. Le roi a eu soin de charger des gens de se tenir auprès de lui, pour l'affermir dans la religion catholique[1]. » Pendant les quinze jours qui précédèrent la mort de M. de la Force, la duchesse fut séquestrée dans l'un des appartements du château, et ne put recevoir le dernier soupir de son époux. On lit en effet, dans le *Journal de Dangeau*, 1699, 21 avril: « Le roi dit hier à son coucher que le duc de la Force étoit à l'agonie dans sa maison de la Boulaye. Le roi nous ajouta que ce duc mouroit bon catholique. On a ôté

---

[1] *Essai sur l'établissement monarchique de Louis XIV, précédé de nouveaux mémoires de Dangeau*, par Lemontey. Paris, 1818, in-8°.

d'auprès de luy depuis quinze jours sa femme, qui est huguenote très-opiniâtre[1]. »

Le lendemain, dès le matin, Mme de la Force fut enlevée, déposée provisoirement dans un couvent à Évreux, et conduite à Paris dans son hôtel, où elle fut confiée à la garde de son fils aîné, le duc de Caumont, qui venait de prendre le titre de duc de la Force; on lui laissa le choix entre la conversion ou l'exil : ce fut Pontchartrain qui vint lui signifier cet ordre du roi; elle prit le dernier parti, et annonça sa résolution de se retirer en Angleterre, afin d'y pratiquer tranquillement sa religion.

Pendant ce temps, que faisait le nouveau duc de la Force? Il avait un entretien avec le roi, il lui promettait d'être bon catholique et de travailler par tous les moyens à la conversion de ses anciens coreligionnaires. De retour dans ses domaines, il se mit à l'œuvre, et commença par se défaire de ceux de ses officiers qui ne remplissaient pas exactement leurs devoirs de catholiques. « Pour tenir, Monsieur, la parole que j'ai eu l'honneur de donner au roi de ne point souffrir à mon service de nouveaux catholiques qui ne payassent d'exemple et ne fissent encore plus régulièrement leur devoir que les autres, j'ai destitué, écrit-il à Pontchartrain dans sa lettre du 17 octobre 1699, le sieur de la Nauve, qui étoit ici mon capitaine des chasses, quoiqu'il fût pourtant depuis longtemps dans la maison de père en fils et que j'eusse très-lieu d'être content pour tout le reste; mais plus j'en étois satisfait, plus j'ai été bien aise de faire connoître aux autres par cet exemple, que le meilleur moyen de me plaire étoit d'être bon catholique[2]. » Des missionnaires jésuites furent mandés au château de la Force, et de là se répandirent dans tout le duché. Au commencement l'affluence fut considérable, le duc parle de plusieurs centaines d'assistants. A la vérité, c'étaient pour la plupart des paysans, que l'on forçait de quitter leur travail pour venir écouter les prédications des missionnaires. Peu à peu le zèle se refroidit, ou plutôt les paysans, qui avaient autre chose à faire qu'à suivre les instructions des jésuites, cessèrent de les fréquenter, et sous la date du 25 octobre, M. de la Force mande au secrétaire d'État : « Il ne vient plus presque personne aux instructions, de sorte que mardi et jeudi dernier, les

---

[1] *Essai sur l'établissement monarchique de Louis XIV, précédé de nouveaux mémoires de Dangeau,* par Lemontey. Paris, 1818, in-8°.

[2] *Mél. Clair.* (Bibliothèque imp.)

R. P. jésuites n'eurent quasi que mes domestiques et quelques paysans, et il est très-assuré que, sans l'autorité du roi, leur mission ne sera d'aucun fruit. Je continuerai toujours, comme j'ai commencé, trois fois la semaine à faire faire des instructions, n'y dût-il même avoir personne, jusqu'à ce que j'aurai reçu l'honneur de votre réponse, afin que si le roi ordonne qu'on les contraigne à s'y trouver, ils connoissent au moins qu'on n'emploie quelques voies de rigueur, qu'après que toutes celles de douceur ont été épuisées[1]. »

Le roi lui accorda sa demande, et lui permit en outre d'infliger des amendes à ceux qui persistaient dans leurs erreurs. On ne voit pourtant pas qu'il ait poussé les choses aussi loin que le prétend Larrey. « Zélé convertisseur, dit cet historien, il exerçait sa fureur à Bergerac contre les nouveaux réunis, et partout il menait ses dragons et ses satellites. Il ne les maltraitait pas moins dans la Saintonge et par toute la Guyenne, et les annales en racontent des *barbaries* dont je ne veux pas charger mon histoire. » Ne dirait-on pas qu'il s'agit du terrible Bâville? Ne croirait-on pas lire le portrait du maréchal d'Estrées, ou celui du maréchal de Montrevel? Le duc de la Force avait peut-être l'intention de faire tout ce mal; mais en avait-il le pouvoir? Dans toutes ses lettres il demande à la cour qu'on étende les limites de son autorité, il réclame contre les protestants opiniâtres des lettres de cachet qu'on lui refuse, il insiste sur l'utilité qu'il y aurait à établir, dans chaque commune nouvellement convertie, un agent chargé de la surveiller et de la maintenir dans les bons sentiments; en un mot, il aurait voulu faire en petit dans son duché du Périgord, ce que Bâville exécutait en grand dans la province du Languedoc; mais le roi ne consentait point à déléguer ainsi son autorité à des simples particuliers.

Pendant que le duc de la Force recevait les faveurs de Louis XIV pour son zèle à convertir les protestants avec l'aide des jésuites et, quand ces missionnaires ne suffisaient pas, avec l'aide des dragons, qui se distinguèrent surtout à Bergerac, où des bourgeois qui n'avaient pas voulu signer leur abjuration furent obligés d'en loger dix, douze et même vingt, la pauvre duchesse de la Force mourait de faim en Angleterre, le comte de Castelnau était mis entre les mains d'un catholique (depuis il n'en est plus question

---

[1] *Mél. Clair.* (Bibliothèque imp.)

dans les dépêches); le troisième fils, le chevalier de la Force, était enfermé dans un séminaire, avec la perspective de devenir abbé; mais telle n'était pas sa vocation; il préférait le service des mousquetaires du roi, et, en effet, il s'y engagea dans la suite. Quant aux filles, elles étaient dans des couvents, où le roi payait leur pension. Il paraît qu'elles n'avaient guère plus de dispositions pour la vie religieuse que le chevalier leur frère; l'une médita même sa fuite en Angleterre, mais on la refoula dans le cloître. Enfin elles cédèrent à la violence; Suzanne entra au monastère de Saint-Sauveur d'Évreux, Jeanne à la Visitation de Sainte-Marie à Saint-Denis, et l'aînée, Charlotte, mourut abbesse d'Issy.

L'histoire des Caumont de la Force fut celle d'une autre grande famille, les marquis de Vérac. Le chef de cette maison avait consenti à embrasser la religion catholique; on le surveilla étroitement, et on le força de renvoyer deux domestiques suspects, pour prendre à son service d'anciens catholiques. La marquise demeura ferme dans la religion calviniste. On lui expédia un abbé pour la convertir, mais ce fut inutilement; le fils suivit l'exemple du père, et, après la mort de celui-ci, obtint, malgré sa jeunesse, la charge que le marquis avait occupée; la marquise, à l'instar de la duchesse de la Force, eut la permission de se retirer en Angleterre.

Cette retraite en pays étranger était une faveur accordée seulement à quelques dames de haute naissance; les femmes de la classe bourgeoise étaient rigoureusement punies lorsqu'elles tentaient de s'échapper de France. Elles risquaient d'avoir la tête rasée par le bourreau, et d'être renfermées pour la vie dans un monastère ou dans une prison. Mais celles qui se convertissaient docilement, et qui manquaient de bien, pouvaient compter sur des pensions et des secours. Louis XIV a fait distribuer des sommes considérables à des femmes et à des filles converties, beaucoup d'entre elles ayant été délaissées par des parents, qui étaient demeurés protestants ou avaient quitté le royaume. Elles seraient mortes de faim sans cette assistance. Bien des jeunes filles, dans les maisons religieuses où le roi les avait fait enfermer, furent tenues au séquestre avec tant de rigueur, qu'elles ne virent plus les auteurs de leurs jours, et durent renoncer à tout attachement de famille.

On essaya même de séduire les gentilshommes étrangers de la religion réformée qui se trouvaient dans le royaume. Ainsi, un baron de Maux, qui avait quitté le service de l'électeur de Brandebourg pour se faire catholique en France, reçut d'abord une petite pension; puis on s'occupa de lui donner une compagnie de cavalerie [1]. — Les ambassadeurs des puissances protestantes près la cour de France eurent souvent à se plaindre des vexations de la police à leur égard. Tantôt on les accusait de donner asile à des religionnaires persécutés, tantôt on se plaignait des prêches qui avaient lieu dans leur hôtel; on espionnait tout ce qui se passait chez eux, et plus d'une fois leurs ministres furent dénoncés pour avoir été visiter des pauvres, des malades ou des mourants de leur religion.

Dans le système qu'on avait adopté, une mesure arbitraire conduisait à une autre plus arbitraire encore. Quand les persuasions du clergé, quand les menaces du gouvernement restaient sans effet, on avait recours à la force armée pour forcer les populations, surtout celles des campagnes, à se convertir au catholicisme. De là les fameuses *dragonnades* ou *missions bottées*. Le maréchal d'Estrées fut un rude convertisseur en ce genre, et l'on verra que le gouvernement fut obligé de modérer un zèle qui répandait la terreur. L'évêque de la Rochelle n'était pourtant pas fâché de se faire précéder, dans ses missions, par les dragons du maréchal, qui préparaient merveilleusement les esprits; quelquefois, il est vrai, des populations entières désertaient à leur approche, au risque d'être punies comme rebelles pour n'avoir pas attendu dans leurs foyers l'arrivée des soldats et des prêtres. Le maréchal et l'évêque trouvaient ce système fort efficace, et l'un et l'autre paraissent l'avoir mis en usage sans aucun scrupule de conscience; ils demandaient même des renforts de dragons; mais la cour eut des motifs pour les refuser, effrayée peut-être par les clameurs que soulevait ce genre de conversion.

Le comte allemand Christophe de Dohna, qui, vers la fin du XVIIe siècle, fit un voyage en France, eut un entretien avec Marillac au sujet des dragonnades; l'opinion publique accusait ce dernier de les avoir provoquées et appliquées lui-même dans le Poitou. Il cherchait à s'en justifier de la manière suivante : « On m'accuse d'avoir opprimé les réformés de cette province; on me représente comme leur persécuteur; mais c'est à tort. Il est vrai que je suis la cause innocente des dragonnades, mais voici comment. Au pas-

---

[1] *Reg. secr.* Année 1686. Lettre de Seignelay à Chamillart.

sage des troupes, plusieurs habitants de la religion réformée vinrent me trouver pour me déclarer qu'ils étoient prêts à se faire catholiques, pourvu qu'on les exemptât de l'obligation de loger les soldats. J'y consentis, et, voyant que ce moyen de conversion étoit aussi facile qu'il étoit utile au dessein du roi, j'en avertis la cour, qui en profita. Du reste, je n'ai jamais opprimé ces pauvres gens en quoi que ce soit[1]. » L'histoire, dans son impartialité, jugera sans doute Marillac autrement qu'il ne se jugeait lui-même.

Des moyens semblables d'intimidation se pratiquaient sur d'autres points. Nous verrons le lieutenant général de police proposer de mettre des garnisaires chez les bourgeois protestants qui se convertissaient trop lentement au gré de la cour et du clergé.

La part que prenait aux conversions forcées Mme de Maintenon ne peut plus être niée quand on parcourt les documents originaux de cette époque; on en trouvera quelques-uns dans cette section. Cette femme adroite, entièrement dévouée aux volontés du roi, n'épargna même pas, dans cette occasion, ceux de ses parents qui étaient demeurés fidèles au protestantisme. On sait qu'elle fit enlever la fille du marquis de Villette pendant qu'il était sur l'escadre en mer, et la contraignit à l'abjuration, ainsi que son frère. A son retour, le marquis, d'abord furieux contre Mme de Maintenon, finit par se convertir également au catholicisme; ce qui lui valut le grade de chef d'escadre [2]. Après quoi, il travailla, de son côté, à la conversion des marins protestants [3].

---

[1] Christ. de Dohna. *Mémoires originaux sur le règne et la cour de Frédéric. Ier, roi de Prusse.* Berlin, 1833, in-8°.

[2] *Mémoires du comte de Coligny-Saligny* et *Mémoires du marq. de Villette,* publiés par M. de Monmerqué. Paris, 1844, in-8°.

[3] Une dépêche du marquis de Seignelay à l'évêque de Saintes, du mois de février 1679, au sujet des matelots protestants, prouve que dans la marine on procédait comme dans les autres départements: « S. M. m'ordonne de vous écrire qu'elle pourra contribuer à la dépense qui sera nécessaire pour convertir ces hérétiques, soit en envoyant des missionnaires dans les paroisses, soit en leur faisant quelque gratification. » (*Collect. des ordres du roi,* vol. 47.)—Les galériens protestants étaient aussi l'objet de l'attention du gouvernement, et le même Seignelay écrivit, le 18 avril 1688, la lettre suivante, dont le laconisme et la dureté rappellent les dépêches de Louvois : « Comme rien ne peut tant contribuer à rendre traitables les forçats qui sont encore huguenots et n'ont pas voulu se faire instruire, que la fatigue qu'ils auroyent pendant une campagne, ne

INTRODUCTION. XXVII

Ces abjurations, obtenues par la violence, devaient avoir pour résultat de faire revenir les prosélytes à leur ancienne foi quand la peur avait cessé, et quand ils croyaient pouvoir pratiquer sans danger un culte auquel ils avaient feint de renoncer. Il y eut souvent des assemblées secrètes de protestants convertis, et le gouvernement sévit avec une rigueur impitoyable contre ceux qui les fréquentaient. D'anciens prédicants, rentrés dans le royaume malgré la surveillance exercée aux frontières, parcouraient les campagnes, ralliaient leurs coreligionnaires, et cherchaient à ranimer en eux l'attachement à la religion proscrite. Quelques-uns de ces ministres furent saisis et mis à mort; d'autres conduits aux îles Sainte-Marguerite, et tenus au plus grand secret. Il est probable qu'ils y terminèrent leurs tristes jours. On trouvera des détails remarquables sur le traitement rigoureux que leur fit subir le gouverneur de cette prison d'État, le fameux Saint-Mars [1].

Le gouvernement se méfia toujours des convertis. Il leur interdit le port d'armes sous peine des galères; il voulut les exclure des charges municipales; il les refusait comme maîtres d'école; il les tenait pour suspects dans l'état de domesticité; et beaucoup de familles, récemment converties, reçurent l'ordre de renvoyer leurs serviteurs nouveaux catholiques, pour en prendre d'autres dont l'orthodoxie ne pouvait être suspectée.

Plusieurs de ces convertis attendirent leur dernière heure, qui allait les soustraire à la tyrannie de Louis XIV, pour déclarer qu'ils mouraient dans la foi protestante. Ceux-là furent persécutés même après leur mort; on décréta

---

manquez pas de les mettre sur les galères qui iront à Alger. » (*Archives de la marine à Rochefort.*)

[1] Un *consistoire secret* avait été établi à la Haye pour diriger les missions des pasteurs qui ne craignaient pas de rentrer en France, malgré la sévérité des édits. Les pasteurs lui rendaient compte de leur mission. C'est ainsi que le ministre protestant Malzac, dont il est question dans les pièces que nous avons recueillies, adressa au consistoire, en 1689, un rapport sur la tournée qu'il venait de faire dans toute la France. En 1690, il fut arrêté à Paris, enfermé d'abord à la Bastille, puis aux îles Sainte-Marguerite, où nous le trouvons en compagnie de ces autres pasteurs qui eurent tant à se plaindre des barbaries de Saint-Mars. Cependant la prison des îles Sainte-Marguerite ne fut pas son tombeau; après y être resté plus de trente ans, il obtint sa liberté et mourut en 1725. (F. Waddington. *Inventaire de quelques documents inédits sur l'histoire du protestantisme français, conservés en Hollande*, dans le *Bull. de la Soc. du protestant. français*, 1854, n°⁵ 5-7.)

d.

que leur mémoire serait flétrie, leurs corps traînés sur la claie et inhumés auprès de la voie publique. Cette peine odieuse, infligée à des cadavres, souleva pourtant une aversion telle, que le gouvernement se vit obligé de recommander en secret aux magistrats de ne pas la mettre à exécution, à moins que la déclaration du moribond n'eût été publique et notoire.

Malgré les confiscations, les emprisonnements et la menace des galères, des milliers de protestants cherchèrent à l'étranger la liberté de conscience. Une foule de familles industrielles et commerçantes apportèrent des sources de richesse à la Hollande, à l'Angleterre, à l'Allemagne, à la Suisse et à la Prusse; bref, l'émigration prit un si grand développement, que Louis XIV s'aperçut enfin de la gravité du mal, et tâcha d'y porter remède. On le verra faire quelques tentatives pour ramener les émigrés; mais c'était toujours en exigeant qu'ils abjurassent leur religion. Cette condition même était un obstacle à l'efficacité de ses démarches; aussi furent-elles à peu près sans effet, et la France demeura privée d'un grand nombre de citoyens utiles, dont le travail enrichit d'autres peuples, nos voisins et nos rivaux [1].

Il est sans doute inutile d'avertir ici que les lettres R. P. R., si souvent employées dans les dépêches, désignent la Religion *Prétendue* Réformée. Un notaire du Languedoc fut puni pour avoir omis ce mot essentiel dans un de ses actes.

IV.

LETTRES, SCIENCES ET ARTS.

Dans cette quatrième section, l'esprit du lecteur se reposera de l'impression douloureuse causée par les faits rapportés dans le chapitre précédent.

C'est grâce à l'encouragement qu'il accorda aux lettres, aux arts et aux sciences, que Louis XIV mérita l'honneur de donner son nom au xviie siècle, et si cette gloire ne peut être ratifiée par la postérité qu'avec des restrictions, au moins est-il certain que le gouvernement de Louis XIV a beaucoup fait pour le progrès des connaissances humaines. A la vérité, l'égoïsme

---

[1] L'histoire des protestants français réfugiés en Allemagne, en Hollande, en Angleterre, en Amérique, etc., a été écrite par M. Weiss; nous avons donné plus haut le titre de son livre, couronné par l'Académie des inscriptions.

du grand roi perce partout; c'est pour être éternellement loué qu'il reconstitue l'Académie française; c'est pour avoir sous la main des gens capables de faire des inscriptions à ses monuments et des devises à ses médailles qu'il fonde l'Académie des belles-lettres; c'est pour être vanté à l'étranger, et quelquefois même secondé dans ses projets ambitieux [1], qu'il donne des pensions, pendant quelque temps du moins [2], à des savants d'Italie et d'Allemagne, et il faut convenir que la plupart des hommes sur qui tombaient les faveurs de la cour les payaient en adulations. Jamais la flatterie n'a été plus basse, plus exagérée que dans les œuvres des académiciens de Louis XIV, et l'on regrette de voir les plus grands écrivains du siècle prodiguer au monarque un encens souvent immérité. Les sujets que proposait l'Académie française roulaient généralement sur les qualités du roi; on était obligé de les lui soumettre d'avance, et quelquefois son bon sens, l'emportant sur son amour-propre, lui faisait repousser certains sujets, tant ils étaient exagérés.

Il fallait que l'histoire fût écrite dans le même esprit; malheur à celui qui osait juger les événements et porter un jugement impartial sur les personnes! Quand il demandait la permission d'imprimer, il était sûr d'essuyer un refus. On en trouvera plusieurs exemples. Malgré la faveur dont jouissaient les jésuites, le P. Daniel eut de la peine à obtenir cette permission, et la cour s'irrita de la liberté qu'on prenait en Hollande d'imprimer l'*Histoire de Louis XIII*, par Levassor, ouvrage qui déplaisait au fils de ce roi.

L'histoire, souvent même la satire et la médisance, se réfugièrent chez les Hollandais, et trouvèrent chez eux la liberté qui leur était refusée en France. Cependant Colbert avait cru de son devoir d'encourager cette étude dans les provinces, et il avait ordonné d'y chercher des hommes capables

---

[1] Ainsi Hermann Conring, l'un des pensionnaires en Allemagne, fut chargé de frayer à Louis XIV la voie pour arriver à la dignité impériale. (Voy. l'article de M. Depping *Sur un projet de Louis XIV*, dans le tome III du *Spectateur de Malte-Brun*. Paris, 1815.)

[2] Magalotti écrivit à son ami Viviani, autre pensionnaire : « Un ami, qui paraît être bien instruit, m'a dit qu'on avait supprimé cette année la pension à une partie des sujets de S. M., spécialement à Ménage, et que l'année prochaine on en ferait probablement autant aux étrangers; car, ajoute-t-il, M. Colbert veut qu'on travaille. » (Lor. Magalotti, *Lettere familiari*. Firenze, 1769, 2 vol. in-8°.)

de rédiger l'histoire locale ; mais le temps n'était pas favorable aux travaux qui ont pour fondement la vérité et l'impartialité.

Il faut louer les ministres de Louis XIV, Colbert surtout et son fils Seignelay, du soin qu'ils prirent d'enrichir la Bibliothèque du roi de livres rares et de manuscrits précieux. Colbert en fit chercher jusque dans le Levant, et c'est grâce à sa prévoyance que bien des manuscrits grecs et arabes ont été sauvés de la destruction et conservés aux savants. L'étude et l'enseignement des langues orientales datent de ce règne. On verra que Colbert jugea même qu'une imprimerie arménienne à Marseille serait de quelque utilité pour les relations de la France avec l'Orient.

La protection accordée aux beaux-arts et les chefs-d'œuvre qui en résultèrent forment un des côtés brillants de ce règne. Il y a toute une correspondance de Colbert avec le directeur de l'école française à Rome. On y remarque ce grand ministre prenant un soin paternel des élèves envoyés en Italie pour qu'ils emploient bien leur temps, qu'ils copient les chefs-d'œuvre des artistes anciens, et apprennent à en produire à leur tour. Les ambassadeurs de France en Italie et en Espagne ont ordre d'acquérir les tableaux de grands maîtres qui sont à vendre, et d'enrichir la France des statues et des bustes dont les princes et les cardinaux ruinés consentent à se défaire. Le Bernin est appelé à grands frais à Paris, afin de faire un dessin de la façade du Louvre ; on le traite en prince ; rien n'est refusé à sa vanité et à ses caprices ; Colbert veut qu'on lui rende compte de tout ce que le grand artiste a dit ou a fait ; cependant il se trouve à la fin qu'un architecte français a conçu un plan supérieur à celui du cavalier romain ; on le laisse donc repartir, mais comblé de présents, et, pour ménager son amour-propre, on le charge d'exécuter la statue de Louis XIV, que le roi ne trouva point à son gré, et qui fut reléguée loin de ses regards.

Les consuls du Levant sont chargés de recueillir les médailles antiques, et le lieutenant civil à Paris reçoit l'ordre d'avertir le gouvernement des collections numismatiques qui se trouvent dans les successions, et que les héritiers veulent mettre en vente.

Les sciences partagèrent avec les lettres les faveurs du gouvernement ; mais comme elles ne pouvaient rien pour la glorification de la personne du monarque, elles ne furent pas soutenues avec le même éclat. Pour l'astronomie, Colbert chercha à procurer aux savants français les télescopes qui se fabriquaient à Rome, et qui n'étaient encore que de grandes lunettes. Picard fut envoyé dans le nord de l'Europe, et Richer à Cayenne, pour faire des observations astronomiques; Huyghens et Cassini, deux savants étrangers d'un grand mérite, furent attirés en France. L'Académie des sciences mesura, en France et en Espagne, un arc du méridien. Le botaniste Tournefort reçut une mission scientifique pour le Levant; la relation de son voyage est due à cette libéralité du gouvernement. Paul Lucas reçut une mission semblable; Jussieu explora les provinces montagneuses de l'intérieur. On s'adressa encore aux consuls du Levant pour l'acquisition et l'envoi en France d'objets d'histoire naturelle. La transplantation et l'acclimatation de végétaux utiles ou pouvant servir d'ornement aux jardins, dont la disposition avait été perfectionnée par Lenôtre, fut l'objet d'un soin particulier de la part de Colbert.

L'enseignement supérieur dans les facultés de théologie, de droit et de médecine, négligé jusqu'alors, fut amélioré autant que le permettaient les préjugés du temps, l'influence du pouvoir royal et les exigences de l'autorité ecclésiastique, qui s'exerçait quelquefois fort mal à propos dans les matières d'enseignement. Ainsi, au lieu de réfuter la philosophie de Descartes, on trouva plus simple de l'interdire; les chaires de théologie retentissaient d'anathèmes; dans la réception des docteurs en droit et en médecine s'étaient introduits divers abus. Un homme d'un esprit juste et d'un caractère énergique, Pontchartrain, eut le mérite d'en réformer quelques-uns et de dégager l'enseignement de plusieurs de ses entraves. Ses dépêches et ses instructions sont des pièces fort remarquables qui méritaient de sortir des registres où elles sont restées enfouies jusqu'à présent.

V.

PIÈCES DIVERSES.

Il reste à parler d'une série de lettres qui n'ont aucune liaison entre elles, et n'ont pu être classées dans aucune des catégories précédentes. Elles sont néanmoins intéressantes, parce qu'elles répandent du jour sur des parties peu connues du gouvernement, sur les mœurs et les usages du temps, sur la cour, sur les institutions, etc.

Prenons quelques-unes de ces lettres pour les examiner avec plus d'attention. — En commençant par ce qui concerne la cour, nous trouvons de nouvelles preuves de la prodigalité du monarque, non pas précisément pour satisfaire ses goûts de luxe et de magnificence, mais pour acheter des partisans dans les différentes cours de l'Europe, et parvenir ainsi au but de ses projets de domination. La corruption n'est jamais partie de plus haut, et n'a jamais atteint de plus grands personnages : les empereurs, les rois, les dignitaires de l'Église, acceptaient l'or de Louis XIV, persuadés que leur honte resterait éternellement ignorée. Ce sujet a déjà été traité dans le volume précédent. Ici on verra solder jusqu'à des nations; les Suisses, entre autres, se montraient fort avides des pensions du grand roi.

L'entourage du maître devait naturellement se ressentir de ses libéralités. Quiconque réussissait à lui plaire pouvait regarder sa fortune comme assurée; on le verra assigner des millions aux princes et aux princesses. On aurait payé tous les fonctionnaires d'un État avec ce que coûtait annuellement cette cour splendide, où le moindre emploi donnait droit à des distinctions et à des priviléges. Pour en jouir, des gentilshommes s'abaissaient à de vils services. Il fallut même en forcer quelques-uns à sortir de cette position humiliante. On voit un gentilhomme se pavaner du titre de *capitaine des levrettes de la chambre* et de *capitaine des lévriers à lièvre de Champagne*. Cette place était, à ce qu'il paraît, d'un bon rapport, puisqu'en 1709 on accorda au titulaire un brevet d'assurance de 60,000 livres. Il y avait à la cour *un capitaine des chiens d'Écosse pour chasser au lièvre* et *un chef de vol pour pie*. Le marquis de Saumery ne dédaigna pas de se faire expédier des provisions de *jardinier du château de Chambord*. La moindre fonction dans la maison royale était accompagnée d'un titre pompeux et d'appointements considérables. Il y avait des *porte-chaises d'affaires de la chambre du roi*, des *porte-lits*, un *conducteur des volailles de la basse-cour du Chasteau-Neuf de Saint-Germain-en-Laye*, un *advertisseur-bouche du roi*, un *arroseur du manége de la grande-écurie*. *Gallopin des cuisines de la maison royale* était un titre qui s'accordait par brevet; et c'était une faveur même pour un prince d'obtenir la permission de porter un juste-au-corps bleu avec des broderies et dentelles d'or. Le roi réglait gravement la longueur des queues de la robe des princesses dans les grandes cérémonies.

Dans la maison de Monsieur, frère du roi, les choses se passaient avec moins de profusion. Le roi y réglait l'état des emplois, et faisait des lettres patentes pour supprimer une charge d'*empeseuse de linge* que l'on remplaçait par un chapelain, à la demande de la duchesse d'Orléans; puis le chapelain était remplacé à son tour par un fourrier des logis. L'on est presque tenté de prendre ces ordres pour du persiflage.

Parmi les gens de la cour dont parlent les documents que nous avons rassemblés, on voit figurer entre autres le duc et la duchesse de Mazarin, le connétable Colonne et sa femme, deux couples singuliers et fort mal assortis. Saint-Simon a tracé le caractère bizarre et dépeint la ridicule bigoterie du duc de Mazarin, à qui sa femme, nièce du cardinal, avait apporté une fortune de vingt-huit millions, qui possédait le gouvernement de plusieurs provinces, jouissait de la faveur particulière du roi, mais n'en était pas pour cela plus heureux. La connétable et la duchesse, qui étaient sœurs, prirent un beau jour le parti de s'enfuir de Rome, qu'elles habitaient, et de revenir en France pour mener joyeuse vie. Louis XIV parla de couvent; mais, comme il était assez galant pour ménager les faiblesses des dames, sa sévérité n'eut pas des suites bien graves, au moins pour la duchesse; quant à la connétable, elle fut claquemurée, bon gré mal gré, par son mari dans un couvent de Madrid. Le frère de ces deux nièces de Mazarin, le duc de Nevers, n'était pas plus gouvernable. Colbert se plaint de ce qu'il ne veut pas remplir sa charge à la cour, bien que ce soit un des postes les plus importants, et de ce qu'il s'entoure de *canailles*, telles sont ses propres expressions, au lieu d'appeler près de lui des gens recommandables par leur vertu et leur mérite.

Une autre famille, qui, sans égaler en opulence les Mazarin, avait parcimonieusement accumulé de grandes richesses, était celle des d'Aligre, qu'on nommait Allègre. Il ne restait plus de cette maison qu'une héritière âgée de sept ans. Louis XIV, qui récompensait ses courtisans, non-seulement avec l'argent de sa cassette, mais encore avec les deniers d'autrui (car les siens ne pouvaient suffire à tout), pensant que ce pourrait être une bonne dot pour marier un de ses favoris, fit enlever l'enfant, qui fut transportée dans un couvent de Paris, pour y être élevée en attendant son mariage. On lira la lettre d'une religieuse de ce couvent, qui représente à Colbert que la pauvre petite a été enlevée avec tant de précipitation qu'elle n'a pas de quoi changer de chemise.

Colbert, qui, tout en remplissant ses hautes fonctions, en consacrant sa vie et ses talents au bien de l'État, ne négligeait aucun moyen d'enrichir et d'élever sa famille, jugea que la jeune orpheline serait un excellent parti pour son fils, le marquis de Seignelay, et il parvint en effet à conclure ce mariage. On trouve, parmi ses papiers, une quantité de lettres de félicitations qui lui arrivèrent de tous côtés sur cet événement heureux pour sa famille. Ses autres fils ne furent pas oubliés, l'un devint évêque, l'autre, commandeur de l'ordre de Malte[1].

Certains courtisans étaient à la piste des droits d'aubaine et des confiscations qui venaient à échoir au roi; ils les demandaient sans honte, et plus d'un rétablit sa fortune délabrée aux dépens d'étrangers morts sur le territoire français ou de ceux de leurs concitoyens dont les biens avaient été confisqués par suite de condamnations.

C'était faire sa cour à Louis XIV que de lui montrer ses hautes destinées, ses conquêtes, ses actions d'éclat, écrites dans les astres ou prédites par des hommes inspirés. Il y a plus d'une lettre qui fait sérieusement part de telles prédictions et de tels horoscopes. On n'était pas encore tout à fait guéri de la manie de l'astrologie. Il résulte d'un rapport envoyé par le marquis de Castries, que l'apparition d'une comète en 1664 causa une

---

[1] Voici deux lettres de Colbert, écrites le même jour, 29 juillet 1682, au sujet de ces deux fils. La première est adressée au président Pellot : « Je suis bien aise, Monsieur, que vous ayez esté visiter mon fils, le coadjuteur, à Gaillon, mais je vous prie en mesme temps de faire en sorte qu'il ayt le moins de visites qu'il sera possible; parce que son intention estant de s'enfermer dans ce lieu-là pour y estudier avec application pendant un mois ou deux, je suis bien ayse qu'il ne soit pas diverty de ce dessein. » — L'autre lettre, à son fils le commandeur de Malte, est inspirée par la sollicitude paternelle : « Mon fils, j'ay reçu une lettre de vous, datée du 25 may dernier de Lampadouze, par laquelle vous me rendez compte de ce que vous avez fait jusques-là; et quoyque ce soit peu de chose, je ne laisse pas d'espérer par l'application que je vois que vous avez à ne laisser passer aucune occasion, que vous ferez quelque chose qui fera parler de vous pendant cette campagne. C'est ce que je vous souhaitte fort; surtout pensez à bien remplir tous vos debvoirs, et soyez asseuré que Dieu vous assistera dans la guerre que vous faites contre les infidèles, si vous avez quelquefois recours à luy, et que vous ne l'abandonniez point.

« Toute ma famille est, grâce à Dieu, en bonne santé. Je prie Dieu qu'il conserve la vostre. Continuez de m'escrire le plus tost que vous pourrez. » (*Mél. Clair.* vol. 432.)

grande rumeur en Languedoc, à cause de la signification astrologique de ce phénomène céleste.

Nous signalerons une pièce d'un autre genre, relative à une matière qui de nos jours a donné lieu à de vives discussions politiques, et a même été le sujet de traités diplomatiques, à savoir le droit de visite. Ce fut le grand maître de l'ordre de Malte, qui, en 1666, éleva la prétention de faire visiter, par les bâtiments de l'ordre dans la Méditerranée, les vaisseaux français pour s'assurer, disait-il, qu'ils n'avaient point à bord des marchandises appartenant à des musulmans. On lui prouva aisément que rien ne justifiait cette prétention, à laquelle il ne fut pas donné suite.

D'autres ordres, et même de simples citoyens, voulaient s'arroger des droits non moins singuliers. Ainsi les chevaliers du Saint-Sépulcre prétendaient jouir en France des prérogatives que des moines de Jérusalem leur avaient conférées, et des particuliers, s'appuyant sur d'anciens usages, réclamèrent le privilége de créer des chevaliers d'un ordre établi à Montpellier. Louis XIV n'était pas homme à reconnaître de pareilles prétentions.

En ce temps-là, Renaudot faisait en France les premiers essais d'une gazette, ou plutôt Renaudot le neveu continuait l'entreprise commencée par son oncle. On le logeait au Louvre, où son journal était imprimé; mais on pense bien qu'il ne pouvait dire que ce qui plaisait à la cour. Visé, qui, à l'exemple de Renaudot, rédigeait un *Mercure* littéraire et quelque peu politique, est vertement réprimandé par le secrétaire d'État de la maison du roi, pour avoir annoncé que le comte de Toulouse était chargé du commandement de l'armée et de la flotte, tandis qu'il n'avait sous ses ordres que les forces navales.

La moindre circonstance offusquait la fierté du monarque. On avait érigé dans l'église de Saint-Eustache un mausolée à Turenne, avec ses armoiries, probablement celles de la maison de Bouillon. Aussitôt l'ordre est donné de les enlever, et défense faite aux marguilliers d'ériger à l'avenir, dans leur église, aucun monument sans la permission du roi. En général, on était mal noté sous ce règne pour avoir rendu des honneurs publics à un homme de mérite; c'était un prérogative que le souverain se réservait comme inhérente à sa dignité.

Les diplomates sont souvent obligés de réclamer leurs appointements; on les oubliait dans leurs résidences lointaines. L'un d'eux, remarquez que c'est un abbé, demande une petite contribution de guerre à son profit. Nous ignorons si Louvois a été assez gracieux pour la lui accorder.

Dans quelques dépêches des ministres, il y a des maximes de gouvernement ou d'administration qu'il est bon de recueillir. Colbert mande à un intendant qui songeait à soulager le peuple accablé de tailles, qu'un fonctionnaire ne doit pas viser à la popularité, qu'il ne doit connaître d'autre règle que la justice et la volonté du roi, et Louvois, tout en consolant un diplomate qui se plaint d'une dépêche très-sévère du secrétaire d'État pour les affaires étrangères, lui fait sentir qu'un agent diplomatique, même en voyant bien ce qui est devant lui, ne peut voir aussi loin que celui qui dirige l'ensemble, et qu'il court moins de risque en suivant trop strictement ses instructions qu'en agissant selon ses propres idées.

CORRESPONDANCE

ADMINISTRATIVE

SOUS LE RÈGNE DE LOUIS XIV.

CORRESPONDANCE

ADMINISTRATIVE

SOUS LE RÈGNE DE LOUIS XIV.

I.

TRAVAUX PUBLICS.

1.

COLBERT A DE MACHAULT.

Le dernier may 1663.

Le roy ayant esté informé que l'on peut facilement et à peu de frais rendre la rivière d'Aube navigable depuis le lieu de Magnicourt jusques à son embouchure dans la Seine, S. M., qui, dans le repos dont ses peuples jouissent à présent, n'a point de plus forte application que ce qui peut contribuer au restablissement du commerce et à leur commodité, m'a commandé de vous faire sçavoir qu'elle désire que vous vous transportiez sur les lieux quand les autres affaires ausquelles vous travaillez actuellement vous le pourront permettre, affin d'en dresser vostre procès-verbal, et donner vostre advis de ce que vous estimerez nécessaire pour faire réussir ce dessein, pourquoy le sieur Paillot vous donnera des mémoires et se rendra auprès de vous lorsque vous luy marquerez [1].

Reg. dépêch. mar.

---

[1] Colbert écrit sous la même date à Paillot, sieur de Magnicourt : « Les propositions que le sieur Deschiens m'a faites de vostre part pour rendre la rivière d'Aube

2.

L'INTENDANT PELLOT A COLBERT.

A Bordeaux, ce 5 may 1664.

..... Je suis de vostre sentiment touchant la navigation de la rivière du Lot : il sera asseurément bien plus glorieux pour S. M., et plus advantageux pour les peuples et le commerce de ce pays-là, qu'elle fasse faire ce travail en imposant quelque somme sur le pays, et obligeant les communautés voisines à des corvées sans charger la rivière de péages, que non pas de laisser entreprendre cet ouvrage à une compagnie, laquelle demanderoit beaucoup de choses, entre autres d'establir des droits sur les denrées et marchandises, qui osteroient en partie l'utilité et l'advantage que le commerce tireroit de cette navigation; ce qui fait aussi que le pays souhaitte bien plus que la chose se fasse de cette manière. J'en ay conféré avec le P^t d'A-legre, et comme il n'a point d'homme en main qui soit plus entendu que le sieur Bourgneuf, je luy manderai de me venir trouver pour prendre les résolutions nécessaires, dont je ne manqueray pas de vous donner advis; et s'il est d'humeur à estre employé à cet ouvrage, l'on luy en donnera la direction, en luy joignant un controlleur affidé, afin que ce travail se fasse avec toute l'économie possible.

navigable, et pour faire un port à Magnicourt, m'ayant paru raisonnables, je vous escris ces lignes pour vous dire qu'il sera bon que vous donniez les mémoires et instructions que vous en avez à M. de Machault, et que vous vous rendiez auprès de luy, lorsqu'il vous fera sçavoir que les affaires ausquelles il travaille à présent luy permettront de se transporter sur les lieux pour en dresser son procès-verbal, dans lequel il fera mention de tout ce qui sera nécessaire pour faire réussir ce dessein. Vous asseurant que s'il s'y rencontre la mesme facilité que l'on m'a fait entendre, l'on trouvera une grande disposition dans l'esprit du roy à l'entreprendre, dont la principale application est maintenant de restablir le commerce, et d'appuyer tout ce qui contribuera à l'advantage ou à la commodité de ses sujets. » (*Reg. dépéch. mar.*)

Le 8 août.

Je suis engagé par ma dernière de vous entretenir encore de la navigation de la rivière de Lot. Il y a trois ateliers où l'on travaille à faire des escluses, sans d'autres endroits où l'on tire et taille de la pierre pour lesdites escluses. Ces escluses seront doubles, quoyqu'elles soient de plus grande despense que les simples; mais nous nous sommes résolus à cela, parce que les escluses au-dessoubz de Villeneufve, où la rivière est navigable, sont doubles; que les sentimens du chevalier de Clairville et du sieur de Bourgneuf sont conformes en cela; que, par ce moyen, la navigation sera bien plus seure et plus commode, et l'ouvrage de plus de durée et de réputation, à quoy l'on doibt prendre garde, puisque S. M. s'en mesle. Ces escluses seront à la mode de Hollande et comme sur le canal de Briare, et bien plus commodes que celles qui sont au-dessoubz de Villeneufve et de bien moindre despense; ce que je vois que ledit de Bourgneuf entend bien. Il s'applique comme il faut à présent. Il a un très-bon controlleur qui empesche qu'il ne se fasse point de despense que bien à propos..... J'ay obligé les communautez voisines qui reculoient à fournir promptement les corvées, afin que rien ne soit retardé; et l'on espère que pourveu que le beau temps dure, et que les grandes eaux ne viennent pas de bonne heure, qu'on pourra faire cette année le tiers du travail.....

Le 2 décembre.

..... Il reste encore 18 escluses à faire, qui sont en tout 21 escluses avec les trois qui sont quasi faites. Il y a outre cela à faire sauter des rochers, et à creuser en quelques endroits le canal de la rivière. L'on pourroit faire des escluses d'une autre façon, ou des pasavaux, au lieu d'escluses; mais ils ne seroient pas si bons ny si seurs pour la navigation, et de la manière que l'on fait, elle sera tout à fait asseurée et commode. Par la despense qui a esté faite, j'estime que ce travail, sans comprendre les corvées et quel mesnage que l'on puisse aporter, coustera plus de 300,000^{tt} au roy. Si des particuliers l'entreprenoient, ils n'en seroient pas quittes pour le double. Si l'on ne veut point trop presser ce travail, il sera achevé en deux années; mais si S. M. le souhaite, l'on espère qu'il le pourroit estre l'année qui vient, et pour cela, il faudroit qu'elle nous fist sçavoir au plus tôt ses ordres, afin de prendre nos mesures sans perte de temps, et que l'argent ne manquât pas.....

L'utilité de cet ouvrage sera asseurément grande pour le pays de Quercy et de Rouergue, par le débit de leurs denrées et marchandises, et mesmes pour le reste de la province, et peut-estre pour les autres provinces du royaume, par le commerce du charbon de terre que l'on peut tirer des montagnes de Cransac et circonvoisines.

J'ay envoyé un homme de sens sur les lieux pour examiner plus particulièrement les mines d'où l'on tire ledit charbon. Il a fait le mémoire que vous recevrez. L'on ne peut pas bien asseurer positivement si le commerce en sera grand, car ces mines finissent, et il y arrive quelquefois des accidens; mais les apparences en sont belles. J'ay fait tirer dudit charbon des montagnes de Cransac par différentes personnes, et en ay fait faire l'essay, pendant que j'estois à Bordeaux, par des mareschaux et serruriers. Il se trouve tout propre pour la forge, et est aussy bon que le meilleur qui vienne d'Angleterre, et plus des deux tiers, qui vient de ce pays-là, n'est pas si bon.

L'on peut faire estat que ledit charbon de terre vaut à Bordeaux, une année portant l'autre, 15 solz le quintail, et l'on m'a dit que la voye dudit charbon pesant environ 20 quintaux vaut à Paris 45, 50 ou 60 francs la voye, ce qui seroit 45 solz, 50 solz ou un escu le quintal, et suivant la réduction que j'ay faite, je juge que le quintal dudit charbon de Cransac, vendu à Bordeaux, coustera à peu prez 10 solz, et rendu à Paris, 30 ou 35 solz le quintal. Ainsi il y auroit de profit considérablement, et à Bordeaux et à Paris, de faire venir dudit charbon de Cransac. Voilà, M^r, ce que je vous peux dire sur ce sujet.....

Montauban, le 14 janvier 1665.

..... Vous m'avez ordonné de m'informer de quelques mines de plomb que l'on disoit estre proche de la rivière du Lot. J'ay envoyé un homme sur les lieux : il m'a rapporté qu'il y a trois montagnes qu'il a vues où l'on prétend qu'il y a de ces mines, mais qu'elles ne sont pas ouvertes; qu'il y a entre autres une montagne à un quart de lieue de Figeac qui fut ouverte il y a quelques années, et qui est fermée à présent, dont l'on tira beaucoup de matières que l'on mit dans une grange qui en est remplie, et que l'on discontinua d'en tirer à cause que l'on ne sçavoit pas l'invention pour en profiter, et que l'on ne voulut pas faire la dépense qu'il falloit. Il m'en a fait apporter icy une charge de cheval, dont on a tiré du plomb qui est fort bon, et la mine paroît abondante. Il dit que ce que l'on a tiré sont des branches de la mine seulement, et non pas le corps, qui sera bien meilleur. Mais comme nous ne parlons qu'incertainement de cela, si vous souhaitiez, M^r, d'en estre esclaircy, il faudroit, s'il vous plaist, m'envoyer un homme entendu dans les mines, n'en ayant point en ce pays, lequel iroit sur les lieux, et l'on s'engageroit seulement à quelque légère despense pour sçavoir ce que c'est.....

A Villeneufve d'Agenois, le 29e may.

Je suis en cette ville, il y a plus de huit jours, avec M. le chevalier de Clerville, les sieurs René Jansse, Desjardins, de Bourgneuf, ingénieurs, et divers maistres maçons et maistres charpentiers des plus habiles que nous avons pu trouver. Nous avons remarqué beaucoup de manquemens aux trois escluses que ledit de Bourgneuf a faites; l'on réparera ces manquemens par l'advis de tous ces gens experts, et comme l'on auroit de la peine d'en assembler autant dans le reste du royaume, puisque nous les avons, je feray en sorte qu'ils ne se séparent point qu'ils n'ayent résolu ce qu'il faut faire dans cette rivière du Lot jusqu'à Cahors. Pour cet effet, j'ay disposé ledit sieur chevalier de suivre ladite rivière jusqu'audit Cahors avec tous lesdits gens experts, afin de résoudre déterminément où il faudra faire le travail, et comme il le faudra faire, ce qui sera ensuite exécuté fort ponctuellement. Ce travail sera plus long et plus difficile que l'on ne s'estoit persuadé, à cause de la nature de ladite rivière, qui est tout à fait fascheuse. Ainsi l'on ne pourra guères faire autre chose cette année que de mettre les trois escluses dudit Bourgneuf dans leur perfection, et rendre ladite rivière navigable jusqu'à Lustrac, ce qui seroit seulement le tiers de l'ouvrage; encores n'en est-on pas bien asseuré, et il faudra pour cela avoir du beau temps. Nous jugeons tous qu'il vaut mieux faire bien et n'en pas tant entreprendre. L'année qui vient, l'on pourra aussi aller plus viste, surtout quand l'on sera encore plus asseuré par l'expérience quelles formes d'escluses réussiront le mieux. Ledit Bourgneuf n'est pas entièrement coupable des manquemens qui ont été faits, car en beaucoup de choses il a suivy les advys dudit sieur chevalier de Clerville, et ledit Desjardins, qui vint visiter l'année passée les ouvrages par l'ordre dudit chevalier, les approuva, et me rapporta que ceux que l'on faisoit estoient bien. Mais c'est que ces gens, quoyqu'habiles, ne peuvent bien voir les fautes dans des ouvrages difficiles et extraordinaires que quand elles sont faites, qu'ils s'esclairent et se rectifient les uns et les autres. Ces fautes ne vont pas à refaire l'ouvrage, mais à alonger seulement deux escluses, à les aprofondir davantage et à réparer quelque chose à la maçonnerie. Je fais aussi avec ledit chevalier de Clairville des marchez de tous les travaux; ainsi l'on verra tout à fait clair doresnavant dans cette despense, qui se fera avec grande œconomie et grand ordre.....

Le 3 aoust.

L'on ne perd point de temps pour le travail de la rivière du Lot, qui se fait bien et avec grand ordre. L'on répare les trois escluses de l'année passée, et l'on en fait trois nouvelles; si le temps continue à estre beau, et ne devient point contraire, l'on mettra ces six escluses dans leur perfection, et l'on rendra ainsy la rivière navigable depuis Villeneufve jusques à Lustrac, qui est le tiers de l'ouvrage qui se doit faire jusques à Caors.

Le 22 avril 1666.

..... L'on fait tout ce qui se peut au monde pour avancer ce travail de la rivière du Lot, et afin qu'il se fasse avec beaucoup de mesnage; mais cet ouvrage est extraordinairement difficile et pénible. Il faut travailler en mesme temps en vingt endroits différens, esloignez d'une lieue ou deux les uns des autres. Il y a force rochers à couper, des paissières ou digues à transporter. C'est une rivière fascheuse, et où il arrive souvent des creues; les ingénieurs et architectes, quoyque des plus habiles, se sont souvent mescomptez. Il a fallu refaire quelquefois ce qui a esté fait. J'ay fait des marchez de tous les ouvrages à tant la toise, en présence de M. le chevalier de Clerville, et depuis mesmes j'ay receu des rabaiz, et en ay eu meilleur compte. L'on a employé les meilleurs ouvriers que l'on a pu trouver, que l'on a fait venir de tous costez. Outre cela, j'ay préposé, pour les veiller et les conduire, des gens entendus, affectionnez et désintéressés. Non obstant tous ces soins, l'on n'a pas pu faire aller plus viste ce travail, ni s'empescher qu'il n'aye beaucoup cousté. J'ay bonne espérance pourtant que, dans la fin de cette année, l'on en tirera de l'utilité, et que l'on pourra faire descendre du charbon de terre de Caors, et avoir par cette navigation divers autres secours de ce pays-là. Ledit sieur chevalier de Clerville est celuy de tous qui s'est le moins trompé sur cette entreprise, et qui nous a donné de meilleurs advis.

L'on fera achever, au meilleur marché qu'il se pourra, les cazernes et bastimens des chasteaux de Lourde, Dax et Bayonne, et l'on ne fera que ce qui est absolument nécessaire; mais ces ouvrages coustent plus qu'ailleurs à cause de la situation des lieux.

Le 9ᵉ aoust.

Je respondray à vostre lettre du 31ᵉ du passé...., et premièrement sur le sujet de la rivière du Lot. Elle se trouve maintenant navigable entièrement depuis Lustrac jusqu'à Villeneufve, et les bateaux montent et descendent à présent, cela a près de quatre lieues de rivière.

Ce que l'on prétend rendre navigable cette année, où l'on travaille avec toute la diligence possible, est depuis Lustrac jusqu'à Puy-Levesque, et il y a encore près de quatre lieues de rivière ; et ce qui restera à rendre ensuite navigable depuis Puy-Levesque jusqu'à Caors est la moitié du travail, et il y a près de sept ou huit lieues de rivière, laquelle serpente assez, car par terre il n'y a pas plus de huit grandes lieues de ce pays de Villeneufve à Caors. Si l'on peut se servir de passelis, cet ouvrage ira bien plus viste ; mais l'on croit que l'on pourra s'en passer en quelques endroits, et que, dans d'autres, il faudra des escluses. L'on suivra l'advis des ingénieurs et maistres architectes, et l'on entreprendra l'année qui vient suivant le fonds des 70,000^{tt} que S. M. veut estre imposées pour ce sujet par un arrest sur les deux généralitez, qu'il sera bon de m'envoyer alors des commissions.....

Vol. verts C.

3.

L'ARCHEVÊQUE DE TOULOUSE A COLBERT.

A Revel, diocèse de Lavaur, le 17 novembre 1664.

Depuis mardy 11e de ce mois, que nous sommes partis de Tholoze, on a travaillé exactement avec le niveau à reconnoistre les pentes qu'il y avoit depuis la Garonne jusqu'au point de partage, qui ne sont pas plus de 27 toises en six grandes lieues de Gascogne de pays, qui est la pente la plus douce et la plus commode qu'on eût sceu désirer. Il y a trois jours que l'on travaille du point de partage en venant en deçà ; mais les experts n'ont pas encore fait leur réduction. M. de Bourgneuf nous asseure que jamais il n'a veu un terrain meilleur ni plus commode pour le dessein que celuy qu'il a veu jusqu'à cette heure, ni de plus beaux endroits pour faire des réservoirs d'eau. Nous fusmes hier visiter les eaux de Durfort, et présentement nous retournons visiter celles du Lampy dans la montagne Noire, et le sieur Riquet, avec le sieur Bourneuf et Beaurose, sont allez encore visiter deux ou trois petits ruisseaux que nous prétendons joindre tous ensemble, et hier au soir, M. de Bourneuf disoit qu'il croioit desjà avoir des eaux suffisamment pour plus de neuf ou dix mois l'année; mais avec celles qu'ils vont voir, si on les peut joindre, comme M. Riquet le maintient, ils en auront suffisamment pour toute l'année. Vous en serez plus exactement informé à leur retour.

Le sieur Riquet nous a encore indiqué d'autres eaux, qui sont à la vérité un peu esloignées; mais si on les pouvoit mettre dans le grand canal, selon ce qu'il dit qu'il est possible, on pourroit faire un canal de telle largeur et de telle profondeur qu'on voudroit pour toute sorte de bastimentz : on pourroit, comme je vous ay mandé, par une rigolle de 3 pieds et 2 de profondeur avec des puitz de 12 pieds, suivant les distances que l'on trouveroit à propos, faire une démonstration physique contre laquelle il n'y auroit rien à dire, et hier, M. l'évesque de Saint-Papoul me dit que le sieur Riquet luy avoit proposé de faire cette rigolle à ses périlz et fortune, moyennant 200,000 francs. Je ne sçay pas encore s'il entend y comprendre les puitz qui sont nécessaires.....

Le 1er décembre.

Nous arrivons présentement, après avoir séjourné deux jours à Narbonne pour considérer l'entrée du canal dans la mer, d'autant plus exactement et soigneusement que si nous ne trouvions de l'eau à l'embouchure du canal autant que nous en voulons donner dans toute son estendue, tout l'ouvrage seroit inutile. Je vous ay desjà mandé que les experts prennent sur leur vie de mettre 12 pieds et plus d'eau dans le canal, et de le faire de la largeur compétente pour y recevoir toute sorte de bastimentz. Présentement à l'embouchure du grau de la Nouvelle, à cause d'un banc de sable qui se forme vis-à-vis, il n'y a qu'environ 6 pieds d'eau, qui seroit bien assez si on ne vouloit introduire dans le canal que les barques plates; mais ce n'est pas assez pour y faire entrer de plus grands bastimentz, que le canal sera capable de recevoir. M. de Bourgneuf et Beaurose, avec les autres experts, proposent des expédienz avec deux vaisseaux et certains grappins pour ouvrir l'embouchure de la Nouvelle, et luy bailler de profondeur 8 ou 9 piedz; mais d'autres ont pensé à un autre moyen qui semble meilleur et qui est indubitable : c'est de tirer le canal jusques au cap de la Franqui, à une lieue plus bas, par un terrein qui est tout uny et très-propre à tenir l'eau; et la despense du canal d'une lieue en bon terrein n'est pas grande chose, et là il se trouvera tousjours dans l'embouchure du canal depuis 22, 24, jusqu'à 40 piedz d'eau, et il y a moyen d'y faire un port à recevoir toute sorte de grands vaisseaux, et l'on croit que la pierre se prendra sur le lieu, dans le rocher qui y est; mais quand on ne voudroit pas y faire un port présentement par l'embouchure de la Nouvelle, les barques plattes entreroient dans le canal, et en temps calme il n'y a point de gros vaisseaux qui ne pût y entrer aussy par l'embouchure du cap de la Franqui; que si un jour on y faisoit un port, ce seroit un ouvrage parfait, et une communication pour toute sorte de vaisseaux, sans les descharger, d'une mer à l'autre, car les expertz respondent que vous pouvez tenir telle hauteur d'eau dans le canal qu'il vous plaira. Vous verrez le détail de tout cecy exactement expliqué dans le procès-verbal lorsqu'on le dressera. Il semble que Dieu veuille favoriser le dessein de cet ouvrage, nous ayant donné depuis trois semaines quasi tousjours beau temps, de sorte que les expertz ont pu travailler avec toute sorte d'exactitude. Il leur reste encore pour huit jours de travail à arpenter; après quoy ils se rendront icy pour dresser le procès-verbal.....

Vol. verts C.

4.

COLBERT DE TERRON A COLBERT.

De Saint-Malo, le 1ᵉʳ décembre 1664.

Depuis mes dernières du 19ᵉ novembre, j'ay achevé de courir les costes de la basse Normandie, et ay veu les caps de la Hogue, Barfleur, Lahague et Capleui, Cherebourg et Omonville. Dans ce dernier lieu, qui est à quatre lieues de Cherebourg, nous avons trouvé de quoy faire un port flottant pour servir de retraitte à vingt-cinq grandes frégattes, en faisant une despense de 3 à 400,000ᵗᵗ. C'est une chose assez rare dans ces mers sujettes aux marées, de trouver une fosse qui se puisse aisément fermer, où il y ayt de l'eau pour tenir à flot, à marée basse, des vaisseaux à grand port ou des gallères. François Iᵉʳ fist construire en ce mesme lieu une fortiffication, en 1520, dans le dessein de se servir de ladite fosse pour ses vaisseaux; et comme elle est accompagnée de rades, et dans le milieu de la Manche, il n'y a point de doubte que la situation en est très-avantageuse. Le lieu est un peu désert, et il y a très peu de bois propre au service des vaisseaux dans tout ce canton-là; mais le voisinage de Cherebourg serviroit fort bien à fournir tout ce qui seroit nécessaire pour les vivres et les agrez des vaisseaux. Pour ce qui est du deffaut de bois, il faudroit considérer le lieu comme estant propre à retirer les vaisseaux qui n'auroient pas besoing de grand radoub, mais seulement de carenne et de quelque autre petite chose pour se remettre en estat de servir d'une campagne à l'autre. Je vous envoiray le plan et le devis avec les autres expéditions concernant le voyage que je fais.

Arrivant hier en ceste ville, j'y receus vostre dernière du 22 novembre, par laquelle vous me faictes connoistre que vous auriés désiré un mémoire raisonné sur ce qui regarde le Havre de Grâce. Je croiois que ces mémoires estendus ne vous debvoient estre envoyez qu'à la fin de mon voiage, avec les plans et les devis, qui ne se peuvent pas trop bien faire en voiageant comme nous faisons. Pour satisfaire à ce que vous désirés, je vous envoye un extraict de mon journal de tout ce qui concerne le Havre, avec un devis raisonné que M. Blondel y a joint. Il faut, s'il vous plaist, que vous en preniés l'intelligence sur un plan qui vous a esté envoyé par les officiers du Havre, dans lequel les bancs et touttes autres particularités sont assez bien marquez.....

Le 13 décembre.

Pour pouvoir juger de l'utilité qu'il peut y avoir pour le roy de faire l'acquisition de la forest du Faou, il faut convenir une fois que Brest est le port le plus propre qu'il y ayt dans la coste de Ponant pour la construction des grandz vaisseaux et les grands radoubz; que la plus grande partie des bois qui estoient proches dudit port de Brest ont esté consommez dans les ouvraiges qui se sont faictz depuis quelques années, et qu'ainsy, hormis ceste forest, il n'y a presque plus de bois qui ne soient esloignez de rivière, et par conséquent plus difficilz à voitturer et de plus grandz frais.

Cela supposé, il semble que l'on doibve demeurer d'accord que S. M. ne peut rien faire de plus util pour asseurer à perpétuité les ouvraiges et le service de la marine dans ledit port de Brest, que d'acquérir ceste forest du Faou. Pour parvenir à cela, il faut sçavoir que la forest du Faou, avec les bois de la Motte et du Niveau, qui sont trois pièces destachées, deppendent de la comté du Faou, qui est une terre fort noble en toutte justice, ayant quantité de vassaux considérables, de laquelle terre les domaines et rentes, sans compter les bois, sont affermez à présent 12,000#; que ladite forest du Faou contient une lieue de long sur environ trois quartz de lieue de large; qu'elle est peuplée de chesnes..... Le prix de toute la terre iroit à 1,185,000#.....

Port-Louis, le 19 décembre.

..... En passant à Quimper-Corantin, j'ay retiré du collége des jésuistes un des enfantz du sieur Hubac, aagé de quinze ou seize ans, et l'ay remis entre les mains de son père pour en faire un bon maistre charpentier, au lieu d'un juge de village. C'est un petit garçon qui a la fisionomie fort bonne et fort spirituelle. Je luy ay promis que quand il auroit esté un an auprès de son père pour aprendre à connoistre le bois et les commencemens de sa profession, que le roy l'entretiendroit quelque temps à Paris pour y aprendre à dessiner, et qu'ensuitte S. M. luy feroit encores la grâce de le faire voiager en Hollande et Angleterre, pour se rendre fort habil. J'ay avancé cela du mien, croyant que vous l'aprouveriés, et que l'on doibt en user ainsy. En vérité, c'est une bonne famille, et dans laquelle les choses qui regardent le service du roy sont considérées avec grand respect. Si dès à présent vous jugiés à propos de faire donner quelque petite chose à Hubac le père soubz le nom d'Estienne Hubac son filz, par forme de pension pour son aprentissage, ce seroit un aiguillon dans ceste famille-là pour leur faire entreprendre touttes choses. Il ne s'agit en cela que de 20 ou 30 pistolles, qui ne peuvent estre plus utillement employées.....

Vol. verts C.

5.

RIQUET A COLBERT.

De Montpellier, ce 20° décembre 1664.

Mgr, j'arrivay hier au soir en ceste ville; j'y suis venu pour donner mes soins à noz affaires des gabelles. Je l'ay fait à celle du canal six sepmaines durant, et mess. les commissaires et expertz sçavent à ceste heure mes vieilles et nouvelles pensées, et tout ce que mes rêveries m'avoient aprins au sujet de ce grand ouvrage depuis le temps que j'en conceus la fantaisie. Ilz ont veu les eaux nécessaires, le moyen de les conduire au point de distribution, comme quoy le canal de navigation se pouvoit faire, la nécessité de ne se pas servir du lict de la rivière d'Aude, mais seulement de ses eaux, l'endroict où il faut luy faire un nouveau lict, la disposition de faire un port à la Franquy, et la manière que l'on peut communiquer la Robine de Narbonne à l'estang de Vendres, de capacité et disposition à faire un port merveilleux, ledit estang à celluy de Taur, et par conséquent ledit canal de navigation au Rosne, lequel canal peut estre formé de sorte qu'il sera de fondz suffisant pour les galères et autres pareilz bastimens; et comme je croy d'estre obligé, Mgr, de vous en dire ce que j'en pense, j'en fais le destail; le voicy :

Les eaux de la Montaigne-Noire ou, pour mieux m'expliquer, du bois de Ramondens ont esté jugées suffisantes pour l'entretien du canal de navigation proposé, et la conduite au point de distribution possible, mais de despense plus grande et de difficulté que je ne l'avois dict, d'autant que pour avoir toutes les eaux de ces rivières-là, au lieu de les prendre près de leur source, comme je faisois à dessein de conserver leur hauteur, pour les pouvoir passer sur la superficie de la terre, l'on a jugé estre mieux au contraire de les prendre au plus esloigné de leurs dites sources; ce qui oblige à faire plusieurs chaussées de grande despense pour l'eslévation des eaux, et à miner une montaigne cent toises en travers pour les passer; moyennant quoy l'on peut mener la totalité des eaux desdites rivières, qui sont plus que suffisantes pour tenir ledit canal fourny, et le pays par où elles passent maintenant arrosé devant huit mois de l'an; car les eaux superflues qu'on sera constraint de laisser eschaper pendant ledit temps seront de force suffisante pour les moulins et les arrosemens des terres scituées sur leurs vieux lictz; et affin que semblable advantage se puisse rencontrer pendant lez quatre mois de la sécheresse, il a esté jugé nécessaire de faire en hiver quinze ou seize magazins d'eau dans des endroitz très-favorables qui se rencontrent heureusement dans ladite montaigne et sur le courant desdites rivières. Cella se peut faire sans difficulté, et non pas sans despence, car il faut de fortes chaussées; mais l'espoir de l'avantage qu'on en espère doit rendre ces obstacles de peu de considération : l'invention de ces magazins rend la navigation du canal perpétuelle, et fait les arrosemens, et aller les moulins à l'acoustumée.

Le canal de navigation doit estre de huit toises à la superficie de l'eau, six au bas, et le terrein de deux toises d'hauteur, en sorte qu'il y ait neuf pieds d'eau dans ledit canal, et par conséquent dix-huit pieds dans les escluses lorsqu'elles seront pleines. A cella, M. de Borneuf fesoit quelque difficulté, à cause de l'extraordinaire hauteur des portes desdites escluses; mais je luy fournis quelques expédiens qu'il rebutta d'abord; et après y avoir bien pensé, il concluo que ceste hauteur des portes ne luy fesoit plus de peyne, et par ainsy je ne voy point de difficulté pour la faction dudit canal, despuis les pierres de Naurouze, point de distribution, jusques à Garonne, et depuis ladite distribution jusques à la rivière d'Aude, les terreins se rencontrans esgalement favorables, les pentes douces, et le tout très facile. Mais il n'en est pas de mesme à la rivière d'Aude; elle est inconstante, remplie de pierres, mal alictée, et de nature à ne se pouvoir rendre navigable que pour de petites barques plates, de sorte que nous sommes tous tombez d'accord qu'il valoit mieux faire un canal neuf sur ces costez, d'esloignement et d'eslévation suffisante à ne pas craindre les inondations de cette rivière-là; auquel effet, j'ay fait voir les endroitz où il falloit passer ledit nouveau canal, et celluy qui nous facillitoit les moyens de prendre de ladite rivière l'eau nécessaire et non pas davantage. La chose a esté nivelée et boussolée, et trouvée toute telle que je l'avois dite, et de ceste façon le nouveau canal jetté dans le commencement de la Robine de Narbonne qui va finir à la Méditerranée, au grau de la Nouvelle. Mess. les commissaires et les expertz ont esté sur ces lieux-là, et ont jugé que faisant un canal de ladite Robine à la Franquy, avec quelques autres réparations, l'on auroit un port merveilleux et plein de seureté. Ces sortes de choses ne sont pas tout à fait de ma connoissance; ainsy, Mgr, vous les sçaurez d'eux, et je m'en tairay pour reprendre mon discours du canal.

J'ay fait remarquer qu'en traversant la Robine de Narbonne dans sondit commencement, l'on pouvoit avec facilité pousser le nouveau canal construit sur les costez de la rivière d'Aude jusques à l'estang de Vendres, en laissant tousjours ladite rivière d'Aude sur la main gauche, et qu'il estoit aussy facille de communiquer ledit estang de Vendres à celluy de Taur au moyen d'un canal de l'un à l'autre, que la disposition du terrain qui les sépare nous souffre de faire ; pour remplir lequel canal, la rivière de Besiers et celle d'Agde fournissent les eaux et sont de l'eslévation suffisante pour cella.

De tout ce discours, Mgr, vous pouvez juger de l'application que tous tant que nous sommes nous avons eue pour ce grand et important dessein, et des advantages que la France et toute la chrétienté en retireront si l'exécution s'en ensuit.

La communication des deux mers est d'une réputation très estendue, et celle du Rosne à la Garonne d'une importance tellement considérable, que je suis tout persuadé que vous y ferez des réflections proportionnées, et que le roy y sera d'autant plus porté, lorsque S. M. sçaura que dudit estang de Vendres on en peut faire un port espacieux et commode ; ledit estang, dans les deux tiers de son espace, a vingt-deux pieds de profond ; il entre par trois ouvertures dans la mer, qui se rencontre très profonde en cest endroit-là ; mais toutes les trois ouvertures sont fâcheuses, car le sable jetté par la mer s'y trouvant arresté au moyen du courant des eaux qui viennent de la rivière d'Aude, cella fait que la plus favorable desdites trois ouvertures n'a d'ordinaire que quatre piedz d'eau. Mais les gens du pays asseurent qu'il est facile d'y remédier en fermant les deux entrées moins considérables, et ostant de la principale les sables que le temps y a portez. L'on juge une despence d'environ 60,000^{tt}, moyennant quoy ceste ouverture se rendroit merveilleusement bonne ; et continueroit de mesme, pourveu qu'on laissât un fondz annuel d'environ 4,000^{tt} pour l'entretien de cest ouvrage. Si cella se fait, c'est un bien inestimable : le port sera bon, commode, grand et tout au milieu de ceste province, et le canal, de la manière qu'il est cy-dessus dit, magnifique et d'un revenu très considérable. Mais, Mgr, ce travail ne se peut faire qu'avec de grandes despences, et puisque mon premier dessein s'augmente de plus de la moitié, il est à croire que la despence sera de mesme ; mais à considérer les choses comme elles le doivent estre, ce qui semble despence n'est qu'avance, puisque c'est un bien qui va pour revenir, et que c'est un retour perpétuel que l'argent qui passe des mains du souverain en celles de ses subjetz. A la vérité, il ne se peut pas faire que le roy n'en baille beaucoup, s'il plaît à S. M. de gratifier ses peuples de ce grand ouvrage; mais cet argent passant des mains des ouvriers en celles des propriétaires des terres, qui leur vendront le pain et le vin, ceux icy, par l'ordre de ceste province, le rapporteront à sa source, estant très constant que le Languedoc proportionne son don gratuit à ses forces, et qu'à mesme qu'il est riche, son présent l'est aussy. Peut-estre, Mgr, trouverez-vous mauvais qu'un petit homme comme moy porte ses pensées si haut, et vous oze parler avec tant de franchise. Je vous en demande excuse, et je vous supplie de faire considération que, quoyque je sois petit, la matière dont je vous entretiens estant grande, il ne se peut pas faire que je ne m'eslève au-dessus de moy-mesme, regardant en cecy la magnifficence et la grandeur de nostre prince, l'extrême capacité de ses ministres, et le fort attachement qu'ilz ont pour le service et pour l'accroissement de la gloire de S. M.

Vous considérerez, s'il vous plaît, Mgr, que ce canal, communiquant la Garonne au Rosne, donnera sujet à toutes les villes de ceste province de faire des despences en leur particulier pour avoir de petitz canaux qui communiquent à celluy-cy. Je remarque qu'il n'y a pas une d'elles à qui la nature n'en présente les moyens : l'Albigeois le peut faire par sa rivière du Tarn, le Castrois par celle d'Agout, le Foix par l'Ariége, le Mirepoix par le grand Lers, Besiers par celle d'Orb, Pezenas par l'Eraut, Montpellier par un ancien canal que le temps a ruiné et par sa rivière de Lez, Lunel par sa Robine, Nismes par sa fontaine, et Tholouze, Castelnaudary, Carcassonne et Narbonne s'y rencontrent scituez dessus, aussy bien que toutes les villes du long du Rosne.

Je vous ay cy-devant escrit, Mgr, que la jonction des rivières de la

Montaigne-Noire, leur conduite aux Naurouzes, les chaussées, les magazins d'eau et la mine dont mention est faite cy-dessus, estoit l'embarras, et ce qui fesoit le plus de peyne à Mess. les commissaires et expertz. Il est vray que cella n'est point sans difficulté; et comme je suis celluy qui ay donné le premier branle à ce dessein, je serois au désespoir si ces difficultez en empêchoient la réussite; et c'est aussy pour cella qu'au refus de tous les autres je veux bien m'engager par un forfait à ceste difficille besogne, tout ainsy que je vous l'ay cy-devant escrit. Je la feray à un prix très raisonnable et modique, avec ceste stipulation que je ne pourray recevoir aucun argent de mon forfait, que je n'aye fait connoistre par une démonstration sensible ou, pour mieux m'expliquer, par une petite rigole, qu'il est possible de mener toutes lesdites rivières aux pierres de Naurouze; mais je ne sçaurois faire ladite rigole, que les chaussées pour l'eslévation des eaux et les mines dont mention est faite cy-devant ne soient entièrement construites. Or est-il, Mgr, que ces chaussées, ceste mine et ceste rigole cousteront plus de 200,000^{tt}. J'offriray pourtant d'en faire l'avance à mes périlz : je veux dire qu'en cas que je ne réussiray point, mes fournitures me reviendront à pure perte, en quoy je risque honneur et bien; car, si je manque d'exécution, je passeray pour un visionnaire et j'auray perdu une grande somme du plus clair de mon bien. Aussy, Mgr, si j'en sors heureusement, j'auray sujet de prétendre d'estre bien payé du prix de mon forfait, etc. Je vous supplieray bien humblement de m'accorder voz suffrages, pour que cella m'acquière de l'honneur et quelque peu de bien. Je vous en présenteray les moyens dans le mois de février prochain, que j'espère avoir l'honneur de vous voir; lesquelz moyens ne seront point du tout à la charge du roy, et s'il vous plaît de les faire réussir, vous me comblerez de vos grâces, et toute ma vie je prieray Dieu pour vostre santé et prospérité. Je vous remercie cependant de l'eslargissement de M. Hurez, mon associé, et je vous continue mes très humbles prières de vouloir faire surseoir ceste affaire jusques que je sois à Paris. Je souhaitte d'en sortir à l'amiable, et tout ainsy que vous le jugerez juste, après nous avoir ouys réciproquement et veu noz papiers. Ces gens-là nous traittent avec toute la rigueur imaginable; car outre l'emprisonnement, ilz nous ont encore de fresche datte fait saisir tous les deniers des receptes des greniers du long du Rosne. Certes, il faut qu'il y ait quelque chose de caché là-dessous, et que l'on croye de nous faire quelque notable préjudice, puisque l'on fait tant de bruit pour 13,000ᵗᵗ mal deubz. J'en sçay l'auteur et le dessein; mais il sera frustré asseurément de ses espérances : nous sommes, Dieu grâces, mieux en noz affaires qu'il n'est dans les siennes.....

Au bois de Ramondenc, le dernier juillet 1665.

..... Mon travail s'avance de sorte que sa fin ne sera guière esloignée de son commencement, et que bien des gens seront surpris du peu de temps que j'y auré employé et du peu de despences que j'y auré faicte. Quant à la réussite, elle est infaillible, mais d'une manière toute nouvelle, et où jamais personne n'avoit pensé, je me compte dans ce nombre, car je puis vous jurer, Mᵍʳ, que le chemin par où je passe maintenant m'avoit esté tousjours incognu, quelque dilligence que j'eusse faicte pour le descouvrir. La pensée m'en vint à Saint-Germain : j'en songé les moyens, et quoyque fort esloigné, ma rêverie s'est trouvée juste sur les lieus; le niveau m'a confirmé ce que mon imagination m'avoit dît à 200 lieues loin d'icy.

Par cette nouveauté je dispense mon travail de tous regonflemens, de touttes chaussées et de touttes mines, et je le conduis par la superficie de la terre, par enfoncemens esgaux et par pentes naturelles, en sorte que je rends la chose aisée et d'entretien facille, et je descharge la grande rigolle de dérivation d'environ 400,000ᵗᵗ de despence que les regonflemens, les chaussées et les mines avoient esté esvaluées, oultre le long temps qu'il auroit fallu pour l'assemblage des matériaux et pour la construction. Voilà, Mᵍʳ, en quel estat je suis, et voicy la réflection morale que je fais à ce suject. Je conviens que l'on peut tout ayant la grâce; estant vrai que celles que je receues un jour de vous à Saint-Germain produisirent la pensée qui donne tant de facilité à mon ouvrage. Une estincelle de vostre grand génie passa dans le mien petit : j'en feus eschauffé, et j'entray dans un entosiasme qui causa cette heureuse production par laquelle je peus dire, parlant hiperbolle, qu'à peu de frais j'ay comblé les valons, aplany les montagnes et constraint les eaux à m'obéyr.

Je feré la mesure desdites eaux au temps de la plus grande sécheresse, et en présence de Mess. les Intendans, et je prouveré par des raisons de fait que nous en avons suffisamment ; mais cela n'empeschera pas que je ne conseille les magasins, pour la commodité des pays qui ont accoustumé de s'arroser des ruisseaux que je prends.

Si vous ne le désaprouvés pas, Mgr, j'iré à Paris en septembre ; car j'auré finy ma rigolle d'essay en ce temps-là ; et comme j'ay repris la santé, je n'apréhende plus le voyage, joint que je crois nécessaire que j'aye eu l'honneur de vous voir avant la tenue de nos estatz. Il en sera faict comme il vous plaira.

A Revel, 4 aoust.

Je vous escrivis la semaine dernière comme quoy mon travail s'avançoit, et les moyens que j'avois trouvés pour descharger la petite rigolle d'essay, aussy bien que la grande de dérivation, de touttes grandes chaussées, mines et regonflements d'eaux, et par conséquent d'environ 400,000^{tt} de despense. A présent, Mgr, je vous le confirme, et que cette nouveauté me facillite si fort mon travail, que je crois d'en sortir heureusement dans le commencement du mois de septembre prochain, y ayant fait si peu de despence que bien des gens en seront surpris. Voyés, Mgr, si vous voullés que j'aille à Paris incontinent après, ainsin que je vous l'ay cy-devant escript. Maintenant je suis, Dieu grâces, en bonne santé, et je ne crains plus le voyage ; et si vous trouvés bon que je fasse un devis exact de tout ce que je croiré estre à fère pour la construction parfaite du grand canal de dérivation, et de celuy de navigation (les magasins d'eau compris), affin de le fère publier à la moins ditte, à la dilligence de Mess. nos Intendans en Languedoc, et ailleurs à celle de ceux qu'il vous plairra, sans en faire aucune adjudication, mais sullement pour sçavoir au vray à quoy la despence en peut aller; car ensuitte il se trouvera des gens qui non sullement en feront le forfait, si vous le jugés à propos, mais qui fourniront les moyens pour en avoir le fonds, sans se servir de celluy du Roy. Je vous ay quelquefois touché cette corde, Mgr, et si vous y consentés, elle sonnera de sorte qu'il s'en ensuivra de véritables et bons effectz.

A Bonrepos, 10° aoust.

Je suis en ce lieu depuis avant-hier; j'en partiré demain pour aller à mon travail; il s'avance, et quoyque le plus long soit à faire, comme c'est le plus aisé, et que le plus difficile est fait, je n'en suis plus en soucy. Dans un mot, Mgr, les eaux de la Montagne-Noire sont unies, et la rigolle finie, à cella près que je la fais repasser par vingt tailleurs de pierre, quarante terrassiers et deux nivelleurs qui donnent de pentes rapides ausdites eaux. Les attelliers de Durfort et Greissens, qui doivent mener lesdites eaux aux Naurouzes (point de partage), sont commencés, et mes mesures sont si bien prises, que les ouvriers ne sçauroient faillir. Cella n'empêche pas, Mgr, que je ne doive tousjours aller de poupe à proue, et que je ne sois incessamment sur la besogne. Ma présence y est encore nécessaire, et je ne quitteré pas que je ne la voye dans la perfection. Je croy d'en avoir le plaisir environ le 15 du mois prochain, et d'estre en estat d'aller ensuitte à Paris (s'il vous plaist de l'agréer ainsy). Le voyage ne m'est plus une peyne, j'y suis accoustumé; car ceux que je fais journellement, allant et revenant le long de la rigolle, qui est d'assés vaste estendue pour exercer à la fatigue, et de réussitte heureuse pour me resjouir, et me continuer la santé qu'il a pleu à Dieu de me donner, après 19 mois de maladie. J'en suis d'autant plus satisfait, que je voy mes nouvelles pensées avoir touttes les bonnes fins que je pouvois m'en promettre, et par conséquent mon entreprise deschargée de toutte despence exorbittante, ainsin que je vous l'ay escript. Je vous supplie bien humblement, Mgr, de me souffrir mon voyage de Paris, et de me regarder comme une vostre créature fidelle et soubsmise.

A Ramondenc, le 3 septembre.

J'ai receu vostre dernière lettre, et avec elle beaucoup d'honneur et de joye. Mon travail va comme je vous l'ay cy-devant escript. Ainsin, Mgr, je n'ay rien de nouveau à vous faire sçavoir, sinon que les endroits par où je passe sont favorables à mon desseing; car sur environ 39,000 toises de longueur, il ne se rencontre que trois ou quatre petitz endroitz sablonneus, le quart du restant estant pierre, et les trois quarts de la meilleure glaise du monde, de manière que quand les eaux passeroient dans des auges de marbre, elles ne seroient pas plus en suretté qu'elles le seront.

J'avois résollu, pour conserver une eslévation, de passer les eaux dans des auges et sur des eschaffaudages de bois d'environ 1,000 toises de longueur, et j'avois escript à Mess. les Intendans pour avoir permission de prendre des arbres dans les foretz du Roy; mais despuis, ayant conssidéré que ce que je ferois présentement en bois, il faudroit ensuitte le fère en pierre avec bien du temps et de la despence, je m'en suis dispensé, et sans cet artiffice je fais ma conduitte avec facillité; ainsin je n'ay plus besoin de bois.

Je ne sçay si ce que je fais est de grande ou de médiocre importance; quoy qu'il en soit, Mgr, j'en ay bien des envieus de tous aages et de touttes qualités, qui me noirciroient auprès de vous, s'il leur estoit possible; mais je suis persuadé que les dieus sont clairvoyans, et je m'assure que vous me ferés la grâce de juger tout en ma faveur, pour ce que vous cognoistrés que j'auré tousjours raison.

Je partiré pour Paris dès ma besogne achevée, c'est-à-dire environ la fin de ce mois ou le commencement de l'aultre, bien muny d'instructions de ce que j'auré à vous proposer; cependant, si de vostre sceu il y a quelques nouvelles afères à fère en cette province, je vous supplie bien humblement, Mgr, de les différer jusques à mon arrivée. J'y feré mon personnage comme les autres, et je seré tousjours avec soubsmission, etc.

A Revel, le 28 septembre.

Ce n'est pas sans raison que l'on dit qu'en mangeant l'apétit vient; la vérité de ce rébus se trouve dans l'exécution de mon entreprise. Je l'avois commencée par une petite rigolle d'essay, et je la continue par une qui pourroit fère la grande de dérivation dans une moindre besogne que la mienne, estant vray que la quantité d'eau que je conduis aux Naurouses seroit presque suffisante pour servir à l'entretien d'un canal comme celluy de Briare. Le malheur est que cest accroissement de travail, et les pluyes qu'il fait en ce pays icy despuis quinze jours, reculleut l'achèvement, et augmentent la despence, en sorte que je ne sçaurois l'avoir finy qu'environ la fin du mois d'octobre prochain, et que ladite despence s'aprochera de la somme de 50,000##. Mais aussy, Mgr, les moins intentionnés et les plus incrédulles seront constraints d'advouer, par cette espreuve sensible, que ce que j'auré fait est une belle chose. Peu de gens avoient foy pour la réussite; et maintenant qu'on ne la voit plus douteuse, la pluspart disent que ce que j'ai fait tient du miracle, que cella ne se pouvoit sans le secours de Dieu ou la participation du diable. Je conviens du premier, et du reste l'on me fera justice quand on dira de moy que j'ay quelque peu de nature, point d'art, et que je ne suis pas magicien.

Dès mon travail finy, je partiray pour Paris; cependant je vous envoye un devis en forme d'affiche, de la manière que je croy que cette affère doit estre proclamée. Vous y ajouterés et hosterés ce qu'il vous plaira. J'en bailleray autant à Mess. les Intendans lorsqu'ils seront icy, afin qu'ils en usent de mesme; et lorsque la chose sera dans vostre sens, vous pourrés, s'il vous plaît la fère proclamer à la moins ditte, pour en cognoistre la despence; en suitte de quoy je vous porteré des propositions si avantageuses au roy que vous les escoutterés favorablement, si je ne me trompe; car je feré tout mon possible pour les rendre justes et faisables. Mais en prenant des moyens pour donner de bonnes sûretés, je voudrois bien n'estre pas obligé à fère compagnie de sociétté qu'avec mes plus proches; les autres compagnies me sont désastreuses; et icy je ne sçay si c'est un effect de mon malheur ou de ma bonté, mais il est vray que je ne suis pas heureux en associés. Je vous en diré davantage de vive vois, et vous cognoistrés que mes pensées sont touttes à l'avantage du roy, et conformes à vos intentions.

A Bonrepos, 20 septembre 1667.

..... Puisque me voilà sur le point d'une entière liquidation, et de ne rien plus devoir au trésor royal, et que je vous déclare icy que mes travaux du canal ne me seront plus un prétexte pour retarder mes payemens de la gabelle, qui n'auront plus ensemble de connexité, ce fondement posé, je croy que vous ne trouverez pas mauvais que je vous en dise quelques mots en passant.

Quoy qu'il ne me soit pas possible d'achever mes rigoles de dérivation dans l'année courante, je n'ay pas resté de commencer le canal tout auprès de la rivière de Garonne, au-dessoubs de Tolouse, dans le dessein d'y bastir la première écluse, et de finir mon entreprise dans quatre années ou environ. Mais à propos de ladite première écluse, il me souvient de vous avoir escrit que, pour l'honneur de la chose, il seroit à désirer que les deux premières pierres de ladite écluse y fussent mises, sçavoir : celle du costé droit par le parlement en corps, et par la main de son premier président; et celle de gauche par les capitouls, suivis de tous les ordres de la ville, M^r l'archevesque de Tolouse officiant, suivy de tout son clergé. Il me semble, Mgr, que cette cérémonie faite de cette sorte, quoyque sans nulle dépense, seroit de grand éclat. J'en parlay avant-hyer audit sieur archevesque, qui me dit de surseoir la bâtisse de ladite écluse jusques qu'il me l'ordonnast; quelqu'une de vos lettres pourroit faire faire la chose comme vous la trouveriés mieux, et cependant je me contenteray de faire faire les fossez et surseoiray la bâtisse, quoyque tous les matériaux en soient prests, jusques à nouvel ordre. J'ay fait faire le mesurage depuis le port de Cette jusques à la fin de mon entreprise, et si l'estat des affaires présentes souffre que le roy soit encores dans l'intention de finir ledit port de Cette, et de continuer pareillement ledit canal depuis Trèbes jusques audit port, je me disposeray pour faire voyage à Paris, à vostre premier ordre, et vous aporteray des moyens pour trouver des fonds à l'effect de fournir à toutes ces dépenses-là, en sorte que le roy ne soit obligé de bailler que papier, parchemin et cire; et cependant je tascheray d'ajuster si bien icy la disposition des affaires qu'elles ne rencontreront pas de grands obstacles dans leur réussite ni dans les estats de la province, ni dans les compagnies souveraines, pour ce qui regarde l'approbation desdits estats et les vériffications dans lesdites compagnies, et laisseray si bons ordres pour mes travaux qu'ils seront continués pendant mon absence, de mesme qu'ils le sont lorsque j'y suis présent, estant dans la résolution de travailler l'hiver et toute l'année sans discontinuation, croyant mesme qu'il est de la politique d'en user ainsy [1].....

Le 1er mars 1669.

L'emprunt des 200,000 ₶ pour le payement des terres prises pour le canal fut desliberé et résolu avant-hier dans l'assemblée des Estatz de cette province, pour estre ladite somme de 200,000 ₶ payée, tant en principal qu'intérests, sur les cent mil escus de la septième année.

L'emprunt de la somme de 500,000 ₶ qui me doit estre mise ez mains pour l'achèvement du canal fut aussy résolu et desliberé dans ladite assemblée, pour estre payée à ceux qui l'auront prestée, tant en

---

[1] Sous la même date, l'archevêque de Toulouse écrit à Colbert : « Hier, le sieur Riquet vint encore icy pour sçavoir si je vous escrirois touchant les 30,000 meuriers qu'il s'oblige de faire planter le long de sa rigolle et de son canal, et que, l'accommodant d'un de ces colléges pour y faire loger tous les ouvriers nécessaires à préparer et filer les soyes, il y accommodera un quartier pour y demeurer, bien entendu que le logis sera tousjours au roy pour y mettre qui il luy plaira. Les logis de ces colléges sont grands comme la pluspart des hostels de Paris, et, outre cela, ont des grands jardins. Il fait travailler sur le bord de la Garonne pour poser la première escluse, où il y a près de 300 ouvriers. Toute la ville de Tholoze va voir cela avec joye, et jamais les Tholozains n'avoient eu de foy au canal qu'à présent. » (*Vol. verts C.*)

principal que intérests, sur les 200,000 escus de la cinquième et sixième année; le tout conformément aux arrests du conseil donnez à vostre raport. Mais la deslibération porte que les scindics de la province ne pourront me livrer ladite somme qu'à la charge par moy de leur remettre les quittances du Trésor royal à l'acquit de la province, ce qui me paroît juste. C'est pourquoy il me semble, sauf meilleur advis, qu'il faudra que je baille mes quittances au Trésor, aux fins que le Trésor me baille les siennes de pareille somme en faveur de la province, et par ainsin, après que j'auray retiré lesdites deslibérations, et que j'auray veu M. le chevalier de Clerville, qu'on m'assure estre en chemin pour venir en Languedoc, je vous envoyeray lesdites deslibérations avec un grand mémoire de l'estat de mes entreprises, et mes très humbles prières pour avoir vos ordres à l'effect de me faire bailler les quittances du Trésor royal à la descharge de la province en retirant les miennes.

Je vous advoue, Mgr, que les exhorbitantes dépenses que j'ay faictes en mes travaux, et que je fais journellement dans le dessein de finir mes entreprises dans l'année prochaine, m'ont mis dans un estat de disette d'argent inconcevable; mais je me vois hors de toute misère au moyen des 500,000 ᵗᵗ de question, et je ne doute point de sortir heureusement de madite entreprise dans le temps que je vous l'ay promis, c'est-à-dire l'année prochaine, ou du moins, en ce temps-là, il y aura fort peu de chose à faire, et ce ne sçauroit estre que quelques bastimens reculés par faute de matériaux. Dans un mot, Mgr, mon travail est toute ma passion; j'en dois souhaitter l'achèvement parfait pour me satisfère moy-mesme et pour fermer la bouche à l'envie, qui ne sçauroit s'empescher de s'en prendre à la moindre apparence de vertu.....

La nouvelle de la dignité que vos hauts mérites vous ont acquise de nouveau [1] a donné une joye inconcevable, et moy j'en suis rajeuny de 20 ans; je vous souhaitte avec cela une santé parfaitte et une longue

---

[1] Colbert venait d'être nommé secrétaire d'État.

vie, et je prie Dieu tous les jours pour ce sujet qu'il luy plaise de me maintenir dans l'honneur de vostre protection.

Vol. verts C.

6.

LANNOYS A COLBERT.

A Eu, le 22 décembre 1664.

Les personnes que vous avés envoié sur ces cottes pour y visiter les lieux où le roy pourroit faire des ports, sont venues en cette ville et ont exactement considéré la situation de celuy du Tresport, laquelle est asseurément, comme vous pourrés apprendre d'eux, la plus belle et la plus comode que S. M. puisse choisir pour y faire une despense très-considérable, tant à cause que la rade est la meilleure de toutte la mer, que les navires dans le havre seront à l'abry des grans vents..... qu'il y aura de l'eau pleus qu'il n'en fault pour y faire entrer les navires de 500 tonneaux chargés. L'entrée en sera facille de tous les vens; le fond du bassin aisé à creuser; les vaisseaux à la rade peuvent estre deffendus de terre. Ce port sera à 35 lieues de Paris, dans lequel on pourra entrer de toutte marée; toutes ces choses ne se peuvant trouver ailleurs, cela me fait crère que si le roy a dessein de faire travailler, qu'il choisira cet endroit. Feu M. le cardinal de Richelieu l'avoit ainsy trouvé par des ingénieurs, et s'il eust commencé ce travail, il m'auroit faict l'honneur de me commander d'en prendre le soin. Je vous offre, M^r, à faire la mesme chose et tout le service que vous jugerés à propos que je vous y puisse rendre; et comme j'ay l'honneur d'en estre le gouverneur, je puis facillement vous faire voir le destail d'un travail de cette nature, et vous fournir des gens propres pour cela. Ne soiés pas surpris, M^r, si une personne qui à peine a l'honneur d'estre cogneu de vous prend la liberté de vous en escrire; c'est l'envie que j'ay de vous pouvoir estre utile.....

Vol. verts C.

7.

CHATILLON A COLBERT.

A Rouen, ce 26ᵉ décembre 1664.

Nous arrivâmes avant-hier icy, ayant visité très-exactement toutte la coste depuis Dunkerc, sans rien obmettre de ce qui pourroit faire au desseing d'avoir des havres. Jusques icy nous n'avons rien trouvé de mieux préparé que Dunkerc; les autres ports de Calais, Boullogne, Dieppes estant à maintenir par des ouvrages ordinaires, comme aussy le Havre de Grâce, où il ne s'y est rien remarqué qui puisse souffrir la proposition, sous le nom d'un Hollandois, pour faire un môle ou jecttée avec une tour, ainsy que porte le mémoire de Mʳ du Quesne au sieur Regnier Jansse. Ledit Havre sera tousjours bon pour des vaisseaux marchands et quelques frégattes au-dessouz de 300 tonneaux. Sa situation et proximité de Rouen et Paris, sur l'embouchure de la Seine, nous a fait estudier tout ce qui se peut, sans pouvoir trouver matière suffisante d'hasarder de la despense extraordinaire, que pour des réparations et entretenements pour en esloigner la ruyne. Ledit sieur Jansse vous escrit son sentiment[1]..... Il sera proposé quelque ouvrage en tous les petits ports, comme de Saint-Valery-sur-Somme, du Hourdel, de Saint-Valery-en-Caux, de Fescamp, et l'anse de la

[1] Regnier Jansse écrit en effet de Rouen, sous la date du 27 décembre : « Mgr., ensuite du mémoire qu'il vous a pleu d'envoyer touchant ce que le capitaine du Quesne vous a fait proposer pour la rade du Havre, j'ay esté en personne le sonder avec M. de la Giraudières, de mer basse. Il ne se trouve rien du tout de ce qu'il a mis en avant, ni aucune apparence de le pouvoir faire, quelque despense que l'on feroit; et touchant la rade du Havre, avons trouvé que, de mer basse, les grands navires avec un grand orage n'y peuvent estre en seureté à cause de quantité de rochers et du peu d'eau, tellement que bien souvent les navires sont obligez de abandonner leurs ancres et câbles, et ensuite aller eschouer sur les vases devant la baye du Hocq, ou devant Honfleur. » (*Vol. verts C.*)

Hocque, au-dessus du Havre, suyvant l'utilité que l'on en peut espérer dans la nécessité; ce qui sera desduict dans le rapport général de la visitte et articulement sur chaque lieu.

Le Tresport a esté remarqué pour le lieu le plus propre à un nouveau dessein : la vallée est comprise entre deux montagnes de 500 à 600 toises de largeur, à peu près comme la situation de Dieppes, et une petite rivière de mesme de 13 ou 1400 toises de la ville d'Eu; le fond de la prairie propre pour creuser un bassin avec une chambre au bout; la proximité de l'Angleterre et de quantité de grands caps n'y seront contraires.

Les mesmes considérations ont fait comprendre aussy ce qui se pourroit accommoder à Ambleteuze, entre Calais et Boullogne, près du cap de Grinet, qui descouvre tout ce qui se passe en la Manche, et le plus voisin d'Angleterre et de la radde Saint-Jean, fort renommée en cette coste pour estre saine et seure; mais le lieu est serré, environné de dunes et peu de proffondeur, ne pouvant servir qu'à des vaisseaux d'entre 150 à 200 tonneaux au plus. Il n'y aura pas d'inconvénient de vous envoyer autant de ce que nous avons recogneu plus au long; nous en dressons les mémoires.....

<small>Vol. verts C.</small>

8.

DESJARDINS A COLBERT.

<small>A Bourdeaux, ce dernier aoust 1665.</small>

Il y a desjà quelque temps que je me suis donné l'honneur de vous escrire et de vous avoir envoié quelque essay de cuivre tiré de la mine de Périgort, avec quelques autres essays que je remis entre les mains de M. Lombart. Dans le premier, il y avoit trois mesdailles, l'une d'or et les deux autres d'argent. Il y a aussy desjà long temps que je vous en envoiay dix autres d'argent et vingt-deux de cuivre, avec un autre essay de ladite mine. Je croy, Mgr, que vous aurez reçu le tout à vostre satisfaction. Je suis encore après pour en faire quelque autre essay, pour voir si on en pourroit tirer du fin. J'ay nouvelles des monts Pyrénées sur d'autres mines que je feray espreuver, s'il y a lieu : je sçay qu'il y en doibt avoir de très bonnes. Il y a bien vingt-deux ans que j'en suis adverty; mais c'est une chose à voir par ordre du roy, pour esviter beaucoup de rencontre.

J'ay esté visiter la rivière du Drot, qui vient des environs de Castilones, et qui se descharge dans la Garonne, à une journée et demie de ceste ville. Elle se peut rendre navigable aysément, et elle aporteroit sans doubte beaucoup de denrées de son voisinage, qui se consomment sur les lieux faulte de débitte. J'avois fait dessein d'aller voir la rivière de l'Isle, qui vient du Périgort; mais un accident m'estant arrivé dans ce petit voyage, où j'ay couru tous les risques de la vie, m'a faict revenir icy promptement; je n'en estois point party sans y avoir laissé de bons ordres pour la continuité des travaux [1], ce qui s'est fort bien exécuté..... L'on ne sçauroit jamais prendre plus de précautions que j'en fais prendre dans ce travail, ni mesme plus d'économie. Ceux qui le voient l'admirent, et ceux qui en entendent parler ailleurs sont ravis d'apprendre la quantité d'ouvrage qu'il se faict en si peu de temps. Il n'y a rien en France, ni en Europe, ni peut-estre en tout le monde, de si beau ni de si bien faict pour le lieu ni pour la situation. Mais, Mgr, si nous estions un peu plus aydez et secourus d'autorité, je n'aurois pas la moitié de la peine que j'ay; la garnison de cette place, depuis que j'y suis, nous faict un estrange désordre..... Les officiers ne font point contenir leurs soldatz, qui font des désordres estranges, je ne dis pas seullement dans les travaux, mais encore chez les habitans du voisinage du chasteau, dont ils ne font aucune justice. Ce sont des troupes sans aucune discipline militaire, qui font gloire de battre, de tuer, de voler et de faire des excès estranges..... En toute cette garnison, je n'y ay recognu que les

---

[1] Du château Trompette, à Bordeaux, que le gouvernement faisait construire alors pour servir de citadelle.

Souisses qui font justice et qui sont ponctuelz au service..... Il n'y a pas jusques aux magistrats qui ne troublent nostre travail..... Cette police est pernicieuse tout à faict; cela nous destourne fort nostre travail, qui va de bien en mieux, et qui ira tousjours, si le roy ne nous laisse pas chomer d'argent..... Nous n'avons du fond que pour cette sepmaine et pour l'autre sans aller plus loing, ce que je vous suplie vouloir considérer.....

Le 11 décembre.

..... Nos travaux sont tousjours en fort bon estat de solidité, bonté, beauté, dont tout le monde est satisfaict. M. de Clerville a faict discontinuer des chozes qui estoient très utiles et nécessaires, ce qui causera beaucoup de retardement..... Je travaille encore à rectifier une carte de la rivière de Lisle en Périgort, mon fils ayant esté sur les lieux pour en faire le dessin, ayant pris tous les contours et sinuositez de cette rivière avec toutes les remarques durant quarante lieues, qu'il a faict à pied pour mieux réussir avec plus de justesse. C'est un travail fort grand et fort beau. Cette carte aura quinze pieds de long sur trois pieds et demi de large; tous les ruisseaux petits et grands qui se deschargent dans cette rivière y sont bien marquez avec soing, aussy bien que l'endroit de la mine de cuivre dont je vous ay envoié des essais. Je l'ay descouverte avec soing et despense, y ayant emploié de mes amis, qui, pour l'amour de moy, y ont pris grande peine et grand soing : elle sera fort bonne et bien abondante, ayant reçu des lestres de Périgueux, depuis deux jours, qui m'aprennent que l'on pourra tirer ou qu'il se tire trente quintaux de mine par jour.....

Depuis bien peu de jours, un vagabond de cette ville, accompagné de deux autres, le premier nommé Chapelus, insigne meurtrier, blasphémateur et pilleur de paysans, avec un nommé Macanan et d'Aubigean, assassinèrent un de nos charpentiers, frère de celuy qui conduit tout l'ouvrage de charpenterie, des pilotis et plateformes avec les grillages, qui est un fort habile homme..... N'ayant pris autre prétexte que ces gens travailloient au chasteau Trompette, le qualifiant une retraite de volleurs et gabelleurs, jurant que non seulement ilz extermineroient ceste famille qui sert le roy, mais qu'encore ilz tueroient tous ceux qui s'en meslent, sans exemption des officiers. Ces gens ont fait informer devant le lieutenant criminel, qui s'est fort mal acquitté de son debvoir, apuyant ces séditieux, qui ne sont pas en petit nombre. Il les a advertiz pour les faire esvader. Ces malheureux cherchent les témoins partout pour les faire périr, ne menacent rien moins que de la mort et du feu. Il y a trop de choses à dire sur leur subjet. M. de Marins, que j'ay veu là-dessus ce matin, en va poursuivre le chastiment; mais on n'en fait point icy : on y tue, on y volle, on assassine sans que l'on y remédie : personne n'y est en sûreté. Un nommé Desneuds, lieutenant-colonel du régiment de Poictou, y a esté tué par un nommé Leduc en entrant dans son logis, il y a desjà longtemps, sans que l'on ait fait mine d'en poursuivre le chastiement. Depuis que je suis icy, plusieurs gens ont tué un serrurier de ceste ville; la pluspart ont esté pris, et il n'en a esté rien faict. On a vollé les lampes d'argent de la chapelle Nostre-Dame à Saint-André; cette action a esté estouffée sans aucune justice. Les meurtres, les assassins, les vols sont si communs icy, que personne n'y est en seureté. M. Borde, un conseiller de ce parlement, a sauvé la vie par deux fois au nommé Chapelus, qui est appuyé de beaucoup d'autres gens[1]. L'affaire dont M. Lombart et moy vous avions escript touchant le meurtre d'un nommé Dulac, qui avoit soin de faire fournir la pierre de taille de Bourg, lequel avoit esté faict par un nommé Casaux, a demeuré impuny, faute de n'avoir pas eu assez d'appuy, quoyque M. l'intendant eust donné son arrest de mort contre ledit Casaux et son valet.....

---

[1] Dans une lettre subséquente, Desjardins raconte que Chapelus, poursuivi par ordre du parlement, vint attaquer de nouveau les ouvriers du château Trompette, et fut tué par eux. « Tous les lieux circonvoisins en font des feux de joie. » Lettre du 14 octobre. (*Vol. verts C.*)

Bordeaux, 2 décembre 1667.

Je me suis donné l'honneur de faire responce à la vostre, il y a desjà beaucoup de temps, sur les ouvrages du chasteau Trompette, et particulièrement sur le secours qu'il falloit donner au bastion Dauphin, sur l'accident qui estoit arrivé à l'une des faces [1]; celle-là est en seureté, aussy bien que son flanc qui regarde celuy de la Reyne; mais elle n'est pas encore dans la perfection de sa hauteur. On travaille à la continuation de cet ouvrage pour le faire régner au pourtour dudit bastion, dont une partie de l'autre face est desjà pillotée et commencée à bastir. On pillote aussy sur l'autre flanc; cet ouvrage de charpenterie doit estre achevé à la fin de cette année, après quoy ce bastion sera en toute seureté, pourveu qu'on diligente la maçonnerie qui doit estre dessus, et qu'on perfectionne tout cet ouvrage, qui seroit finy présentement, si on avoit eu du fonds. On ne travaille plus qu'à crédit et sur nostre bonne foy; on doit beaucoup aux marchands de bois, de pierres et de chaux, et mesme aux entrepreneurs de maçonnerie..... M^{rs} les jurats de Bordeaux ne nous donnent point d'argent, et quand ils en donnent, c'est avec beaucoup de pertes; ils doivent encore 10,000^{tt}, mais ce n'est pas pour payer les debtes, de sorte, Mgr, qu'il vous plaira de nous envoyer un prompt secours pour mettre tout cela en bon estat de perfection, afin qu'il n'y ayt plus rien à appréhender.....

Vol. verts C.

---

[1] Dans une lettre du 11 novembre, Desjardins avait rendu compte d'une espèce de rupture qui s'était faite par suite du tassement des terres, ce qu'il attribuait à la malice des gens employés aux travaux « de n'avoir jamais voulu dire à M. de Clerville la nature du terrain, » etc.

9.

DE BESONS ET TUBEUF,
COMMISSAIRES DU ROI PRÈS LES ÉTATS DE LANGUEDOC, A COLBERT.

A Montpellier, le 8 septembre 1665.

Nous vous rendismes compte, par l'ordinaire dernier, de la résolution prise d'aller de nouveau voir le port de Cette, et nous nous rendismes pour cet effect, le 6 du courant, à Balaruc, où, après avoir examiné le devis dressé par M. le chevalier de Clerville, et examiné l'advis des sieurs Saint-Tropez et Garnier, envoyés par Mess. les intendans de la marine et des galères, nous apprismes par leur bouche que ce qui faisoit appréhender d'entrer dans le golphe de Léon estoit qu'il n'y avoit point de retraicte, et que la coste estant fort plate, elle ne se descouvroit pas aysément de loing; mais que tous ces avantages se rencontrant à Cette en une montagne et un fort bon mouillage, que non seulement on y pouvoit faire un bon port pour ceux qui auroient à venir aborder dans le Languedoc, mais mesme que ce seroit une retraicte asseurée pour ceux qui passent, lorsqu'ils seroient accueillis du mauvais temps. Et comme ces raisons vous seront bien mieux connues par la relation desdits sieurs de Saint-Tropez et Garnier...., il seroit inutile de vous la répéter. L'affaire donc se réduit au point qu'il est aysé de faire un bon port, en faisant un mosle à la teste, et perçant ensuitte par un canal dans l'estang pour faire une grande communication au cœur et au dedans de la province, qui y porteroit l'abondance, y establiroit un commerce asseuré, et serviroit à la jonction des mers par la communication qu'il est à propos de faire de ces estangs jusques au canal de Narbonne. Nous fismes ensuitte publier les ouvrages dont nous avons ordonné la continuation, en cette ville, où l'on trouve plus d'entrepreneurs. Les consuls, qui sont députez des Estats, outre la difficulté de la délibération, en trouvoient une seconde en ce que 40,000ᵗᵗ n'estoient pas proportionnées à une entreprise de cette qualité, à quoy que nous leur respondismes que nous ne prétendions pas les engager que jusques à concurrence de ceste somme, qu'il valoit mieux employer les 60,000ᵗᵗ au commencement d'un bon ouvrage qu'à des réparations inutiles; et M. le marquis de Castres, qui se trouve seul des haults bancs, les porta à se soumettre à cet expédient, jugeant comme nous qu'il est important d'engager la province à cette entreprise; mais il espère que cette démarche, qu'il faict pour le service du roy et pour l'avantage du Languedoc, sera fortement appuyée par S. M. aux prochains Estats, affin de confondre ceux qui, ayant formé des obstacles si mal à propos à cette affaire, chercheroient à confondre sa conduite, s'il n'avoit pas l'authorité de S. M. pour la soutenir et faire honte aux personnes qui ne peuvent souffrir l'utilité et l'avantage du Languedoc[1].....

Le 16 novembre.

Nous partismes mercredy de Revel pour visiter la rigolle jusques au point de partage, comme nous avions desjà faict depuis la source jusques à Revel. Nous trouvasmes le travail fort beau, le rocher coupé aux endroitz où il estoit nécessaire, et l'eau conduite au point de partage, d'où elle se jette en deux fossez, et va présentement de ce lieu partie en la mer Méditerranée et partie en l'Océan. Nous attendons d'en dresser au premier jour un procez-verbal exact, et de vous l'envoyer avec l'estat de la despense, lequel nous croyons qui

---

[1] Le marquis de Castres avait écrit le 25 du mois précédent à Colbert : « M. le chevalier de Clairville arriva hier de Marseille, d'où il a amené le sieur de Saint-Tropet, capitaine des ports de Provence, et un capitaine de navire, pour avoir encore leur advis sur le cap de Cette; mais nous tenons en ce païs les gens de Provence un peu suspects, par l'intérêt qu'ils ont qu'il n'y ait pas d'autres ports sur cette coste que dans la Provence. Nous verrons leurs sentimens, qui se trouvans conformes à ceux de Renie Jense et de M. le chevalier de Clairville, on travaillera de meilleur cœur à ce grand ouvrage. Cependant je dispose des gens à Montpellier à faire construire un canal de ladite ville dans l'estang pour la facilité du commerce..... ʳ (*Vol. verts C.*)

montera à 80,000ᵗᵗ, ayant excédé de ce que nous nous estions persuadé, comme il arrive souvent aux ouvrages de cette qualité. Le canal a 30,000 toises, qui font 10 lieues, à raison de 3,000 toises par lieue, et de ces 30,000 toises il y en a 500 qui ont presque consommé la moitié de la despense ; mais vous serez mieux esclaircy du détail par le plan que nous en faisons faire et les autres actes que nous aurons l'honneur de vous envoyer [1].

Le 10 avril 1666.

Nous n'avons pas plus tost cognu par l'ordre que vous avez donné à M. le chevalier de Clerville de s'en revenir diligemment par deçà, l'intention qu'avoit le Roy de faire mettre la main aux ouvrages cydevant proposés au cap de Cette, que nous avons pris au mesme

---

[1] Dans une lettre particulière du même jour, de Besons fait part à Colbert des observations que voici sur le même canal : « M. Tubeuf m'avoit dit, il y a quelques jours, que Renegens luy avoit donné un mémoire touchant la rigolle, et depuis deux jours il me l'a donné à lire. Si ledit sieur Renegens nous en eût proposé les difficultez devant que de s'en aller, nous les aurions discuté avec luy sur les lieux, ne s'agissant point d'un secret, mais d'un ouvrage important dans lequel les différens sentimenz servent souvent à connoistre la vérité. Par la lecture de ce mémoire, je trouve que les difficultez proposées par ledit sieur Renegens aboutissent à trois pointz : le premier, qu'il falloit prendre les eaux un peu plus haut pour leur donner plus de poidz par la hauteur de leur cheute ; le second, que la rigolle est trop prez des concavitez, et que l'eau tombant des montagnes, elle pourroit rompre la rigolle, et le dernier, que si l'on conduisoit le canal par la rivière d'Agout, la navigation en seroit plus aisée. Quant aux deux premiers pointz de la hauteur de la cheute des eaux et de la situation de la rigolle, M. le chevalier de Clerville m'ayant faict cette objection, nous avons visité ensemble la rigolle depuis le commencement jusques à Revel, et avons trouvé que l'on l'a prise où il falloit, parce qu'on ne vouloit pas se servir de toute la rivière ; mais lorsque l'on fera le canal de dérivation tout entier, l'on avancera de 4 ou 5 toises plus haut, et ainsy l'on prendra la cheute de la rivière, et je ne fais pas grand cas de cette objection. La seconde est plus considérable, que la rigolle est prise bord à bord de la hauteur, et qu'ainsy l'eau se peut espancher dans la plaine. Le sieur Riquet l'a faict par mesnage, parce que s'il se feut approché davantage de la hauteur, il eust fallu creuser beaucoup plus ; ainsy en cet endroit-là, où il n'y a que 6 pieds de profondeur, il en eust fallu donner plus de 12, et d'ailleurs comme il traversoit un bois, il a pris justement le bord pour ne

temps résolution d'aller sur les lieux pour reconnoistre ce qu'il y avoit à faire et en avancer l'exécution. Pour cet effet, nous nous y rendismes mercredy dernier, où nous examinasmes tous les ouvrages projettez et contenus dans les devis et mémoires que nous avons eu l'honneur de vous envoyer; mais comme nous n'avons pas sceu au vray quelle somme S. M. y voudroit employer, et si elle y destineroit les 240,000ᵗᵗ excédant les quinze dont elle avoit tesmoigné se vouloir contenter, nous n'avons pas pu nous déterminer ni prendre une résolution définitive, soit sur le choix des ouvrages, sur la somme ou sur l'application particulière de ce qui doit estre employé à chacun d'iceux. Pour cela, nous vous disons, Mʳ, qu'ayant considéré que si l'on veut fournir un plus prompt secours aux barques de Frontignan, qui, faute d'une retraite commode, ne font presque plus de commerce dans la mer Méditerrannée, et faire aux Estats prochains une montre

pas tant couper de bois (car il estoit fort difficile de conduire le niveau en cet endroit-là); présentement que cela est faict, et qu'on ne sçauroit se manquer au niveau, lorsqu'on fera le canal tout entier, on se serrera davantage du costé de la montagne, et la terre qu'on tirera de là servira à fortifier l'autre bord. Pour ce qui regarde les eaux qui peuvent tomber des montagnes, il n'y a rien à craindre, parce qu'on ne tiendra pas la rigolle pleine, et lorsque le canal sera faict, on donnera des issues de temps en temps, pour descharger les eaux comme l'on faict dans les estangs; et quoique je sois fort ignorant en cette profession, néantmoins je vois fort bien le remède qu'il y a à apporter sur ce chef.

« Quant au dernier point, qui est de conduire le canal dans la rivière d'Agout, au lieu de le mener à celle de Garonne, je demeure d'accord que c'est le plus court; mais je doute s'il est possible, parce qu'il y a bien de la différence entre un canal de dérivation et un de jonction. Quant au premier, pourveu qu'il ayt sa pente pour conduire les eaux où on les veut mener, cela suffit, n'estant pas nécessaire qu'il soit navigable; mais quant à l'autre, il faut qu'il puisse se remonter et se descendre, et pour cela esviter les cheutes. Le sieur Riquet faict faire un plan; mais oultre ce, M. Tubeuf et moy avons envoyé en faire un particulier, par où vous connoistrez la hauteur et proffondeur de la rigolle en tous les endroitz, et jugerez de l'ouvrage comme si vous estiés sur le lieu. Cependant ce que je vous puis dire, en général, c'est qu'il n'y a rien de si beau pour la gloire du roy et pour l'honneur de vostre ministère, que cela paroist aux yeux du public; et par les mémoires que je dresseray, et que j'auray l'honneur de vous envoyer, vous pourrez juger si la navigation sera possible par la rivière d'Agout selon les pentes. » (*Vol. verts C.*)

plus spécieuse du bon employ que S. M. aura faict des sommes qu'elle avoit demandées à la province pour les choses qui lui estoient utiles, nous estimons qu'il seroit bon d'employer le plus fort de la dépense à ce qui est à faire au cap de Cette, tant en ce qui regarde la jettée, qu'en ce qui concerne le canal commencé pour la communication de la mer à l'estang de Thau; mais pour cela nous souhaitterions fort de sçavoir si les propositions que nous avons l'honneur de vous faire sont conformes à la volonté de S. M. et à vos sentimens.

Après vous avoir parlé des deux ouvrages, sçavoir : de la jettée proposée à faire au cap de Cette, et du canal de communication à l'estang de Thau, il y en a un troisième qui ne presse pas moins, estant à nostre advis d'une indispensable nécessité, qui est celui de curer en telle sorte les embouchures des estangs et rivières qui se deschargent en cette coste, que les barques du pays s'y puissent aysément retirer, et que mesme les estrangères y puissent entrer en attendant un port commode où elles puissent venir par transit, ou s'y arrester quand elles voudront. Pour cet effect, nous avons résolu de faire deux pontons à cuillier pour y travailler avec le plus de diligence qu'il se pourra, ce qui servira non seulement au nettoyement des graus, mais aussy fera connoistre la seureté qu'il y aura de pouvoir entrer par l'embouchure de nos rivières et de nos estangs dans le canal de transnavigation d'une mer à l'autre.

Nous avons pensé, pour faire connoistre par avant aux peuples du Languedoc l'avantage qu'ils recevroient de la jonction des mers, à un quatrième travail, sçavoir : de joindre l'estang de Thau à la rivière d'Agde par un petit canal ou robine qui a desjà quelque cours continu, au moins pendant l'hiver; mais comme il falloit faire pour cela une grande escluse de pierres sur cette rivière, et deffendre une partie de cette robine des dommages de la mer, par une digue assez bien faicte pour durer éternellement, nous avons estimé, pour avancer davantage les ouvrages du cap de Cette cy-dessus exposés, qu'il seroit peut-estre bon d'en remettre le travail à l'année prochaine; toutesfois nous nous en remettons à ce que vous en jugerez pour le meilleur, et à ce que vous nous en ferez sçavoir de la part de S. M. aussy bien que de toutes les autres choses icy esnoncées.

Mais d'autant que nous ne vous avons point encores parlé quelles sommes doivent estre employées à chacun des travaux ausquels nous pensons qu'il seroit bon de s'arrester pour ceste année, nous disons, M^r, que le sieur de Saint-Tropez estant venu l'année dernière reconnoistre le cap de Cette, il vist qu'il estoit de telle qualité que dans le seul estat où il est, une escadre de galères y pourroit trouver un abri favorable contre les vents les plus à craindre dans le temps de leur navigation; il y auroit encores une seureté bien plus infaillible de s'y retirer, s'il y avoit seulement 60 ou 70 toises de jettée faicte du costé du midy. Nous croyons que si, comme nous avons desjà dit, S. M. veut employer la somme entière de 240,000^{tt} aux travaux projettez au cap de Cette, il seroit bon d'en destiner 40,000 escus à ladite jettée, 60,000^{tt} au canal par lequel se doit faire la communication de la mer à l'estang de Thau, et le surplus se pourroit réserver, sur quoi l'on prendroit les sommes nécessaires pour la construction des pontons à cuillier et autres choses nécessaires, avec tout le soin et l'exactitude possible, dont nous vous rendrions compte tous les mois.

Nous attendons sur tous ces points la résolution que vous nous ferez l'honneur de nous donner, et cependant nous ferons les publications et examinerons les cautions de ceux qui ont faict des moins-dites pour la jettée, et ferons toutes les autres nécessaires, en sorte que pendant l'attente de vostre response, il ne se perde point de temps[1].

---

[1] Cette lettre est signée aussi par le chevalier de Clerville. Colbert a mis dessus : *Veu bon, à faire response.*

Besons, dans une lettre particulière du même jour, écrivit : « ..... Nous avons esté visiter le cap de Cette, et dresser deux mémoires des choses que nous y avons reconnues, sur lesquelles, si vous trouvez bon, M^r, que j'aye l'honneur de vous mander mes sentimens particuliers, j'aurois cru qu'il falloit achever l'ouverture du canal pour faire la communication avec la mer, devant que de commencer la jettée de pierre, par deux raisons : la première, que cette communication de la mer avec l'estang aporteroit l'abondance dans la province, et donneroit courage à la continuation de l'ouvrage; et la seconde, que cette

A Montpellier, le 10 décembre 1667 [1].

….. Tout le monde est véritablement assez persuadé des avantages que le Roy veut procurer à cette province, et de l'utilité des ouvrages publiqs ausquels S. M. a la bonté de faire travailler; mais les discours de ceux qui en parlent aboutissent tousjours à dire que c'est beaucoup d'espérance et rien de présent; car le canal de communication est un travail dont le fruict est fort esloigné. Le port de Cette de mesme ne peut estre en estat de long temps [2], et l'on travaille presque par toute la province, sans que les gens du pays, et principalement ceux qui entrent dans le commerce et dans le débit des marchandises, en ayent encore ressenti le soulagement qu'ils en espé-

despense n'estant que de 50 ou 60,000 escus tout au plus, j'aurois pensé qu'il la falloit achever pour en voir l'effect auparavant que d'en commencer une qui coustera 7 ou 800,000#. Néantmoins, comme ceux qui appuyent le sentiment de travailler à l'un et à l'autre tout ensemble, sçavoir : à la jettée de pierre et à l'ouverture du canal, ont des raisons pour fonder leur advis contenues dans le mémoire, je n'ay point aporté d'incident de m'y conformer, d'autant plus qu'il ne s'exécutera rien que nous n'ayons receu vos ordres…..

« Le second point est indispensable, qui est de faire travailler incessamment au curement des graux, parce que si je puis faire nétoyer l'entrée de la rivière d'Agde, j'assure desjà un bon port pour les barques, et peut-estre mesmes pour les galères, selon que le fond s'y trouvera par le nétoyement.

« Le troisième que j'ay proposé, et que M. le chevalier de Clerville a approuvé, et qui n'est pas de grande despense, est de joindre l'estang de Thau à la rivière d'Agde

par l'endroit apelé le Baignas, et par là, dez que cela sera faict, il y a communication depuis Lyon jusques en Agde, et les lieux du voisinage accommoderont le passage des canaux chacun en droit soy….. » (*Vol. verts C.*)

[1] Cette lettre est signée par Tubeuf seul, ainsi que la suivante; la dernière l'est par de Besons seulement.

[2] Le duc de Verneuil avait écrit, le 29 novembre, au sujet du travail de ce port : « Il y a fort peu de gens qui y travaillent, quoyqu'il soit bien nécessaire, deux grandes barques de Frontignan s'estant eschouées la semaine passée, faute d'avoir un port pour se retirer. Ceux du lieu me firent de grandes plaintes de ce qu'il n'y a pas de gardes-costes, et que si S. M. n'y pourvoit, tout leur commerce est perdu, leur ayant esté pris six barques cest esté par les Maillorquins, et qu'ils perdront ce qui leur reste, si l'on n'y pourvoit cest esté. C'est le lieu presque seul où aborde tout ce qui vient du Levant. » (*Vol. verts C.*)

roient. Cependant il n'y a rien qui touche le petit peuple comme le présent, et un petit gain ou un petit avantage qu'on luy mettra entre les mains le satisfera plus que touts les plus grands qu'on luy pourra promettre pour l'avenir. Ainsy, M^r, il me sembloit que, pour soustenir les espérances qu'on a fait concevoir de ces glorieuses entreprises, il estoit bon de faire sentir au peuple quelque fruict anticipé de ces mesmes ouvrages. Et de cette sorte je me persuadois que si l'on ouvroit l'embouchure du canal d'entre la mer et l'estang de Thau, en attendant que le mosle fust achevé, en sorte qu'on peust donner entrée aux petites barques dans l'estang, ce seroit une chose qui pourroit estre bientost faicte, et d'une assez médiocre despence, eù esgard au reste de l'ouvrage; car il n'en cousteroit pas plus de 50,000 escus, et c'est un fonds qu'il seroit important de trouver pendant la tenue des Estats, d'autant plus que si l'on discontinue le travail au cap de Cette, on croira, comme on l'a desjà assez dit, que c'est un dessein abandonné, et que ce qu'on y a mis est perdu.

Pour ce qui est de la rivière d'Érault, et du grau d'Agde qui est à l'embouchure de cette rivière, il n'y a rien de si pressant que cela, ni de si peu de despense, parce qu'il ne s'agit que de nettoyer ce grau avec les pontons que S. M. y a fait faire. Mais comme il faut quelque entretien à ces pontons, et quelque despense pour les faire travailler, le diocèse d'Agde a de la peine d'y entrer seul. Sur quoy j'ay pensé, M^r, que comme le diocèse d'Agde n'est pas le seul qui profite de cette réparation du grau, mais encore celuy de Béziers, qui en est proche, on pourroit l'engager à contribuer à cette despence, d'autant plus qu'il seroit aysé d'envoyer l'un desdits pontons, après que le grau d'Agde seroit entièrement libre, à celuy de Vendre, dont le diocèse de Béziers veut aussy demander à ces Estats la réparation et le nettoyement, à ce que j'ay appris. Si vous trouviez donc bon, M^r, d'écrire un mot à M^{rs} les commissaires du roy et à M^r le président des Estats pour exciter le diocèse de Béziers à entrer dans cette despense, je crois que ce seroit une chose facile à faire réussir, et d'autant plus de conséquence pour le service du roy, que c'est par là seulement qu'on peut envoyer du secours en Catalogne. Vous ferez, s'il vous plaist, toutes les réflexions que vous jugerez pour le mieux là dessus; mais j'ay creu estre obligé de vous en donner advis comme de choses qui m'ont paru assez importantes.

Le 3 mars 1668.

Nous avons fait le marché pour percer le banc de sable qui est à la teste de la rivière de l'Érault, et y faire une ouverture suffisante pour le passage des galères. C'estoit le seul travail absolument nécessaire à ce dessein; mais celuy qui se présentoit pour l'entreprendre ayant remonstré que le temps n'estoit pas tousjours propre pour travailler en mer, et qu'il y avoit aussy dans le canal de la rivière quelques endroits qu'il seroit bon de nettoyer et y faire un plus grand fond, il a demandé que l'on luy fist un forfait de la barquade de sable qu'il tireroit tant de la mer que de la rivière, l'un portant l'autre. Je n'estois guère d'advis de recevoir cette proposition, 1° parce que le travail de la rivière n'est ni nécessaire ni si pressant que l'autre, et de plus parce que les entrepreneurs ne cherchent le plus souvent que des prétextes pour esloigner ou retarder le travail selon leur commodité et leur avantage, et non pas selon l'exigence du service; tellement que je disois que l'entrepreneur s'arresteroit à travailler dans la rivière, où le travail est beaucoup plus aysé et de moindre despence, au lieu de travailler dans la mer. Cependant ces autres messieurs ayant esté de sentiment contraire, la proposition a esté receue, et le marché a esté donné à ce mesme entrepreneur à 13# pour barquade, tant dans la mer que dans la rivière, quoyqu'il s'en présentast un autre qui offroit prendre la barquade à 10# dans la mer, et 5# dans la rivière. Ç'auroit esté assez mon sentiment de prendre le meilleur marché; mais ces messieurs ont jugé qu'il valloit mieux en donner dadvantage à un homme qu'ils estiment plus habile et qui a travaillé à Marseille. J'ay pourtant dessein, si vous le jugez à propos, M^r, d'envoyer copie du devis à M. Arnoul, parce que, comme nous avons peu de fonds pour cet ouvrage, ce seroit un grand bien s'il pouvoit nous envoyer des gens habiles et expérimentez qui le voulussent entreprendre pour un bien moindre prix, affin que nous ne retombassions point dans la nécessité de demander l'année prochaine un autre fonds aux Estats, qui auroient de la peine à nous l'accorder.

A Montpellier, ce 3 mars 1668.

..... Je vous ay rendu compte des conférences que nous avions eu avec M. le chevalier de Clerville, touchant les ouvrages commencez et à achever en Languedoc, et comme nous avions fait conclurre un traitté avec le pontonnier pour travailler à l'ouverture de la rivière d'Agde, si bien que le marché estant faict et le fondz y estant, vous n'en entendrez plus parler que par l'exécution ; et parce qu'il seroit à souhaitter que le mesme travail se fist à la Nouvelle, j'escris aux consulz de Narbonne pour les exciter à faire du fondz, et dans le choix que M. le duc de Verneuil a faict pour les assiettes, il a donné celle de ce diocèze à une personne intelligente pour les persuader d'entrer dans ce travail.

M. le chevalier de Clerville partit d'icy mardy pour aller visiter les ouvrages de Cette, où le sieur Riquet se rendit le lendemain. Ils m'envoyèrent prier de m'avancer sur le chemin, affin de pouvoir conférer. Le résultat de tout ce que nous agitasmes aboutit à trois choses principalles : la première à reconnoistre les travaux faictz par le sieur Riquet, dont M. de Clerville vous rendra compte..... la seconde est, comme vous avés, M^r, faict le projet si glorieusement pour le roy et avec tant d'utilité pour la province, pour la construction du canal de transnavigation despuis Thoulouse jusques à Trébes et de toute la rigole, et faict les fondz nécessaires, en sorte que, s'il y avoit aucun retardement, ce seroit la faute de l'entrepreneur. Il semble aussy, pour l'achèvement et la consommation du mesme ouvrage, qu'il seroit à propos de résoudre la communication des estangz et le canal despuis les estangs jusques à Trébes. Ce second article est connu et discuté, il ne reste qu'à avoir le fondz et les moyens pour l'exécution ;

sur quoy ledit sieur Riquet nous dict qu'il avoit des propositions à vous faire lorsqu'il auroit l'honneur de vous veoir.

Il reste le dernier, qui consiste en l'ouverture qu'il faut faire dans la mer du canal de Cette et de l'achèvement du môle ou du moyen d'avancer 50 toises pour mettre à couvert une partie des bastimens et l'entrée du canal. Ledit sieur Riquet nous fit une proposition sur ce sujet, que travaillant à ces ouvrages pour les rendre achevez en la manière qu'il a promis dans quatre ans, les 1,200,000 ^{tt} que vous luy donnez, faisant partie des 800,000 escuz accordez par les Estatz, s'achèveront de payer l'année 1670; celle-cy estant la seconde, il faut compter par estimation une cinquième année pour le payement des terres et autres choses qui ne font point partie de son traitté : par exemple, l'année passée, nous estimâmes les terres prises et l'estimation des dixmes, et tout cella ne monta pas à 20,000 ^{tt}. Cette année, l'estimation des terres ira loin, parce que le canal part de Thoulouse et passe par le bon fondz et par des prairies, en sorte que le payement des terres, cette année, coustera plus que deux années suivantes, et ainsy je crois qu'il faudra différer l'estimation jusques au mois d'octobre ou de novembre, lorsque M. de Thoulouse sera de retour de la cour, affin que les premiers deniers que touchera ledit sieur Riquet s'employent au payement du travail, et ceux du dernier terme à celuy de l'estimation des terres.....

<small>Vol. verts C.</small>

10.

BOUCHU, INTENDANT EN BOURGOGNE, A COLBERT.

<small>Au port Digoin, le 30 d'octobre 1665.</small>

Je vous envoye le procès-verbal que j'ay dressé de la visite des rivières de Deune et de la Bourbinche et des estangs de Longpendu, de Montchanin et autres circonvoisins, en suite des ordres du roy, pour la transnavigation des rivières de Saosne et de la Loire et la communication des mers, à laquelle M. Bourguignot, esleu du tiers-estat de cette province, et M. Rigoley, nommé par S. M. pour greffier en cette commission, ont esté présens, et sur les advis de M. de Francine-Grandmaison, intendant des eaux et fontaines de France, et de M. Chamoy, ingénieur et architecte du roy.

Vous connoistrez qu'on ne peut pas y procéder avec plus d'exactitude et de soins que nous avons fait, y ayant employé dix-sept jours, depuis le matin jusqu'au soir, avec un si grand désir de nous bien acquitter de nostre devoir que nous n'avons couché que dans des villages et dans des maisons inhabitées sur le bord des rivières. Il n'y a personne de nous qu'il n'y ayt employé sans réserve tout ce qui a dépendu de sa fonction, et outre la visite exacte que nous avons faite pas à pas, j'ay pris soin de mander partout tous ceux de qui nous pouvions tirer quelque esclaircissement, soit gentilshommes ou autres, pour le succez de nostre dessein; aussy j'oze vous dire qu'autant qu'il eust esté difficile de prendre une résolution certaine sur les procez-verbaux de visite qui ont esté faits jusqu'icy avec si peu d'exactitude et tant de deffectuositez, il vous sera facile à présent de le faire, puisque vous pourrez connoistre les choses comme si vous aviez esté sur les lieux.

Toute la difficulté de ce grand dessein est depuis le moulin de la Motte-Marsilly ou Vouchol jusqu'au bas de l'estang de Montchanin; aussy, pour nous en esclaircir et nous en donner l'entière connoissance, nous avons redoublé nos soins pendant cinq jours que nous avons demeuré au village de Montchanin, situé à un quart de lieue des étangs de Longpendu et de Montchanin, et au milieu de tous les autres. Nous y avons examiné deux choses particulièrement : la première, qui regarde la qualité et quantité des eaues, et l'autre, le lieu par où on pourra faire la transnavigation, et, après une exacte recherche, tant sur les lieux que par la connoissance qu'un grand nombre de personnes que j'ay mandées m'en a peu donner, nous avons trouvé que toutes ces eaues qui font les estangs de Longpendu, Montchanin et autres, ne sont point de source, mais seulement des eaues du ciel, provenant des neiges et des pluyes qui les remplissent et les nourrissent, à l'exception de deux sources qui entrent dans l'estang de Jeandublé, et de celui de Jeandublé dans celuy de Montchanin, contenant la quantité de 54 poulces d'eau, lesquelles diminuent de moitié dans les grandes sécheresses, ce qui a fait un peu de peine à M. de Grandmaison, de voir entreprendre un ouvrage de cette importance sur un principe qui peut manquer, ayant peu de sources et d'origine perenne ; mais aussy le calcul et supputation des eaues qui se sont trouvées dans lesdits estangs, ayant esté fait très-exactement, tant par ledit sieur de Grandmaison que par ledit sieur Chamoy, et ayant trouvé ensemble qu'il y en auroit assez pour faire passer 3700 batteaux en une année, quand la sécheresse seroit aussy grande qu'elle a esté celle-cy, quoyqu'il nous ayt esté assuré par tous les gens du pays que, depuis trente ans, elle n'avoit point esté pareille, ledict sieur est persuadé qu'on peut faire un fondement aussy certain sur ces eaues que si elles estoient toutes de sources, et que, pour peu qu'il pleuve, on pourroit y faire passer plus de 6000 batteaux, qui est un nombre qui excède beaucoup ceux qui peuvent passer par chaque année, et soustient mesme que, dans les plus grandes sécheresses, ce canal sera navigable, dans le temps que les plus grands fleuves de France ne le seront pas. Ce calcul et supputation d'eau est rapporté très-exactement dans mon procez-verbal.

La seconde difficulté a esté du lieu où l'on fera le canal de balance et de distribution ; et, après avoir considéré les lieux avec un soin extraordinaire, lesdicts sieurs de Grandmaison et Chamoy ont jugé qu'il est impossible de le faire ailleurs que dans l'estang de Montchanin, et pour y parvenir, il faut faire le canal par le milieu de l'estang de Longpendu, lequel estant plus élevé que celuy de Montchanin, il faut creuser celuy de Longpendu de 3 toises. Ledit sieur de Grandmaison est d'avis qu'avant tout œuvre, il faut y faire des fouilles et des puisards pour connoistre la nature du terrain, et ledict sieur Chamoy n'en parle point, parce qu'outre qu'il ne fait aucun doute que le terrain ne soit fort bon, il dit qu'il en faut laisser la conduitte aux soins et à la prudence de l'entrepreneur.

« Je croy, M^r, estre obligé de vous advertir d'une chose qui me semble essentielle, au cas que le roy entreprenne la transnavigation, qui est de ne point adjuger tout l'ouvrage à une seule fois, et de ne point faire travailler partout en mesme temps, mais seulement de faire adjuger les ouvrages qui sont à faire depuis le moulin de la Mothe-Marsilly ou Vouchot jusqu'au bas de l'estang de Montchanin, car, comme c'est où consiste toute la difficulté de l'entreprise, c'est aussy par là de nécessité qu'il faut commencer, et voir quel en sera le succez; et s'il est heureux, il sera fort aisé de faire les ouvrages des rivières de Deune et de la Bourbinche; mais aussy, s'il n'est pas tel qu'on peut le souhaitter, on épargnera une grandissime despense qui se feroit sur lesdictes rivières, et qui demeureroit inutile et seroit perdue si la transnavigation, par l'événement, estoit impossible, ce qui peut arriver par la nature du terrain et par d'autres inconvéniens qui peuvent se rencontrer depuis ledit moulin de la Mothe-Marsilly jusqu'au déversoir dudict estang de Montchanin; outre que si tous ces ouvrages s'entreprennent en mesme temps, il sera impossible qu'un conducteur, mesme deux, y puissent avoir l'œil, ni tenir la main à ce que les ouvrages soient de la bonté requise pour un tel dessein dans l'estendue de 19 grandes lieues qui en vallent plus de 25 de celles de France, et qu'outre que les ouvriers en sont incomparablement plus rares et plus chers, il faudroit faire estat de beaucoup plus d'argent comptant, au lieu qu'entreprenant seulement ce qui est à faire depuis ledict moulin de la Mothe jusqu'à l'estang de Montchanin, le conducteur y pourra apporter sans peine toute l'application et les soins nécessaires, puisqu'il n'y a qu'une lieue de l'un à l'autre, et que le succez de ces travaux fera seul celuy de la transnavigation.

La rivière de Deune, qui sort partie de l'estang de Longpendu et d'autres petites sourcines, a 9 lieues de cours jusqu'au port de Chauvoy, où elle se décharge dans la rivière de Saône vis-à-vis de Verdun, et 3 lieues au-dessus de Châlon; elle coule parmy des montagnes et des brossailles pendant une lieue, et jusqu'à Saint-Julien parmy des prez et terres labourables pendant 4 lieues, et jusqu'à Santenay, et depuis Santenay jusqu'à son embouchure, qui sont 4 bonnes lieues, parmy des prairies. Dudit port de Chauvoi jusqu'à l'estang de Longpendu, il y a 31,911 toises, à raison de 6 pieds la toise (car ici elle a 7 p. 1/2) qu'il faut multiplier par 6, tant pour eslargir le canal, qui sera de 4 toises par haut, revenant à 3 toises par bas, que pour le tirage sur un des bords, où il faut prendre 4 toises, et parce qu'en quelques endroits le canal a plus d'une toise de largeur à présent; aussy, comme en beaucoup d'autres il le faudra faire à neuf, je pense qu'on peut faire estat qu'il faut prendre partout 6 toises pour le moins, et l'arpent de terre ou la sciture du pré estant composé de 960 toises, cela reviendra à peu prez à 200 arpens, lesquels peuvent valloir cent francs, l'un portant l'autre. Néantmoins c'est par estimation, car on en tirera le meilleur marché que faire se pourra, peu plus ou peu moins.

Il y a sur cette rivière 25 moulins : j'ay mis en marge de mon procez-verbal ce qu'on m'a dit qu'ils estoient affermez; mais on n'en ruine que 4, on en transfère 7, et on en conserve 15, en sorte que les dédommagemens ne seront pas de sommes si considérables, et auxquels on apportera toute la précaution et le soin possible.

Les matériaux se trouveront sur les lieux, et au plus, ils sont esloignez de 2 lieues, tant pour refaire les ponts, au nombre de 10, que pour faire les escluses, au nombre de 64, que les bastardeaux, au nombre de 34, outre les jouères et chaussées.....

La rivière de Bourbinche, qui sort en partie de l'estang de Longpendu, et qui, à une demi-lieue de là, est fortifiée de deux grands ruisseaux, a 10 lieues de cours depuis sa source jusqu'à la rivière de Loire, où elle se jette à la Mothe-Saint-Jean, près le port Digoin, et entre à 2000 toises au-dessus dans la rivière d'Arroux. Elle coule parmy des buissons et des terres assez incultes, quelques prés et beaucoup de terres ingrates; elle a 40,603 toises, lesquelles, multipliant par 6 comme à la rivière de Deune, composeront les 253 arpens, lesquels peuvent valloir 50 francs au plus l'un portant l'autre. Il y a sur cette rivière 21 moulins, l'on en conserve 19, l'on en transfère un et l'on en ruine un. J'ay mis en marge de mon procès-verbal les sommes auxquelles on m'a dit que chascun est affermé, et j'apporteray tout le mesnage possible pour l'indemnité des propriétaires, qui ne peut pas estre beaucoup considérable. Les matériaux ne sont pas plus esloignez que sur la rivière de Deune, tant pour les ponts, qui sont au nombre de 6, que pour les escluses, qui sont au nombre de 40, et pour les bastardeaux, qui sont au nombre de 5, les jouères et les chaussées.

Il y a 10 estangs qu'il faut prendre et dont il faut desdommager les propriétaires; j'ay mis en marge de mon procez-verbal les sommes auxquelles on m'a dit qu'ils sont affermez.

Vous trouverez, M^r, à la fin de mon procez-verbal, que M. Chamoy a estimé tous ces ouvrages à 2,324,140^{tt}. Quand j'auray parlé aux maistres architectes de Dijon, qui sera à mon retour de Bresse, où je vais pour travailler aux impositions, je feray un estat de toute la despense en destail, que je me donneray l'honneur de vous envoyer avec ce que j'auray appris d'ailleurs.

Le 21 avril 1666.

..... Vous trouverez cy-joint un procez-verbal que j'ay dressé en suite des publications qui ont esté faites pendant six dimanches consécutifs dans les villes de Dijon, Châlon et Lyon, des ouvrages à faire pour la transnavigation de Saône en Loire, et la communication des mers, par lequel vous connoistrez qu'il ne s'est présenté aucun entrepreneur pour lesdits ouvrages, ni par-devant les lieutenans généraux de Lyon et Châlon, ausquels j'avois adressé nos ordonnances, ni pardevant moy au jour que j'avois marqué pour l'adjudication de ces ouvrages, et assurément, M^r, il n'y a personne dans ces provinces ni assez intelligent ni assez riche pour de telles entreprises, et, pour ce grand dessein, il ne faut pas s'attendre d'en trouver qu'à Paris. J'attendray ce que vous me ferez l'honneur de me prescrire sur cette affaire.....

Vol. verts C.

11.

MÉVIER A COLBERT.

A Paris, ce 7 febvrier 1669.

Je prends avec une profonde soumission la liberté de vous représenter que, comme pour ouvrir et cultiver avec avantage les mines de Languedoc, il est besoin d'y employer un bon nombre d'ouvriers, il seroit aussy très-nécessaire d'en envoyer choisir, de ce nombre-là, au moins une cinquantaine dans l'Alsace ou dans quelque autre contrée de l'Allemagne, où l'on a depuis plusieurs siècles travaillé aux mines avec assiduité. Leurs gages, sur le pied de 20^{tt} par mois qu'on a coustume de leur donner, ne se monteront par année qu'à la somme 12,000^{tt}, et l'on voit visiblement que le sieur Besche avec douze Suédois, qui ne nous ont encore pu donner aucune seule marque de leur suffisance, en tireront plus de 13. Il est encore icy à remarquer que de meschans ouvriers du pays de Languedoc coustent beaucoup plus que de bons mineurs allemands. Il y a cette différence entr'eux que les premiers ne font rien qui vaille pour l'argent qu'on leur donne, et que les autres, qui n'ont guères plus de gages que ces premiers-là, travaillent avec utilité.

Si vous prenés la peine, Mgr, de vous faire informer de l'estat auquel sont aujourd'huy les mines, l'on vous asseurera que l'on y consomme beaucoup d'argent mal à propos, et qu'il y a plus de trois mois qu'aucun homme entendu n'a esté visiter les travaux qui s'y font. Et comme depuis quelque temps l'on y a, par faveur et autrement, introduit de nouveaux inspecteurs qui n'ont ni probité ni industrie, il ne fault pas s'estonner, Mgr, si, pour quelque abondantes en matières que soient les mines que j'ay descouvertes et que j'ay fait ouvrir, l'on ne fait que fort peu de plomb et poinct de cuivre pour beaucoup de despenses.

Il y auroit beaucoup de choses à remarquer sur les establissemens qui sont à faire aux mines, dont l'observation et les effects vous pourroient peut-estre plaire; mais comme je sçay qu'il n'est pas d'un malheureux comme je suis d'oser persuader un grand ministre, ni mesme d'oser justifier ce que je pourrois dire sur ce fait-là, je garderay le silence; seulement vous asseureray icy, Mgr, que le passé m'a fait voir avec un sensible déplaisir que la complaisance qu'il fault avoir pour diverses sortes de personnes cause de grands désordres et fait naistre de grands obstacles à la culture des mines. Quelques-uns de ces messieurs qui y sont intéressez ont leurs fins, et je vous puis bien dire avec certitude et avec estonnement que si je n'y avois veu clair comme j'y ay veu clair, et si j'avois moins de zèle et moins d'honneur que j'en ay, je serois, sans vanité, plus estimé d'eux que je ne le suis. Du reste, je vous supplie très-humblement, Mgr, de considérer que, comme depuis quelques années je me suis entièrement appliqué aux mines, où je me suis nuit et jour appliqué à faire mon debvoir, il me seroit bien rude si, après les maux que j'ay endurés et les pertes considérables que l'on m'a fait souffrir avec tant d'injustice, je me voyois aujourd'huy réduit à apprendre un nouveau mestier, ou enfin si j'estois obligé à aller chercher dans un pays estranger de nouvelles occasions pour finir mes jours.....

<small>Vol. verts C.</small>

12.

LE PRÉSIDENT D'OPPÈDE A COLBERT.

<small>A Aix, ce 23e avril 1669.</small>

..... Il est sans doubte essentiel de travailler avec soin au curage du port de la ville de Marseille, et de faire exécutter ponctuellement l'arrest du Conseil qui est intervenu à ce sujet; mais, comme l'ordre nouveau qu'on y aporte sera de quelque mortiffication aux eschevins, il est nécessaire, avant que faire parroistre cet arrest du Conseil, de régler avec eux la somme qui debvra estre prise sur le *cottimo* pour employer audit curage. C'est ce que je feray dans la fin de cette sepmaine, que je prétends me rendre à Marseille pour exécutter les ecditz d'affranchissement du port, et tout ce qu'il y a à faire à cet esgard.....[1].

Montpellier, le 18 juin.

..... Je fais travailler sans perte de temps au môle (d'Agde), et ay ordonné au sieur Riquet la somme de 10,000## pour commencer. Ainsy, je crois qu'avec autres 10,000## le travail pourra estre poussé pendant cinq semaines, à cause que l'on n'a pas pendant la moisson un si grand nombre d'ouvriers qu'en un autre temps. On a envoyé à Marseille pour avoir des carrieurs, qu'on appelle *trasseurs,* et il ne s'y oubliera rien pour avancer la chose, et ayant deux hommes pour y

---

[1] Arnoul, intendant des galères, avait écrit à Colbert le 5ᵉ may 1668 : « Je fis hier une grande leçon à Mʳˢ chargez du curage du port de Marseille, qui sont deux qu'on appelle *intendans du port,* et qui sont choisis du corps de ville; et leur fis connoistre comme ils perdent en effet ce qu'ils deffendent en apparence, n'ayant sceu venir à bout de donner le fond nécessaire pour mettre la galère capitane neufve à la mer, et qui commence à souffrir à terre à cause du soleil. Je l'ay fait couvrir d'une tente et mettre de l'eau dedans. Je n'eus point d'autres raisons d'eux, le tout en bonne amitié, sinon qu'ils ne pouvoient venir à bout de ceux qui travaillent avec lesdits engins, qui sont des pauvres misérables ausquels on souferme la barquade de boue, c'est-à-dire tant pour emplir une barque et la tirer du fond du port, et la porter dehors à la mer. Comme on leur donne le moins que l'on peut, et que tout le proffit demeure au bourgeois à qui la machine appartient, qui est une récompense à Marseille, ces pauvres gens vont cherchant dans le port l'endroit où la boue est la plus molle, sans s'enquérir s'il manque de fond à cet endroit ou s'il y en a trop, et là font des trous d'un costé et d'autre, sans aucune règle, fuyant la ferme, à cause qu'ils n'empliroient pas si viste leur barquade. Je les fis tomber d'accord que je mettrois moy-mesme les machines aux lieux nécessaires, et ce matin j'iray voir ce qu'ils voudront faire, et quand M. le premier président m'aura rendu plus maistre de la chose, elle n'ira pas comme elle va. Je leur ay fait faire une sommation pour leur donner un coup d'éperon. » (*Vol. verts C.*)

tenir la main, l'un qui a esté establi par le sieur Riquet, et l'autre que j'y ay mis en attendant vos ordres.

Vol. verts C.

13.

LE DUC DE BEAUFORT A COLBERT.

A Toulon, le 1ᵉʳ de juin 1669.

Je n'ay pu refuser aux instantes prières des habitans de Sannary d'aller visiter leur port et de leur faire expédier par escrit une déclaration de la manière que j'ay trouvé les lieux disposez. Il est certain qu'il s'y en peut faire un beau et bon, et avec peu de despense, n'y ayant qu'à le restablir dans l'estat où il a esté autrefois. Ceux du bourg se chargeroient volontiers de la despense nécessaire pour cela, si ceux d'Ollioules, dont ils dépendent, vouloient consentir qu'ils se détachassent de leur communauté pour faire corps à part, comme d'autres de leurs voisins ont faict, qui se sont accrus depuis peu d'années. Je ne puis pas entrer dans ce particulier. Je ne vous en escris, Mgr, que par l'affection que j'ay pour nostre marine, qui me fait souhaiter au roy plusieurs endroitz où mettre ses navires en seurté et ses galères. Je me remets du surplus à votre prudence[1].

Vol. verts C.

---

[1] Le placet suivant était joint à la lettre : « Les habitans de Saint-Nazaire, vulgairement nommé Sannary en Provence, ont grand intérest de faire connoistre à V. Gr. que les récusations qu'eux et le sieur baron de Touruel ont proposé contre les sieurs d'Oppède et évesque de Marseille sont justes et légitimes, en ce que lesdits sieurs commissaires, après avoir déclaré de vouloir s'abstenir de la connoissance des différends qui sont entre lesdits habitans et ceux d'Ollioules, ils n'ont pu estre commis ni donner leurs advis sur la séparation que les supplians demandoient pour avoir la liberté de construire un port audit lieu de Saint-Nazaire; lesquels avis estant contraires aux justes prétentions des suplians, ils ont suplié M. le duc de Beaufort de faire descente sur les lieux, lequel a fait voir, visiter et sonder en sa présence le

14.

MONTPESAT A COLBERT.

D'Arras, ce 4 juin 1669.

A présent, les Estats d'Artois font travailler très-fortement à rendre la rivière de Scarpe navigable d'icy à Douay, d'où l'on va à Saint-Omer et à Mortaigne, où elle se jette dans l'Escaut. Vous savez bien, M^r, qu'elle va à Tournay et à Oudenarde, et de là à Gand.

Ce sera d'une très-grande utilité pour le service du roy, puisqu'on pourra mettre toutes les munitions et généralement ce qu'on voudra sur ladite rivière, pour l'emmener aux villes conquises. L'Artois en recevra un furieux avantage, ayant les moyens de se défaire avec facilité des bleds de plusieurs années qu'on a dans les greniers. Ladite rivière sera bien profonde; elle portera des bateaux de 1,000 à 1,200 razières de bled.

L'indigence des massons et d'autres ouvriers, qui est grande à cause des citadelles, a obligé Mess. les Estats à remettre à l'année prochaine le dessein de la Canche, qui sera d'un avantage extrême, puisque de toute la province on pourra mener les bleds et les bois à la mer, et je tiendray très-soigneusement les mains afin qu'on n'y perde pas un moment.

port dudit Sannary, et l'a trouvé d'une situation favorable pour la facilité du commerce et seureté de l'armée navalle, ainsy qu'il l'a certifié par son avis dont la copie est cy-joincte, par laquelle V. Gr. verra que le raport de ce lieu est tout autre que celuy qui vous en a esté fait par lesdits sieurs commissaires récusez par les suplians, en sorte que V. Gr. jugera nécessaire que ledit port soit de nouveau veu, visité et sondé par tels commissaires non suspects qu'il vous plairra commettre, pour en conséquence estre permis aux suplians de restablir ledit port, ainsy qu'ils offrent faire à leurs frais, en les séparant de ladite communauté d'Olioulles, dont l'union donne lieu à toutes lesdites contestations, lesquelles seroient terminées par une séparation, si mieux n'ayme V. Gr., en jugeant dez à présent leurs offres raisonnables, leur permettre de se pourvoir par raison de ce au conseil privé, où il vous plairra d'en faire le renvoy au bas du présent placet. » (*Vol. verts C.*)

Vous pourrés avoir veu, M^r, dans l'estat de ceux qui ont mis aux Indes orientales, que j'ay retiré la quittance de mon second tiers de la somme de 10,000^tt.

Vol. verts C.

15.

DUMAS, COMMISSAIRE DE MARINE, A COLBERT.

Au Havre, ce 16 juin 1669.

..... Je suis persuadé que vous aurez esté bien aise d'apprendre que le port de Saint-Vallery, où j'ai fait travailler jour et nuit, avoit esté desbouché, et qu'à présent, pourveu que les ordres de la réparation des bares arrivent pour les restablir avec dilligence, on pourra y faire entrer et sortir les bastimens. J'en attends deux qui doivent apporter la pierre que j'ay fait tirer des carrières de Gutteville, et lesquelles ledit sieur Berrier trouve très-belles. Vous me permettrez, s'il vous plaist, que je me remette à tout ce que ledit sieur Berrier pourra vous dire sur ce sujet, de mesme que sur les fontaines dont il vous communiquera le dessin. Je prends la liberté de vous dire que cet ouvrage presse, n'ayant pas la sixième partie de l'eau douce nécessaire pour la ville ; et dans la sepmaine prochaine, on vuidera les terres par lesquelles passent les tuyaux qui en portent à la citadelle. J'attends aussy vos ordres sur la prise, et je vous puis asseurer qu'on ne m'imputera point que je n'agisse avec tout le zèle et avec toute l'application possible.....

Vol. verts C.

16.

DE MUYN A COLBERT.

A Amiens, ce 4 juillet 1669.

.....Vous m'ordonnez de vous informer de l'estat de la rivière de Somme, et d'où elle commence d'estre navigable; au subject de quoy je vous diray, Mgr, que les batteaux de cette ville n'ont peu monter jusques à présent que jusques à Sailly-Sauret, qui est situé deux petites lieues au-dessus de Corbie, et qu'après que l'escluse dudit Sailly sera achevée, ils passeront jusques à Bray, quy est trois lieues au-dessus dudit Sailly; qu'il se fera à Bray un abord très-considérable, parce que tout le fer et les ardoises de Thiérache, qu'ils ont accoustumé d'amener en cette ville par charroy, se deschargeront audit Bray, qui n'est qu'à trois bonnes lieues de Péronne, ainsy qu'on fera des vins de Laon et de Champaigne, et des leines du Vermandois; lesquels batteaux descendront facilement dudit Bray en cette ville pendant l'esté, qui est le temps que les eaux de la rivière de Somme sont plus hautes, ce qui se fera avec difficulté pendant l'hiver, lorsque lesdits batteaux auront leurs charges entières, parce qu'il y a des guais en certains endroits, lesquels néanmoins il sera facile de creuzer, si vous avez la bonté, Mgr, de vouloir ordonner le fonds nécessaire. Je me donneray l'honneur dans quelques jours de vous informer avec certitude en combien d'endroits il faudra creuzer, et ce que chacqu'un d'iceux pourra couster; ce que je ne puis faire présentement, estant bien aise de les aller visiter moy-mesme, ainsy que j'espère faire la semaine prochaine.

Les batteaux qui descendront dudit Bray sont la pluspart de 60 pieds de long sur 15 pieds de large. Pour faire descendre lesdits batteaux jusques à la mer sans descharger dans cette ville ny dans celle d'Abbeville, il sera nécessaire de nettoier et creuzer un canal de la rivière de Somme qui passe le long du rempart de cette ville, et travailler à faire réparer une arche, par dessous laquelle on fera passer lesdits batteaux, ainsy qu'ils faisoient il y a quarante ans, ce qui pourra couster environ la somme de 3000 ₶, lequel ouvrage a esté compris dans le devis des réparations du quay de cette ville que j'ay envoyé à Mʳ Barillon pour vous estre présenté, ainsy qu'il m'a dit avoir faict, et que vous aviez eu la bonté, Mᵍʳ, de luy promettre des fonds pour cette réparation et celle dudit quay.

Par le moyen de cette réparation, les batteaux descendront jusques à Abbeville, auquel lieu ils ont peine à passer pour gaigner la mer, parce que les deux plus grands canaux, dont l'un passe dans la ville et l'autre au dehors, sont bouchez par des moulins construits par des particuliers depuis trente ans, en sorte que les batteaux n'ont de passage que par un petit canal qui passe dans ladite ville d'Abbeville, dans lequel il y a si peu d'eau qu'il faut attendre le temps que la marée grossit la rivière pour pouvoir passer, ce qui est si vray qu'il y a présentement plusieurs batteaux de sel arrestez à Abbeville qui attendent la marée pour monter en cette ville.

On pourroit remédier à cette incommodité en faisant deffaire un moulin qui a esté faict par un particulier sur le canal qui passe en dehors de ladite ville d'Abbeville, ce qui seroit très-considérable pour le commerce, veu que touttes les marchandises qui viennent de la mer se chargeroient dans des batteaux à Saint-Vallery, d'où on les pourroit monter jusques à Bray, où tous les marchands de Champaigne, Thiérache et autres villes de la Somme les viendroient charger.

L'on continue de travailler fortement à l'escluse de Sailly, qui sera, comme je crois, achevée à la fin du mois; et comme les 3000 ₶ que vous avez eu la bonté d'ordonner de faire payer en cette ville sont présentement distribuées aux ouvriers, il vous plaira d'ordonner encore une pareille somme, laquelle, comme je crois, se consommera au moins à ce travail, d'autant que j'ay esté obligé d'adjouster quelque chose au devis que je me suis donné l'honneur de vous envoier, qui ne monte qu'à 5400 ₶, parce que nous avons trouvé le terrain si mol qu'au lieu de 5 piedz que nous avions faict estat de donner aux pilotis, nous avons esté obligez de les mettre de 12 pieds de longueur, veu que c'est de là que dépend la bonté de l'ouvrage, joint à cela que nous n'avions faict estat de plancher que pour l'entrée et la sortie du bassin, et qu'on trouve que pour faire un ouvrage plus solide et assuré, il faut plancher le fond dudit bassin dans toutte son estendue, de crainte que les eaux ne vinssent à creuzer le milieu, et que difficilement on pourroit réparer; j'apporteray néantmoins, Mgr, toutte l'économie et le mesnage qui se pourra; mais aussy je feray faire tout ce qui sera nécessaire pour la bonté de l'ouvrage.

J'attendz icy, dans dix jours au plus tard, l'ouvrier de Valenciennes qui travaille en camelot de Bruxelles, lequel a donné parole à celuy que j'ay envoyé vers luy d'estre icy au 12 du mois. Il vous plaira, Mgr, avoir la bonté de me faire sçavoir si je puis luy faire louer une maison, ou si on le peut loger dans un endroit de la maison du roy au-dessus duquel il y a une salle de plus de 60 piedz de long qui n'est jamais occupée par Mr le duc d'Elbeuf, lors mesme qu'il loge dans la maison, lequel vient si peu à Amiens, qu'il n'y a pas un meuble, et ainsy il n'y a pas d'aparence qu'il loge sitôt dans la maison du roy. J'attendray vos ordres là-dessus.....

Vol. verts C.

17.

LOMBARD A COLBERT.

A Bordeaux, ce 28 juillet 1669.

Nous venons de suivre et visiter la belle rivière de la Dronne, qu'on peut facilement rendre navigable, non-seulement pour la magnificence du roy, mais encor pour en tirer de grands avantages pour le service de la marine de S. M., et pour le bien et soulagement de ses subjects des provinces de Limousin, Périgord, Angoulmois, Saintonge et autres païs circonvoisins, où le commerce se faict, et qui par cette navigation augmenteroit davantage, comme il plaira à Vostre Grandeur de remarquer par le plus ample récit que M^r l'intendant vous en fera mieux.....

Comme on travaille à faire partout ce qui reste d'achever aux ouvrages du chasteau Trompete, la diligence paroist avancer beaucoup; mais la consommation de l'argent va aussy viste, et Vostre Grâce est très-humblement suppliée d'ordonner le fonds nécessaire pour soubstenir les nombreus atteliers, afin de continuer à avancer, pendant ces trois mois de la plus belle saison, à ce qui reste à faire pour l'exécution de vos ordres.....

Vol. verts C.

18.

COLBERT A DE SOUZY.

Le 13 décembre 1669.

..... J'ay esté bien aise de voir le plan et le devis du canal de Douay à Lisle[1]. Le roy vous ayant chargé par vostre instruction de demander aux Estats de Lisle qu'ils ayent à faire travailler à ce canal, je ne doubte pas que vous ne l'obteniez facilement. Observez seule-

---

[1] Le 2 février précédent, le marquis de Louvois avait écrit à Colbert : « Si vous faisiez travailler au restablissement du canal qui va de Lisle à Douay, ce leur seroit d'un très-grand avantage, en ce que, tout ce qui vient du Haynault n'ayant plus besoin de passer par Gand, les marchandises ne payeroient qu'une fois le droit de sortie chez les Espagnols, au lieu de trois qu'on leur fait payer, sçavoir : un de sortie à Condé; un d'entrée à Gand, et un de sortie au dernier village du vieux bourg de Gand. — L'on prétend que l'on peult faire passer un canal sur les chastellenies d'Oudenarde et de Courtray, pour communiquer de l'Escault à la Lis. Si vous désiriez envoyer quelqu'un sur les lieux, je manderois à l'ingénieur qui en a les mémoires de les luy communiquer, ou j'escriray audit ingénieur de faire encore luy-mesme cette visitte, et de m'adresser son projet, que je vous remettray entre les mains. » (*Vol. verts C.*)

ment que ces ouvrages se fassent solidement et diligemment. L'advantage qui en reviendra aux pays conquis sera si grand que je suis persuadé que les peuples y concourront avec plaisir. A l'esgard de la communication de l'Escault à la Lis, je crois qu'il faut se contenter à présent du canal de Douay à la Deule. Je crois qu'il est bon de laisser passer les batteliers sujets du roy catholique sur les rivières qui appartiennent au roy, ainsy qu'ils font des batteliers sujets de S. M.; mais j'estime que, pour faire quelque différence entre les sujets du roy et les estrangers, il faut faire payer à ceux-cy les droicts portez par le tarif.....

Le 27 août 1670.

Je ne vois pas que les réparations de la chaussée de Menin, ni tous les ouvrages publics de l'estendue des pays cédez, ayent jamais esté à la charge du roy d'Espagne, n'y ayant rien de si commun dans le royaume que les ouvrages publics soient à la charge du roy dans l'estendue des provinces où S. M. a droict d'imposer telle somme que bon luy semble; mais à l'esgard des provinces d'Estats, les ouvrages publics sont à leur charge, et jamais le roy ne s'en mesle que pour tenir la main qu'ils soient bien et solidement faits. Ainsy, il est bien nécessaire que vous preniez garde de ne point introduire de nouveauté à cet esgard. Néantmoins vous pouvez prendre les 600 florins à quoy montent les réparations que vous avez fait faire à cette chaussée, sur le droit de 50 florins pour les poesles à blanchir le sel, pourveu que ce soit avant le terme que les fermiers du roy en ayent deub jouir.

Reg. dépéch. comm.

19.

COLBERT A D'AGUESSEAU.

A Paris, le 1ᵉʳ aoust 1670.

..... A l'esgard de la proposition qui vous a esté faite pour le desseichement des landes de Bourdeaux, j'estime comme vous qu'une somme de 3000 ₶ seroit bien employée pour en faire l'espreuve [1]; mais il seroit tousjours nécessaire que quelque personne entendue en conduisît le travail, affin que par la connoissance de la différence du terrain et des eaux, l'on pust juger du succez de cette entreprise. Examinez, s'il vous plaist, si vous pouvez trouver quelqu'un sur les lieux qui soit capable de cette conduitte, et en ce cas, vous pourriez faire un traicté pour ce commencement, en prenant les précautions nécessaires. Quant à l'annoblissement de la maison du sieur Chevery, comme je n'en ay jamais veu d'exemple, et que le pays de Labourt ne paye rien au roy, je vous avoue que je n'entends pas bien ce qu'il demande, joinct que les propositions qu'il m'avoit fait autres fois n'ayant point eu d'effect, je n'avois pas fait grande réflexion à ce qu'il

---

[1] Quatre ans auparavant, le 5 juin 1666, de Cheverry, conseiller d'État, avait écrit de Bayonne à Colbert : « Je vous envoye une copie d'une ordonnance que j'ay donnée pour commencer le desseichement et escoulement des eaux des Landes qui sont entre Bourdeaux et cette ville. C'est dans le sens que j'ay parlé aux peuples; j'ay subject de croire qu'ils mettront bientost la main à l'œuvre; mais, affin qu'ils ne fassent rien d'inutile, il seroit à souhaiter que vous vissiez le plan des lieux qui a esté fait par les deux jeunes hommes qui travaillent soubs M. le chevalier de Clerville, et que vous fissiez choix de l'un d'eux, ou de quelque personne encore plus capable d'un si grand dessein pour l'envoier sur les lieux. Je me dispose d'aller à la coste du cap Breton et dans les landes jusques vers la ville d'Acqx pour y voir divers marais, et estudier les moyens de les desseicher pour y faire de grands pasturages, et de faire escouler ces eaux qui feront un excellent port audit Cap-Breton, qui est une baronnie du domaine dont le sieur de la Rose, conseiller au parlement de Bourdeaux, est engagiste pour 9 où 10,000 ₶. » (*Vol. verts C.*)

avoit demandé; mais si vous estiez persuadé qu'il pust servir utilement, et réussir en ces deux propositions : l'une de desseicher la meilleure partie desdites landes, et l'autre d'y establir la race des moutons d'Espagne, il est certain que ce service mériteroit non-seulement la grâce qu'il demande, mais mesme beaucoup d'autres. Comme vous en connoissez parfaitement la conséquence, je vous prie de ne pas manquer d'y donner toutte l'application que vous estimerez nécessaire pour pénétrer si cela peut réussir ou non..... Je vous prie de donner tousjours vos soins et vostre application à tout ce qui concernera les ouvrages du chasteau Trompette et autres publics de Bordeaux.....

Reg. dépêch. comm.

Le 3ᵉ février 1679.

J'apprends par vostre lettre ce qui s'est passé en exécution de la proposition que je vous avois fait d'obliger la province de Languedoc d'assister le sieur Riquet de son crédit pour luy faire faire un prest de 300,000 ₶, et que Mʳ le cardinal de Bonzy et vous avez trouvé les députez aux Estats bien contraires à cet emprunt. En quoy je ne trouve pas qu'ils ayent beaucoup de raison, puisqu'ils auroient esté asseurez par vos soins et par vostre application de l'employ fidel de cette somme à un ouvrage qui est d'une aussy grande conséquence que celuy-là pour le bien général de la province, et de la seureté du remboursement par le privilége qu'elle auroit eu, et que le roy luy auroit confirmé, sur tout ce que ledit Riquet a et peut avoir de revenus et de fonds en conséquence des traictez faits pour ledit canal; mais il suffit que les Estats ayent pris la délibération que vous m'avez envoyé, dont nous pourrons nous servir selon le besoin. Vous observerez seulement de ne rien faire espérer audit sieur Riquet, afin qu'il fasse tous les efforts ausquels il est obligé pour achever ses travaux. Je vous ay escrit sur ce qui concerne le voyage du roy en Languedoc; quoyque S. M. soit tousjours dans la résolution de le faire, il ne faut pas néantmoins précipiter les ouvrages du canal, mais il faut les conduire avec toute la solidité possible, et y travailler tousjours dans le mesme esprit de les rendre faits et parfaits aux mois d'octobre et de novembre, sans toutesfois rien faire mal par précipitation.

J'examineray le mémoire que vous m'avez envoyé concernant les gages des receveurs des tailles qui ont esté employez en secondes parties; mais je vous puis asseurer que les catholiques qui prestent leurs noms à ceux de la R. P. R. auront peine à se faire restablir. Je ne vous recommande point de tenir la main à l'exécution des volontés de S. M. sur ce sujet, parce que je sçay bien qu'il n'est pas nécessaire d'exciter vostre zèle en cette occasion.....

Mél. Clair., vol. 426.

20.

LETTRES DU ROI A DE MONS, GOUVERNEUR DE HONFLEUR.

Escrit à Saint-Germain-en-Laye, le 25ᵉ de septembre 1670.

Ayant donné les ordres nécessaires pour réparer et nettoyer le port de ma ville d'Honfleur, affin que les vaisseaux y puissent entrer de touttes marées, je vous fais cette lettre pour vous dire, qu'estant important au bien de mon service de faire nettoyer en mesme temps les fossez de madite ville, mon intention est que vous y fassiez travailler par corvées les habitans des parroisses de vostre gouvernement; à quoy ne doutant pas que vous n'apportiez toute la diligence qui est nécessaire, je prie Dieu qu'il vous ayt, Mʳ de Mons, en sa saincte garde.

Le 10 aoust 1671.

Estant nécessaire pour le bien de mon service et l'advantage du commerce de mes sujets de faire curer promptement le port neuf de ma ville de Honfleur, je vous fais cette lettre pour vous dire que mon intention est que vous obligiez les habitans des villages qui sont aux environs de madite ville de s'y rendre pour travailler au curement dudit port par corvée, ainsy qu'ils y sont obligez. A quoy ne doutant pas que vous ne satisfassiez exactement, je prie Dieu qu'il vous ayt, Mr de Mons, en sa sainte garde [1].....

Reg. dépêch. comm.

21.

COLBERT A BARILLON.

Le 7 octobre 1670.

J'ay esté estonné d'apprendre, par le retour du sieur Berthelot, que la navigation de la Scarpe n'est point du tout achevée, et mesme qu'aucune voiture ne se fait par cette rivière; je vous prie d'en escrire fortement aux députez des Estats d'Artois [2], et mesme, aussytost que vous aurez achevé les impositions, de vous en aller pour faire une visite exacte de tous les ouvrages qui s'y font, et employer toute

---

[1] Dans la suite, le marquis de Seignelay, secrétaire d'État, écrivit à de Meliand, intendant, le 3 décembre 1682 : « Je vous envoye un placet qui m'a esté présenté par les marchands négocians de la ville de Honfleur, par lequel ils remontrent la nécessité qu'il y a de faire des escluses dans le bassin de ce port; et le roy m'ordonne de vous escrire que son intention est que vous m'envoyiez vostre advis sur l'utilité de ces escluses, et sur la dépense qui seroit à faire pour cet ouvrage. Et elle veut pareillement que vous fassiez entendre à ces marchands que si S. M. veut bien contribuer de quelque chose, il faut que la meilleure partie de la dépense de cet ouvrage soit faite aux dépens du commerce de leur ville, ou sur les deniers d'octroy qui s'y reçoivent. » (*Reg. dépêch. comm.*)

[2] Colbert avait lui-même écrit à ces États, le 22 mai précédent : « Cette navigation (sur la Scarpe) debvant estre très-advantageuse pour le commerce du païs d'Artois et des villes conquises qui sont sur l'Escaut, il est important que vous fassiez travailler promptement à faire curer ce canal dans tous les endroits où il n'est pas assez profond, pour faciliter cette navigation, en sorte que les marchands puissent s'en servir pour la voiture de leurs marchandises qu'ils font venir par transit. Et comme vous connoissez combien ce travail sera util pour le bien du commerce, je m'asseure que vous y donnerez toute vostre application, sans qu'il soit besoin que je vous y excite davantage. » (*Reg. dépêch. comm.*)

l'autorité du roy pour obliger lesdits députez d'achever promptement ce travail et mettre cette rivière en estat que la navigation s'en puisse faire avec facilité; estant mesme très-nécessaire, en cas que vous puissiez vous passer du sieur de Demain, de l'envoyer dès à présent pour faire avancer lesdits ouvrages, en sorte que cette rivière soit incessamment navigable.

Le 5 novembre.

Je suis bien aise d'apprendre que la navigation de la rivière de la Scarpe soit en bon estat, et je ne doute pas qu'elle ne produise les advantages que nous nous sommes proposé. Il faut seulement que vous teniez soigneusement la main que les ouvrages soient bien entretenus, et que vous preniez la peine de la visiter toutes les fois que vous irez en ce païs-là. Il seroit mesme très à propos d'establir, de concert avec les députez des Estats, quelque personne qui, en qualité de votre subdélégué, pust rendre une justice sommaire sur le fait de cette navigation; sur quoy il seroit nécessaire de faire quelques règlemens qui pussent servir à contenir les batteliers, et, en cas de contravention, les punir d'amende, estant très-nécessaire que cette sorte de justice soit sommaire, d'autant que si on laisse les juges ordinaires en connoistre, il seroit peut-estre bien difficil que, par les longueurs des procédures, cette navigation ne se ruinast à la fin. Je vous prie d'examiner ce poinct, et en cas que vous y trouviez quelque difficulté, à cause que l'usage du païs est peut-estre contraire à ce que l'un de vos subdélégués juge en une nature d'affaire ordinaire, de me faire sçavoir quel autre expédient l'on pourroit mettre en usage.

Reg. dépêch. comm.

22.

COLBERT A DEMUIN.

A Paris, le 28° novembre 1670.

Je suis bien aise d'apprendre que les batteaux peuvent passer en toutte saison par le canal qui a esté fait au travers d'Abbeville. Ne manquez pas de tenir la main à ce que cette navigation soit tousjours en bon estat. Pour cet effect, il sera nécessaire que vous visitiez pendant cet hiver s'il n'y aura point quelque réparation à faire, affin d'y faire travailler promptement, n'y ayant rien de si grande conséquence que de rendre facile la navigation des canaux et des rivières.

Examinez soigneusement pendant cet hiver tous les ouvrages que l'on entreprendra pendant l'esté prochain, et m'en envoyez des mémoires exacts, affin que je puisse faire résoudre par le roy les fonds qui y doibvent estre employez.

Sur la proposition que vous me fistes l'année dernière de la part d'un marchand d'Amiens qui veut s'establir à Bray, je ne crois pas que ces sortes d'establissemens puissent estre forcez, et j'estime mesme qu'il faut les laisser aller dans le cours ordinaire, d'autant que si les marchands y trouvent de l'advantage et de la commodité, ils ne manqueront pas de la chercher eux-mesmes.

Quant à la proposition d'un autre particulier, qui voudroit establir quatre gribanes de Saint-Valery à Bray, en luy accordant la préférence pour leur chargement, je vous diray que dans toutes ces sortes d'occasions où l'on demandera l'exclusion de quelqu'un, le service du roy et le bien du commerce ne permettront jamais que S. M. y ayt esgard.

Reg. dépéch. comm.

23.

COLBERT A ROBERT.

A Saint-Germain, le 24° juillet 1671.

J'ay esté bien aise d'apprendre que le magistrat de Dunkerque fait travailler fortement à la partie du canal de Bourbourg qui est du costé de cette première ville. Je vous prie de le presser tous les jours de s'appliquer à l'avancement de cet ouvrage, estant fort important au service du roy d'avoir par le moyen de ces canaux le plus de retenue d'eau qu'il sera possible, affin de pouvoir faire jouer les escluses et approfondir le port.

Puisque vous ne trouvez pas que la proposition qui vous a esté faite d'establir une manufacture de savon à Dunkerque soit advantageuse pour le service du roy, c'est une affaire finie, et de laquelle il ne sera point parlé.

Reg. dépêch. comm.

24.

COLBERT DE TERRON A COLBERT.

A Rochefort, le 15 octobre 1671.

L'hospital de la marine a esté estably jusques à présent à Tonnay-Charente. C'est un bourg où il y a tous les jours boucherye ouverte, plusieurs artisans et autres commodités. Ainsy on a trouvé moyen d'y faire servir les malades.

L'emplacement de cet hospital et quelques logemens ont esté pris dans une maladerie qui est audit lieu de Tonnay-Charente. La rente de cette maladerie, qui est de 150^{tt} environ, est jouye par un homme inconneu. Les logemens de cette maladerie s'estant trouvez trop petitz et incommodes, on y a fait quelques logemens de planches pour serrer des provisions, pour les lessives et pour les domestiques.

Le nombre des malades qui suivent les grands attelliers et qui se trouvent au retour des escadres estant fort grand, les logemens de cette maladerie se trouvent petitz, et les malades s'y estouffent et se font périr les uns par les autres. J'avois pris la pensée de moy-mesme, et sans doute indiscrètement, d'augmenter les commodités de cest hospital, croyant que la despense seroit de peu de chose, et sur ce fondement-là j'avois achepté quatre ou cinq arpens de terre joignant audit hospital, pour 450ᴸ. Jusque-là je n'ay point fait de mal ; mais à présent qu'il paroist une nécessité urgente de bastir une salle pour les malades, dans laquelle ilz puissent estre escartez les uns des autres, et quelques autres commodités, j'ay creu qu'il falloit un ordre exprez de S. M.

Il y a à examiner sur cela si l'on fera l'hospital à Tonnay-Charente ou à Rochefort. L'emplacement à Charente en est bon : c'est un bourg plein de commodités ; la communication de Rochefort à Charente est facile par chalouppe pour le transport des malades ; et il est peut-estre bon de n'avoir pas cet establissement sy proche de soy.

Sy cet hospital se faict à Rochefort, il augmentera le nombre des plus beaux bastimens, et on aura une inspection plus proche sur ce qui s'y passera. Sy l'on prend le party de Tonnay-Charente, je croy qu'il faudroit bastir une belle salle de malades, et la disposer comme le commencement d'un assez grand dessein. Ceste salle estant bastie, on se servira des lieux qui servent à présent aux malades pour d'autres services de la maison, et aussy on pourra attendre la commodité de S. M. pour faire bastir ensuitte ce qu'il luy plaira.

Si l'on bastit à Rochefort, il faudra tousjours que ce soit sur un dessein qui corresponde aux autres bastimens, et il faudra faire beaucoup plus de bastimens qu'à Tonnay-Charente.

Vol. verts C.

25.

COLBERT A BRODART.

A Saint-Germain, le 3ᵉ juin 1672.

M. le duc de Saint-Aignan me donne advis que l'on pourra faire entrer les eaux des fontaines dans la ville du Havre pour moins de mil livres; et comme l'advantage que les habitans en retireront sera considérable, examinez avec le sieur Bruant si l'on peut exécuter cette proposition pour cette somme; et, en ce cas, il sera nécessaire d'y faire travailler promptement; mais surtout ne manquez pas de communiquer audit sieur duc tout ce qui sera proposé pour l'advancement de cet ouvrage, et de recevoir ses ordres sur ce sujet[1].....

Reg. dépêch. comm.

26.

LE CARDINAL DE BONSY A COLBERT.

A Toulouze, le 31 aoust 1672.

Lorsque je passay sur les travaux de Cette, la construction de la petite jettée me parut bien. Il est vray que je ne m'aperceus pas si la composition estoit toute de grosses pierres, et je feus content de sa solidité, lorsque je pris garde qu'elle résistoit aux coups de mer. Di-

---

[1] Le 5 août suivant, Colbert écrivit au gouverneur, duc de Saint-Aignan : « J'ay esté très-aise d'apprendre par vos lettres qu'enfin les eaues des fontaines viennent abondamment au Havre, et donnent beaucoup de joye aux peuples. Il faut faire en sorte que le travail soit solide, et qu'il ne soit point sujet à des interruptions qui troubleroient leur joye, et qui pourroient diminuer leur santé..... » (*Reg. dépêch. comm.*)

manche dernier, que le sieur Riquet fut de retour du voyage qu'il vient de faire sur les travaux, je le questionnay sur ce sujet, et il me dit que ces sortes d'ouvrages se faisant avec des pierres bruttes et non taillées, il estoit absolument nécessaire d'y en employer de petites tant pour faire la base que pour remplir les chambres ou vuides qui se trouvent entre les grosses, et pour ayder au trébuchement et roulement de ces dernières, qui de leur propre poids courent loin et se placent en lieu seur. Il convient néantmoins que le nombre des grosses pierres doit estre incomparablement plus grand que celuy des petites, et que c'est de cette sorte qu'il le fait praticquer, et que l'expérience luy a enseigné pour donner aux jettées toute la solidité désirée. C'est le langage que ledit sieur Riquet m'a tenu; et, réfléchissant sur son discours, il m'a semblé qu'il avoit raison d'en user ainsy, adjoustant de mon chef qu'un homme affectionné et expérimenté tel qu'il est se garderoit bien de faire une faute de cette nature, qui luy tourneroit à honte et à perte, et d'autant plus qu'il est obligé de mettre cet ouvrage dans sa perfection et de l'entretenir à ses coustz et despens durant deux ans après que les commissaires du roy l'auront vérifié et receu. Le sieur de la Feuille, qui est allé vérifier sur les lieux l'estat de la chose, vous en pourra rendre un compte plus particulier; mais il m'a paru que cette seconde jettée, n'estant pas si fort exposée aux coups de mer que la première, n'a pas besoin dans son commencement de si grosses pierres; en tout cas, comme c'est la mer mesme qui en décide, ce sera à M. Riquet à mettre les choses en l'estat qu'il faut, et il me paroist d'humeur à n'y pas manquer. C'est, M^r, ce que je me trouve obligé de respondre à la lettre que vous m'avez fait l'honneur de m'escrire. Et pour ce qui est du canal, vous aurez pu voir, par le mémoire que je vous en ay adressé, que j'avois prévenu vos intentions pour en rendre tous les ans quelque partie navigable. Sur quoy je suis attendant vos ordres et tous les autres dont vous me jugerez capable pour les prochains Estats, vous asseurant que personne ne les recevra avec plus de joye, ni les exécutera avec plus d'empressement que moy.

A Limoux, le 21 d'octobre 1674.

..... J'estois il y a quelques jours du costé de la mer proche de Narbonne, et j'ay trouvé que le grau de la Nouvelle est en très-mauvais estat, et le canal aussy qui va de Narbonne à la mer; l'un et l'autre sont fort négligez et très-nécessaires au commerce. Il y a quelque fonds pour l'entretien du canal, qui n'est pas bien administré. C'est la ville de Narbonne qui en jouit. Si vous jugiez à propos d'ordonner à M. d'Aguesseau d'en prendre connoissance et de remédier aux abus, s'il y en trouve, et si vous m'ordonniez aussy d'y tenir la main, par une lettre ostensible, sans qu'il parût que je vous en eusse escrit, j'estimerois que nos soins ensuite, soubz vostre autorité, pourroient estre utiles à conserver un ouvrage des Romains, qui est si commode au négoce. Pour ce qui est du grau de la Nouvelle, si nécessaire pour entrer dans ledit canal et pour aller à la mer, il sera bientost bouché si on n'y prend garde; les barques jettent leur sourre dans cette emboucheure, quoyque cela soit deffendu. Il y avoit autrefois une tour et un garde pour l'empescher; cela a esté négligé, et si on n'y remédie, cette porte sera bientost fermée au commerce, y ayant une quantité de barques qui ont esté arrestées là prez d'un mois, ne pouvant entrer ny sortir faute d'eau, et il est venu des temps qui, sans le port de Cette, où elles se sont réfugiées, elles auroient couru grand risque. Le soin et l'entretenement de ce grau va à peu de chose. Vous verrez, M^r, ce que vous jugerez à propos d'ordonner là-dessus à M. l'intendant comme de vous-mesme, cela estant digne de vostre ordinaire aplication à l'avantage des sujetz du roy et de leur commerce.

Je feus assez malheureux ou il y eut des esprits assez mal faits pour me faire querelle sur des commissions que je ne donnay pas à leur mode les années passées aux Estats; et comme je n'ayme pas avoir des démêlez, et que je n'en ay eu de ma vie, mais aussy comme je veux faire mon devoir en touts rencontres, à quel prix que ce soit, je me crois obligé de vous informer qu'il se commet quelque abus dans l'employ de l'argent qui s'impose tous les ans dans la province pour les ponts et chemins; non pas, à mon advis, qu'il se pille, mais qu'il s'employe par complaisance et par commodité de MM. les prélats dans des chemins de traverse. Je puis en partie par moy-mesme remédier à cela; car, dans la seneschaussée de Carcassonne, où je préside, je fais la distribution de ce fonds, qui est arbitraire, et suivant la nécessité des réparations, tantost de 6, 7 et 10,000ᵗᵗ, et ainsy de celle de Toulouse et de Nismes. Je souhaitterois, pour estre en repos, et pour faire le service du public sans déplaire à ces messieurs les délicats et difficiles, qu'il vous pleust de m'escrire une lettre, si vous le jugez ainsy à propos, qui portast que le roy ayant esté informé que les fonds que les Estats imposent touts les ans pour les ponts et chemins sont souvent employez pour la pluspart dans des chemins de traverse, pour la commodité des particuliers, au lieu de tenir le grand chemin de Saint-Esprit à Thoulouse en bon estat, comme il est nécessaire pour le commerce, S. M. entend que j'aye l'œil sur cet employ, et que les scindics de la province qui en sont chargez préfèrent ledit grand chemin aux traverses, tandis qu'il en aura besoin, et qu'il vous plaist m'ordonner d'y veiller, et de tenir la main à la volonté de S. M., qui n'a pour but que le bien public. Je crois, Mʳ, une pareille lettre utile et nécessaire.....

<small>Vol. verts C.</small>

27.

COLBERT AU DUC DE CHAULNES.

<small>A Versailles, le 22ᵉ septembre 1672.</small>

..... Pour le port de Paimbeuf, il seroit asseurément fort à souhaitter qu'il fust bien seur et capable de recevoir un bon nombre de vaisseaux un peu considérables, et mesme que l'entrée de la rivière de Loire jusques à Nantes fust nettoyée et balizée; et il me semble qu'il n'y a point de despense à laquelle les Estats deussent pourvoir plus volontairement qu'à celle-là, par les grands advantages que la province en recevroit; et outre que cette raison est très-sensible et connue de toute la province, l'exemple de celle de Languedoc, qui commence à ressentir les effets du grand môle qui a esté fait au cap de Cette, et de la navigation d'une partie du canal de communication des mers, pour lesquelz la province a desjà donné au roy plus de 6 millions de livres, pourroit porter les députez aux Estats de Bretagne d'examiner les moyens de rendre ce port et la rivière plus capables qu'ilz ne sont de recevoir des vaisseaux, d'autant plus que le fonds que les Estats pourroient faire se consommeroit dans la province, et qu'en divisant cette dépense par chacun an, elle ne seroit peut-estre pas fort considérable.....

Reg. dépêch. comm.

28.

COLBERT A DE FROIDOUR.

A Versailles, le 8ᵉ octobre 1672.

Je renvoye le sieur Dumont dans les Pyrénées pour y continuer les travaux qu'il y a commencez, tant pour rendre les rivières flottables, que pour y choisir dans toutes les forests de ce païs-là, les masts et les autres bois nécessaires pour les arsenaux de la marine de S. M., et dans tout ce qui concernera cette fonction, vous debvez non seulement agir avec luy d'un très-grand concert, mais mesmes lui donner toutes les assistances qui pourront dépendre de vostre fonction et de l'autorité que le Roy vous a donné pour la réformation des forests de ce païs-là. Sur quoy vous debvez bien observer avec un très-grand soin et exactitude les poincts suivans :

Premièrement le Roy veut que vous fassiez un mémoire de toutes les forests appartenant à S. M., aux communautez et aux particuliers qui se trouvent dans toute l'estendue de la Navarre et Béarn et haute Guyenne, et que vous en fassiez faire l'arpentage, et la description exacte de la qualité et quantité des arbres dont elles sont plantées.

Que vous examiniez avec soin s'il y en a suffisamment pour fournir à perpétuité la quantité de masts, bois de construction et planches nécessaires pour lesdits arsenaux à proportion de la quantité dont l'on a besoin, qui vous sera expliquée par ledit sieur Dumont.

Que vous observiez de réserver tous les bois qui peuvent estre voiturez sur les rivières flottables, et que vous fassiez des deffenses sévères de convertir les arbres en planches et autres menus ouvrages, estant de très-grande conséquence pour le bien général du royaume de réserver tous les arbres de cette qualité qui sont dans cette situation, pour servir à la marine; et il sera nécessaire que vous marquiez en détail les forests dont les arbres pourront estre convertis en planches et autres menus ouvrages.

Vous debvez aussi empescher que les communautez ne puissent couper leur bois sans les formalitez portées par les ordonnances, affin que ces bois estant conservez puissent servir à fournir perpétuellement cette quantité de masts et de bois qui seront nécessaires pour les arsenaux de S. M. Enfin je vous recommande bien particulièrement d'examiner avec tout le soin et toute l'application dont vous estes capable tous les moyens de pouvoir conserver et establir dans tout ce païs-là une production continuelle de masts et autres bois pour l'usage de la marine, comme aussy de donner toutes les assistances qui dépendront de vous audit Dumont, pour pouvoir faire les amas de bois qui nous sont nécessaires avec facilité et à prix raisonnable, mesme pour avoir tous les ouvriers et les charrois pour les voicturer. Ne manquez pas de me donner souvent advis de ce que vous ferez en cela, et de m'envoyer l'estat de toutes les forests dont je viens de vous parler.

Je seray bien aise aussy que vous visitiez avec ledit sieur Dumont tous les ouvrages qu'il a fait faire en ce païs-là, tant pour rendre lesdites rivières flottables que pour l'achapt et la voicture de tous les bois qu'il est chargé de livrer dans lesdits arsenaux.

Reg. dépêch. comm.

29.

COLBERT A DE MÉLIAND.

A Saint-Germain, le 4° janvier 1679.

M. le mareschal de Bellefonds m'a parlé des oppositions qui s'estoient rencontrées à l'exécution de l'arrest du Conseil pour le desseichement des marais et des rivières de Douves et du Merdret; et comme ces sortes d'ouvrages publics sont tousjours advantageux aux peuples, et qu'il est important d'employer l'autorité du Roy pour surmonter les oppositions qui sont presque tousjours fondées ou sur l'ignorance ou sur la peine que quelques particuliers ont d'adjouster foy aux asseurances qu'on leur donne d'une utilité qu'ils ne croyent pas présente ou si seure qu'ils voudroient, ou sur la jalousie qu'ils ont du bien et de l'advantage des autres qui en profitent, l'intention du Roy est que le plus tost que vous pourrez, vous fassiez un voyage sur les lieux, et que, ou vous persuadiez les particuliers opposans de consentir à ces ouvrages et aux dépenses qui sont à faire pour y parvenir, ou que vous jugiez les oppositions en forme, et qu'ensuite vous procédiez à l'exécution entière de tout ce qui est contenu en l'arrest du Conseil; et mesme, si on en avoit besoin de quelque autre pour achever entièrement cette affaire, je ne manqueray pas de vous l'envoyer, au premier advis que vous m'en donnerez.

Mél. Clair. vol. 426.

30.

LE MARQUIS DE SEIGNELAY A DE GOURGUES, INTENDANT A CAEN.

Le 8 juillet 1686.

J'ay appris par les officiers de l'admirauté de Caen que les marchands de cette ville et les maistres de navires qui y négocient, leur ayant fait des plaintes du mauvais estat où se trouve le canal de la rivière d'Orne, tellement remply de vases, chaussins et autres atérissements, qu'il est impossible que les vaisseaux puissent aborder aux quais de ladite ville, et y charger et décharger leurs marchandises sans danger d'estre endommagés, ils se sont transportés tout le long de la rivière, et ont dressé procès-verbal de leur visitte, par lequel il paroist qu'elle est dans un grand désordre causé en la plus grande partie par les immondices et vuidanges qu'on y a jetté, et par les entreprises des particuliers, riverins et autres. C'est pourquoy estant nécessaire d'y remédier, je donne ordre au sieur Guichou, ingénieur, de se rendre auprès de vous, affin qu'il fasse une nouvelle visitte de la rivière, et un devis du travail qu'il y a à faire pour la nettoyer, et la mettre au meilleur estat qu'il sera possible, pour la facilité du commerce et de la navigation, cependant que de vostre part vous disposerés les choses pour faire travailler les habitans de Caen, les riverins et bordiers et autres qui peuvent estre obligés au curage de ladite rivière, et à la réparation des bords et quais. Sur quoy je vous prie d'entendre lesdits officiers de l'admirauté et autres qui vous pourront donner des connoissances de ce qui est à faire, et de me donner vos advis, affin que, sur ce que vous me manderés, je vous fasse sçavoir les intentions du Roy.

Reg. dépêch. comm.

II.

AFFAIRES
RELIGIEUSES ET ECCLÉSIASTIQUES.

I.

R. DE HARLAY, ÉVÊQUE DE LODÈVE, A COLBERT.

Béziers, le 13 de février 1665.

..... Je crois, M^r, vous devoir donner advis que comme je tenois presque asseurée la députation du clergé pour l'assemblée générale, on m'avertit de tous costés qu'il se forme une cabale entre les évesques de Carcassonne, de Montpellier, d'Alet et les deux Fouquet, par le ministère de l'abbé de Tressan, qui a le vicariat de M. de Narbonne, pour m'exclure, et faire nommer des gens de leur cabale. Le tems nous esclaircira de la vérité aussy bien que l'événement; mais le mal est que l'assemblée provinciale de Narbonne est convoquée au 25e de ce moys, qui est trop court pour pouvoir y apporter le remède qu'on pourroit y attendre de votre prudence, si elle jugeoit à propos de le faire.

Le 16 février.

Dans la lettre que j'eus l'honneur de vous escrire il y a trois jours, je vous marquois le bruit qui couroit d'une cabale qui se formoit de quelques évesques avec M. d'Alet et les deux Fouquet pour faire nommer à l'assemblée provinciale de Narbonne des députez à leur dévotion. J'ay travaillé depuis ce temps-là à découvrir la vérité de ce qui se disoit sur ce sujet; et comme j'ay vérifié que M. l'évesque de Carcassonne n'y trempe en aucune façon, j'ay cru, M^r, estre obligé de vous en donner avis. Pour ce qui est des autres, je n'oserois l'assurer absolument, ny aussy le contraire, parce que je n'en ay pas assez de connoissance. Il me suffit de justifier celuy qui mérite de l'estre; et si le temps me fait connoistre quelque chose qui vous doive estre escrite, je le feray avec toutte la sincérité possible.....

Le 27e de février.

J'arrive de Narbonne, où j'ay esté député par le clergé de cette province avec M. l'évesque d'Usez et les abbés de Chambonas et de Roux. La cabale de l'évesque de Montpellier y a paru avec les deux Fouquet, dont les agents ont travaillé à m'exclure, pour faire nommer ledit évesque de Montpellier. Ce dernier n'est pourtant pas venu à l'assemblée; mais ses parens et amys n'ont rien oublié pour venir à bout de leur dessein. Ma partie s'est trouvée mieux faitte que la leur, et les précautions que j'avois prises leur ont rompu leurs mesures, de sorte qu'ils ont esté obligez de faire de nécessité vertu, et j'ay eu touttes les voix. L'assemblée s'est tenue avec toutte la tranquilité possible, par la prudence et sage conduite de M. l'évesque d'Usez, qui y a présidé avec la satisfaction et l'applaudissement de toutte la compagnie. Il n'a pas manqué de luy représenter avec toutte la force imaginable l'obligation que l'Église a au roy, dont la piété travaille avec tant d'utilité à l'extirpation de l'hérésie. Le formulaire y a esté signé solemnellement avant que de procéder à la nomination des députez, et les intentions de S. M. ont esté suivies ponctuellement. M. l'évesque d'Alet n'y est point venu, et mesme il n'y a pas envoyé, et il n'a rien paru qui puisse donner aucun soubçon qu'il eust part à la cabale des trois marquez cy-dessus.

J'ay cru, M^r, estre obligé de vous rendre compte de touttes ces choses, en mesme temps qu'une des plus grandes satisfactions que j'aye d'estre député à l'assemblée générale, c'est de me voir en estat, après sept années de résidence, d'y aller servir S. M. avec tout le zèle et la fidélité possible.....

Vol. verts C.

2.

L'ARCHEVÊQUE DE TOULOUSE A COLBERT.

A Béziers, le 21 febvrier 1665.

J'ay cru vous devoir envoyer le billet cy-joint de l'abbé de Tressan[1], que je viens de recevoir tout présentement. Je m'estois entretenu avec luy il y a quelque temps de ce qu'il devoit faire en cas que M. l'évesque

[1] « J'allay hier à vostre passage à Pézenas, croyant que vous y voudriés disner, comme vous me l'aviés assuré à Béziers; mais je feus privé de cette joye. J'y allois aussi, Mgr, vous rendre conte d'un compliment qu'on m'est venu faire céans de la part de M. l'évesque d'Aleth, touchant la députation de nostre province, auquel j'ay respondu que j'estois bien surpris que ce prélat eût cette pensée, et que je l'estois encor plus de ce qu'on la venoit communiquer à une personne qui avoit mille raisons pour s'y opposer, tant par le défaut de la signature du formulaire, que par le sujet que S. M. a de se plaindre de la dernière lettre qu'il luy a escritte, et qu'ayant l'honneur de tenir la place de Mgr de Narbonne, à son absence, je ne pouvois, sans manquer aus ordres du roy, que m'opposer à ce dessein, et demander l'exclusion de tout son diocèse, s'ils ne me faisoient apparoir de leur obéissance aus ordres du roy en signant le formulaire. J'ay creu, Mgr, vous devoir faire part de cette conversation, affin que vous en fassiés part à la cour si vous le jugés à propos, et que vous ayés la bonté de respondre de ma conduitte. Un plus habile courtizan que moy auroit laissé engager l'affaire pour avoir plus d'honneur et de mérite en la détruisant sur les lieus; mais je n'ay peu m'empescher sur l'heure de tesmoigner l'opposition que j'avois à ce dessein, de peur qu'on ne me soupçonnât d'y avoir consenti en quelque manière. Je suis maistre de trois diocèses, lesquels ne se séparcront point de moy, et je puis en quelque façon respondre par ce moyen de l'exclusion et du choix des personnes. Je vous supplie, Mgr, de ne communiquer cecy à personne, pour ne me pas commettre avec les puissances qui s'intéressent aux affaires de ce prélat, à moins que vous ne jugiés à propos d'en faire part à M. l'intendant, et de me faire la grâce de m'honorer de vos conseils, avec lesquels on ne sçauroit faillir..... »

d'Aleth se présentast à l'assemblée; car je ne m'estois jamais imaginé qu'il eust la prétention d'estre député. Si l'abbé de Tressan agit comme il m'escrit, je crois que la béatitude de M. l'évesque d'Aleth n'y trouvera pas son compte; car sans doute il n'aura pas la voix de Nismes non plus que celle de Lodève ni celle de Béziers. J'ay peine à croire qu'il ose se déclarer s'il voit sa partie mal faite.

Le 30 aoust.

M. l'archevesque de Sens m'a dit la satisfaction qu'il eut hier de l'audience que vous lui donnastes; il a dessein de faire que chaque province nomme demain un commissaire, comme c'est la coustume, pour aviser aux moyens de faire le don du roy. J'estimerois que si M. l'évesque de Luçon peut estre venu dans huit ou dix jours, qu'il seroit à propos d'attendre qu'il fût de retour, afin qu'il fût commissaire de sa province, parce que quand les commissaires s'assembleront, sa présence contiendra les uns, et la pluspart se rangeront à son avis plus volontiers, le voyant présent, afin de l'avoir pour tesmoin de la façon dont ils auront agy, toute l'assemblée estant persuadée de sa probité et de la justice qu'il rend à ceux qui font bien leur devoir. L'affaire du roy n'en sera pas retardée pour cela, parce que quand il sera arrivé, dans trois ou quatre jours nous la finirons. Il reste à sçavoir ce que vous voulez que je dise demain à M. l'archevesque de Sens de moy-mesme sur ce sujet, ou si vous voulez qu'on laisse courir l'affaire selon qu'il l'a projettée. Je vous supplie très humblement, si M. l'évesque de Tarbes vous demande si je vous ay tesmoigné le zèle avec lequel il agit pour le service du roy, de luy dire que je l'ay fait, car en vérité c'est un fort bon prélat, et qui va fort droit aux choses qu'on désire de luy.....[1].

Vol. verts C.

[1] A la suite des lettres relatives à l'assemblée du clergé pour 1665, on trouve l'acte suivant : « La compagnie, délibération prise par provinces, a résolu de faire sçavoir à mess. les commissaires du roy qu'elle est dans la volonté de donner en cette occasion à S. M. des preuves véritables du zèle et de l'ardeur extrême

3.

L'ABBÉ DE TRESSAN A COLBERT.

De Narbonne, ce 27ᵉ febvrier 1665.

J'ay creu qu'il estoit de mon devoir de vous informer de ce qui s'est passé dans nostre assemblée provincialle, depuis que M. l'archevesque de Tholose m'a escrit qu'il vous avoit envoyé un billet par lequel je luy donnois advis des prétentions de M. l'évesque d'Aleth, et des sollicitations qu'on m'estoit venu faire chès moy en sa faveur. Vous aurés veu, Mᵍʳ, dans mon billet, que je respondois de l'exclusion de ce prélat, et que je ne consentirois jamais, après la lettre qu'il avoit escritte au roy, qu'il feut député[1]. Le soin que j'avois pris de

qu'elle a pour son service; et qu'encore que le roy se soit engagé par ses contracts de ne demander plus rien au clergé, néanmoings l'assemblée cherchera, par toutes les voyes possibles, les moyens d'accorder à S. M. le secours qu'elle a demandé, dont les principaux sont entre ses mains par le restablissement des priviléges, des immunitez, exemptions et jurisdictions, qui ont esté entièrement violées depuis quelques années, et que l'assemblée espère de la justice de S. M. qu'elle restablira par des déclarations bien et deubment vérifiées. » Signé l'abbé DE FAGET, agent et secrétaire de l'assemblée. (*Vol. verts C.*)

[1] Au sujet de ce prélat, qui occupait alors beaucoup l'attention du gouvernement et du clergé, le cardinal de Bonsy écrivit dans la suite, le 21 octobre 1674, à Colbert : « Estant en visite dans les montagnes de mon diocèse, M. l'évesque d'Alet m'est venu voir. Ce saint évesque, âgé de 78 ans, robuste, d'une santé admirable et d'un esprit très-vif, est sans cesse dans ses fonctions, et d'une austérité et simplicité de vie exemplaire et toute sainte. Il m'a paru dans de très-bons et justes sentimens pour le service du roy, et très esloigné de favoriser la prétention de ces prélatz qui se sont vantez à Paris d'estre asseurez de sa voix pour des députations du clergé. Il y en a quelques-uns qui croiroient devoir reconnoistre la vertu de ce saint homme en le députant à la prochaine assemblée du clergé; pour moy, Mʳ, quoyque je croye ses intentions fort droites, et qu'il s'y pourroit bien conduire, je ne laisseray pas aller cette pensée avant, à moins que je ne sceusse là-dessus précisément l'agrément du roy, qui sera toujours la règle de ma conduite. Je vous prie, Mʳ, que ce que je vous escris soit entre nous, s'il vous plaist.

« M. le marquis de Mirepoix m'estant

m'acquérir les diocèses pour concourir avec moy au choix des personnes agréables à S. M., m'a asseuré le succès de ce dessein; car nous avons nommé ce matin M^rs les évesques d'Usès et de Lodève pour le premier ordre, et Mrs de Chambonnas et de Roux pour le second. Ce dernier n'est pas cognu de vous; mais M. l'évesque d'Usès et moy sommes sa caution, et je ne me suis déterminé pour M. de Chambonnas que par les lettres que j'ay veues en ses mains, dont vous l'avés honoré en recommandant ses intérests à M^rs les évesques de Nismes et de Montpellier; et par conséquent je ne pouvois choisir un sujet qui vous feut plus agréable. J'ay pris la liberté, Mgr, de vous informer de ce détail pour vous tirer de la peine que vous auroient peu donner les advis que vous aurés receu aussi d'ailleurs sans doute des cabales et sollicitations qu'on a fait icy en faveur de M. l'évesque d'Aleth. Je m'estimeray infiniment heureux si, en m'acquittant des obligations que je dois au service de S. M., j'ay tenu une conduite qui vous soit agréable, et mériter auprès de vous l'estime que je désire de m'acquérir d'une personne très fidelle et zélée pour le service de S. M., ne doutant pas que ce ne soit le seul moyen de mériter aussi quelque part en vos bonnes grâces.

Vol. verts C.

4.

LETTRE D'UN ANONYME A COLBERT.

D'Avranches, le 20 may 1665.

Il y a plus d'un mois qu'on prit la liberté de vous escrire de la part de tous les ordres du diocèse d'Avranches, et qu'on eut recours venu voir, m'a fait connoistre qu'il songeoit à la charge de feu mon beau-frère. Vous sçavez mieux que personne ce qui est le meilleur pour le service du roy dans cette province. Je vis tousjours dans la confiance que vous m'avez donné si souvent occasion de prendre en vostre bienveillance sur tout chapitre. » (*Vol. verts C.*)

à vostre autorité pour trouver le remède aux maux dont les afflige M. de Boislève leur évesque. On vous supplioit d'empescher qu'il ne fust député à l'assemblée générale du clergé, pour obvier à ses intrigues et faire obstacle à ses mauvais desseins. Il est vray qu'il receut une lettre de cachet à Pontoise, où il s'estoit rendu pour estre à l'assemblée provinciale, et qu'au lieu de se rendre à Angers, où le roy luy commandoit d'aller jusqu'à nouvel ordre, il alla droit à Paris, d'où, après y avoir séjourné, dix ou douze jours, il est venu à Avranches, où il prétend demeurer contre les ordres du roy, et y continuer ses scandales et ses désordres, et où il ne manquera pas, s'il y demeure, de faire beaucoup de choses contre l'honneur de son caractère et le bien de son clergé. C'est pourquoy, Mgr, nous conjurons vostre zèle et vostre bonté d'avoir compassion d'un misérable diocèse qui gémit depuis plus de douze ans sous le joug de ce mauvais prélat, et de suggérer au roy qu'il est rebelle de ses commandemens, et qu'il n'y a pas d'autre moyen de faire cesser les maux qu'il fait dans Avranches que de l'en esloigner, et nous serons obligez de redoubler nos vœux pour vostre prospérité.

Vol. verts C.

5.

L'ABBÉ DE LESSEINS A COLBERT.

A Paris, 14 avril 1666.

Mgr, le rapport que M. l'archevesque de Thoulouse a fait à l'assemblée, l'ayant mis dans une consternation générale sur le refus que S. M. fait de confirmer le clergé dans l'exemption où il a toujours esté de donner des adveus et dénombremens de ses biens, et sur l'apréhension que la compagnie a eu de perdre le droit de régale dont quelques esglises du royaume ont tousjours jouy, on a député M. de Thoulouse avec messieurs d'Ucez et de Saint-Malo, pour aller supplier très-humblement S. M. de vouloir accorder ces deux articles, ces messieurs ayant esté priés de faire touttes les instances possibles pour obtenir l'effect de leurs demandes, sans lesquelles le clergé ne croit pas de pouvoir à l'advenir jouyr d'aucun repos ni mesmes de leurs biens, qu'il croit estre exposés aux entreprises des chambres des comptes, et leurs titres à la cognoissance de leurs voysins. M. de Thoulouse m'a chargé de vous faire sçavoir qu'il n'a peu refuser cette députation, comme estant la dernière grâce que l'assemblée demandera à S. M., et que si vous ne trouvés pas à propos qu'il s'acquitte de cette commission, il vous plaise de luy renvoyer vostre volonté en toutte diligence, qu'il pourra apprendre avant les sept heures du matin qu'il fait dessein de partir d'icy pour se rendre à Versailles avant le départ du roy. Mondit S^{gr} de Toulouse a fait toutes les instances possibles pour obliger M. de Sens de prendre cet employ; mais M. le président s'en estant excusé sur son indisposition, il n'a peu refuser à toutte la compagnie d'aler encor vers S. M. : c'est de quoy j'ay creu vous devoir donner advis.

Vol. verts C.

6.

LOUYS, PROCUREUR DU ROI A VERNON, A COLBERT.

A Vernon, ce 17° avril 1666.

Mgr, le devoir de ma charge m'oblige de vous donner advis que, contre l'intention du roy et au préjudice de sa déclaration, qui deffend tous establissemens de maisons religieuses, depuis 1640, l'on aye voulu entreprendre d'en faire. Vous sçaurez, s'il vous plaît, qu'il y a huit jours que le grand vicaire de M. l'évesque d'Évreux, par son ordre, vint avecque Mad^e l'abbesse de Saint-Jean-d'Andely et trois autres religieuses, en un petit village distant d'un quart de lieue de Vernon, lesquels plantèrent une croix sur la porte d'une maison appartenante à M. de Brecourt, pour y establir trois filles qui estoient avec elle. Et comme j'ay seu que tel establissement estoit contraire aux vollontez du roy, s'il n'estoit appuyé sur des lettres patentes, je m'y suis opposé. Elles n'ont pas pour cela laissé de se mestre en possession, et c'est ce qui me donne subjet de vous importuner pour vous informer de l'importance d'un tel establissement en un pauvre petit village de cent feux au plus, chargé de 2000^{tt} de taille, lesquelles vont présentement en occuper la plus belle et saine partie, sans ce qu'elles feront à l'advenir. C'est là un véritable moyen de rendre ce lieu inutile, puisqu'il sera entièrement desnué d'habitans, et qu'il n'y aura que ceux qui y resteront, qui en seront les plus malheureux. Ils implorent vostre protection par ma bouche, sur l'opposition que j'ay formée, pour empescher une telle entreprise dans un lieu si estroit. L'empressement avec lequel ces dames se veullent maintenir est si grand et si violent que j'ay esté obligé de troubler vostre occupation, afin de vous en donner advis, et de vous supplier de m'honorer de vos intentions par aucun des vostres[1].....

Vol. verts C.

7.

L'ÉVÊQUE DE MIREPOIX A COLBERT.

De Mirepoix, le 19e aoust 1669.

Vous agréerés bien la très-humble prière que je vous fais de vou-

---

[1] Le 30 octobre 1687, le roi adressa la lettre suivante à plusieurs intendans : « Ayant esté informé que, soubs prétexte du consentement de quelques évesques ou autrement, il s'est estably plusieurs communautez religieuses d'hommes et de femmes en divers lieux de mon royaume, sans en avoir eu la permission par mes lettres patentes, je vous escris cette lettre pour vous dire que mon intention est que vous examiniez si dans l'estendue de vostre département il s'est fait de pareils establissemens, particulièrement depuis l'année 1660, et que vous m'en envoyiez un mémoire, pour en ordonner ensuitte ce que je trouveray à propos. » (*Reg. secr.*)

loir m'honorer de vos bons offices auprès de S. M. pour m'obtenir la décharge de l'une de mes pensions, mon évesché ne me valant que 18,000, et il est chargé de pensions, l'une de 2,000^{tt} et l'autre de 3,000^{tt}, et de 3,000^{tt} de décimes, et 400 escus dans frais et charges d'obligation. Ainsy, M^r, vous voyés que c'est la nécessité qui m'oblige à vous prier de m'estre favorable auprès de S. M., ne souhaitant d'avoir du bien que pour rendre service au roy, et faire subsister un séminaire que j'ay commencé depuis un an. Ce qui me fait vous proposer cela, c'est l'occasion des deux éveschés vacans de Condom et Comenges, qui sont de grands revenus. Faites-moy l'honneur d'estre persuadé qu'il n'y a personne qui soit plus attaché à vos intérests que moy [1].

Vol. verts C.

8.

LE DUC DE CHAULNES, MINISTRE PLÉNIPOTENTIAIRE A ROME,
A COLBERT.

A Rome, ce 4e février 1670.

J'ay receu la lettre que vous m'avez fait l'honneur de m'escrire pour obtenir du pape qui sera exalté, la permission à M.^{r} le marquis Centurion de tirer des bois de la Romagne, selon les besoins qu'il en aura pour l'entretenement et armement de l'escadre des galères qu'il doit commander. Aussitost que le sort, ou, pour parler en termes

---

[1] Un autre évêque du Midi, celui de Saint-Papoul, écrivit à Colbert en janvier 1672 : « Le roy eust la bonté de me dire, lorsque je pris congé de luy, qu'il sçavoit ma pauvreté, et qu'il vouloit me faire du bien. Je n'en souhette plus que j'en ay, que pour estre en estat de servir S. M. plus utilement dans le poste où elle m'a mis. Je prens la liberté, M^r, de vous supplier d'avoir la bonté de me rendre vos bons offices auprès du roy dans cette grande vacance. J'ay toute ma confiance dans la générosité du roy et dans la protection que vous me donnerés, s'il vous plaît, auprès de S. M. » (*Vol. verts C.*)

plus réguliers, que le Saint-Esprit aura décidé les combats de nostre conclave, je ne manqueray pas, M^r, d'obéir à cet ordre le plus ponctuellement que je pourray. Vous verrez cependant, par la lettre du roy, que le Saint-Esprit ne descend pas encore, et que son vol est fort incertain. Ce qui m'empesche d'en avoir beaucoup d'impatience est que l'on rend icy au roy tout ce qu'on luy doit, que sa faction, quoyque petite, y est considérable, et que j'espère maintenir icy hautement les droits que S. M. doit avoir dans cette eslection. Ce qui me resjouit, entre nous, le plus, est de voir marcher l'ambassadeur d'Espagne, non pas seulement en ambassadeur, mais avec une manière de garde de vingt ou trente officiers reffermés, qui, marchant armés, ne font point de peur à mon petit incognito, non plus que ses grandes unions ne m'en font pas aussy dans le conclave. Il est un peu en colère contre moy sur ce que j'ay demandé ce qu'il craignoit dans son palais, où il a un corps-de-garde, ayant tesmoigné que le caractère que je portois m'empeschoit d'avoir besoin de gardes, et que j'estois assuré que, sans hallebardes, l'on porteroit respect dans Rome au moindre de mes gens. J'espère pourtant que nous nous raccommoderons bientost. Je n'oserois pas vous insulter dans vos disgrâces, cet hiver, en vous disant, au milieu de vos glaçons, que mes fenestres sont ouvertes pour gouster la douceur d'un printemps.

Le 11 février.

..... Vous verrez par la lettre au roy l'estat de nos affaires qui nous menacent d'une grande longueur, qui est fâcheux à tout le monde, mais particulièrement à plusieurs de MM. les cardinaux, par les despenses extraordinaires que cela leur cause. Par cette raison, ceux d'Espagne ont mil escus en entrant dans le conclave. Vous avez sceu que M. le cardinal Maldachin a esté nécessité de prendre 5 mois d'avance; mais 2 mois déjà de conclave ont tout consommé. La vérité est qu'il n'a pas un sol, et que ses gens sont prests à le quitter. Il iroit, en cette occasion, un peu de la gloire du roy et de ses intérêts, la nécessité pouvant rendre les gens capables de beaucoup de choses, l'or se faisant voir à découvert dans le conclave. M. le cardinal des Ursins n'est pas mieux que luy; peu de chose les pourroit contenter, et les empescher de faire mal par nécessité. C'est, M^r, ce que je vous suplieray de représenter à S. M., espérant que ces considérations feront ressentir à ces deux cardinaux les marques de sa libéralité : cela ne peut tirer à conséquence pour les autres, et je m'en chargerois.....

Le 12 mars.

... Comme j'aprends par les bruits que S. M. doit partir aussitost après Pâques pour Flandres, et n'estant pas seur que mes nouvelles puissent arriver avant son départ par les courriers ordinaires, j'envoie M. Tambonneau extraordinairement, tant par cette raison que par la nécessité que je m'impose par mon debvoir d'avoir de quoy me régler par les ordres directs de S. M. dans les incidens que je puis prévoir, et qui peuvent estre considérables, ainsy que vous verrez, M^r, par ma despêche au roy : il y a toute apparence que j'auray tout le temps de les recevoir.

Cependant le dernier incident qui est arrivé par 33 voix qu'a eu pour luy le cardinal Rospigliosi, ayant décidé de beaucoup de choses, il se peut faire quelque changement imprévu de scène, mais dans laquelle je tascheray à jouer mon personnage, qui, jusques à présent, a esté assez beau, m'estant maintenu neutre et indépendant avec beaucoup d'esclat, et tel que jusques alors que je vous escris, le roy a esté l'arbitre de tout ce qui s'est passé, par l'égalité qu'il y a dans les deux grands partis qui partagent tout le sacré collége, chacun desquels a besoin du roy pour l'inclusion. A l'esgard de l'avenir, l'on ne doit jamais respondre d'une affaire aussy incertaine que celle d'un conclave; mais si je jugeois par les apparences, je vous dirois, M^r, que j'ay lieu de croire que le roy en aura tout l'honneur, et suis absolument à vous.

(*De la main du duc.*) Je vous rendray conte qu'ayant entretenu deux fois M. le duc de Nevers, il m'a paru estre déterminé à se marier, mais incertain si ce sera en France ou en Italie; sa famille souhaitte que ce soit ici, si S. M. luy veut permettre, pour faire quelque alliance dans la famille du pape qui peut estre exalté; si c'est en France, cela regarde Mlle de Toussi.

Ce 31 mars.

Vous serés asseurément surpris, M^r, de la longueur de ce conclave, qui peut très-facilement ne pas finir sitost, par tous les ambaras qui s'y rencontrent, et que l'on n'a jamais veu dans aucun conclave. La raison en est que l'on n'a jamais veu deux partis si fort l'un contre l'autre, et que comme chacun d'eux est composé de trois corps différens, lesquels pour se tenir unis doivent avoir de la complaisance les uns pour les autres, et par conséquent ne pas concourir à ce qui est contraire à l'un des corps, cela produit de très-grandes confusions. Je ne sçay si S. M. sera satisfaitte de ma conduitte, mais je l'espère par vos bons offices, en vous asseurant que je tasche de ne manquer ny de soins ny d'application; bien loin que l'Espagne ait encor eu aucun avantage, elle a eu trois matières de déplaisirs assez considérables par l'exclusion du cardinal de Lis, par la sortie de la faction du cardinal Quisi, et depuis peu de jours par la foiblesse qu'elle fait paroistre, ainsi que vous verrés par une de mes dépêches et l'estat des affaires de ce conclave, par ce que je me donne l'honneur d'en mander au roy, et je tâcheray de me maintenir dans le poste honorable où j'ay esté jusqu'à présent.

Le 15 avril.

S. M. m'ayant faict l'honneur de me mander par une de ses dépêches qu'elle ne feroit pas précompter sur le cardinal Maldachin les 2000^lt qu'il a touché du sieur Sinabaldi à l'entrée du conclave, j'espère que vous voudrés bien qu'il en ressente l'effet estant en lieu où il est obligé de faire beaucoup de dépense.

Le 17 avril.

...... Nous sommes menacés de grandes longueurs si, comme il y a quelque aparence, le pape se fait par les négociations qui se comencent présentement. L'estat où a esté jusqu'à présent la faction du roy, a esté assés glorieux; mais il est un peu violent pour durer si longtemps. J'espère toutefois ne le pas quitter qu'à bonnes enseignes; l'agrément que S. M. tesmoigne de mes services me fait renouveler de forces, et j'espère en avoir assés pour maintenir ses intérès jusqu'au bout avec la gloire qui luy est deue; mais si je puis réussir à sa satisfaction, je prétens demander à S. M. une grâce considérable, qui sera d'un brevet d'asseurance de ne me retreuver jamais en une pareille occasion; et je vous asseure que par cette grâce S. M. me donnera plus de dix ans de vie.....

Le 1er may.

Je dépêche ce gentilhomme pour porter à S. M. la nouvelle de l'exaltation de M. le cardinal Altieri, à présent Clément X, qui se fit le 29 après midi, par ce qui peut s'apeler une furie françoise qui a donné à S. M. toute la gloire de ce conclave, duquel le dénouement s'est fait par la déroute des Espagnols, causé par la désunion que l'on fut assés heureux de faire de la triple alliance de l'Espagne, Quisi et Médicis, dans lequel mouvement nous ayant prêté le flanc, l'on n'a pas perdu le temps de les renverser. Enfin, M[r], cette triple alliance qui ne s'estoit faite que pour l'exaltation du cardinal de Lis et contre Rospigliosi, a eu le déplaisir d'en recevoir l'exclusion par la seule faction du roy neutre et indépendante; ce formidable parti (ce sembloit) n'a pu mesme faire réussir aucun de ses projés, et l'on en a veu avorter qui pouvoient mesme estre agréables au roy, parce que l'on avoit manqué aux moindres formes; il n'a pas eu le plaisir de s'en venger, ayant toujours marché par des chemins si couvers, qu'à peine nous y pouvoient-ils voir; il n'a peu avoir la gloire d'eslever le trosne d'un de leurs amis sur le débris du cardinal Rospigliosi, et quand il a eu la force de le jetter (comme il est arrivé plusieurs fois) dans le précipice, la main du roy l'en a retiré, et a fait voir à tout le monde avec plus d'esclat des effés de la protection du roy, qui ont mesme surpassé les espérances dudit cardinal, puisqu'après tant de déclarations publiques de l'exclusion de la faction du cardinal Rospigliosi, il avoit eu raison de croire un retour impossible, si quelque chose le pouvoit estre contre le pouvoir du roy. En un mot, M^r, je serois très-mal satisfait si l'événement de ce conclave n'eût rendu S. M. l'arbitre absolu, et n'eût donné beaucoup plus de gloire à S. M. que dans le précédent conclave.

Pour ce qui regarde la personne de S. S., comme il a pris le nom de son prédécesseur, il y a toutes les aparences qu'il suivra ses traces pour ce qui regarde le roy, m'ayant desjà fait paroistre des sentimens si pleins de recognoissance que je ne puis douter des effés; et j'ay eu sujet d'estre pour le moins aussi satisfait de l'audience qu'il m'a donné ce matin que d'aucune de Clément IX. Parmi les honnestetés que j'en ay receu en mon particulier, S. S. s'est fort bien souvenue de ce que je lui dis en partant de Rome, que c'estoit à luy de se faire cardinal, et ensuite au roy de le faire pape; cette veue que j'en eus en ce temps, n'ayant pas peu servi à luy faire cognoistre l'obligation qu'il avoit au roy.

Je vous parle, M^r, d'autant plus librement de la gloire qu'a eu S. M. en ce conclave, que son nom seul luy a fait acquérir, et que l'on ne peut avoir de mérite en servant un si grand monarque, cependant je présume en avoir emporté beaucoup par les bonnes intentions que j'avois de le servir, et par l'application que j'ay eu d'exécuter ses commandemens.

J'aurois un sensible déplaisir que ce courrier ne trouvât plus S. M. à Saint-Germain, parce que vous ne seriés peut-estre pas auprès de sa personne, et que je pourray y avoir bien besoin de vos bons offices, ausquels je me recommande toujours. J'espère en peu de temps mettre icy en bon chemin les affaires dont le roy m'a chargé, pour partir avant les grandes chaleurs; mais je ne pourray pas esviter en ce voyage les deux extrémités du froid et du chaud, et vous suis absolument acquis.

Le 6 may.

.....J'ai desjà parlé pour la confirmation de la charge de M. Cassini au fort Urbain, et j'espère une favorable response, S. S. ayant toute sorte de considération de ce que S. M. peut souhaitter, toutes les aparences estant que son pontificat ne sera pas différent de celuy de son prédécesseur. J'en reçois les plus grandes honnestetés du monde en tous rencontres, ainsi que de M. le cardinal Altieri. Le pape fit une action, il y a peu de jours, dont bien des gens furent surpris, et dont je fus fort aise, qui fut de donner à l'abbé Bailloni la charge de secrétaire des chiffres, faisant voir par là que la France ne luy est pas trop suspecte, puisqu'il confie tous les secrés et mesmes ceux des princes estrangers à un domestique d'un cardinal national, ledit abbé estant à M. le cardinal Antoine.

J'ay veu M. le cardinal Rospigliosi, qui est transporté de recognoissance vers le roy, quand il songe non seulement à l'honneur qu'il luy a donné dans ce conclave, mais particulièrement quand il raconte comme M. le cardinal Quisi fut forcé de luy venir demander sa protection pour luy et toute sa famille, après l'avoir méprisé comme il avoit fait. Il est vray que l'on ne peut pas imaginer un plus bel effet de la protection du roy.....

Le 13 may.

.....Je ne doute pas que je ne vous sois obligé de l'agrément que le roy donne si obligeamment à toute ma conduite, dans laquelle il ne peut paroistre que beaucoup de zèle pour son service: son nom suplée à tout le reste.

J'ay parlé au pape et à M. le cardinal Altieri dans ma première audience pour M. Cassini, et présentement M. le cardinal Rospiglosi vient de me mander que M. le cardinal Altieri luy a dit dans une visite qu'il luy vient de rendre qu'il seroit confirmé..... Le pape fut couronné le 11; la cérémonie dura huit heures, et il parut si peu fatigué, que nonobstant son grand aage l'on peut espérer un assés long pontificat.....

Vol. verts C.

9.

LETTRE DU ROI A LA CHAMBRE DES COMPTES A PARIS.

Saint-Germain-en-Laye, le xie aoust 1670.

Nos amez et féaux, ayant apris que vous avez esté invitez de la part de nostre amé et féal conseiller en nos conseils, le S^r archevesque de notre bonne ville de Paris, d'assister à la procession générale qui se doit faire demain 12e du présent mois pour l'expiation du crime exécrable commis le 3e de ce mois dans l'église de Nostre-Dame de nostre dite ville, et voulant que cette pieuse action se fasse avec tout l'ordre et la décence convenable, nous voulons et nous mandons qu'en attendant que le différend que vous avez avec nostre cour du parlement, pour raison de la sortie de ladite églize, soit terminé, vous ayez pour cette fois seulement à sortir de vostre séance par en haut du costé de la porte du chapitre; si n'y faites faute; car tel est nostre plaisir[1].

Reg. secr.

[1] Cette lettre est précédée, dans le registre du secrétariat de la maison du roi, de la note suivante, qui fait allusion à la querelle au sujet de la préséance qui avait eu lieu entre le parlement et la chambre des comptes dans la cathédrale même :
« Le sacrilège commis en l'église de N.-D. de Paris, le 3 aoust 1670, ayant obligé M. l'archevesque d'ordonner une procession générale le 12e du mesme mois, il y convia de son chef les compagnies qui, estant informées que la cérémonie se feroit dans la nef de N.-D. devant l'autel de la Vierge, trouvèrent d'elles-mesmes des expédiens pour esviter leurs contestations ordinaires, qui furent de se rendre, le parlement au chapitre de N.-D., et la chambre des comptes à l'archevesché, et de ne point entrer dans l'église que dans le temps qu'il faudroit marcher à la procession. Mais la chambre des comptes ayant fait difficulté au retour de la procession de sortir par la porte de la croisée qui est du costé du chapitre, sans un ordre du roy, les lettres de cachet qui ensuivent furent expédiées. » (*Reg. secr.*)

10.

COLBERT A L'ÉVÊQUE DE LAON, ENVOYÉ A ROME.

A Fontainebleau, le 14 aoust 1671.

Le roy ayant nommé mon fils à l'évesché d'Auxerre, je prends la liberté de vous envoyer cy-joinct les lettres de S. M. et celle que j'escris à M. le cardinal Altieri pour obtenir le gratis des bulles dudit évesché; et comme il y pourra rencontrer quelque difficulté, d'autant que ses bulles sont très-hautes, je vous supplie de ne luy pas desnier vostre entremise pour luy faire accorder cette grâce, et de croire que nous en conserverons toute la reconnoissance que nous debvons.

Le 10ᵉ septembre.

Je me resjouis avec vous de l'asseurance que M. le cardinal Altieri a donné au roy que vous seriez cardinal dans peu de jours. Je crois que vous ne doutez pas que je ne prenne beaucoup de part à tous les advantages qui arrivent à vostre maison.

Je vous rends grâces très-humbles de la peine que vous voulez bien vous donner de soliciter l'expédition gratuite des bulles de mon fils l'évesque d'Auxerre, je vous prie de continuer vos soins à ce qu'elle soit faite le plus promptement qu'il se pourra.

Nostre académie des sciences a besoin d'une des lunettes d'approche du sieur Campany; je vous prie de l'envoyer quérir, et de luy ordonner d'en faire deux des meilleures et des plus longues qu'il pourra; et comme il est extrêmement appliqué à en multiplier la vertu, je vous prie de luy dire qu'en cas qu'il trouve le moyen de l'augmenter de la moitié ou du double des dernières qu'il a fait, qui ont 55 palmes de longueur, qui reviennent à peu près à 36 ou 37 pieds de France, outre l'advantage qu'il aura de les débiter, le roy luy fera encore un présent considérable. Et comme il est encore persuadé et qu'il y a mesme beaucoup d'apparence qu'il a trouvé un moyen seur pour les tailler, en cas qu'il voulust communiquer ce secret, et l'envoyer en France, S. M. lui donneroit encore une récompense dont il seroit content. S. M. m'a ordonné de vous escrire sur cette matière et de vous dire, de sa part, que vous fassiez toutes les instances que vous estimerez nécessaires audit Campany sur le contenu de cette lettre.

Le 16 octobre.

Il seroit difficil que je pusse vous exprimer le ressentiment que j'ay d'une marque aussi sensible que celle que vous venez de me donner de vostre amitié, vous avouant qu'elle m'est beaucoup plus chère que la grâce que vos instances pressantes ont obtenu du collége des cardinaux, en acordant le gratis des bulles de l'évesché d'Auxerre. Je sçay de quelle conséquence est cette grâce, et combien de difficultez l'on rencontre à Rome pour l'obtenir. Je vois mesmes que de 35 cardinaux il n'y en a eu que 2 ou 3 contraires, et je connois parfaitement qu'il ne falloit pas moins de zèle et de chaleur que la vostre pour faire réussir une affaire comme celle-là.....

Le 20 novembre.

Le roy m'ordonne de vous faire sçavoir qu'estant bien difficil que le séjour de Mess. les duc et chevalier de Vendosme puisse estre long à Rome, sans tomber dans des inconvéniens préjudiciables et contraires à leur dignité, S. M. désire qu'aussytost qu'ilz y auront séjourné dans le personnage d'incognito le temps nécessaire pour voir tout ce qui peut estre digne de la curiosité des princes de leur naissance, vous leur expliquiez que l'intention de S. M. est qu'ils en partent aussytost pour achever leur voyage, et qu'ils s'en reviennent par Florence et par Turin, sans s'arrester davantage à Venise et sans passer par l'Allemagne.

Je suis bien aise que vous ayez commencé à faire essay des lunettes du sieur Campany. Il seroit fort à souhaitter qu'elles pussent réussir à estre fort nettes, la longueur de 90 palmes estant fort grande, et pouvant estre asseurément fort utile pour nos observations.

Reg. dépêch. comm.

11.

L'ÉVÊQUE DE TULLE A COLBERT.

A Tulle, le 18 d'aoust 1672.

La bonté que vous m'avez fait l'honneur de me tesmoigner dans toutes les rencontres où j'ay pris la liberté d'implorer vostre protection, m'inspire la confiance, Mr, de vous demander très-humblement la plus essentielle de toutes les grâces et pour le bien de mon diocèse et pour le repos de ma vie : c'est une évocation générale au grand Conseil pour les affaires spirituelles et temporelles de mon evesché. La peinture qu'on m'avoit faite des esprits de ce pays m'avoit obligé de vous en faire solliciter par M. le duc de Chaulnes, et vous eustes la bonté de me faire espérer de m'ayder de vostre crédit au retour du roy pour me faire obtenir ceste faveur ; mais en vérité, Mr, j'ay trouvé les choses si fort au delà qu'on me les avoit représentées, et je vis avec des gens si peu capables d'estre portés au bien par d'autre voye que celle de l'authorité, que je me verray arresté à chaque pas par des appels comme d'abus au parlement de Bordeaux peu favorable aux évesques, si le roy n'a la bonté de m'accorder une grâce qui les arrestera, en leur faisant perdre un terrain où ils ont mille habitudes, et où je n'y en ay point du tout. Je vous demande pardon, Mr, de vous desrober le temps que vous donnerés à la lecture de cette lettre ; je ne me rendrois pas si importun, s'il n'y alloit de la gloire de Dieu et du règlement de mon diocèse. Une des plus douces occupations que j'y aye est de demander au ciel la continuation de vostre santé et des prospérités dont il comble vostre maison.

Vol. verts C.

12.

DE CHAMBONAS, ÉVÊQUE DE LODÈVE, A COLBERT.

Lodève, le 19ᵉ aoust 1672.

On m'escrit que M. l'abbé vostre fils a soutenu ses dernières thèzes avec tant de capacité et un applaudissement si général, qu'il ne se peut pas qu'au milieu de vos grandes occupations vous ne soyés encore sensible à cette joye. Permettés-moy, s'il vous plaist, Mʳ, de vous tesmoigner la part que j'y prens. Je vous dois et à toutte vostre famille un éternel attachement; je m'en acquitteray avec courage et fidélité, et je n'auray jamais de plus forte passion que de voir succéder vos désirs.

J'ay desjà pris de bonnes mesures dans nostre province de Narbonne pour la députation de Mʳ l'abbé des Marez à la prochaine assemblée du clergé [1]. J'oze vous respondre que vostre nom n'y sera point commis, et que je ne fairay paroître le sien que lorsque l'affaire sera preste à délibérer. Je vous avertiray seulement une année à l'avance sur la seureté de la chose et du comment elle réussira. Je dis cependant que je veux cette députation pour un de mes amis, et comme je renonce

---

[1] Le neveu de Colbert fut élu député à l'assemblée du clergé en 1675. On voit que l'affaire fut préparée de longue main, et les lettres des évêques prouvent le zèle qu'ils déployèrent à faire plaisir au ministre. Le cardinal de Bonsy lui écrivit de Limoux, le 21 octobre 1674 : « Je pense avoir pris des mesures assez seures avec M. de Carcassonne..... pour vous pouvoir respondre de sa voix pour la députation de M. l'abbé Desmarestz. Je vous conjure de croire que je suis sans réserve absolument à vous. »

Voici maintenant les lettres des évêques de Carcassonne et de Béziers :

« A Carcassonne, 5 février 1675.

« Je m'estimeray toujours bien heureux de rencontrer les occasions de pouvoir mériter, par mes très-humbles services, quelque part dans l'honneur de vos bonnes grâces, et je souhaitterois avec passion qu'une plus importante que celle de contribuer de quelque chose par mon suffrage à la députation de M. l'abbé Desmarets, vostre neveu, se fût offerte à moy, afin de

à toute prétension pour le premier ordre, j'y trouve une grande facilité.

M. de Bezons, intendant en Languedoc, songe dans nostre province à procurer à son fils l'agence du clergé de l'année 1680. Il a mesme depuis quelque temps engagé nombre de nos évesques. Si vous y aviés, M^r, quelque pensée, il seroit peut-estre bon qu'il en fust averty, et bien que je sçache qu'il craint plus vostre pouvoir qu'il n'ayme vostre personne, je suis asseuré qu'il se départira sur le premier advis.

Je continue icy dans les soins de mon employ jusqu'aux prochains Estats, et je ne quitteray point ma résidence que ce ne soit pour le service du roy ou pour le vostre, affin de ne pas me rendre indigne des grâces que vous m'avés procuré. Je n'y ay d'autre regret que de passer mes jours sans vous estre utille, et sans vous donner des marques de mon respect et de mon zèle.

(Juin 1673.)

Dans toutes les affaires qui m'arrivent, je viens à vous comme à mon protecteur, et il me semble que la part que vous avés à mon élévation exige que vous ayés la bonté d'en prendre à ma conduite. Le sieur viscomte du Bosc et le chevalier son fils, tous deux habitans de Lodève, m'ont querelé sans cesse depuis Pasques, et cherchent à me faire mille avanies, parce que j'ay voulu, après m'estre épuisé en vous faire mieux connoître avec quelle chaleur j'embrasseray tousjours toutes celles de vous plaire..... »

« A Montpellier, le 5e février 1675.

« Vous aprendrés de beaucoup d'endroits qu'on nomma hier M. l'abbé Desmarests pour un des députés de nostre province ecclésiastique, et que tout le monde s'empressa également de concourir à un choix si avantageux. M. l'évesque de Montpellier, M. l'abbé de Monpezat et moy avons esté aussi députés. Je vous suplie très-humblement, M^r, de vouloir estre persuadé que je prétens me faire beaucoup d'honneur et de plaisir de servir l'église et le roy avec M. l'abbé Desmarests, et par la considération de l'avantage qu'il a de vous appartenir, et par celle de son mérite particulier, ne doutant pas que les autres provinces ne nous envient le bonheur dont la nostre va jouir. Je ne souhaitterois rien tant au monde que de pouvoir vous faire connoître jusques où va mon attachement pour vostre service. »
(*Vol. verts C.*)

voies honestes, les obliger de faire leur devoir. Le premier avoit esté sept ans sans se confesser, et je l'ay porté à le faire par la crainte de l'excommunication; et l'autre possède dans mon diocèse un prieuré de l'ordre de Grammont et mille escus de revenu, sans y vouloir faire aucun service ny tenir aucun religieux, bien que sa fondation l'oblige d'en avoir douze. Il en a fait couper et vendre tout le bois d'une forest dans laquelle j'ay mon chauffage, et le roy, qui est collateur de ce bénéfice, y est intéressé comme moy. Et comme je commençay à les presser pour toutes ces choses, et que j'allay les mettre en instance, ils se sont avisés, après m'avoir morgué avec des mespris inouïs, et pensant par ce moyen me donner le change, d'escrire à M. de Chasteauneuf que je les avois maltraittés. Cela m'engage, M^r, à vous envoyer un mémoire sur ce qui s'est passé entre nous. J'ay cru mesme que, puisque ces messieurs avoient signé une plainte en forme, suivant qu'on m'en a dit, je devois en escrire au roy, et je prens la liberté de vous envoyer copie de l'un et de l'autre. En vérité, M^r, ce seroit un grand malheur si un évesque n'ozoit faire son devoir de peur d'avoir une affaire. Je ne suis, Dieu mercy, ny fascheux, ny playdeur, et, au contraire, il m'est permis, je crois, dans cette occasion de me vanter à vous, qui estes mon bienfaiteur, que j'ay accommodé tous les procez qui estoient dans mon diocèze. J'y employe réglément deux séances par semaine. J'ay restabli la justice, qui y estoit absolument perdue. Sur 200 familles huguenottes, j'ay receu, en dix-huit mois de résidence, 43 personnes à la foy catholique, et j'espère qu'à ma visitte, que j'ay différé jusqu'au commencement de septembre, pour connoître parfaitement toutes mes paroisses, je doubleray cette sainte moisson. J'ay trouvé moyen de faire payer sans imposition les debtes de trois communautés dont je suis seigneur, par la révision des comptes des collecteurs de tailles depuis dix ans. J'ay estably la manufacture des draps de Lodève, qui estoit extrêmement altérée, sur le pié de vos règlements, et j'ay donné aux marchands de Lodève une ouverture pour augmenter de beaucoup leur commerce. Enfin, M^r, je tâche de faire mon devoir avec application pour le spirituel et le temporel, et l'incident du vicomte de Bosc est l'unique que j'ay dans mon diocèze. Je vous aurois une infinie obligation si vous aviez la bonté de faire escrire un mot à M. de Chasteauneuf pour me procurer quelque satisfaction. Tout ce que je prens la liberté de vous escrire et de mettre dans mon mémoire est si vray, que je consens, M^r, de perdre vostre créance, que je regarderois comme le plus grand malheur de ma vie, s'il s'y trouve quelque chose d'altéré dans la vérification que vous en fairez faire quand et par qui il vous plaira. On m'a asseuré que ces messieurs avoient l'appuy de M. le marquis de Castres, qui leur avoit promis celuy du cardinal de Bonsy, dans la veue que cecy confirmeroit les meschans offices qu'ils m'ont voulu rendre auprès du roy et peut-estre aussy auprès de vous, M^r; mais j'ay peine à croire ce raport, et quoy qu'il en soit, je m'en consoleray aysément si j'ay l'honneur de vostre protection, comme je l'espère, et que je vous la demande avec un profond respect.

Vol. verts C.

13.

J. H. DE GONDRIN, ARCHEVÊQUE DE SENS, A COLBERT.

Ce 25 aoust (1672), à Sens.

Comme personne n'a jamais soutenu les droits du roy et du royaume avec plus de lumière et plus de fermeté que vous, je vous supplie très-humblement, M^r, de protéger les intérests de l'épiscopat, qui sont joints en cette occasion à ceus de S. M., contre l'injuste plainte que M. le nonce fait d'un arrest que j'ay obtenu, qui me donne le moyen de m'acquitter de mon devoir. J'ay fait un mémoire sur cette plainte, que je prends la liberté de vous envoyer; il n'est bon qu'à faire voir l'importance de l'affaire en cas que M. le nonce continue, et qu'il est du service du roy que S. M. connoisse le fonds du droit que les évesques ont de connêtre des crimes scandaleus des réguliers.

Je m'offre, Mr, de le faire voir très-clairement quand il vous plaira de l'ordonner.

MÉMOIRE.

L'arrest accordé par le parlement à l'archevesque de Sens, le 12e de juillet dernier, duquel il a apris que M. le nonce se plaint, ne luy donne pas plus de droit qu'il en avoit auparavant de prendre connessance de la vie et des mœurs des réguliers; mais il l'a obtenu seulement pour pouvoir faire exercer par son official, dans le cours de ses visites, la jurisdiction pour instruire et juger les procès que les cours souveraines ne souffrent pas que les officiaus exercent hors de leur tribunal et prétoire, s'ils n'en ont obtenu leur consentement. C'est pourquoy l'archevesque de Sens, voyant qu'il luy estoit impossible de corriger les coupables dans l'extrémité de son diocèze, qui est fort grand, si il estoit obligé de faire faire les procédures à Sens par son official, il a demandé au parlement qu'il pût les faire à sa suite pendant le cours de ses visites, ce qui luy a esté accordé avec beaucoup de justice.

Cela ne donne aucun droit nouveau à l'archevesque de Sens à l'esgard des réguliers, parce que c'est une maxime constante dans le royaume qu'ils ne peuvent exercer aucune jurisdiction au dehors de leurs monastères, au dedans desquels ils ont seulement la correction régulière, et quand les particuliers ont commis des fautes scandaleuses, elles ont esté punies par les ordinaires des lieux, et quelquefois par le juge séculier, le public ayant tousjours intérest que les scandales soient réparés par un châtiment exemplaire, tel que ne pût estre celuy qui est fait dans les monastères.

C'est sur ce fondement que les cours souveraines renvoyent les religieux scandaleus pour estre jugés par les officiaus toutes les fois que leurs désordres sont portés devant leurs tribunaux, et qu'en particulier les moines de l'abbaye de Pruilli, de l'ordre de Cisteaus, réformez et anciens s'estant battus, furent renvoyez par arrest contradictoire, en l'année 1656, par devant l'official de Sens pour leur faire leur procès, et que quelques années après le prieur claustral de l'abbaye des Echarles, du même ordre, ayant causé un grand scandale par son impudicité, fut renvoyé aussi par arrest au même official, nonobstant les remontrances et l'opposition de l'abbé de Cisteaus. Le concile de Trente reconnoît qu'il est si juste que les évesques remédient à ces désordres publics et scandaleus des réguliers, qu'il ordonne que les supérieurs seront obligez de faire sçavoir aus évesques le châtiment qu'ils en auront fait dans un certain temps, même de ceus commis au dedans du monastère, à faute de quoy l'évesque les châtiera comme il le jugera à propos, ce qui a esté depuis confirmé et expliqué plus au long par la constitution du pape Clément VIII *Suscepti muneris*, de l'année 1596.

Mais comme la discipline du concile de Trente n'a pas esté receue en France dans toute son estendue, non plus que la constitution du pape Clément VIII, les évesques sont demeurés en possession, particulièrement dans le cours de leurs visites, où il faut remédier aus désordres sans retardement, de supléer à la négligence des supérieurs réguliers pour les fautes qui se commettent au dedans des monastères, et de châtier absolument celles qui se commettent au dehors et qui sont scandaleuses.

C'est pour cette raison que l'archevesque de Sens, faisant ses visites au mois de juin dans la ville d'Estampes, a informé et fait procéder par son official contre deux religieus très-scandaleus; le premier desquels, ministre des Maturins de la ville d'Estampes, est accusé des crimes énoncés dans la requeste de son promoteur[1], et l'autre, qui est capucin prestre, est aussi convaincu par une information d'estre sorti de son couvent d'Estampes avec un compagnon pour aller faire la débauche dans un cabaret de la ville, avec des gens de néant; d'y

---

[1] Cette requête, jointe au mémoire, porte que frère Nicolas Pachau, religieux du monastère des Maturins à Fontainebleau, dès qu'il eut été mis à la tête du couvent du même ordre qui se trouvait dans un faubourg d'Étampes, « chassa par toutes voyes ces religieus, du consentement de son général, pour avoir plus de liberté, et pour employer le bien destiné à leur nourriture et entretien, à faire des

avoir couché ; d'avoir le lendemain desjuné dans un autre cabaret, avec les mesmes personnes, d'une manière si honteuse, que toute la ville a esté scandalisée ; et depuis, il a esté encore obligé de faire informer contre un Récolet qu'on a vu toute une journée dans les champs avec un fusil sur l'espaule chasser et tirer en volant. Ce sont ces gens-là qui cherchent la protection de M. le nonce, et contre lesquels l'archevesque de Sens a fait des procédeures par le droit qu'ont les ordinaires, et non en vertu de l'arrest dont on se plaint, qui ne luy donne que celuy de faire faire par son official hors de son tribunal, pour faire cesser ces sortes de scandales, et empêcher qu'ils ne demeurent impunis, ce qui a esté fait en ces trois cas dans le lieu ordinaire de son officialité.

Outre les crimes scandaleus, il y a beaucoup de cas dans le droit reconnu, mesme à Rome, ausquels les religieus les plus exempts sont sujets à la jurisdiction des ordinaires. Ainsi, il est de la piété et de la justice du roy, aussi bien que de son service, de ne pas escouter la plainte de M. le nonce, sans souffrir qu'on luy représente les conséquences de ce que ce ministre du pape demande, qui ne tend qu'à anéantir la jurisdiction des évesques en France, mesme au-dessous de ce que le concile de Trente leur a conservé, sous prétexte de ce qu'il n'est pas receu dans le royaume, tirant ainsi avantage de ce qui a esté autrefois à ses prédécesseurs un sujet considérable de plainte.

Le 6 septembre.

Il faut vous avouer que je n'ay peu voir sans quelque surprise ce que vous avés fait l'honneur de dire à celuy qui vous a présenté ma dernière lettre sur l'arrest dont M. le nonce se plaint. Ceste surprise vient, M^r, de ce que, dans l'accablement d'affaires où vous estes, vous

festins continuels dehors et dedans ledit monastère avec toute sorte de personnes, et particulièrement avec des femmes, ce qui est venu à un tel excez, que toute la ville d'Estampes a esté scandalisée de voir ledit monastère rempli des filles et femmes, avec lesquelles il beuvoit, mangeoit, dançoit, et faisoit des actions honteuses et très-indignes de son caractère..... »

avés présent le détail de tout ce qui se peut dire sur une de cette nature, comme ceux qui n'ont à faire que de lire les livres de nostre mestier. Cela fait qu'on est bien heureus de traiter avec vous des intérests de l'épiscopat, qui sont inséparables de ceus de l'estat, ausquels vous donnés toute vostre vie, et que je suis persuadé que vous ne trouverés pas mauvais que je vous envoye un mémoire que j'ay fait pour répondre à tout ce que les religieux disent en ceste occasion pour affoiblir nostre droit, et pour establir leur prétention. Si elle avoit lieu, M^r vostre frère seroit bien embarrassé d'un horrible scandale qu'un Récolet a causé à Gien, duquel il a fait informer par son official pour le châtier. Mais j'espère que vous la trouverés sans fondement, s'il vous plaist d'examiner ce mémoire, de suppléer par vos lumières ce qui y manque, et que j'y aurois mis s'il estoit pour un autre que pour vous, M^r, à qui seul je l'adresse par la poste, afin que personne n'en juge que vous, et que je me soumette au jugement que vous en fairés, avec le même respect avec lequel, etc.

<small>Vol. verts C.</small>

14.

PLACET AU ROI REMIS PAR LE DÉPUTÉ ET PROCUREUR SYNDIC DES RELIGIEUX RÉFORMÉS DE L'ORDRE DE PRÉMONTRÉ.

(Septembre 1672.)

Sire, les abbés et religieux de l'estroite observance de Prémontré supplient très-humblement V. M. de leur accorder pour le P. Epiphane Loys, abbé d'Estival, la liberté de revenir à Paris, parce que les sieurs commissaires qu'elle leur a donnez, pour juger de tous les différens que le sieur abbé de Prémontré, leur général, a suscité, ayant ordonné une assemblée capitulaire dans ladite ville, de concert avec les parties, où tous les supérieurs et députés des monastères de la réforme se doivent trouver pour les terminer ensemble par quelque voye d'accomodement, ledit abbé d'Estival est en droit de s'y rendre non-seulement en qualité d'abbé et supérieur de sa maison, mais aussy comme procureur général de toute la congrégation; d'ailleurs il y est personnellement en cause comme visiteur esleu du chapitre général, renvoyé par arrest par devant lesdits commissaires.

Outre ces raisons de justice tirées de la liberté des suffrages nécessaires pour la validité de ce qui se passera en ladite assemblée, et de la nécessité de la présence des parties les plus intéressées à tant de sortes de nouveautés et de changemens que le père général, qui n'est point de la réforme, s'efforce d'introduire dans la congrégation de l'estroitte observance, c'est que ledit abbé que nous réclamons, sire, a obéi d'abord aux ordres de V. M., sans avoir cherché les voies de se justifier sur les suppositions dont on s'est servy pour obtenir la lettre de cachet ci-attachée, en vertu de laquelle le P. général l'a honteusement déposé de la charge de supérieur de nostre maison de Paris, pour ses intérêts particuliers, soubs le seul prétexte, hors de saison, qu'il estoit Lorrain et estranger.

Les supplians espèrent d'autant plus cette grâce de V. M., qu'elle ne refuse pas aux plus estrangers de venir défendre en personne leurs interests en justice, surtout quand ils n'ont jamais manqué de fidélité comme ledit P. Epiphane, qui en plus de 25 ans qu'il a demeuré en France, ne s'y est jamais meslé que des affaires de sa religion; et ils en pourroient donner pour caution des personnes de la première qualité du royaume, si V. M. l'ordonnoit ainsy. Ils seront obligés de continuer leurs vœux et prières pour la prospérité de ses armes et pour la santé de toute la famille royale.

Vol. verts C.

15.

A.-S. DE SAINTE-MARTHE,
GÉNÉRAL DE LA CONGRÉGATION DE L'ORATOIRE, A COLBERT.

Ce lundi matin 10 octobre (1672).

Mgr, pas un de nos pères n'eust jamais pensé à élire le P. du Breuil pour assistant, comme il n'a pas eu une seule voix pour estre général, s'ils eussent seu que les intentions du roy s'estendoient à cette charge. Je ne pouvois penser que nos pères eussent cette intention, car je proteste très-sincèrement devant Dieu que pas un ne m'en a parlé devant l'élection. Sitost qu'elle fut faicte, le P. du Breuil de bonne foy convint avec moy de s'en démettre, et j'ai accepté dès hier sa démission, et tout présentement je vas faire procéder à une autre élection, qui estoit desjà résolue devant que j'eusse receu les ordres du roy. Je croi, Mgr, que vous avés apris de quelle manière j'ai esté forcé d'accepter la charge après le refus que j'en avois fait durant cinq séances. Je serois desjà allé rendre au roy les devoirs de mes très-profonds respects et de mon inviolable fidélité, si je n'estois malade...

20 octobre.

Suivant les ordres du roy, nous avons procédé à une nouvelle élection, et le P. de Sailland a esté élu de la plus belle manière du monde, dont j'ai une parfaite joie. J'espère que S. M. agréera cette élection, car c'est assurément un très-honeste homme. Mon mal, qui continue, m'empeschera encores quelques jours de vous aller rendre mes très-humbles respects et actions de grâces pour toutes les obligations que vous a vostre, etc.

Vol. verts C.

16.

L'ARCHEVÊQUE DE PARIS A COLBERT.

Ce dernier jour de l'an (1672).

Bien que je sois persuadé que rien n'échappe ni à vostre souvenir ni à vostre prévoiance, cependant comme messieurs les syndic et doyen de la faculté m'ont dit ce matin que vous ne les avés pas encor mandés, et que lundy l'on s'assemble avec intention de faire du bruit, si l'on n'y met la main, j'ay cru, M^r, que vous trouverés bon que je vous en renouvelle l'advis.

Le syndic s'appelle Guhares et demeure au collége de Boncourt; le doyen, Morel, et loge en Sorbonne.

<small>Vol. verts C.</small>

17.

L'ÉVÊQUE DE GENÈVE A COLBERT.

Annessy, le 5° de juin 1673.

Je voy tant de disposition à un changement dans la ville de Genève, que je croirois de trahir ma conscience et de dérober à votre zèle une occasion de faire des choses très-glorieuses à Dieu et à la religion, si je ne vous en donnois avis, et si je ne vous supliois à même tems, comme je le fais avec tout le respect dont je suis capable, d'inspirer la pensée au roy d'établir du moins la liberté de conscience dans cette petite république. La permission que le roy donne à ses habitans d'exercer la religion prétendue réformée dans toute la France, quoique l'édit de Nantes n'accorde l'intérim qu'aux sujets du royaume, et la facilité que plusieurs villes d'Allemagne ont eu de nous accorder des églises à la seule demande du roy, sont deux pressans motifs pour engager la ville de Genève à recevoir la liberté de conscience quand le roy le désirera; mais quand tout cela ne seroit pas, le succès des armes du roy en Hollande a si fort consterné Genève, que je ne doute nullement que l'heure ne soit venue pour y introduire la religion catholique, étant bien constant qu'une petite république qui est regardée par tous ses voisins, a beaucoup d'intérêt de se fixer par l'autorité d'un monarque qui fait trembler toute l'Europe par l'éclat de ses armes, et beaucoup par la réputation de son grand génie, et que si nous perdons cette occasion de faire l'œuvre de Dieu, les siècles se passeront avant que l'église trouve des conjonctures favorables pour en réussir.

La piété, qui est si naturelle à votre maison, ne peut pas trouver une matière plus glorieuse à votre ministère, ny plus consolante pour un pauvre évêque qui se glorifie de votre protection, et qui a l'honneur d'estre, de la manière la plus reconnoissante, etc.

Vol. verts C.

18.

LE PRÉSIDENT PELLOT A COLBERT.

A Rouen, le 25 novembre 1673.

Si je ne vous ay pas rendu compte plus tost, suivant vos ordres, de ceux qui prétendent à la députation du clergé de cette province pour la prochaine assemblée, c'est que je me suis voulu bien informer, et de plus d'un endroit, de l'estat auquel sont les choses présentement pour cela.

Comme ce sera une grande assemblée, il y aura 2 députez pour la province du premier ordre et 2 du second ordre. MM. les évesques de la province ont résolu de ne s'engager point que de concert et dans le temps que se faira l'assemblée provinciale pour cet estat, qui pourra se faire dans sept ou huit mois. Ainsi, comme ils ne se sont point expliquez, l'on ne peut point sçavoir positivement quels seront les députez du premier ordre et de second ordre.

Néanmoins l'on croit que la députation du premier ordre pourra tomber sur M. l'évesque de Baieux, qui est Nesmond, frère du président, et l'évesque de Coutances, qui est Briene, ou M. l'évesque de Lisieux, qui est Matignon, frère du lieutenant de roy de la province. M. l'archevesque de Rouen ayant fait connoistre qu'il ne souhaitte pas d'estre député, soit qu'estant archevesque, il seroit des présidens de l'assemblée, ce qu'il n'ambitionne pas, ou bien qu'il voudroit que son nepveu l'abbé de Grancé fût député du second ordre, ou à cause qu'il a esté député aux dernières assemblées; pour les autres évesques, qui sont M. l'évesque d'Évreux, M. l'évesque d'Avranches, qui est Fronté; l'évesque de Séez, qui est Forcoul, l'on croit qu'ils ne prétendent pas; de sorte qu'il y a grande apparence que deux de ces trois provinces le seront, et que M. l'évesque de Baieux y a plus de part qu'aucun. Il est très-honneste homme, vertueux, fort attaché à sa profession, parent proche et ami de M. le premier président de Paris, et apparemment, pour la satisfaction du roy et du clergé, la députation ne sçauroit estre dans de meilleures mains. M. l'évesque de Coutance est aussi très-bon prélat et régulier; mais il ne seroit pas peut-estre si traitable, estant assez attaché à ses sentimens. Pour M. l'évesque de Lizieux, il est tout à fait dans les intérêts du roy et de sa maison, fort honneste homme et obligeant, et, quoyqu'il ne se pique pas de si grande régularité que les autres, s'il estoit député, l'on pourroit en estre autant satisfait que d'aucun autre; mais il pourra ne l'estre pas, estant dans le dessein que son nepveu l'abbé Matignon le soit du second ordre.

Pour le second ordre, ceux dont l'on parle sont l'abbé Bigot, fils du président de ce parlement. C'est un esprit brouillon qui aime le procez, qui est de l'humeur dont estoit son père quand il n'estoit pas raisonnable. Ainsi il ne seroit pas propre pour cet employ; son père néanmoins en a escrit à M[rs] les évesques.

M. l'archevesque de Rouen, comme j'ay marqué, y peut penser pour l'abbé Grancé son nepveu; mais il est trop jeune, n'ayant pas vingt-un ans.

L'abbé Matignon, aumosnier du roy, comme j'ay aussi marqué, y pense, et peut-estre y aura plus de part qu'aucun, en cas surtout que M. l'évesque de Lisieux tesmoigne, comme l'on dit qu'il le fait, qu'il ne veut pas estre député, pourveu que son nepveu le soit ; car l'oncle et le nepveu ne le peuvent pas être ; l'on le connoît : c'est une bonne race, et tous les enfans, qui sont honnestes gens chacun dans leur profession, sont tous fort attachez au service du roy. Ce qu'il y a seulement, c'est qu'il a desjà esté député dans les dernières assemblées.

L'abbé Baillif est prétendant aussi, qui est frère de l'advocat général du grand conseil, et a pour cela son crédit, dont les évesques ont besoin tous les jours dans les procez qu'ils ont souvent au grand conseil pour des bénéfices. Ce qu'il a aussi contre luy, c'est qu'il a desjà esté député dans les dernières assemblées.

L'abbé de Champigni, chanoine de Nostre-Dame de Rouen, prétent aussi à la députation, mais foiblement, à ce que l'on m'a dit. Il est fils d'un Champigni qui a esté intendant en Limousin et depuis en cette province, et beau-frère de M. de Vaurronis, conseiller au parlement de Paris, intendant de Mme de Longueville, et qui a force d'amis, estant habile et intelligent dans son mestier.

L'abbé Mascranny mon nepveu et frère du grand-maistre des eaux et forests de la province, y songe aussi, en cas, M^r, que vous l'ayez agréable, que vous n'y pensiez point pour quelqu'un, et que vous luy vouliez départir vostre protection, et, en ce cas, il y aura autant de part qu'aucun autre. C'est un bon sujet, car il est très-vertueux, aimant et attaché à sa profession, docteur de Sorbonne, très-doux et très-sage, qui presche et qui sera attaché à vous comme toute nostre famille. Si j'apprens sur ce sujet quelque chose de nouveau, je vous en feray part, et seray tousjours avec respect vostre, etc.

Le 27 novembre.

J'adjousteray à ce que j'ay eu l'honneur de vous escrire..... que l'on m'a assuré que M. l'archevesque de Rouen sera bien aise d'estre un des députez du premier ordre. S'il le veut estre, il y a grande apparence qu'il le sera, et l'on doibt l'y porter, estant, comme il est, intelligent et bien intentionné. Ainsi l'autre place regarderoit asseurément M. l'évesque de Baieux, qui tesmoigne vouloir l'avoir, et estant un des plus estimez, un chacun se portera à luy accorder; de sorte que cela estant, la députation du premier ordre ne pourroit estre dans de meilleures mains que celles de ces deux prélats.

Pour le second ordre, M. l'abbé de Matignon pourroit estre un des députez : sa qualité, son mérite et la faveur de M. l'évesque de Lisieux son oncle fairont que personne ne luy pourra guères disputer. Pour l'autre place, elle pourroit estre remplie de l'abbé Mascranny, mon nepveu, dont je vous ay, M^r, donné avis, en cas que vous n'eussiez pas d'autre veue. Cela estant, la province ne seroit pas mal en députez pour le second ordre aussi bien que pour le premier, et j'espère que le roy en auroit satisfaction.....[1].

Vol. verts C.

19.

DE MENARS, INTENDANT, A COLBERT.

(Avril 1674.)

Je vous envoie l'acte capitulaire de l'élection qui a esté faite du

---

[1] Quelques mois après (6 mai 1674), le même intendant adressa à un personnage qui n'est pas nommé, mais qui était probablement l'archevêque de Rouen, la lettre suivante : « Ayant appris que vous recommandiez à MM. les prélats de cette province M. l'abbé d'Ailli pour estre député à la prochaine assemblée du clergé, j'ay cru vous debvoir donner advis qu'il y a bien longtemps que nous avons pris nos

P. Floreau, prieur de Rheims, religieux réformé de l'ordre de Saint-Dominique. Je fis assembler avant-hier le chapitre pour leur faire sçavoir la volonté du roy, et parce que les religieux non réformez estoient en bien plus grand nombre que ceux de la réforme, et qu'ils estoient apuiés par le Provincial qui sort de charge, je luy dis que je le rendrois luy seul responsable de cette élection si elle n'estoit conforme aux intentions de S. M. Il me dit qu'ils estoient tous réformés. Comme il n'y a presque aucune différence en leurs habits, et que je ne pouvois les distinguer, je creus qu'il estoit nécessaire de faire prester serment au P. prieur de cette ville de dire vérité, et je luy commandé de la part du roy de me donner le mémoire dont je vous viens de parler, ce qu'il fit, et je luy ordonné de se tenir à costé de moy dans le chapitre, et de me dire, à l'ouverture des billets, ceux qui estoient de la réforme, et ceux qui n'en estoient pas. Il estoit absolument nécessaire que j'assistasse à cette élection, où je demeuré cinq heures, et je fus obligé d'y aporter un peu de fermeté. Je leur dis que je n'y venois point pour les contraindre ; que je souhaitois que l'élection se fît canoniquement et selon leurs constitutions, mais que mon intention estoit d'estre tesmoin de l'obéissance qu'ils auroient aux volontés du roy, et en rendre un compte très exact à S. M. ; qu'ils eussent donc à s'abstenir de nommer un religieux non réformé ; que s'ils le faisoient,

mesures pour faire avoir cette députation à l'abbé Mascranny, mon nepveu, frère du grand maistre des Eaux et forests de cette province, dont mesme j'ay rendu compte à M. Colbert. Ainsi, M^r, il n'y auroit que vostre crédit qui peut empescher que son affaire ne réussît. Ce qui fait que nous vous supplions très-humblement, bien esloigné de luy estre contraire, de vouloir le protéger dans sa prétention, puisqu'assurément M. l'abbé d'Ailli n'est point si fort vostre serviteur que nous le sommes, le grand maistre des forests et moy, par l'attachement inviolable que nous sommes obligez d'avoir et aurons tousjours à vostre maison ; outre que ledit abbé d'Ailli a esté desjà député, et que l'abbé Mascranny est un très-bon sujet, docteur de Sorbonne et très-régulier et bon ecclésiastique. J'adjouste que si par vostre faveur ledit abbé d'Ailli luy estoit préféré, cela nous fairoit grand tort dans ce pays. Si nonobstant toutes ces raisons vous insistez pour ledit abbé, nous mettons, M^r, bas les armes, puisque nous n'avons garde de contester contre nos maistres et contre ceux à qui nous debvons tout..... » (*Vol. verts C.*

je luy donnerois l'exclusion. Ils donnèrent 3 ou 4 fois leurs voix à des religieux qui n'estoient pas de la réforme que je rejetté, et enfin les choses se sont passées selon la volonté du roy, et ils sont tous contens.

Vol. verts C.

20.

LE CARDINAL LESOREL A COLBERT.

A Rome, ce 20 décembre 1674.

Je dois attendre toujours de vous les grandes obligations comme celles dont je vous suis et vous seray éternellement redevable, et je n'y puis répondre que par de petits services; mais je vous supplie d'être persuadé que le prix qui leur manque en eux-mesmes y est suppléé par une affection et une ardeur infinie.

Je vous rens mille grâces, M^r, de m'avoir donné lieu d'en faire paroistre une foible marque dans le *gratis* que vous désiriez[1]. La conjoncture n'a pas empêché qu'on n'ait rendu justice à vostre rang et à vostre mérite, et sans passer par les mains du cardinal Altieri par la bonne intelligence que j'ay rétablie et confirmée avec le cardinal dataire. Depuis ces démêlez, la chose a esté portée au pape et conclue en un moment.

Je mande à M. de Pomponne qu'on luy en doit sçavoir quelque gré, et qu'il est bon de le luy témoigner, parce que cette honnesteté peut faciliter d'autres affaires, et, comme la disposition de cette cour demande des hauteurs et des sécheresses vers ceux qui ne se conduisent pas bien, elle veut aussy des radoucissemens quand ils paroissent bien intentionnez.

Ce cardinal a extrêmement à cœur l'élargissement d'un certain abbé du Colombier, qui, dans le fond, n'est pas un bon homme, et lequel,

---

[1] Probablement pour l'expédition de la bulle au sujet de l'épiscopat du fils de Colbert.

aprez avoir reçu du pape une patente de vicaire général de l'ordre du Saint-Esprit en France, fort impertinemment et fort mal à propos s'y en retourna. Nous en donnasmes pour lors advis à M. de Pomponne, et nous apprismes quelque temps aprez qu'il avoit esté mis à la Bastille.

Comme il s'estoit attiré par une assiduité importune la protection du cardinal dataire, il en eut un grand déplaisir, et d'autant plus qu'il l'avoit porté à prendre cette commission de vicaire général : toutefois il ne m'en avoit jamais rien dit.

Dans l'occasion de ce gratis qu'il s'est piqué d'obtenir sans passer par le cardinal Altieri, il m'a ouvert son cœur sur cela, et j'ay connu qu'il croyoit son honneur engagé à procurer quelque soulagement au Colombier, et que, si d'ailleurs il n'estoit pas contre le service du roy qu'il sortît de prison, on pourroit luy faire valoir cette grâce. J'en escris à M. de Pomponne, et si vous avez lieu, M^r, d'y contribuer, je vous supplie, pour le même service de S. M., de le faire. Cependant j'estimerois qu'il seroit à propos que vous luy écrivissiez une lettre honneste de remercîment sur l'inclination qu'il a témoigné de vous obliger en cette rencontre. Cela le touchera beaucoup, et le rendra mieux disposé pour d'autres où vous pourriez avoir besoin de son ministère. Je voudrois bien aussy que vous m'écrivissiez un article ostensible et obligeant pour luy sur l'affaire de Colombier, soit qu'elle puisse s'accommoder ou non : ces moyens ne sont pas icy inutiles.....

Vol. verts C.

21.

LETTRE DU ROI AUX AGENTS DU CLERGÉ DU DIOCÈSE DE SENS.

A Saint-Germain-en-Laye, ce xie may 1675.

Nos amez et féaux, sur ce que nous avons apris qu'il avoit esté pris quelque délibération dans la précédente assemblée de vostre province, pour députer l'abbé de la Mivoye à l'assemblée générale du clergé qui se doit tenir en ce lieu, nous vous faisons cette lettre pour vous dire que pour causes importantes au bien de nostre service, nous voulons que, nonobstant les engagemens que vous auriez pu prendre sur le sujet dudit la Mivoye, vous ayez à faire choix d'un autre ecclésiastique du second ordre, pour le députer en sa place. Si n'y faites faute, car tel est nostre plaisir.

<small>Reg. secr.</small>

22.

LETTRE DU ROI AUX DOYEN, SYNDIC ET DOCTEURS DE LA FACULTÉ DE THÉOLOGIE.

1675.

Nos amés et féaux, ayant appris que l'on s'est plaint, au premier de ce mois, dans l'assemblée de vostre faculté, de ce qu'on a mis à Rome dans l'ordre des livres défendus deux thèses qui ont esté soustenues parmi vous, avec l'approbation des présidens et de vostre ancien syndic, et ayant esté bien informé que l'examen desdites thèses ne se pourroit faire avec l'exactitude que vous avez accoustumé d'observer en ces sortes d'affaires qu'il ne causast du trouble et de la division dans vostre compagnie; et d'ailleurs ne voulant perdre aucune occasion de vous marquer l'estime que nous en faisons, en pourvoyant avec soin à toutes les choses qui en concernent l'honneur et les avantages, nous vous avons fait ces présentes pour vous dire que nous ne voulons pas que l'on traitte davantage cette matière parmy vous, ni que l'on y procède par un plus long examen, ny mesme que vous fassiez pour cet effet aucune assemblée extraordinaire, nous réservant, en cas que l'on publiast ce prétendu décret, ou tout autre dans nostre royaume au préjudice de ses usages et coustumes ou des libertez de l'église gallicane, d'y apporter des remèdes plus prompts et qui causeront moins de bruit.....

<small>Vol. verts C.</small>

23.

COLBERT AU P. DE LA CHAISE, CONFESSEUR DU ROI.

(Septembre 1676.)

Mon révérend Père, Jean Fredelle, prestre docteur en théologie, prisonnier à la Conciergerie, condamné, par arrest du parlement, à faire amende honorable, l'audience tenant, pour avoir abusé de son ministère, et à un bannissement de neuf années, ayant demandé au roy commutation de cette peine en quelque œuvre pieuse, S. M. a esté bien aise, avant de luy accorder cette grâce, de sçavoir si vous le connoissez, et s'il est digne de la compassion de S. M. C'est pourquoy je vous prie de me faire sçavoir vos sentimens sur ce sujet

Reg. secr.

24.

COLBERT A LA REYNIE.

A Versailles, le 15 septembre 1676.

J'ay rendu compte au roy du contenu en la lettre que vous m'avez escrit au sujet du livre intitulé l'*Idée du Concile présent*. S. M. m'a ordonné de vous faire sçavoir qu'elle désire que vous en deffendiez le débit.

Le 27ᵉ décembre 1680.

Le roy ayant esté informé qu'il se distribue à Paris un livre intitulé *La Politique du clergé de France ou entretien curieux sur les moyens dont on se sert pour destruire la religion protestante dans le royaume*[1]; lequel

---

[1] Attribué à Jurieu. Barbier (*Dictionnaire des anonymes*, t. III, p. 56) cite une édition d'Amsterdam, 1682, in-12. On voit, par la date de la lettre de Colbert, que cette édition n'est pas la première.

livre est préjudiciable au service de S. M., elle m'ordonne de vous escrire que son intention est que vous en empeschiez le débit, en faisant faire perquisition des lieux où en seront les exemplaires, et touttes les autres diligences en pareille occasion.

Le 25 may 1682.

Le roy ayant esté informé que le dernier bref du pape donné au sujet de la délibération du clergé concernant la *régale* a esté imprimé et se débite à Paris, S. M. m'a ordonné de vous escrire que son intention est que vous recherchiez avec soin quel est l'imprimeur qui l'a imprimé, pour le faire punir, ayant imprimé ledit bref sans permission.

Reg. secr.

25.

CIRCULAIRE DE COLBERT AUX INTENDANTS DES GÉNÉRALITÉS.

A Versailles, le 14° juin 1677.

Le roy ayant esté informé que quelques personnes ennemies du repos de l'Église ont faict un projet de lettre au pape, qui tend à renouveller toutes les questions qui ont troublé l'Église de France pendant plus de vingt années, et qui ont esté heureusement terminées par le soin que S. M. en a pris, et le dessein de ceux qui ont composé ladite lettre estant de l'envoyer dans les diocèses, et la faire signer à un grand nombre d'évesques de France pour l'envoyer ensuitte à Rome, S. M. m'a ordonné de vous escrire qu'elle veut que vous vous informiez de tout ce qui se passera sur ce sujet dans l'estendue de la généralité; que vous vous informiez encore si tous les évesques recevront cette lettre, par qui elle leur sera envoyée et quelle responsse ils feront, et que vous me fassiez sçavoir ce que vous en apprendrez, afin que j'en puisse rendre compte à S. M., qui considère cette affaire comme estant très-importante et à laquelle elle veut que vous donniez toutte vostre application.

Reg. secr.

26.

COLBERT A L'ARCHEVÊQUE DE PARIS.

A Versailles, le 22ᵉ juin 1677.

J'ai rendu compte au roy de ce que vous avez faict pour appaiser le désordre des jacobins de la rue Saint-Jacques, et S. M. ayant jugé à propos de confirmer vostre advis, elle a fait expédier les ordres pour renvoyer les religieux que vous croyez qui pourroient troubler le repos de cette maison dans les couvens de leur profession. Elle m'a aussy ordonné de vous dire qu'elle se remet à vostre prudence des moyens dont on pourra se servir pour faire quitter au père de Dreuil la charge de maistre des novices.....

Le 16 mai 1682.

Je vous envoye cy-joinct la lettre du roy pour M. l'abbé Pirot; je vous prie de vouloir la lire et de me la renvoyer mesme si vous trouviez qu'elle ne fust pas entièrement conforme aux intentions de S. M. qu'elle vous a expliqué, afin que je puisse l'expédier suivant ce que vous m'en escrirez..... Je vous rens très-humbles grâces de la bonté que vous avez eu de m'envoyer la permission pour ma chapelle.

Le 31 may.

Le roy ayant examiné la proposition qui a esté faite de renvoyer le parlement en corps à la faculté de théologie pour l'enregistrement de la déclaration du clergé, et de l'édit donné en conséquence, et ayant entendu sur cela M. le procureur général, S. M. a estimé plus à propos que M. le président envoyast quérir le scindic pour luy donner ordre de rapporter au parlement ce qui sera fait demain sur ce sujet, et de luy deffendre de permettre que personne parle sur le sujet de ladite déclaration dans l'assemblée, ce qui estant fortiffié par la lettre de cachet du roy, qui a esté remise ez mains dudit scindic, a paru suffisant à S. M. pour empescher les suittes qui seroient à craindre. C'est de quoy j'ay cru debvoir vous donner advis, et vous dire en mesme temps qu'il est bon que vous fassiez venir le scindic, et que vous luy ordonniez de ne se servir qu'en cas de nécessité de la lettre de cachet qui luy a esté remise.

Reg. secr.

27.

ORDRE DU ROI POUR LE CAPITAINE-PRÉVÔT.

A Versailles, le 22ᵉ de juin 1677.

Il est ordonné au capitaine prévost, exempt des gardes de la prévosté de l'hostel et grande prévosté de France, de se transporter au couvent des frères prescheurs de la rue Saint-Jacques à Paris, avec quatre gardes de ladite prévosté, dont il se fera accompagner, où il fera exécuter les ordres de S. M. qui seront miz en ses mainz. Enjoint S. M. aux prieur et autres religieux dudit couvent d'exécuter promptement lesdits ordres, à peine de désobéissance.

DE PAR LE ROY.

Il est ordonné au frère Blouin, religieux de l'ordre des FF. prescheurs, de se rendre incessamment à Laval dans le couvent dudit ordre, luy faisant S. M. deffenses de retourner dans le couvent de Paris, jusques à nouvel ordre. Faict à Versailles, le 19ᵉ jour de juin 1677. Signé Louis et plus bas COLBERT.

(Même ordre aux frères Hervé et Tronchon pour se rendre à Xaintes, de Larre à Bayonne, Lecomte et Tortegaisne à Poitiers, Guiton à

Angoulême Nic. Dufour, Longpré, Laur. Tabary et Thomas Montvoisin à Arras; Thom. Parcal à Montmélian, Trufier à Grenoble, Ant. L'Huilier à Tours, Capy à Compiègne, Lomel à Saint-Quentin, J. Moloré à Sens et Nic. Guy à Troyes.)

INSTRUCTION POUR LE PRÉVÔT.

Le sieur prévost retiendra pour demain six places au coche de Poitiers, et une heure auparavant le départ dudit coche, il ira au couvent des Jacobins de la rue Saint-Jacques, et rendra les six ordres qui sont dans ce premier paquet, suivant leurs adresses, aux PP. Hervé, de Larre, Tronchon, Tortegaisne, Lecomte et Guiton, qu'il fera partir sur-le-champ, ainsy qu'il fit il y a un an à deux religieux qui furent chassez de ce couvent.

Il retiendra pour le premier jour suivant du départ du coche d'Arras quatre places audit coche, et fera partir de mesme manière les PP. Dufour, Longpré, Tabary et Montvoisin. Il trouvera dans ce second paquet quatre ordres pour eux. Ceux-cy estant partis, il retiendra quatre places pour le jour suivant au coche de Tours, et fera partir de mesme les PP. L'Huillier, Truffier, Parcal, Blouin.

Leurs ordres sont dans le troisième pacquet, et fera partir le jour d'après, par le coche de Saint-Quentin, les frères Bernard Capy, Dominique Lhomel.

Et le mesme jour, par le coche de Troyes, les frères Jean Moloré et Nicolas Guy.

Ledit sieur prévost prendra quatre gardes pour l'accompagner dans l'exécution de ces ordres.

Il doit observer que l'exécution du présent ordre doit estre tenue secrette, et que les religieux qui partiront le premier jour ne doivent point sçavoir quels religieux partiront ensuitte, ny ceux-cy mesme ne doivent point sçavoir qu'ils doivent partir jusques au jour de leur départ.

Il doit payer les places du coche au prix ordinaire, et charger les M^{rs} des coches de les faire nourrir ou leur donner sur le pied de xxx^s par jour à chacun pour leur nourriture, pour autant de jours qu'ils seront sur le chemin pour se rendre aux couvens où ils sont envoyez.

<small>Reg. secr.</small>

28.

LETTRE DU ROI AU P. FLORIOT,
PROVINCIAL DES JACOBINS DE LA PROVINCE DE FRANCE.

<small>Escrit à Metz, le 23° jour du mois de février 1678[1].</small>

Révérend père, sçachant que le chapitre provincial de la province de France de vostre ordre a esté indiqué à Touars pour l'année présente, et ne voulant pas, pour des considérations importantes, que ledit chapitre s'assemble dans le couvent dudit lieu de Touars, je vous fais cette lettre pour vous dire que mon intention est, qu'en conséquence du pouvoir que vous avez, vous le convoquiez en tel autre couvent que vous estimerez commode. Et la présente n'estant à autre fin, je prie Dieu qu'il vous ayt, révérend père, en sa sainte garde.

<small>Reg. secr.</small>

29.

LE CHANCELIER LETELLIER A DE HARLAY.

<small>A Fontainebleau, le 23 may 1680.</small>

J'ay dit au roy que vous m'aviez envoyé un projet d'acte d'appel au concile des menaces du pape au subject de l'exercice de la régalle; mais S. M. a remis à le voir lorsqu'on examinera ce que vous et

---

[1] Au mois de mars, l'ordre du roi qui suit fut adressé au P. Hervé : « S. M. ayant ordonné au P. Hervé, religieux de l'ordre des Frères prescheurs, de se rendre à Xaintes, et d'y demeurer jusques à nouvel ordre, Sadite Majesté luy faict très-ex-

messieurs vos collègues ferez sçavoir au roy, ensuite de l'ordre que vous en avez deub recevoir de la part de S. M. par M. Colbert de Croissy. J'ay rendu compte au roy du dernier arrest du parlement sur l'appellation comme d'abus interjetté des ordonnances de M. de Pamiers. S. M. le trouve très-bien; j'ay scellé un *pareatis* pour le faire exécuter, et je l'ay fait mettre ez mains de M. de Châteauneuf.

Le 27 novembre.

Les religieuses de Charonne ont envoyé au roy le bref du pape cy-joinct, avec une lettre pour S. M. Vous y verrez qu'elles font entendre qu'elles n'ont pas voulu ouvrir le paquet dans lequel il estoit enfermé, et que l'on le leur a jecté par leur grande grille après vêpres. S. M. en ayant entendu la lecture, m'a ordonné de vous l'adresser pour en faire l'usage qu'il conviendra. Je doibs seulement vous faire observer qu'à cette occasion S. M. s'est expliquée que rien ne pouvoit estre plus utile que la prompte séparation des religieuses de ce monastère.

Reg. secr.

30.

LE MARQUIS DE SEIGNELAY AU MÊME.

A Saint-Germain, le 17ᵉ décembre 1680.

Mon père m'ayant remis entre les mains la lettre que vous avez pris la peine de luy escrire au sujet des religieuses de Charonne, j'en ay rendu compte au roy, et S. M. m'a ordonné à l'un des deux doyens des requestes de l'hostel, pour leur expliquer que l'intention presses inhibitions et deffenses d'en sortir, sous quelque prétexte que ce soit, mesme d'assister au chapitre provincial de la province de France dudit ordre, qui se doit tenir l'année présente en la ville de Chartres, à peine de désobéissance. » (*Reg. secr.*)

de S. M. est qu'on procède à l'adjudication du bail judiciaire de la maison où ces religieuses sont logées, afin de les en faire sortir. Je vous envoye cette lettre avec le nom en blanc, afin qu'il vous plaise le remplir de celuy de M. Amelot ou M. de Jassant, ne sçachant pas auquel des deux il faut l'adresser.

Le 11 janvier 1681.

Le roy m'ayant ordonné d'escrire à M. le premier président que l'intention de S. M. est qu'il donne les ordres nécessaires pour finir promptement l'affaire du bail judiciaire de la maison des religieuses de Charonne, sans attendre de nouveaux ordres de sa part, cette lettre n'est que pour vous en donner advis.

Le 4 juin.

Le roy persiste dans la pensée qu'il vous a expliquée luy-mesme, et S. M. croit absolument nécessaire que le Provincial ou les supérieurs des trois maisons en son absence soyent mandez au parlement. Mais comme S. M. veut avoir quelque esgard pour le P. de la Chaise, elle m'ordonne de vous escrire qu'elle désire que vous le voyiez encore de sa part, que vous tâchiez de luy persuader que cette comparution au parlement, qui lui paroist si terrible, loin d'estre injurieuse à sa compagnie, la disculpera entièrement à Rome de l'inexécution des ordres que le Provincial a receu, ce qui ne seroit pas de mesme par l'autre expédient que l'on propose. Et vous aurez agréable aussy de luy expliquer que S. M. estime du bien de son service, dans l'estat où sont les choses à l'esgard de Rome, que le premier expédient soit suivy; et quoyque je ne doute point qu'il ne se rende à d'aussy fortes raisons, S. M. veut que vous me fassiez sçavoir ce qu'il vous aura respondu, avant de passer outre, et que vous voyiez aussy Mgr l'archevêque de Paris sur le mesme sujet.

Le 30 may 1682.

Je vous envoye le mémoire cy-joint contenant l'advis de mon père sur l'affaire dont je vous ay entretenu ce matin. Je vous prie de prendre la peine de l'examiner entre cy et demain, que mon père m'a dit que vous debviez venir icy, et de vouloir bien passer chez moy en arrivant, afin que j'aye l'honneur de vous entretenir du contenu audit mémoire.

MÉMOIRE DE COLBERT POUR LE PROCUREUR GÉNÉRAL.

L'expédient proposé pour l'enregistrement de la déclaration du clergé et de l'édit donné en conséquence de faire retourner M. le premier président et M. le procureur général pour faire transcrire cet édit dans les registres de la faculté fait paroistre beaucoup d'authorité, et ne remédie pas à l'inconvénient qu'on a craint de faire connoistre à la cour de Rome, que les sentimens de ladite faculté sur le sujet de la déclaration du clergé ne sont pas conformes à ce qui est contenu dans ladite déclaration.

Il paroistroit plus convenable qu'en conséquence de ce qui a esté fait la première fois que le parlement y a esté en corps, que M. le procureur général requist lundy matin que le scindic de la faculté fust appellé pour apporter le registre dans lequel l'édit et la déclaration ont deub estre transcrits; en suite de quoy ledit scindic appellé et ayant respondu que l'enregistrement en a esté différé à l'assemblée du *prima mensis*, il seroit ordonné par arrest qu'un commissaire du parlement se transporteroit dans ladite assemblée pour veoir enregistrer ladite déclaration en sa présence, et il seroit fait deffenses par le mesme arrest à toutes personnes de délibérer dans ladite assemblée sur cette matière, attendu qu'il n'est plus question que de l'enregistrement conformément au premier arrest donné par le parlement, ce qui pourroit estre fortiffié par une lettre de cachet du roy que le scindic auroit entre les mains, et dont il ne se serviroit qu'en cas que quelqu'un, non obstant la deffense du parlement, entreprist de parler sur cette matière.

Le 4 aoust.

J'ay parlé au roy de la proposition que vous avez faitte concernant la protestation contre le bref du pape qui casse ce que l'assemblée du clergé avoit fait sur la régale. S. M. est convenu que cela pouvoit estre très-utile, mais qu'il ne falloit pas le tenter à présent, qu'on ne fust asseuré d'un grand secret. Ainsy, si vous pouvez respondre du sieur Dongois, et faire en sorte que l'expédition demeure entre vos mains sans qu'il y en ayt de minutte, ny que M. le premier président en ayt connoissance, S. M. estime plus à propos de se servir de ce moyen que de la voye d'un notaire apostolique, et vous pouvez le faire dez à présent sans difficulté....

Le 6 aoust.

Le roy approuve que vous fassiez la protestation, et S. M. ne doutte point, après le témoignage que vous rendez du sieur Dongois, qu'il ne soit assez sage pour luy confier ce secret. Elle estime qu'il suffira de toucher simplement les principaux griefs sans y entrer trop avant, en se réservant de les expliquer en temps et lieu dans toute leur estendue.

J'ay rendu compte à S. M. des raisons qui ont fait différer l'enregistrement de la déclaration concernant la vente des immeubles des Pr. réformez, et S. M., après avoir examiné les inconvéniens que vous avez proposés, n'estime pas qu'il y ayt rien à changer, et désire que vous la fassiez enregistrer. J'auray l'honneur de vous expliquer dimanche les raisons qui luy ont fait prendre cette résolution.....
Le roy estime à propos que vous fassiez imprimer le dernier arrest donné sur les assemblées de la faculté.

Le 4 novembre.

Je vous envoye une thèse qui a esté soustenue aux jacobins, dans le tittre de laquelle vous trouverez qu'on a mis avec affectation des choses entièrement contraires aux propositions du clergé, sur la supériorité du pape pour le temporel, et vous verrez par les actes que j'y joins, ce que les religieux de ce couvent ont fait pour faire rétracter celuy qui a soustenu cette thèse, et la response qu'il a fait. Sur quoy S. M. m'ordonne de vous escrire qu'elle veut que vous fassiez les réquisitions convenables en cette occasion, aussytost que le parlement sera rentré; et je vous en donne advis par advance, afin que vous ayez le temps de vous informer de toutte la suitte de cette affaire, vous priant de me faire sçavoir dans le temps ce qui aura esté ordonné, pour en rendre compte à S. M.

Le 28 janvier 1683.

..... S. M. m'ordonne de vous dire, sur l'ouverture qui vous a esté faite par le syndic de la faculté, qu'elle n'estime pas à propos de proposer aux docteurs qui seront appellez au parlement la question concernant l'authorité du pape dans les matières de foy et de doctrine, sans parler de la censure de l'archevesque de Strigonie, parce que cela pourroit passer à Rome pour une espèce de nouvelle querelle, et qu'il vaut bien mieux qu'il paroisse en cela que l'on n'agit que pour se deffendre, et pour cet effet, il faut marquer l'occasion qui a obligé le parlement à demander l'advis de la faculté, en observant pourtant qu'il ne faut pas que les docteurs comprennent qu'on leur donne à examiner tout ce qui est contenu dans la censure de l'archevesque de Strigonie; mais seulement la proposition qui attribue au pape seul l'authorité dans les matières de foy. C'est ce que je vous prie de vouloir bien expliquer à M. le premier président, à qui j'escris pareillement sur le projet qu'il a bien voulu m'envoyer.....

Le 4 février.

S. M. m'ordonne de vous escrire que comme la censure de la proposition concernant l'authorité du pape dans les matières de foy ne peut estre trop bien soustenue, elle estime du bien de son service que vous preniez la peine de faire un discours au parlement qui puisse estre inséré dans l'arrest qui sera rendu en conséquence de la censure de la faculté. J'y profiteray d'une très utile instruction, et du plaisir que j'ay tousjours à lire avec attention les choses qui partent d'un si bon endroit.

S. M. estime qu'il ne faudra pas laisser traîner cette affaire jusques au 1ᵉʳ jour du mois de mars ; mais qu'il sera à propos de faire tenir une assemblée extraordinaire à la faculté de lundy prochain en 8 jours.

La proposition que vous faites d'ordonner à la faculté d'apporter la censure du titre de la thèse du frère Malagola, et d'ordonner par arrest que l'une et l'autre desdites censures seront envoyées dans les universitez du ressort du parlement, est très-bonne, et S. M. estime seulement qu'il faudra faire examiner par les intendans la disposition desdites universitez avant que de s'engager à leur demander de pareilles censures.

Le 3 avril.

Le roy m'ordonne de vous escrire que son intention est, pour terminer promptement les affaires qui regardent la faculté de théologie, que M. le premier président envoye chercher cinq ou six des plus anciens docteurs pour leur expliquer, que le parlement ayant demandé depuis longtemps la décision de la faculté sur la question de l'authorité du pape, et sçachant que dans les précédentes assemblées qu'ils ont tenues pour cet effet, plusieurs docteurs se sont laissez aller à des digressions inutiles, en sorte que le tiers de ceux qui doivent donner leur opinion n'ont pas encores parlé, il les envoye chercher pour leur dire que l'intention du parlement est qu'ils tiennent leurs assemblées sans discontinuation, et qu'ils se mettent en estat de donner leur décision entre cy et la Quasimodo. Je vous prie de me vouloir bien faire sçavoir ce que vous aurez fait sur cela, et cependant je vous envoie à cachet volant la lettre que j'escris à M. le premier président sur ce sujet.

Je ne m'engageray point dans un grand remercîment, puisque vous ne voulez pas que je vous en fasse, sur la bonté que vous avez de vouloir continuer à travailler à la suite des mémoires que vous aviez laissez dernièrement à mon père. Mais je ne peux m'empescher de vous dire que je les reçois comme une marque essentielle de vostre amitié, et que j'y suis plus sensible que vous ne pouvez croire.

A l'esgard de ce que vous me demandez, si je trouve que ce travail me convienne, je croy que vous avez assez bonne opinion de moy pour estre asseuré que je le trouve aussy beau, aussy clairement expliqué et aussy utile qu'il l'est, et que je suis ravy de vous avoir l'obligation de l'instruction que je prends par vostre moyen sur ces matières.

Le 24 juin 1686.

Le roy m'ordonne de vous escrire qu'il est informé que les abbayes et autres bénéfices dont M. le prince Philippe est titulaire sont en très-mauvais estat, n'ayant esté fait aucune réparation depuis long temps; et S. M. désire que vous les fassiez visiter incessamment, et sur le procès-verbal qui sera dressé de l'estat des lieux, que vous fassiez saisir les revenus en vostre nom. A quoy j'adjousteray qu'il me paroist, par la manière dont S. M. m'a parlé, que vous lui ferez plaisir d'exécuter avec diligence l'ordre qu'elle vous donne à cet esgard.

Le 28 juin.

Je me suis informé du nom de l'abbaye que M. le prince Philippe de Savoye possède dans le diocèze d'Amiens : c'est l'abbaye de Cercamp, ordre de Cîteaux[1].

Le 11 octobre 1688.

Le roy a fort approuvé le discours que vous avez tenu à l'Université, et S. M. trouve bon que vous le fassiez imprimer pour le rendre public; mais elle n'estime pas à propos que les députés des facultés de droit, de médecine et des arts donnent part à leurs corps de ce qui s'est passé dans l'assemblée générale, parce qu'elle ne prévoit pas

---

[1] Il fut rendu un arrêt du parlement au sujet des revenus ecclésiastiques du prince de Savoye, et le marquis de Seignelay écrivit le 7 août suivant : « S. M. a agréé qu'on s'en tienne à ce qui est porté par cet arrest. »

qu'on puisse prendre assez de confiance aux asseurances que quelques docteurs de la faculté de théologie ont donné, pour hazarder la mesme chose à l'esgard de ladite faculté.

Je vous envoye la lettre de S. M. adressante à l'Université pour luy tesmoigner la satisfaction qu'elle a reçue de son zèle en cette occasion.

Pap. Harl.

31.

LE CHANCELIER LETELLIER
AU PREMIER PRÉSIDENT DU PARLEMENT DE TOULOUSE.

A Saint-Germain, le 13° mars 1681.

J'ay reçu l'arrest que le parlement a rendu contre le nommé Cerles. Le roy void dans la conduite des officiers dudit parlement un grand zèle pour son service; mais je suis obligé de vous dire qu'il seroit encores à désirer que l'on considérast bien les principes sur lesquels il faut agir contre ce religieux; il n'a aucun caractère, et quand il en auroit, aprez ce que l'archevesque de Tholoze, son supérieur, a ordonné contre luy, tout ce qui vient de la part dudit religieux ne peut estre regardé que comme des écrits ou libelles tendantz à sédition. Cependant le parlement qualifiant par son arrest lesdits écrits d'ordonnances, il est difficile, comme vous le marquez, que les esprits foibles n'en prennent quelque impression. Pour réparer cette faute, il faut qu'on instruise incessamment les deffaultz qu'on poursuit contre ledit religieux; que lorsque l'instruction sera parachevée, on le condamne à la plus grande et plus sévère peine qu'il se pourra, et qu'on ordonne que ses écrits seront brûlez par la main du bourreau, tant à Tholoze ainsy qu'à Pamiers, et dans les autres lieux où il les aura affichez. Par cette conduitte, ceux qui ont pu estre touchez des placards dudit religieux seront détrompez, et il y aura lieu d'espérer qu'il ne trouvera pas facilement des faulteurs à ses meschantes intentions.

Je suis obligé de vous adjouster que ce qui trouble les consciences ou excite les esprits foibles dans les escrits de Cerles, c'est qu'il les appuye de brefs du pape; et comme ces brefs ne paroissent pas en l'estat qu'ils debvroient estre s'ils estoient véritables, il est à présumer qu'ils sont supposez par cet homme-là pour s'authoriser et se donner quelque créance, estant impossible de croire qu'un si bon pape comme est celuy que nous avons, fasse quelque chose qui soit au delà de son pouvoir, lequel est réglé par le concordat, qui porte que le pape ne peut recevoir des appellations *omisso medio*, et que quand les appellations interjettées des juges ecclésiastiques sont portées à Rome par les voyes prescrites par ledit concordat, S. S. ne peut y prononcer de son chef, mais seulement donner des juges dans le royaume, pour juger lesdites appellations. Bien que je sois persuadé que chaque particulier qui compose vostre compagnie est informé de ces maximes, j'estime qu'il est de vostre affection au service du roy de leur en rafraîchir la mémoire, afin que dans leurs arrests les peuples puissent connoistre le cas qu'on pourroit faire desdits brefs, quand ils seroient véritables.

Pour m'expliquer plus clairement, quand il seroit vray que Cerles n'auroit porté et relevé son appel à Rome des ordonnances de M. l'archevesque de Tholoze, par lesquelles il a étably des grands vicaires au préjudice de son prétendu tiltre, tout ce que le pape auroit pu faire, ç'auroit esté de donner des juges du royaume *intra duas dictas*, pour juger ces appellations-là, et s'il estoit arrivé que ceux des officiers qui sont auprez de S. S. l'eussent surpris en les faisant juger par des brefs de la nature de ceux qu'on fait paroistre, ils ne pourroient jamais estre exécutez ni tolérez dans le royaume sur le principe de ce qui est porté par le concordat, qui est un tiltre commun entre le Saint-Siége et la France. Je ne puis douter que nostre université ne soit dans ce sentiment-là, et que s'il luy estoit eschapé d'en faire paroistre un contraire, vostre compagnie ne l'obligeât à s'en dédire.

Le 19 avril.

Puisque les juges n'ont pas esté contens des charges qui ont paru contre Cerles pour asseoir un jugement contre luy, il est convenable à la justice qu'ils le satisfassent sur cela. Ainsy il fault exécuter l'arrest qui ordonne de nouvelles informations, et quand on aura les preuves qu'on désire, et que les deffaults seront acquis, et la contumace en estat d'estre jugée, il faudra, en prononçant contre Cerles, le considérer comme une personne sans authorité, qui s'élève par des voyes de fait contre son métropolitain. En quoy il faut observer que tant que les ordonnances de M. l'archevesque de Tholoze ne seront pas réformées par les voyes légitimes, qui consistent en l'appel interjetté au pape desdites ordonnances, et en la nomination des commissaires *in partibus* suivant le concordat pour juger ledit appel, Cerles ne peut estre reconnu que comme un perturbateur du repos public et un imposteur, et sur ce mesme pied-là, le prestre Ruth, comme une personne qui favorise le trouble que cause l'autre.

Pap. Harl.

32.

L'ARCHEVÊQUE DE REIMS A DE HARLAY.

De Reims, le 20 juin 1681.

..... Je vous rends très-humbles grâces de la bonté que vous avez de m'instruire de ce qui se passe à l'égard des jésuistes. Quand on verra les registres du parlement, on trouvera qu'ils sont présentement bien meilleurs François qu'ils ne l'estoient du temps de la visite qu'ils firent à vos prédécesseurs à l'occasion de la doctrine de Sanctarel. Ce que vous faites dans cette occasion est bon pour nos libertez; mais cela ne vaut rien pour l'intérest de la compagnie : ce n'est pas aussy asseurément ce qui vous fait agir.

Vous ne me dites rien, en me renvoyant la lettre du cardinal d'Estrées, de la remarque que cette Éminence fait sur mon discours de la régalle. Vous trouverez dans ce paquet une copie de la responce que je luy ay faite : elle sera pour vous seul, s'il vous plaist ; je vous supplie de m'en mander vostre advis.

J'attends avec quelque impatience des nouvelles de la scène que vous verrez aujourd'huy au palais, dont vous me promettez de me faire part, aussy bien que des deux arrests, dont je vous supplie de vous souvenir.

Comme je sens qu'il faudra que je fasse dans l'assemblée qu'on vient de convoquer le mesme mestier que dans la dernière, je veux employer les trois mois qui me restent à me préparer à tout ce qui peut arriver, en me mettant en estat de servir l'Église et l'Estat le mieux qu'il me sera possible. C'est pour cela qu'ayant mes livres à Paris aussy bien que touts mes papiers, je prends le party d'y retourner à la fin de ce mois, dont je passeray le reste en cette ville pour achever d'y régler mes affaires.

Le 24 juin.

Je vous rends, M^r, très-humbles grâces des nouvelles que vous m'avez données de la fin de la comédie des jésuistes, dans laquelle il me semble que M. le premier président et le P. de la Chaise ont représenté de très impertinens personnages. M. le chancelier m'a mandé les particularitez de ce qui se passa sur cela à Versailles dimanche matin. J'auray l'honneur de vous les conter la sepmaine prochaine, car je seray lundy à Paris. Je crois que ce que vous me gardez sur la mesme matière ne sera pas moins curieux. Je ne mérite, M^r, la bonne opinion que vous avez de moy que par l'intention sincère que j'ay de faire en toutes occasions mon debvoir avec la fermeté et la dignité qui convient à un homme que la fortune a eslevé à un siége aussy distingué que le mien.....

Le 21 may 1695.

J'ay leu, M^r, avec un très-grand plaisir l'édict qui fust enregistré, il y a aujourd'huy huit jours, au parlement, concernant la jurisdiction ecclésiastique. C'est une pièce achevée dont l'Église vous aura d'éternelles obligations. Quand je ne sçaurois pas d'ailleurs la part que vous y avez dans ce temps-cy et dans celuy de feu mon père, je vous aurois reconnu dans cet édict; car il n'y a que vous en France qui soyez capable de faire un tel ouvrage. La place que j'ay l'honneur d'occuper dans l'Église me met en droict et en obligation de vous faire mes très-humbles remerciemens du service signalé que vous venez de luy rendre.....

Pap. Harl.

33.

LE MARQUIS DE SEIGNELAY A L'ARCHEVÊQUE DE ROUEN.

Fontainebleau, le 21 septembre 1681.

Le roy estant persuadé que l'évesque de Lizieux peut convenir davantage dans la prochaine assemblée généralle du clergé qu'aucun autre des évesques vos suffragans, S. M. m'a ordonné de vous escrire que vous luy ferez plaisir de faire en sorte qu'il soit nommé pour député dans l'assemblée provinciale que vous devez incessamment tenir.

Le 27 septembre.

Le roy ayant esté informé de l'accident arrivé à M. l'évesque de Lizieux, S. M. a jetté les yeux sur M. l'évesque d'Avranches pour remplir sa place de député de vostre province, et elle m'ordonne de vous dépescher ce courrier exprès, et de vous escrire que vous ferez chose qui luy sera très-agréable de contribuer autant qu'il sera de vostre pouvoir à ce que ledit S^r évesque d'Avranches soit député.

Reg. secr.

34.

PROJET DE RÉFORME POUR LA SORBONNE (1682)[1].

Réduire aux cent plus anciens docteurs le nombre de ceux qui pourront opiner sur touttes matières dans la faculté ; et dans le partage que l'on en fera entre les ubiquistes et les sociétez de Sorbonne et de Navarre, rendre les premiers les plus forts.

Ordonner qu'il n'y en pourra avoir dans ce nombre de cent qu'un de chaque séminaire.

Régler de mesme le nombre des Bernardins et autres religieux auxquels on n'a pas encore pourveu.

Laisser la liberté au surplus des docteurs de présider aux actes, et d'examiner les bacheliers, afin qu'ils s'entretiennent dans l'estude et dans l'habitude de parler latin quand leur rang d'antiquité viendra, et prendre les précautions nécessaires afin qu'ils se retirent des assemblées de la faculté après y avoir fait rapport desdits actes et examens.

Exclure des assemblées de la faculté tous docteurs ayant bénéfice hors de Paris sujets à résidence, à moins qu'estans grands vicaires ou officiaux d'archevesques ou évesques, ils ne soient dans cette ville à leur suitte, ou qu'ils n'y viennent seuls par leurs ordres.

Et si la première ouverture reçoit trop de difficulté, celle-cy pourra produire le mesme effect avec quelques uns des règlemens que l'on proposera dans la suitte.

Régler à 50 ou 60 au plus le nombre des licentiés, et n'en donner à la société de Sorbonne qu'un nombre certain, à proportion de ce que l'on luy laissera de docteurs qui ayent voix dans la faculté.

Establir deux censeurs pour veiller à l'observation de la discipline, et particulièrement aux actes et aux examens ; et s'il plaisoit au roy

---

[1] Ce projet est probablement du procureur général de Harlay.

leur donner quelque petite chose aussy bien qu'au syndic, cela seroit aussy bien employé que ce que l'on donne à un professeur.

On pourroit ordonner que les assemblées de la faculté se tiendroient au collége royal s'il se pouvoit, ou aux Jacobins ou aux Cordeliers.

Régler le nombre et la qualité des députez ordinaires commis pour l'audition des comptes et le gouvernement des revenus de la Faculté, parce que l'on leur renvoye souvent d'autres affaires.

Ordonner à la faculté de dresser des règlemens pour rendre les examens plus sérieux et pour les temps et la manière de faire les actes, et particulièrement celuy que l'on appelle *resumpte,* lequel ne devant estre fait dans les règles de ce corps que six ans après estre receu docteur, le parlement pourroit encore augmenter le délay jusqu'à dix ou douze ans, lorsque la faculté luy rapporteroit ses règlemens; et comme il faut avoir fait cet acte pour avoir entrée et voix dans la faculté, ce règlement avec celuy de la résidence, réduiroit sans esclat le nombre excessif des docteurs.

Ordonner par des lettres patentes du roy que la Faculté de théologie entière, au lieu du collége de Sorbonne et de deux docteurs de Navarre, présentera à S. M. trois docteurs, l'un de Sorbonne, l'autre de Navarre, et l'autre ubiquiste, afin qu'elle puisse choisir celuy des trois qu'elle aura plus agréable pour remplir la chaire de théologie qui sera vacante.

Estendre par une déclaration à tous les professeurs la clause insérée dans les lettres du roy Louis XIII, pour la fondation que S. M. fit en 1616 de la chaire que tient M. Lestoq en Sorbonne, et dans celle que S. M. a fondé à Navarre en 1659, suivant celle que M. Pelgey, maistre des comptes, avoit mis dans la fondation qu'il fit, en 1606, d'une autre chaire en Sorbonne, qui déclare les professeurs privés de leurs chaires, s'ils acceptent des bénéfices sujets à résidence.

Changer en conséquence ceux des professeurs que l'on jugera à propos, et mettre à leurs places des gens qui soient capables d'eslever la jeunesse, et ne les payer que sur un certifficat de quelque personne digne de foy, qu'ils auront enseigné au moins les deux premières propositions du clergé.

Restablir certain nombre de boursiers au choix des docteurs de la maison et à la collation du proviseur, s'il approuve la présentation qui luy en sera faite.

Laisser les docteurs autant qu'il sera nécessaire pour les consultations, pour l'assistance des condamnez et pour enseigner la théologie.

Ordonner que ceux qui ne seront pas logés dans la maison n'y mangeront pas, et supprimer les festins qui s'y font en certaines occasions, à cause des cabales.

Et pour éviter l'esclat que pourroit faire un règlement qui ne regarderoit que le collége de Sorbonne, on pourroit faire rapporter, en vertu d'arrest du parlement, les fondations, statuts et comptes de plusieurs autres colléges où l'on doit enseigner la théologie, et pourvoir en mesme temps aux désordres qui pourroient s'y trouver à l'esgard de cette estude.

Révoquer, si l'on estimoit à propos, les lettres patentes du roy qui ont uny en 1639, sans aucune utilité, au collége de Navarre, ceux de Boncour et de Tournay, pour y establir une communauté de théologiens à l'imitation de celle de Sorbonne, et en faire exécuter les fondations.

Mél. Colb. vol. VII.

35.

COLBERT AU P. BRACHET,
GÉNÉRAL DE LA CONGRÉGATION DE SAINT-MAUR.

A Versailles, le 8 may 1682.

Le roy a esté surpris de la diligence avec laquelle on a procédé à l'eslection d'un général de vostre congrégation, et quoyque S. M. soit persuadée qu'on ne pouvoit faire un meilleur choix que de vostre personne, il auroit esté plus sage et d'un meilleur ordre de donner advis à S. M. du temps qu'on devoit procéder à ladite eslection; et elle m'ordonne de vous faire sçavoir qu'elle estime du bien de son service, que tous les Définiteurs qui y ont assisté demeurent jusqu'à nouvel ordre dans le couvent de Saint-Germain-des-Prez. Vous prendrez la peine de me faire response à cette lettre, afin que je puisse asseurer S. M. que vous avez receu l'ordre que je vous envoye de sa part.

Le 24 octobre.

Le roy m'ordonne de vous expliquer ses intentions sur le sujet de M. le chevalier d'Elbeuf, qui est à présent dans l'abbaye de Saint-Médard de Soissons, par ordre de S. M. Elle veut donc que vous vous chargiez de mettre auprès de luy quelque ecclésiastique auquel vous pourrez avoir une entière confiance, ou l'un des religieux de vostre congrégation, de vostre choix, qui aura les qualitez nécessaires pour prendre soin dudit chevalier d'Elbeuf. Il est donc nécessaire, pour l'exécution des intentions de S. M., que vous fassiez promptement ce choix, et que vous envoyiez aussitôt à Saint-Médard celuy que vous aurez choisy, et que vous me fassiez sçavoir ce que vous aurez fait sur ce sujet, afin que j'en puisse rendre compte à S. M.

Reg. secr.

36.

LETTRE DU ROY A L'ABBÉ PIROT.

Escrit à Versailles, le 16° may 1682.

Ayant esté informé que, dans l'enregistrement qui se doit faire de l'édit donné sur la déclaration du clergé, quelques docteurs de la faculté de théologie se sont disposez à parler sur cette matière, j'ay bien voulu vous faire cette lettre pour vous dire que n'estant question que de l'enregistrement de cet édit, il n'est pas nécessaire qu'aucun des docteurs de ladite faculté parle sur des matières depuis si longtemps décidées, et je veux mesme que si quelqu'un se mettoit en estat de le faire, vous ayez à l'empescher, en luy déclarant l'ordre que vous avez receu de ma part par la présente lettre, laquelle n'estant à autre fin, je prie Dieu qu'il vous ayt, M. l'abbé Pirot, en sa sainte garde.

Reg. secr.

37.

COLBERT A DE HARLAY,
PROCUREUR GÉNÉRAL DU PARLEMENT DE PARIS.

A Versailles, le 1er juin 1682.

J'ay rendu compte au roy de ce que vous avez pris la peine de m'escrire sur ce qui s'est passé dans l'assemblée de la faculté de Paris, et je commenceray par vous dire que S. M. a receu en mesme temps une lettre par laquelle il paroissoit que tout estoit perdu, et que la faute qu'on avoit fait de n'y point faire aller le parlement estoit irréparable. S. M. a eu la pensée de chasser dez demain les sieurs Mazures, Despériez et Blanger, qui paroissent avoir plus de part à ce qui s'est passé dans ladite assemblée, et quoyqu'elle ayt fait réflexion depuis, que c'estoit en quelque sorte manquer au principe qu'on a suivy jusqu'à présent, d'esviter autant qu'il se peut qu'il ne paroisse de la contradiction de la part de la faculté et de l'authorité de la part de S. M., elle n'a pas laissé de m'ordonner de vous demander vostre avis sur le sujet de ces trois docteurs, et surtout ce que vous estimez nécessaire de faire dans la conjoncture présente. Je vous diray mesme qu'elle m'a ordonné d'escrire la mesme chose à Mgr l'archevesque de Paris, qui fera response entre cy et demain matin, et qu'ainsy il seroit bien nécessaire, s'il estoit possible, que vous prissiez la peine de me renvoyer cet extrait pour demain matin neuf heures.....

Le 24 juillet.

J'ay rendu compte au roy de ce que vous m'escrivistes par vostre lettre d'hier, et S. M., après avoir examiné toutes les raisons contenues dans cette lettre, m'ordonne de vous escrire qu'elle persiste tousjours dans la résolution de ne point permettre à la faculté de théologie de s'assembler, que le projet de la réformation n'ayt esté exécuté, ce qui ne se pourra pas avant le 1er septembre, estant nécessaire d'attendre des nouvelles de Rome. Cependant, comme elle a trouvé que les raisons contenues dans vostre lettre sont considérables, elle estime que le meilleur moyen d'ajuster toutes choses, est de faire présenter au parlément, dans cinq ou six jours, la requeste qui a esté signée par les docteurs, sur laquelle vous donnerez vos conclusions dans le premier ou le second du mois d'aoust, et ensuitte sera donné l'arrest qui leur permettra de s'assembler au premier jour de septembre. De cette sorte, les docteurs connoistront le bon effect qu'aura eu la requeste qu'on leur aura fait signer, et on aura tout le mois d'aoust pour attendre des nouvelles de Rome, suivant lesquelles on travaillera à la réformation.

Mgr l'archevesque de Paris avoit proposé que, pour exciter les docteurs qui n'ont point encore signé à suivre l'exemple de leurs confrères, vous allassiez dans vos conclusions à permettre aux docteurs qui auroient signé la requeste de s'assembler à l'ordinaire, avec deffenses aux autres de s'y trouver, et S. M. m'ordonne de vous en faire l'ouverture pour sçavoir vos sentimens sur ce sujet.

Le 15 mars 1683.

Comme les assemblées de la faculté ont esté interrompues depuis mardy dernier, et que le roy est informé du préjudice qu'en peut recevoir son service, tant parce que cela donne lieu aux malintentionnez de fortiffier leur cabale, que parce que ce long délay oblige plusieurs des docteurs qui sont dans de bons sentimens de se retirer dans les villes de leur séjour ordinaire, S. M. m'ordonne de vous escrire qu'elle veut que vous examiniez s'il ne sera point à propos que le parlement mandast les mesmes docteurs qui furent appellez il y a quelque temps, pour ordonner à la Faculté de continuer ces assemblées jusques à l'entière décision, non obstant les prises de bonnet de docteurs et les autres prétextes dont on pourroit se servir.

Reg. secr.

38.

DE HARLAY, PROCUREUR GÉNÉRAL, A COLBERT.

Le 15 juin 1682.

Je ne doute point que vous ne soiés desjà informé de ce qui s'est passé ce matin dans la faculté de théologie[1]; mais, pour plus grande précaution, je ne laisserai pas de vous informer que le sieur Grandin ayant ouvert l'advis d'obéir aux ordres du roy, et de faire ensuitte des remonstrances à S. M. sur la difficulté d'enseigner et de soustenir les propositions du clergé, le sieur Chamillart et plusieurs autres de cette secte après luy, ont esté d'advis de faire ces remonstrances avant d'obéir, et particulièrement sur l'article 4, qui regarde l'infaillibilité du pape, prétendant que l'assemblée du Clergé tenue en 1655 n'avoit pas esté dans les sentimens où celle qui se tient présentement se trouve, et plusieurs parlant avec peu de respect de cette assemblée. Le sieur Posselier, d'autre part, ayant esté d'advis d'adjouster à la relation dont vous avés veu le projet qu'ils n'approuvoient pas apparemment cette doctrine, plusieurs ont opiné pour adjouster ces termes *non approbantes* ou *improbantes*. Et comme les deux opi-

---

[1] Colbert avait, en effet, chargé deux docteurs de la Sorbonne, Feu et Pirot, de lui rapporter, à l'issue de la séance, ce qui s'y serait passé, « estant dans une grande impatience de sçavoir ce qui aura esté faict. » (*Reg. secr.*)

nions qui se seroient réunies eussent esté les plus fortes, et qu'il eût au moins passé à adjouster ces deux paroles, le syndic, par l'advis de ceux qui sont dans les bons sentimens, a fait remettre l'assemblée à demain pour achever d'opiner. Mais, comme la disposition de ces esprits ne changera pas, il semble nécessaire de prévenir la fin de cette délibération par les voyes que le roy jugera les moins mauvaises pour finir cette affaire, où l'on a engagé si avant son autorité avec des gens que l'on ne gouverne pas si aisément que d'autres. M. le premier président, qui m'a retenu très longtemps, m'a chargé de vous mander qu'il ne vous escrivoit pas parce qu'il sçavoit que je le fesois, et de vous supplier en mesme temps, de sa part, de présenter au roy une lettre par laquelle il mande à S. M. que je vous escris le destail de ce qui s'est passé, et que si elle juge que nous puissions la servir utilement en quelque chose, nous obéirons à ses ordres. Nous les attendrons bien promptement s'ils regardent nos fonctions, paroissant nécessaire de ne laisser pas achever demain une chose qui ne peut finir que très-mal, estant aussy engagée qu'elle l'est. Du reste, je ne suis ny assez sage, ny en mesme temps assez indiscret pour en proposer des moyens; et attendant les commandemens du roy, je demeure, avec respect, etc.

Le 1er décembre.

En exécution de l'ordre contenu en la lettre que vous me fîtes l'honneur de m'escrire hyer, M. Mazure, qui est le sous-doïen de la faculté de théologie, a renouvellé la plainte qui avoit esté faite contre les prétentions du prieur du collége de Sorbonne. Elle a esté appuyée par quelques-uns de nos amis, et le syndic n'ayant point voulu proposer l'affaire pour en délibérer, le bon homme doïen a dit avec bien de la peine, que l'on pouvoit se pourvoir au parlement sur ce sujet, et a laissé entendre qu'il avoit ordre du roy de le dire. Ainsy, quoy qu'il en soit, cela suffit pour exciter la noise; M. Mazure et quelques autres recevront entre cy et peu de jours ce qu'ils doivent demander par une requeste qu'ils conviennent de présenter au parlement, et après que je l'aurai entre les mains, je vous en rendrai compte, et vous proposerai les choses qu'elle nous peut donner prétexte de demander sur le sujet de ce collége, afin qu'après que vous m'aurés fait sçavoir la volonté du roy, je tasche de l'exécuter le mieux qu'il me sera possible.

La mesme assemblée a confirmé la censure du 1er novembre contre le F. Malagola et sa doctrine, et a nommé des commissaires dont le plus grand nombre et presque tous sont bien intentionnés pour examiner dans leurs formes ordinaires le discours que M. le syndic a composé pour mettre avant la censure et a indiqué une assemblée extraordinaire à lundy prochain pour finir cette affaire, afin que la censure puisse estre imprimée avec celle de 1626, contre Santarel.

On m'a dit que comme on lisoit les termes de cette dernière censure, par lesquels la faculté déclare la proposition de Santarel contraire à la parole de Dieu, M. Grandin n'a pu s'empescher de dire avec exclamation : *Jesus Maria! Verbo Dei contrariam!* Si cela est véritable, cela marque bien le fond des sentimens de ce bon homme.

Mél. Colb. III.

39.

MÉMOIRE

DE CE QUI S'EST PASSÉ A L'ASSEMBLÉE DE LA FACULTÉ DE THÉOLOGIE
SUR L'ENREGISTREMENT DE LA DÉCLARATION DU CLERGÉ.

Le 24° juin 1682.

Le parlement ayant esté informé que, dans l'assemblée de la faculté de théologie de Paris du premier jour de juin, dans laquelle on devoit convenir de la relation de ce qui s'estoit passé le premier jour de may, lorsque le parlement en corps y fust pour l'enregistrement de l'édit du roy du mois de mars dernier sur la déclaration du clergé, il y avoit eu plusieurs difficultez proposées sur les termes de cette relation, ce qui avoit empesché que l'édit ne fust transcript dans le registre de lad. faculté. M. le premier président envoya appeler les 12 plus anciens docteurs, le mardy 2ᵉ juin, et leur enjoignit de s'assembler le lundy 15ᵉ pour convenir des termes de la relation, ne voulant pas qu'ils différassent davantage de transcrire, suivant l'arrest du parlement, l'édit et la déclaration du clergé dans leur registre[1]. L'assemblée s'estant tenue le 15ᵉ juin, la plus saine partie des docteurs, au nombre de 35, alla à approuver tout ce qui avoit esté fait et à enregistrer sur-le-champ; 29 autres gens de cabale, pour la plus part, furent d'avis qu'avant l'enregistrement on fist des remonstrances au roy sur plusieurs chefs qui ne regardoient pas le fonds de la doctrine, mais des prétentions de la faculté de n'estre pas assujettie à l'archevesque de Paris, auquel, suivant l'édit, les professeurs doivent tous les ans rapporter leurs cahiers.

Les choses estant en cet estat, l'assemblée finit à l'heure accoustumée sans qu'il y eust rien de décidé, plusieurs des jeunes docteurs n'ayant pas eu le temps d'opiner; et le parlement ayant esté informé du retardement qu'avoient apporté les docteurs à l'exécution de ses ordres, et de la continuation des cabales qui alloient à se soustraire à l'obéissance qu'ils luy doivent, envoya appeler le lendemain 20 des plus anciens docteurs, leur deffendit de s'assembler sur ce sujet ny

---

[1] C'est probablement à cette occasion qu'eut lieu ce qui suit : « M. le premier président a dit: Nous apprenons avec douleur que l'esprit de paix ne règne plus parmy vous, et que la cabale empesche la soumission que vous devez aux ordres de la cour.

« On nous mesconnoist parmy ces voix indiscrettes que le plus grand nombre auroit deu estoufer.

« Ce n'est plus cette sage conduitte qui fit rechercher les advis de vos prédécesseurs, et qui leur acquit, sans aucun titre, la liberté de s'assembler dans les occasions de doctrine.

« La cour n'auroit jamais creu que vous eussiez ozé différer l'enregistrement qu'elle vous avoit ordonné. Vostre désobéissance luy fait regretter les marques d'estime dont elle vous avoit honoré.

« Persuadée que vous ne méritez plus sa confiance, elle vous deffend de vous plus assembler jusques à ce qu'elle vous en ayt prescrit la manière, ce qu'elle aura soin de faire devant le 1ᵉʳ juillet.

« Et ensuitte, M. le premier président ayant demandé si le scribe de la Faculté y estoit, et s'il avoit apporté son registre, M. le premier président luy a dit de passer au greffe, et d'enregistrer dans son registre l'édict du roy du mois de mars dernier, la déclaration des sentimens du clergé de France touchant la puissance ecclésiastique, etc., ce qui a esté fait. » (*Mél. Colb. III.*)

sur aucun autre jusqu'à nouvel ordre, et ordonna que l'édit et la déclaration seroient mis sur le registre de la faculté, qui fut à cet effet apporté au greffe de la cour.

Le roy ayant sceu depuis que les autheurs de la cabale avoient tenu des discours fort emportez dans leurs opinions, et ayant estimé de son service de les réprimer, a donné des ordres à huit des plus coupables de se retirer de Paris, et de s'en aller dans les lieux des provinces qui leur ont esté indiquez.

Reg. secr.

40.

COLBERT AU PREMIER PRÉSIDENT DU PARLEMENT DE PARIS.

A Versailles, le 8e juillet 1682.

Le roy m'ordonne de vous informer de ce que vous avez desjà appris par M. le procureur général sur les assemblées qui se doibvent tenir chez M. l'archevesque de Paris, au sujet de la réforme de la faculté de théologie, et de vous dire en mesme temps que si vous estimez plus à propos de ne vous y pas trouver, on prendra soin de vous informer de tout ce qui s'y passera, et de prendre vos advis sur le tout, avant que de rien décider. Ayez agréable de me faire sçavoir le party que vous prendrez sur cela.....

Reg. secr.

41.

COLBERT A D'AGUESSEAU.

A Versailles, le 12 juillet 1682.

Le roy m'ordonne de vous escrire sur une matière très importante et très considérable, sur laquelle S. M. attend l'esclaircissement nécessaire de vos soins et de vostre application.

Quelques gens mal intentionnez, qui sont hors du royaume, ont escrit des lettres qui ont esté interceptées, par lesquelles on a connu clairement qu'ils avoient un commerce à Rome préjudiciable au service du roy, qui passoit par leurs correspondans de Languedoc; et comme il y a plusieurs personnes nommées dans ces lettres, S. M. désire que vous vous appliquiez à les descouvrir, suivant le mémoire que vous trouverez cy-joint.

Comme il est très-nécessaire et très-important de chercher avec diligence les esclaircissemens contenus dans ce mémoire, et que peut-estre vous pourriez estre obligé de faire arrester quelques-uns de ceux dont les noms ne paroissent pas supposez, je vous envoye les ordres du roy, l'un pour arrester le nommé Cugulier, l'autre pour arrester le nommé Geley, et le 3ᵉ pour le nommé du Touron, notaire de Thoulouze. S. M. m'ordonne de vous dire qu'il est nécessaire que vous agissiez vous-mesme en cette affaire, qui est très importante pour son service, et que vous m'informiez de ce que vous en apprendrez.

Le nommé Genlier, marchand libraire de Montpellier, qui estoit icy il y a quelques jours, estant soupçonné avoir part aux libels qui ont esté distribuez à Paris, S. M. veut que vous l'interrogiez pour sçavoir le sujet du voyage qu'il a fait à Paris, ce qu'il y a fait, où il a logé, quelles estoient ses affaires, et enfin que vous taschiez, par toutes sortes de moyens, de pénétrer s'il a quelque part à la distribution de ces libels, et que vous me fassiez sçavoir ce que vous apprendrez de luy, pour en rendre compte à S. M.

Reg. secr.

42.

COLBERT A DE RIS, INTENDANT.

A Fontainebleau, le 11 novembre 1682.

Le roy s'est expliqué sur le sujet du juif et de la juifve dont vous m'escrivez, et comme M. de Chasteauneuf a expédié les ordres de S. M. qui ont esté envoyez sur les lieux, vous n'aurez qu'à vous y conformer. Je sçay bien que cette matière est bien importante pour l'Estat par le grand nombre de ces gens-là qui sont dans le royaume, qui vivent comme chrestiens, et qui font un grand commerce; mais je vous avoue en mesme temps que la profanation des sacremenz est si horrible, qu'il est difficile de pouvoir estre d'advis de les souffrir quand par un rencontre comme celuy qui se présente, cela vient à paroistre aux yeux de S. M. Vous m'advertirez, s'il vous plaist, de la suite qu'aura cette affaire, affin que S. M. puisse en estre informée.....

A l'esgard de l'advis qui vous a esté donné par le procureur du roy de Luz-en-Baretge, vous devez exciter tous ceux qui ont quelque droit ou qui se proposent pour la découverte des mines d'y travailler, et leur donner toute sorte de protection, parce que le royaume peut en tirer beaucoup d'advantage.

Mél. Clair.

43.

LE MARQUIS DE SEIGNELAY AU CHAPITRE DE BEAUVAIS.

A Versailles, le 13° septembre 1684.

Le roy ayant esté informé que le sieur Feydeau vous a fait demander le payement des revenus de la théologale de vostre esglise escheus depuis qu'il a esté relégué à Bourges, et qu'il a mesme disposé de moitié de ces revenus en faveur de l'hospital de Bourges, S. M. m'a ordonné de vous escrire que son intention est que tant que ledit sieur Feydeau sera relégué, il ne jouisse d'aucuns revenus de sa théologale, et que vous luy en refusiez le payement, en quoy S. M. ne doute pas que vous ne suiviez les ordres qu'elle vous donne.

Le 14 janvier 1688.

Le roy ayant fait examiner le procez-verbal que vous avez dressé le 24ᵉ avril dernier sur ce qui s'est passé dans vostre esglise au sujet de la prédication du P. Lefranc, cordelier, S. M. a estimé que vous aviez agy contre l'ordre establi dans tous les diocèzes, lorsque sans l'intervention ny l'authorité de l'évesque ou de son grand vicaire, vous avez décidé dans une matière qui regarde la doctrine; et d'ailleurs il s'est trouvé dans vostre procès-verbal des termes durs et peu convenables. Ainsy, quoique S. M. approuve fort l'attention que vous paroissez avoir à maintenir parmy vous l'opinion receue par le clergé de France sur l'infaillibilité du pape, elle veut cependant que vous ostiez de dessus le registre des délibérations ledit procès-verbal, et que vous en insériez un autre fait du consentement et par l'authorité de M. l'évesque de Beauvais, qui sera mis à la place du premier. Ne manquez pas, s'il vous plaist, d'accuser la réception de ma lettre, et de me rendre compte de l'exécution, afin que j'en puisse informer S. M.

Reg. secr.

44.

LE MARQUIS DE SEIGNELAY A L'ÉVÊQUE DE DOL.

A Versailles, le 13ᵉ janvier 1685.

Le sieur abbé Thoreau ayant représenté au roy qu'il a des procès contre vous, que vous poursuivez à Rennes pendant son absence,

S. M. m'a ordonné de vous escrire qu'elle ne peut s'empescher de luy donner la liberté qu'il demande, de sortir du séminaire des Missions Estrangères pour les aller solliciter.

<small>Reg. secr.</small>

45.

LE MARQUIS DE SEIGNELAY A LEVAYER.

A Versailles, le 27e février 1685.

J'ay présenté au roy la lettre que vous m'avez envoyée pour S. M.; elle m'a paru n'estre pas contente de la conduitte de M. vostre frère, doyen du Mans, sur ce qu'il a assemblé le chapitre pour exciter les chanoines à continuer la distribution ordinaire à ceux que S. M. avoit estimé devoir estre chassez, et qu'il s'est fort estendu sur leurs louanges, ce qui n'a pas paru prudent à S. M.

<small>Reg. secr.</small>

46.

LE MARQUIS DE SEIGNELAY AU COMTE DE PONTCHARTRAIN.

Du 17 avril 1686.

On a donné advis que le Prieur des Bénédictins de Vitré fait distribuer, par le fils du ministre de Vitré, des livres deffendus, et entr'autres un intitulé *l'Esprit de M. Arnauld;* sur quoy le roy m'ordonne de vous escrire, afin que vous preniez la peine d'examiner si cet advis est véritable, et de faire saisir ces livres.

<small>Reg. secr.</small>

47.

LE MARQUIS DE SEIGNELAY A L'ÉVÊQUE DE CHARTRES.

Le 24ᵉ avril 1687.

Le roy n'estant pas content de la conduitte du curé de Maintenon et du curé de Pierre, S. M. a résolu de les esloigner pour quelque temps, et je vous envoye ses ordres à cet effet, affin que vous les leur fassiez, s'il vous plaist, remettre incessamment, et quand ils les auront exécutez, je vous prie de prendre la peine de me le faire sçavoir, pour en rendre compte à S. M.[1]

Reg. secr.

48.

LE MARQUIS DE SEIGNELAY A L'ARCHEVÊQUE DE PARIS.

Le 16 juillet 1687.

Le roy m'a ordonné, avant que de faire payer les appointemens des professeurs en théologie de Sorbonne et Navarre, de sçavoir de vous s'ils enseignent conformément à ce qui est porté par la Déclaration au sujet des sentimens du clergé, et s'il n'y a rien à l'esgard de ces professeurs qui puisse empescher le payement de leurs appointemens. J'attendray sur cela vostre response pour en rendre compte à S. M.

---

[1] Le P. prieur de Saint-Victor à Paris reçut, le 29 novembre de la même année, l'ordre suivant du secrétaire du cabinet : « Le roy voulant que le P. Portelot sorte de Paris, je vous envoye un ordre de S. M. suivant lequel vous luy donnerez, s'il vous plaist, une obédience pour se rendre à l'abbaye de Saint-Jean-des-Vignes. » (*Reg. secr.*)

Le 26 aoust.

J'eus l'honneur de vous escrire il y a près de deux mois pour vous prier de me faire sçavoir si les professeurs de théologie de Sorbonne et Navarre enseignent la doctrine conforme aux sentimens du clergé, afin qu'il soit pourveu au payement de leurs appointemens de l'année dernière, qui a esté jusqu'à présent différé. Je vous prie de vous en souvenir.....

Le 21 mars 1688.

Le roy a esté informé que M. le nonce avoit esté aux Célestins, et, qu'après avoir parlé au portier, il avoit esté chez l'envoyé d'Espagne, et qu'il paroissoit que le commerce qu'il a avec les ministres estrangers avoit pour bureau d'adresse ledit couvent des Célestins ; et quoyqu'en cela il n'y ayt rien qui puisse estre imputé au supérieur de cette maison, cependant S. M. sera bien aise que vous le fassiez venir, et que vous luy demandiez s'il en a quelque connoissance, et s'il croit que quelques uns de ses religieux entrent dans ce commerce. J'attendray de vos nouvelles sur ce sujet pour en rendre compte à S. M.

Reg. secr.

49.

LE MARQUIS DE CROISSY, SECRÉTAIRE D'ÉTAT, A DE HARLAY, PROCUREUR GÉNÉRAL DU PARLEMENT.

A Versailles, le 8° janvier 1688.

Le roy m'a ordonné de vous envoyer le décret de la Congrégation qui a esté rendu sur l'affaire des Trinitaires, avec une relation de tout ce qui s'est passé depuis que le procez a commencé sous le pontificat d'Innocent X jusqu'à présent. L'intention de S. M. est qu'avant les réquisitions au parlement que vous avez accoustumé de faire sur des décrets qui ne sont point receus en France, et qui donnent atteinte aux prérogatives de la nation, et d'un ordre qui a pris naissance dans le royaume, vous m'envoyiez, s'il vous plaist, sur cela votre avis; et quand j'en auray rendu compte au roy, je vous feray sçavoir ensuite ses dernières résolutions. M. le cardinal d'Estrées a proposé que l'on fist mention dans l'arrest, que si dans un certain temps on ne remédioit à de tels décrets, S. M. pourroit prendre à l'égard des autres ordres des résolutions pour maintenir la liberté et les droits de ses sujets religieux.

Le 30 janvier.

J'ay receu la lettre que vous m'avez escritte au sujet de l'affaire des Trinitaires. S. M. a aprouvé que vous en parliez à M. le premier président; mais avant que de présenter vostre requeste au parlement, vous prendrez, s'il vous plaist, la peine de me l'envoyer, afin que j'en puisse rendre compte à S. M., et je vous feray sçavoir ensuite ses intentions.

Le 22 septembre.

Le roy m'a fait lire ce matin dans son Conseil le mémoire que vous avez mis entre les mains de S. M., et non seulement elle a fort approuvé ce qu'il contient, mais elle a aussy ordonné de vous escrire que vous dressiez incessamment vostre acte d'appel au futur concile, de toutes les censures que le pape pourroit fulminer. Elle désire aussy que vous luy envoyiez le préambule que vous jugerez à propos de faire, afin qu'elle vous fasse encore sçavoir ses intentions avant que vous fassiez votre réquisitoire, et elle s'assure que comme les momens sont précieux dans une si importante affaire, vous n'en perdrez point à lui marquer en cette occasion vostre zèle et l'utilité de vos soins.

Le 29 septembre.

Le roy m'ordonne de vous escrire qu'il désire estre informé par vous s'il est vray que lorsque ceux qui vous ont précédé ont esté obligez d'interjetter appel au futur concile contre les censures de la cour de Rome, le chancelier de France a esté luy-mesme veoir le nonce du pape, pour luy donner connoissance de semblables actes d'appel interjettez au nom du roy, ou s'il s'est contenté de le faire signiffier audit nonce, et par qui la signiffication a esté faite. Enfin, Mr, il vous plaira d'esclairer S. M. ou directement ou par moy de tout ce que vous sçavez sur cette matière, et de tout ce que vous en avez appris depuis que vous avez veu S. M.

Le 18 février 1691.

Le roy m'ordonne de vous envoyer la bulle ou protestation que le feu pape a fait la veille de sa mort contre tout ce qui s'est passé dans l'assemblée du clergé de 1682, et S. M. désire que vous examiniez quel est le préjudice qu'elle en peut recevoir, et ce qu'il faudra faire pour l'empescher. Comme elle attendra vos avis avant que de dépescher le courier de Rome sur cette affaire, elle s'attend que vous luy envoyerez le plus tost qu'il vous sera possible.

Le 24 février.

J'ay leu au roy vostre dernier mémoire, et S. M. a fort aprouvé tout ce qu'il contient; mais elle s'est fixé quant à présent à vostre dernière proposition, qui est que le parlement envoye quérir Mrs les gens du roy pour leur parler en la manière que vous le marquez dans vostre mémoire, et l'intention de S. M. est de leur dire elle-mesme, quelques jours après, qu'elle est très satisfaite de l'attention que le parlement continue d'avoir à empescher que ce qui se passe à Rome ne puisse nuire ny préjudicier aux droits de sa couronne; mais que l'acte que l'on débite avoir esté fait par le pape la veille de sa mort, marque si clairement la foiblesse de l'esprit d'un homme mourant, et est si défectueux, qu'il y a bien de l'apparence que le collége des cardinaux estant à présent assemblé pour l'élection d'un bon pape, ne donnera ses suffrages qu'à celuy qui aura toute la disposition et les qualités nécessaires pour restablir au plus tost une parfaite intelligence avec elle, et qui sera bien esloigné de laisser subsister un acte aussi peu soustenable que celuy que le pape pourroit avoir fait dans les derniers momens de sa vie; qu'ainsy elle aura bien agréable que le parlement surceoye tout ce que son zèle l'a tousjours obligé de faire en semblables occasions, jusquez à ce qu'il y ayt un nouveau pape, et qu'elle soit informée de ce qu'il aura intention de faire pour remédier à l'entreprise de son prédécesseur. Suivant ce projet, M[r], S. M. m'ordonne de vous escrire que vous n'avez qu'à faire exécuter incessamment cette dernière partie de vostre mémoire, et dire vous-mesmes à M[rs] les gens du roy tout ce qui estant raporté à la cour de Rome luy peut faire apréhender la suitte de cette affaire au cas qu'elle ne donnât pas satisfaction à S. M. par une prompte expédition des bulles.

S. M. désire que ce que je vous escris de sa part soit exécuté demain matin, et comme elle ne doute point que vous ne concertiez avec M[rs] les gens du roy ce qu'ils auront à respondre, elle m'ordonne aussy de vous dire que si vous trouviez quelque difficulté qui vous fist veoir une nécessité absolue de vous esclaircir avec S. M. mesme, en ce cas vous pouvez la venir trouver aujourd'huy sur les six heures du soir, qu'elle reviendra de la chasse, sinon, il vous plaira me mander par cet exprès ce que vous ferez en exécution des ordres de S. M., affin que je luy en rende compte. Je suis.....

Le 25 février.

Le roy n'a pas besoin quant à présent d'une expédition en forme de ce que vous ferez demain en exécution des ordres de S. M.; mais elle n'en peut pas estre trop tost informée pour l'instruction de ses ministres à Rome; ausquels je dois dépescher un courier aussitost qu'il vous aura plu m'envoyer un extrait du registre du parlement de tout ce qui aura esté dit tant par vous que par M[rs] les gens du roy.

Le 12 mars.

J'ay leu au roy le discours que vous m'avez envoyé, et S. M. l'a trouvé parfait et digne de vous. Il n'y a qu'un petit endroit que j'ay marqué qui luy a paru un peu trop caustique, quoyque convenant à la trop grande application que le feu pape a donnée à l'avancement de sa famille. S. M. souhaitte que vous adoucissiez cette fin de période, et que vous fassiez mettre tout ce discours dans les registres du parlement. Vous me le renvoyerez, s'il vous plaist, aussytost après que vous aurez adoucy ce que j'ay marqué, affin que j'en envoye copie, suivant l'ordre de S. M., à M. le cardinal de Forbin.

Le 13 aoust 1693.

Dans la dernière conférence que j'ay eu avec M. le nonce, il m'a fait entendre que le roy d'Angleterre souhaitte qu'il fasse quelques procédures et actes de justice au sujet de quelques prestres et évesques irlandois. Mais quoyque cela ne regarde aucuns des sujets de S. M., néantmoins elle a jugé à propos que je vous en escrivisse pour estre informé de vos sentimens, et sçavoir si vous croyez que les nonces du pape en puissent tirer à l'advenir quelque advantage pour s'arroger une authorité qu'ils ne doivent point avoir en France.

Le 26 novembre 1694.

Le roy m'a commandé de vous envoyer les bulles du pape cy-joinctes, et je dois vous informer aussy que M. le nonce m'ayant dit en me les communiquant qu'il croyoit les pouvoir envoyer à tous les évesques du royaume, comme il avoit fait de celles du jubilé, je luy respondis que cette affaire n'estoit pas d'une mesme nature, et qu'elles ne pouvoient pas estre exécutées dans le royaume qu'après que le roy auroit envoyé ses lettres-patentes au parlement, et qu'il auroit esté reconnu qu'elles ne contiennent rien qui soit contraire aux droits et libertés de l'église gallicane. Mais comme S. M. seroit bien aise de sçavoir vos sentimens particuliers sur ce sujet, il vous plaira me les faire sçavoir......

Je crois que vous n'y trouverez rien de contraire aux libertés du royaume.

A Versailles, ce vendredy (1695).

Je viens de lire avec beaucoup de plaisir et d'admiration l'escrit que vous avez joint à la lettre dont vous m'avez honoré, et il paroist bien par tout ce qu'il contient, que vous estes bien maistre de ces grandes et importantes matières, et que vous sçavez mieux que personne du monde conserver à l'empire et au sacerdoce ce qui leur apartient légitimement, sans donner à l'un ni à l'autre le moindre prétexte de plainte. Mais comme je ne puis vous dire sur cela que ce que le public en pense, je vous diray seulement, M^r, que je rendis compte au roy, mercredy dernier, de ce que vous m'avez fait connoistre de vos sentimens pour remédier au mal que pourroit faire l'ouvrage de Rocaberti. S. M. l'a fort aprouvé, et elle vous donnera avec plaisir l'audience que vous désirez.

Pap. Harl.

50.

LE MARQUIS DE SEIGNELAY
A LA REYNIE, LIEUTENANT GÉNÉRAL DE POLICE.

Le 7° février 1688.

Après avoir rendu hier compte au roy de l'advis qui vous a esté donné de ce qui s'estoit passé aux Chartreux[1], S. M. ordonna à M. l'archevesque d'y passer pour en descouvrir la vérité, et je vous

---

[1] La veille, le même secrétaire d'État avait écrit au P. de la Chaise : « Mon révérend Père, le roy vient de m'ordonner de vous escrire que S. M. a esté informée qu'hier, à deux heures après midy, M. le nonce fut aux Chartreux, où se trouvèrent

envoye copie de la lettre qu'il m'escrivit hier au soir, par laquelle vous verrez qu'on prétend que ceux qui vous ont fait le rapport dont il est question se sont trompez grossièrement. S. M. m'ordonne de vous en escrire encores pour en esclaircir la vérité; et comme il y a apparence qu'on ne trouvera rien de réel à cette prétendue conférence, il faudra, s'il vous plaist, que vous recommandiez à ceux que vous employez d'aprofondir davantage les affaires avant que d'en faire leur raport.

Reg. secr.

51.

LETTRE DU ROI
AU P. DE SAINTE-MARTHE, GÉNÉRAL DE L'ORATOIRE.

Escrit à Versailles, le 4 octobre 1690.

Très révérend Père, quelques raisons particulières me faisant désirer que vous vous absentiez pour quelque temps de ma bonne ville de Paris, je vous escris cette lettre pour vous dire que mon intention est que vous vous rendiez incessamment en vostre maison de Saint-Paul, et que vous y demeuriez jusques à nouvel ordre. A quoy m'assurant que vous satisferez ponctuellement, je prie Dieu qu'il vous ayt, très révérend Père, en sa sainte garde.

Reg. secr.

plusieurs religieux, et entr'autres quatre jésuites. S. M. désire que vous vous informiez dans vos maisons du nom de ceux de vostre ordre qui s'y sont trouvez, et que vous sçachiez par eux ce qui s'est passé dans cette conférence. » (*Reg. secr.*)

52.

LE CARDINAL FORBIN DE JANSON AU PRÉSIDENT DE HARLAY.

A Rome, ce 29 mars 1691.

Je ne sçaurois, M^r, vous dissimuler la joye que j'ay eu d'apprendre de vos nouvelles par M. le cardinal d'Estrées. Il m'en a fait un grand régal, et j'espère bien qu'il me faira encore la mesme grâce, et que nous aurons souvent le plaisir de parler de vous. Il arriva avec Mess. nos confrères à Rome le 24 de ce mois, et ils entrèrent au conclave le 27. Ils y ont trouvé les affaires en assez bon estat, et je n'ay pas tout à fait perdu mon temps pendant les quarante-quatre jours que le sacré collége a attendu ces messieurs. Les Autrichiens s'estoient flatez de faire un pape avant leur arrivée, dévoué à leurs intérests; mais outre qu'il a fallu, malgré toutes leurs cabales, essuier ce long délai, les choses ont si heureusement tourné, que je me suis trouvé en estat de donner à ces messieurs à leur arrivée assez de voix pour donner l'exclusion à qui ne nous conviendra pas; et j'oze vous dire que cela s'est passé d'une manière qui peut me donner quelque consolation. Mais toute gloire aprez Dieu en soit rendue à nostre maistre; il mérite de l'estre partout, et si l'on rendoit justice à sa piété solide et à l'amour qu'il a pour la religion, il le devroit estre icy plus qu'en lieu du monde. Je vous prie de me conserver l'honneur de vos bonnes grâces, et de croire que pour les mériter je seray toutte ma vie avec respect et un entier attachement absolument à vous.

Le 6 octobre 1693.

Vous êtes un des premiers à qui je rens plus volontiers compte de la conclusion de notre négociation. L'amour que vous avez pour le bien de l'état, et le zèle si éclairé avec lequel vous avez deffendu la doctrine que nous venons de soutenir au milieu de cette cour, qui en est si ennemie, vous donne un juste droit de prononcer sur notre conduite. J'ose espérer que la satisfaction que le roy a la bonté de témoigner de la consommation de cet ouvrage sera suivie de votre approbation, qui nous sera glorieuse. Je vous la demande, M*r*, et vous prie de croire que je suis, etc.

Pap. Harl.

53.

LE COMTE DE PONTCHARTRAIN A L'ARCHEVÊQUE DE PARIS.

Du dernier juin 1691.

Feu M. de Seignelay eut entre les mains, l'année passée, une affaire concernant une calomnie qui fut faite contre le chantre et quelques chanoines de Beauvais, par un autre chanoine qui avoit supposé des lettres en chifre escrites par ces premiers, par lesquelles ils estoient chargez de plusieurs crimes contre la personne du roy et l'estat. Le premier advis qui vint de cela à M. de Seignelay, fut par une autre lettre en chifre qu'il gardoit avec soin (à ce que dit M. Desgranges), et qu'il tenoit enfermée à la clef dans un des tiroirs de son bureau. M. de la Reynie a toutes les liasses à l'exception de celle-là, que l'on croit que vous avez peut-estre trouvée dans ce bureau. Comme cette pièce doit servir au jugement du procez du calomniateur, il seroit très nécessaire de l'avoir, et je vous prie de vouloir vous donner quelque soin pour la trouver, s'il est possible.

Reg. secr.

54.

LE MARQUIS DE CROISSY A L'ARCHEVÊQUE DE ROUEN.

A Versailles, le 21° décembre 1691.

Le roy m'a ordonné de vous envoyer le mémoire cy-joint, qui comprend trois projets au sujet de l'affaire des bulles. L'un, cotté C, a esté donné par les ministres du pape, et les deux autres, cottez D et E, par Mess. les cardinaux d'Estrées et Forbin. L'intention de S. M. est que vous les examiniez, et que vous luy donniez vostre advis sur ce qu'ils contiennent [1].

[1] « PROJET COTTÉ C.

« Ex corde dolemus super rebus gestis « quæ sanctitati vestræ valde displicuerunt, « ac proinde id quod circa potestatem ec- « clesiasticam et pontificiam auctoritatem « decretum, vel in ecclesiarum præjudi- « cium deliberatum censeri potuit, quod a « mente nostra prorsus alienum fuisse tes- « tamur, pro non decreto et non deliberato « habemus et habendum esse declaramus. »

« Raisons pour admettre ce projet :

« 1° Que *Decretum pro non decreto, et deliberatum pro non deliberato,* n'est point une rétractation, à cause du terme de *videri* ou *censeri potuit ;* et de ceux-cy : *quod alienum a mente nostra fuisse testamur.* L'idée générale qui résulte de tous ces termes n'est autre sinon que l'on n'a jamais eu la pensée de faire aucun décret contre l'authorité ecclésiastique, ny de rien délibérer au préjudice des églises, comme, en effet, on en convient ;

« 2° Que l'on ne peut rétracter que les choses que l'on avoue avoir faites, et qu'un acte ne peut estre la rétractation de celles auxquelles ce mesme acte déclare qu'on n'a jamais pensé ;

« 3° Que les évesques ont tousjours protesté qu'ils n'ont eu aucune intention de faire des décrets ny des statuts, mais d'exposer simplement leurs sentimens ;

« 4° Que les mesmes évesques prétendent que, loin d'avoir voulu apporter quelque préjudice aux églises, ils ont ménagé leurs intérests.

« Raisons de le rejetter :

« 1° Que l'apparence en paroist rude, et présente d'abord l'idée d'une rétractation ;

« 2° Qu'il faut au moins donner un autre arrangement aux paroles.

« RÉFLEXIONS.

« Quoyqu'on ne croye pas devoir faire attention à ce projet, il auroit néanmoins cet avantage qu'il donneroit jour aux évesques d'expliquer en leur faveur ce que la

A Marly, ce 27 février 1693.

Le roy m'ordonne de vous communiquer dans le dernier secret le projet cy-joint, et S. M. souhaite que vous luy fassiez sçavoir par moy si vous croyez que, sans blesser la doctrine de France, et pour terminer une affaire aussy importante qu'est celle de l'expédition des cour de Rome voudroit interpréter à son avantage.

« Il est à observer que ce projet n'a point esté présenté avec offre de signature du cardinal Spada, qu'il semble que la cour de Rome ne veuille accorder qu'en finissant. »

« PROJET COTTÉ D.

« Ac proinde id quod ex quibusdam
« verbis circa potestatem ecclesiasticam et
« pontificiam auctoritatem decretum vel
« in ecclesiarum præjudicium deliberatum
« censeri potest, pro non decreto circa dic-
« tam potestatem et auctoritatem et non
« deliberato in ecclesiarum præjudicium
« habemus et habendum esse declaramus :
« alienum enim a mente nostra prorsus
« fuisse testamur, aut decernere, aut ullum
« ecclesiis inferre præjudicium. »

« Ce projet explique les intentions du clergé ; il a plus de rapport aux expressions que l'on a offertes, et qui sont contenues dans les différens projets envoyez, qui marquent qu'on n'a voulu ny statuer, ny définir, ny apporter aucun préjudice aux églises.

« PROJET COTTÉ E.

« Ac proinde quod sive circa potesta-
« tem ecclesiasticam, sive pontificiam auc-
« toritatem, decretum censeri potest, sive
« in præjudicium ecclesiarum deliberatum,
« id tam a mente nostra alienum fuisse tes-
« tamur, et pro non deliberato et non de-
« creto habeamus, et habendum esse decla-
« ramus. »

« Ce second implique le mesme sens, mais il n'est pas si marqué. »

Ce qui suit a peut-être fait partie de la réponse de l'archevêque au secrétaire d'État :

« RÉFLEXIONS SUR LE PROJET DE LETTRE COTTÉ C.

« Il renferme une rétractation formelle de tout ce qui a esté fait dans l'assemblée. Le sens favorable est trop caché, et il n'y a personne qui, en le lisant, y puisse donner une explication aussy peu naturelle. *Dolemus*, etc. On a une douleur sincère de tout ce qui a esté fait qui a déplu au pape. C'est se repentir d'abord de tout ce qui a esté fait dans l'assemblée, et le condamner ; car il ne s'y est rien passé sur les matières en question qui n'ait déplu au pape. Je crois donc qu'il faut ou rejetter, ou changer cette première période, qui me paroist cependant estre supposée dans les autres projets cottez D et E, qui commencent par *ac proinde*.

« L'idée que le reste du projet présente à l'esprit, c'est que tout ce qu'on peut croire que nous avons décidé sur la puissance ecclésiastique sera regardé désormais comme non décidé, et qu'on a pu croire que ce que nous avons délibéré estoit au préjudice des églises, et que, pour cette bulles en faveur des évesques qui ont assisté à l'assemblée de 1682, on peut admettre ledit projet cotté A, au cas qu'on ne puisse pas obliger la cour de Rome à se contenter de la manière dont il est réformé au projet cotté B, et elle désire sur toutes choses que vous empeschiez que qui que ce soit ne puisse pénétrer ce que je vous escris par ses ordres [1].

Mél. Colb. III.

raison, nous le regardons comme s'il n'avoit jamais esté mis en délibération. Il sera d'autant plus difficile que cela soit expliqué dans le sens qu'on dit que nous y pouvons donner, qu'il est certain que tous ceux qui ne sont pas instruits à fond de la matière ont regardé la déclaration du clergé comme un décret, d'autant plus qu'on ne s'est pas contenté d'exposer son sentiment, mais qu'on a obligé d'enseigner cette doctrine dans les escoles de théologie, et de la soutenir dans les thèses. Il faut donc faire entendre plus clairement que nous n'avons pas eu intention de déclarer le sentiment de l'église de France ; autrement les ultramontains, qui ont toujours regardé comme un décret la déclaration du clergé, par la conduite qu'on a tenue, persuaderont aisément que nous avons fait une rétractation de ce prétendu décret de l'assemblée, et nous aurons bien de la peine à faire persuader le contraire..... » (*Mél. Colb. III.*)

[1] Pour apaiser le pape, encore irrité contre les évèques, ceux-ci adressèrent une déclaration dont il fut fait plusieurs projets, particulièrement celui-ci :

« Je déclare et proteste que le dessein de l'assemblée n'a point esté de rien décider ou establir comme de foy, mais de dire purement et simplement ce qu'elle pense estre le sentiment de l'église gallicane. Je déclare et proteste, en second lieu, qu'il n'y eut jamais rien de plus esloigné de la pensée et de l'inclination des évesques de l'assemblée, que de rien prononcer contre l'authorité des pontifes de Rome, mesme en faveur de celle des conciles, puisque tout ce qui se dit de l'authorité des uns doit toujours s'entendre et s'expliquer sans préjudice de l'authorité des autres.

« Mais je déclare principalement, et je le proteste dans toute la sincérité de mon cœur, que, quoy qu'il puisse y avoir esté ou fait, ou prononcé, rien ne l'a esté que dans l'esprit d'une parfaitte soumission à l'authorité et au jugement de l'église, et conséquemment du pape mesme ; et je jure et proteste devant Dieu, qui connoist le cœur de tous les hommes, que je suis encore dans la mesme disposition de respect et d'obéissance, pour luy laisser et luy abandonner le jugement de touttes ces choses, estant tout prest de rejetter tout ce qui pourra se trouver de contraire, en quelque part que ce soit, et nommément dans les actes de l'assemblée. »

« Le projet cotté A porte : « Ac proinde « quidquid actum deliberatumque in præ- « judicium pontificiæ auctoritatis et eccle- « siarum censeri poterit, pro irrito et non « deliberato haberi volumus. »

« Supplier le roy de surseoir ou révoquer

55.

LE COMTE DE PONTCHARTRAIN AU DOYEN DU CHAPITRE DE BEAUVAIS.

Le dernier décembre 1691.

Le roy ayant esté informé qu'on prépare un épitaphe qui doit estre mis dans vostre église, pour feu M. Hermand, dans lequel il y a quelque chose d'extraordinaire, S. M. m'a ordonné de vous escrire que son intention est que vous m'en envoyiez une copie avant que de la faire graver pour le poser, estant bien aise de le voir auparavant.

Reg. secr.

56.

LE COMTE DE PONTCHARTRAIN AU P. DE LA CHAISE.

Le 28 janvier 1692.

Sur le compte que j'ay rendu au roy d'un placet que vous lui aviez

sa déclaration sur la régale; moyennant cela, on ne parlera plus de la satisfaction *ad arbitrium papæ.*

« S. M. veut bien que M. le cardinal de Janson accorde ce projet dans les termes suivans :

« B. Ac proinde quidquid deliberatum
« in præjudicium pontificiæ auctoritatis et
« ecclesiarum censeri potuit, quod a mente
« nostra alienum fuit, pro non deliberato
« haberi volumus. »

« L'on pourra ajouter dans la lettre des évesques qu'ils supplieront le roy de surseoir touttes les questions sur la régale,

jusqu'à ce que S. S. et S. M. ayent pu faire concerter l'indult ou le concordat qui se doit faire sur cette matière.

« PROJET DE M. DE MEAUX.

« Du 16 février 1693.

« Ac proinde quidquid actum delibera-
« tumque in præjudicium pontificiæ aucto-
« ritatis et ecclesiarum censeri potuit, pro
« irrito et non deliberatto haberi volumus. »

« Supplier le roy de surseoir ou révoquer la déclaration sur la régalle; moyennant cela, on ne parlera plus de la satisfaction *ad arbitrium papæ.* »

donné, concernant le sieur curé chanoine de Vincennes, S. M. m'a ordonné de luy escrire d'esloigner la nommée Bérenger dont il est parlé dans ce placet[1]. M. le mareschal de Belfort m'a escrit la lettre cy-jointe avec quelques mémoires au sujet de cette fille. Prenez la peine, s'il vous plaist, d'examiner le tout, et de me mander ensuitte vostre sentiment, pour prendre de nouveau les ordres de S. M.

Le 28 septembre 1701.

Hier je rendis compte au roy de ce qui m'a esté escrit par M. Ferrand, concernant le P. général des Minimes, dont vous aviez donné un mémoire à S. M. Elle m'a ordonné, après avoir entendu la lecture de cette lettre, d'escrire à M. Ferrand de laisser à ce général la liberté entière d'agir comme il le trouvera à propos, et cependant de vous donner communication de cette lettre. J'ay depuis leu le mémoire que vous m'avez remis ce matin. Je ne puis rien respondre, n'ayant connoissance de cette affaire que par la lettre de l'intendant. J'attendray que vous l'ayez leue, et que vous ayez pris la peine de m'en faire sçavoir vostre sentiment, avant que de luy escrire ce que S. M. m'a ordonné de luy mander.

Reg. secr.

57.

LA REYNIE, LIEUTENANT GÉNÉRAL DE POLICE, AU PRÉSIDENT DE HARLAY.

Ce 5 de febvrier 1692.

M. le duc de Chaulnes, estant encore à Rome, donna advis au roy qu'il estoit du service de S. M. qu'il luy plust de faire chercher et

---

[1] Lettre du secrétaire d'État à ce curé : « Le roy a esté informé que vous avez à vostre service une fille nommée Bérenger, et qu'encores qu'il n'y ayt rien à dire sur vostre conduitte, néanmoins l'âge peu avancé de cette fille demeurant avec un

arrester un scélérat qui avoit pris l'habit de tiersaire ou d'hermitte à Rome, et dont il envoya le portraict. Sur ce portraict, frère Jean Blondeau, prétendu hermitte, qui revenoit en ce mesme temps de Rome, et qui venoit aussy d'y prendre l'habit d'hermitte une seconde fois, fut arresté par ordre du roy à Paris et mis à la Bastille. Il y a esté depuis gardé; mais S. M. jugeant à cette heure à propos de le faire transférer à l'hospital général, où il a esté déjà gardé très-longtemps, elle a fait expédier des ordres pour cet effect, et je me donne l'honneur, M^r, de vous en rendre compte, afin qu'il vous plaise de donner ceux qui sont nécessaires pour les faire exécuter.

Pap. Harl.

58.

LETTRE DU ROI A L'ABBÉ DE CLAIRVAUX.

Escrit à Fontainebleau, le 9e octobre 1692.

J'ay esté informé que la mauvaise conduitte de sœur Françoise Dautré, cy-devant prieure du couvent de l'Abbaye-aux-Bois, en ma bonne ville de Paris, a donné lieu à une condamnation à peine afflictive prononcée contre elle. Et voulant espargner à son ordre la honte de cette punition, je vous escris cette lettre pour vous dire d'envoyer incessamment ladite sœur Dautré dans tel couvent de son ordre que vous estimerez à propos pour y passer le reste de ses jours. Sur ce, je prie Dieu qu'il vous ayt, M. l'abbé de Clairvaux, en sa sainte garde.

Reg. secr.

ecclésiastique ne laisse pas de faire quelque peine à ceux qui logent dans le chasteau; ce qui a fait dire à S. M. qu'il seroit mieux que vous l'esloignassiez. Je vous en donne advis, ne doutant point que vous ne soyez bien aise d'oster toute sorte de scrupule sur ce sujet. » (*Reg. secr.*)

59.

LE MARQUIS DE CROISSY
AUX ARCHEVÊQUES DE PARIS ET DE REIMS.

Le 2ᵉ novembre 1692.

Le roy m'a commandé de vous dire ou de vous informer, comme je fais par cette lettre, craignant de n'avoir pas sitost l'honneur de vous voir, qu'ayant esté proposé dans son conseil de permettre à Mess. les archevesques et évesques nommez, qui n'ont point assisté à l'assemblée de 1682, et qui sont chargez dans leurs diocèses d'une grande quantité de nouveaux convertis, ou qui ont d'autres raisons pressantes pour obtenir des bulles, de les solliciter en cour de Rome et de les retirer, sans néantmoins que S. M. abandonne la poursuitte de celles qui doivent estre accordées à ceux qui estoient de ladite assemblée, S. M., avant que de prendre sa résolution sur une matière si importante, a jugé à propos de vous demander vos sentimens, et elle désire que vous luy expliquiez à fond toutes les raisons de douter et de décider, afin que, sur vos avis, elle se puisse déterminer au party qu'elle jugera estre le plus convenable au bien de son service. Elle a mesme voulu que je vous envoyasse le mémoire informe que je fis à la première ouverture de cette affaire, des raisons qui me tombèrent dans l'esprit, qui ne serviront qu'à vous faire voir un peu plus amplement de quoy il s'agit; et sur tout cela, S. M. vous demande un secret impénétrable [1].....

Mél. Colb. III.

---

[1] Le mémoire dont il est question commence ainsi : « Je ne croy pas qu'il soit à propos de prendre des bulles pour quelques uns des évesques qui n'ont pas esté de l'assemblée de 1682. Cet expédient a des suittes très fâcheuses, et Rome ne peut rien souhaitter de plus avantageux pour ses intérêts. On n'a point voulu jusques à présent prendre des bulles pour les uns qu'on n'en accordast aux autres en mesme temps.

60.

MÉMOIRE POUR ÊTRE PRÉSENTÉ AU ROI [1].

(1692.)

La raison pour laquelle les sentimens des ultramontains sont aussy répandus, c'est la constance avec laquelle ils les soutiennent et comblent de biens ceux qui les favorisent : aussy trouvent-ils plusieurs sçavans personnages qui se rangent de leur party. Ils ont trouvé le cardinal d'Aguirre, qui a esté récompensé du chapeau; Schelestrat a obtenu une commission honorable; l'abbé de Saint-Gal a esté revestu d'une belle charge. Ils ont trouvé Lupus et plusieurs autres sçavans autheurs. Outre cela la cour de Rome entretient un party puissant en France; elle tient plusieurs ecclésiastiques en respect en leur faisant entrevoir des grâces dont ils ne veulent pas se donner l'exclusion, et en les retenant par des espérances prochaines ou esloignées de parvenir aux dignitez.

On en a fait le point capital de la difficulté, parce qu'on a cru qu'il n'y avoit point d'autre moyen pour engager le pape à donner des bulles pour ceux de l'assemblée. Ce seroit donc abandonner la négociation.

« Quand on auroit pu, dans le commencement de la négociation, prendre le party qu'on propose à présent, il n'est plus temps de se relâcher, si on ne veut que cela soit regardé à Rome comme une victoire gagnée, et par là retrancher le seul motif que nous ayons pour les obliger à donner dans la suitte des bulles pour ceux de l'assemblée.

« Il faut se persuader que le seul but de la cour de Rome, c'est d'exclure des éveschez ceux qui soutiennent des sentimens qui ne luy sont pas favorables. Si on se relâche, en souffrant que ceux de l'assemblée demeurent sans bulles dans le tems qu'on les sollicitera pour les autres, Rome, qui aura ce qu'elle souhaitte, accordera-t-elle à la France humiliée, à la France qui luy aura cédé, ce qu'elle luy aura refusé quand elle paroissoit résolue à résister, et quand la négociation estoit en son entier? Tous les nommez auront eu des bulles : il n'y aura que ceux qui ont esté de l'assemblée qui en seront privez, et on veut que, quand ils seront seuls à les solliciter, ils puissent engager le pape à leur en donner!..... » (*Mél. Colb. III.*)

[1] L'auteur n'est pas nommé; c'est peut-être le président de Harlay, ou l'un des archevêques.

La conduitte de France n'est pas si constante pour soutenir sa doctrine; elle s'est laissé souvent aller aux mouvemens que la nécessité des affaires luy a fait prendre. Nous avons veu cette doctrine persécutée par ceux mesme qui avoient le plus d'intérest de la protéger.

A quelles disgrâces Gerson n'a-t-il pas esté exposé? Il fut à la fin contraint de se réduire à enseigner à Lyon les petites écoles. Richer fut persécuté pendant plus de vingt ans par le crédit du cardinal du Perron. On a veu plusieurs de ses partisans qui sont morts à la Bastille et dans les prisons de l'Inquisition, estant livrez par le cardinal de Richelieu. On a veu le cardinal de la Rochefoucault traitter de schismatiques ceux qui deffendoient les sentimens de la France. M. de Marca raporte un arrest du Conseil qui fut rendu pour supprimer les libertez de l'église gallicane.

Aussy cette conduitte peu uniforme a diminué infiniment le nombre des deffenseurs de cette doctrine. De là vient que nous avons eu si peu d'escrivains qui l'aient soutenue. C'est pour cela que dans les assemblées qui ont esté faittes dans la Faculté, on a trouvé tant de résistance à y faire recevoir les propositions du clergé, et c'est ce qui a fait dire à M. Pithou qu'il n'y avoit rien à attendre en soutenant les sentimens de la France que l'honneur de deffendre la vérité.

Mais si tout ce que je viens de raporter a fait tant de tort à nostre doctrine, que sera-ce si le dénouement d'une aussi longue négociation que celle-cy est d'abandonner à la vengeance de la cour de Rome ceux qui n'ont d'autre démérite que celuy d'avoir bien servy le roy, et d'avoir soutenu les propositions? Que sera-ce si on ne leur donne pas d'autre récompense que celle de se voir exclus pour toutte leur vie de touttes les grâces et de tous les employs de leur profession? Qui trouvera-t-on après cela qui veuille soutenir ces propositions? Le pur zèle de la vérité est bien rare, et il y a peu de personnes qui ne soyent aussy sensibles à l'intérest qu'à la gloire de la défendre.

Cependant rien n'est plus important que de maintenir la déclaration du clergé dans toutte sa force; les malheurs des siècles passez, les renversemens des Estats, à l'occasion de l'authorité prétendue par

Rome, font assez connoistre combien cela est important pour la tranquillité des peuples et pour la seureté des souverains.

Mon sentiment est donc qu'il est de la gloire du roy de ne pas abandonner ceux qui ont esté de l'assemblée; que dans l'estat présent des affaires ce seroit les abandonner que de demander les bulles pour les autres évesques; que ce seroit un moyen seur de faire croire à la cour de Rome que dans touttes les causes injustes qu'ils voudront entreprendre, la crainte de nous brouiller avec eux nous portera toujours à leur céder quand ils voudront tenir ferme, et qu'ils n'auront qu'à menacer ceux qui voudront s'opposer à leurs injustes entreprises, et que ces menaces feront d'autant plus d'impression qu'on sçaura par une triste expérience qu'on est accoustumé de leur livrer ceux qui leur résistent ou qui leur déplaisent.

Mél. Colb. III.

61.

LE COMTE DE PONTCHARTRAIN A DESGREZ.

A Versailles, le 23 novembre 1692.

Je vous envoye un ordre pour tirer encore deux religieuses du couvent de la Roquette. Faites-le avec le plus de douceur et le moins d'esclat qu'il sera possible, et faites-vous-y accompagner par vostre femme, ou autres personnes convenables.

Reg. secr.

62.

LE COMTE DE PONTCHARTRAIN A DE HARLAY.

Le 24 septembre 1693.

..... Vous prenés parfaitement les intentions du roy sur l'exécution de la déclaration de 1682. S. M. ne veut point qu'on exécute aucune des nouveautés qu'elle trouva pour lors à propos d'establir ; mais elle ne veut pas non plus que si l'on enseignoit et si l'on imprimoit quelque livre contre les droits de sa couronne et son auctorité, etc., vous cessassiés de faire avec prudence et avec modération ce qui seroit de vostre devoir, et ce que vous auriés fait avant la déclaration de 1682; et comme en ce cas mesme il n'y auroit rien d'assés pressé pour que vous ne pussiez pas prendre les ordres du roy avant que d'agir, il est inutile de prévoir ce cas-là.....

Le 24 juin 1694.

On avoit tousjours cru et tenu pour maxime dans le parlement de Bretagne, que quand un évesque avoit obtenu un bref d'alternative, il en jouissoit pendant sa vie sans estre obligé d'en prendre un nouveau à chaqu'un changement de pontificat. Le roy cependant veut bien aujourd'huy en faveur du pape, qui le luy a fait demander avec instance, faire changer cette maxime, et assujettir les évesques à renouveller leur bref d'alternative à chaqu'un renouvellement de pontife. Cette loy ne doit avoir lieu que pour l'avenir, et comme par là elle laisse en jouissance paisible tous les bénéficiers pourveus par des évesques dans des mois qui pouvoient ne leur pas apartenir, elle décide contre tous ceux qui sont en procès pour ce mesme fait, et qui ne sont point en possession non contestée. C'est ce que le roy m'a commandé de vous faire sçavoir de sa part, M^r, afin que vous vous régliés là-dessus dans le jugement de plusieurs procès qui roulent sur cette question, et qu'on a dist à S. M. estre pendans au parlement pour évocations qui les y ont attirés, ou autrement.

Le 2 juillet.

Le roy n'a point voulu qu'on fist registrer au parlement de Bretagne des ordres que S. M. y a donnés sur le renouvellement du bref d'alternative des évesques. Elle a cru que ce seroit trop donner à la cour de Rome, et que rien n'obligeoit d'aller jusques-là. Elle ne veut pas non plus qu'il en soit fait mention sur vos registres. Vous pouvés en particulier ou dans une petite conférence chez vous, informer de ses volontés Mess. les présidens des enquestes et Mess. du parquet : c'est ce que le roy juge de plus à propos.

Dimanche au soir (mars 1699).

Vous sçavés, M^r, le jugement du livre de M. de Cambray[1]; plusieurs couriers arrivés de Rome ce matin en ont apporté et répandu partout la nouvelle et la bulle : ainsy je n'ay rien à vous aprendre là-dessus. Mais le roy vient de m'ordonner de vous consulter sur ce que S. M. doit faire à présent, tant par la voye de son parlement que par la voye des évesques. C'est sur quoy vous ferés, s'il vous plaist, vos réflexions, dont vous voudrez bien me faire part aussytost, afin que S. M. prenne son party sur le compte que je lui rendray de vostre advis. Elle m'ordonne encore d'adjouster qu'il luy paroist qu'on ne peut moins faire que ce qui se fist lors de la condamnation des propositions de Jansenius. Je suis, M^r, respectueusement à vous.

Lundy, 13e (avril 1699).

J'ay fait voir au roy, M^r, la dernière lettre que vous avés pris la peine de m'escrire, et le projet qui y estoit joint, de celle que S. M. peut escrire aux archevesques de son royaume pour assembler leurs suffragans. Le roy en a esté très satisfait, et s'en tient à ce party. Il m'ordonna en mesme temps néantmoins d'en conférer avec M. l'archevesque; je l'ay fait ce matin; je luy ay lu également vostre lettre et vostre projet, et je luy ay mesme leu vostre premier mémoire, sur lequel vous establissiés ce projet dans sa substance et dans ses termes. Il ne m'en a pas paru si pleinement content; les raisonemens ont esté assés longs sur certains termes et sur la présence d'un commissaire, sur quoy il ne s'est pas absolument rendu avec moy; mais j'ay bien veu que ce n'estoit que pour se rendre à vous. Il vous doit voir : tenés ferme, il passera tout. Depuis ce travail que vous avés fait, il

---

[1] *Explication des maximes des Saints sur la vie intérieure*, 1697, in-12.

est venu nouvelle que M. de Cambray s'estoit soumis, et qu'il avoit fait publier son mandement; je ne l'ay pas, et je ne l'ay mesme pas veu. Ne croiés-vous pas, M^r, qu'il en faut dire un mot dans la lettre aux archevesques? Faittes-le donc, s'il vous plaist; puisqu'elle est de vous, vous sçaurés mieux l'endroit où cela doit estre enchâssé, et en quels termes cela doit estre mis. Tout cela presse, et le roy a impatience que cela soit desjà fait.

Le 21 avril.

Il n'y aura, M^r, ni commissaire, ni mention pourquoy il n'y en aura pas; la lettre coupera court où vous commenciés d'en parler, d'une manière ou d'autre. Une pareille décision vous affligera plus sans doutte qu'elle ne vous surprendra, quoyqu'elle doive vous surprendre estant si étendue. Il faut obéir avec soumission, et trouver tout bon quand on n'a point à se reprocher d'avoir manqué à rien de tout ce que la fidélité d'un bon et esclairé sujet exige de nous. Je suis, M^r, très-respectueusement à vous, et vous rends mille et mille grâces de l'honneur de vostre souvenir sur la mort de mon petit-fils.

A Versailles, 1er aoust (1699).

Le roy avoit différé, M^r, à prendre sa dernière résolution sur la déclaration qui doit suivre la constitution en forme de bref, qui condamne le livre de M. de Cambray, jusques à ce que touttes les assemblées provinciales eussent esté faittes; mais comme celle d'Aix ne se fera que dans trois mois, S. M. a cru ne devoir pas attendre si longtemps à consommer un ouvrage pour lequel elle a marqué tant de zèle. Elle me donna donc ordre, il y a quelque temps, et après avoir parlé à M. l'archevesque sur la conférence qu'il avoit eue avec vous, de porter au Conseil la déclaration que vous avés dressée. Je l'y ai portée ce matin; elle y a esté leue et releue avec l'aplaudissement qui suit tout ce que vous faittes. La dissertation seulement a esté longue et variée sur la question que vous proposés dans vostre second cahier; et, tout bien discuté, le roy a cru qu'il falloit nécessairement qu'on parlast des clauses que vous trouverés justement condamnables dans ce bref; mais il a jugé en mesme temps qu'il n'estoit ni si sûr ni si convenable qu'il en parlast dans sa déclaration, que de laisser son parlement en parler dans son arrest d'enregistrement. C'est ce qu'il m'ordonne de vous mander, Mʳ, et de vous adjouster que son intention néantmoins n'est pas que ces clauses soient ni trop fortement relevées, ni trop estendues dans cet arrest, croiant qu'il suffisoit d'y insérer une espèce de protestation indéfinie qui porteroit que c'est *sans approuver les clauses contraires à nos usages*, ou chose à peu près semblable et meilleure sans doute, que vous sçaurés bien trouver. En ce cas, Mʳ, on ne mettra point dans la déclaration la clause proposée qui commence par *après avoir fait examiner en nostre conseil*, et il faudra, au contraire, dans l'adresse, adjouster la clause ordinaire, *s'il nous apert*. Vous aurés donc la bonté, s'il vous plaist, de faire transcrire de nouveau cette déclaration suivant ce que j'ay l'honneur de vous dire des intentions du roy, et vous m'envoirés aussy en mesme temps le projet d'arrest d'enregistrement qui doit contenir cette espèce de modification : le roy souhaite de le voir. Je suis très respectueusement, Mʳ, tout à vous.

Mai 1703, mercredy après midy, à Paris [1].

Le roy me fist hier au soir, Mʳ, luy lire vos deux mémoires, dont il fust fort content, et quoyque la dissertation fust longue, et que rien n'y fust oublié, le roy cependant ne voulust point encore prendre sa dernière résolution de ce qu'il feroit sur le décret de la cour de Rome [2]. Il résolut cependant ce qui est de plus important et de plus essentiel, qui est ou de ne point faire recevoir ce décret dans son royaume, ou s'il le fait recevoir, de ne le faire qu'avec touttes les restrictions, modifications et protestations qu'il mérite, et de se raporter absolument à son parlement de cette discussion par des lettres patentes qu'il y envoieroit. Vous voiés par là que voilà du moins les droits du roy,

---

[1] Les pièces suivantes ont rapport à l'affaire du *Cas de conscience*. (Voir Œuvres de d'Aguesseau, t. XIII.) — [2] Du 12 février 1703.

les loix du royaume et les libertés de l'Église de France en sûreté. Mais, pour se déterminer dans cette alternative, le roy m'a ordonné de vous dire qu'il vouloit que vous supposassiés que ces lettres patentes fussent expédiées et envoiées, et que vous luy missiés par escrit tout ce que le parlement feroit en conséquence de la pleine liberté qu'il luy laisseroit de parler ou d'agir pour et contre le décret, c'est-à-dire en aprouvant le bon et condamnant le mauvais. Ce sera, M^r, sur ce détail et sur cette forme d'arrest, de discussion et d'examen sévère, suivi des justes usages que le parlement observe, que le roy se déterminera. Il les veut voir par escrit comme ils seront expédiés si le cas arrive. Il dit qu'il les entendra mieux, et qu'il en comprendra mieux toutte la force que par tout ce qu'on luy en peut dire ou mesme expliquer par simples mémoires. Donnés-vous sur cela tout le temps nécessaire. Si le parquet peut vous soulager, communiqués-luy cet ordre du roy; faittes-le travailler. Vous voiés l'importance de cette décision, qui emporte ou de demeurer comme nous sommes, ce qui sans doute est le mieux, ou du moins de profiter de cette triste occasion (aux despens de ce que veut absolument le Saint-Père) pour bien affermir nos libertés. J'aurois bien des petites particularités à vous dire encore; mais ce n'est pas matière à lettre : la conversation seule peut les admettre, et vostre temps est trop cher pour vous l'enlever.....

Le 10e juin 1703, à Versailles.

Enfin, M^r, j'espère que nous sommes délivrés du soin de chercher et de prendre les justes et nécessaires précautions contre le décret de la cour de Rome. Ce que vous avés si sagement commencé et si fortement continué à Marly, vient d'estre heureusement terminé, et j'espère qu'on ne parlera plus de ce décret, et qu'il ne sera point envoié au parlement pour le faire recevoir. Je vous en félicite, M^r, de tout mon cœur. J'ay rendu compte au roy, en mesme temps, d'un mandement donné par M. de Poitiers, conforme à peu près à celuy de M. de Clermont; et S. M., après avoir longtemps discuté si le parlement agiroit en cette seconde occasion comme il a fait dans la première, a décidé qu'il falloit agir et donner un semblable arrest, mais avec moins d'esclat et moins d'apparat, c'est-à-dire une réquisition de M^rs les gens du roy, plus courte, plus simple et plus favorable, mesme en un sens, à M. l'évesque de Poitiers, en l'excusant, ne point faire imprimer ni publier l'arrest à Paris, et se contenter de le faire publier à Poitiers. Le roy m'a donné ordre de vous le dire, et de le mander en mesme temps à M. le procureur général.

Le 2e aoust. (1705?)

Je reçois, M^r, vostre lettre d'hier avec le petit mémoire qui y estoit joint, dont je vous remercie. Vous sçavés que l'on a fait ce que l'on a pu pour que la constitution fist mention des instances que le roy a faittes pour l'obtenir; l'on n'a pas pu en venir à bout à Rome; et vous sçavez qu'on a résolu icy d'y suppléer par la lettre que le roy doit escrire au clergé assemblé, par la réponse que le roy doit faire au bref du pape, et enfin par les lettres patentes sur cette constitution, que le roy doit envoyer au parlement. Vous sçavez encore, M^r, que n'ayant pu obtenir sur la clause insérée dans le projet *ad obedientiam sedi apost. debitam* qu'on y adjoustast le mot *ecclesiæ*, nous avons consenti que l'on mist en sa place celle d'*obedientia quæ præinsertis constitutionibus debetur*, etc.; mais comme nous avons encore tenté inutilement que l'on adjoustast à cette dernière clause la mention que *ces constitutions avoient esté receues en France*, le roy a esgalement résolu d'y suppléer en faisant cette mention dans sa lettre au clergé, dans sa réponse au bref et dans ses lettres patentes. Et si, à cette occasion, M^r, vous voulés bien vous-mesme dresser un projet de lettres patentes dans l'esprit du mémoire auquel je respons, et me l'envoyer, je le feray voir au roy avec plaisir, et je puis vous assurer qu'il en sera très-bien receu.

31 août, dimanche au soir.

Je joinds icy une nouvelle copie des lettres patentes que vous avés desjà veues sur la Constitution, afin de vous donner connoissance d'une nouvelle clause que le roy m'a ordonné d'y adjouster en faveur des évesques contre les exempts. M. le cardinal de Noailles l'a demandé au nom du clergé avec instance, et le roy a cru ne la luy devoir pas refuser. J'en ay pris toutte la substance et presque les paroles, dans les lettres du mois d'avril 1664. Je dois vous dire aussy, M^r, que M^{rs} les gens du roy m'estant venu dire qu'ils alloient saluer le roy et prendre ses ordres, ils m'ont demandé s'ils pouvoient proposer au roy que l'on mist dans l'arrest d'enregistrement quelque chose d'aprochant de ce qui fust fait dans l'affaire de M. de Cambray. Et quoyque nous soions tous convenus que cela est inutile icy, que la constitution ne l'exigeoit point, etc., cependant, soit pour entretenir le roy dans l'usage de laisser quelque liberté au parlement, soit pour monstrer à Rome que nous veillons tousjours sur nos maximes, j'ay consenty qu'ils fissent cette proposition au roy. Le roy l'a ensuitte proposé au Conseil, et il a passé que vous metteriés dans l'arrest d'enregistrement, comme une clause de pur stile, *sans préjudice des droits de la couronne et des libertés de l'Église gallicane*. Et je compte que ce n'est pas peu gagner pour le parlement d'avoir gagné cette clause, quoyqu'inutile en cette occasion, après avoir gagné celle *s'il nous appert*. Je suis, M^r, fidèlement à vous.

Pap. Harl.

63.

LE COMTE DE PONTCHARTRAIN A L'ABBÉ DE NOIRMOUTIER, A ROME.

Du 28 mars 1695.

..... Des deux choses qui ont esté traitées dans la congrégation secrète dont vous parlés, l'une est aussy raisonnable que l'autre l'est peu, car le pape aura grande raison d'escrire fortement à l'empereur au sujet du 9ᵉ électorat[1] créé en faveur d'un prince protestant, ce qui est également préjudiciable à l'Allemagne, à l'Italie et à la religion, et n'a aucun sujet d'escrire au roy avec la mesme véhémence au sujet de la capitation, qui est une chose très juste et très équitable, qui ne se prend pas sur les biens des ecclésiastiques qui sont exemps, mais sur leurs personnes qui ne le sont pas de la fidélité qu'ils doivent au roy, surtout en un temps aussy pressant que celuy-cy. Ce qui fait voir mesme l'équité et l'utilité de cette imposition, c'est que tout le peuple en est ravy, et porte avec joye son argent aux receveurs. D'ailleurs messieurs du clergé, loin d'y estre lésez, doivent sçavoir gré au roy de la manière obligeante dont S. M. parle d'eux dans sa Déclaration, et ainsy il n'y a aucun doute que ce qui a esté dit par le cardinal Spada, ne parte d'un esprit d'animosité contre la France. Mandez-moy, je vous prie, de qui estoit composée cette congrégation, et les différens partis de ceux qui y estoient. On ne peut trop louer la conduite de M. le cardinal de Janson dans cette affaire, et la comparaison qu'il a faite au pape de l'affaire du clergé à celle-cy est très juste, et a produit l'effet qu'elle devoit. Cependant, comme je n'ay pas les commencemens de l'affaire de la régale si présens que la fin, vous me férés plaisir de m'expliquer plus au long le fait de ce premier bref.

Je vous avoue que je ne croyois pas messieurs de Rome si mal intentionnez à nostre esgard : j'en voudrois bien sçavoir la cause, d'autant plus qu'il me semble que leur animosité devroit plustost tomber sur l'empereur, dont tous les desseins tendent ouvertement à dominer en Italie. Pourquoy ne croyez-vous pas que le pape accorde aisément une dispense au duc de Parme pour espouser la princesse de Neubourg sa belle-sœur? car je croy que la cour de Rome est quelquefois très facile à accorder ces sortes de grâces.....

Le 1ᵉʳ avril.

..... Vous ne devez pas douter qu'aussytost que vostre ordonnance sera expédiée, nous ne vous fassions mettre incessament sur la feuille

---

[1] Celui d'Hanovre.

pour que vous puissiez recevoir quelque partie de cette prodigieuse quantité d'argent que la capitation fait porter au trésor royal, et qui nous met en estat de soustenir la guerre plus long temps que les ennemis n'espéroient. Il me semble que l'Allemagne a esté plus sage que l'empereur au sujet de la nomination de l'abbé Grimany au cardinalat, et que les raisons qui avoient engagé l'Empereur à lui procurer cette dignité n'estoient pas autrement canoniques. Il y a icy tel prélat qui n'en seroit pas fasché plus que de raison, quand mesme le Père carme, parent du roy de Bohême, devroit passer devant luy. Je vous prie de me mander quels sont les motifs qui obligent l'empereur à faire cette seconde nomination. Est-ce quelque liaison particulière qu'il ayt avec le roy de Bohême, ou quelques services signalés que ce bon religieux ayt rendus, pareils à ceux qu'avoit rendus l'abbé Grimany?

..... Je suis surpris que dans une cour composée de toutes sortes de nations, comme celle de Rome, où il y a tant de différents intérests qui donnent lieu à une infinité d'intrigues et d'affaires publiques et particulières, vous ne trouviez pas de quoy composer des lettres plus longues et plus fréquentes que ne sont les vostres.....

Reg. dépêch. mar.

64.

LE COMTE DE PONTCHARTRAIN
A JOLLY, SUPÉRIEUR DE SAINT-LAZARE.

Le 31 juillet 1696.

Le sieur Faydit, prestre, qui sera conduit dans vostre maison, est l'auteur d'un livre qui paroît depuis peu, remply d'hérésies sur les principaux mystères de la religion[1]. Il est d'ailleurs connu dans Paris pour d'autres mauvais livres et plusieurs extravagances qu'il a faites.

---

[1] C'est sans doute *l'Altération du dogme théologique par la philosophie d'Aristote, ou Fausses idées des scholastiques sur les matières de la religion*, 1696, in-12.

Le roy veut que vous le traitiez en la manière que M. l'archevesque de Paris vous le dira.

<small>Reg. secr.</small>

65.

LE COMTE DE PONTCHARTRAIN A L'ÉVÊQUE DE NOYON.

<small>Le 27 novembre 1697.</small>

Le roy fit mettre, il y a quelque temps, à l'hospital général une sœur Maline, qui tenoit escolle à Andresy, parce qu'elle estoit soupçonnée de quiétisme. S. M. a bien voulu la faire mettre en liberté, à condition qu'elle se retirera à Ham, lieu de sa naissance, et qu'elle n'y pourra tenir escolle ny faire autre exercice semblable; et S. M. m'a en mesme temps ordonné de vous en advertir, afin que vous fassiez, s'il vous plaist, observer sa conduitte, et que vous teniez la main à l'exécution des conditions de son retour[1].

<small>Reg. secr.</small>

66.

Mme DE MAINTENON AU PRÉSIDENT DE HARLAY.

<small>A Saint-Cir, 3 juillet (1698).</small>

Comme vous estes le protecteur de toutes les bonnes œuvres, M^r, aussy bien que le chef du parlement, je ne crains point de vous faire aujourd'hui une recommandation en faveur des escolles charitables

---

[1] En juillet, le roi avait écrit au même évêque : « Ce qui m'a esté raporté de la conduitte du sieur Grandin, chanoine de vostre église, m'a fait juger qu'il avoit besoin de se retirer du commerce du monde. Je luy donne ordre à cet effet d'entrer dans vostre séminaire, et de s'y conduire de la manière que vous luy prescrirez. »

de la paroisse de Saint-Sulpice. Il n'y en eut jamais de plus utiles ni de plus désintéressées. Cependant les maistres et maistresses d'escolle les troublent quelquefois, et quoique jusques icy ils aient tousjours perdu tous les procès qu'ils ont intenté, ils y reviennent souvent. Je vous conjure, M', de procurer le repos à M. le curé de Saint-Sulpice, qui n'en désire que pour servir Dieu, et je vous supplie de me croire vostre, etc.

Le 26 aoust.

Ne soiés point importuné, je vous conjure, M^r, des sollicitations que je vous feray tousjours pour les Carmélittes de Saint-Cir, et ne vous donnés pas la peine de me répondre. Je suis ravie aussy de ces occasions de vous assurer que je vous honore infiniment, et suis très-véritablement, etc.

Pap. Harl.

67.

LE COMTE DE PONTCHARTRAIN
A MAILLET, CONSUL DE FRANCE AU CAIRE.

Le 30 juillet 1698.

J'ay receu vostre lettre et le mémoire qui y estoit joint, concernant l'Éthiopie, où vous avez eu occasion de faire passer un P. Jésuitte comme compagnon d'un médecin qui a esté demandé par le roy de ce pays[1]. J'en ay rendu compte au roy, et de la lettre que vous luy avez escritte à ce sujet. S. M. a approuvé que vous ayez proffité de cette ouverture, qui pourra en donner de plus grandes et de plus faciles pour faire passer des missionnaires dans ce royaume, et peut-

---

[1] Le comte de Pontchartrain écrit, le 18 novembre 1699, au P. Verzeau, supérieur des missions : « Le moyen que la fortune a procuré au sieur Maillet, pour l'entrée en Éthiopie d'un de vos pères, fait présumer que les suittes en seront favo-

estre pour lier avec la nation françoise un commerce pour l'envoy des marchandises d'Europe dont on y peut avoir besoin. Je ne doutte pas mesme, quoyque vous ne me le marquiez point, que vous n'ayez tasché de connoistre celles dont l'envoyé de ce prince a fait emplette au Caire, pour examiner si dans la suitte on pourroit en tirer quelque avantage pour la nation.

S. M. a pareillement approuvé que vous ayez fait suivre par un marchand de vostre eschelle un Anglois qui passe aux Indes par la mer Rouge, et prétend en revenir et demeurer à Moka, pour le commerce du caffé, affin que, si l'establissement qu'il projette réussit, vous puissiez inspirer aux François de suivre la mesme routte, pour estendre autant qu'il se pourra leur commerce.....

Le 25 may 1701.

J'ay rendu compte au roy..... des nouvelles que vous avez eu du sieur Poncet, passé en Éthiopie. Son prompt retour laisse peu d'espérance que le voyage des deux Jésuittes missionnaires qui l'ont suivy puisse avoir le succès qu'ils espèrent. Comme il remet à son arrivée au Caire à vous faire la narration de ce qu'il a veu dans la cour du roy d'Éthiopie, il faut attendre que vous ayez conféré avec luy pour juger des meilleures mesures à prendre pour introduire la vraie religion dans ce pays. Vous m'en envoyerez alors un mémoire exact, et si les remarques qu'il aura faites méritent attention et peuvent en donner quelque connoissance, comme je n'en doutte point, vous les y joindrez.

Il est peu à présumer que le roy d'Éthiopie se soit déterminé si promptement à envoyer un ambassadeur en Europe. Je vous ay mandé que le roy désire que vous le détourniez de passer en France sur des raisons que la conjoncture vous fournira. S. M. a à présent d'autres despenses à faire; et celle de la réception de cet ambassadeur seroit rables pour le dessein que vous avez d'y en introduire. Ce consul a ordre de vous y ayder en tout ce qui dépendra de ses soins. Vous me manderez exactement tout ce que vous en apprendrez. » (*Reg. dépêch. comm.*)

encore suivie de l'entretien des jeunes gens qu'on vous a dit qu'il amène pour présent. Vous pouvez le laisser passer à Rome, si les ordres de son maistre le lui permettent, et si les missionnaires italiens le recherchent avec autant de soin que vous le croyez. S. M. trouvera bon au surplus que, s'il vous fait quelque présent, vous luy en rendiez d'autres que vous jugerez convenables au pays, en y apportant toutte l'œconomie qui sera praticable, et je vous en feray rembourser sur le mémoire certifié que vous m'envoyerez. Vous pouvez encores retenir et envoyer en France deux ou trois jeunes garçons, s'il vous en offre, et qu'ils vous paroissent avoir assez de génie pour proffiter des instructions qu'on leur donnera....

Le 22 juin.

Je reçois vos lettres avec la copie de celle que vous escrit le P. Poncet, pour vous informer de l'arrivée à Gedda d'un ambassadeur d'Éthiopie pour le roy. S. M. trouve bon qu'après avoir examiné le titre et le sujet de sa mission, vous le traittiez aussi bien qu'il sera praticable ; mais, comme les princes orientaux ne comptent point que leurs ambassadeurs soient deffrayez, à moins qu'ils ne soyent dans les estats du prince auquel ils les adressent, je ne vois pas sur quoy vous comptez estre dans cette obligation. Cependant, si vous le jugez absolument nécessaire, le roy s'en remet à vous, en observant d'y apporter toutte l'œconomie qui sera praticable. Je vous ay mandé que l'intention de S. M. est que vous taschiez de détourner cet ambassadeur, par des moyens honnestes et qui ne montrent point trop d'affectation, de passer en France ; mais si vous ne pouvez y réussir, elle veut bien que vous lui laissiez continuer son voyage, et en ce cas vous aurez soin de m'informer de ce qu'il vient faire, des présens qu'il apporte, de ceux qui peuvent convenir à son maistre, et vous me donnerez, sur tout ce qui aura rapport à cet ambassadeur, à sa personne et au rang qu'il occupe en Éthiopie, tous les esclaircissemens et avec le plus de détail que vous pourrez.

Le 29 novembre 1702.

J'ay receu une lettre du sieur Mourat, envoyé du roy d'Ethiopie, qui contient des plaintes bien vives de la conduitte que vous avez à son esgard. Il estoit encores alors gardé dans le chasteau du Caire, et il prétend que sa détention n'est que la suitte des reproches que vous avez attiré au pacha d'Égypte, sur la visitte de ses hardes à son arrivée, et que ce n'est qu'une intrigue dans laquelle vous entrez apparemment pour ayder au pacha à se dédommager sur luy ou sur la nation de la despense du voyage du Capigi qui luy a apporté les lettres du grand visir. Je vous avoueray que je ne vous ay point reconnu dans tout ce procédé, qui me paroît fort contraire à ce que j'avois lieu d'attendre de vous sur vostre conduitte passée. Vous avez attiré des reproches au pacha, au lieu de conserver la bienveillance qu'il vous marquoit et qui estoit utile à la nation. L'envoy du sieur Mourat est une suitte de celuy du sieur Poncet, que vous avez fait passer en Éthiopie, et ensuitte en France pour engager le roy à y renvoyer quelqu'un, et vous le fatiguez en luy donnant de justes sujets de se plaindre à son retour, et peut-estre de faire maltraitter le sieur du Roule, qui a ordre d'y aller. C'est vous qui avez commencé l'establissement des Jésuittes au Caire, dans la veue de leur donner le moyen d'entrer en Éthiopie, et vous vous brouillez avec eux sous de très mauvais prétextes; et enfin vous n'avez point fait une démarche dans toutte cette affaire qui n'ayt paru extraordinaire à ceux qui les ont connu. M. de Ferriol m'en a escrit ainsy dans les occasions que vous luy en avez donné, et il n'est pas plus édiffié de celle de Damiette. Vous demandez un Capigi pour informer du pillage des effets d'un François qui y estoit establi, et il revient avec plusieurs actes qui justiffient que ce dernier n'a rien perdu. Ledit sieur de Ferriol ne laissera pas de suivre cette affaire autant qu'il estimera pouvoir le faire avec quelque succès. A l'esgard du sieur Mourat, comme je vois par ce que le P. Verzeau m'escrit, que le voyage du sieur du Roule est remis à l'année prochaine, parce que le pape veut attendre pour répondre à la lettre du roy d'Éthiopie qu'il ayt présenté à Sa Sainteté les nouvelles qui viendront par la caravane qui doit estre arrivée au Caire, il faut que vous taschiez de vous raccommoder avec luy de manière qu'il oublie le passé; et mesme, s'il demandoit avec empressement d'aller à Rome, vous pouvez luy en laisser la liberté, en observant cependant que la despense de ce voyage ne doit point rouler sur le roy ou sur la nation. J'attendray de vos nouvelles sur ce sujet, mais ne perdez point de temps à m'envoyer des pièces de chancellerie pour vous justiffier. C'est sur les faits que je m'arreste, et c'est l'attention que j'y ay fait qui m'a obligé à vous tesmoigner que je n'estois pas aussy satisfait de vostre conduitte que j'avois eu lieu de l'estre cy-devant.

Le 7 février 1703.

J'ay..... rendu compte au roy des nouvelles que vous me marquez avoir eu des religieux italiens qui ont passé en Éthiopie ; le peu de succès apparent, le roy de ce pays n'en ayant retenu aucun, et s'estant contenté de les charger de sa response au bref du pape, n'engage pas à bien juger de sa disposition pour la religion catholique. On en retire cependant cet avantage qu'on sçait que le sieur du Roule n'a rien à craindre pour sa personne, et que pouvant remplir sa mission sans danger, on connoistra certainement, à son retour, si les veues qu'on a eu pour la conversion de ce prince sur ses lettres, doivent estre abandonnées ou non. Le sieur du Roule doit partir avec la première caravane, en sorte qu'il puisse proffiter de la saison la plus favorable et la plus commode pour son voyage.....

Le 9 janvier 1704.

.....J'ay receu une lettre du religieux qui dessert la chapelle consulaire, lequel se plaint du libertinage des François establis au Caire, qu'il dit estre public et scandaleux en tout. Vous me ferez sçavoir sans complaisance ni prévention ce qui en est, et qui sont ceux qui méritent le plus de répréhension. Vous pouvez, en attendant ma response, leur expliquer qu'il est à craindre, s'ils ne changent de conduitte, que le roy ne vous envoie l'ordre de les faire repasser en France [1].

Le 7 janvier 1705.

S. M. a esté bien ayse d'apprendre que le sieur du Roule soit enfin parti de la haute Égypte pour passer dans le royaume de Sannaar, nonobstant les obstacles et les difficultez qu'on luy a opposé. Il n'aura point à en craindre en Éthiopie de la part des religieux italiens arrivez au Caire, puisqu'il vous paroist par leurs discours qu'ils ont résolu d'y attendre son retour, par lequel on sera informé de la vérité des faits qu'on a avancé sur les dispositions du Negus pour se réunir à l'Église catholique. Ils pourront ensuitte y travailler. Il n'importe au roy par qui ce bien vienne, et S. M. aura satisfait au zèle qu'elle a pour la religion en leur procurant une entrée plus facile dans le pays. Vous m'envoyez des déclarations et autres pièces pour faire voir que c'est la nation qui a excité les obstacles qu'a eu le sieur du Roule ; mais, comme elles ne contiennent point de preuves assez fortes pour en convaincre, on peut alléguer que l'animosité et le désir de vous venger y ont quelque part. Ainsy il n'est point question à présent de raisonner sur ces présomptions : il s'agit seulement d'exécuter avec prudence l'ordre du roy que je vous ay adressé pour faire embarquer et renvoyer à Marseille ceux que S. M. a jugé les principaux autheurs des désordres arrivés au Caire ; et, lorsqu'ils seront de retour, elle verra s'il convient de faire passer dans cette Eschelle un commissaire pour examiner plus particulièrement vostre conduitte et celle de la nation. Elle s'y seroit desjà déterminée si la conjoncture de la guerre ne demandoit d'autres soins.....

Reg. dépêch. comm.

[1] Par une lettre subséquente, du 3 septembre, on voit que les marchands français du Caire firent une petite émeute contre le consulat, et que quatre d'entre eux reçurent ordre de rentrer en France.

68.

LE COMTE DE PONTCHARTRAIN A L'INTENDANT PHELYPEAUX.

Ce 10 avril 1699.

J'ay rendu compte au roy de ce que vous m'avez escrit concernant les religieux de l'abbaye de Chailly et ceux de l'abbaye de la Victoire ; et S. M. m'a ordonné de vous escrire que son intention est qu'au premier loisir que vous aurez, vous alliez à ces deux abbayes, que vous parliez à ces religieux, et que vous leur fassiez entendre qu'encore qu'il convienne mieux à l'évesque et à leurs supérieurs de veiller à leur conduitte, cependant leur désordre est venu à un tel excez, et fait un si mauvais effet dans le monde, que S. M. est obligée de les advertir que, s'ils ne réforment leur conduitte extérieure et ne font cesser le scandale qu'ils causent, elle sera obligée d'y donner ordre par son authorité.

Reg. secr.

69.

LE COMTE DE PONTCHARTRAIN
AU P. GARDIEN DES CAPUCINS DE NOYON.

Le 5 may 1699.

Le roy ayant des raisons pour faire venir à Paris le P. Jean-Chrysostome de Beauvais avec ses papiers et escrits, S. M. a fait expédier ses ordres à cet effet à l'officier qui vous rendra cette lettre, et m'a commandé de vous en donner advis, afin que vous donniez une obédience à ce religieux pour se rendre à Paris avec l'officier qui aura soin de la voiture et de sa nourriture. Comme l'affaire n'a rien de mauvais, et qu'au contraire elle n'est qu'advantageuse et honorable pour vostre ordre et pour le religieux, ne soyez en aucune manière en peine du sujet de son voyage. Il retournera dans peu à son couvent, et je vous conseille de tenir la chose secrète à l'esgard des religieux de vostre communauté[1].

Reg. secr.

70.

L'ÉVÊQUE DUC DE LAON A DE HARLAY.

A Laon, le 27 juillet 1699.

Je viens d'apprendre que l'affaire de la chapelle de Liesse a commencé d'être plaidée vendredy passé. Comme elle est de très-grande conséquence, et qu'il est sans exemple qu'on ayt attaqué jusques à présent l'administration d'un pèlerinage dont le revenu ne consiste qu'en messes et en oblations, le zèle que vous avés fait paroître dans toutes les occasions pour maintenir l'honneur de l'épiscopat, joint à la protection particulière dont vous m'avés honoré dans toutes les affaires qui ont regardé mon diocèse, me fait prendre la liberté de vous représenter que celle-cy est une des plus importantes que je puisse avoir par rapport à mon église, puisque les habitans de Liesse, soutenus de la protection de M. le Prince, concluent à ce que des

---

[1] Une pareille lettre fut adressée au P. gardien de Laon pour le capucin Nicolas de Beauvais. Suit, dans le registre du secrétariat, un ordre à Dupoy, lieutenant de la prévôté de l'hôtel, pour se transporter au couvent des capucins de Noyon, afin de faire commandement au P. Jean-Chrysostome de se rendre au couvent de son ordre à Paris; de saisir en même temps tous les papiers et écrits de ce religieux, et de les faire apporter avec lui.

Le 31 mai, le secrétaire d'État manda à l'archevêque de Paris : « Le P. Jean-Chrysostome de Beauvais, capucin, a fait demander que les papiers qu'il avoit en premier lieu envoyez à M. de Barbezieux vous soyent remis ou à luy, parce qu'ils luy sont nécessaires pour l'explication des choses qu'il a à dire. Les voicy pour en faire l'usage que vous trouverez à propos. » (*Reg. secr.*)

layques soient appelés à l'audition des comptes d'une administration qui est purement une direction spirituelle, dans laquelle les ecclésiastiques qui la conduisent ne sont point titulaires, mais choisis et amovibles à la volonté de l'évêque; si bien que l'évêque, conjointement avec son chapitre, est titulaire de ladite chapelle, comme les pères de l'Oratoire le sont des chapelles des pèlerinages de Notre-Dame de Saumur et des Vertus. Or il est constant qu'on n'a jamais songé de faire rendre compte auxdits pères de l'Oratoire de l'administration de leurs pèlerinages en présence de layques, ni à une infinité de moines qui ont aussy des pèlerinages dans leurs églises. Faut-il, M^r, qu'une administration faite par un évêque et un chapitre, composé de plus de 80 chanoines des plus réguliers du royaume, soit moins respectée et plus suspecte que toutes les autres du royaume? Outre que le revenu de cette chapelle consiste en 2000^{tt} de rentes, dans lesquelles il faut y comprendre les 1300^{tt} que mon clergé doit à la chapelle tous les ans, sur lesquelles dites 2000^{tt}, il faut fournir à la subsistance du trésorier et des habitués, et à l'entretien et décoration de la chapelle. Le surplus consistant uniquement en messes et en oblations, qui est un casuel provenant de la dévotion des peuples, par conséquent de quoy peut-on rendre compte en présence des officiers de Marchais, même du substitut de M. le procureur général, quand la cour jugeroit à propos de l'ordonner? Comme l'évêque et le chapitre sont obligés de suppléer aux dépenses qu'il est nécessaire de faire dans ladite chapelle lorsque le fonds et le casuel susdits ne suffisent pas, il n'est pas surprenant que, dans les temps de l'abondance de cette chapelle, les évêques, mes prédécesseurs, ayent permis au chapitre d'en retirer quelques avantages pour l'utilité de la fabrique, étant séparée de la manse capitulaire, les chanoines particuliers n'en tiroient aucun profit. J'espère que vous voudrés bien avoir égard à mes représentations, puisque depuis mon avénement à cette église, j'ay travaillé à faire fleurir ce pèlerinage, en y mettant un trésorier, qui est un homme de beaucoup de mérite, avec des habitués, qui, par leur piété et leur bon exemple, entretiennent la dévotion des peuples; ce qui est de l'aveu des habitants même de Liesse, et qu'ainsy la cour aura la bonté d'ordonner que l'administration de la chapelle de Liesse se fera à l'avenir en la même forme et manière qu'elle s'est faite depuis près de 500 ans que ladite chapelle est établie.

Je vous demande pardon, M^r, de la longueur de ma lettre; mais la bonté avec laquelle vous vous intéressés dans ce qui me regarde m'a donné la confiance de vous expliquer tout ce qui paroît le plus mériter l'honneur de votre attention.

Pap. Harl.

71.

LE COMTE DE PONTCHARTRAIN A D'ARGENSON.

Le 17 novembre 1699.

Le roy n'estime pas qu'il doive estre fait de poursuittes juridiques pour la condamnation ou suppression de la lettre d'un théologien à M. de Meaux, ny du Traité historique composé par Jurieu; mais il faut que vous ayez, comme je vous ay desjà mandé, une grande attention pour tascher à descouvrir ceux qui les distribuent, et les faire punir.

Le 13 janvier 1700.

Les supérieurs des Bénédictins qui sont à Rome ont escrit à M. l'archevesque qu'ils avoient, suivant l'intention du roy, deffendu dans leur ordre toutes sortes d'escrits sur la contestation qu'ils avoient avec les Jésuittes au sujet de la nouvelle édition des œuvres de saint Augustin, mais qu'avant d'estre advertis, il se pourroit faire que quelques-uns de ces escrits qui avoient esté envoyez en Holande y auroient esté imprimez, l'assurant cependant qu'ils donnoient ordre pour les suprimer. Comme on pourroit en avoir fait passer à Paris, je vous en donne advis, afin que vous ayez attention à faire suprimer ceux qu'on auroit envoyez, et empescher qu'il en entre désormais.

Le 30 aoust 1701.

Vous me mandez qu'il seroit juste de rendre aux Petits-Pères le Frère de Saint-Barthélemy qui a quitté son habit pour porter l'épée, et qui a débauché deux ou trois novices. Le roy veut bien que vous le fassiez ramener dans la maison; mais s'ils sont (ainsy que vous le dites) si peu soigneux de renfermer un tel religieux, à quoy servira la peine que vous vous serez donnée de le faire arrester, s'ils le renvoyent ? Je croirois donc qu'il conviendroit mieux que vous obligeassiez ses supérieurs de procéder contre lui suivant les formes et la constitution de leur ordre, en les assurant que vous employeriez vostre authorité pour le faire arrester, s'ils en ont besoin.

Le roy n'estime point que le nommé Bellay, libraire, doive estre enfermé à la Bastille. Il faut que vous le poursuiviez, de mesme que ses complices, par les voyes ordinaires de la justice.

M. de Marconnay ayant demandé au roy la permission de mener sa femme en province, S. M. a bien voulu sur ses instances, et sur ce que M. de la Massais a bien voulu en répondre, luy permettre de l'y mener pour trois mois, à condition que si elle ne profite de ce temps pour s'instruire elle sera ramenée aux Nouvelles-Catholiques, à Paris. J'ay cru devoir vous donner cet avis.

Le 12 mars 1702.

M. l'évesque de Gap recevra aujourd'huy ordre de se rendre à Condom. Le roy, qui désire de sçavoir quel jour il partira de Paris, m'a commandé de vous escrire de le faire observer. Il faut que vous luy fassiez demander le jour de son départ, et que vous teniez la main à ce qu'il obéisse promptement.

Le 23 mars.

L'évesque de Gap a receu le 13e de ce mois l'ordre de se retirer à

Condom. Il a demandé 15 jours pour partir. Quoyque S. M. ne les luy ayt pas accordez, il faut cependant tolérer qu'il reste à Paris ce temps-là; mais affin qu'il ne passe pas ce terme, prenez la peine d'y envoyer dès demain, pour sçavoir s'il se dispose à partir, en luy disant que vous estes chargé d'en rendre compte; et s'il restoit à Paris au delà de la quinzaine, ne manquez pas de m'en advertir.

Le 21 juin.

Le roy a fait arrester un particulier nommé Boutet, qui se prétend autheur d'une nouvelle religion, et il doit estre incessamment conduit à la Bastille. S. M. désire que vous l'alliez interroger sur les mémoires que vous demanderez, s'il vous plaist, à M. le cardinal de Noailles, et que vous m'envoyiez son interrogatoire.

Reg. secr.

72.

LE COMTE DE PONTCHARTRAIN A L'ARCHEVÊQUE D'ARLES.

Le 20 janvier 1700.

Le roy a quelques raisons particulières de désirer que M. l'évesque de Saint-Paul-Trois-Chasteaux ne soit point député à l'assemblée du clergé, et S. M. m'a ordonné de vous escrire d'empescher, par les moyens les plus doux, que les suffrages ne tombent sur luy, sans qu'on sçache que S. M. luy a donné cette exclusion, à moins que vous n'y soyez forcé, auquel cas vous pourrez nettement déclarer à ceux qui composeront l'assemblée que l'intention de S. M. est que M. de Saint-Paul-Trois-Chasteaux ne soit point député.

Le 28 février.

S. M. a esté bien aise d'apprendre que M. l'évesque de Marseille ayt esté député à l'assemblée générale, et que les choses se soyent passées à l'esgard de M. l'évesque de Saint-Paul de la manière que vous me le marquez.

Reg. secr.

73.

LE COMTE DE PONTCHARTRAIN
AUX ÉCHEVINS ET DÉPUTÉS DU COMMERCE DE MARSEILLE.

A Versailles, le 31 mars 1700.

Sur les avis que le roy a eu que les Anglois fondoient à Oxford un collége pour eslever de jeunes enfans qu'ils tireroient du Levant, et les instruire dans la religion anglicane, S. M. a estimé important, pour ne point laisser introduire l'hérésie parmy les nations à la conversion desquelles un nombre de missionnaires de ses sujets travaillent, de tirer 12 enfans des familles les plus accréditées dans les Arméniens, les Grecs, les Suriens et les Coptes, pour les faire eslever dans un collége dans le royaume, leur apprendre les principes de la vraye religion, et les mettre en estat de la deffendre dans leurs nations, et d'empescher que ceux qui repasseront d'Angleterre y fassent aucuns progrez. Comme je suis informé qu'il en est desjà arrivé 4 à Marseille, qui sont à présent dans les infirmeries, le roy m'a ordonné de vous escrire qu'aussytost qu'ils en pourront estre retirez, vous les fassiez loger et nourrir avec l'économie qui sera praticable, jusqu'à ce que vous receviez l'ordre de les envoyer au lieu que S. M. aura destiné pour leur éducation. Elle vous fera rembourser de cette dépense sur l'estat que vous m'en envoyerez.

Le 21 avril.

..... Comme le roy a résolu de les faire eslever dans le collége des Jésuites, à Paris, pour estre plus certain par l'attention que j'y auray qu'ils seront instruits de la manière qu'il convient pour tirer dans la suitte l'utilité qu'on peut espérer de cet establissement, il est nécessaire que vous les fassiez partir pour s'y rendre, et qu'après leur avoir choisi une voiture autre cependant que celle des littières, vous fassiez marché avec le voiturier pour tous les besoins qu'ils auront jusqu'à Lyon, où il les remettra au sieur Charonnier, que je chargeray d'y pourvoir jusqu'à Paris. Vous en userez de mesme pour les 8 autres qui doivent venir du Caire, et vous m'envoyerez ensuitte un mémoire de la dépense faite à leur occasion, sur lequel j'en ordonneray le remboursement.

Reg. dépêch. comm.

74.

LETTRE DU ROI AU CHAPITRE DE LA CATHÉDRALE DE CHARTRES.

A Marly, le 8ᵉ jour de may 1700.

Chers et bien amez, des raisons qui nous paroissent justes pour empescher les nouveaux sujets de division entre l'évesque de Chartres et vous, m'obligent de vous escrire cette lettre, pour vous dire que nous ne voulons pas que vous procédiez à l'eslection d'un doyen, quelque prétexte que vous puissiez avoir d'estre en droit de le faire. Ainsy nous vous deffendons de vous assembler à cet effet, à peine de désobéissance; car tel est, etc.

Reg. secr.

75.

LE COMTE DE PONTCHARTRAIN A LA BOURDONNAYE.

Le 23 juin 1700.

Un capucin apostat, nommé Derbaut, originaire de Rouen, qui est à présent en Angleterre, y a fait imprimer un libelle sous le nom d'*Antibulle du jubilé ou Réformation du jubilé universel présenté au pape et aux catholiques romains par Derbaut, cy-devant prédicateur dans l'Église romaine*. Il a adressé ce libelle à son frère à Paris, auquel il demande de l'argent, menaçant de remplir la ville de Rouen d'autres semblables, s'il ne satisfait à ses demandes. Quoyque cet escrit mérite peu d'attention, le roy ne laisse pas de m'ordonner de vous escrire de tenir la main à ce qu'il n'en entre point à Rouen, et à les faire suprimer en cas qu'il y en eust desjà quelques exemplaires.

Le 12 mars 1702.

M. l'évesque de Gap a receu ordre du roy de se rendre à Condom, parce qu'il tenoit à Paris une conduitte peu conforme à son estat. S. M. m'a commandé de vous escrire de me faire sçavoir le temps auquel il sera arrivé, et de m'advertir aussy de temps en temps quelle conduitte il y tiendra.

Le 26 novembre.

On a parlé au roy de la femme desguisée en homme qui avoit esté introduite dans sa chambre, et de l'esclat que cela avoit fait. Et S. M. m'a ordonné de vous envoyer un ordre pour la mettre à l'hospital de Condom, supposé que vous le jugiez nécessaire. Mais comme il faut esviter le scandale à cause de la personne qui y est intéressée, vous ne ferez mettre cet ordre à exécution qu'en cas que M. l'évesque de Condom le juge nécessaire, et dans le temps qu'il trouvera à propos, en observant de se servir de quelque nouveau prétexté pour empescher les mauvais discours que le public pourroit faire s'il venoit à sa connoissance que ce fust à l'occasion de l'affaire de M. de Gap.

Reg. secr.

76.

LE COMTE DE PONTCHARTRAIN AUX AUTRES SECRÉTAIRES D'ÉTAT.

Le 18 juillet 1700.

Le roy voulant estre informé si tous les archevesques et évesques ont fait publier la constitution du pape contre le livre de M. de Cambray, S. M. m'a ordonné que nous escririons aux archevesques en conformité du mémoire que je vous envoye. J'y joins la lettre que j'escris à M. l'archevesque de Paris sur ce sujet, et je m'acquitte de l'ordre que j'ay receu de vous advertir de prendre celuy de S. M. pour escrire de mesme aux archevesques de vostre département.

Reg. secr.

77.

LE COMTE DE PONTCHARTRAIN AU CARDINAL DE NOAILLES.

Le 18 juillet 1700.

Le roy désirant sçavoir si M.^{rs} les archevesques et évesques ont fait publier dans leurs diocèses la constitution du pape, du 12 mars 1699, portant condamnation du livre intitulé : *Explication des maximes des saints sur la vie intérieure,* composé par M. l'archevesque de Cambray, conformément à ce qui a esté résolu dans vostre assemblée provinciale, et à la Déclaration du 4 aoust 1699, S. M. m'a ordonné de m'informer si vous et les évesques vos suffragans avez donné vos mandemens pour la publication de cette constitution, et de vous demander en mesme temps deux exemplaires tant de vostre mandement que de ceux des évesques de vostre province, en observant de me marquer ceux qui n'ont pas encore satisfait à ce qui est porté par cette Déclaration [1].

Le 8 septembre.

Les dem{lles} de Boussens, qui avoient esté renfermées au couvent de la Magdeleine, s'estant évadées, le roy est informé que la supérieure, bien loin d'empescher cette évasion, y a donné la main. Il n'y a pas lieu d'en douter; ne se souvenant plus de son institution, elle veut se mettre sur le pied des autres couvens, sans recevoir les femmes qui y sont envoyées par justice, ny s'assujettir à la garde. Il en est de mesme de plusieurs couvens d'hospitalières, où, par succession de temps, l'hospitalité est devenue le moindre de leurs soins. Le roy m'ordonne, à l'occasion de cette supérieure, de vous escrire de luy faire une sévère réprimande sur l'évasion de ces deux demoiselles, et au surplus d'employer vostre authorité pour l'obliger à recevoir et à garder avec plus de soin celles qui y pourront estre envoyées dans la suitte, soit par ordre du roy, soit par ordonnance de justice.

Le 29 juin 1701.

Non obstant les ordres que vous avez donné aux jésuittes et aux missionnaires de ne point escrire sur leur querelle concernant Confucius, S. M. a appris avec chagrin qu'il court à Paris un libelle inti-

---

[1] Le 11 novembre précédent, le secrétaire du cabinet du roi avait écrit à l'évêque de Meaux : « Vous avez sans doute connoissance de la lettre qu'un théologien a escrite, qui tend à esluder la condamnation du livre de M. de Cambray par la distinction du fait et du droit. Cette lettre se débite à Paris, et j'en ay receu un exemplaire par la voye de M. d'Argenson. J'en ay parlé au roy, qui m'a ordonné de sçavoir de vous ce que vous croyez qu'on doive faire pour la deffense de cette lettre par rapport aux conséquences que peut avoir une sévère deffense ou une trop grande dissimulation. Cette lettre parle d'un Traité historique contenant le jugement d'un protestant sur la théologie mystique, le Quiétisme, et les démeslez d'entre vous et M. l'archevesque de Cambray, imprimé en Hollande depuis quelque temps. Je vous prie aussy de me faire sçavoir vostre sentiment sur ce livre, et si vous jugez qu'on doive faire quelques diligences pour en deffendre le débit. » (Reg. Secr.)

tulé : *La bonne foy des anciens jésuittes missionnaires de la Chine sur l'idolâtrie des Chinois dans le culte qu'ils rendent à Confucius et aux morts*; et un autre intitulé : *Remonstrances à l'évesque de Salcées, faites par les Jacobins.* Sur quoy S. M. m'a ordonné d'escrire à V. Ém. de prendre la peine d'en parler encore à ces messieurs, et de dire très sérieusement aux uns et aux autres que, s'ils ne cessent ces sortes d'escrits, S. M. ne pourra se dispenser de leur donner des marques de son indignation.

Reg. secr.

78.

LE CHANCELIER DE PONTCHARTRAIN
A BOUCHU, PREMIER PRÉSIDENT DU PARLEMENT DE DIJON.

Le 1ᵉʳ septembre 1700.

Je trouve, aussy bien que vous, beaucoup d'indulgence dans le jugement que vostre compagnie a rendu contre ceux qui estoient accusés des erreurs du quiétisme. Il est fascheux que, dans une affaire aussy importante pour le public, le party le plus sévère n'ayt pas esté pris par un assés grand nombre de juges, pour former un arrest capable d'arrester le cours de ces désordres. Mais c'est une chose jugée, et par conséquent sans remède, et tout ce qu'on peut faire est de veiller de telle manière que le mesme abus n'arrive plus à l'advenir.

Je ne vous donneray aucuns ordres sur l'exécution du décret décerné contre le curé de Chapoise : je me rapporte sur cela à vos lumières particulières, et à l'honneur et à la conscience des juges qui ont rendu l'arrest.

A l'esgard du P. Clauseau, je suis assés instruit de ce qui le regarde pour approuver le refus que vous avés fait à M. le procureur général de décerner l'adjournement personnel qu'il avoit requis contre luy.

Lettr. Pontch.

79.

LE CHANCELIER DE PONTCHARTRAIN
A LEBRET, PREMIER PRÉSIDENT ET INTENDANT EN PROVENCE.

A Fontainebleau, le 3 novembre 1700.

Je suis touché jusqu'à l'affliction de tout ce que vous m'apprenés qui se passe à Aix entre M. l'archevesque et les réguliers exempts de sa jurisdiction. Le scandale que cause un pareil désordre me paroist d'une conséquence infinie, et on ne peut trop tost le faire cesser. Ainsy le parlement, qui est saisy de la contestation, comme vous me le marqués, ne doit pas avoir moins de diligence que d'attention pour la décider avec toutte la discrétion et toutte l'équité qu'elle mérite.....

Lettr. Pontch.

80.

LE CHANCELIER DE PONTCHARTRAIN
A DE MIROMENIL, INTENDANT A TOURS.

A Versailles, le 2 janvier 1701.

Je viens d'apprendre que le sieur Gervaise, chanoine de la cathédrale de Tours, a composé depuis peu la vie de M. l'abbé de la Trappe. Je ne crois pas qu'il s'avise de faire imprimer un livre de cette importance sans une permission. Cependant, comme la vanité de se donner le nom d'autheur l'emporte quelquesfois sur les règles, prenés, je vous prie, la peine de le voir le plus tost que vous pourrés, et de l'avertir de ma part du danger où il ne manqueroit pas de s'exposer s'il tomboit dans une faute aussy grossière. Vous pouvés mesme luy dire de ma part que s'il croit son ouvrage digne de paroistre, il

·peut m'en envoyer une copie, affin que je l'examine moy-mesme, et que je voye s'il est à propos de le rendre public. Mais sur touttes choses, faittes-luy bien entendre que jusqu'à ce que je l'ay veu, et qu'il ayt receu mes ordres, il est pour luy de la dernière conséquence de n'en pas hasarder l'impression[1].

Lettr. Pontch.

81.

LE COMTE DE PONTCHARTRAIN
AU P. FLEURIAU, JÉSUITE, PROCUREUR DES MISSIONS DE GRÈCE[2].

A Versailles, le 5 janvier 1701.

..... Le sieur Maillet m'avoit déjà informé du succez du voyage du père de Brevedant en Éthiopie[3]; elles (les nouvelles) paroissoient moins douteuses sur son entrée dans ce pays. Le roy trouvera bon qu'au lieu des enfans coptes qu'il n'a pu trouver, il envoye trois jeunes Éthiopiens, pourveu que ceux qui les tireront du pays, ou qui les

---

[1] Dix jours après, le secrétaire d'État répondit à une lettre du P. Gervaise, qualifié cette fois de prévôt de Saint-Martin de Tours : « Je n'ai jamais eu sur vostre chapitre d'autres sentimens que ceux que vous essayés de m'inspirer par vostre lettre, et vous pouvés compter que je les conserveray tousjours. Du reste, rien n'est plus sage que les dispositions où vous estes par rapport à vostre ouvrage; et puisque vous me demandés ce que je souhaitte sur cela, je vous diray qu'il ne me paroist pas à propos que vous pensiés à continuer, du moins quant à présent, le travail que vous avés commencé. Cependant assurés-vous que si quelqu'autre entreprenoit le mesme ouvrage, je n'y soufrirois rien qui pust faire le moindre tort ny à la réputation de vostre frère, ny à l'honneur de vostre famille. » (Lettr. Pontch.)

Ce N. Gervaise (né en 1662, mort en 1729), d'abord missionnaire, ensuite prévôt de Suèvres dans l'église de Saint-Martin de Tours, était frère du savant Gervaise, abbé de la Trappe.

[2] Le P. Fleuriau est éditeur des sept premiers volumes des *Nouveaux Mémoires des missions de la compagnie de Jésus dans le Levant*, Paris, 1715-1717, dans lesquels il publia les rapports que les missionnaires de son ordre avaient envoyés de la Turquie, de la Perse, de l'Éthiopie et de l'Abyssinie.

[3] Le 1ᵉʳ décembre précédent, le secrétaire d'État avait écrit à un autre jésuite,

achèteront à Saannar, choisissent ceux qui leur paroîtront les plus disposez à estre bien eslevez et instruits, et à remplir les veues que S. M. a eu en les faisant venir à Paris.....

Le 28 février 1703.

Je ne sçais si l'acquisition que vous avez envie de faire des habits à la persienne qu'a un marchand françois qui revient de la Perse sera un bon marché. On ne sçait quand on aura des enfans de ce pays, et ces habits seront peut-estre trop beaux pour eux par rapport à ceux qu'ont les Levantins qui sont au collége. La promesse que vous a fait ce marchand d'en ramener, est un expédient qu'il cherche pour rejetter sur leur conduitte la despense de son voyage. Je doutte mesme beaucoup, toutte réflexion faite, qu'il soit fort util d'en avoir icy; leur retour dans leur pays ne sera d'aucun bien pour la religion par rapport aux Persans. Les missionnaires instruisent librement les Arméniens, et il semble qu'il convient beaucoup mieux de s'attacher aux chrestiens schismatiques du Levant, qu'on peut espérer de ramener plus facilement dans le sein de l'Église lorsqu'on aura une fois commencé à renvoyer parmy eux les enfans que le roy fait eslever icy bien instruits des principes de la religion.

le P. Verzeau : « Je verray avec plaisir la relation que le P. Fleuriau doit me remettre de la scituation où sont vos affaires d'Éthiopie, et du succez des mouvemens que vous vous estes donné pour y faire entrer quelques missionnaires. Vous me ferez part de touttes les nouvelles que vous en aurez, et des mémoires que vous envoyera le P. de Brevedant, qui est arrivé dans la capitale de cet empire. Le sieur Maillet m'ayant escrit de mesme que vous, qu'il est à présumer qu'il en partira des ambassadeurs pour la France, je luy ay expliqué que l'intention du roy est qu'il les empesche d'y venir, s'il est possible, sans y mettre d'autre obstacle que celuy de l'esloignement, de la différence des climats, et les autres motifs personnels qu'il croira pouvoir les rebuter. J'ay remis au P. Fleuriau l'ordre pour le remboursement des 100# que vous avez despensé pour retirer des mains des chrétiens d'Alep les traitez hérétiques que les Anglois leur avoient distribué. Si vous faittes dans la suitte quelques autres despenses à ce sujet, vous en serez dédommagé de mesme sur le certifficat que vous m'en envoyerez : vous observerez d'y apporter tout le mesnagement qui sera praticable...... » (*Reg. dépêch. comm.*)

Le 30 may.

Je n'ai point respondu au sieur Billon, qui retourne en Perse, sur l'offre qu'il fait d'y choisir deux ou trois enfans du pays pour les eslever dans le collége, ainsy que les autres Orientaux qui y sont, parce que je compte de proposer bientost au roy d'envoyer dans ce pays un négociant entendu pour examiner s'il y a quelque commerce avantageux pour le royaume qu'on puisse y establir. Celuy-là choisira mieux qu'un autre les enfans qui peuvent nous convenir et entrer dans les veues du roy, ne s'agissant pas d'avoir des Arméniens, mais des naturels persans, s'il est possible.

Le 18 juillet.

.....J'ay expliqué au sieur du Roule que l'intention du roy est qu'il mène avec luy deux PP. jésuittes comme ses aumosniers, en luy observant qu'ils auront ordre, ainsy que j'en suis convenu avec vous, de ne se donner aucune sorte de mouvemens que de concert avec luy, et de ne pas paroistre mesme comme jésuittes, affin que rien n'empesche le succez de sa mission, et qu'on puisse connoistre par son rapport s'il y a dans l'esprit des peuples ou du clergé d'Éthiopie une prévention si forte contre vostre société qu'on ne doive pas espérer de la surmonter. Comme on n'auroit sur ce pied-là rien à attendre de leur travail et de leur soin, vous jugerez aysément que la prudence ne permet point de s'opposer aux entrées que peuvent trouver dans ce pays les religieux qui en reviennent, et le roy ne prendra aucune résolution sur ce sujet, jusqu'au retour du sieur du Roule, dont vous sçavez que le voyage a pour objet le bien de la religion, et non pas de déterminer les sujets par lesquels il doit se faire.

Le 9 janvier 1704.

S. M. a esté bien ayse d'estre informée du succès des missions de l'Archipel; mais elle a esté peu édiffiée du parti qu'a pris le P. Bichot en renvoyant en Éthiopie le sieur Poncet avec le P. de Bernat et le nommé Murat; et en effet si c'est le père Verzeau qui l'a insinué, il agit directement contre ce que lui-mesme vous a mandé luy avoir esté dit par le secrétaire de la congrégation, apparemment par l'ordre du pape; et si c'est le premier, il y a beaucoup de vivacité et d'hardiesse de sa part d'entreprendre une pareille chose sans sçavoir si le roy l'agréera, ou si S. M. ne sera point en droit de luy imputer les incidens qui pourront arriver au sieur du Roule, dont il connoist la mission. Le sieur Poncet avoit d'ailleurs ordre de l'attendre au Caire pour le suivre et l'ayder à surmonter les obstacles du voyage par l'expérience qu'il en avoit fait. Ce procédé du P. Bichot me fait juger que vous aviez beaucoup de raison de penser à l'envoyer ailleurs, et que ce n'étoit point sans fondement qu'on se plaignoit de luy. Cependant, s'il est raccommodé avec le sieur Maillet, et qu'il n'y ayt plus de nouveaux démeslez à en craindre, le roy trouvera bon qu'il reste au Caire.

Je ne puis, au surplus, vous rien dire sur les veues du P. Bichot; c'est au pape à les régler. On verra s'il a raisonné juste, et si les espérances qu'il a donné de la soumission du patriarche des Coptes au Saint-Siége sont bien fondées, par le retour de celuy que S. S. a envoyé au Caire. Il paroist qu'il n'en est pas bien seur, en cherchant à l'avance à s'excuser sur ce qu'on n'aura pas tenu à l'esgard de ce patriarche la conduitte qu'il estime qu'on devoit employer pour le ramener.....

Le 10 février 1706.

S. M. a approuvé l'establissement des missions volantes que vous vous proposez de faire dans la terre ferme, sur l'exemple du succez de celles de l'Archipel, et elle m'a permis d'expédier le brevet que vous demandez pour la chapelle du consul de Salonique, puisqu'elle n'est desservie à présent que par deux prestres séculiers.....

Le 11 aoust.

J'ay receu vostre lettre avec celle du P. du Bernat, à laquelle j'ay répondu en l'excitant à ne rien oublier pour avoir quelques jeunes Coptes pour le collége. L'expédient qu'il se propose pour dissiper l'ignorance de cette nation, en instruisant leurs enfans, paroist bon; mais on n'en tirera de long temps le fruit, à moins que vous ne trouviez moyen de multiplier les ouvriers. Je suis bien ayse d'avoir contribué à tirer vos missionnaires de la nécessité où ils se seroient trouvé d'abandonner l'Égypte; mais vous devez bien leur recommander d'éviter pour l'avenir de tomber dans une pareille scituation par un zèle outré et peu sage.

Le 29 septembre.

Quelques lettres que je reçois de Constantinople sur la persécution des Arméniens qui suivent le rit latin, à laquelle on prétend que le refus qu'ont fait les PP. jésuittes de signer un concordat approuvé par l'archevesque de Spiga, contribue beaucoup, ou au moins donne lieu de les distinguer, et attire contre eux l'animosité des schismatiques, m'engage à vous demander si cette question a esté en effet portée à Rome, et si elle n'est pas encore décidée. La persécution est vive, et ceux qui la souffrent mériteroient d'estre consolez, ou au moins qu'on cherchast des expédiens pour empescher une partie d'y succomber, ce qu'on craint qu'il n'arrive.

Le 6 mars 1709.

J'ay receu..... le mémoire de la despense faite pour le retour en Levant des cinq jeunes Orientaux, que je trouve un peu forte..... La demande de Rigo d'estre admis au nombre des enfans de langue, et celle que fait le P. Melchior pour un Levantin nommé Jacob, qui désire aller à la guerre, et pour lequel il veut une place d'escrivain, sont fort contraires à l'objet que le roy a eu en se chargeant de l'éducation de ces Levantins. S. M. a eu en veue de soustenir la religion catholique dans les nations grecque, surienne et arménienne, en multipliant le nombre de ceux qui le sont, en mestant dans ces nations de jeunes gens bien instruits des principes qui pourroient servir à ramener les autres. Elle a eu aussy en veue de faire eslever aux dignitez des églises de ces nations ceux qui se détermineroient aux ordres sacrez, ce qui pourroit contribuer plus que toutes choses à la réunion des gens que l'ignorance et l'abbattement dans lequel ils sont retiennent dans le schisme. Ces objets ne se peuvent remplir tant que ces jeunes Levantins ne rentreront point dans le corps de la nation, et s'en tiendront séparez en s'unissant avec la nostre ou prenant des employs esloignez. Je vous fais cette remarque pour y attirer vostre attention, et que vous en escriviez aux supérieurs des missions, et à ceux qui ont assez de prudence et de discrétion pour se bien conduire suivant ces veues, sans lesquelles la despense que le roy fait seroit absolument inutile, et S. M. se dispenseroit de la continuer.

Le 15 janvier 1710.

Je me suis apperceu que le nombre des jeunes Orientaux qui sont présentement dans vostre collége n'approche pas de celuy que la piété du roy veut qu'on y élève dans les sciences, et surtout dans les principes de nostre religion. Examinez, je vous prie, combien il y en manque, et faites-moi sçavoir la quantité que j'en dois demander de chaque Eschelle, et de quels endroits du Levant les enfans ont plus de disposition à respondre aux soins que ces pères de la Société prennent de leur éducation.

Le 5 février.

J'ay receu, mon révérend Père, vostre lettre et en ay rendu compte au roy. Son intention est d'entretenir et faire eslever dans le collége de la Société une douzaine d'enfans de Levant, et comme il ne vous en restera plus que cinq après le départ des trois qui ont achevé leurs estudes, voyez s'il est à propos que j'en demande deux à Scio, et trois Suriens d'Alep, ou faites-moy sçavoir ce que vous croirez que je doive changer à cette disposition. Avant que ces trois plus avancez en âge s'en aillent, prenez la peine de les interroger séparément l'un après l'autre, mesme les cinq plus jeunes, pour sçavoir si aucun d'eux ne pourra vous donner des nouvelles d'un Grec nommé George, originaire d'Andrinople, qui doit estre arrivé en France depuis peu de temps, s'il n'est pas venu à Paris, et qu'il leur ayt escrit de quelque lieu du royaume en leur adressant les lettres de leurs parens. Informez-moy, je vous prie, de quel endroit les siennes estoient dattées, et de tout ce que vous en pourrez apprendre.....

Vous estes sans doute informé de la dernière avanie survenue à la nation d'Alep à l'occasion d'une maison que vos pères ont achepté et fait réparer avec trop d'esclat, veu sa scituation entre deux mosquées. Il est bon que vous le soyez aussy que tous les marchands en corps escrivent qu'ils avoient averty le supérieur de vostre maison de ce qui est arrivé, et que n'ayant voulu avoir aucun esgard à leur remonstrance, il n'est pas juste qu'ils payent 1,200 piastres qu'il en a cousté pour le tirer des fers, parce que le zèle des missionnaires les a desjà constitué pour de semblables réparations dans des emprunts dont le commerce ne peut plus supporter le principal ni les intérests. Il me paroist que c'est trop d'affaires pour ces bons pères que d'avoir la nation et les Turcs à combattre. Faites-moy part, je vous prie, de vos réflexions sur ces incidens et sur les remèdes que vous jugez les plus convenables pour en prévenir les suittes.

Le 19 mars.

J'ay rendu compte au roy de la lettre que vous m'avez escrit le 28 du mois passé sur l'avanie faite par les Turcs d'Alep au sujet de la maison que les jésuittes y avoient acheté et qu'ils faisoient réparer. La nation ou la chambre du commerce de Marseille ont donné de si fortes raisons pour se dispenser de la payer, que S. M. n'a pu les en charger. Ils observent que le motif doit en estre imputé aux jésuittes seuls, et que les mouvemens de la nation en cette occasion n'ont esté que pour eux et leur éviter un plus grand mal. Le commerce est d'ailleurs dans un estat encore plus indigent que celuy des missions, et je ne crois pas possible d'en charger la ville. Je manderay cependant à M. Arnoul de tascher de l'y faire entrer au moins pour quelque partie[1].

Le roy veut bien qu'on renvoye les Suriens qui ont fini leurs estudes, et je mande au P. Megret de me faire sçavoir le jour qu'il juge à propos de les faire partir par la diligence, affin que je marque au sieur Gueton de faire retenir leurs places et de se charger de les faire remettre à Lyon. M. Bergeret aura ordre de les faire passer à Marseille, où ils s'embarqueront.

Vous pouvez mander au P. Duban de faire passer à Constantinople ou adresser au consul de l'Eschelle la plus à portée de Krimée un ou deux des enfans chrétiens de ce pays, les plus propres à estre eslevez et instruits au collége, d'où on les fera venir par les premières occasions; mais il faut luy observer qu'ils doivent estre des meilleures familles, affin qu'à leur retour ils puissent fournir la recommandation qui leur sera nécessaire pour le succès des veues qui engagent à faire ces despenses.

Le 9 juillet.

Je compte que vous estes instruit du libertinage du nommé Dapscher, l'un des trois Orientaux dont vous avez pressé le renvoy dans leur pays. En arrivant à Avignon avec les deux autres pour aller s'embarquer à Marseille, il a feint une maladie dans l'espérance que s'ils pouvoient partir sans luy, il resteroit en pleine liberté. Sur l'avis que j'en ay receu, j'ay donné ordre qu'on l'envoyast chercher, et qu'on profitast de la première occasion pour leur départ. Au bout de vingt-quatre heures qu'il a esté dans Marseille, il a contrefait le seing du commerce des Classes, et s'est procuré le passage sur une barque allant à Ligourne, d'où l'on prétend qu'il doit se rendre à Rome. A son exemple, un des deux qui restent m'escrit pour la troisième fois

---

[1] Cette affaire dura quelques années; il y eut procès entre les missionnaires d'Alep et la chambre de commerce de Marseille. Un arrêt de justice obligea enfin les deux parties à payer chacune la moitié de l'avanie à laquelle les jésuites d'Alep avaient été condamnés par les Turcs, et qui se montait à 1,100 piastres.

la lettre que je vous envoye, affin que vous preniez la peine de m'en faire sçavoir vostre sentiment, et les mesures que vous estimez convenables pour guérir le dernier de sa fantaisie, et reprendre l'autre dans quelque lieu de sa routte, affin de les renvoyer tous à leurs parens, suivant les intentions du roy. Je suis persuadé qu'il convient toujours de faire embarquer les deux qui ne se sont pas encore eschappez, par la première commodité qui se présentera.

Le 11 février 1711.

J'ay pris l'ordre du roy, et mandé, suivant les intentions de S. M., au consul de Smirne de choisir de son mieux quatre enfans des premières familles, s'il est possible originaires de Smirne, de Scio et de Naxie, au-dessous de l'aage de 11 ans, et prouvant cependant les dispositions marquées par vostre mémoire. J'exige les mesmes précautions du sieur Lemaire, consul d'Alep, dans le choix que je luy prescris des trois Suriens ou Maronites de son département qu'il envoyera à Marseille par la première occasion. M. le comte Desalleurs recevra de pareils ordres concernant les deux que vous demandez à Constantinople, par le premier bastiment qui sera destiné pour cette Eschelle.....

Reg. dépêch. comm.

82.

LE CHANCELIER DE PONTCHARTRAIN A DE BOISGUILLEBERT.

Le 19 janvier 1701.

Vous avés très bien fait de suivre les ordres que M. le premier président vous a donnés de ma part; mais je ne puis goûter les réflexions que vous faittes, ny les motifs que vous m'allégués pour excuser les libraires qui font imprimer le livre intitulé *Vindiciæ augustinianæ*. Outre qu'il y a une très grande différence entre les ouvrages des anciens pères de l'Église et ceux des auteurs de nostre temps, que d'ailleurs l'examen fait dans un pays d'inquisition n'est pas chés moy d'une grande autorité, il est encore certain que l'impression d'un livre imprimé hors du royaume il y a vingt ans n'est pas un titre pour pouvoir s'y réimprimer sans privilége, et ce qui doit vous convaincre sur cela est qu'il est de règle et d'usage, quand mesme l'ouvrage auroit esté imprimé d'abord en France, de n'en point permettre la réimpression sans un nouveau privilége. Sur ces principes, jugés vous-mesme si ce que vous proposés est juste! Cependant, comme il peut y avoir de la bonne foy dans cette occasion, je veux bien que vous n'exécutiés pas la dernière rigueur contre Boucher et Desroques, et il me paroist qu'en ordonnant simplement que les feuilles que vous avés saisies, seront suprimées avec deffenses de continuer la réimpression du livre dont il s'agit, vous remplirés tout ce que la justice et la règle demandent de vous[1].

Lettr. Pontch.

83.

LE COMTE DE PONTCHARTRAIN
A DE BAVILLE, INTENDANT DE LANGUEDOC.

A Versailles, le 7 juin 1701.

Je vous suis obligé du soin que vous avez pris de m'envoyer le décret de l'inquisition sur les ouvrages de M. l'évesque de Saint-Pons et des Récolets de la province de Saint-Bernardin. Il me paroist que touts les partis sont esgalement maltraittés, et que Rome seule a tout l'ad-

---

[1] Le 29 mai 1712, le chancelier écrit, au sujet d'un autre ouvrage, à l'abbé de Cordemoy : « Non, Mons', vostre livre ne doit pas estre imprimé, et je ne crois pas, ni pour vous ni pour moy, que pour le bien de l'église, qui n'est que trop en controverse, on doive souffrir tous les jours que la desmangeaison que l'on a d'escrire sur ces matières se rende immortelle. » (*Lettr. Pontch.*)

vantage. Mais je ne puis plaindre M. de Saint-Pons, qui s'est attiré luy-mesme cette disgrâce, et qui, en cherchant pour ses censures une autorité dont il pouvoit fort bien se passer, a bien voulu exposer ses propres ouvrages à l'examen d'un tribunal naturellement disposé à la condamnation.

Le 3 janvier 1703.

M. l'évesque de Gap, comme vous l'aurez pu apprendre du public, a esté relégué à Condom à cause de ses dérèglemens, qui font honte à l'épiscopat. Il s'est avisé d'escrire quelques libelles contre M. le cardinal de Noailles, qu'il a fait répandre en Guyenne et en Languedoc, particulièrement parmy Mess. des Estats. Le roy souhaiteroit fort avoir tous les exemplaires de ces libelles qui se sont ainsy distribuez, soit parmy Mess. les prélats et autres membres des Estats, soit à d'autres particuliers. S. M., persuadée qu'aucun de ceux qui en ont eu, ne vous les refusera, m'ordonne de vous escrire de faire toutes les diligences pour les avoir et me les envoyer à mesure que vous les pourrez recouvrer.

A Marly, le 23 février.

On est de plus en plus persuadé que M. l'évesque de Gap est l'autheur du libelle en forme de dialogue qui a couru dans la province de Languedoc contre M. le cardinal de Noailles. Pour l'en convaincre, il est particulièrement nécessaire d'avoir la copie qui en a esté envoyée à M. l'évesque de Saint-Pons. Le roy m'ordonne de vous escrire de la luy demander, et de me l'adresser aussytost.

Le 21 juillet.

Je sçavois la mort de M. le cardinal de Bonzy lorsque j'ay receu vostre lettre; mais j'ignorois son testament, qui ne me paroît pas bien avantageux pour ses neveus. Je souhaite que la disposition universelle qu'il a faite en faveur des pauvres soit assés considérable pour que leurs prières opèrent abondamment pour luy. Il a fourny depuis sept ou huit ans bien des sujets de réflection à tous les gens du monde. Je vous plains fort en particulier et tout le royaume en général sur l'affaire des fanatiques[1] : on ne peut en envisager les suites, ni mesme jetter les yeux sur le triste estat où les choses se trouvent à présent, sans en estre pénétré de douleur. Il faut espérer que le cœur de ces furieux changera, et qu'ils rentreront enfin dans leur devoir.

Reg. secr.

84.

LE CHANCELIER DE PONTCHARTRAIN
A JOBELOT, PREMIER PRÉSIDENT DU PARLEMENT DE BESANÇON.

Le 20 juillet 1701.

Vous avés prononcé depuis peu un appointement sur un appel comme d'abus interjetté par le promoteur de M. l'archevesque de Lyon d'un rescript appellatoire obtenu en cour de Rome par le curé de Bouchaux, et adressé à l'évesque de Basle. Cette affaire est assés importante en elle-mesme par rapport aux libertés de l'église gallicane, indépendamment de l'intérest particulier de M. l'archevesque de Lyon, pour demander de vostre part non seulement une attention singulière à l'examiner, mais encore toute la diligence possible pour l'expédier le plus promptement que vous pourrés le faire. Je vous recommande l'une et l'autre, et j'attends de vous dans cette occasion toute l'exactitude que mérite une affaire de cette importance.

Lettr. Pontch.

[1] On sait que les protestants attroupés dans le Languedoc contre l'autorité royale furent désignés sous le nom de *fanatiques*.

85.

LE CHANCELIER DE PONTCHARTRAIN A L'ARCHEVÊQUE D'AUCH.

A Versailles, le 2 aoust 1701.

Je ne puis vous rien promettre ny m'engager à placer un indult sur une abbaye avant qu'elle soit vacante. Je me suis fait sur cela une règle dont je ne me départiray jamais, d'accorder tousjours ces sortes de grâces au premier qui me les demande après la mort du titulaire, et jamais par avance à qui que ce soit. Pour peu que vous y pensiés, vous conviendrés que rien n'est plus juste que cette règle, et vous ne trouverés pas mauvais que je ne vous accorde point ce que j'ay déjà refusé à plus de dix personnes qui m'ont demandé la mesme chose sur la mesme abbaye. En cela je résiste au penchant que j'ay à vous obliger; mais je remplis les fonctions de mon ministère, et je m'attache à suivre l'ordre que la justice m'a inspiré de me prescrire à moy-mesme.

Lettr. Pontch.

86.

LE COMTE DE PONTCHARTRAIN A FERRAND, INTENDANT.

A Versailles, le 17e septembre 1701.

Le roy m'ordonne de vous envoyer, en l'absence de M. le marquis de la Vrillière, ce mémoire qui contient les plaintes des Minimes de la province de Dijon contre les violences de leur général estranger, qui les opprime depuis plus de trois mois. S. M. veut que vous vous informiez de la vérité des faits qui y sont contenus; mais comme il seroit difficile que vous pussiez vous en instruire assez amplement avant le terme de leur chapitre provincial, qui est assigné au 28ᵉ de ce mois, S. M. a jugé à propos d'en faire différer la tenue jusques à ce que vous ayez eu le temps de vous informer à fond de tous ces démeslez, et que, sur vostre advis, S. M. y puisse remédier. Prenez la peine de leur expliquer ses intentions, et tenez la main à ce que cela s'exécute.

Reg. secr.

87.

LE COMTE DE PONTCHARTRAIN AU LIEUTENANT GÉNÉRAL A BEAUVAIS.

A Fontainebleau, le 10ᵉ novembre 1701.

Un capucin nommé Jean-Chrysostome de Beauvais m'escrit sur des veues qu'il a, à ce qu'il dit, pour cimenter l'alliance d'entre la France, l'Espagne et le Portugal. Ce n'est pas la première fois qu'il luy a desjà passé par l'esprit de vains projets. Je vous prie de prendre la peine de luy dire de ma part qu'il ne se peut pas que de si grands desseins ne prennent inutillement beaucoup de son temps, et que je luy conseille une fois pour tousjours de se renfermer dans les devoirs de son estat, de bien prier Dieu pour la conservation de la personne du roy, et de ne point se fatiguer l'esprit des affaires du siècle. Il ne faut point que ses supérieurs sçachent que je vous ayt escrit cecy, de crainte que cela ne luy attirast quelque disgrâce; mais il faut luy faire entendre que, s'il continuoit dans ces sortes de desseins et d'inquiétudes, on ne pourroit se dispenser de leur en donner advis.

Reg. secr.

88.

FÉNELON, ARCHEVÊQUE DE CAMBRAY, AU PRÉSIDENT DE HARLAY.

A Cambray, 14 janvier 1702.

Je ne puis plus m'empescher de vous importuner pour une affaire que M. l'évêque de Saint-Omer a portée devant vous. Oserai-je vous supplier très humblement d'avoir la patience de lire les trois mémoires ci-joints qui vous l'expliqueront? Le premier est celui que je fis présenter au roi, il y a environ deux ans, lorsque M. de Saint-Omer me demanda un official résidant en Artois. Le second est celui de ce prélat, auquel le mien fut communiqué et qui y répondit. Le troisième est la réponse que je fis à la sienne. S. M., aprez avoir vu mon dernier mémoire, ne jugea pas à propos de décider l'affaire. M. de Saint-Omer la réveille maintenant. Il est vrai que la parfaitte correspondence des deux couronnes de France et d'Espagne semble diminuer un peu la force des raisons dont je m'étois servi alors, par rapport aux intérests du roi. Mais je me trouve heureux, M^r, de ce que vos vues ne se borneront ni à une interprétation littérale des ordonnances qui n'ont été faittes que pour les provinces de l'ancienne France, ni à la situation présente des Païs-Bas, qui peut changer un jour, et que vous étendrez votre prévoyance sur toutes les suittes que pourroit avoir l'exemple de cette innovation dans un païs partagé entre deux puissantes nations. J'ose dire, M^r, que rien n'est plus digne de vos lumières supérieures aux règles communes, et de votre zèle pour l'État, qu'un peu d'attention à ces circonstances. Je n'ai pas cru devoir produire ces trois mémoires dans le procez, parce qu'ils n'ont été faits que pour S. M., et que c'est par son ordre exprez que M. de Barbesieux m'envoya celui de M. de Saint-Omer. Mais ce que je ne veux pas rendre public ne sauroit être plus discrettement employé, M^r, qu'en le faisant passer dans vos mains. L'usage que vous en ferez ne pourra être que selon les règles, et vous pouvez compter qu'ils ont été tous trois fidèlement copiez. Il me reste à vous représenter que les raisons pour lesquelles nos rois ont ordonné en France la multiplication des officiaux ne peuvent avoir aucun lieu dans les Païs-Bas. Les évêques ne jugent point eux-mêmes en France, et comme le juge est différent de l'évêque, on peut vouloir multiplier le juge à proportion des ressorts de justice séculière. En ce païs, notre possession est constante pour juger toutes les causes de nos officialitez, même celles que nos officiaux ont commencées. Le roi a eu la bonté de nous confirmer, par une déclaration expresse, dans tous les usages de notre officialité, et par conséquent dans celui-là en particulier. En effet, je juge tous les jours des causes, surtout d'appellation. J'ai même jugé celle qui a fait naître notre contestation présente, et je jugerai pareillement en personne toutes celles qui me viendront de Saint-Omer. Ainsi nous sommes dans un cas entièrement singulier, et qui ne tire à conséquence pour aucune autre église du royaume. Les ordonnances qui règlent la multiplication des officiaux à proportion des ressorts séculiers sont manifestement fondées sur des raisons qui ne peuvent avoir aucun rapport à notre usage. M. l'évêque de Saint-Omer lui-même a reconnu ce droit dans son mémoire, et il y a déclaré, comme vous le verrez, M^r, qu'il offre de procéder au tribunal de Cambray toutes les fois que je voudrai bien juger en personne les causes d'appel. C'est sur quoi je ne hésite point. Je juge toujours depuis longtems moi-même, et je ne cesserai point de le faire. A quoi serviroit donc un official métropolitain à Saint-Omer, puisque je jugerai ici toutes les causes, et que je ne lui en laisserois jamais juger aucune ? Quel fruit M. de Saint-Omer tireroit-il de l'établissement d'un official qui ne le seroit jamais que de nom ? Cette innovation ne serviroit qu'à donner un fâcheux exemple, dont une domination étrangère ne manqueroit pas de se prévaloir quelque jour contre nous. Je suis honteux d'une si longue lettre, et je me haste de la finir en vous protestant que je serai toute ma vie, avec le respect le plus sincère, M^r, vostre, etc.

Le 14 mars.

J'apprends que M. Vaillant a dit dans son plaidoyer quelques paroles inutiles à ma cause, et qui peuvent déplaire à M. l'évêque de Saint-Omer. La lettre que j'avois écritte à M. Vaillant avant qu'il plaidât étoit faitte pour prévenir cet inconvénient. Je ne lui recommandois rien tant que la douceur, la modération et le respect pour mon confrère. Cette lettre sera mise en original dans vos mains, M^r, si vous le jugez à propos; je ne prends la liberté de vous importuner de ce détail, qu'à cause que je crois vous devoir par respect rendre compte de ma conduitte sur les choses qui se sont passées devant vous. Les ordonnances n'obligent point le parlement à faire multiplier les officialitez; elles le laissent libre d'examiner si ces multiplications sont nécessaires en chaque cas particulier. Ainsi, M^r, vous estes juge de toutes les raisons qui peuvent s'opposer à ces nouveaux établissemens. On peut assurer même que ces ordonnances ne peuvent avoir aucun lieu dans un païs où les officiaux ne sont pas des juges nécessaires, parçe que l'évêque y est en paisible possession de juger tout immédiatement en personne. Les causes d'appel d'un aussi petit diocèse que celui de Saint-Omer, dont il n'y a qu'une partie qui soit du ressort du parlement de Paris, ne sont pas nombreuses, et il y a déjà cinq ans que je les juge toutes moi-même sans aucune exception. C'est ce que je continuerai avec la dernière exactitude. Ainsi l'official qu'on me demande ne pourroit jamais servir de rien au prélat qui l'a demandé. En l'obtenant, il ne se procureroit aucun bien réel, et nous feroit beaucoup de mal pour les suittes. Vous savez, M^r, que, selon le stile de Rome, suivi dans les Païs-Bas, qui dit official, dit vicaire général, et qui dit vicaire général, dit official. Quand les Espagnols ont voulu soustraire à la jurisdiction d'un évêque françois la portion de son diocèse qui étoit dans leurs états, ils lui ont demandé un official sur les lieux, c'est-à-dire un vicaire général official, qui gouvernât tout, en sorte que l'évêque n'y allât pas lui-même faire ses visites. C'est ainsi qu'ils avoient fait mettre un vicaire général official à Douay depuis qu'Arras étoit à la France, et c'est ainsi qu'ils pourroient, sur l'exemple très dangereux de M. l'évêque de Saint-Omer, me demander un vicaire général official, pour m'exclure du gouvernement de la moitié de ce diocèse; ce qui y feroit une espèce de schisme. M. l'évêque de Saint-Omer voudroit-il nous faire ce mal, sans se faire aucun bien? M. l'archevêque de Malines n'a point d'official à Ipres. Pourquoy l'archevêque de Cambray, sujet du roi, seroit-il moins favorablement traitté en France qu'un archevêque de domination étrangère? Nul Artésien n'entre dans la demande que M. l'évêque de Saint-Omer fait tout seul. Au contraire, ses diocésains qui appellent de ses sentences, aiment beaucoup mieux venir plaider ici en liberté que d'être réduits à procéder devant un official métropolitain qui seroit à Saint-Omer, et qui n'oseroit condamner son propre évêque sous ses yeux. A l'égard des faits qu'on avance pour moi, M^r, je n'ose répondre qu'ils seront toujours exposez avec exactitude, parce que je suis réduit à les faire passer par le canal de gens qui ne sont qu'à demi instruits. On peut aussi vous en alléguer de contraires qui ne seront pas d'une parfaitte exactitude. Mais outre que la réponse que je fis devant le roi au mémoire de M. l'évêque de Saint-Omer, fournit un éclaircissement sur la pluspart des faits, et que j'ai eu l'honneur de vous l'envoyer, de plus, je ne vous demande, M^r, qu'un tems très court pour rapporter des preuves décisives de tous les faits que j'aurai soutenu. Je suis honteux d'une si longue lettre; mais j'espère que vous aurez la bonté d'avoir égard à l'importance de la matière, et à l'absence d'une partie qui est presque sans secours.

J'ay envoyé, M^r, notre capitulation de Cambray, et l'arrest du conseil qui confirme notre officialité dans la possession de juger selon ses coutumes, sans s'assujettir à celles de France. On m'a mandé qu'on avoit produit un arrest du parlement de Paris qui est conforme à la capitulation et à l'arrest du conseil. J'espère que ces pièces établiront le principal fait.

Le 20 mars.

Je vous dois et je vous fais avec une parfaitte sincérité un très humble remercîment sur l'arrest qui vient d'être donné dans l'affaire que j'ai avec M. l'évêque de Saint-Omer. Il ne me reste qu'à vous supplier, M^r, d'avoir la bonté de nous donner un rapporteur tellement attentif à toutes les raisons du fond de la cause que je n'aye rien à craindre, ni de l'habileté, ni du crédit, ni de la présence de ma partie sur les lieux, ni de mon absence, ni de ma situation. Je ne saurois craindre aucun de ces inconvéniens dez que je pense que je serai dans les mains d'un rapporteur que vous aurez choisi. Je suis avec la vénération et le respect le plus sincère, M^r, votre, etc.

Pap. Harl.

89.

LE CHANCELIER DE PONTCHARTRAIN A DE BAGNOLS,
INTENDANT A LILLE.

A Versailles, le 20 février 1702.

Je suis surpris d'apprendre qu'il se débite à Lisle, chés le nommé Fiévé, libraire de cette ville, un libelle diffamatoire intitulé : *Dialogisme charitable sur la conduite de plusieurs abbés réguliers entre deux chevaliers*, qui est plein de termes injurieux, et où ces abbés sont traités dans plusieurs pages de brutaux qui ne sçavent pas les premières règles de la civilité, qui font esclater leur ignorance et leur folie, qui sont des meurtriers, des assassins, et plusieurs autres indignités de cette sorte. Je vous avoue que j'ay peine à comprendre qu'un libelle aussi odieux, imprimé sans permission, sans nom d'autheur ny de libraire, contre tout ordre et toute discipline, se débite avec autant de licence. Ne manqués donc pas, s'il vous plaist, aussytost que vous aurez receu ma lettre, de donner les ordres nécessaires pour faire saisir tous les exemplaires de ce libelle chés Fiévé, libraire, et partout ailleurs où il s'en trouvera. Taschés par toutes sortes de voyes d'en descouvrir l'auteur et celuy qui l'a imprimé, et faites en un mot toutes les recherches et toutes les poursuittes les plus vives pour parvenir à la punition d'une contravention si manifeste à tous les règlemens et arrests sur la librairie, et qui ne peut estre réprimée ny trop tost ny trop sévèrement.

Reg. secr.

90.

LE COMTE DE PONTCHARTRAIN, SECRÉTAIRE D'ÉTAT,
AU CARDINAL DE BONZY.

Le 3 avril 1702.

Le temps s'aprochant de tenir vostre assemblée provinciale pour la nomination des députez à l'assemblée générale du clergé, le roy m'a ordonné de vous escrire que feu M. l'évesque d'Agde estoit personnellement exclus des assemblées, mais que rien ne doit empescher que le grand vicaire d'Agde soit appellé, ce siége vacant, à celle que vous devez tenir.

A l'esgard de M. de Saint-Pons, S. M. persiste à vouloir qu'il soit exclus de la députation à l'assemblée générale[1].

Reg. secr.

---

[1] Le 10 décembre 1704, le même secrétaire d'État écrivit à l'archevêque de Narbonne : « Vous sçavez que le roy a, depuis longtemps, souhaité que M. l'évesque de Saint-Pons ne fust point député aux assemblées générales du clergé. S. M., qui est tousjours dans les mesmes sentimens, m'a ordonné de vous escrire qu'elle ne veut point qu'il soit député à celle qui est convoquée pour l'année prochaine. Cela ne doit pas cependant l'exclure de vostre assemblée provinciale. » (*Reg. secr.*)

91.

LE CHANCELIER DE PONTCHARTRAIN
A DE LA GARDE, PROCUREUR GÉNÉRAL AU PARLEMENT D'AIX.

A Versailles, le 9 may 1702.

J'approuve tout ce que vous avés fait pour soustenir l'honneur de l'épiscopat, et pour faire observer les anciennes et les nouvelles ordonnances et les lois universelles du royaume en faveur de M. l'archevesque d'Aix. Quoyque l'interdit des églises soit levé, il ne faut pas se flatter que cette affaire soit entièrement finie par là. Il n'y a pas d'apparence que la cour de Rome demeure dans le silence dans cette occasion; il faut s'attendre à des plaintes vives et réitérées de sa part, et peut-estre à quelque chose encore de plus fort; mais pour lors on songera aux moyens de se deffendre. La crainte de semblables plaintes ne doit pas empescher qu'on ne se serve dans ces occasions de toutes les voies nécessaires pour maintenir avec zèle et avec vigueur les droits du roy et les priviléges de l'église gallicane.

Le 23 febvrier 1711.

Je conviens avec vous qu'on ne peut réprimer avec trop de sévérité un aussy grand scandale que celuy que les Carmes de la ville d'Aix ont causé dans le public, par la représentation de la comédie dont vous m'escrivés, et dont j'estois déjà informé. Mais je n'ai pas d'ordres à vous donner là-dessus, parce que sur le rapport que M. de Torcy en a fait au roy, S. M. luy a donné ses ordres, qu'il vous a fait sans doute sçavoir. Ainsy il n'y a qu'à les exécuter avec toute l'attention et toute l'exactitude qu'ils demandent.

Le 24 febvrier.

Vous avés vu par ma réponse à vostre précédente lettre, que le roy a donné ses ordres pour faire cesser autant qu'il est en luy, le scandale causé par la représentation faite par les Carmes d'Aix de la comédie dont vous m'avés envoié un précis. S. M. n'a pas jugé à propos que vous fissiés une procédure réglée à ce sujet, parce que cela n'auroit fait qu'augmenter le scandale. La voie de chasser de la ville d'Aix quelques uns de ces impertinens moines luy a paru plus convenable que toute autre; ce qui, joint avec l'interdiction prononcée par M. l'archevêque d'Aix, sera suffisant pour empescher ces religieux et aucuns autres de se porter à l'avenir à de semblables extravagances. Je ne conçois pas comment une idée encore plus déréglée est venue aussy aux Augustins de la mesme ville : il faut qu'il se soit répandu partout un esprit de vertige et de dérèglement dont on n'a pas vu d'exemple jusqu'à présent. Je ne puis trop vous féliciter des sentimens dans lesquels vous m'assurés que vous estes, ni trop les approuver; et vous ne pouvés rien faire de mieux pour conserver le repos dont vous jouissés, que d'estre toujours exempt de toute partialité, et sans aucun éloignement, ni pour les jésuites, ni pour les pères de l'Oratoire, estant tous également bons à qui sçait bien en user. Ce seroit en vain qu'on donneroit des conseils sur ce qu'il y auroit à faire pour faire cesser les divisions dont vous me parlés, puisqu'il n'y aura que les parties mesmes qui seroient écoutées à ce sujet. Ainsy, le meilleur party que l'on puisse prendre au milieu de tout ce que nous voïons, est de gémir en secret et de se taire, en remettant tout à la Providence, qui sçait ce qui nous convient et à la religion, et qui dispose toujours toutes choses pour le mieux.

Lettr. Pontch.

92.

LE COMTE DE PONTCHARTRAIN A SANSON, INTENDANT.

A Versailles, le 10 juin 1702.

Le roy a veu avec regret la ferme résolution que M. l'abbé de Dommartin a prise de ne point accepter l'abbaye de Prémontré; S. M. n'a cependant pu luy refuser son consentement à cet esgard, et comme il doit estre procédé à une nouvelle élection, S. M. m'a ordonné de vous escrire d'y assister de sa part, et d'avoir une attention particulière à ce qu'il soit fait choix d'un bon sujet. Rien n'est mieux que la conduite que vous aviez tenue; ainsi il n'y a qu'à vous recommander de continuer à faire de mesme.....

Le roy ne change rien à l'ordre qui vous avoit esté donné d'exclure M. l'abbé de Villers-Coterets, ny à tout ce que je vous ay ci-devant escrit, qu'il faut suivre exactement.

Le 12 septembre 1703.

Vous verrés par la lettre que M. l'évesque de Soissons m'a écritte, ce qu'il dit sur les menées qui se font par les religieux de l'abbaye de Saint-Jean-des-Vignes, pour rendre nulle l'élection qui a esté faitte d'un prieur en vostre présence, et la suitte que peuvent avoir les désordres dans lesquels il paroist que cette communauté doit tomber. J'en ay rendu compte au roy, qui m'a ordonné de vous escrire d'examiner à fond la source de tous ces désordres, et de me faire sçavoir vostre advis sur les remèdes qu'on pourroit y apporter; en quoy vous devez observer qu'il ne faut s'esloigner que le moins qu'il se pourra des règles et constitution de cette maison [1].

Le 17 octobre.

Vous verrez par ce placet la plainte qu'un des Suisses de la garde du roy fait des peines ausquelles il prétend que son fils, bénédictin,

---

[1] Le 14 novembre, le roi écrivit au même intendant : « Ayant esté informé que quelques religieux brouillons de l'abbaye de Saint-Jean-des-Vignes continuent à troubler la paix de cette maison et le bon ordre que vous aviez commencé à y establir conjointement avec le sieur évesque de Soissons, suivant ma volonté, et mesme qu'ils ont poussé leur témérité jusques à faire courre des libelles injurieux audit sieur évesque de Soissons, je vous escris cette lettre pour vous dire de deffendre de ma part aux nommez Marchand, curé de Montmiral; Gaudron, curé de la Ferté-Gaucher; Cordemoy, curé de la Ferté-sous-Jouars, et Dubois, curé d'Arcy-

a esté mal à propos assujetty au monastère de Chezy-l'Abbaye. Le roy m'ordonne de vous escrire de vous informer quel est le sujet de sa disgrâce, et de me le mander simplement, sans vous mesler d'entrer dans une plus grande discution de cette querelle, qui paroist estre purement une affaire de cloistre.

Reg. secr.

93.

LE CHANCELIER DE PONTCHARTRAIN A L'ABBÉ DE LA TRAPPE.

A Versailles, le 8 novembre 1702.

Mon révérend père, lorsque le S^r curé de Nonancour m'a parlé de faire imprimer la lettre servant de response à celle de M. de Tillemont, que vous voudriés qu'il n'insérast pas dans son ouvrage, il m'en a parlé comme y estant forcé par le P. de la Chaise, qui luy a dit en avoir l'ordre du roy. Si cela se trouve vray, il n'y aura qu'à obéir, et l'on ne pourra en rien imputer à personne, le roy estant le maistre d'ordonner ce qu'il juge à propos là-dessus, comme sur toute autre chose. Mais comme je n'ay pas encore receu d'ordre de S. M. à cet esgard ny de personne de sa part, je suspendray jusques là ma permission d'imprimer. Vous pouvés vous assurer de toute mon attention sur tout ce qui peut intéresser vostre maison. Je me recommande à vos prières et à celles de toute vostre communauté.

Lettr. Pontch.

Sainte-Retive, de venir désormais dans ladite abbaye de Saint-Jean-des-Vignes, sous quelque prétexte que ce soit, sans la permission expresse dudit sieur évesque, et qu'au surplus, vous obligiez les prieur et séniors de ladite abbaye de se rendre en la maison épiscopale, pour faire audit sieur évesque de Soissons le désaveu dudit libelle, et les autres satisfactions que vous jugerez convenables et proportionnées à l'offense. » (*Reg. secr.*)

94.

LE COMTE DE PONTCHARTRAIN A L'ÉVÊQUE DE CONDOM.

Le 22ᵉ novembre 1702.

Le roy veut vous débarrasser de M. l'évesque de Gap : S. M. le relègue à l'abbaye de Redon, en Bretagne, et j'en envoye l'ordre à M. de la Bourdonnaye, qui doit le luy faire remettre incessamment. Je vous prie de prendre la peine de me faire sçavoir le jour qu'il partira, quelle route il prendra, et de quelle manière il aura receu cet ordre. Comme S. M. ne veut pas que son escuyer le suive, elle m'a ordonné d'expédier un ordre qui luy enjoint de se rendre icy, et M. de la Bourdonnaye doit le faire partir avant que M. de Gap soit informé de son nouvel exil[1].

Reg. secr.

95.

LE CHANCELIER DE PONTCHARTRAIN
A DOM RAFAËL CADRE, COADJUTEUR DE BELLARY.

A Versailles, le 4 mars 1703.

Quoique j'aye lu avec attention la lettre que vous m'avés écrite, je

---

[1] Dès l'année suivante, 7 novembre, l'intendant de Nointel reçut du cabinet du roi l'ordre que voici : « Le roy, informé que M. l'évesque de Gap, au lieu de rentrer dans son estat, continue de mener une vie dissipée dans l'abbaye de Redon, veut luy en oster, autant qu'il se peut, les occasions en l'envoyant dans un autre lieu, où il y ait moins de séculiers. S. M. a, pour cet effet, choisy l'abbaye de Saint-Michel-en-l'Herm, au diocèse de Luçon, et m'ordonne de vous adresser l'ordre cy-joinct pour l'obliger à s'y rendre incessamment. S. M. désire que vous luy fassiez entendre d'y aller par le plus court chemin, de vous déclarer la route qu'il tiendra, et de m'advertir du jour de son départ; que s'il faisoit quelque difficulté d'exécuter cet ordre, l'intention de S. M. est que vous employiez son authorité pour le faire conduire à cette abbaye. » (*Reg. secr.*)

n'ay pu entendre que très imparfaitement ce que vous avés voulu m'aprendre par cette lettre. Ce que j'ay pu y démesler, et ce que j'ay vu par les papiers que vous y avés joints, c'est qu'il y a beaucoup de division parmy les religieux de la maison d'Auray, et que vous vous plaignés du peu de justice de vos visiteurs et du refus que fait vostre père général de déférer à vos plaintes, et de vous accorder ce que vous prétendés estre en droit de luy demander. Quelque affection que j'aye pour tout l'ordre des Chartreux, et en particulier pour la maison d'Auray, je ne puis me résoudre à me mesler des différens des religieux avec leurs supérieurs; je ne l'ay jamais fait, et je ne le feray jamais. Mais je gémiray devant Dieu pour vous, de voir la charité éteinte dans des lieux d'où elle devroit se répandre sur tous les fidèles, et de ce que la solitude et la retraite, qui devroit être la source de leur perfection et de leur bonheur, devient funeste à leur salut et à leur propre repos. Je ne puis vous dissimuler que le scandale que cela cause dans un ordre aussi saint que le vostre, me fait beaucoup de peine. Il seroit à souhaiter qu'il fût possible de calmer toute chose, afin de prévenir un plus grand esclat. Je vous exhorte d'y contribuer de vostre part autant qu'il sera en vous. Vostre qualité de religieux, l'amour de la paix, qui devroit être le principe de toutes vos actions, et plusieurs autres considérations vous y engagent, surtout estant l'auteur de tous ces désordres. Je n'ay rien à vous mander touchant l'affaire de la maison d'Auray, non seulement parce qu'elle est jugée par un arrest, mais parce que vous me marquez qu'on doit se pourvoir en cassation au Conseil contre cet arrest. Dès que je dois en estre juge, il ne me conviendroit pas de vous en dire ma pensée, quand mesme je serois instruit d'ailleurs du fond de la contestation qu'il a décidé. C'est pourquoi je vous renvoye vostre lettre et vos papiers, qui me sont inutiles. Je vous exhorte encore une fois à ne rien espargner pour réparer des désordres dont vous estes le principal auteur. Si ce que je viens de vous marquer ne suffit pas pour vous y engager, j'espère du moins que vostre propre intérest, et que la crainte de vous épargner de nouveaux chagrins, vous obligera à changer de conduite.

Lettr. Pontch.

96.

LE COMTE DE PONTCHARTRAIN
A DUPIN, PROFESSEUR AU COLLÉGE ROYAL.

A Versailles, le 20 mars 1703.

Le roy, qui n'est pas content de la conduitte que vous avez tenue dans l'affaire du *Cas de Conscience,* dont la décision renouvellera les anciennes contestations au sujet de la doctrine de Jansénius, m'a commandé de vous demander vostre démission de la charge de professeur en physique au Collége Royal, et de vous envoyer l'ordre qui vous sera rendu en mesme temps que cette lettre, par lequel il vous est enjoint de vous retirer à Chastellerault. Vous sçavez que le roy veut estre obéy sans réplicque; ainsy je ne doutte pas qu'il ne reçoive dès demain vostre démission, et que je n'apprenne vostre départ, pour en rendre compte à S. M. Je suis bien fasché, par l'inclination que vous sçavez que j'ay toujours eu pour vous, de voir la disgrâce dans laquelle vous estes tombé, et de ne pouvoir vous estre bon à rien. Si dans la suite je puis quelque chose pour vostre soulagement, vous pouvez compter sur mon affection à vous servir.

Reg. secr.

97.

LE CARDINAL LANDGRAVE DE FÜRSTENBERG A DE HARLAY.

A la Bourdaisière, le 28° may 1703.

Quoyque vostre extrême intégrité, M^r, et l'attention que vous donnez aux affaires qui se jugent devant vous, me doivent mettre en repos sur celle qu'on me fait au Domaine touchant plusieurs maisons et la pesche de la rivière de Seine, dont la censive appartient à mon abbaye de Saint-Germain, néantmoins le traittant dudit domaine ayant fait rendre, ainsy qu'il a voullu, deux sentences contre moy à la chambre du Trésor, desquelles je suis appellant, je me flatte si fort, M^r, que vous ne me jugerez pas capable de vouloir m'attribuer le moindre droit qui puisse appartenir à S. M., que j'espère que vous voudrez bien avoir la bonté de me donner en cette occasion des marques de vostre amitié et bienveillance, qui m'engageront à estre toutte ma vie avec une reconnoissance égale à la parfaitte estime avec laquelle je suis plus absolument et plus cordialement à vous que personne au monde.

Pap. Harl.

98.

LE COMTE DE PONTCHARTRAIN AU CHAPITRE DE BEAUNE.

A Marly, le 1er aoust 1703.

Le roy a, comme vous sçavez, obligé le sieur Petitpied, docteur de Sorbonne, de sortir de Paris et de se retirer à Beaune, à cause de la conduitte qu'il a tenue dans l'affaire du *Cas de Conscience,* et S. M. n'a pu aprendre sans estonnement l'empressement qu'on a eu dans vostre chapitre de luy offrir et déférer des honneurs, comme s'il estoit fort recommandable par la pureté de sa doctrine. Et comme ces sortes d'honnestetez ont de vostre part un air d'approbation de sa conduitte, S. M. m'a ordonné de vous escrire qu'il ne convient point à un homme disgracié de recevoir de tels honneurs, ny à vous de les luy déférer, et que vous devez vous contenter de le voir et recevoir avec charité sans aucune démonstration d'estime.

Reg. secr.

99.

LE COMTE DE PONTCHARTRAIN A D'HARROUIS.

A Fontainebleau, le 10° octobre 1703.

On a donné advis au roy que les cordeliers assemblez dans le dernier chapitre provincial tenu à Reims ont receu un décret de M. le nonce dénué de toutes formalitez, et l'ont fait enregistrer dans leurs registres, ce qui est entièrement contraire aux libertez de l'église gallicane. S. M. m'ordonne de vous escrire de vous transporter incessamment à Reims pour vous faire représenter ce registre, le garder par devers vous, après l'avoir fait parapher par les principaux religieux, et de m'envoyer une copie du décret et de la délibération qui l'a suivi, signée d'eux, afin que j'en puisse rendre compte à S. M. Comme ce décret a esté précédé d'un bref du pape, de lettres patentes enregistrées au parlement, et d'une sentence de déposition du P. Jacopin, cy-devant provincial, il sera bon de m'envoyer aussy copie dé ces pièces, pour pouvoir estre parfaitement instruit du mérite de l'affaire.

Cette affaire est importante et veut estre mesnagée avec secret et dextérité, pour que les cordeliers ne s'advisent pas de suprimer ce registre, au moyen de quoy un décret de M. le nonce s'exécuteroit en France sans la participation du roy. Je dois vous dire que le roy a cette affaire fort à cœur, et que j'attendray vos nouvelles sur cela avec impatience.

Reg. secr.

100.

LE CHANCELIER DE PONTCHARTRAIN A L'ÉVÊQUE DE CHARTRES.

A Versailles, le 1ᵉʳ décembre 1703.

Le sieur Félibien, parent d'un chanoine de Chartres de ce mesme nom, m'a présenté depuis deux ou trois jours, au nom de ce mesme parent, un livre dont il est auteur, intitulé *Pentateuchus,* etc. Quoyque je sois très persuadé que ce livre ne peut estre qu'utile, édifiant, tant parce que l'autheur est homme de bien et habile, que parce qu'un prélat comme vous, Mʳ, a daigné l'autoriser et vouloir que son nom y paroisse en gros caractère dès le titre mesme, je ne puis cependant m'empescher de vous faire à vous-mesme, comme à mon amy particulier, les justes plaintes que j'ay à faire sur la forme observée dans la publication de ce livre, avant d'agir contre l'imprimeur et contre l'auteur mesme, comme le caractère dont j'ay l'honneur d'estre revestu m'y oblige nécessairement. Il est marqué à la première page que ce livre paroît par vostre ordre et par vostre autorité, *jussu et auctoritate.* On y lit à la huitième page une espèce de mandement par lequel, après avoir loué l'ouvrage et certifié que vous l'avés fait examiner par vos chanoines, vous déclarés que vous en avés ordonné l'impression et la publication, *typis mandari jussimus et pervulgari.* Vous sçavés mieux que moy, Mʳ, et les ordonnances de nos rois et l'usage de tous les temps, pour ne pas estre pleinement convaincu de l'abus qu'il y a dans cette forme; aussy je ne m'estendrai pas dans les preuves. On vous aura peut-estre fait entendre qu'il suffiroit pour sauver cette forme, de faire imprimer à la teste du mesme livre et proche vostre mandement le privilége général que le roy, par sa bonté et par la juste confiance qu'il a en vostre piété et vostre capacité, a bien voulu vous accorder; mais je dois vous faire remarquer premièrement que, dans vostre mandement, qui n'est que d'un mois après un privilége honorable, et qui ne peut estre oublié, vous n'en faites néantmoins aucune mention, et que vostre mandement est en pur style d'ordonnance épiscopale; et en second lieu que ce privilége mesme, quelque général qu'il soit, n'est point néantmoins indéfini, il a ses bornes par rapport à l'autorité royale : le livre dont il s'agit, ni aucun autre qui en aproche, n'est compris dans ce privilége. Il falloit donc avoir recours à cette mesme autorité royale pour pouvoir excéder sa première grâce; elle vous estoit un gage assuré de toutes celles que vous auriés pu désirer. Et en vérité ce seroit trop que de ne vouloir pas s'expliquer ou de prendre comme droit de l'épiscopat ce qu'on reconnoist par la première grâce mesme estre purement de droit royal. Voilà, M^r, mes premières réflexions à la première vue de ce livre; je vous les communique aussitost, vous conjurant d'y faire aussy les vostres, et de vouloir bien trouver quelques expédiens pour sauver la pauvre veuve qui a imprimé cet ouvrage et l'auteur mesme des justes peines qu'ils ont encourues par leur contravention aux ordonnances et aux règlemens qui s'observent sur cette matière. J'y entreray de tout mon cœur par la considération que j'ay pour vous, et par l'extrême douleur où je serois d'avoir quelque chose à faire qui pust ne vous estre pas agréable. Vous connoissés sur cela mes sentimens, vous les avés éprouvés; ils sont sincères, ils sont vifs, et ne finiront qu'avec ma vie, vous honorant autant que je fais.

Le 10 décembre.

Je suis bien fâché de ne pouvoir estre de vostre sentiment sur ce que vous me mandés par vostre lettre et par le mémoire qui y étoit joint. Je n'entre point à présent dans une longue dissertation de tous les faits et tous les passages, et de tous les exemples que vous citez. Je le feray cependant fort aisément s'il est jamais nécessaire. Cette matière a déjà esté traitée profondément avec M. le cardinal de Nouailles et M. l'évesque de Meaux, et réglée sous les yeux mesme de S. M. : vous le sçavez, M^r, je vous prieray donc seulement de faire réflection que rien de tout ce que vous allégués, ou n'a rapport au fait particulier dont il s'agit, ou n'est ni receu, ni exécuté en France, ou est destruit par des principes et des fondemens trop respectables et trop essentiels pour que je m'en départe jamais. Je suis encore bien plus sensiblement touché, M*, que vous refusiez de chercher des expédiens, s'il y en a, pour remettre en règle tout ce qui en est party, après vous avoir mandé, comme j'ay fait, que la considération particulière que j'ay pour vous m'y fait entrer volontiers autant que l'intérest du roy me permettroit de le faire. Il ne me reste, M*, dans cette double affliction, que de vous assurer que quelque chose qui arrive, rien ne me détachera jamais des sentimens d'estime et de considération pour vous, avec lesquels, je suis.....

Lettr. Pontch.

101.

LE COMTE DE PONTCHARTRAIN A L'ÉVÊQUE DE GAP.

A Marly, le 8° janvier 1704.

Je m'intéresse trop à ce qui vous regarde pour lire au roy la dernière lettre que vous m'avez escritte. Certainement S. M. voyant la continuation de vostre désobéissance sur des prétextes aussy frivolles que ceux que vous marquez, ne manqueroit pas de prendre contre vous quelque résolution qui vous sera désagréable. Croyez-moy, mettez-vous incessamment en chemin pour vous rendre au lieu qui vous est destiné, et faittes-moy sçavoir vostre départ et la routte que vous tiendrez. Je parleray à S. M. le mieux qu'il me sera possible, et je vous feray sçavoir ses dernières intentions [1].

Le 30 janvier.

Le roy ne prétend point qu'estant à l'abbaye de St-Michel-en-

[1] Le lendemain, le même secrétaire d'État écrivit au procureur général du parlement de Rennes : « J'ay receu cette lettre signée de plusieurs habitans de Redon, qui

l'Herm vous y souffriez en vostre santé. Ainsy S. M. trouve bon que vous usiez des promenades ordinaires que les religieux ont accoustumé de faire, en observant de n'y aller qu'avec eux, afin d'éviter tout soupçon contre vostre conduitte.

Le 20 aoust.

J'ay leu au roy vostre lettre, et S. M. n'y a fait autre response sinon de me dire que le remède à vos peines est en vos mains. Cela me fait comprendre & juger de plus en plus que, dans l'opinion où vous devez estre de ne pouvoir jamais faire dans vostre diocèse aucun bien après ce qui s'est passé dans le monde sur vostre sujet, vous devriez prendre une bonne résolution de changer vostre estat. Vous sçavez ce que S. M. a fait depuis quelques années pour un évesque seulement nommé; ainsy cela doit vous faire croire que S. M. vous mettroit en estat de n'avoir point lieu de vous repentir, parce que c'est sur ce sujet le sentiment de vos véritables amis. Pour moy, je vous asseure que je vous parle comme je parlerois à mon frère s'il estoit à vostre place.

Le 17 septembre.

Quelques raisons que vous ayez dit dans vostre lettre pour vous excuser sur ce que vous avez entrepris d'aller loger hors de l'abbaye de Saint-Michel, le roy n'a pu s'empescher de le trouver estrange, n'estant pas accoustumé de voir qu'aucun de ses sujets s'exempte de l'exacte observation de ses ordres. Ainsy S. M. veut qu'en recevant cette lettre vous retourniez sans délay à l'abbaye pour y rester jusques à ce que S. M. l'ordonne autrement.

s'intéressent à ce que M. l'évesque de Gap reste dans ce lieu-là, comme s'ils avoient un sainct parmy eux. Le roy m'ordonne de vous escrire de vous informer quel est le motif de cette lettre, et de me le mander. J'en reçois quelquefois de M. de Gap, et je suis bien trompé si celle-cy n'est de la mesme main : c'est ce que vous pourrez aisément aprofondir. » (*Reg. secr.*)

Le 4 novembre 1705.

J'ay receu vostre lettre, dont le roy a esté surpris ; car, au lieu d'exécuter ce que vous vous estiez proposé de faire lorsque vous auriez receu celle que je vous ay escrit de sa part, il semble que vous vouliez temporiser et attendre qu'il y ayt occasion de vous indemniser. Croyez-moy, ce n'est point de cette manière qu'il faut agir avec le roy : il est aussy bon maistre qu'il est grand roy ; il sçaura vous donner ce qui vous convient. Ainsy je crois que le seul bon party que vous ayez à prendre est celuy de luy envoyer vostre démission pure et simple, et vous remettre entièrement à ses bontez.

Le 28 may 1706.

J'ay rendu compte au roy des sentimens de reconnoissance que vous aviez de la grâce que S. M. vous a faite, et de l'impatience que vous aviez aussy de l'en venir remercier. S. M. vous verra doresnavant avec plaisir. Elle trouve bon que vous alliez partout où vous trouverez à propos, à l'exception néantmoins du diocèze de Gap, où il ne convient point que vous paroissiez, et je crois que sans entrer sur cela avec vous sur des raisonnemens qu'on peut mieux faire teste à teste que par escrit, vous sentez bien vous-mesme qu'un voyage en ce pays-là ne pourroit pas vous estre agréable. C'est tout ce que j'avois à adjouster à la lettre de cachet que je vous envoye.

Reg. secr.

102.

LE COMTE DE PONTCHARTRAIN A PINON, INTENDANT.

A Marly, le 9° janvier 1704.

Les habitans de Nanteuil-en-Vallée, au diocèse de Poictiers, ont adressé au père de la Chaise un mémoire sur le dérèglement des religieux de l'abbaye de ce lieu, qui paroissent grands. Le roy m'a commandé de l'envoyer à M. l'évesque de Poictiers pour s'en informer plus particulièrement, et avoir son advis. S. M. m'ordonne de vous escrire la mesme chose, afin que de vostre costé vous puissiez aussy vous en informer, et me faire sçavoir vostre sentiment. Prenez la peine, s'il vous plaist, d'en conférer avec M. l'évesque de Poictiers, qui vous fera voir le mémoire[1].

Reg. secr.

---

[1] Le 30 du même mois, le secrétaire de la maison du roi écrivit à Guyet, à Lyon : « Deux jeunes Cordeliers libertins, dont je vous envoye le signalement, se sont absentez depuis quelque temps du couvent de Paris, travestis, l'un en Savoyard, et l'autre en Francomtois. On a appris qu'ils se proposoient de prendre la route de Lyon, le Savoyard disant qu'il vouloit absolument aller servir son prince, à quelque prix que ce fust. Le roy m'ordonne de vous escrire de faire observer s'ils passent à Lyon, et dans ce cas, de les faire arrester. »

Et le 26 novembre suivant, il manda au P. provincial des capucins de Lyon : « On a esté obligé d'arrester à Paris un capucin nommé Joseph Morel, originaire de Nancy, et dans vostre ordre frère Fidelle de Nancy, et compagnon d'un P. Florent de Brandinbourg, qui est aussy un libertin très suspect, dont on crut devoir s'assurer, il y a deux ou trois ans, à son retour d'Espagne. Ce frère Fidelle de Nancy, qui avoit esté arrêté en mesme temps que luy, fut mis en liberté, à condition de se retirer dans un couvent de Franchecomté, dont il s'est évadé; et après avoir parcouru plusieurs provinces, est revenu à Paris, non obstant les deffenses qu'il en avoit receu. Le roy m'ordonne de vous escrire de vous informer des gardiens des couvens de Mâcon, Dijon et Nancy, quelle a esté la conduitte de ce religieux, et après que, par vous-mesme et par les lumières que vous aurez sur son sujet, vous aurez sçu quelle a esté sa conduitte passée, et quelles sont ses mœurs, vous prendrez la peine, s'il vous plaist, de me proposer ce qu'on pourroit faire de luy pour empescher qu'il ne continue à vaguer, et peut-estre à déshonorer vostre ordre. J'attendray sur cela de vos nouvelles le plus tost qu'il se pourra. » (Reg. secr.)

103.

LE COMTE DE PONTCHARTRAIN A L'ÉVÊQUE DE BABYLONE.

A Marly, le 9 janvier 1704.

Le roy a résolu d'envoyer en Perse le sieur Fabre, qui a servi à Constantinople en qualité d'agent, lorsque les conjonctures l'ont demandé, pour examiner si on peut y establir un commerce util pour le royaume, et y estendre le débit et la consommation de ses manufactures. S. M. luy a donné particulièrement ordre d'agir estant de concert avec vous, ne douttant pas que vous ne le mettiez en estat de mieux remplir sa mission par la connoissance que vous avez du pays et de la manière dont on s'y doit conduire. Je vous prie de me mander sans complaisance s'il aura bien suivy vos avis, et employé la prudence et la modération nécessaire pour donner une bonne opinion de la nation, et luy procurer les priviléges qui peuvent luy fournir les moyens de négocier en Perse avec plus de succès[1]. Vous luy donnerez aussy les esclaircissemens dont il aura besoin pour pouvoir rendre un compte exact au roy à son retour de la scituation où est la religion dans ce pays, et du progrez qu'y font les missionnaires.

Je vous prie encores pour l'avenir de ne plus estre si retenu sur vos lettres, et de proffiter des occasions que vous aurez de m'informer de tout ce qui se passe à Ispahan ou dans le royaume de Perse, que vous jugerez digne de quelque curiosité. Les nouvelles des pays esloignez font quelquesfois plaisir au roy, ce qui nous doit suffire pour les rechercher avec empressement.

J'ay encores à vous demander si vous sçavez ce qu'est un chevalier tartare qui se dit prince sans qu'on ayt pu démesler de quel endroit

[1] Fabre mourut pendant sa mission en Perse. A sa place on y envoya un autre agent du commerce, nommé Michel.

de la Tartarie. Il a esté à Ispahan avec des lettres de recommandation de l'empereur pour pouvoir repasser dans son pays. Comme il n'y en a pas trouvé d'occasion, il est revenu à Constantinople et de là à Ligourne, d'où il demande de repasser en France, où il a esté instruit dans la religion catholique par M. l'évesque de Meaux. Le roy luy a accordé 1500^{tt} de pension pour subsister[1].

Le 3 janvier 1710.

Le sieur Michel, cy-devant envoyé du roy en Perse, estant venu icy rendre compte de sa mission, a présenté à S. M. une lettre du sophy avec un traitté de commerce signé de l'attemadoulet. J'escris à ce ministre par ordre du roy, que S. M. l'a receu avec beaucoup de satisfaction, et portera ses sujets à l'exécuter avec toute la droicture et la bonne foy qu'on peut désirer pour entretenir une parfaite union entre les deux empires. En attendant qu'on puisse vous en envoyer une ratiffication dans les formes, elle a jugé à propos que je vous adresse sa response pour le roy de Perse, et en mesme temps les provisions de consul de la nation dans toutte l'estendue de cet empire, pour donner plus de poids aux négociations que vous aurez à suivre, tant pour les affaires de la religion que pour celles du commerce. Elle m'a recommandé d'y joindre son ordre par lequel elle confirme le choix qu'a fait le sieur Michel du P. Bazile de Saint-Charles, carme deschaussé, pour vice-consul à Ispahan, où il exécutera mieux, ayant ce caractère, ceux que vous luy donnerez pour le bien de la nation. Il sera bon pour cet effet que vous notiffiiez l'un et l'autre à l'attemadoulet, pour qu'il y fasse mettre l'attache du roy de Perse. Je vous envoye le tout par M. l'évesque d'Agathopolis, coadjuteur de Babi-

---

[1] Au sujet de ce Tartare, le secrétaire d'État mande au P. Fleuriau, le 29 avril 1705. « J'ay rendu compte au roy de ce que vous m'avez escrit au sujet du chevalier tartare. S. M. ne m'a pas paru disposée à l'employer pour le service, et vous n'avez qu'à laisser tomber la veue que vous en avez eue sans luy en expliquer le succès. Vous pouvez juger par le s^r comte Smiani que ces estrangers peu accoustumez à nos manières, et sans ressources aussy bien que sans industrie, sont assez embarrassans, et il vaut mieux pour tous qu'il demeure tranquillement dans sa retraitte. »

lonne, qui s'en va à Constantinople pour vous soulager dans vos fonctions.

<small>Reg. dépèch. comm.</small>

104.

LETTRE DU ROI AU P. BÉCARD.

A Versailles, du 10° février 1704.

Révérend Père, je n'ay peu aprendre sans surprise les brigues et les cabales qui se font dans l'abbaye de Longchamp, au sujet de l'eslection d'une abbesse, et comme je suis informé que les sœurs Nolette et le Mazier sont celles dont le choix paroist mettre la communauté en division, j'ay cru qu'il convenoit mieux, pour le bien de la paix, de les en exclure, y ayant d'ailleurs plusieurs filles de mérite et de vertu qui peuvent remplir la place d'abbesse. C'est pourquoy je vous escris cette lettre pour vous dire que mon intention est que vous déclariez à la communauté en général et à toutes celles qui la composent en particulier, qu'elles peuvent procéder à l'eslection d'une abbesse en la manière accoustumée avec une pleine et entière liberté, en observant néantmoins, pour cette fois seulement, de ne point donner leurs voix ausdites sœurs Nolette et le Mazier, voulant aussy que vous fassiez entendre à ces deux religieuses qu'aucune raison qui puisse les regarder personnellement ne m'a obligé de prendre cet expédient, que le seul bien de la paix de leur maison m'a suggéré [1].

<small>Reg. secr.</small>

[1] L'année suivante, émana du cabinet du roi l'ordre suivant : « S. M. estant informée que quelques religieuses du couvent de Longchamp n'y tiennent pas une conduitte conforme à leur estat, et que les supérieurs ont peine à y remédier par leur authorité, en sorte qu'il est nécessaire d'en esloigner quelques-unes, S. M. enjoint à la sœur Angélique de Longueil, religieuse de ladite abbaye, de se rendre incessamment, et suivant l'obédience qui luy en sera donnée par ses supérieurs, au couvent de la Ferté-Milon, enjoignant S. M. à la supérieure du dit couvent de l'y recevoir et l'y

105.

LETTRE DU ROI A L'ABBESSE DES RELIGIEUSES A NOGENT.

A Versailles, le 31° mars 1704.

Chère et bien amée, nous avons apris avec peine la situation fascheuse dans laquelle se trouve l'abbaye de Nogent-l'Artaut; et comme nous avons esté informez qu'un des moyens d'y remédier seroit que vous vous esloignassiez pour quelque temps, nous vous mandons et ordonnons de vous rendre incessamment au monastère de Sainte-Claire à Reims, et d'y demeurer jusques à nouvel ordre, voulant que la supérieure dudit couvent vous y reçoive moyennant une pension convenable qui luy sera payée sur les revenus de ladite abbaye de Nogent-l'Artaut.

Reg. secr.

retenir jusques à nouvel ordre, moyennant la pension qui y sera payée par l'abbaye de Lonchamp. » (*Reg. secr.*)

Déjà, vers 1650, les troubles du couvent de Longchamp forcèrent l'autorité ecclésiastique à faire une enquête : elle fut confiée à Vincent de Paule. Voyez sa *Lettre au cardinal de la Rochefoucauld sur l'état de dépravation de l'abbaye de Longchamp*; en latin avec la traduct. franç. et des notes. Paris, 1827, in-8°.

Un autre ordre fut adressé le 29 août 1712 à la supérieure des Ursulines de Mantes; il était conçu en ces termes : « Le roy ayant jugé à propos de faire transférer dans vostre monastère sœur Marie-Magdaleine de Ste-Gertrude de Valoirs, religieuse de Port-Royal des Champs, qui estoit par son ordre au couvent des Filles-Dieu de Chartres, S. M. m'a ordonné de vous recommander de sa part de tenir à l'esgard de cette religieuse la mesme conduitte qui vous avoit esté prescritte pour la sœur de Ste-Euphrasie Robert. » (*Reg. secr.*)

106.

LE COMTE DE PONTCHARTRAIN
AU SUPÉRIEUR DE L'ABBAYE DE SAINT-MICHEL-EN-L'HERM.

A Versailles, le 8e may 1704.

J'escris à M. l'évesque de Gap au sujet du nouveau scandale que causent ses domestiques avec la femme dont vous me parlez par vostre dernière lettre. Continuez à m'escrire tout ce qui se passera; vous pouvez le faire en toute confiance, et quelques amis que ce prélat puisse avoir icy, vous pouvez compter qu'il n'aura point de coppies de vos lettres, comme il vous le fait entendre, ni rien qui en approche. Vous me feriez mesme plaisir de tascher de descouvrir de luy qui sont icy les amis si seurs, desquels il prétend tenir coppie de vos lettres.

Le 29 aoust.

J'escris à M. Pinon d'aller à Saint-Michel pour voir à mettre ordre à tous les embarras que vous donne M. l'évesque de Gap, et il y a lieu d'espérer que vous serez content de son voyage. Continuez à me mander ce que fera ce prélat, et la conduitte qu'il tiendra [1].

Reg. secr.

---

[1] L'évêque fut envoyé au séminaire de Luçon; mais il n'y resta pas longtemps, comme on voit par la lettre suivante du comte de Pontchartrain à l'évêque de Poitiers. « Versailles, le 3 décembre 1704. M. l'évesque de Gap, ne pouvant rester au séminaire de Luçon, où il est trop à charge, le roy lui envoye l'ordre, de se retirer à l'abbaye de Noaillé, et S. M. m'a en mesme temps commandé de vous escrire de vous informer de la conduitte qu'il y tiendra, et de m'en faire sçavoir de temps en temps des nouvelles. » (Reg. secr.)

107.

LE COMTE DE PONTCHARTRAIN AU CARDINAL D'ESTRÉES.

A Versailles, le 3° juin 1704.

J'ay rendu compte au roy des esclaircissemens qui m'ont esté envoyez par le P. prieur de l'abbaye de Saint-Germain, à l'occasion du mémoire qui avoit esté donné à V. E. sur la sépulture de M. le cardinal de Furstemberg. Il paroist que M. le cardinal de Tournon ny aucun des abbez n'ont esté enterrez dans le chœur, où il n'y a eu jusques à présent que des roys et des princes de la maison royale. Vous sçavez mieux que personne, que M. le comte de Vexin, qui estoit légitimé de France, et qui jouissoit des priviléges des princes du sang, ne doit estre un exemple en l'occasion qui se présente. Ainsy S. M. m'a ordonné d'escrire au prieur qu'elle n'avoit point d'ordre à donner sur cela, et qu'il falloit qu'on en usast pour M. le cardinal de Furstemberg comme on a fait pour les autres abbez.

Reg. secr.

108.

LE COMTE DE PONTCHARTRAIN
AU PROCUREUR GÉNÉRAL DU PARLEMENT DE PARIS.

A Fontainebleau, le 26° septembre 1704.

J'ay leu aujourd'huy au roy vostre mémoire au sujet des maisons et communautez qui se sont establies sans permission. S. M. en a entendu la lecture d'un bout à l'autre avec plaisir, et je puis dire avec admiration, de la manière sensée et précise dont vous traittez la matière. S. M. m'a ordonné de vous escrire de causer avec M. le cardinal de Noailles sur chaque maison en particulier, d'en dresser ensemble vostre advis et de me l'envoyer, affin qu'elle puisse décider, et vous faire sçavoir ses intentions. Vous ne devez pas doutter que M. le cardinal, qui, par son caractère d'archevesque, peut avoir des veues bien différentes de celles d'un procureur général zélé et attaché aux loix de l'Estat, ne soit d'avis contraire au vostre. Ainsy, il sera bon que vostre mémoire contienne ses raisons et les vostres, affin que S. M. puisse plus aisément se déterminer. Comme ce travail est fort avancé de vostre part, et qu'il n'est plus question que de sçavoir quels seront les sentimens de M. le cardinal, je ne doutte pas que je ne reçoive bientost ce mémoire général pour le faire voir à S. M.

Vous trouverez apparemment encore des maisons autres que celles contenues dans vostre mémoire, quand ce ne seroit que celle d'Aubervilliers, dont je vous escrivis il y a quelques jours. Il n'en faut oublier aucune, s'il est possible.

Reg. secr.

109.

LE MARQUIS DE TORCY A DE HARLAY.

A Versailles, le 11° mars 1705.

Le roy a sceu que le sieur Rambour, conseiller au présidial de Châlons, qui s'estoit opposé l'année dernière à l'ordonnance de M. l'évesque de Châlons sur la confession paschalle, a présenté au pape des requestes sur la mesme matière. Comme vous sçavez, M^r, que ce recours à Rome contre les ordonnances des évesques est très contraire aux loix du royaume, et que de pareils incidens, peu considérables dans leurs commencemens, devenans plus importans dans la suitte, altèrent quelquefois la bonne intelligence que le roy veut toujours entretenir avec le saint siége, S. M. a voulu estre éclaircie avant touttes choses des avis qu'on luy a donnés de la mauvaise conduitte du sieur Rambour. Elle a ordonné pour cet effet à M. d'Harouys, intendant en Champagne, de faire arrester cet officier pendant le tems nécessaire pour faire saisir ses papiers, sans qu'il pust en détourner aucun, et de luy remettre ensuitte l'ordre que S. M. donne au sieur Rambour de se rendre à la suitte de M. le procureur général. M. d'Harouys s'est acquitté des ordres du roy, et m'a envoyé les papiers qu'il a trouvés chez cet officier. S. M. m'a commandé de les adresser à M. le procureur général, et de l'avertir d'agir suivant le devoir de sa charge. Je luy en ay écrit, et j'ay l'honneur de vous le faire sçavoir, afin que vous soyez instruit, M^r, des intentions de S. M., lorsqu'il en conférera avec vous.

Le 26 avril.

Il y a quelque temps que le roy demande au pape une constitution qui, renouvellant ce que les prédécesseurs de Sa Sainteté ont fait pour arrester par leurs bulles le cours des erreurs du jansénisme, puisse affermir la paix de l'église, que des esprits inquiets taschent de troubler par de nouvelles disputes. Comme la cour de Rome est ordinairement lente dans ses résolutions, il n'a pas esté possible d'avoir aussytost que S. M. l'auroit souhaité le projet qu'il avoit demandé d'une nouvelle constitution, conçue dans les termes nécessaires pour estre receue dans le royaume. Enfin, le pape a dressé luy-mesme le projet que j'ay l'honneur de vous envoyer, et il l'a remis à M. le cardinal de Janson, afin que S. M. puisse faire examiner, avant qu'il soit rendu public, s'il sera receu dans le royaume sans opposition. Sa Sainteté demande cependant un extrême secret, jugeant que ce seroit affoiblir l'autorité de sa constitution dans les autres pays où elle doit estre receue, si l'on y aprenoit les égards qu'elle a pour la France, et qu'elle consulte le roy avant que de publier une bulle qui regarde également tous les peuples soumis à l'église.

S. M. a voulu, avant que de répondre, sçavoir vostre avis sur les termes de cette constitution[1]. Elle m'a ordonné, pour cet effet, de

---

[1] C'est la Bulle *Vineam domini Sabaoth*.

vous envoyer une coppie du projet, et de vous marquer, M^r, que son intention est que vous examiniez s'il n'y a rien de contraire aux droits de sa couronne et aux loix du royaume, et si la constitution dressée dans cette forme doit estre receue sans difficulté, ou s'il faut y demander quelque changement.

Lorsque vous l'aurez examinée, M^r, avec les lumières et l'application que vous apportez à toutes les affaires qui ont rapport au service de S. M., vous l'informerez s'il vous plaist de vos sentimens. Elle m'a commandé d'envoyer aussy le mesme projet à M. le procureur général.....[1].

Le 3 may.

J'ay leu au roy la lettre que vous m'avez fait l'honneur de m'escrire contenant vos remarques et vos sentimens sur le projet de la bulle que le pape a dessein de donner à la prière de S. M. Elle escrit à M. le cardinal de Janson, conformément à ce que vous pensés, M^r, et elle luy ordonne de faire en sorte auprès du pape qu'il soit fait mention dans cette bulle des instances que S. M. a faites pour l'obtenir. Elle ne veut pas cependant que cette circonstance en arreste l'expédition, supposé que le pape ne change point de sentiment. Au reste, l'intention du roy est de vous faire communiquer la bulle lorsqu'elle sera envoyée de Rome, et que vous en examiniez encore tous les termes, avant que de la revestir de son autorité, S. M. ayant d'elle-mesme pensé que les expressions de la bulle pourroient estre différentes de celles du projet. Elle est bien persuadée, M^r, qu'il n'échappera rien à vos lumières qui puisse estre contraire aux maximes inviolables du royaume.

Pap. Harl.

---

[1] La veille, Pontchartrain avait écrit à de Harlay : « ..... Vous devés avoir receu de M. de Torcy, par ordre du roy, M^r, une espèce d'idée ou de cannevas de Constitution contre le jansénisme, que le roy demande depuis si longtemps, et qui est enfin arrivée de Rome depuis quelques jours. Comme on ne peut avoir trop d'attention à tout ce qui vient de ce pays-là par raport aux droits du roy et à nos libertés,

110.

LE CHANCELIER DE PONTCHARTRAIN
A LE LABOUREUR, CHANOINE A STRASBOURG.

A Versailles, le 31 mars 1705.

Quoyque l'agrément que vous demandés pour la charge d'avocat général au conseil supérieur d'Alsace, soit fort extraordinaire, soit par rapport à vostre qualité de prestre qui a ses inconvéniens dans les affaires criminelles, soit parce que vous n'avés aucun usage du barreau, cependant le roy veut bien vous l'accorder en considération des services de feu M. vostre père et de feu M. vostre frère, dans l'espérance que vous suppléerez par vostre zèle et par vostre application à ce qui vous manque du costé de l'expérience. Mais, pour vous mettre en estat de profiter d'une grâce aussy singulière, il faut que vous cessiés d'estre promoteur de l'évesché de Strasbourg, et que vous vous fassiés recevoir avocat. Quand vous aurés satisfait à ces deux choses, vous pourrés pour lors me faire présenter au sceau les provisions de la charge d'avocat général, je les scelleray volontiers [1].

Décis. Pontch. II.

[1] Le chancelier écrivit le 8 juin suivant comme personne n'entend mieux que vous cette matière, aussy bien que touttes les autres, et que vostre advis, avec justice, sera tousjours suivy, je vous prie de vouloir bien, pour ma propre instruction, et pour me faire concourir de mon mieux à vos sentimens, me faire part des sages et solides réflexions que vous ferés sur un sujet si important.

« Je suis très-fidèlement tout à vous, M''..... » (*Pap. Harl.*)

à un prêtre d'Aix : « Puisque vous ne craignés pas que la profession d'avocat vous empesche de bien remplir tous les devoirs d'un bon prestre, vous pouvés l'exercer à l'exemple de plusieurs prestres et ecclésiastiques qui l'ont exercé soit au parlement de Paris, soit ailleurs. Vostre dessein en cela est d'autant plus louable que vous m'asseurés que vous n'avés en veue que de pouvoir soustenir dans les occasions les intérests de l'église et des pauvres. » (*Lettr. Pontch.*)

111.

LE CHANCELIER DE PONTCHARTRAIN A L'ÉVÊQUE DE TRÉGUIER.

A Versailles, le 1ᵉʳ avril 1705.

J'ay receu la lettre que vous m'écrivés au sujet d'un prestre anglois à qui vous voulés donner une cure dans vostre diocèze. Il est hors de doute que, dès qu'il est né en Angleterre, il luy faut pour cela des lettres de naturalité, quoyqu'il ait esté baptisé en Bretagne, parce que ce n'est pas le lieu du baptême qui forme l'origine, c'est le lieu de la naissance. A l'esgard des frais de ces lettres, je n'y puis rien : le produit du sceau appartient aux secrétaires du roy, je n'y participe en rien ; je ne puis, par conséquent, les remettre, ce seroit faire grâce aux despens d'autruy ; c'est ce que je ne fais jamais.

Décis. Pontch. II.

112.

LE COMTE DE PONTCHARTRAIN A L'ABBÉ DE LA TRAPPE.

A Versailles, le 1ᵉʳ avril 1705.

Le roy a bien voulu vous faire remettre le nommé Beaumont ou Bonnelly pour le garder chez vous, et il y sera incessamment conduit avec tous les effets qu'on luy a trouvé, dont S. M. vous fait volontiers don, au cas qu'ils appartiennent à S. M. Au surplus, elle sera bien aise que vous le reteniez dans vostre maison sans qu'il puisse s'esvader. Mais il ne faut pas que ce soit dans une prison perpétuelle qu'on appelle dans les cloistres *in pace,* et il faut que vous le traittiez avec toutte l'humanité que vostre charité pourra vous inspirer.

Reg. secr.

113.

LE COMTE DE PONTCHARTRAIN AU CARDINAL DE JANSON,
CHARGÉ DES AFFAIRES DE FRANCE A ROME.

A Marly, le 13 may 1705.

La veue de M. de Ferriol, en informant le pape du projet des patriarches des Grecs et des Arméniens pour renouveller la persécution contre les catholiques, a esté d'engager Sa Sainteté à escrire au grand maistre de Malthe de faire mettre à la chaisne et traitter comme esclaves ceux de ces nations qui pourront estre pris, pour les obliger de se plaindre à leurs patriarches, qui viendront apparemment à M. de Ferriol pour y remédier, et il proffitera de l'occasion pour faire cesser les nouveautez. Le roy a compté que le pape se détermineroit facilement à en escrire au grand maistre, et S. M. a mandé à l'avance à M. le commandeur de Luzignan de l'informer du secours qu'il peut donner à la religion en Levant.

Le 3 juin.

Le Sr Luce, consul de Chipres, m'escrit qu'on y voit souvent venir de France des hermites, dans le dessein de passer dans la Palestine pour y visiter les saints lieux, sans penser que sur la routte il y a plusieurs endroits où il faut payer aux Turcs ou aux Arabes des droits de passage tant en allant qu'en retournant, et qu'il faut aussy subsister; que, pendant que le commerce se faisoit tranquillement, et qu'il venoit peu de ces pèlerins sans argent, les François y suppléoient et faisoient des questes entr'eux pour ne les point renvoyer; mais qu'à présent la charité se trouvant beaucoup refroidie, on sera obligé de renvoyer en Europe tous ceux qui viendront, qui n'auront point 50 escus pour les religieux, et 100 pour les séculiers, l'hospitalité des religieux de la terre sainte n'allant qu'à nourrir les pèlerins dans les lieux où ils ont des couvens. Le roy m'a commandé d'en informer V. Em., et de la proposition que fait ce consul de ne plus donner de patentes aux pèlerins, à moins qu'ils ne soient munis de l'argent que je viens de vous marquer. Elle me paroist dure, l'abord des saints lieux ne devant point recevoir de difficulté, au moins de nostre part; cependant il est fascheux d'estre exposé à la nécessité de renvoyer les pèlerins, ainsy qu'on vient d'en user à Seyde pour un hermite muny de vostre patente. S'il y a sur cela quelque tempérament à prendre, vous le penserez mieux que nous.

Le 5 may 1706.

Le roy a esté informé par M. de Ferriol de la discussion qu'il a eu avec les religieux soccolans establis à Pera, dont le procédé a paru à S. M. plein d'insolence et bien esloigné de l'esgard qu'ils doivent avoir pour son ambassadeur. Comme elle sçait qu'il en a esté escrit à V. Em. en vous adressant son ordonnance et les informations qu'il a fait faire à cette occasion, elle a ordonné de vous expliquer que son intention est que vous en fassiez de vives plaintes au pape, et que vous demandiez non seulement que ces religieux soyent punis en faisant retirer de cette maison ceux qui ont tenu cette mauvaise conduitte, mais encores qu'ils soient obligez à se mettre sous la protection du ministre d'une puissance catholique, s'ils sont assez mal avisez de ne pas recourir à celle du roy. Ils sont à présent sous celle de l'ambassadeur d'Hollande, lequel, quoyque hérétique et ennemy, a désapprouvé leur conduitte avec M. de Ferriol. Vous serez plus surpris de ce qu'ils soyent restés sous cette protection, lorsque vous sçaurez que les Anglois et les Hollandois ont bruslé l'effigie du pape en présence de leurs ambassadeurs, dès le mois de novembre dernier, à Belgrade, à 3 lieues de Constantinople, c'est-à-dire à la veue des soccolans. Le roy vous recommande de suivre cette affaire avec attention, S. M. l'ayant à cœur.

Le roy a fait arrester dans Marseille un Grec de l'isle de Scio, qui y estoit venu pour affaires particulières, et luy a fait expliquer que c'estoit en représailles des catholiques de cette isle qui ont esté mis sur les galères de Rhodes, et qu'il ne sortiroit point de la citadelle que ces autres ne fussent libérez et renvoyez chez eux. Les corsaires Malthois ont aussy arresté cinq ou six bastimens grecs; ce mouvement a commencé à ramener le calme dans l'isle de Scio sur la religion; et si ce que mande celuy qui fait la fonction de vice-consul est vray, il y a lieu d'espérer que les Grecs demanderont la paix, et changeront de conduitte à l'esgard des catholiques.

<small>Reg. dépêch. comm.</small>

114.

LE PRÉSIDENT DE HARLAY
AU MARQUIS DE TORCY, SECRÉTAIRE D'ÉTAT.

Le 3 aoust 1705.

J'ay receu avec tout le respect et la recognoissance possibles l'honneur que vous avez bien voulu me faire, en me donnant la liberté de dresser un project de lettres patentes sur la Constitution qui est venue de Rome. Mais si d'un costé il ne me convient pas de donner des louanges au talent singulier et inimitable d'escrire qui vous distingue si fort au dessus des autres hommes, je ne ferai pas d'autre part l'adveu très syncère que je pourrois faire de la médiocrité dans laquelle il a plu à Dieu de me laisser à cet esgard, et je me contenterai de prendre la liberté de dire que les termes par lesquels le roy a trouvé bon que l'on marquast précisément dans ses lettres, que les Constitutions des papes Innocent X et Alexandre VII, qui ont esté acceptées et receues dans le royaume, suffisent et contiennent tout ce que l'on peut désirer pour y conserver dans cette occasion les sentimens et les règles que l'on y a observé et maintenu jusques à cette heure.

Le 29 aoust.

M. l'advocat général Portail ayant eu l'honneur de recevoir vos ordres, je n'ai rien à vous dire à son esgart, et quoyque la prudence ne permette pas de respondre des délibérations d'une compagnie aussy nombreuse que le parlement, la matière dont il s'agit est si bonne d'elle-mesme, et vous y avés apporté des précautions si sages pour suppléer à tout ce que l'on y auroit pu désirer, que je croirois pouvoir assurer qu'il ne se trouvera aucune difficulté sur ce sujet, et que nous n'aurons qu'à remercier le roy de l'honneur que S. M. nous a fait pour la forme de l'adresse de ses lettres, et à la supplier de mettre la dernière main à cet ouvrage, en envoyant la Constitution du pape généralement à tous les prélats du royaume, afin de la rendre, par un consentement universel des membres avec le chef visible de l'Église, une loy qui oblige tous les chrestiens, comme les canons d'un concile universel le pourroient faire, à une soumission de foy, et qui captive leur intelligence sous son authorité.

Pap. Harl.

115.

LE COMTE DE PONTCHARTRAIN AU P. GARDIEN FRASSAN, CORDELIER.

A Marly, le 4 novembre 1705.

En exécution de ce que j'avois mandé au gardien du couvent de Noisy, sur les cordeliers qu'on recevoit trop facilement dans ce couvent, il me mande que deux, qui avoient vostre obédience pour aller à Chasteau-Thierry, sont venus à Noisy, après avoir couru pendant six jours aux environs de Paris; et j'aprens à cette occasion que les jeunes religieux se servent du prétexte de voyages pour se rabattre à Noisy. Sur quoy le roy m'ordonne de vous escrire de n'envoyer à Noisy que des religieux d'une vie sage, et allant avec des obédiences expresses pour ce lieu-là, et vous ne pouvez estre trop réservé à les donner. J'advertis le gardien de Noisy de ne les y recevoir qu'avec vostre obédience expresse pour ce couvent.

Reg. secr.

116.

LE COMTE DE PONTCHARTRAIN, A NOUET.

A Marly, le 27e janvier 1706.

Les jésuittes et les capucins missionnaires aux Indes ont eu ensemble un procez qui a longtemps duré, pour raison de la cure des Malabares, dont ils se prétendoient respectivement pourveus par l'évesque de Saint-Thomé. Ils ont contesté tant devant ce prélat que devant l'archevesque de Goa, et pendant qu'ils agissoient ainsy aux Indes, les pères de l'un et de l'autre party qui sont en France, estoient convenus de s'en raporter à la décision de M. l'archevesque de Bordeaux et de deux autres prélats, qui n'ont rien réglé, parce qu'ils n'avoient pas encore examiné l'affaire. J'ay depuis apris que le patriarche d'Antioche, légat *a latere* aux Indes, a jugé la question en faveur des jésuittes, en sorte que les partyes d'icy en paroissent contentes. Ils ont retiré chacun leurs mémoires d'entre les mains des trois prélats. Comme je suis bien aise de ne rien faire qui préjudicie aux droits du roy par rapport au légat, quoique ce ne soit qu'aux Indes, je vous prie de me mander premièrement, suposé que ce fust en France, si le roy doit entrer en connoissance de ce qu'un légat auroit fait au sujet de la contestation d'une cure, ou si ce seroit à l'ordinaire ou au métropolitain à s'en plaindre. Et en cas que le roy dust faire quelque chose, quelles formalitez préalables devoient estre observées de la part de S. M., ou de la part du légat, et enfin au fait particulier dont il s'agit, ce qu'on doit faire, c'est-à-dire si on doit laisser exécuter le décret du légat en la forme qu'il l'a donnée, ou si, suivant la maxime de France, il faudroit l'obliger de faire enregistrer ses pouvoirs au Conseil souverain de ce pays-là. Je vous envoye quelques pièces qui pourront vous servir à vous instruire de l'affaire, et à vous mettre en estat non seulement de répondre à mes questions, mais de suppléer à celles que je puis obmettre de vous faire sur cette matière.

Le 10 février.

J'ay leu avec plaisir vostre mémoire sur l'affaire de la cure des Malabares, qui est très bon et très instructif. Il ne me reste qu'à vous faire observer que l'évesque de Saint-Thomé et mesme l'archevesque de Goa sont tous deux de la domination du Portugal : ainsy il est question de sçavoir si nous en France devons nous intéresser pour eux de mesme que nous ferions s'ils estoient de la domination de France. J'attendray vostre réponse sur celle de mon observation.

Le 13 mars.

J'ay apris par M. Desgranges quels sont vos derniers sentimens sur l'affaire de la cure des Malabares. La distinction que vous faites du droit public et du droit des particuliers est parfaitement bonne, et il est certain, qu'en envoyant au procureur général du Conseil supérieur de Pondichéry une instruction de ce qu'il aura à faire pour la conservation des droits du roy, on sera en sûreté contre l'entreprise du légat. C'est ce que je feray par le premier vaisseau qui partira. Mais en attendant, si nous suivons vostre sentiment, qui est de laisser juger l'appel porté à Rome du décret du légat, le jugement sera rendu et parviendra peut-estre à Pondichéry aussitost que le mémoire que j'envoyerai. Ce qui nous reviendra par le premier retour tant de Pondichéry que de Rome, sera que l'affaire a esté jugée, et qu'on auroit deu faire ces remontrances particulièrement à Rome, sans y laisser juger l'affaire. Cela me fait penser que puisque l'évesque de Saint-Thomé a bien voulu se raporter au roy de la décision de l'affaire, il conviendroit peut-estre mieux de la faire examiner et décider en France par les prélats. C'est ce que je vous prie d'examiner, et en ce cas de voir quelle forme nous donnerons au pouvoir des prélats, à leur jugement ou avis, et mesme aux provisions que donnera l'évesque de Saint-Thomé en conséquence, supposé qu'on soit obligé de luy en envoyer un formulaire.

<small>Reg. secr.</small>

117.

LE CHANCELIER DE PONTCHARTRAIN A L'ÉVÊQUE DE SOISSONS.

A Versailles, le 7 avril 1706.

M. du Charmel estoit fort attaché aux jansénistes, et chef de party : c'est pour cette raison que le roy l'a obligé de se retirer chez luy, et S. M. m'a ordonné de vous escrire d'avoir attention à sa conduitte par raport à cela, afin que, s'il se passoit quelque chose dont elle dust estre advertie, vous prissiez la peine de me le faire sçavoir.

Le 20 avril.

J'ay leu au roy la lettre que vous m'aviez escrite concernant M. du Charmel. Rien n'est mieux que la confiance qu'il paroist avoir en vous pour prendre vos advis sur sa conduitte. Il faut vous en servir pour luy inspirer autant qu'il vous sera possible de bons sentimens. Mais il seroit trop violent et mesme inutile de vouloir l'assujettir à vous rendre compte de tous ses commerces, et il suffira que souz main vous vous informiez de sa conduitte par raport au jansénisme.

<small>Reg. secr.</small>

118.

ORDRE DU ROI
POUR LE PRIEUR DE L'ABBAYE DE St-JEAN-DES-VIGNES, A SOISSONS.

A Marly, le 19e may 1706.

Cher et bien amé, ayant esté informé qu'il convient au bien de la paix du monastère de Saint-Jean-des-Vignes que les trois religieux nommez Chilly, Moulque et Duperey ne soyent point à l'assemblée qui se fera pour l'eslection d'un nouveau prieur, nous vous mandons et ordonnons de les advertir de s'abstenir de venir audit monastère, jusques à ce que ladite eslection soit faite, à peine de désobéissance[1].

Reg. secr.

119.

LE COMTE DE PONTCHARTRAIN AU P. DUVAL.

A Marly, le 15 juin 1706.

J'ay rendu compte au roy de ce que vous m'avez escrit concernant les religieux discolles et incorrigibles de vostre province, que vous dites que le roy avoit promis au P. Bécard de faire enfermer dans des citadelles. Cette proposition a paru à S. M. aussy étrange qu'elle

---

[1] Le 1er mai 1714, le roi écrivit à l'abbé Henriau : « Désirant pour bonnes considérations que dom Nicolas de Ste-Suzanne Launoy, assistant du général, et D. Louis des Anges Leroy, procureur général de la congrégation des Feuillans, soyent exclus de toutes charges de l'ordre, je vous escris cette lettre pour vous dire que mon intention est que vous expliquiez sur cela ma volonté au chapitre général qui se tient actuellement à St-Mesmin. » (Reg. secr.)

l'est en effet, et je doute que vous ayez jamais ouy dire que le roy ayt interposé son authorité pour chastier des religieux discolles. C'est à leurs supérieurs à les punir par les voyes canoniques et suivant les règles de leur institut; et s'il arrive quelquefois que l'authorité royale vienne à leur secours, ce n'est que très rarement et pour des cas graves et extraordinaires.

Au surplus, la proposition que vous faittes de les engager dans le service n'est pas recevable. On n'y oblige point les séculiers de force; à plus forte raison ne le fera-t-on pas à l'esgard des religieux.

Reg. secr.

120.

LE COMTE DE PONTCHARTRAIN A DE LA PALLIÈRE.

A Versailles, le 4ᵉ octobre 1706.

J'ay rendu compte au roy du mémoire que vous m'avez envoyé pour obtenir que l'official de Paris pust fulminer la bulle d'union des trois abbayes de l'évesché de Quebec. Non-seulement S. M. a refusé les expédiens proposez sur ce sujet comme contraires aux droits des ordonnances; mais elle m'ordonne de vous advertir de faire retirer cette bulle pour la faire réformer, et la rendre conforme aux usages du royaume.

Le 10 novembre.

J'ay bien précisément expliqué à ceux qui m'ont parlé du mémoire que vous aviez donné concernant la bulle d'union des trois abbayes à l'évesché de Quebec, que le roy ne veut en cela rien faire d'extraordinaire, ny interposer son authorité et ses offices pour esviter les formes ordinaires et usitées en pareil cas. Ainsy, bien loin de faire demander aux autres officiaux leur consentement, l'official de Paris s'y opposeroit si vous les obteniez, et S. M. veut que vous vous assujettissiez à demander à Rome une bulle ou plusieurs bulles qui soyent conformes aux usages du royaume. Je l'ay particulièrement expliqué à M. Nouet. Ainsy je ne puis croire que, s'il y a bien pensé, il ait pu vous donner un conseil contraire à cette décision. Je suis, Mʳ, entièrement à vous.

Reg. secr.

121.

LETTRES DU ROI AU PRIEUR DU MONT-SAINT-MICHEL.

A Versailles, le 10 novembre 1706.

Cher et bien amé, ayant donné nos ordres [1] pour conduire dans vostre maison un prisonnier important, nous vous mandons et ordonnons de l'y recevoir et détenir jusqu'à nouvel ordre, vous avertissant qu'il y doit estre étroitement gardé, sans permettre qu'il ayt communication avec qui que ce soit, de vive voix ni par escrit. Sy n'y faites faute, car tel est nostre plaisir.

Le 18 décembre 1709.

Nous avons fait conduire et recevoir dans vostre maison, par ordre du 10 novembre 1706, un prisonnier important; et voulant qu'il soit transféré ailleurs, nous vous faisons cette lettre pour vous dire que nostre intention est que vous le remettiez à....., qui sera porteur de nostre ordre, moyennant quoy vous en demeurerez bien et valablement déchargé.....

Reg. dépêch. comm.

[1] Ces ordres, du 10 novembre 1706, concernant l'arménien Avedyk, avaient été donnés à un exempt de police sous la forme suivante : « Il est ordonné à ..... de se transporter dans les prisons de l'arsenal de Marseille pour en tirer le prisonnier qui luy sera remis par le sʳ de Montmont, intendant des galères, et le conduire sous bonne et seure garde à l'abbaye du Mont-Sᵗ-Michel, et enjoint à tous gouverneurs, maires, scindics et autres officiers de luy donner toutte protection, secours et mainforte en cas de besoin. » (Reg. dépêch. comm.)

122.

LE COMTE DE PONTCHARTRAIN AU CARDINAL DE LA TRÉMOILLE.

A Versailles, le 2 mars 1707.

Mgr, la triste destinée du sieur du Roule, que le roy s'estoit déterminé d'envoyer en Ethiopie sur ce qu'on a fait paroître icy des bonnes dispositions du roy de ce païs pour embrasser la religion catholique, et qui a esté assassiné avec les gens qui le suivoient, par l'ordre du roy de Saannar, ayant obligé le sieur Maillet, consul du Caire, d'examiner avec plus d'attention touttes les circonstances, et ce qui s'est passé dans cette affaire, il m'escrit que les missionnaires italiens avoient asseuré le roy de Saannar que le sieur du Roule estoit un fameux magicien, et qu'il avoit arresté le débordement du Nil l'année précédente, ce qui avoit déterminé ce prince à sa mort (le roy d'Ethiopie ne luy avoit demandé que de le renvoyer et de l'empescher de passer); que tout ce qui a esté escrit à Rome par ces missionnaires est une suitte continuelle de mensonges et d'illusions. Le P. Joseph n'est point entré dans l'Ethiopie comme préfet de missionnaires, mais comme un pauvre chrestien de Jérusalem; les lettres qu'il a raporté du Negus sont lettres qu'il a fait luy-mesme en arabe, que ce prince n'entend point, et qu'il n'a signé que dans l'espérance de s'attirer tous les présens que ce religieux promettoit. Ceux qu'il a présenté au pape comme enfans des premières familles d'Abissinie que le Negus luy avoit confié, sont des esclaves qu'il avoit acheté à Saannar. Il est faux que ces missionnaires ayent converti jusques à 10,000 Coptes et mesme le patriarche; ils n'en ont jamais converti aucun, quelque soin qu'on ait pris d'en gagner par les présens, ce qui peut faire juger de ce qu'on doit attendre des Ethiopiens, dont l'église est un membre de celle des Coptes. Le pape auroit esté désabusé de ces faussetez par le retour du sieur du Roule. Les missionnaires ont cru estre intéressez à empescher son entrée en Éthiopie, et leurs intrigues pour y réussir ont esté apparémment plus loin qu'ils n'ont voulu. Je fais ce détail à V. Ém. par l'ordre du roy, pour qu'elle puisse en informer S. S., et luy faire voir ce qu'elle peut attendre de pareils religieux.

Le 20 avril.

Les nouvelles que je reçois de Levant, qui m'apprennent que la persécution excitée depuis quelque temps contre les Arméniens catholiques continue, m'obligent à demander à V. Ém. si on a jugé à Rome la question qui y a donné lieu, qu'on m'a dit avoir esté portée à la congrégation de la Propagande. Vous estes sans doute informé que cette persécution, excitée par les patriarche et prestres schismatiques, parce qu'ils se trouvoient privez des rétributions qu'ils tiroient des catholiques avant qu'ils se fussent séparez de leurs églises, avoit esté terminée par un accommodement dont l'objet estoit de procurer aux catholiques le moyen de retourner dans ces églises, sans y rien entendre qui fust contraire à la religion, ni qui eust raport au fond de l'hérésie de cette nation. Cet accommodement avoit esté signé par l'archevesque Spiga et par tous les religieux missionnaires, à la réserve des jésuittes, qui s'y opposèrent, prétendant qu'il estoit contre l'ordre et les règles de la religion, et déclarèrent qu'ils l'envoyoient à Rome pour y estre statué. Comme on ne s'est pas pressé de le faire, la persécution s'est renouvellée; il est survenu des incidents qui l'ont rendue plus cruelle, et les catholiques arméniens, dont le nombre s'augmentoit tous les jours, sont dispersez en exil ou sur les galères du Grand-Seigneur, ou sont retournez à leur ancien rit. Dans cette scituation, j'ay cru vous devoir demander qu'est devenue la question, si elle est jugée, ou s'il y a quelque raison particulière qui empesche de le faire.....

Le 23 may 1708.

..... Je conviens avec vous que M. de Ferriol fait de fréquentes plaintes, et que quelques-unes ont des motifs un peu exagérez; mais au fond la pluspart se trouvent justes, et si la dernière, à laquelle l'enterrement du consul d'Alep a donné lieu, n'attire point un décret de la congrégation qui réprime la mauvaise conduitte des religieux de Terre-Sainte, S. M. prendra la résolution de deffendre à ses sujets d'aller dans leurs églises. Quelle opinion veut-on que les Turcs et les schismatiques du païs ayent de nostre religion, lorsqu'on voit des religieux en battre un autre dans les fonctions du service? D'ailleurs, quelle marque de considération de la part de ces religieux, lesquels ayant promis de changer un de leurs supérieurs, et d'en establir un françois, ainsy qu'ils le doivent, confirment celuy dont on se plaint pour trois ans! Je vous prie de faire réflexion à ces circonstances pour en rendre le remède assez prompt pour que le roy ne prenne point de party d'extrémité, sur lequel il n'y aura plus de retour.

La congrégation *de Propaganda fide* loue, à la vérité, M. de Ferriol de l'establissement d'une mission dans la Crimée; mais elle ne luy mande point sur quoy il en prendra la dépense.

Le 6 mars 1709.

Vostre Éminence aura esté informée par mes précédens, et apparemment par l'arrivée à Rome du gardien de (Jérusalem), de ce qui s'est passé entre ses religieux et luy, et du party qu'a pris le consul de Seyde de le faire embarquer pour le renvoyer en Europe sur les instances du discrétoire et sur leurs procédures. J'ay mesme eu l'honneur de vous en envoyer un extraict qui contient les faits dont il estoit question, en vous marquant qu'il paroist au roy du bien de la religion d'empescher que, sous quelque prétexte que ce soit, ce gardien ou ses adhérants retournent à Jérusalem. S. M. m'ordonne à vous adjouster une circonstance dont je viens de recevoir la nouvelle, qui est que ce gardien en partant a excommunié le sieur Estelle, son chancelier, le second drogman de l'Eschelle, le sieur Estienne, marchand de Jaffa, et le capitaine Martin. Je vous envoye la copie qu'il m'adresse de cet acte qu'on a trouvé dans la chambre de ce religieux après son départ de Chipres, affin que vous en voyiez les termes, et que vous jugiez mieux des plaintes à faire au pape ou à la congrégation de la Propagande sur ce sujet, et pour faire annuller et casser cette excommunication. Ce gardien y prend la qualité de propre prélat du Consul; cependant jusqu'à présent ceux qui l'ont précédé n'ont point prétendu avoir de jurisdiction sur les consuls de France, et ils n'en ont effectivement aucune. D'ailleurs il n'avoit plus luy-mesme de pouvoir, estant dans le cas de suspension pour ses fonctions de gardien portée par les constitutions et statuts de son ordre, et estant privé de toutte authorité par le discrétoire, qui est au-dessus de luy. Je pourrois encores vous alléguer le caractère du consul, qui a une espèce de représentation, et qui est juge, ce qui le met à couvert d'excommunication, suivant nos usages et les libertez de l'église gallicane; mais ce seroient trop de raisons pour une affaire de cette espèce. Je vous prie de m'informer de ses suittes, et si le P. d'Andiade, que le discrétoire a député à Rome pour la soustenir, y est arrivé. J'en escris en mesme temps au général.

Le 18 février 1711.

J'ay l'honneur d'informer par ordre du roy V. Em. de la destinée d'un Arménien nommé Avedick, patriarche des gens de cette nation à Constantinople. Vous avez sans doute apris une partie de ses malheurs par les relations des missionnaires du Levant; mais l'autheur vous en a esté apparemment inconnu jusqu'à présent, et vous aurez peine à croire que M. de Ferriol, sans ordre ni permission, mais excité seulement par le zèle indiscret de quelques religieux, a eu l'imprudence de le faire enlever dans l'isle de Scio et conduire à Marseille par la voye de Messine. Vous devez juger de l'embarras qu'une pareille entreprise a causé au roy et des précautions qu'il a fallu prendre pour empescher que le fait pust estre imputé par les ministres turcs à M. l'ambassadeur; pour l'éviter pendant le cours de son ministère, on n'a pu se dispenser de retenir ce prisonnier renfermé dans des lieux escartez et inaccessibles aux estrangers; mais aussytost que S. M. a jugé à propos de nommer M. le comte Desalleurs à l'ambassade de Constantinople, elle a pris la résolution de faire cesser la disgrâce d'Avedick, et de tenter tous les moyens imaginables de le renvoyer en son pays, si cela estoit possible, sans attirer trop d'avanies à la nation. On a représenté que ce party auroit infailliblement des suittes fascheuses, et que les Arméniens, le revoyant, l'obligeroient de charger les missionnaires par ses dépositions, de manière que tout seroit à craindre pour eux. C'est pourquoy S. M. a trouvé bon que j'agisse avec circonspection dans une affaire de cette importance, et que le prisonnier ayt esté transféré au chasteau de la Bastille à Paris, où il a receu toutes sortes de bons traittemens, et tesmoigné tant d'empressement de se réunir à la religion catholique que M. le cardinal de Noailles a creu devoir recevoir son abjuration le 25 septembre dernier. Ce nouveau converty paroist si ferme dans ses derniers sentimens qu'il ne demande présentement d'autre grâce au roy que la permission d'aller à Rome renouveller sa profession de foy entre les mains du pape. Je vous envoye par ordre de S. M. ses lettres à ce sujet pour vous servir à l'obtenir de S. S., en luy remontrant la nécessité qu'il y a qu'elle veuille bien donner azyle à un hérétique réuny de bonne foy à l'église, qui autrement deviendra infailliblement relaps par l'obligation où nous sommes, si cette retraitte luy manque, de le renvoyer en Turquie. Vous en trouverez les raisons amplement déduites par un mémoire cy-joint qui contient les faits qui ont précédé et suivy l'enlèvement de ce patriarche, ceux qu'il a révélé avec une sincérité évidente, et les instructions données en dernier lieu à son sujet à M. le comte Desalleurs, ambassadeur du roy à la Porte..... Il est nécessaire que vous soyez averty qu'il a ordre de vous informer directement, par la voye de Venise ou de Raguse, de la manière dont les Arméniens de mesme que les Turcs auront receu la nouvelle de cette conversion, et que l'intention de S. M. est aussy que de vostre part vous luy marquiez en droiture touttes les démarches que vous estimerez qu'il doit faire, ou les précautions qu'il doit prendre pour accélérer le succez de sa négociation. L'essentiel de la vostre est d'obtenir du pape l'azyle qu'on luy demande, et pour y parvenir, le roy vous recommande d'expliquer de sa part à S. S. que son pontificat sera non seulement illustre par l'acte de profession publique auquel le patriarche désire d'estre receu, mais que la religion en recevra encore un grand bien par l'exclusion formelle que cet esclat lui donnera de tous les honneurs où il pourroit espérer d'estre restably parmy les schismatiques, l'expérience ayant fait connoistre que l'on n'a receu du mal que de la part de ceux qui, après des conversions secrettes, ont apostasié dans la suitte, et se sont déclarez ouvertement contre les Latins. Ainsy vous solliciterez, s'il vous plaist, fortement S. S. d'agréer que le patriarche soit envoyé à Rome, et qu'il y fasse sa profession de foy publiquement et avec solennité. Vous aurés soin de proposer quelque ecclésiastique ou religieux que vous connoistrez capable de veiller sur la conduite d'Avedick en attendant la cérémonie, si vous ne trouvez plus à propos d'obtenir qu'il soit mis jusqu'à ce temps dans quelque monastère où l'on empeschera qu'il communique librement avec les Arméniens ou autres Levantins qui pourront venir de Ligourne ou de Venise.

Supposé que le pape, avant d'accepter la proposition, veuille estre instruit des relations du vicaire apostolique et des missionnaires du Levant concernant ce patriarche, je crois que vous trouverez à propos de prendre des mesures pour empescher que M. le cardinal Fabioni ni le secrétaire nouveau de la Propagande ne soyent chargez de la commission d'en faire les recherches et le rapport, l'un estant soupçonné d'avoir souvent agy dans ces matières avec passion ou prévention, et l'autre n'en pouvant encore avoir des connoissances assez précises par le peu de temps qu'il y a qu'il est en charge. C'est pourquoy le roy attend de vostre zèle que vous la ferez donner par M. le cardinal Sacripante à quelque personne de confiance esclairé et non suspecté, et que vous réglerez pareillement avec luy ce qui concerne les réception, logement et traittemens convenables à cet Arménien.

Quoyque S. M. ayt lieu d'espérer que le pape recevra favorablement une proposition si juste et si importante pour le bien de la religion, elle vous recommande cependant de prévenir autant que vous pourrez les difficultez ou obstacles qui pourront se former par les intrigues ou caprices de quelques missionnaires capables d'inspirer que l'on ne doit point recevoir dans Rome un chef de party hérétique qui a persécuté cruellement autrefois ceux de son rit qui paroissoient favorables aux Latins. L'intention de S. M. est qu'en ce cas vous réitériez vos instances au Saint Père, et que si elles ne prévallent sur les mauvaises impressions de ces brouillons, vous le priiez de faire attention aux conséquences du refus qui expose esgallement les missionnaires aux plus vifs ressentimens des Turcs, le roy ne pouvant se dispenser de faire repasser incessamment Avedick à Constantinople, parce qu'en le retenant en France, ce seroit approuver tacitement la violence commise en sa personne, et contredire formellement le désaveu que Mrs de Ferriol et Desalleurs ont fait successivement aux ministres de la Porte de l'action qui n'a jamais esté approuvée par S. M. Elle espère que traittant cette affaire avec vostre sagacité ordinaire, vous ferez agréer à S. S. le seul expédient que l'on ayt pu proposer pour prévenir une infinité d'inconvéniens fascheux.

Je vous prie instamment d'y vouloir bien donner toutte vostre attention, et de me marquer ce que vous aurez obtenu à cet esgard, et quand il sera temps que je fasse partir le patriarche pour Rome, affin que je puisse rendre compte au roy du succès de vostre négociation, et vous faire sçavoir ensuitte le jour de son départ, et la routte qu'il tiendra, estant à propos que vous en soyez averty pour disposer de ce que vous jugerez nécessaire à son logement et à sa subsistance.

Reg. dépêch. comm.

123.

LETTRE DU ROI
AUX SUPÉRIEURES ET RELIGIEUSES DES COUVENTS DE Sᵗᵉ-MARIE.

A Versailles, le 13ᵉ avril 1707.

Chères et bien amées, nous n'avons pas perdu le souvenir des instances que vous nous fîtes faire en l'année 1676, à ce qu'il nous plust de ne nommer aucunes religieuses de vostre institut aux abbayes et prieurez qui viendroient à vacquer, et nous voyons avec une édification parfaite la crainte que vous avez que des religieuses du mesme institut ne soient par esprit d'ambition excitées à passer dans un autre ordre, afin de parvenir à se rendre propres à posséder les abbayes et prieurez, dont vous souhaitez d'étouffer en elles toutes sortes de désirs; et comme nous ne pouvons que louer vos pieuses craintes à cet esgard, nous voulons bien vous faire cette lettre pour vous dire qu'encore que nous puissions estre excitez à faire choix des religieuses qui auroient esté de vostre institut, par la bonne opinion que nous pourrions concevoir d'elles, cependant en satisfaisant à vos louables désirs, nous vous accordons ce que vous demandez, et ne nommerons aucune religieuse de vostre institut pour remplir les abbayes et prieurez qui viendront à vacquer à nostre nomination, quand mesme ces religieuses, après avoir fait profession dans un de vos monastères, auroient passé dans un autre ordre.

Reg. secr.

124.

LE CHANCELIER DE PONTCHARTRAIN
A LA BÉDOYÈRE, PROCUREUR GÉNÉRAL DU PARLEMENT DE RENNES.

A Versailles, le 25 avril 1707.

..... L'affaire du miseur de Guerronde, emprisonné par ordre de M. de Montoron, que vous me mandés s'estre évadé des prisons et avoir emporté tous les registres, ne regarde que M. de Montoron, qui sçaura bien s'en tirer; mais l'affaire des religieuses d'Auray, dont vous me mandés, regarde tout le public, et il est très important et mesme très dangereux, principalement dans le temps où nous sommes, de laisser le pouvoir aux traitans de faire ainsy, par leurs vexations, abandonner totalement des couvens entiers. Outre le scandale et le désordre que cela cause, il est très douloureux aux familles qui ont doté des filles lors de leur profession, de se voir chargées de nouveau de leur nourriture et de leur entretien. Votre ministère vous oblige à en escrire fortement à M. Chemillart, et à luy en faire voir toutes les conséquences, tant par rapport à la religion que par rapport au bien de l'État et aux règles de la bonne politique.

Reg. secr.

125.

LE COMTE DE PONTCHARTRAIN
AU P. PRIEUR DU MONT-SAINT-MICHEL.

A Marly, le 13 juillet 1707.

J'ay rendu compte au roy de ce que vous me marquez au sujet du prisonnier de Levant, qui est dans vostre maison. S. M. m'ordonne de vous observer qu'elle n'a point deffendu de luy administrer la confession, ni de luy faire entendre la messe, et qu'au contraire elle vous en a laissé la liberté et s'en est remis à vous, après vous avoir expliqué ce qu'on m'escrivoit sur sa conduitte passée, et sur les persécutions qu'il avoit excité contre les Arméniens catholiques; comme on peut changer à tous momens, le roy n'a pas prétendu le priver des secours qu'il pouroit trouver dans le sacrement, et S. M. a seulement pensé que vous deviez, avant de l'y admettre, le faire examiner avec d'autant plus de soin qu'on pouvoit craindre, par ce qui s'estoit passé, que sa dévotion n'estoit que feinte et apparente pour tromper, et engager à le garder avec moins d'attention. Je mande au P. général d'envoyer au Mont-Saint-Michel le religieux qui peut l'entendre, et de luy enjoindre de garder le secret sur les choses qu'il pourra luy expliquer hors de la confession. Vous avez bien fait de faire donner au prisonnier les remèdes dont il vous a marqué avoir besoin[1].

A Fontainebleau, le 22 aoust 1708.

J'ay receu la lettre que vous m'avez escrit, au sujet du prisonnier que le roy a donné ordre de retenir dans vostre monastère. S. M. désire que vous continuyiez les mesmes soins pour sa garde, sans communiquer avec personne, qu'a pris vostre prédécesseur; mais j'ay esté touché de ce que le religieux, qui le sert, a entendu de luy, sans pouvoir aller plus loin; je conçois qu'il a pu demander par signe à se confesser, mais il faut qu'il ait parlé intelligiblement pour ce religieux, pour qu'il ait pu vous raporter qu'il demandoit qu'on le condamnast à la peine qu'il mérite, ou d'estre absous et mis en liberté, et qu'enfin à tout péché il y avoit miséricorde. Tout cela ne se peut expliquer

---

[1] Dans la lettre au P. général de la congrégation de S¹-Maur, le secrétaire d'État lui écrit: « S. M. désire que vous fassiez passer au Mont S¹-Michel le religieux qui estoit à S¹-Malo qui pouvoit l'entendre, et que vous luy enjoigniez de garder le secret sur les choses qu'il pourra luy dire hors de la confession, à moins qu'il ne juge qu'elles puissent estre utiles pour le service ou pour la religion, auquel cas il n'aura qu'à me les mander, vostre deffense ne devant avoir que cette exception. »

par signe dont on n'est point convenu, et, supposant que ce religieux l'ait entendu, il parviendra peu à peu au reste. Si on pouvoit prendre quelque confiance dans les paroles du prisonnier, il ne seroit pas difficile de trouver des gens capables de l'entendre ; mais on l'a dépeint au roy comme un très grand scélérat et un persécuteur outré des catholiques, et S. M. attend, pour le renvoyer, quelque conjoncture où il ne puisse plus faire de mal.

Reg. dépêch. comm.

126.

LE CHANCELIER DE PONTCHARTRAIN A L'ABBÉ MARESCOT.

Versailles, le 16 octobre 1707.

L'avis qu'on vous a donné, M^r, de la mort de M. l'archevêque de Rouen, n'est pas véritable; on m'a mesme assuré que ce prélat se portoit beaucoup mieux. Ainsy ce que vous me proposés est inutile. Il semble par ce que vous m'escrivés, que vous aiés oublié que vous m'avés prié de placer vostre indulte sur l'abbaye de Bonneval, lorsqu'elle seroit vacante, et que vous ne vous souveniés plus que je vous ay promis de le faire, en violant par là, en vostre faveur, mes règles ordinaires, que j'ay observées jusqu'à présent, suivant lesquelles j'accorde tousjours ces grâces à celuy qui me donne le premier avis de la mort du titulaire du bénéfice, sur lequel on demande de placer un indulte, sans jamais rien accorder d'avance là-dessus. Ainsy vous devés demeurer en repos, et attendre tranquillement que ce que j'ay bien voulu vous promettre puisse s'effectuer ; et il ne vous convient pas que vous marquiés tant d'inconstance, en changeant d'avis à chaque moment.

Lettr. Pontch.

127.

LE COMTE DE PONTCHARTRAIN, SECRÉTAIRE D'ÉTAT,
AU P. LOUVEL, SECRÉTAIRE DE LA CONGRÉGATION DE SAINT-MAUR,
A SAINT-GERMAIN-DES-PRÉS.

A Marly, le 14 décembre 1707.

J'ay rendu compte au roy du mémoire que vous m'avez adressé sur la dépense que vous cause le prisonnier estranger qui a esté conduit au Mont-Saint-Michel. S. M. a estimé juste de fixer sa pension à 600ᵗᵗ par an, comptant que cette somme suffira et au delà pour toute la dépense qu'il peut faire, tant pour la subsistance que pour ses habits et entretien. J'en expédieray incessamment l'ordonnance, et vous l'adresseray. J'avois prié le P. général, et la charité mesme le demandoit, de chercher avec soin s'il n'y avoit point dans vostre congrégation quelque religieux assez habile dans les langues orientales pour l'entendre et conférer avec luy. Je suis surpris qu'on n'en ayt point trouvé jusques à présent, et encore plus de ce que ce prisonnier, qui a presque toujours demeuré à Constantinople, ne sçache point le grec ni la langue franque. Vous devriez en escrire encore au prieur du Mont-Saint-Michel, pour sçavoir précisément de ce prisonnier, en luy montrant quelques livres grecs, s'il n'y entend rien du tout.

Reg. dépêch. comm.

128.

LE DUC DE NOAILLES AU CARDINAL DE NOAILLES, SON ONCLE.

Le 20 janvier 1708.

Il seroit inutile de répéter icy à V. Em. les raisons que j'ay desjà eu l'honneur de luy dire à mon dernier voyage de Versailles, et je crois qu'il suffit qu'elle ayt la bonté de m'esclaircir simplement des principaux faits, afin de me mettre en estat d'en pouvoir rendre compte au roy. Je supplieray V. Em., avant d'entrer en matière, de me pardonner mes franchises et mes libertez ; quoyque vos bontez m'y authorisent, la droiture de vostre cœur et de vostre esprit me rassurent encore davantage; de plus, l'intérest vif que je prends dans cette affaire, par rapport à vous, doit me servir d'excuse.

Vous n'estes point janséniste, mon très cher oncle, on en convient: ceux qui vont le plus loin assurent seulement que vous favorisez le party par une pente naturelle et une inclination secrète que vousmesme ne connoissez pas en vous. Les plus retenus disent que vostre trop grande modération à les réprimer ou à les punir produit les mesmes effets que si vous vous intéressiez véritablement pour eux.

On donne pour raisons du sujet de ce soubçon l'attachement de M. Boileau auprès de vous, et la peyne qu'on dit que vous avez eu à l'en séparer et à le placer ailleurs. L'approbation que vous avez donné au livre du P. Quesnel, quoyqu'à la 2e ou 3e édition, fortifie encore ces sentimens par la notoriété dont il est que son autheur est l'âme et le chef de cette cabale.

Vostre ordonnance sur la Théologie du P. Juenin, malgré la condamnation de ce livre, qu'elle porte avec elle, fait de la peyne, parce que vous y dittes à la fin qu'aller plus loin, c'est se mettre en danger de confondre l'erreur avec la vérité. On se plaint que vous ayez voulu par là prescrire des bornes à ceux qui auroient peut-estre désiré s'estendre davantage, en suivant précisément l'étendue de la censure, et que vous n'avez pas encore fait paroistre les corrections de ce livre, que vous aviez promis depuis plus d'un an.

On vous reproche aussy d'avoir mis en place des docteurs qui avoient signé le *Cas de conscience,* comme les curez de Saint-Benoist et de Saint-Barthélemy, si je ne me trompe, et on s'estonne que vous ne marquiez ny assez de force pour faire rentrer dans le devoir les gens suspects et notez, ny assez d'éloignement pour eux.....

C'est ainsy que parlent plusieurs personnes ; mais il m'a paru que le roy, quoyqu'informé de tous les faits, en a esté moins frappé encore que de ce qui regarde les filles de Port-Royal, pour lesquelles il croit que vous avez apporté trop de mesnagement et de retardement dans l'exécution du party que vous avez enfin pris contre elles.

S. M. est touchée de voir, dans les mémoires qui lui viennent de tous endroits et de touttes mains, qu'on vous y accuse d'estre trop foible et trop facile ; elle sent surtout très-vivement que les jansénistes puissent se flatter (sans que d'ailleurs pourtant ils vous en sçachent aucun gré) que vous les serviez trop favorablement par la conduitte peu active et peu pressante que vous avez avec eux, ce qui leur fait naistre, à ce qu'on dit, beaucoup d'espérance, ne cherchant qu'à gagner du temps et à traisner en longueur, unique ressource pour quiconque est chargé de mauvaises affaires.

Voilà, mon très-cher oncle, un précis de tout ce que m'a dit le roy ; je dois y ajouter, pour vostre consolation et vostre satisfaction, que S. M., après l'intérest vif que vous luy connoissez pour le bien de l'église, est sensible au vostre en particulier ; elle compâtit à vostre situation, et envisage avec peyne qu'en voulant conserver une balance juste et égale entre tout le monde, vous soyez assez malheureux pour ne satisfaire personne. S. M. regrette mesme quelquesfois tout le bien qu'elle auroit pu faire de concert avec vous. Le nom que vous portez, les services de feu mon grand-père, et la justice que le roy veut bien rendre au dévouement et à l'attachement de toutte nostre famille pour sa personne, quoyque de foibles motifs en matière de religion ne laissent pas cependant par ses bontés de contribuer, en cette occasion, à augmenter ses peynes sur ce qui vous regarde.

Dissipez donc, mon très-cher oncle, tous les nuages et levez tous les doutes ; j'attends avec bien de l'impatience vostre response, où j'espère trouver ce que je désire si fort. Je connois trop vos sentimens et je sçais trop les motifs qui vous ont toujours fait agir pour en douter. Conservez-moy, mon très-cher oncle, vos bontez, et rendez toujours justice à l'attachement tendre et respectueux que je conserveray toutte ma vie pour vous.

<small>Biblioth. imp. suppl. franç. vol. 2233.</small>

129.

RÉPONSE DU CARDINAL DE NOAILLES AU DUC DE NOAILLES, SON NEVEU.

(Janvier 1708.)

Vostre préambule est inutile, mon très-cher neveu; je compte sur vostre amitié, et je suis très-persuadé de vos bonnes intentions. Ainsy vos libertez et vos franchises ne peuvent que me faire plaisir; mais j'avoue que la raison qui vous oblige à m'interroger m'afflige extrêmement, et que c'est une très-sensible douleur pour moy, de voir toujours le roy en peyne à mon esgard, n'ayant rien tant à cœur que de luy plaire après ce que je dois à Dieu. Mais je viens promptement aux faits dont vous voulez estre éclaircy, car la matière est longue.

Je ne suis pas plus fauteur des jansénistes que janséniste; je n'ay pente naturelle ny inclination secrette pour le party. J'ay au contraire une grande opposition pour toutte cabale, et Dieu m'a donné une âme très-pacifique. C'est ce que j'affirme devant luy sans craindre qu'il m'en reprenne. J'ay esté eslevé dans un grand esloignement du jansénisme; mon père et ma mère m'ont inspiré dès mon enfance celuy qu'ils en ont toujours eu, et le père Amelotte, qui a esté mon premier confesseur en forme, et a déterminé ma vocation pour l'église, estoit un des plus grands adversaires du party. Je n'ay connu dans sa congrégation qu'on croy que j'ayme tant, que ceux qui y estoient opposez comme luy, c'est-à-dire les PP. de Roncheroles, de l'Amirande, Tourré et d'autres entièrement déclarez.

Ma modération n'a pas esté trop grande à l'esgard de ceux que j'ay reconnu véritablement jansénistes. Il est vray que je ne crois pas tels tous ceux que l'on accuse de l'estre; je dois en conscience en user ainsy; l'Églize nous a donné des marques pour les connoistre, que je dois trouver en eux, avant que de les condamner. L'expérience ne fait voir que trop souvent les inconvéniens qu'il y a de déférer trop légèrement à ces accusations : il ne faut pour cela que l'exemple de M. Vivant, à qui le P. de la Chaize voulut attirer le plus grand affront qu'un honneste homme puisse recevoir, lorsqu'il fut sur le point d'estre élu sindic, fonction qu'il remplit si bien, et où il se montra si opposé au party que le bon père luy-mesme. Tous les jésuites et tous les plus zélés contre le jansénisme désirèrent qu'on le continuast dans cette charge; mais cela ne se put parce que la règle et l'usage y sont contraires.

Cet exemple et plusieurs autres aussy crians que je pourrois apporter achèvent de me convaincre qu'il ne m'est pas permis de précipiter mon jugement; je dois seulement estre sur mes gardes à l'esgard de ceux qui sont suspects avec quelque fondement; c'est ce que je prétends avoir toujours fait, et n'avoir jamais espargné ceux qui non seulement ont esté convaincus, mais mesme ceux qu'on a pû croire raisonnablement du mauvais party.

L'attachement de M. Boileau auprès de moy n'a jamais esté si grand qu'on a voulu le faire croire, et loin d'avoir eu de la peyne à m'en séparer, j'en ay eu beaucoup à le garder depuis un certain temps. Je ne le fis que pour attendre l'occasion de luy donner de quoy vivre, ce qui ne dura que quelques mois; et pour réprimer la malignité de certaines gens qui répandoient sur cela de mauvais discours contre moy, j'eus l'honneur de m'en expliquer dans le temps avec le roy, et S. M. fut contente de ma disposition. Je conviens cependant que c'est un malheur pour moy de l'avoir eu pendant quelque temps dans ma maison; je l'ay avoué souvent; mais ce devroit estre aussy un méritte pour moy de l'avoir renvoyé, et avoir rompu si absolument commerce avec luy; car on sçaura aisément, si on s'en informe, que je ne le vois que dans les temps où la bienséance l'oblige de se montrer, et jamais que des momens.....

Pour le livre du P. Quesnel, il est vray que je l'ay approuvé estant encore évesque de Chaalons, et qu'il n'est devenu mauvais que depuis cela : il estoit auparavant estimé de tout le monde, mesme des plus difficiles; il avoit l'approbation en forme des docteurs. Feu M. de Paris l'avoit dans sa bibliothèque, le laissoit répandre dans son diocèze. Jamais personne ne luy en a fait des plaintes, et il y avoit desjà plusieurs éditions épuisées ; ainsy je n'ay jamais crû donner d'approbation plus sûre. L'autheur, que je n'ay jamais ny vu ny connu, n'estoit point alors le chef, ni l'âme de la cabale; M. Arnaut et M. Nicole vivoient encore, et je sçais s'ils en faisoient grand cas. Il est vray que depuis il s'est déclaré hautement, et qu'il doit estre regardé présentement comme un mauvais autheur. Mais est-il plus mauvais que Tertullien, dont les ouvrages, malgré son opiniâtreté et son hérésie dans laquelle il est mort, ont esté toujours estimez et citez avec distinction, hors ceux qu'il fit depuis sa séparation? On n'a jamais jugé d'un ouvrage par son autheur, mais par luy-mesme; de bons autheurs en ont fait quelques fois de meschans, et de mauvais autheurs en ont fait aussy quelques fois de bons.

Mais quoy qu'il en soit de celuy dont il s'agist, s'il est condamné par le pape, à qui il est dénoncé et qui le fait examiner depuis longtemps, je me soumettray sans peyne. Il est mon seigneur, je dois déférer à son jugement, mais non pas à celuy de gens qui n'ont pas de caractère au-dessus de moy.

J'en dis autant de la Théologie du P. Juenin, qu'on examine aussy à Rome; mais qu'est-ce que cette condamnation que vous dittes qu'elle porte avec elle? Je n'en sçais aucune avant la mienne, j'ay deffendu la lecture et l'usage de ce livre; j'ay interdit à l'autheur la fonction d'enseigner, malgré sa soumission et sa déclaration qui a esté approuvée par les plus zélés, et si je n'ay pas encore donné les corrections que j'ay promises et qui sont prestes il y a longtemps, ce n'est que par respect pour le pape.

Dans le temps que j'allois les rendre publiques, j'appris que Sa Sainteté vouloit juger incessamment cet ouvrage; il ne me convenoit pas de me commettre avec elle. Je m'arrestay tout court, et ay toujours attendu depuis avec respect et soumission son jugement, qui ne vient point encore.

Mais je puis vous assurer que le pape avoit d'abord résolu de faire un décret conforme à mon mandement; il en fut très-content, j'ay plusieurs témoins considérables de l'approbation qu'il y donna, et il auroit exécuté son premier dessein, sans les instances qu'on luy a faittes d'aller plus loin; il y a longtemps qu'on y travaille, et on ne finit point, apparemment parce qu'on ne trouve pas de fondement à une plus forte condamnation.

Nos prélats ne vont pas plus viste que le pape, car depuis plus de dix-huit mois que j'ay donné la mienne, ils n'ont encore rien fait, et le retardement affoiblira beaucoup ce qu'ils feront.

Je n'ay point prétendu, en disant dans mon mandement qu'aller plus loin c'est se mettre en danger de confondre l'erreur avec la vérité, prescrire des bornes à ceux qui auroient peut-estre désiré s'estendre davantage; j'ay voulu seulement mettre à couvert la doctrine de saint Thomas, respectée de tout temps dans l'église, canonisée par les papes, mesme par celuy-cy, et méritant par conséquent autant de vénération que la doctrine de Jansénius méritte d'indignation.

Je répette que je ne seray point, s'il plaist à Dieu, entesté sur cet ouvrage ny sur aucun autre, et que si le Saint-Siége le condamne plus rigoureusement que moy, je seray aussy soumis que je dois estre.

Il est vray que le curé de Saint-Benoist, que je n'ay point nommé, car je n'en ay pas le droit, mais dont j'ay procuré la nomination, a signé le fameux *Cas de conscience;* mais j'eus l'honneur, dans le temps, de dire au roy que je ne le sçavois pas quand il fut nommé, que cependant je n'en aurois pas moins fait, car je sçais sûrement qu'il n'a signé que par surprise, qu'il révoqua d'abord avec plaisir sa signature, et je puis répondre de sa bonne doctrine. L'événement a justifié l'opinion que j'en avois; car non-seulement on n'a trouvé, depuis qu'il est curé, aucune prise, ny sur ses sentimens, ny sur sa conduitte; mais il est aimé et honoré universellement dans sa parroisse au-dessus de tout ce qu'on en peut dire.

Pour le curé de Saint-Barthélemy, ce n'est point moy qui l'y ay mis, c'est par permutation qu'il y est entré à la place d'un autre qui estoit actuellement poursuivy à l'officialité pour mauvaises mœurs; mais il n'a jamais signé le *Cas de conscience*.....

On n'a pas toujours dit que j'ay combattu le quiétisme avec tant d'ardeur; j'ay fait peur quelques fois aux prélats avec qui je travaillois, les conférences que j'eus avec M. de Cambray les allarmèrent, et ils craignirent que je ne fusse trop modéré; ils virent dans la suitte qu'ils avoient eu tort, et que je fis mon devoir aussy bien qu'eux sur la condamnation du livre de M. de Cambray.

Mais depuis qu'elle a esté reçue et publiée, m'a-t-on vu bien aspre contre les quiétistes? Ai-je interdit plusieurs? Ai-je prié le roy d'en exiler? S. M. sçait bien que je ne luy ay pas demandé une seule lettre de cachet contre eux, et que je luy en ay demandé plusieurs contre les jansénistes.

Cependant, je ne puis douter qu'il n'y ayt encore des quiétistes; je les traitte comme je dois quand je les découvre, mais je crois ne les devoir pas rechercher trop asprement, ny faire grand bruit contre eux, persuadé que le meilleur moyen de faire finir les sectes est de les combattre, quand elles ont esté condamnées, plus sourdement qu'ouvertement, qu'on en vient à bout plus seurement en les étouffant par le silence et l'oubly qu'en les réveillant par une guerre ouverte, à moins qu'il n'y ait quelqu'un qui se déclare hautement. Si donc il y a de la différence dans ma conduitte à l'esgard des quiétistes et des jansénistes, c'est que j'ay esté bien plus ferme et plus ardent contre les derniers que contre les premiers.

A l'esgard des religieuses de Port-Royal, qui est l'article qui me touche le plus, puisque le roy en est, dittes-vous, plus frappé, c'est celuy où je suis le plus fort, et rien ne marque davantage le déchaisnement injuste que certaines gens ont contre moy que de m'attaquer sur une chose où j'ay constamment fait mon devoir; mais venons au fait.

Je vous diray d'abord que j'avois compté que dans trois mois au plus après leur désobéissance leur monastère seroit supprimé et l'affaire entièrement consommée, et je le souhaittois autant que personne. Je ne doutois pas que le pape, très-zélé contre le party, ne donnast avec plaisir et diligence la bulle qu'on luy demanda pour cela. Le roy en fit écrire fortement à Rome, et je fis de mon costé des instances très-vives et très-pressantes. M. le cardinal de la Trémouïlle en peut rendre témoignage, comme d'autres à qui j'en ay écrit souvent et fortement.

Dieu a permis, par des raisons que je ne puis pénétrer, que le pape n'a point encore envoyé cette bulle; est-ce ma faute? Ce retardement a dérangé mes mesures, mais ne m'a point empesché de punir les filles révoltées. Il est vray que je n'ay pas donné d'abord le dernier coup, mais j'ay dû en user ainsy. Quiconque soutiendra le contraire, sera aysément confondu. J'ose dire que je sçais mon métier, et S. Paul nous apprend que nous pouvons nous louer, quand on pousse trop loin le blasme contre nous. Mais enfin, après avoir employé différentes punitions, j'ay fait tout ce que M. de Péréfixe, animé avec raison contre cette communauté, et d'un tempérament fort vif et fort prompt, fit de plus fort contre elle; et on veut trouver qu'il n'y en a pas assez, et le persuader au roy! S. M. me fit l'honneur de me dire : « Mais il a mal fait, devez-vous faire comme luy? » Je soutiens qu'il a très-bien fait, et moy aussy fort bien de l'imiter. Est-il juste de traitter ainsy la mémoire d'un prélat qui a témoigné tant de zèle contre le mauvais party, et d'exiger de moy d'en faire plus que luy?

Mais il faut que je sois janséniste pour de certaines gens, et quoy que je fasse, je le seray toujours. J'ay beau excommunier, et faire ce que celuy de mes prédécesseurs qui a esté le plus loin a fait contre ce monastère, j'auray beau mesme le supprimer entièrement, ce que je feray d'abord dès que j'auray les mains libres; tout cela n'empeschera pas, tant que le roy paroistra disposé à écouter ce qu'on luy dira contre moy, qu'on n'assure toujours que je favorise ces filles.

Des mémoires et des lettres anonimes, ou signées par des gens prévenus ou mal instruits doivent-ils l'emporter sur des faits aussy certains? On ne doit recevoir des accusations vagues de trop de foiblesse et de facilité sans preuve contre personne, mais surtout contre un homme en place; si elles estoient produittes en un tribunal ecclésiastique, où l'on jugeast selon les règles, elles y seroient assurément bientost rejettées. Les jansénistes sont bien esloignez de croire que je les sers favorablement; ils sçavent au contraire que personne ne leur a porté de plus grands coups que moy, ils ne peuvent les attribuer ny à la dureté ny à intérest, ainsy ils en sont bien plus blessez que de tous les autres qu'ils ont reçus. On ne peut avancer que ma mollesse prétendue m'ait empesché de les condamner aussy fortement qu'il l'a fallu dans touttes les occasions. Combien ai-je fait d'ordonnances contre eux? J'ay commencé dès la première année que j'ai esté dans cette place, et ne leur ay rien laissé passer depuis. Personne n'a eu plus de part que moy à la dernière constitution; le roy sçait bien que c'est moy qui ay dressé le premier mémoire envoyé à Rome pour la demander; il a esté suivy exactement pour le fonds, et s'il y a quelque différence entre cette bulle et mon ordonnance contre le *Cas de conscience*, c'est que la première est moins forte.

Ce n'est point assurément par l'aspreté et la rigueur (dont j'avoue que naturellement j'ay de la peine à me servir, mais que j'employeray aussy bravement qu'un autre quand je le croiray nécessaire) qu'on empeschera les jansénistes de gagner du temps et de traisner en longueur; c'est au contraire ce qui les fera durer plus long temps, j'ose l'assurer et soutenir de plus que c'est le sentiment le plus commun. J'en ay une preuve encore ce matin que je vous diray confidemment, mais sans que cela fasse plus de chemin. M. le cardinal de Janson m'est venu voir comme je commençois d'escrire cette lettre dans mon cabinet. En entrant dans ma chambre, je l'ay trouvé qui tenoit un nouveau livre contre les jansénistes, qu'il avoit pris sur ma table. A quoy bon, m'a-t-il dit d'abord, tant escrire sur cela? cela ne fait qu'aigrir les esprits, et augmenter leur opiniastreté. C'est certainement ce que beaucoup de gens diroient comme luy, s'ils ne craignoient de se faire des affaires. Je vous conjure de nouveau que cecy ne luy en fasse aucune.

Il est vray que j'ay le malheur de déplaire également aux deux partis; mais outre que c'est une preuve que je suis également opposé aux deux extrémitez, c'est un malheur que plusieurs grands saints ont eu dans tous les temps, et qui a beaucoup servy à leur sanctification. Il m'est glorieux d'estre traitté de mesme, et il me seroit aussy utile qu'à eux si j'avois autant de vertu; mais comme j'en suis très esloigné, mon véritable malheur est de n'en pas profiter comme eux.....

Au reste je suis très sensible aux bontez que vous avez encore veues dans le roy pour moy; ou je ne les ay jamais méritées, ou je le fais encore autant qu'autres fois par mes sentimens particuliers comme par ceux de toutte nostre maison, aussy remplie d'attachement et de reconnoissance pour S. M. que comblée de ses grâces. Plust à Dieu qu'elle pust voir le fons de mon cœur, et connoistre à quel point je souhaitte de la satisfaire sur tout, et suis affligé de ne l'avoir pu encore faire sur le jansénisme. Je regrette fort aussy bien que S. M. le bien que j'aurois pu faire appuyé de sa protection; mais il auroit fallu pour cela que tant de gens ne s'en fussent pas meslez, et que j'eusse esté plus écouté.

Je ne demande point à l'estre sur la guerre, les finances, la politique, mais sur la religion, dont je suis, quoyque indigne, le premier ministre dans ce diocèze. J'ay droit de parler et mesme de juger; au lieu de cela on ne veut me donner que l'exécution de ce qu'il plaist à gens sans mission pour cela, anonymes ou cachez, de proposer sur les plus grandes affaires de l'Église.

J'ose assurer que si on m'avoit laissé faire, le jansénisme seroit plus près de sa fin qu'il ne l'est. Je ne cesseray jamais de le combattre, je m'en fais un devoir devant Dieu; mais je ne le puis faire utilement si je ne suis plus authorisé ou moins traversé.

Assurez de toutes vos forces, mon très cher neveu, que je le déteste et le hay autant qu'il est possible, que je veux de tout mon cœur le détruire, que les plus zélez n'en ont pas plus d'envie que moy et que nous ne sommes opposez que sur les moyens et point sur la fin.

Je veux de mesme la destruction du jansénisme aussy fortement que ceux qui l'attaquent par d'autres moyens que moy. Ils les croyent bons sans doute, et moy je ne puis m'en servir en conscience; ils peuvent avoir quelque succez d'abord, mais un succez passager et dangereux pour la suitte, comme les remèdes violens qui font dans le moment des effets surprenans, mais bientost après aigrissent le mal, et font souvent périr le malade.

Cette ardeur et cette activité que l'on voudroit en moy, pourroit, surtout estant soutenue de l'authorité du roy, faire quelque effet, mais combien dureroit-il? Elle feroit cacher le mal, mais le guériroit-elle? non sans doute; et puis-je me contenter de cela? dois-je travailler seulement pour un temps et pour faire ma cour au roy, quelque désir que j'en aye? Ne dois-je pas premièrement agir pour Jésus-Christ, qui estoit hyer, comme dit saint Paul, qui est aujourd'huy et qui sera dans tous les siècles, à qui je dois rendre compte de mon administration et de touttes les âmes dont il m'a chargé? Il faut donc que je prenne les moyens les plus utiles pour establir solidement la bonne doctrine et la paix dans son Église, et que je décharge par là ma conscience devant luy.

Après cela il n'y a rien au monde que je ne fasse pour dissiper les nuages qu'on a mis dans l'esprit du roy, et faire revenir ses bontez pour moy. Je les désire par mon inviolable attachement pour S. M., et non par intérest. Je ne luy demande que la justice qui m'est due par les sentimens purs et droits que Dieu m'a donnez pour la religion, et par mon zèle véritable pour le service de S. M. J'en ay donné touttes les preuves qui ont dépendu de moy, dans quatre assemblées du clergé, et je ne perdray jamais d'occasion d'en donner de nouvelles marques.

Voilà une terrible lettre, mon très cher neveu; mais la matière est si importante, et j'en suis si touché que je ne puis la traitter en moins de paroles. Faittes-en l'usage que vous jugerez, répondez de moy hardiment, et répondez-vous à vous-mesme de ma très sincère et très forte tendresse pour luy.

<small>Bibl. imp. supplém. franç. vol. 2233.</small>

130.
LE CHANCELIER DE PONTCHARTRAIN AU CARDINAL DE LA TRÉMOUILLE.

A Versailles, le 1ᵉʳ may 1708.

J'ai receu le livre que Votre Éminence m'a fait l'honneur de m'envoier, suivant la prière que je luy en avois faite[1]. Je luy en rends mille et mille grâces. Elle connoît mieux que moy l'esprit de la cour de Rome, et quoyque l'on y méprise ce livre, comme vous me le dites, et qu'on en ait empesché le débit, Votre Éminence sçait encore mieux que moy qu'on ne laissera pas d'en tirer des avantages, si nous n'en disons rien ici; car quelque mauvais et quelque mal écrit que vous disiés qu'il soit, cela ne diminue rien de son autorité à Rome. Il est imprimé avec permission : il est dédié au pape et composé par un de ses compatriotes. Les maximes les plus détestables des docteurs ultramontains à nostre égard y sont magniffiquement annoncées et fort favorablement receues où il les débite ; le poison est donc et trop sûr et trop dangereux pour qu'on ne doive pas y aporter les remèdes que nous y pouvons aporter dans un temps principalement où Rome nous chicane icy tous les jours sur les thèses que l'on soutient en Sorbonne, et sur tous les livres qu'on imprime. Cependant, puisque Votre Éminence me fait espérer que ce livre sera suprimé à Rome par ordre

---

[1] Ce livre est indiqué ainsi qu'il suit dans une lettre précédente, par laquelle le Chancelier en avait demandé un exemplaire : *De potestate jurisdictionis, seu de regimine animarum;* auteur *de Manentibus.*

du pape, et qu'elle me promet de m'avertir de ce qui se fera là-dessus, je puis aussi l'assurer de mon costé qu'il ne sera rien fait ici sur ce pernicieux livre, jusques à ce que j'aie de ses nouvelles. Je dois luy dire encore à ce sujet qu'il court ici un livre plus ancien à la vérité que celuy qu'elle m'envoie, mais encore plus dangereux, parce qu'il est mieux écrit, et qu'il contient encore d'une manière plus étendue et plus forte les mesmes et diaboliques maximes. Il est composé par Antonius Vaira, et a pour titre *De œcumenica papæ potestate;* il est imprimé à Pavie, in-folio, en 1704, et il est aussi dédié au pape. Votre Éminence y fera, s'il luy plaît, ses réflections, et elle voudra bien me mander ce qu'elle croit qu'on doive faire sur celuy-là, comme elle me le marque sur l'autre. Je me feray toujours un plaisir singulier de me conformer à vos pensées, persuadé de vos sentimens pour les droits du roy et pour ceux de l'Église de France, et pénétré d'estime et de considération pour Votre Éminence autant qu'on le peut estre.

Lettr. Pontch.

131.

LE DUC DE NOAILLES A AMELOT.

A Perpignan, le 2 may 1708.

Vous verrés, M., par le mémoire ci-joint, ce qui est arrivé à Puicerda de la part des Augustins. Je ne dois pas obmettre aussi de vous dire que le fait est certain, suivant le procès-verbal et les informations qui en ont été faites sur les lieux, et dont je n'ai pas jugé à propos de grossir ce paquet. Comme il s'agit aujourd'huy de faire un exemple, et que l'on est assujéti à des informations sur ce qui regarde les ecclésiastiques et les moines, je vous prie de vouloir bien informer M. l'archevêque de Tolède de cette affaire, afin qu'il nomme un commissaire pour instruire et juger juridiquement le procès; et comme il n'est pas moins important, non seulement pour le fait dont il s'agit, mais mesme pour tous ceux de cette nature, que celui qui sera députe par M. l'archevêque de Tolède soit un homme de zèle et de bonne intention, de qui l'on soit sûr, et qui puisse être exempt des ménagemens que pouroit avoir un Espagnol pour ceux de sa nation, si vous aprouvés sur cela mon idée, je crois que l'on ne pourroit faire un meilleur choix que de M. l'évêque de Perpignan, qui est au fait des affaires et des usages du pays, et qui, par conséquent, pourra mieux convenir que tout autre. Il me paroît qu'en faisant subir au coupable la peine qu'il mérite, ce seroit une occasion pour se défaire du reste des Augustins qui sont dans la ville, et qu'il y auroit matière suffisante pour confisquer leur bien. Je vous prie, M^r, de me faire le plutôt qu'il sera possible réponse sur cette affaire, dont vous voïés la conséquence. J'espère que je vous feray savoir dans sept ou huit jours d'ici des nouvelles du Lampourdan, où je compte que nous entrerons dans ce tems-là. Je n'en ai aucunes d'ailleurs qui soient dignes d'attention.

Bibl. imp. Mss. supplém. franç. vol. 2232.

132.

LE CHANCELIER DE PONTCHARTRAIN
AU PREMIER PRÉSIDENT DU PARLEMENT DE BRETAGNE.

A Versailles, le 12 aoust 1708.

Je ne vois rien dans ce que vous me proposés par vostre lettre qui puisse faire la matière d'un règlement.

1° A l'égard des procès que les généraux ou les syndics des paroisses entreprennent trop légèrement sur des délibérations que vous dites qu'ils font faire à leur gré par les communautez, le roy y a pourveu suffisamment en deffendant expressément par ses déclarations aux communautez, d'entreprendre aucuns procès sans la permission des intendans, de sorte qu'il ne suffit pas que ces syndics raportent des délibérations des habitans pour estre receus à playder : il faut qu'ils raportent, outre cela, la permission expresse des Intendans. Ainsy, jusqu'à ce qu'il ait plu au roy de révoquer le pouvoir qu'il a attribué à cet égard aux commissaires départis dans les provinces pour le donner aux parlemens, je ne crois pas que vostre compagnie puisse deffendre aux parroisses d'entreprendre aucuns procès sans sa permission.

Le second chef, qui concerne les réparations des presbytaires, ne me paroist pas non plus devoir faire la matière d'un règlement, parce qu'il est inouy jusqu'à présent qu'on ait obligé les curez à faire les grosses réparations de leurs presbytaires pendant leur vie, où leurs héritiers après leur mort, comme on oblige les évesques, les abbez et les prieurs à faire toutes les réparations des maisons qui sont destinées pour leur demeure. La raison de la différence est, qu'outre que les revenus des curez sont ordinairement fort modiques, il est certain que les paroissiens sont obligez de loger leur curé, et qu'ils sont tenus, par conséquent, de touttes les grosses réparations qu'il convient faire aux presbytaires, les curez n'estant tenus que des menues réparations comme les locataires, au lieu que les évesques, les abbez et les prieurs sont obligez de se loger eux-mesmes. C'est pourquoy, lorsque les nouveaux curez prennent possession de leurs cures, on n'a jamais fait de procès-verbaux de l'état de leur presbytaire pour obliger les héritiers de leurs prédécesseurs à faire faire les grosses réparations qui sont à faire, comme on ne manque jamais de le faire après la mort des évesques, des abbez et des prieurs qui ont des maisons attachées à leur bénéfice. Et si l'on fait quelquefois un état des réparations qui sont à faire dans les presbytères, ce n'est pas pour y obliger les curez ny leurs héritiers, mais seulement pour voir à quoy peuvent monter ces réparations, afin de répartir ensuite sur les habitans les sommes nécessaires pour cela, et il arrive rarement que les curez s'apliquent eux-mesmes ces deniers, et il arrive encore plus rarement qu'ils fassent lever telle somme qu'ils jugent à propos, puisque ces deniers ne peuvent estre levés sans la permission des Intendans, qui veillent à l'employ qui s'en doit faire. Et les procureurs du roy des lieux dans le ressort desquels sont situez les paroisses sont aussy en droit d'y veiller. Ainsy, encore une fois, je ne vois pas que le parlement puisse rien changer à ce qui s'est pratiqué universellement à cet égard dans tout le royaume jusqu'à présent, et s'il le faisoit, tout le clergé ne manqueroit pas de s'oposer à une pareille nouveauté. Je loue en cela vostre zèle; mais, quelque louable qu'il soit, et quelques bonnes que puissent estre vos intentions, je ne vois pas, encore une fois, que vous puissiés rien faire de tout ce que vous proposés à ce sujet.

Décis. Pontch. II.

133.

LE COMTE DE PONTCHARTRAIN AU P. BRACONNIER.

Le 16 janvier 1709.

Vous me ferez plaisir d'achever la description que vous préparez du mont Athos, et de me l'envoyer le plus tost par la voyè la plus seure que vous pourrez trouver. Je prends vostre parole sur le solide et le vray, estant bien certain que la politesse du discours n'y manquera pas.

Je dois estre persuadé que l'accommodement proposé avec les Arméniens schismatiques n'a pas deub estre receu, puisque le pape, sur l'avis de la congrégation de la Propagande, l'a rejetté; mais une partie du mal estoit fait alors, la division entre les Arméniens avoit esclaté, et la persécution contre les catholiques estoit commencée; ainsy il n'estoit plus question de l'esloigner, mais seulement de marquer aux Arméniens orthodoxes ce qu'ils devoient penser et croire. Mais on n'estoit pas dans cette scituation lors de l'ouverture de l'accommodement; on pouvoit, en le passant tel qu'il estoit et que tous les missionnaires et supérieurs d'ordres l'ont signé, adoucir les esprits et les mener insensiblement à une conjoncture dans laquelle on auroit pu se rectiffier et oster de cet acte tout ce qui n'estoit point assez purement catholique, au lieu qu'en suivant la conduitte qu'on a tenue, on a exposé la plus grande partie des Arméniens à céder à la crainte du tourment et à rentrer dans leurs erreurs ; on a fait presque autant de renégats que des gens qui ont esté arrestés, n'y ayant eu que le prestre Gourmidas qui ayt souffert le martire. Je souhaitte beaucoup que cette persécution, qui se rallentit un peu, cesse bientost, et que les pauvres Arméniens catholiques puissent demeurer tranquils dans la religion qu'ils ont embrassée.

Le grand visir et le capitan-pacha se sont un peu relaschez de la manière dure avec laquelle ils ont traité les François pendant quelque temps ; mais ils ne tiennent point encore une conduitte conforme aux capitulations. J'attendray l'effet des plaintes que j'en ay fait à un aga envoyé icy par le capitan-pacha, qui s'est chargé d'un mémoire qui en contient le destail.

Reg. dépêch. comm.

134.

LE COMTE DE PONTCHARTRAIN AU P. GÉNÉRAL DES CORDELIERS

Le 6 mars 1709.

J'ay eu des nouvelles certaines de l'arrivée à Ligourne du gardien de Jérusalem et des trois religieux ses adhérens qui le suivent. Ils y ont esté débarquez par le corsaire flessinguois qui a pris le bastiment du capitaine Lemaire, sur lequel ils estoient, et, à leur sortie du lazaret, ils ont pris la route de Rome. J'espère qu'ils y trouveront M. le cardinal de la Trémoille informé des motifs qui ont obligé le discrétoire de demander au consul de Seyde de les faire embarquer, luy en ayant escrit et envoyé l'extrait du procès-verbal du consul[1], en mesme temps qu'à vous. J'y adjouste une circonstance particulière que

---

[1] Voyez ci-dessus, page 258.

j'apprends, qui est qu'on a trouvé dans la chambre de ce gardien, après son départ de Chipres, un acte par lequel il excommunie le sieur Estelle, son chancelier, le second drogman de l'Eschelle; le sieur Estienne, marchand à Jaffa, et le capitaine Martin. J'envoye la copie de cet acte à M. le cardinal de la Trémoille, pour qu'il en porte des plaintes au pape, comme d'une entreprise dont on n'a pas veu d'exemple jusqu'à présent; et vous en adresse aussy une par l'ordre du roy, sur laquelle je crois que vous estimerez juste de faire les réflexions nécessaires pour réprimer l'audace et le mauvais procédé de ce religieux.

Reg. dépêch. comm.

135.

LETTRE DU ROI A BERNAVILLE.

A Marly, le 18 décembre 1709.

Ayant donné ordre de conduire dans les prisons de mon chasteau de la Bastille un prisonnier important[1], je vous fais cette lettre pour vous dire que mon intention est que vous le fassiez recevoir et exactement garder jusques à nouvel ordre, vous avertissant de ne permettre, sous quelque prétexte que ce soit, qu'il ayt aucune communication avec personne.....

Reg. secr.

Il s'agit du patriarche arménien qui avait été détenu d'abord au Mont-St-Michel.

136.

LE CHANCELIER DE PONTCHARTRAIN
A CHOLIER, CURÉ DE SAINT-LOUIS, A ROCHEFORT.

Le 8 febvrier 1710.

Sur ce que vous m'avés mandé concernant les sieurs Lambert père et fils, j'ay écrit à M. Begon pour en estre informé [1], et je vois, par sa réponse qu'à la vérité le sieur Lambert père ne fait d'autre devoir de catholique que d'aller quelquefois à la messe ; mais que son fils, qui a traité de la charge de lieutenant général au siége royal de Rochefort, n'a jamais esté de la R. P. R., qu'il a esté élevé dans la religion catholique, et qu'il y remplit ses devoirs. Et, pour justiffier son témoignage, il m'envoie un certifficat du curé de la paroisse de Genouillé, qui est le lieu de la demeure du sieur Lambert fils, qui porte, comme vous le verrés par la copie que je vous en envoie, qu'il a toujours rempli tous ses devoirs de bon catholique, et qu'il a même communié dans sa paroisse avec édification aux fêtes de Noël dernier. Ainsy il faut, ou que M. Begon et ce curé m'en imposent, ce que je ne dois pas présumer, ou que vous fussiés fort mal instruit, lorsque vous m'avés mandé que ce jeune homme assistoit aux sermons et à la messe à la manière des Fanatiques, et que, dans le fond, il n'avoit pas changé de religion. Je ne puis croire qu'en cela vous aiés eu aucun

---

[1] Le chancelier avait écrit à cet intendant, le 22 janvier : « On me mande que le nommé Lambert et son fils, tous deux domiciliés au bourg de Genouillé, ne fréquentent pas du tout les sacremens, se contentent d'assister à la messe et au sermon, et j'aprens en mesme temps que le père a traité pour son fils d'une charge de président et de lieutenant de police au siége de Rochefort. Comme il seroit dangereux pour le public et pour la religion que ce particulier fust revestu d'une charge de cette qualité, s'il estoit tel qu'on me l'a dépeint, c'est pourquoy vous prendrés la peine de vous informer exactement si ces faits sont véritables, et de me mander incessamment ce que vous en aurés appris. (*Lettr. Pontch.*)

dessein de luy nuire, et je ne puis croire encore moins que, pour le faire avec plus de succès, vous aiés eu recours à un prétexte aussy spécieux que celuy de la religion. Un prêtre et un curé est incapable d'agir par de pareils motifs, si contraires à cet esprit de charité qui doit servir de principe à toutes ses actions et qui doit régler toutes ses paroles; mais je crains que vous ne vous soiés laissé surprendre par des ennemis du sieur Lambert fils et de sa famille, et que vostre zèle ne vous ait rendu trop crédule sur une chose qui vous a paru intéresser si fort la religion. C'est pourquoy je vous escris pour sçavoir de vous quelle preuve vous avés de ce que vous m'avés mandé, et de qui vous le sçavés; car vous ne pouvés le sçavoir par vous-mesme, puisque le sieur Lambert fils n'est pas vostre paroissien, et qu'il ne demeure pas mesme à Rochefort; en un mot, si vous avés quelque chose là-dessus qui puisse détruire des témoignages aussy autentiques que ceux de M. Begon et du curé de Genouillé. Je vous crois assez homme de bien, si vous avés esté surpris, pour ne pas me l'avouer de bonne foy, et pour ne pas lever vous-mesme toutes les impressions fâcheuses que vous m'avés données.

Le 1er mars.

Je vous renvoie la lettre de M. l'évesque de Sainctes, que vous aviés jointe à celle que vous m'avés escrite le 22 de ce mois touchant le sieur Lambert fils. Je veux bien présumer, comme je vous l'ai déjà mandé, que ce n'a été par aucune mauvaise volonté contre ce jeune homme que vous m'aviés escrit de luy des choses aussy désavantageuses, mais par le seul zèle de la religion. Mais vous voyés, par l'aveu que vous estes obligé de me faire, que vous vous estes trompé dans le jugement que vous en avés porté, qu'il ne faut pas toujours s'abandonner aveuglément à tout ce que ce zèle peut inspirer. Il faut qu'il soit réglé par la sagesse et par la prudence; autrement il arrive qu'avec de bonnes intentions, on commet souvent de grandes injustices en perdant de réputation des personnes innocentes. Et vous avés eu d'autant plus de tort en cela que, le sieur Lambert n'estant pas vostre paroissien, ne demeurant pas même à Rochefort, s'il y avoit quelque chose à redire dans sa conduite, c'étoit au curé de Genouillé, où il a son domicile, à parler, et non pas à vous; c'étoit à M. Begon, étant dans son intendance, à m'informer s'il y avoit quelque chose qui dût empêcher qu'il ne fût pourveu des charges de lieutenant général et député au siége de Rochefort, dont il a traité; c'étoit à M. le maréchal de Chamilly, comme commandant dans la province. Et si vous croiés devoir m'en écrire, il falloit du moins vous en informer à eux auparavant; et comme ils vous auroient rendu les mêmes témoignages que ceux qu'ils m'ont rendus, des bonnes mœurs du sieur Lambert fils, et de l'édiffication avec laquelle il remplit tous les devoirs d'un bon catholique, vous auriés reconnu qu'on vous avoit surpris dans les idées qu'on vous en avoit données, et vous seriés demeuré dans le silence. Et c'est ce qui doit vous convaincre qu'il ne faut jamais, pour me servir des termes de l'Écriture, mettre la faulx dans la moisson d'autruy. Il faut que chaque pasteur se renferme à prendre soin du troupeau qui luy est confié, sans se mêler de celuy des autres; et vous devés d'autant plus pratiquer ces règles, que vous me témoignés être surchargé du vôtre par les peines et les sollicitudes que vous causent plusieurs de vos paroissiens par le dérèglement de leurs mœurs. J'entre fort dans vos peines et je voudrois pouvoir concourir à les soulager; mais ce sont choses qui ne me regardent point; et quoique l'ancien catholique dont vous me parlés soit officier au siége de Rochefort, ce n'est pas à moy qu'il faut vous adresser pour l'obliger à approcher plus souvent des sacremens. Comme ce n'est pas matière de justice ordinaire, vous ne devés ni m'en rendre compte ni réclamer mon autorité à ce sujet, ne me meslant que de ce qui regarde mon ministère. Vous sçavés à quoy vous oblige votre devoir charitable de curé. C'est à vous à le remplir en cette occasion comme en toute autre.

Lettr. Pontch.

137.

LE CHANCELIER DE PONTCHARTRAIN A DOM GEORGE SARAZIN, PRIEUR DE L'ABBAYE DE CRÉPIN, PRÈS VALENCIENNES.

Du 9 septembre 1710.

Mon révérend père, il est fascheux pour vous et pour toutte vostre communauté que vous soyés obligés de vous plaindre de la conduitte de vostre abbé; il seroit à désirer que vous puissiés terminer tous vos différends dans l'intérieur de vostre maison, pour éviter le scandale que ne manqueront pas de causer dans le public de semblables contestations quand elles seront portées dans les tribunaux. Mais si cela ne se peut, vous n'avés qu'à prendre les voyes ordinaires de la justice, et vous n'avés pas besoin de ma permission pour les suivre; elles sont ouvertes à tout le monde, et, si elles ne l'estoient pas, ce seroit à moy à les faciliter, et à lever tous les obstacles qui pourroient en arrester le cours. Et si vous préférés les voyes de l'autorité, c'est au roy mesme que vous devés vous adresser par la voye de M. Voysin, comme secrétaire d'estat de la province.

Lettr. Pontch.

138.

LETTRE DU ROI AUX AUGUSTINS DÉCHAUSSÉS DE PARIS.

A Versailles, le 19ᵉ décembre 1710.

Chers et bien amez, nous sommes informez que le P. Léonard, prieur de vostre couvent, est très malade et en danger de mort; et comme des raisons particulières nous obligent de faire examiner tous les papiers qui sont en sa possession, nous avons chargé de ce soin le P. Loo, prieur des Bénédictins de l'abbaye de Saint-Denis en France, avec ordre de nostre part de les examiner et de garder ceux qu'il trouvera à propos. C'est de quoy nous avons voulu vous donner advis, vous advertissant en mesme temps que le décez du P. Léonard arrivant, nostre intention est que vous vous absteniez d'entrer dans sa cellule, et que vous fassiez deffenses à tous les religieux de vostre communauté d'y entrer aussy, si ce n'est en présence du P. Loo, car tel est nostre plaisir.

Reg. secr.

139.

LE COMTE DE PONTCHARTRAIN
AU COMTE DESALLEURS, AMBASSADEUR A CONSTANTINOPLE.

A Versailles, le 4 février 1711.

... S. M. vous sçait gré du bon accueil que vous avez fait au nouveau patriarche des Grecs, en veue de l'engager à maintenir ceux de sa communion en bonne intelligence avec les Latins, et m'ordonne de vous avertir que les Orientaux communément sont d'une si profonde dissimulation que, quelques retours que vous soyez en droit d'attendre des bons traittemens que vous leur ferez, vous ne devez point pour cela prendre en eux une confiance entière. Vous l'éprouverez dans peu de la part de ce mesme patriarche, que vous verrez solliciter des commandemens pour faire admettre les Grecs à la contribution de la dépense qu'il faudra faire pour réparer la voûte du Saint-Sépulcre, s'il ne demande d'estre mis en possession de l'église entière, ainsy que ceux de sa secte l'ont tenté plusieurs fois. Vous sçaurez du sieur Maunier, supérieur des Pères de Terre-Sainte, les moyens dont M^{rs} les ambassadeurs se sont servy à la Porte pour faire eschouer de pareilles entreprises et y maintenir les religieux de Saint-François.....

Le roy a beaucoup approuvé l'entremise dont vous vous estes servy de l'ambassadeur de Venise pour empescher l'exécution du commandement obtenu par le patriarche de Jérusalem contre les missionnaires de Damas. Il est à souhaitter que celuy de Constantinople et luy vous communiquent, d'aussy bonne foy qu'ils vous l'ont promis, tous les sujets de plaintes qui surviendront de part et d'autre, affin que vous les terminiez de concert à l'amiable, sans avoir recours à l'authorité des puissances turques, qui sont bien ayses d'entretenir la mésintelligence entre les nations, en veue de recevoir des bourses et autres donations des parties. Il y a lieu d'espérer que cette disposition des esprits vous donnera les moyens d'obtenir la restitution des biens enlevez par l'avidité d'un pacha à un archiprestre de cette ville de Damas, nommé Gabriel Condoleo, qui s'en retourne à Constantinople, avec ordre de vous rendre compte de l'estat et des circonstances de son affaire. Le roy aura d'autant plus agréables les services que vous luy rendrez, qu'il justiffie que ses ancestres estoient comme luy attachez aux intérests de la France.....

J'ay leu au roy la copie de la lettre que vous avez escrit aux missionnaires d'Alep, pour leur recommander d'éviter toutte discussion avec les Grecs et Arméniens. J'ay rendu compte en mesme temps à S. M. de ce que vous marquez des motifs de la conduitte des premiers. Elle vous recommande de les faire avertir qu'il vous est ordonné d'informer sur-le-champ de ceux qui contreviendront aux règles que vous venez de leur prescrire, affin que personne n'en puisse ignorer, et que le roy fasse punir ainsy qu'il le trouvera bon, le premier qui attirera la division entre les nations.....

Le 12 octobre 1712.

..... S. M. a esté bien ayse d'apprendre vos dispositions pour obtenir un commandement du Grand Seigneur, dans la forme nécessaire pour authoriser les Pères de Terre-Sainte dans l'entreprise des réparations des Saints-Lieux. Il y a lieu de juger que ces religieux vous solliciteront de le faire expédier aussytost qu'ils auront des fonds pour faire mettre la main à l'œuvre.

Reg. dépêch. comm.

140.

LE COMTE DE PONTCHARTRAIN
AU P. DOM ALLARD DE L'ORDRE DE SAINT-BENOÎT.

Le 6° may 1711.

Le roy, qui a esté informé des démarches téméraires et ambitieuses du P. Dom Louis de Saint-Cosme, qui ne peuvent tendre qu'à troubler la paix avec laquelle doit estre tenu vostre chapitre général, S. M. m'a ordonné d'expédier un ordre pour obliger ses supérieurs de l'envoyer à Limoges. Je vous adresse cet ordre, afin que vous le remettiez aux religieux composant le chapitre. Il y en a un autre, nommé Dom Louis des Anges, dont la conduitte n'est pas moins irrégulière. S. M. m'ordonne de vous escrire d'y prendre garde, et de l'advertir que peu s'en est fallu qu'il n'ayt esté donné à son esgard un pareil ordre qu'à l'esgard de l'autre. Vous me manderez, s'il vous plaist, s'il aura proffité de l'advis [1].

Reg. secr.

141.

LE COMTE DE PONTCHARTRAIN A D'ARGENSON.

A Fontainebleau, le 22 juillet 1711.

Sur le compte que j'ay rendu au roy de la mort d'un Arménien converty, qui a esté conduit en France, il y a quelques années, par un cas des plus singuliers, S. M. m'a commandé de vous escrire qu'il est nécessaire que vous soyez amplement instruit par M. l'abbé Re-

---

[1] Le 9 avril 1709, il avait été écrit, au nom du roy, à de Bernayes : « Le roy, peu satisfait de la conduitte du P. Bedemoure, bénédictin anglois, qui est un brouillon et séditieux dans son ordre, je vous envoye les ordres nécessaires pour le faire mettre dans la citadelle d'Amiens. » (Reg. secr.)

naudot du caractère et des avantures de cet estranger, ainsy que de la part que des sujets du roy de tous estats y ont eu mal à propos. Lorsque vous en aurez connoissance, je suis persuadé que vous trouverez à propos de prendre touttes les précautions praticables pour prévenir les ressentimens et les plaintes mesmes que les ministres de Turquie pourroient marquer dans la suitte à son occasion, et que, pour cet effet, vous prendrez de justes mesures pour justiffier incontestablement que ce malheureux a esté mis en liberté par ordre de S. M., et traitté avec toutte sorte d'humanité, du moment qu'il a pu se faire entendre et connoistre; que sa fin n'a esté ni tragique ni violente, et qu'il a fait en mourant tous les actes de profession de la foy catholique, en conformité de l'abjuration de ses erreurs par luy faite entre les mains de M. le cardinal de Noailles, au mois de septembre dernier. Je ne suis pas embarrassé des preuves que vous aurez par les médecins et apotiquaires des soins temporels, et des spirituels par les ecclésiastiques de la paroisse. Mais attendu que le point principal, par rapoŕt aux Turcs, est celuy de la liberté dont il jouissoit, c'est ce que le roy vous recommande par préférence de mettre en évidence, suivant le compte que M. l'abbé Renaudot vous rendra des esgards que l'on a eu pour ce disgracié, depuis que la résolution a esté prise de rappeler M. de Ferriol. Il me suffit de vous expliquer sommairement de quoy il est question, ne doutant point que vous ne donniez aux actes que l'on vous demande la forme et la force nécessaires pour estre receus par les ministres de la Porte comme pièces authentiques. Je vous prie seulement de vouloir bien m'en envoyer des doubles, collationnez et légalisez, que j'adresseray à M. le comte Desalleurs, ambassadeur du roy à Constantinople, avec une instruction sur l'usage qu'il en doit faire.

Le 30 juillet.

S. M. m'a paru sensible à cette nouvelle (de la mort d'Avedick), ainsy qu'elle l'avoit esté cy-devant au récit des infortunes de ce disgracié patriarche. Elle a veu avec une extrême satisfaction la profession de la foy catholique dans laquelle il a persévéré jusqu'au dernier moment. Mais comme il y a lieu d'apréhender que, sur la nouvelle de cette mort, à Constantinople, les Arméniens ou autres ennemis de la nation voudront peut-estre faire entendre aux ministres de la Porte qu'Avedick a finy ses jours dans ses premières erreurs, en prison, ou d'une mort violente, pour prévenir toutte explication à ce sujet, et mettre l'ambassadeur du roy en estat de justiffier du contraire, S. M. m'a commandé de vous escrire qu'il est nécessaire que vous rédigiez un acte juridique dans la forme la plus authentique que vous y pourrez donner pour les Turcs, qui fasse connoistre la liberté dont il a jouy publiquement depuis le moment qu'il a sceu se faire entendre, et les sentimens orthodoxes dans lesquels il a persisté au dernier soupir, ainsy que les causes naturelles de sa mort, qui ont prévallu à tous les remèdes de la médecine. Il ne faut point douter qu'une attestation si respectable, jointe aux autres pièces que j'ay eu soin d'envoyer à M. le comte Desalleurs, n'opère l'effet que l'on en doit attendre, qui est de convaincre les officiers du Grand Seigneur que le roy n'a jamais approuvé les voyes de violence, et encore moins les attentats qui peuvent avoir esté commis en Turquie à l'insceu de S. M., sur la personne du deffunt. Je vous prie de m'envoyer, le plus tost que vous pourrez, une expédition de l'acte que je vous demande, par ordre du roy.

<small>Reg. dépêch. comm.</small>

142.

LE COMTE DE PONTCHARTRAIN AU P. DE LOO.

Le 7 octobre 1711.

Vous verrez par la lettre du roy cy-jointe [1] les précautions qu'on a

[1] Cette lettre, adressée aux Petits-Pères, était conçue dans les termes suivants : « Chers et bien amez, le repos de vostre congrégation dépendant à l'advenir des su-

jugé à propos de prendre pour empescher que les charges de la congrégation des Petits-Pères ne soyent remplies de mauvais sujets. Ceux de cette espèce sont entre autres les PP. Eusèbe, Bazile, Paul et Romuald, qu'on n'a point nommés dans la lettre, afin de leur épargner cet affront et qu'on soit libre de donner aussy l'exclusion aux autres qui pourront estre suspects. C'est ce que vous apprendrez encore plus particulièrement de M. le cardinal de Noailles, que vous prendrez la peine de voir sur ce sujet. Comme il pourroit arriver que le P. de Lastenay voudroit aussy donner l'exclusion à quelques religieux, et se servir pour cela du nom du pape, ce que nous ne croyons pas qu'il soit en droit de faire, les commissaires de cette qualité n'en ayant d'autre que celuy de concilier les esprits, et insinuer la règle et le bon ordre, en ce cas, il sera de vostre prudence de luy faire entendre que cela ne peut s'exécuter sans que vous en ayez adverty le roy et receu ses ordres. Et, en effet, supposé que cela arrive, vous m'en donnerez, s'il vous plaist, advis. Il est important que vous assistiez vous mesme au chapitre.

Reg. secr.

143.

LE CHANCELIER DE PONTCHARTRAIN AU CARDINAL DE NOAILLES.

A Versailles, le 26 janvier 1712.

Il y a quelques jours que le roy trouva par hasard sur la table de Mme de Maintenon une ordonnance que V. Em. donna le 9e jour de jets qui seront choisis à la prochaine eslection pour le gouvernement, nous avons donné nos ordres aux commissaires qui doivent assister à la tenue de vos chapitres, de donner l'exclusion des charges à ceux des religieux qui ne leur y paroistront pas propres dans la conjoncture présente. Ce que nous avons voulu vous faire sçavoir, afin que vous ayez à vous conformer à ce que les commissaires vous diront sur ce sujet, estant persuadez qu'en cette occasion ils se serviront utilement et à l'advantage de vostre congrégation des connoissances qu'ils ont cy devant pris sur les troubles qui l'ont agité. » (*Reg. secr.*)

mars 1707 pour recommander aux curés de préparer de bonne heure les malades à la mort. Le roy fut touché de cette ordonnance, la trouva sage, pieuse, charitable et digne de faire la matière d'une loi de police générale dans son royaume, en ordonnant par son autorité aux médecins et chirurgiens, à quoy vostre caractère ne peut que les exhorter. Le roy m'ordonna aussitost dans cet esprit d'y travailler et de luy proposer ce que j'aurois trouvé de bon et de praticable. J'y ay donc fort réfléchy suivant ses ordres, et comme il n'y a jamais eu dans ce royaume de loy civile et de police sur cette matière, et que nous n'avons point celles d'Espagne et d'Italie, où nous sçavons seulement par tradition ce qui s'y fait, j'ay trouvé plus d'embarras et de difficultés qu'il ne s'en présenta d'abord sur la constitution de cette loy toute nouvelle; j'en ay rendu compte au roy ce matin, qui, par sa sagesse et sa prudence, sçaura bien les lever toutes, lorsqu'il n'y aura plus qu'à rédiger cette loy. Mais avant d'en venir là, comme il est juste de vous en donner tout l'honneur, et que la Déclaration du roy ne peut avoir un plus solide fondement en matière de religion que les ordonnances de son archevesque, et que vostre ordonnance est à présent trop ancienne pour la rappeler, le roy et tout son conseil où j'en ay rendu compte, a trouvé plus à propos que V. Em. renouvelast cette ordonnance sous tel prétexte qu'il luy plairoit, qu'elle y marquast mesme, si elle le juge à propos, que le roy, par sa piété, luy a fait espérer qu'il joindroit toute son autorité à vos sages et charitables exhortations. Toute idée de cette nature qui vous paroistroit convenable, pourra trouver aussy place dans vostre ordonnance, dont aussytost le roy fera la base et le fondement de la Déclaration qu'il donnera ensuite. C'est ce que S. M. a ordonné de faire sçavoir à V. Em., et de quoy je m'acquitte avec d'autant plus de plaisir que je vois qu'en cela on rend justice à son mérite, à son application et à sa sollicitude pastorale qui se répand toujours sur ceux que la Providence a confiés à ses soins charitables. Personne n'honore plus V. Em. que je fais, et n'est avec des sentimens d'estime et d'attachement pareils à ceux que j'ay pour V. Em.

SOUS LE RÈGNE DE LOUIS XIV.

Le 22 février.

J'ay receu avec bien du plaisir la nouvelle Ordonnance que V. Em. m'a envoyée, dont je la remercie. Je ne puis trop la louer de son attention et de son zèle pour les peuples de son diocèse que le roy secondera sans doute volontiers.

Lettr. Pontch.

144.

LE CHANCELIER DE PONTCHARTRAIN A L'ÉVÊQUE DE SAINTES.

A Versailles, le 11 octobre 1712.

Je vous ay déjà répondu sur la consultation de politique singulière que vous m'avés faite, s'il convenoit par rapport aux nouveaux convertis de poursuivre un curé de votre diocèse qui a commis un viol dans un chemin public, et je n'ay rien à ajouter à ce que je vous ay mandé à ce sujet. Mais je ne puis m'empescher de vous dire sur ce que vous me marqués par vostre dernière lettre que cet ecclésiastique s'est absenté lorsqu'il a eu avis du décret décerné contre luy, que je ne sçaurois blasmer trop fortement la conduite que les officiers de vostre officialité ont tenue dans cette occasion. Il estoit de leur devoir de le faire arrester dans l'instant mesme qu'on a donné le décret que l'on devoit tenir secret jusqu'à ce qu'il fust exécuté, afin que ce criminel n'échappast pas à la justice. Au lieu de cela, on a affecté de rendre ce décret public, pour donner le temps au coupable de s'évader et de se soustraire aux justes peines qu'il mérite, et cela sur le faux principe d'empescher le scandale que causera la punition d'un prestre. Quand l'église elle-mesme sera l'instrument de l'impunité des clercs, ce sera l'abomination de la désolation dans le lieu saint que M^{rs} les évêques doivent regarder comme le plus grand des malheurs, et auquel ils doivent s'opposer de toute leur autorité [1].

Lettr. Pontch.

145.

LE CHANCELIER DE PONTCHARTRAIN AUX URSULINES DE BOURGES.

A Versailles, le 3 avril 1714.

Il est fascheux, Mesdames, que le procédé extraordinaire que tient à vostre égard M. l'évêque de Bazas cause un aussy grand scandale pour la religion, que celuy que vous me marqués, non-seulement dans vostre communauté, mais mesme dans le public. Je voudrois qu'il fust en mon pouvoir de le faire cesser : je le ferois volontiers ; mais je ne sçaurois que vous plaindre et que compâtir avec ce que vous souffrés, sans qu'il me soit possible d'y remédier. Ainsy, dès que ce prélat refuse de déférer à tout ce que vous luy avés représenté à ce sujet, vous estes dans la malheureuse nécessité de continuer à vous pourvoir par les voies ordinaires de la justice. Je ne doute pas que le parlement ne vous la rende telle qu'elle vous sera deue, sans qu'il puisse en estre empesché par le crédit de M. le président de Gourgues.

Lettr. Pontch.

---

[1] Une affaire plus scandaleuse avait eu lieu en 1705, comme on peut voir par les deux lettres suivantes adressées l'une à l'évêque du Mans, et l'autre à Turgot, intendant de la généralité :

«Versailles, le 19 aoust 1705.

« Il y avoit à Paris un ecclésiastique du Chasteau-du-Loir, qui se fait apeller l'abbé de Rochefort, si enclin au vice infâme de sodomie, que sa fureur a esté de persécuter par tous les moyens possibles un cocher nommé Bertrand, auprès duquel il jouoit toutes sortes de ressorts pour l'attirer avec luy. Il s'est, à ce qu'on dit, retiré depuis peu au Chasteau-du-Loir, et bien luy en a pris ; car on l'auroit fait enfermer à l'hospital général. Le roy m'ordonne de vous escrire de l'advertir de rester chez luy et d'avoir attention sur sa conduitte, en luy faisant entendre que s'il ne se corrige, il s'attirera le traictement qu'un infâme comme luy mérite. »

Le 16 septembre.

« Il y a au Chasteau-du-Loir un prestre

146.

LETTRE DU ROI AU PRIEUR ET AUX DOCTEURS DE LA SORBONNE.

A Versailles, le 19 may 1714.

Chers et bien amez, nous avons appris avec estonnement que quelques d'entre vous, oubliant le respect qu'ils doivent au corps dont ils ont l'honneur d'estre, et mesprisant les loix et les usages selon lesquels ils auroient dû se conduire, se sont laissé emporter à des excez d'autant plus dangereux qu'il y a lieu de soupçonner que le motif de leur entreprise les rend encore plus criminels. Ils ont ozé de leur authorité lire en pleine assemblée certain escrit sans l'avoir auparavant communiqué à vostre syndic, malgré ses remonstrances, et au préjudice de son opposition. Ils ont murmuré contre vostre décret du 5 mars dernier, par nous ordonné et conforme à vos usages; ils n'ont pas craint d'attaquer vostre conclusion, quoyqu'elle ayt esté prononcée dans les formes, qu'elle soit insérée dans vos registres, signée de vostre doyen, approuvée par vos souscriptions, et confirmée par vous-mesme dans la lecture qui vous en fut faite le 10 du mesme mois. S'ils avoient le moindre fondement, ils n'avoient qu'à s'inscrire en faux; cette voye leur estoit ouverte, et c'estoit la seule permise,

nommé Rochefort, accusé des vices les plus infâmes, auquel le roy avoit bien voulu faire donner des advis charitables par M. l'évesque du Mans. Cet homme s'est porté jusques à un tel excez d'emportement, qu'il a frappé de sa canne M. l'abbé de Viantez, archidiacre, qui estoit chargé de luy donner ces advertissemens. Sur quoy le roy m'a ordonné d'expédier l'ordre que je vous envoye pour le faire enfermer au chasteau d'Angers, tant à cause de son malheureux vice que de ses emportemens. Il doit y estre nourry à ses dépens ou aux dépens de sa famille. Lorsque l'ordre aura esté exécuté, je vous prie de prendre la peine de me le faire sçavoir. » (*Reg. secr.*)

Il paraît que le coupable parvint à échapper bientôt; car le 7 octobre suivant, le secrétaire d'État écrivit à d'Argenson : « Cet abbé de Rochefort, de vices infâmes... vous verrez par la lettre de M. Turgot qu'il peut estre à Paris. Ne manquez pas, s'il y est, de le faire arrester. » (*Reg. secr.*)

selon vos loix, dans les circonstances présentes; mais ils ont préféré la cabale et le tumulte qui leur faisoient concevoir la vaine espérance de faire réussir leurs projets. Protecteurs de vos loix et de vos usages, nous ne devons pas laisser un tel procédé impuny; c'est pourquoy nous vous faisons cette lettre pour vous dire que nostre intention est que les sieurs Garçon, Desmoulins, Coursier, Navarre, de Bragelogne et Begon ne soyent plus admis dans vos délibérations, et ce jusques à nouvel ordre [1].

Reg. secr.

147.

LETTRE DE PROTECTION DU ROI EN FAVEUR DES MISSIONNAIRES ALLANT EN MINGRÉLIE [2].

A Versailles, le 25 mars 1715.

Les tesmoignages avantageux que nous avons receu de la bonne conduitte que les prestres de la congrégation de Saint-Lazare ont fait

[1] En juillet 1696, le roi avait adressé à un autre docteur, l'abbé de Drubac, un ordre semblable : « Que vous vous absteniez à l'advenir de vous trouver aux assemblées de docteurs qui se feront en Sorbonne, jusqu'à nouvel ordre. » (*Reg. secr.*)

[2] Le 14 mars 1696, le comte de Pontchartain avait écrit à Chambon, consul de France à Alep : « Le roy a esté informé par plusieurs lettres qui ont esté escrittes d'Alep que vous négligez de protéger les missionnaires françois qui y sont, et que vous avez souffert qu'ils ayent esté assujettis à l'exécution du commandement du Grand-Seigneur qui leur interdit touttes sortes de fonctions, quoy qu'ils en ayent esté exceptez dans les autres eschelles... S. M. m'a ordonné de vous faire part de ces plaintes pour vous demander raison de vostre conduitte à cet esgard, et vous dire que son intention est que, s'il est vray que dans les autres eschelles on n'ayt point exécuté le commandement du Grand-Seigneur à l'esgard des missionnaires françois, ce que vous pouvez aisément scavoir de Seyde et du Caire, vous mettiez tout en œuvre pour les faire traitter de la mesme manière dans celle d'Alep, et que vous leur donniez par préférence à tout, le secours et la protection dont ils auront besoin pour remplir leurs fonctions, cependant avec la prudence et la circonspection nécessaires pour y réussir. » (*Reg. dépêch. comm.*)

paroistre dans la direction des missions estrangères qui ont esté confiées à leurs soins, nous ont porté à les charger encore de celle que nostre Saint-Père le pape nous a prié d'establir dans les provinces de la Mingrélie; et, affin que personne de nos sujets et alliez ne puisse les inquietter dans les fonctions de ce saint ministère, nous sommes bien avse de déclarer que nous les avons pris et mis, comme nous les prenons et mettons, par ces présentes signées de nostre main, en nostre protection et sauvegarde, voulant qu'ils en ressentent les effets en touttes occasions. Et pour ce, nous mandons à nostre amé et féal conseiller en nos conseils, nostre ambassadeur extraordinaire à la Porte Ottomane, aux consuls de la nation, soit dans les Eschelles de Turquie et de Perse, soit en des Estats voisins, de les favoriser de leurs soins, offices et protection en tout et partout où besoin sera, en sorte qu'il ne leur soit fait aucun mauvais traittement, et qu'ils puissent librement exercer les fonctions dont ils sont chargez, car tel est nostre plaisir. Prions et requérons tous roys, princes, potentats, estats et autres, de leur accorder toutte faveur et protection en cas de besoin, offrant de faire le semblable pour tous ceux qui nous seront recommandez de leur part.

Reg. dépêch. comm.

III.

PROTESTANTS.

SUITES DE LA RÉVOCATION DE L'ÉDIT DE NANTES.

I.

D'ANGLURE, ÉVÊQUE DE CASTRES, A COLBERT.

A Castres, le 18 avril 1662.

La semaine passée je vous escrivis ce qui se traittoit pour la ville de la Caune et ses dépendances dont je venois d'estre averty. J'ay sceu depuis que 200 habitans ou taillables de la ville de la Caune se sont sindiquez pour se donner à M. le prince de Conty. Les plus puissans habitans ont suivy les avis du consistoire de Castres et des chefs de leur party dans leur voisinage, et s'y sont opposez, et fait une députation vers M. le prince de Conty pour le supplier de ne point accepter l'offre des habitans qui se sont sindiquez pour se donner à luy, et affin de faire paroistre que les catholiques ne le souhaittoient pas pour leur seigneur, ils avoient choisy pour chef de leur députation le curé du lieu, qui m'en avertit en mesme temps, et je luy deffendis de l'accepter, et de leur dire que je l'avois mandé pour venir à mon synode. Je vous peux asseurer que cette affaire tient au cœur aux huguenotz plus que vous ne sçauriez croire, pour les raisons que je vous manday assez à la haste la semaine passée; et je vous asseure que si le roy vouloit retirer à soy le domaine aliéné dans cette montagne, tant aux communautez huguenotes qu'aux gentilshommes de la mesme religion, qui est engagé si peu qu'une année en payeroit le prix entier, et faire de la ville de la Caune ou de celle de Vianes un gouvernement pour appuyer ceux qui auroient l'administration du domaine du roy pour le faire valoir, ce qui se pourroit faire sans que le gouvernement ni la garnison coustast rien au roy, ou par un retranchement d'une partie de ce que les estats donnent pour des places peu utiles, ou bien en transférant la paye entière de la plus inutile de ces places à celles que le roy voudroit establir, S. M. en tireroit des avantages merveilleux; car, par là, toute la montagne du haut Languedoc seroit assujettie et hors d'estat d'oser jamais bransler; la religion catholique, qui n'en est chassée que par l'oppression et la tyrannie de ceux qui ne sont puissans que par les domaines du roy qu'ils possèdent, refleuriroit en fort peu de temps, parce que ces pauvres gens de la montagne ne demanderoient que d'estre hors du péril des mauvais traittemenz, que l'on leur fait s'ils ne sont huguenotz, pour retourner à leur ancienne religion; et en dernier lieu le moyen seroit osté aux huguenotz d'avoir la pensée de tirer jamais des hommes de cette montagne quand ils voudroient brouiller. Ainsy le roy, en usant de ses droitz, sans que personne s'en puisse plaindre, peut anéantir tout le party des huguenotz dans le haut Languedoc, et leur oster toute communication avec les Cévennes sans qu'il luy en couste; au contraire, il se fera un revenu très-considérable du retrait de ses domaines de la montagne s'ils sont bien mesnagez; et les divisions où ils se sont jettez eux-mesmes pour choisir un maistre, vous en donnent le prétexte. Excusez mes songes et mes resveries qui partent d'un zèle tant envers la religion qu'au service de nostre maistre. Je suis avec très-profond respect, etc.

Vol. verts C.

2.

BOURLIÉ A COLBERT.

A Sedan, ce 21° septembre 1662.

Despuis mon arrivée en ceste ville, je mis mon principal soin à examiner avec le père Adam l'effect qu'on se peut promettre de la réunion ou conversion généralle de ce peuple à l'Église romaine; mais je trouve, M^r, beaucoup de douceur et de respect sans aucune disposition présente à cest ouvrage. Les officiers du conseil souverain, qui sont les principaux de ceste ville, estoient prévenus de crainte d'estre pressés, et minutent desjà leur sortie de la ville, ce qui, sans doubte, porteret grand préjudice au bien du service du roy, pour ce qu'ils ont beaucoup de suitte par leurs parens et amis, à quoy je remédie en remetant leurs esprits par les asseurances de la bonté du roy, et affaiction particulière pour ceste ville. Je ne doubte pas que dans quelque temps nous n'attirions quelques-uns des plus notables, et que ce progrès ne soit suivi de beaucoup d'autres parmi le peuple; mais il faut un peu de temps, et que cest advantage nous vienne de celuy que recevront les officiers qui craignent une suppression entière, si vous trouvez bon, ainsi que vous m'avez faict l'honneur de me tesmoigner, qu'ils demeurent simples conseillers, et qu'il plaise au roy de les souffrir, à quoy je les ay portés à consentir, mettant dans leurs provisions que c'est en considération de leurs services, et sans que ceste grâce puisse tirer à conséquence à l'advenir. Quant à M. d'Ozave, que je laisse sur la liste sans y toucher, comme il a esté tousjours le segond du corps, je ne peux luy trouver place. Vous verrés, M^r, ce qu'il plaira au roy de lui accorder. Il se faict justice et renonce à pouvoir jamais estre le premier. En vérité, il a beaucoup de mérite et capacité, et a tousjours esté très zélé au service du roy. De plus, il a beaucoup de disposition à se convertir, et la perte me semble grande, s'il sortet de la ville. Il a désiré de vous aller dire ses raisons luy-mesme, et je ne peu luy refuser. Pour celuy que je laisse en blanc, je l'espère remplir d'un fort honneste homme converti qui se dispose, et si cela manquet, il le sera d'un catholique. Voilà, M^r, l'estat présent; je vous rendrai compte exact dans la suitte de tout ce qui se passera, et en touttes occasions, mes respects comme estant très passionément, etc.

Vol. verts C.

3.

COLBERT A L'ÉVÊQUE DE MENDE.

Le 7 juin 1663.

J'ay appris avec une douleur très sensible le cruel parricide que les huguenotz ont commis en la personne de l'un de vos curez, et les inhumanitez qu'ils ont exercées contre le corps de ce pauvre ecclésiastique. Vous ne devez pas douter que le roy ne donne des ordres fort sévères et pour la perquisition des coupables, et pour les faire punir rigoureusement s'ils peuvent estre appréhendez, puisqu'il est de la justice de S. M. de venger son authorité qui a esté blessée en cette rencontre, et pour faire connoistre combien elle a à cœur la protection de la religion catholique.

Reg. dépêch. mar.

4.

COLBERT A L'ÉVÊQUE D'USEZ.

Le 13 juillet 1663.

Si j'ay différé jusques à présent de respondre à la lettre que vous m'avez fait l'honneur de m'escrire au sujet de la charge de procureur du roy au siége d'Usez, c'est que j'ay estimé qu'il estoit préalable d'avoir auparavant les ordres de S. M., qui m'a commandé de vous faire sçavoir qu'elle ayderoit volontiers de la somme de 3,000ᵗᵗ ce jeune advocat huguenot qui a quelque veue sur cette charge, pourveu que sa conversion ne soit point fardée, et qu'il vous paroisse qu'il change de religion par un bon motif. Mais si vous ne trouviez pas en sa personne ces dispositions, sadite Majesté donneroit un secours de 2,000ᵗᵗ au sieur Valette pour luy faciliter l'acquisition de ladite charge. Vous pouvez, Mʳ, prendre vos mesures sur ce que j'ay le bien de vous mander.

Reg. dépêch. mar.

5.

COLBERT A CARCAVI.

A Fontainebleau, ce 12ᵉ juillet 1664.

Nous sommes icy en une difficulté assez considérable sur ce qui concerne les lieux d'exercice de la relligion prét. réformée dans le pays de Gex.

La république de Berne prétend que ce pays a esté cédé au roy par le traitté de 1602 pour en jouir de la mesme manière que le duc de Savoye en jouissoit.

Les Bernois prétendent que par deux traittez de paix faits entre M. de Savoye et eux en 1564 et 1589 (si je ne me trompe), M. de Savoye estoit obligé de ne rien innover au fait de la relligion, et de laisser toutes choses en l'estat qu'elles estoient lors, en sorte que M. de Savoye estant obligé en vertu de ces deux traittez, et le roy ayant succédé aux droits et obligations de M. de Savoye, S. M. ne peut rien innover sur ce sujet. La raison de cette difficulté est qu'en 1662 le roy ordonna, par arrest de son conseil d'en hault, la démolition de vingt-cinq temples dans le pays de Gex, et n'a laissé aux huguenots que trois lieux d'exercice libre dans ledit pays.

Les catholiques dudit pays prétendent que lesdits traittez n'obligeoient point M. de Savoye, et par conséquent, qu'ils n'obligent point le roy. La raison qu'ils allèguent est que par le dernier traitté de 1589 la paix devoit estre restablie, et le pays de Gex remis en l'obéissance dudit sieur duc de Savoye, ce qui ne fust point exécuté par la rébellion des habitans dudit pays, lesquels, soustenus tousjours par les Bernois, se maintinrent dans la désobéissance et la rébellion, en sorte que ledit duc fust obligé de leur faire tousjours la guerre, en telle sorte que lorsqu'il fit le traitté de 1662, il n'estoit pas encore paisible, ce qui fait connoistre clairement qu'il n'estoit point obligé à l'exécution dudit traitté de 1589, puisque lesdits habitans dudit pays de Gex ne l'exécutèrent point de leur part.

Et pour preuve convainquante que le duc de Savoye n'estoit point obligé à l'exécution desdits traittez, ils disent qu'il estoit obligé par iceux à laisser les choses de la relligion en l'estat qu'elles estoient lors dans trois bailliages qui sont au delà du Rosne, ce qu'il n'a point exécuté, ayant chassé tous les relligionnaires, et ne les ayant point soufferts depuis ce temps-là, par la raison cy-dessus que lesdits traittez n'avoient pas esté exécutés de la part de ses sujets rebelles.

Je prie M. Carcavi de prendre la peine d'examiner cette question, et en mesme temps de m'envoyer les traittez faits entre ledit duc de Savoye et les Bernois depuis 1535 jusques en 1602, ensemble le traitté fait entre Henri IV et le duc de Savoye en 1602, et ce qui est dit dans les histoires de Savoye et autres touchant ce qui s'est passé entre le mesme duc de Savoye et ledit pays de Gex, depuis le dernier traitté de 1589 jusques en 1602.

Mél. Colb. vol. VI.

6.

PELLOT, INTENDANT, A COLBERT.

A Montauban, ce 14ᵉ janvier 1665.

..... L'on avoit parlé de différer la conversion du sieur Coras ministre ; il le souhaitoit, et m'avoit donné pour cela une déclaration de faire son abjuration quand l'on le jugeroit à propos; mais l'évesque de Montauban fut d'advis de ne pas différer, ce qui a bien réussy ; car cette conversion s'est faite avec tant d'esclat et si à propos, qu'elle surprit et estonna tout à fait ceux de la R. P. R., et en a attiré beaucoup de nostre costé. Il y a outre cela lieu d'en espérer de bons effets à l'advenir; car, comme il est habile, les connoît, et a du talent pour la controverse, il réussira sans doute à ce que l'on l'employera, et esbranlera beaucoup ceux qui font la profession qu'il a quittée, surtout quand l'on verra que l'on le traitte bien, et que S. M. luy fera quelque grâce quand l'occasion s'en présentera.

Vol. verts C.

7.

DE BESONS, INTENDANT, A COLBERT.

A la Voulte, ce 23ᵉ aoust 1665.

..... Travaillant icy aux affaires du pays, nous avions creu (devoir) faire le procez à ceux qui estoient accusez d'avoir menacé des personnes et maltraitté pour s'estre converties. Il n'y avoit rien de plus important que d'en faire une punition pour l'authorité du roy. Comme l'on est venu à récoler les tesmoings, l'information s'est trouvée fausse : le juge qui l'avoit faicte, ayant supposé trois tesmoings et contrefaict leur seing, sans qu'ils en eussent jamais ouy parler. Cependant ces informations avoient esté apportées au conseil, et l'on en avoit parlé au roy, et c'est le fondement d'un arrest du conseil qui fust donné pour l'affaire de Privas. Je travaille à faire un esclaircissement exact de toutes ces choses, pour après les envoyer à M. de la Vrillière, et en rendre compte à S. M. Je voudrois bien avoir esté adverty de cette fausseté plus tost, pour esviter la honte et la confusion que l'on reçoit d'une affaire de cette qualité. Messieurs les dévotz qui estoient les poursuivans de cette affaire sont fort surpris; le juge qui a faict la fausseté s'est absenté; mais il faut tascher de l'avoir. Je vous rends compte de ces choses par avance, auparavant que d'en avoir esclaircy tout le détail, parce que je sçay qu'on ne manquera pas d'en escrire.

Vol. verts C.

8.

DE MARLE A COLBERT.

Alençon, ce 6 juin 1669.

Je reçus il y a quelque temps un ordre du roy par M. le marquis de Louvois, de dresser un procès-verbal de ceux qui jouissent des places d'oblats dans les abbayes et prieurez qui sont à la nomination du roy. Après y avoir satisfait, j'eus la curiosité de m'instruire de l'origine de ces droits, et par l'examen que j'en ai faict, ayant remarqué qu'autresfois le roy estoit en possession de pareil privilége dans les abbayes et prieurez de filles, j'ay creu qu'il estoit de mon debvoir de vous en envoyer un mémoire pour vous servir, si vous jugez à propos de restablir ceste ancienne possession. Du moins, je puis vous dire qu'elle seroit très-nécessaire dans ces quartiers, où nous avons plusieurs personnes de la religion: le roy pourroit en faire un lieu d'azile et de retraicte pour les filles qui embrasseront la religion catholique, et auxquelles les parens refusent toutes sortes d'alimens, et de pensions quand elles changent de religion. Ces rigueurs et le peu de secours qu'elles trouvent d'ailleurs empeschent quelquesunes de se convertir. Si vous jugiez encore à propos de faire prendre une somme peu considérable sur les décimes pour distribuer aux misérables qui se convertissent, comme il s'observe à l'esgard des ministres, cela feroit autant de conversions que les exhortations et les sermons des plus habilles gens.....

Vol. verts C.

9.

DEFITA, LIEUTENANT CRIMINEL, A COLBERT.

Du 14 juin 1669.

M'estant transporté cejourd'huy au chasteau de la Bastille pour continuer les interrogatoires du sieur R. (Roux), je l'ay trouvé au lict feignant souffrir de grandes douleurs d'une rétention d'urine, qui le mettoient hors d'estat de me pouvoir respondre, et quoique je feusse persuadé que sa maladie estoit simulée, néanmoins, pour observer les formalités de la justice, j'ay mandé un chyrurgien, qui, après l'avoir visitté, m'a fait raport qu'il n'y voyoit aucunes aparences du mal dont le sieur Roux se plaignoit. Mais comme il a toujours insisté qu'il n'en pouvoit plus, et qu'il demandoit pour toute grâce que je différasse jusques à demain son interrogatoire, j'ay creu que je pouvois le luy accorder, pour luy oster tout prétexte de plainte, estant le plus important de tenir, dont j'ay dressé mon procez-verbal. Après lequel m'estant retiré, il a dit au lieutenant de la Bastille que l'inquiétude de son esprit contribuoit beaucoup à sa maladie, que je le pressois bien fort, et que si je voulois luy donner cinq ou six jours de relasche, il seroit entièrement guéri. En effect, je me suis aperceu qu'il n'a plus cette fermeté d'esprit avec laquelle il me respondit d'abord, et qu'il commence à cognoistre que le roy sçayt plus de ses nouvelles qu'il ne se l'estoit imaginé. C'est par cette considération qu'il le fault presser en l'estat où il est, dans lequel on doibt espérer plustost que dans un aultre la cognoissance de la vérité. Je ne manqueray pas d'avoir l'honneur de vous en rendre compte.

Je vous supplie d'avoir la bonté de vous ressouvenir de l'aultre personne qui debvoit déposer avec le sieur Mazel[1].

Le 22 juin.

En exécution des ordres du roy et de la commission qui nous a esté adressée, nous avons ce matin procédé au jugement du procès du sieur de Marcilly, qui avoit esté mis en estat dès hyer. Il ne s'y est rencontré aucune difficulté sur le défault de l'adjoint, par les raisons que j'avois eu l'honneur de vous expliquer, qui ont esté aprouvées par les suffrages de toutte la compagnie, au nombre de douze juges. Le prisonnier a esté amené dans la chambre très foible et dans l'extrémité

---

[1] Quelques jours après, Colbert reçut une lettre d'un négociant de Lyon nommé Jacques Gueston, contenant ce qui suit : « ..... Ayant appris depuis deux jours que S. M. a faict arrester un nommé de Marsilly, qui se mesloit de quelques négociations contre la France, j'ay creu estre obligé de donner advis à V. Gr..... qu'estant à Douvre la première semaine du caresme dernier, logé à l'enseigne du Lion-d'Or....., il arriva au mesme logis, venant de Londres, fort empressé pour passer à Nieuport, un homme qui se faisoit appeler de Marsilly, aagé environ de 40 à 45 ans....., parlant françois avec un accent de Languedocien ; aussy disoit-il qu'il estoit de Languedoc, et qu'il y avoit plus de quinze ans qu'il n'avoit esté dans son pays. Il portoit un habit d'un droguet obscur, qu'il me dit qu'il avoit achepté à Bruxelles, sur ce que le comte ou le duc Molina lui avoit dict qu'il luy conseilloit de chercher un habit de fatigue, parce qu'il faudroit estre souvent en campagne..... Il avoit deux valets de chambre avec luy... Il me dict qu'il avoit, outre cela, un secrétaire en Flandres qui parloit fort bon espagnol.

« Comme je m'informois de luy de l'estat des affaires d'Angleterre, et entre autres du duc d'Ormond, qui m'avoit fait beaucoup de caresses à Dublin dans son palais il y a près de dix ans, il me respondit que c'estoit un homme perdu, nonobstant qu'il fust porté par le duc d'York, et que milord Harlington, qui faisoit le fin, se fust déclaré en sa faveur, que Colbert (car c'est ainsi que ce coquin traictoit M. l'ambassadeur) avoit faict tout son possible pour empescher cette disgrâce avec tous les partisans de France, mais inutilement ; que celui qui avoit renversé tous leurs projets estoit le duc de Bukinquen[1], le premier homme du monde, qu'il estoit son intime

[1] Buckingham.

de la vie. On l'a interrogé, et il a respondu d'une voix fort basse et presque par signes. Après quoy il a ésté jugé et déclaré deubment attainct de s'estre entremis de plusieurs négociations secrettes contre le service du roy et le bien de l'Estat, et d'avoir tenu plusieurs discours pernicieux qui marquoient ses desseings abominables contre la sacrée personne de S. M.; pour réparation de quoy condamné d'estre roué vif et l'exécution ordonnée devant la porte de Paris, crainte qu'en le conduisant plus loing, il ne soit expiré en chemin. S'il avoit esté dans un autre estat, la peine auroit esté d'un très grand exemple, et la question, à laquelle il est aussy condamné, n'auroit pas esté peult-estre inutile. Mais estant incapable de la souffrir, les juges ont seulement faict leur debvoir de leur part. J'ay creu, Monseigneur, estre obligé par avance d'avoir l'honneur de vous rendre compte de ce destail, et de vous tesmoigner en mesme temps que tout ce que je souhaitte au

ami, et qu'il n'avoit pas beu d'autre vin que du sien, dont il envoyoit quérir ce qu'il en avoit besoing; qu'il avoit encore un autre intime qui estoit milord Orerie[1]; qu'ils avoient faict bouquer le duc d'York, qui avoit achevé de perdre sa réputation, en sorte qu'il ne s'en releveroit jamais, parce qu'il s'estoit voulu opposer au traicté de la triple alliance, entre l'Angleterre, la Suède et la Hollande, qu'il asseuroit avoir esté signé depuis peu de jours, et que les Suisses entreroient dans le traicté.

« Je témoignay que j'avois pène à croire que la chose fust faicte; mais que quand cela seroit, je ne me pouvois persuader que les Suisses voulussent estre de la partie; que j'estois estonné que le roy d'Angleterre eust signé ce traicté, puisque celui de France vouloit entretenir bonne correspondance avec luy. Il me dict que c'estoit son advantage d'avoir faict ce qu'il avoit faict, et que s'il avoit faict autrement, il estoit perdu; que le duc d'Albemarle lui avoit déclaré que s'il ne prenoit ce parti, il seroit obligé de se détacher de son service. Et me parloit de toutes ces choses avec tant d'autorité et de certitude, qu'il me laissa quelqu'idée qu'il pourroit bien avoir quelque part à cette négociation; surtout lorsque je vis que le vent estant absolument contraire pour son passage, il envoya offrir une somme considérable pour trouver quelqu'un qui le voulût passer. Il lui eschapa de dire qu'il estoit attendu avec impatience, qu'il seroit dans trois ou quatre mois en Angleterre, mais que les affaires y estoient cruellement longues; qu'il y avoit près de deux mois qu'on le remettoit de jour à l'autre, et qu'enfin le duc de Bukinquen, maistre absolu de l'esprit du roy, avoit faict conduire comme il souhaitoit..... » (*Vol. verts C.*)

---

[1] Orrery.

monde est de m'acquitter le mieux qu'il me sera possible de ce que je doibs au service du roy, pour lequel je ne manqueray jamais de zèle ni de fidélité, non plus que pour touttes les choses qui me seront ordonnées de vostre part.

RAPPORT DE DERYANS.

22 juin 1669, à midy.

Il feut ce matin procédé au jugement du procès du nommé de Marcilly, en exécution des ordres de S. M. et de la commission. Tous MM. les conseillers ont esté de l'advis de M. le lieutenant criminel, conforme à mes conclusions, et ont estimé qu'il n'y avoit point de suplice assés grand et qui pût expier le crime dudit le Roux de Marcilly, lequel est si foible que l'on n'a peu lui donner la question, et faire l'exécution en la place de Gresve, mais seulement devant la porte du grand Chastelet. Nous faisons tout nostre possible, M. le lieutenant criminel et moy, pour tirer de luy quelque déclaration, mais jusques à présent fort inutilement et mesme sans presque aucune espérance. Nous continuerons nos soins avec toute l'aplication et la passion qu'il se peut, et ne manqueray, Monseigneur, s'il arrive quelque chose de nouveau, de vous en rendre un compte très-exact. Je prends la liberté de vous envoyer une expédition de la sentence.....

EXTRAIT DES REGISTRES DU GREFFE CRIMINEL DU CHASTELET DE PARIS.

Ce samedy 22 juin 1669.

Entre le procureur du roy demandeur et accusateur, d'une part, à l'encontre de Claude Roux, dict Marcilly, natif de Nismes en Languedoc, prisonnier ez prisons du grand Chastelet, deffendeur et accusé, d'autre part.

Nous disons par dellibération du conseil et jugement dernier, ouy sur ce le procureur du roy, que led. Roux, dict Marcilly, est déclaré deuement atteint et convaincu de s'estre entremis en plusieurs négociations secrettes contre le bien de l'Estat et service du roy, et d'avoir tenu plusieurs discours qui marquoient le pernitieux desseing et abominable qu'il avoit contre la personne sacrée de S. M.; pour réparation de quoy, condamné d'avoir les bras, jambes, cuisses et reins rompus vif sur un eschaffaud qui pour cet effect sera dressé au carrefour de l'Aport de Paris : ce faict, mis sur une roue, la face tournée vers le ciel, pour y finir ses jours, tous et chacuns ses biens acquis et confisqués à qui il appartiendra : sur iceux préalablement pris la somme de 1000^{tt} d'amende envers le roy, au cas que confiscation n'ayt lieu au proffict de S. M., et 10,000^{tt} aux réparations du Chastellet, et 1000^{tt} au pain des prisonniers dudict lieu : ledict Marcilly préalablement appliqué à la question ordinaire et extraordinaire pour apprendre par sa bouche la vérité d'aucun des faicts résultant du procès et les noms de ses complices.

Prononcé audict Roux Marcilly dans les cabinets du greffe, criminel du Chastelet, où il a esté porté de la chambre, n'ayant peu estre transporté en la chambre de la question à cause des foiblesses continuelles où il tombe incessamment, causées par les blessures qu'il s'est faictes luy-mesme, et qui font qu'il n'a peu estre appliqué à la question, ny mesme présenté, conformément à la susdite sentence.

Ce samedy 22 juin 1669, sur les dix heures du matin.

Le procureur du roy, demandeur et accusateur d'une part;

Claude Roux dit Marsilly, natif de Nismes en Languedoc, prisonnier ez prisons du grand Chastelet, deffendeur et accusé, d'autre part.

Il sera dit par délibération de conseil et jugement dernier, ouy sur ce le procureur du roy,

Que ledict Roux de Marsilly est deument atteint et convaincu de s'estre entremis en plusieurs négociations secrettes contre le bien de l'Estat et service du roy, et d'avoir tenu plusieurs discours qui marquoient le dessein pernicieuz et abominable qu'il avoit contre la personne sacrée de S. M. Pour réparation de quoy, condamné d'avoir les bras, jambes, cuisses et reins rompus vif sur un eschaffaud, qui, pour cet effect, sera dressé au carrefour de l'Aport de Paris; ce fait, mis sur une roue, la face tournée vers le ciel, pour y finir ses jours;

tous et chacuns ses biens acquis et confisqués à qui il appartiendra ; sur iceux préalablement pris la somme de 1,000ᵗᵗ d'amende envers le roy, au cas que confiscation n'ayt lieu au proffict de S. M., 10,000ᵗᵗ aux réparations du Chastelet, et 1,000ᵗᵗ au pain des prisonniers dudict lieu. Ledict Marcilly préalablement applicqué à la question ordinaire et extraordinaire, pour apprendre par sa bouche la vérité des aucuns faits résultant du procès, et les noms de ses complices.

Prononcé audict Roux Marsilly, dans le cabinet du greffe criminel du Chastelet, où il a esté porté de la chambre criminelle, n'ayant pu estre transporté en celle de la question à cause des foiblesses continuelles où il tomboit à tous momens, causées par les blessures qu'il s'est faictes luy-mesme, et qui ont faict qu'il n'a pu estre applicqué à la question ny mesme présenté, conformément à la susdite sentence.

Et ledict jour, sur les deux heures de relevée, sur le rapport qui nous a esté faict par les médecins et chirurgiens du Chastelet, que cedict Roux Marsilly estoit en péril de vie, qu'il n'avoit presque plus de mouvement ny de poulx, et que si l'on ne faisoit promptement l'exécution, il ne seroit plus en vye dans une demie heure, avons faict tirer dudict cabinet ledict Roux Marsilly, et iceluy porter par l'exécuteur au carrefour de l'Apport de Paris, où estant estendu sur le pavé, ladite sentence luy a esté derechef prononcée, feignant d'estre à la gesne, et ensuite a esté porté sur l'eschaffaud, où estant lié par les bras et les jambes, il a commencé à parler d'une voyx fort haute, et avec tant de force et de vigueur, qu'il nous a paru lors que tout ce qu'il avoit faict jusques là n'estoit que des ruses et des feintes pour prolonger sa vie, et faire illusion à la justice, disant qu'il avoit bien entendu tout ce qu'il luy avoit esté dit et demandé par nous, comme aussy la prononciation de sa sentence, mesme toutes les exhortations que luy avoit faict le docteur de Sorbonne qui l'assistoit, mais qu'il souffriroit plustost cent mil roues que de changer de religion, et qu'il en estoit maistre ; et sur ce que le voyant en estat de nous pouvoir respondre, nous nous sommes approchés de l'eschaffaud où l'avons interpellé par serment de nous déclarer les noms de ses complices, et de ceux desquels il a voulu parler au procès, ensemble tout ce qu'il nous a toujours dit avoir d'important à dire à S. M., ledict Marsilly nous auroit respondu que puisque le roy l'avoit faict mettre en l'estat qu'il estoit, il n'estoit pas obligé de rien dire ny desclarer de ce qu'il sçavoit estre important au bien de son service et de son estat, et que néantmoins, si l'on luy vouloit faire venir un ministre pour l'assister, il diroit toutes choses, ce qui nous auroit obligé à l'instant de mander le sieur Dallier, ancien de la religion prétendue réformée, lequel avoit esté desjà adverti plus de deux heures avant ladite exécution de se tenir prest au cas que ledict Marsilly demandast quelqu'un de sa religion, pendant quoy ledict Marsilly s'est emporté exécrablement contre la personne sacrée de S. M., tenant des discours pleins de rage et de furie, qui sembloient plustôt sortir d'un démon que d'un homme, criant à haute voix qu'il continueroit toujours tant qu'il auroit l'usage de la parolle, et qu'il avoit voulu se donner la mort pour esviter le supplice qu'il alloit souffrir; et incontinent après ledict sieur Dallier estant arrivé, a monté sur l'eschaffaud, luy a demontré l'énormité des crimes et des offenses qu'il commettoit, et qu'il ne pouvoit espérer de salut qu'il n'en eust demandé pardon à Dieu, au roy et à justice, et qu'autrement Dieu ne luy pardonneroit jamais, ce qui estoit à quoy il devoit penser avant que de partir de cette vie; que dans les princippes de leur religion, ils estoient obligés d'honorer leurs souverains, et que si par la loy de Dieu il est desfendu de tuer et faire mal à son prochain, la desfense estoit encore plus expresse à l'esgard de soy-mesme, et qu'ainsy, ayant voulu se tuer, il avoit pesché contre la loy de Dieu et celle de la nature; à quoy ledict Marsilly auroit réparti qu'il avoit bien de la consolation de le voir pour luy faire sa confession véritable, qui estoit qu'il se reconnoissoit coupable de tous les chefs d'accusation portez par son procès, qu'il avoit creu estre obligé de vanger sa religion, et que, pour cela, il auroit esté par toute la terre, pour susciter tous les princes estrangers contre le roy, puisqu'il vouloit leur oster la liberté de prier Dieu en France, qu'il n'avoit jamais eu aucun complice de ses desseins dans le royaume, qu'il prioit Dieu de ne pas recevoir son ame et de l'abismer dans les enfers, s'il ne disoit la vérité, et s'il y avoit homme, femme, fille ou garçon qui y eust part; mais qu'il estoit vrai, qu'estant en Angleterre et ayant communiqué son dessein à quelques personnes, ils l'auroient escouté et bien receu; qu'il avoit eu raison d'en user ainsy; qu'il vouloit mourir martir de sa religion, que c'estoit la cause de tous ses frères qu'il vouloit vanger luy-mesme, que ledict Dallier y avoit intérest comme les autres, et qu'il le chargeoit de leur dire qu'il mouroit dans cet esprit de vanger leur religion. Sur quoy ledict sieur Dallier luy auroit réparti qu'il ne vouloit plus le reconnoistre pour son frère, et qu'il l'abandonnoit à l'abomination esternelle, puisqu'il persistoit et vouloit mourir dans de si exécrables sentimens, et qu'il ne prieroit point Dieu pour luy, s'il ne luy en demandoit pardon; sur quoy ledict Marsilly auroit dit qu'il en demandoit pardon à Dieu, et qu'il le prioit de sauver son âme. Après quoy ledict Dallier nous auroit demandé s'il pouvoit en seureté faire quelques prières pour luy; à quoy nous luy aurions dit qu'il pouvoit faire tout ce qu'il trouveroit à propos pour sa religion, et que nous demeurerions toujours près de luy pour la seureté de sa personne, et tenir le peuple dans le debvoir, sur laquelle asseurance le sieur Dallier a prononcé quelques prières pour ledict Marsilly, puis s'est retiré. Et aussytost ledict Marsilly a recommancé ses mesmes emportemens abominables, et a dit y adjoutant qu'il mouroit dans la volonté de persécuter le roy jusques à l'extrémité, puisqu'il poussoit à outrance ceux de sa religion, et que, s'il estoit encore en estat, il n'y auroit rien qu'il espargnast et qu'il ne fist pour cela; si bien que, ne voyant aucune espérance de conversion dans ledict Marsilly, nous aurions faict faire l'exécution de sa sentence, après laquelle, estant mis sur la roue, auroit encore continué ses mesmes emportemens, autant que l'estat où il estoit le pouvoit permettre, jusques sur les quatre heures qu'il a expiré sur la roue. Signé GALLIOT [1].

Vol. verts C.

---

[1] L'*Histoire de l'Édit de Nantes*, par Benoît (t. IV, p. 125 et suiv.), contient des détails sur l'affaire de Marcilly. Il fut assisté par Daillé, et non Dallier.

10.

LETTRE DU ROI A LA DAME DE MONTLOUET.

A Saint-Germain-en-Laye, le 31 juillet 1670.

Madame de Montlouet, aprenant que l'une des demoiselles vos filles a intention de se convertir à la foy catholique, apostolique et romaine, je vous fais cette lettre pour vous dire que mon intention est que vous demeuriez dans vostre maison de Lisy avec vos filles sans en partir soubs aucun prétexte jusques à ce que je vous aye faict sçavoir mon intention. Sur ce je prie Dieu qu'il vous ayt, madame de Montlouet, en sa sainte garde[1].

Reg. secr.

11.

COLBERT A L'ÉVÉQUE D'AMIENS.

A Saint-Germain, le 16° octobre 1671.

J'apprends que les entrepreneurs de la manufacture des draps d'Abbeville ont congédié leur ministre par la déférence qu'ils ont eue à la remonstrance que je leur fis en ladite ville[2]. Cependant ils se

---

[1] L'ordre suivant fut adressé, le 29 juin 1671, à la dame de Paulin : « S. M. estant informée que la dame de Paulin tient cachée, dans quelque maison particulière, la demoiselle de Beaufort, sur le soupçon qu'elle a eu qu'elle vouloit se convertir à la religion catholique, S. M. ordonne à ladite dame de Paulin et à tous ceux entre les mains de qui ladite demoiselle de Beaufort pourroit estre, de la représenter incessamment, mesme de la remettre entre les mains de la dame duchesse d'Usez, au cas qu'elle soit dans Paris, et dans un mois, si elle est hors de ladite ville. » (*Pap. de la Reynie*, vol. 1.)

[2] Le 9 septembre 1672, le ministre écrivit à Dalies de la Tour au sujet des usines de Drambon : « J'ay esté informé que le sieur de Besche et vous avez establi un

plaignent fort que le P. Marcel, capucin, continue de les presser par trop. Je suis bien aise de vous en donner advis, affin qu'il vous plaise de modérer le zèle de ce bon religieux, et qu'il se contente d'agir à l'esgard de ces gens-là ainsy que tous les religieux du royaume agissent à l'esgard des huguenots.

Reg. dépêch. comm.

12.

PIERRE, ÉVÊQUE DE MONTAUBAN, A COLBERT.

A Montauban, ce 20 juillet 1672.

J'ay exécuté les commandemens du roy que j'ay receu par vous, avec la plus grande joye que je puisse avoir en ce monde, et tout ce qu'il y a de catholiques icy a remercié Dieu avec admiration de ses bontés pour les avantageux succès des armes de S. M. Mais, Monsieur, je crois estre obligé de vous informer du mauvais usage que les huguenots ont fait des ordres du roy; car, ne changeant point de conduitte à mal parler comme les Hollandois dans leurs méchantes relations, ils ont fait paroître leurs mauvaises volontés, principalement dès que M. de Sève est allé à Bourdeaux, et certainement ils ont parlé si mauvais françois que s'il y eust eu un intendant dans cette ville, il eust eu sujet d'informer contre eux; et si vous l'approuviés, il faudra, s'il vous plaist, que dès que vous en aurés envoyé un, nous l'occupions à prendre connoissance de l'insolente manière dont ces gens-là parlent du roy. Mais, Monsieur, il faudra aussy que vous voyiés les informations qu'on fera sur ce sujet, et qu'ensuitte vous nous marquiés, s'il vous presche public à Drambon, où ceux qui professent la R. P. R. s'assemblent. Je suis bien aise de vous dire qu'il est nécessaire que vous fassiez cesser cet exercice qui est contraire aux ordonnances du royaume, et que le roy ne veut point souffrir dans les lieux où il n'est point permis par ses édits. Donnez donc ordre promptement à ce qu'il ne se fasse plus aucune assemblée ni exercice de ladite R. P. R., afin que cet establissement finisse sans y employer l'autorité de S. M. » (*Reg. secr.*)

plaist, ce que nous devrons faire. Cependant nous continuerons avec respect et zèle de tesmoigner combien véritablement nous sommes, selon nos devoirs, affectionnés au service du roy....

Vol. verts C.

13.

COLBERT AU PROCUREUR DU ROI AU CHÂTELET.

A Saint-Germain-en-Laye, janvier 1678.

Charlotte Leblanc, fille d'un orfèvre, voulant abjurer l'hérésie de Calvin, s'adressa, il y a quelque temps, à M. Colbert, qui la fit mettre aux Nouvelles-Catholiques, où elle fit son abjuration entre les mains de M. l'évesque de Xaintes. Elle fut mise quelque temps après entre les mains de madame la mareschalle de Humières pour estre affermie dans la religion : mais estant disparue dix jours après, sans qu'on ayt pu sçavoir où elle est allée, le roy m'a ordonné de vous dire que vous ayez à vous informer si elle s'est retirée chez ses parens, et en cas qu'ils l'ayent fait enlever, que vous leur fassiez faire leur procez comme séducteurs et ravisseurs, et si, au contraire, elle y est retournée de bon gré, que vous fassiez informer contre elle comme relapse.

Reg. secr.

14.

COLBERT A DE MENARS.

A Saint-Germain-en-Laye, le 26 juillet 1678.

Le roy ayant eu advis que le nommé Brunier[1], concierge du haut

[1] Brunyer, sans doute le fils d'Abel Brunyer, médecin des enfants de Henri IV, et directeur du jardin de botanique du château de Blois.

jardin de Blois, est de la R. P. R., et S. M. ne voulant pas souffrir qu'aucun de ses officiers fasse profession de cette religion, elle m'a ordonné de vous dire de vous en informer, et qu'en cas que vous trouviez que l'advis qui en a esté donné à S. M. soit véritable, vous disiez audit Brunier de se deffaire de cette charge au plus tost.

Le 8 novembre.

Le roy ayant ordonné à Abel Brunier, jardinier des hauts jardins de Blois, de se deffaire de sa charge, à cause qu'il faict profession de la R. P. R., S. M. m'a ordonné de vous dire de voir dans la ville de Blois s'il ne se trouveroit point quelque catholique qui voulust récompenser ledit Brunier du prix qu'elle luy a cousté, qui est de 4 ou 5,000#.

Reg. secr.

15.

LE CHANCELIER LETELLIER A DE FIEUBET, PREMIER PRÉSIDENT DU PARLEMENT DE TOULOUSE.

A Saint-Germain, ce 19e aoust 1679.

Le roy a tesmoigné une satisfaction particulière du zèle avec lequel on s'est porté au parlement pour l'enregistrement de l'édict de suppression de la chambre de l'Édict de Castelnaudary, et de la bonne réception qu'on y a faite aux officiers de la R. P. R. S. M. a entendu le compte que je luy ay rendu des différends qui se rencontrent en exécution dudit édict, et vous recevrez au premier jour, par la voye de M. de Chasteauneuf, une ampliation de déclaration par laquelle le roy prive les officiers de la R. P. R. du décanat, ordonne que la grande chambre sera augmentée de deux conseillers des enquestes, que les causes qui ont esté appointées avant la suppression de la chambre de l'Édict seront portées aux Enquestes et Tournelle, chacune en ce qui les concerne, sans que cette attribution puisse estre tirée à conséquence pour celles qui seront doresnavant apointées à la grande chambre, et que les clercs des conseillers, tant catholiques que de la R. P. R., qui servoient en ladite chambre de l'Édict, seront tenus remettre les procès dont leurs maistres ont esté chargez, pour estre redistribuez dans lesdites chambres des Enquestes et de la Tournelle. C'est ce que je puis répondre à vos lettres, auxquelles j'adjouste que S. M. a eu bien agréable le refus que le parlement a fait au président huguenot incorporé à la Tournelle, de souffrir qu'il fût des grands commissaires, la prétention dudit président estant contre les intentions de S. M. A l'esgard de la chambre des vaccations, en laquelle S. M. a ordonné par son édict que deux conseillers de la R. P. R. serviroient, S. M. veut qu'ils y assistent sans diminution du nombre ordinaire des officiers dont ladite chambre a accoustumé d'estre composée.

Le 21 septembre.

Ce que la grande chambre et Tournelle ont résolu à l'esgard des trois conseillers de la R. P. R., sur les avantages qu'ils devront tirer pendant le service qu'ils rendront à la Tournelle, s'accordant avec les intentions du roy, qui ont esté qu'ils n'eussent point de part à la communauté des espices, je n'ay rien à vous répondre sur ce sujet. Je vous diray seulement, à l'esgard de la difficulté que font les capitouls de recevoir les artisans de la R. P. R. aux jurandes des mestiers, que le roy ne changera rien à l'usage qui s'observe dans ladite ville de ne point admettre aux maistrises des mestiers des gens de ladite religion, et S. M. s'en est expliquée en ce mesme sens par la réponse à un des articles du dernier cahier des Estats de Languedoc, qui a esté présenté à S. M.

Le 18 septembre 1681.

Je dois response à un des articles de vostre lettre qui regarde la consolation des prisonniers de la R. P. R. Pour y satisfaire, je dois vous dire que l'on ne peut refuser ausdits de la R. P. R. ce qu'ils désirent en cela, conformément à ce qui est porté par l'article 4e des secrets de l'édict de Nantes, et au 4e article de la déclaration de 1669, qui explique la manière suivant laquelle cette consolation se debvra faire.

<small>Bibl. imp. Mss. Fonds Mortem. 69.</small>

16.

COLBERT A DE MACHAULT, INTENDANT.

<small>Le 20 décembre 1679.</small>

Le roy a esté informé qu'un menuisier de la R. P. R. s'est establi à Clermont en Beauvoisis pour s'y faire recevoir maistre de son mestier, et que le prévost de laditte ville a rendu sa sentence, portant qu'il sera admis à faire chef-d'œuvre, et quoyque S. M. veuille empescher autant qu'il est possible ceux de laditte religion d'estre receus dans les corps de mestiers, elle n'a pas voulu interposer son authorité en cette occasion; mais elle m'a ordonné de vous escrire pour vous dire de faire entendre au prévost de laditte ville, que son intention est qu'il apporte des difficultez telles à la réception de ce menuisier, qu'il empesche qu'il ne soit admis à la maistrise.

<small>Reg. secr.</small>

17.

LE CHANCELIER LETELLIER,
AU LIEUTENANT GÉNÉRAL DE BORDEAUX.

<small>A Paris, ce 15e mars 1680.</small>

..... Si les statuts des maistres apothiquaires de Bordeaux sont de telle qualité à l'esgard de la réception des gens de la R. P. R., qu'ils soient revestus de lettres patentes du roy, vériffiées où besoin a esté, et qu'ils ayent esté dans une possession continuelle et sans interruption de n'en point admettre, la déclaration de 1669 ne peut pas avoir entendu y desroger. Ainsy il est sans doute qu'il faut maintenir lesdits statuts; mais s'il se trouve que lesdits statuts ne soient point authorizés, et qu'ils n'ayent pas esté tousjours exécutez, je ne vois pas d'inconvénient de faire jouir les gens de la R. P. R. du bénéfice de la déclaration de 1669. Ce que vous me marquez du religionnaire qui s'est marié avant d'avoir présenté au magistrat ses lettres de dispense, seroit de quelque considération si les lettres patentes estoient absolument nécessaires pour faire le mariage; mais comme elles ne sont utiles que pour asseurer l'estat des enfans, à l'esgard des effectz civils, l'impétrant peut présenter ses lettres au juge, quand il l'estimera à propos.

Le 4 juillet 1681.

J'ai receu vostre lettre avec l'information qui y estoit jointe. Les discours qu'a tenus l'accusée sont assurément fort extravagans, et ils méritent chastiment: mais sur cela, vous jugerez selon vostre conscience, et le parlement sur l'appel fera ce que de raison, sans qu'après que vous aurez parachevé l'instruction, vous soiez obligé de rien attendre. La déclaration du roy qui permet aux magistrats d'aller recevoir les déclarations des gens de la R. P. R. qui sont malades, ne portant pas qu'ils doivent faire retirer les parens et autres gens qui les assistent, il ne faut pas que vous le fassiez non plus. Il n'est pas convenable de rien faire qui puisse favorizer ceux de laditte religion; mais il ne faut pas aussy rien augmenter ou diminuer de ce que les déclarations leur ont accordé. A l'esgard de l'aage auquel les enfans peuvent estre convertis, vous verrez incessament une déclaration qui porte qu'ils le pourront estre à sept ans.

Bibl. imp. Mss. Fonds Mortem. 69.

18.

LE CHANCELIER LETELLIER AU PARLEMENT DE DAUPHINÉ.

A Paris, ce 19ᵉ mars 1680.

Messieurs, le roy ayant entendu le compte que je luy ay rendu des motifs de vostre arrest du dernier du mois passé, par lequel vous avez ordonné que les seigneurs haults justiciers de la R. P. R. establiront des juges catholiques dans leurs terres, mesmes révoqueront dans trois mois ceux de la R. P. R. qui y sont desjà establis, S. M. a trouvé bon que vous fassiez exécuter ledict arrest selon sa forme et teneur.

Bibl. imp. Mss. Fonds Mortem. 69.

19.

LE CHANCELIER LETELLIER A DALON,
AVOCAT GÉNÉRAL AU PARLEMENT DE GUYENNE.

A Saint-Germain, ce 14ᵉ avril 1680.

Le parlement de Grenoble ayant donné un arrest pareil à celui du parlement de Guyenne, pour obliger les seigneurs de la R. P. R. à establir des juges catholiques dans leurs terres, mesme de révoquer ceux qui y estoient desjà establis, le roy a bien voulu que ledict parlement fist exécuter ledict arrest. Ainsy vous pouvez sans difficulté faire exécuter de mesme celuy de vostre compagnie donné sur ce sujet.

Le 1ᵉʳ aoust.

Le roy fera considération sur ce que vous représentez de l'advantage qui reviendroit de la décision du partage des commissaires sur l'exercice de la R. P. R. à Monterabeau.

La sentence du sénéschal de Bergerac pour obliger les ministres à faire le serment conformément à l'édict de Charles IX de 1561 ne se peut soustenir, puisqu'il a esté révoqué par l'édict de Nantes, et vous avez bien fait de mander à vos substituts de recevoir les offres que font lesdits ministres de le prester conformément à ce qui a esté ordonné par le sénéschal de Saintes.

S. M. a résolu de ne plus souffrir que les consuls des villes de Guyenne soient de la R. P. R., ainsy qu'elle l'a ordonné pour le Languedoc, et au commencement de l'année prochaine, vous enverrez les ordres de S. M., au moyen desquels les inconvéniens portez dans le dernier article de vostre lettre cesseront.

Le 18 Avril 1682.

Je dois response à un article d'une de vos lettres qui regarde les bastards mariez faisant profession de la R. P. R., lesquelz les curez des parroisses prétendent devoir estre compris dans la déclaration qui veut que les enfans de cette qualité soient eslevez à la religion catholique, et qu'ainsy l'entrée des temples leur doit estre interditte. Le roy ayant entendu le compte qui luy a esté rendu de cette prétention, a jugé qu'elle estoit sans fondement. Vous le pouvez faire entendre ainsy ausdits curez.

Le 26 avril.

Par ma dernière dépesche, je vous ay mandé, à l'esgard de la déclaration que le roy a faite sur l'éducation des enfans de ceux de la R. P. R., qu'il n'y avoit pas d'apparence qu'elle peust avoir d'effet rétroactif. Je prends présentement la plume pour vous dire qu'il ne faut pas instruire ni les curez ni les premiers juges de ce qu'ils ont à faire. Il est bon de laisser agir les premiers, et juger les autres, en première instance, ainsy qu'ils estimeront à propos; et sur l'appel, le parlement qui a enregistré la déclaration en ordonnera selon et ainsy qu'il verra bon estre.

Bibl. imp. Mss. Fonds Mortem. 69.

20.

COLBERT A TUBEUF.

A Saint-Germain, le 6ᵉ may 1680.

Les orphèvres catholiques de la ville de Blois s'estant plaints au roy que de quinze maistres orphèvres qu'il y a dans ladite ville, il y en a treize de la R. P. R., lesquels se prévalent de leurs voix, excluent les catholiques de la maistrise et reçoivent ceux de la religion, qui s'adressent aux juges gardes de la monnoye de Tours, pour estre receus, et rendent par ce moyen inutiles les oppositions que les catholiques font par devant les magistrats de Blois. S. M. m'a ordonné de vous escrire que son intention est que vous fassiez entendre ausdits juges gardes de la monnoye de Tours qu'ils n'ayent à recevoir aucuns orphèvres de la R. P. R. pour ladite ville de Blois, jusques à ce qu'ils soient réduits à la moitié, S. M ne voulant pas qu'il y en ait un plus grand nombre de la R. P. R. que de catholiques[1].

Reg. secr.

21.

LE CHANCELIER LETELLIER,
AU PROCUREUR GÉNÉRAL DU PARLEMENT DE PARIS.

A Fontainebleau, ce 27ᵉ may 1680.

J'ay reçu vos lettres des 24 et 26; avec la première estoit jointe la copie de la lettre que vous avez écrite à M. de Croissy, dont je vous remercie. Le roy a remis à examiner ce qu'elle contient avec le pro-

---

[1] En janvier 1682, le ministre écrivit au procureur du roi au Châtelet : « Sur ce que vous m'avez escrit concernant les brodeurs de la R. P. R., qui prétendent estre

jet d'acte d'appel des menaces du pape, au temps que S. M. se déterminera de répondre au bref que Sa Sainteté a escrit à S. M. sur cette matière. J'ay entretenu S. M. de la peine que vous fait l'ordre que le lieutenant général de la Rochelle a receu de déposer les officiers de la R. P. R. establis par les seigneurs haults justiciers; et sur cela je dois vous dire qu'il est vray que lorsque le roy a pris la résolution d'obliger lesdits seigneurs d'establir des catholiques, on ne songea pas d'estendre cet ordre à ceux qui estoient desjà establis; mais le parlement de Dauphiné ayant, de son mouvement, donné un arrest qui non seulement fait des deffenses pour l'advenir, mais qui enjoint aux seigneurs de changer les juges jà establis, ce qui s'exécute sans difficulté; et les parlemens de Tholoze et de Guyenne ayant demandé s'ils en useroient de mesme, le roy le leur a ordonné, et l'ordre qu'a receu le lieutenant général de la Rochelle, en conséquence de celuy envoié de la part du roy au sieur de Demuyn, intendant au païs d'Aunis, par M. de Chasteauneuf, en est la suitte. Et S. M. veut que cela s'observe partout, et vous pouvez vous en expliquer. Il est vrai sans doute qu'il n'est pas au pouvoir des cours de rien changer à la disposition des édictz vériffiez; qu'il faut une déclaration pour y desroger, et que n'y en ayant point eu, il seroit difficile d'empescher que le parlement accordast des deffenses d'exécuter des sentences qui auroient privé des officiers de la R. P. R. de leurs charges, ou que mesme il peust ne pas faire droit sur les oppositions qui seroient formées à l'exécution de l'arrest du parlement donné à vostre requeste; mais le roy m'a ordonné de vous dire que s'il arrive des plaintes de cette nature, vous pouvez en donner avis à S. M., laquelle évoquera les demandes en opposition à sa propre personne, et deffendra aux parties de se pourvoir ailleurs.

esluz jurés tous les cinq ans, le roy m'ordonne de vous faire sçavoir que ce n'est pas son intention, et que vous devez tenir la main à ce que les jurez soyent tousjours de la religion catholique. » (*Reg. secr.*)

Le 25 janvier 1682.

..... Je me suis souvenu que je ne vous avois pas mandé les intentions du roy sur le mémoire qu'a envoyé icy le sieur de Marillac, concernant les nouveaux convertis qu'on a surpris retournans dans les temples. Pour y satisfaire, je dois vous faire sçavoir que S. M. désire qu'on ne fasse pas de distinction de ceux qui y sont retournez, disans qu'ils veulent vivre dans la R. P. R., d'avec ceux qui prétendent n'y avoir esté que par curiosité ou pour parler à leurs amis, et sans dessein de changer, et qu'il faut que les uns et les autres soient chastiez suivant ce qui est porté par la déclaration qui fixe les peines des relaps.

Le 20 janvier 1685.

Ayant entendu le compte que je luy ay donné de l'arrest rendu en la Tournelle, par lequel la démolition du temple de la Rochelle a esté ordonnée, S. M. a tesmoigné beaucoup de joye, du zèle que les juges ont unanimement fait paroistre en cette occasion. Elle leur en sçait bon gré, et le tesmoignera dans l'occasion à M. le premier président de Mesmes, et à d'autres juges qui ont assisté à ce jugement, mais particulièrement à vous, persuadée comme elle est que vos soins ont beaucoup contribué au succez de cette affaire. Quoyque le sieur Amproux ayt fait son debvoir en ce rencontre au préjudice de sa relligion, et qu'il n'ayt pas esté besoin des lettres de cachet pour l'exclure d'assister audit jugement, S. M. ne laisse pas d'estimer nécessaire d'adjouster l'exclusion que vous avez proposé des juges de la rellig̃ion ez affaires où il sera question de démolition de temples, ou de suppression de l'exercice de ladite rellig̃ion.

Le 4 février.

J'ay donné compte au roy de la lettre de vostre substitut de la Rochelle que vous m'avez envoyé. S. M. désire que vous luy mandiez de faire abattre les murs du cimetière; mais quant à la maison, il luy faut ordonner de n'y pas toucher, afin que l'hospital en puisse profiter.

Le 2 juillet.

Je doibs response à une lettre que vous m'avez escritte le 16 du passé, à laquelle estoit joincte celle de vostre substitut à Beaugé. J'avois différé d'y satisfaire, parce que M. de Chasteauneuf ayant eu advis de la mesme chose, estoit chargé par S. M. de luy en donner compte. Je vous fais donc présentement ce mot pour vous informer de la résolution que S. M. a prise sur cela, et vous dire que le roy a bien voulu faire grâce à tous ces accusez de la R. P. R. s'ils se convertissoient; mais qu'il falloit tousjours continuer contr'eux les procédures nécessaires pour parvenir à la condamnation de l'exercice, et que si par les charges il eschéoit de condamner ces particuliers, il falloit le faire, mais que son intention estoit qu'on en surcist l'exécution jusques à ce qu'on eust receu les ordres de S. M.

En signant cette lettre, j'ay receu la vostre du 30ᵉ du mois passé avec une seconde de vostre substitut de Beaugé. Ce que celle-cy contient ne m'oblige à rien adjouster que pour vous dire que quelque peine dont on augmente celles prescriptes par les déclarations, en ce qui concerne la relligion, à raison des autres cas dont ces particuliers sont prévenus, je ne doute pas que S. M. ne la leur remette de mesme s'ils se convertissent.

Pap. Harl.

22.

COLBERT A BOUCHU, INTENDANT EN BOURGOGNE.

A Fontainebleau, le 14 juin 1680.

L'on s'est plaint qu'un nommé Breuvillier, huguenot, s'est voulu establir à Chaalons-sur-Saosne, sur le prétexte des priviléges de la compagnie de Levant, et comme j'ay fait connoistre à cette compagnie que l'intention du roy n'estoit point que, soubs prétexte de ce privilége, il se fist un establissement nouveau, je vous envoye le désadveu que les intéressez en cette compagnie m'ont donné contre l'establissement dudit Breuvillier, pour vous en servir ainsy que vous l'estimerez à propos.

Reg. secr.

23.

LE CHANCELIER LETELLIER
AU LIEUTENANT CRIMINEL ET AU PROCUREUR DU ROI A SARLAT.

A Saint-Germain, ce 29° mars 1681.

Messieurs, j'ay veu ce que vous m'avez escrit par vostre lettre, sur laquelle je ne puis vous dire autre chose, sinon qu'il convient au bien de la religion et mesme de la justice que vous condamniez le gentilhomme huguenot qui a desbauché la demoiselle catholique à des peines pécuniaires si fortes qu'il se voye nécessité à espouzer la demoiselle, et à se convertir plustost que de les payer. C'est ce que je crois qu'on doit faire en cette occasion.

Bibl. imp. Mss. Fonds Mortem. 69.

24.

LE CHANCELIER LETELLIER
AU PROCUREUR GÉNÉRAL DU PARLEMENT DE GUYENNE.

A Paris, ce 23° may 1681.

Voús avez bien fait d'obliger le président de la première des enquestes à redistribuer le procez d'entre un ecclésiastique et un huguenot, sur laquelle il avoit commis un conseiller de la religion. Il n'y a point à la vérité de deffenses particulières pour exclure ceux de la religion de rapporter les affaires où les ecclésiastiques ont interest, comme il y en a à l'esgard des conseillers clercs de rapporter celles des huguenots; mais j'ay mandé au sieur premier président du parlement qu'il falloit prendre garde dans les distributions des procez d'essayer de s'empescher de tomber dans cet inconvénient. Il fault faire entendre au président de la deuxième des enquestes qu'il fera chose agréable au roy de redistribuer le procez sur lequel il a commis le conseiller Morin, à un conseiller catholique, et de prendre à l'advenir toutes les précautions possibles afin que pareille chose n'arrive.

Le 6 juin.

L'arrest que vous avez fait rendre pour interdire l'exercice de la R. P. R. au lieu de Meillan ne peut se soustenir; car puisque sur cet exercice il est intervenu partage entre les deux commissaires du roy, il faut que S. M. elle-mesme le décide en son conseil.

Les arrests que vous avez fait rendre pour réduire les consuls de la R. P. R. au quart, sont des effectz de vostre zèle, et sur cela vous devez attendre ce qui vous sera mandé des intentions du roy par M. de Chasteauneuf. S. M. vous sçait bon gré des soins que vous avez pris de faire rendre l'arrest qui condamme les duellistes du ressort du parlement de Tholoze conformément aux esdits.

Bibl. imp. Mss. Fonds Mortem. 69.

25.

LE CHANCELIER LETELLIER
AU LIEUTENANT GÉNÉRAL DE SAINTES.

A Versailles, le 9ᵉ juin 1681.

Les arrests du conseil de 1662 et 1664 qui ont authorizé le lieu-

tenant général de Poictiers à deffendre les mariages dans les temps
que l'Église les deffend aux catholiques, n'ont point eu de suite,
puisque, par la déclaration de 1669 qui a compilé tout ce qui avoit
esté fait depuis un certain temps, ces deffenses n'y ont point esté
comprises. Ainsy vous debvez laisser les huguenotz dans la liberté de
faire leurs mariages en tout temps, observant seulement qu'ils ne contreviennent pas à l'édict de Nantes, en ce qui regarde les degrez de
consanguinité. Et à cette occasion je puis vous répéter ce que je vous
ay dit autrefois, que lesdits religionnaires n'avoient pas besoin d'aucune dispense du roy pour faire leurs mariages entre parens aux degrez qui leur sont permis, parce qu'il dépendoit d'eux d'asseurer ou
non l'estat de leurs enfans quant aux effectz civils, et cette dispense
est si peu préalable à la célébration de leurs mariages, que tous les
jours on vient demander au sceau des lettres de validation du mariage
jà contracté comme l'on fait les dispenses de les contracter. Par cette
raison vous pouvez vous abstenir de poursuivre les religionnaires parens quand en se mariant ils ne contreviendront pas, comme dit est,
à l'édit.

Bibl. imp. Mss. Fonds Mortem. 69.

26.

LE CHANCELIER LETELLIER AU PROCUREUR DU ROI A POITIERS.

A Versailles, le 11ᵉ juin 1681.

J'ay receu vostre lettre du 4ᵉ de ce mois; j'y ay veu la poursuitte
criminelle qui se fait à vostre requeste contre le ministre et l'ancien
de la R. P. R., que vous prétendez avoir empesché la conversion d'un
criminel de ladite religion qu'on mettoit ez mains du messager de
Paris pour le jugement de son appel, parce que ces gens-là l'ont em-
brassé et que l'on croit qu'ils l'ont aparament excité à demeurer
ferme dans ladite religion. Je ne puis pas comprendre pourquoy vous
voulez leur imputer à crime ce qu'ils ont fait en cela, en supposant

qu'ils ont voulu destourner cet homme de se convertir, sur le fondement de ce qu'un prestre l'avoit auparavant esté voir, puisqu'il n'y a rien dont on puisse induire qu'il ait eu ce dessein. Ainsy ce ne peut estre le cas dans lequel le ministre et l'ancien doivent estre punis, et il faut cesser vos procédures à cet égard. Je vous adjouste qu'il paroist extraordinaire que vous vouliez apliquer en cette occasion la peine de la déclaration qui deffend aux ministres de recevoir dans leurs temples les catholiques qui ont abjuré, puisque c'est une espèce toute différente.

<small>Bibl. imp. Mss. Fonds Mortem. 69.</small>

27.

LE CHANCELIER LETELLIER
A D'ABADIE, PRÉSIDENT DU PARLEMENT DE GUYENNE.

<small>A Versailles, le 7° juillet 1681.</small>

La déclaration qui a suprimé la chambre de l'Édict et réuny les officiers au parlement, ne les ayant pas exclus d'opiner ez affaires des ecclésiastiques, on ne pourroit les en priver sans injustice, et c'est bien assez pour l'honneur de nostre religion que vous ne distribuiez pas aux conseillers de la R. P. R. les procez dans lesquels les ecclésiastiques sont parties.

<small>Bibl. imp. Mss. Fonds Mortem. 69.</small>

28.

COLBERT A MORANT, INTENDANT.

<small>A Fontainebleau, le 19° aoust 1681.</small>

L'on a fait des plaintes au roy depuis peu de jours que ceux de la

R. P. R. de Nismes et d'autres lieux de Languedoc envoyent leurs enfans à Orange, et prétendent par ce moyen se dispenser de l'exécution des dernières déclarations qui leur défendent de les envoyer dans les pays estrangers. Sur quoy S. M. m'ordonne de vous escrire qu'elle veut que vous vérifiiez si ce fait est véritable ou non, et en cas qu'il soit véritable, S. M. veut que vous fassiez sçavoir aux magistrats d'Orange que s'ils reçoivent dans leur ville aucuns des enfans des sujets du roy. de la R. P. R., S. M. leur interdira tout commerce dans le royaume, et défendra d'y laisser entrer ni sortir aucunes des denrées ou marchandises qui y croissent ou qui s'y manufacturent, et S. M. estime d'autant plus nécessaire de faire cette déclaration, qu'il y auroit à craindre que ceux de la R. P. R. ne transportassent en ladite ville d'Orange toutes les manufactures de Nismes et autres du Bas-Languedoc.

Mél. Clair.

29.

LETTRE CIRCULAIRE DE COLBERT AUX AUTRES SECRÉTAIRES D'ÉTAT.

Fontainebleau, le 22 septembre 1681.

Le commissaire catholique qui a assisté de la part du roy au synode de ceux de la R. P. R.[1] tenu à Lizy au commencement de ce mois, ayant faict connoistre de quelle conséquence il est que les actes synodeaux soyent signez par les commissaires, parce qu'il seroit aisé d'en changer la disposition sans cette précaution, qui n'a pas jusqu'à présent esté observée, S. M. a résolu qu'à l'advenir les actes synodeaux soyent signez desdits commissaires, et elle m'a ordonné de vous en envoyer

---

[1] Par une dépêche du 9 août, il avait été signifié à quelques fonctionnaires publics « que l'intention de S. M. est qu'ez synodes et colloques de ceux de la R. P. R. il y assiste un commissaire catholique et un de ladite R. P. R. » (*Reg. secr.*)

ce mémoire, affin que vous en fassiez mention dans les expéditions que vous en ferez doresnavant pour la tenue des synodes dans l'estendue de vostre département.

Reg. secr.

30.

COLBERT A DE BESONS, INTENDANT.

A Saint-Germain, le 22 febvrier 1682.

Le sieur Noué, habitant de la ville de Mer, nouvellement converti, ayant présenté au roy le placet cy-joint, par lequel il se plaint de ce que ceux de la R. P. R. de ladite ville luy ont enlevé son fils, aagé de quatorze ans, lequel avoit desjà de la disposition à faire abjuration, S. M. m'a ordonné de vous escrire que son intention est que vous vous employiez fortement à luy faire rendre sondit filz, et que vous me fassiez sçavoir ce qu'il y aura à faire de la part de S. M. en cas que vous y trouviez de la résistance. Vous sçavez assez de quelle conséquence il est de ne pas souffrir ces violences en pareilles occasions.

Mars.

Je vous envoye l'arrest concernant la préséance des advocats catholiques sur ceux de la R. P. R., encores qu'ils soyent moins anciens, affin que vous le rendiez public dans l'estendue de vostre département.

Le 2 décembre.

Le roy ayant esté adverty que dans la ville de Mer on a esleu un eschevin de la R. P. R., et que ceux de ladite religion se trouvent en estat de surcharger de tailles les catholiques, ainsy que vous verrez par le mémoire cy-joint, S. M. m'a ordonné de vous escrire que son intention est que vous teniez la main à ce qu'il ne soit fait aucune injustice en ce qui regarde la taille, et que vous me fassiez sçavoir si l'advis de l'eslection dudit eschevin de la R. P. R. est véritable, affin qu'elle donne sur cela les ordres qu'elle estimera nécessaires.

Reg. secr.

31.

COLBERT A LA REYNIE, LIEUTENANT GÉNÉRAL DE POLICE.

A Saint-Germain, le 23ᵉ mars 1682.

Le roy ayant esté informé que Mme Herval et Mme de Monginot font une assemblée de dames de la R. P. R. pour assister les pauvres de ladite religion, S. M. m'a ordonné de vous en donner advis, et de vous dire que son intention est que vous empeschiez ces sortes d'assemblées, qui ne doivent pas estre tolérées[1].

S. M. m'a aussy ordonné de m'informer de vous si le nommé la Forcade, ouvrier en pierreries, travaille dans le Temple, au préjudice de l'arrest qui a esté donné pour empescher les orfèvres et autres ouvriers d'y travailler.

Reg. secr.

32.

COLBERT A DE BOUVILLE.

A Saint-Germain, le 24ᵉ mars 1682.

M. l'archevesque de Bourges ayant fait entendre au roy que le

---

[1] Le 23 février 1685, le marquis de Seignelay répondit à une lettre du lieutenant général de Melun : « Au sujet des questes qui se font dans les temples de la R. P. R., vous devez prendre connoissance de l'employ de ces deniers, et en arrester les comptes avec les anciens des consistoires. C'est l'ordre qui a esté donné pour Charenton, et que vous pouvez de vostre costé observer. » (Reg. secr.)

nommé Amyot, médecin de la R. P. R., demeurant à Gien, va tous les ans aux deux saisons à Bourbon-les-Bains pour y assister les malades, et que sous ce prétexte il voit particulièrement ceux de la religion, qu'il dogmatise, les exhorte à la mort et les empesche de se convertir, S. M. m'a ordonné de vous escrire que son intention est que vous advertissiez ledit Amyot qu'elle ne veut pas qu'il se mesle d'autres choses que sa profession; à quoy vous devez tenir la main, et que, s'il arrive qu'il exhorte ainsy les malades, vous ne manquiez pas de m'en advertir, et elle luy fera deffenses d'aller à l'advenir à Bourbon.

Reg. secr.

33.

COLBERT AU MARQUIS DE CHÂTEAUNEUF, SECRÉTAIRE D'ÉTAT.

A Versailles, le 14° juin 1682.

Sur l'advis que le roy a receu qu'il y avoit plusieurs de ceux du village de Mausé, au pays d'Aulnis, qui, s'estant convertis à la religion catholique, ont retourné au presche et font actuellement l'exercice de la R. P. R., S. M. m'a ordonné de vous dire de prendre ses ordres pour expédier un arrest pareil à celuy qui a esté expédié pour le Poret, ou pour donner pouvoir à l'intendant de procéder contre ces relaps.

Reg. secr.

34.

COLBERT A D'AGUESSEAU.

Le 22 juin 1682.

Le R. P. de la Chaize, confesseur du roy, m'a remis entre les mains un mémoire par lequel on luy donne advis que les sous-fermiers des domaines de Languedoc ont osté quatre commis catholiques qui servoient dans le greffe du présidial de Nismes, et ont mis en leurs places sept commis de la R. P. R. Et comme vous estes bien informé de l'intention du roy sur ce sujet, par touttes les lettres que je vous ay escrittes par ordre de S. M., je vous prie de vous informer si ce fait est véritable, et en ce cas de faire oster ces commis de la R. P. R., et ordonner aux fermiers d'y en mettre de catholiques. Et, au surplus, l'intention de S. M. est que vous ayez tousjours une application particulière à empescher qu'aucun de la religion ne soit employé dans tout ce qui concerne le recouvrement des droits du roy directement ou indirectement, et pour quelque cause ou prétexte que ce soit[1].

Reg. secr.

35.

COLBERT A LEBLANC.

Le 17 aoust 1682.

..... Je rendray compte au roy du contenu en vostre lettre concernant le sieur d'Alençon, président en l'eslection de Montivilliers,

[1] Le 4 décembre, Colbert écrivit à l'intendant d'Herbigny : « Vous devez tousjours rechercher avec un très-grand soing tous ceux de la R. P. R. qui ont quelque part dans le recouvrement des deniers du roy et du public, et les oster sans difficulté; et de quelque utilité que puisse estre le travail du sieur Vivens, s'il ne vous donne des asseurances réelles de se convertir, et qu'il ne l'exécute dans un mois ou six semaines au plus tard, vous devez aussy, sans difficulté, luy oster ses fermes et ses emplois, et mesme vous devez obliger le directeur des gabelles de ne point donner la distribution du sel à petites mesures à ceux de la R. P. R. » Et le 23 du même mois : « Vous tiendrez, s'il vous plaist, la main à ce que aucun de la R. P. R. n'ayt aucune part aux recouvremens des deniers du roy et du public, et ne soit pourveu d'aucune charge ni commission de quelque nature qu'elle puisse estre, et dès lors que le sieur Vivens ne prendra pas le résolution de se convertir sans délay, vous devez l'oster de touttes ses charges et fonctions. » (*Reg. secr.*)

qui est de la R. P. R., et vous feray sçavoir les intentions de S. M. sur ce sujet; mais vous devez être asseuré qu'elle voudra qu'il se défasse de sa charge, et il seroit nécessaire que vous m'envoyassiez aussy les noms des trois officiers de la maison du roy, un de M. le Prince, cinq arpenteurs royaux, un huissier et deux archers, qui font profession de la mesme religion. Faites déposséder le nommé Thorel, et donnez tousjours une application très-particulière à connoistre les commis et employez dans les recettes et fermes du roy qui sont de la R. P. R., pour les faire déposséder.

Mademoiselle m'a prié de vous recommander les habitans de la ville d'Eu dans l'imposition prochaine de la taille, et je satisfais à ce qu'elle a désiré de moy; en quoy toutesfois vous devez une justice esgalle à tous les sujets du roy.

Reg. secr.

36.

COLBERT A L'ARCHEVÊQUE DE PARIS.

A Fontainebleau, le 23° octobre 1682.

Le roy ayant fait réflexion que le sermon du ministre Claude, dont S. M. avoit fait saisir les exemplaires, a esté distribué dans Paris, et qu'ainsy cette saisie ne pouvoit produire d'autre effet que de donner plus de vogue et de crédit à cet ouvrage, S. M. m'a ordonné d'escrire à M. de la Reynie qu'il pouvoit laisser continuer le débit de ce livre; mais en mesme temps elle l'a fait avertir de se rendre un peu plus difficile à l'advenir à donner ces sortes de permissions d'imprimer les livres de dogmes composez pour ceux de la R. P. R. C'est de quoy S. M. m'a ordonné de vous donner advis[1].

Reg. secr.

[1] Le 10 avril 1683, le même secrétaire d'État consulta, par ordre du roi, l'évêque de Meaux pour savoir si ce prélat ne trouvait point d'inconvénient à permettre au

37.

LE CHANCELIER LETELLIER
A DAULÈDE, PREMIER PRÉSIDENT DU PARLEMENT DE GUIENNE.

A Versailles, ce 27° febvrier 1683.

J'ay donné compte au roy de la difficulté qui s'est présentée dans vostre compagnie, pour sçavoir si la déclaration qui a exclu les gens de la R. P. R. des fonctions de judicature, se doit entendre pour les arbitres. S. M. s'est expliquée qu'elle n'avoit pas prétendu oster la liberté à ses sujets de prendre pour arbitres de leurs différens des gens de ladite religion : ainsy vostre compagnie peut prononcer sur ce fondement.

Bibl. imp. Mss. Fonds Mortem. 69.

38.

COLBERT A DE NOINTEL.

A Versailles, le 30 avril 1683.

J'ay rendu compte au roy de ce que vous m'escrivez concernant le sieur Fournier, et S. M. m'a ordonné de luy dire qu'il devoit travailler à convertir son père, et qu'aussytost elle luy feroit la grâce de le restablir. S. M. m'a ordonné de vous escrire en mesme temps qu'elle désiroit que vous fissiez quelque diligence de vostre part pour

ministre Claude de faire imprimer un livre qu'il avait composé en réponse à celui de Bossuet sur la conférence qu'ils avaient eue en présence de M{^{lle}} de Duras. La réponse de Bossuet fut sans doute pour la publication, car, quelques semaines après, la Reynie fut averti par le secrétaire d'État que le roi permettait au ministre Claude de faire imprimer sa réponse au livre de l'évêque. (*Reg. secr.*)

cela; et comme vous sçavez combien S. M. a à cœur la conversion de ses sujets de la R. P. R., vous ne pouvez rien faire qui lui soit plus agréable que d'y concourir.

Reg. secr.

39.

LE MARQUIS DE SEIGNELAY
A LA REYNIE, LIEUTENANT GÉNÉRAL DE POLICE.

A Versailles, le 1er may 1683.

..... J'ay rendu compte au roy du plaquart qui a esté affiché à la Grève; sur quoy S. M. m'a seulement ordonné de vous dire que si vous en connoissiez les autheurs, il seroit bien à propos de les punir.

A Versailles, le 30 septembre 1684.

Le sieur de Saint-Thout[1] ayant donné advis de trois maisons à Paris où l'on donne retraitte aux pauvres de la R. P. R., le roy m'a ordonné de vous escrire de voir sur cela le P. de la Chaise, afin qu'il vous indique ledit sieur de Saint-Thout, et que vous vous serviez de luy à ce que vous jugerez à propos pour l'exécution des ordres que vous avez receus sur ce sujet.

Le 25e juin 1685.

Le roy m'a ordonné de vous escrire que son intention est que vous empeschiez que les estrangers ne mènent avec eux hors du royaume des domestiques françois de la R. P. R., et j'escris aux officiers de l'admirauté d'empescher de leur costé que ces domestiques ne sortent du royaume.

---

[1] C'est *Saint-Thoin* qu'il faut lire, ainsi qu'il résulte d'un mémoire adressé au P. de la Chaise, qui se trouve dans les *Papiers de la Reynie*; Bibl. imp. Mss. Fonds Saint-Germain.

Le 20 juillet.

Le roy veut bien donner 200ᵗᵗ pour le gentilhomme de la R. P. R. prisonnier au Chastelet, lequel vous dites estre en résolution de se convertir, et je vous en envoyerai incessamment l'ordonnance.

Le 18 octobre.

Le roy ayant fait expédier un édit pour l'interdiction de la R. P. R. dans le royaume, qui contient entr'autres choses que les temples seront incessamment desmolis, et qui sera registré lundy au parlement, S. M. m'ordonne de vous escrire que, dès le lendemain de l'enregistrement, les commissaires qui seront nommez par le parlement se transporteront à Charenton pour la démolition du temple, et elle veut que de vostre costé vous preniez garde qu'il ne se passe rien en cette occasion contre son service, et que pour cet effect vous fassiez assembler les brigades du prévost de l'Isle, et mesme que vous vous serviez des cavaliers du guet. Je vous envoye à cet effect des ordres au sieur prévost de l'Isle et au chevalier du guet, qui feront ce que vous leur ordonnerez; que s'il vous vient en pensée quelqu'autre chose à laquelle il soit nécessaire de pourvoir, et que vous ayez besoin d'ordre de S. M., en me le faisant sçavoir, je vous les envoyeray aussytost. Tenez, s'il vous plaist, la chose secrette jusqu'à lundy.

Le 20 octobre.

J'ay parlé au roy concernant les permissions qui vous ont esté demandées par plusieurs de la R. P. R. qui sont venus des provinces à Paris, comme aussy sur ce qui regarde les ministres desdites provinces qui se trouvent à Paris en attendant leur passe-port; et S. M. m'ordonne de vous escrire, à l'esgard des premiers, que comme il peut y avoir plusieurs personnes de qualité ou autres qui ont de véritables besoins de demeurer pour quelque temps dans ladite ville, S. M. vous donne pouvoir de donner des permissions signées de vous pour un temps limité, tel que vous estimerez convenable; mais en mesme temps elle sera bien aise que vous observiez de m'envoyer un mémoire de ceux à qui vous aurez estimé devoir donner ces permissions, afin que je puisse luy en rendre compte.

A l'esgard des ministres, comme il est ordonné, par l'édit qui doit estre registré lundy, qu'ils sortiront dans quinzaine hors du royaume, S. M. veut, sans qu'il paroisse aucun ordre nouveau de sa part, que vous différiez pendant quelque temps de faire exécuter à leur esgard l'ordonnance du 15ᵉ de ce mois, puisque, suivant l'édit, ils doivent incessament sortir du royaume.

S. M. est informée de plusieurs endroits, que les plus honnestes gens de la R. P. R. seroient en disposition de se convertir si on permettoit à un nombre d'entr'eux de s'assembler pour prendre ensemble une délibération convenable aux intentions de S. M.; et comme pour parvenir à ce que cette assemblée se puisse faire avec succez, il faut auparavant disposer les esprits de ceux qui la doivent composer, S. M. a ordonné à M. le procureur général d'agir de concert avec vous à cet esgard, et elle m'ordonne de vous dire qu'elle désire que vous y apportiez toute vostre application. J'escris la mesme chose à M. Robert, et je luy mande de vous aller trouver pour cet effet, me remettant au surplus des mesures qu'il y aura à prendre pour l'exécution des intentions de S. M. à ce qui vous sera plus particulièrement expliqué par M. le procureur général.

S. M. a fort approuvé l'expédient que vous proposez pour empescher qu'il n'arrive aucun désordre lors de la démolition du temple de Charenton.

Elle accorde 600ᵗᵗ de gratification au sieur Léger, je vous en envoyeray incessament l'ordonnance.

Je donne ordre pour faire payer les frais que le sʳ Desgrez a fait pour l'exécution des ordres qu'il a receus.

S. M. veut que vous envoyiez prendre à Charenton Magdeleine Risoul, et que vous la fassiez mettre aux Nouvelles-Catholiques.

Le 22 octobre.

Le roy ayant permis à la famille de feu Mme de Rohan de faire transporter incessament son corps, qui est enterré au cimetière de Charenton, S. M. m'ordonne de vous escrire que vous preniez avec M. de Soubize, qui est à Paris, toutes les mesures nécessaires pour faire en sorte que ce transport se fasse sans éclat et sans désordre, auparavant qu'on fasse rien pour la démolition dudit cimetière.

Je vous prie instament de me faire sçavoir ponctuellement tout ce qui se sera passé dans la démolition du temple de Charenton, S. M. m'ayant demandé plus de quatre fois aujourd'huy si je n'avois pas eu des nouvelles de ce qui s'estoit passé lors de l'enregistrement de l'édit, estant fort attentive à ce qui regarde la suitte de cette affaire.

Le 29 octobre.

Les nommez Brandus et Pauly, marchands de moutons de Francfort, faisant profession de la R. P. R., qui font un grand commerce à Paris, ayant demandé un passeport pour eux et leurs garçons, afin que, sous prétexte de leur religion, ils ne soyent point détournez de leur commerce, je vous prie de me mander vostre advis sur cette demande, et de quelle manière vous croiriez qu'on devroit leur donner le passeport qu'ils demandent.

Le 20 novembre.

J'ay rendu compte au roy de vos mémoires; S. M. estime que pour exciter d'autant plus les artisans à se convertir, il faudroit donner à ceux qui seroient capables de faire leur chef-d'œuvre, la moitié ou du moins le quart de ce qu'il en couste pour estre receu maistres. Prenez la peine de me faire sçavoir s'il n'y a point d'inconvéniens à cela, car, en ce cas, j'expédieray l'arrest nécessaire à cet effet.

S. M. a accordé exemption de logement de gens de guerre à Claude Sahue, médecin de Saint-Antonin, dont vous m'avez envoyé le mémoire.

Elle a ordonné qu'il vous soit remis la somme de 3,000tt pour distribuer aux nouveaux convertis qui auront besoin d'estre secourus; et je donne ordre au sieur de Lubert, trésorier de la marine, de vous porter cette somme. Il faut que vous la mesnagiez le mieux qu'il se pourra, et que vous m'envoyiez toutes les sepmaines un mémoire de ce que vous aurez distribué, et à la fin de chaque mois j'expédieray une ordonnance sur le trésor royal de ce que vous aurez fait payer.

Je vous envoye les ordres du roy pour reléguer les anciens de la R. P. R. dont vous m'avez envoyé le mémoire, ausquels vous ferez entendre qu'ils peuvent amener leurs familles avec eux.

S. M. veut bien que vous fassiez mettre en liberté la servante catholique de la nommée Catillon, qui a esté arrestée sur la frontière avec elle.

S. M. veut aussy que vous fassiez arrester le nommé Solabel, prestre, en vertu de l'ordre que je vous ay envoyé.

Le 22 novembre.

Vous pouvez sans difficulté permettre aux nommez Gaucher et Jannisson de demeurer à Paris, puisqu'ils sont en disposition de se convertir.

Le roy donnera les ordres nécessaires pour exempter des gens de guerre la maison du sieur Bigot de Monrogne. S. M. a fort aprouvé la proposition que vous avez faite d'assembler trente ou quarante personnes des principaux de la R. disposez à se convertir, afin qu'après que S. M. leur aura parlé ou leur aura fait parler fortement de sa part, on puisse s'en servir et s'asseurer du succès d'une conférence, ainsy qu'elle a esté proposée. Il faut donc, s'il vous plaist, que vous travailliez dans cette veue, et que vous preniez la peine de m'envoyer les noms et les qualitez des personnes que vous destinez à cet effet.

J'escris à M. le lieutenant civil que l'intention de S. M. n'est point qu'il fasse agir les commissaires qui ont desjà commencé de le faire sous vos ordres dans les affaires de la religion, et qu'il doit s'employer seulement à parler aux particuliers avec lesquels sa charge peut luy donner quelque relation pour les porter à se convertir; ainsi le petit contre-temps que cela a causé n'aura point de suitte.

S. M. veut que vous interrogiez le sieur de Saint-Yon sur les accusations faites contre luy qu'il s'estoit déclaré en Angleterre n'avoir aucune religion, et sur les prétendues impiétez dont il est pareillement accusé. Je vous prie de me faire sçavoir ce que vous ferez à cet égard.

Le 16 décembre.

Mme la comtesse de Roye s'est venu plaindre icy que le commissaire du quartier avoit esté chez elle pour demander les noms de ses enfans et de ses domestiques. Et comme les gens de cette qualité méritent une distinction particulière, le roy veut que vous ordonniez aux commissaires de ne rien faire à l'avenir que par des ordres exprez, et de ne pas confondre les personnes de ce rang avec les bourgeois de Paris, à l'esgard desquels ils ont des ordres à exécuter.

J'attends avec impatience des nouvelles de l'effet qu'aura produit dans Paris l'assemblée qui fut faite dernièrement chez moi, et je vous prie de me faire sçavoir ce qui est parvenu à vostre connoissance.

On a donné advis au roy que le nommé Moïse de la Mouche, marchand, demeurant à Paris, rue de la Monnoye, s'est retiré, et qu'il a dessein de sortir du royaume. S. M. m'ordonne de vous dire d'examiner si cet advis est véritable, et s'il y auroit moyen de le faire arrester.

Je vous envoye un ordre de S. M. au sieur de Lalo, conseiller au parlement de Grenoble, de se rendre à Guéret; il loge au fauxbourg Saint-Germain; prenez la peine de le faire chercher.

Vous trouverez cy-joint de pareils ordres pour reléguer les nommez Grandchamp et Gautier, M. Robert m'ayant escrit que cela estoit nécessaire pour avancer leur conversion, et une lettre de cachet pour faire sortir de la Bastille la dame de Malno, après qu'elle aura fait abjuration.

Le 24 janvier 1686.

Le roy sçait que la femme du nommé Trouillon, apothiquaire à Paris, qui est actuellement auprès de M. le duc et de Mme la duchesse de Bouillon, est une des plus opiniastres huguenottes qu'il y ait. Et comme sa conversion pourroit attirer celle de son mary, S. M. veut que vous la fassiez arrester et conduire aux Nouvelles-Catholiques, suivant l'ordre que je vous en envoye. Vous pourrez en sçavoir des nouvelles à l'hostel de Bouillon, où ladite Trouillon demeuroit en dernier lieu.

Le 30 janvier.

Le roy ayant pris la résolution de pourvoir à l'instruction des enfans de M. le duc de la Force, en mesme temps que S. M. luy ordonne de se retirer dans une de ses maisons de campagne, elle désire que vous vous rendiez demain chez luy avec M. de Brissac pour les recevoir, et que vous preniez la peine de conduire vous-mesme les garçons au collège des jésuittes, où il y aura une chambre préparée pour eux, et les filles dans le couvent dont vous conviendrez avec M. l'archevesque de Paris; et je crois que vous estimerez convenable de charger Mme de la Reynie de ce soin, afin que les filles soient remises entre ses mains, et qu'elle prenne la peine elle-mesme de les conduire au couvent.

S. M. est informée qu'il y a encore plusieurs gens de qualité de la R. P. R. à Paris, qui font une espèce de party, et qui s'observent les uns et les autres, se faisant honneur de n'estre pas les premiers à changer de religion. S. M. sçayt aussi que le sieur marquis de Saint-Gelais est un de ceux qui paroissent agir avec plus d'opiniâtreté, en excitant les autres à demander des conditions pour leur réunion à l'Église qui ne peuvent leur estre accordées. C'est pourquoy elle a résolu de le faire mettre à la Bastille, et elle m'ordonne en mesme temps de vous escrire que vous vous appliquiez à sçavoir tous les gens de quelque condition, soit des provinces ou de Paris mesme, qui y demeurent encore actuellement, afin de m'en envoyer la liste, et je vous prie de faire en sorte de me donner cet esclaircissement dans demain au soir, et de me l'envoyer par un homme exprez.

Le 31 janvier.

Le roy ayant esté informé que plusieurs enfans de M. le duc de la Force sont en si bas aage qu'il ne convient pas de les mettre au collége ni dans des couvens, S. M. a consenty que tous ceux qui seroient au-dessous de sept ans, fussent mis chez Mme la duchesse de Saint-Simon, qui veut bien s'en charger, et elle m'ordonne de vous escrire que vous preniez la peine d'aller prendre vous-mesme les enfans de cet aage pour les mener chez ladite dame duchesse de Saint-Simon, et les luy remettre entre les mains.

Le 15 avril.

J'ay rendu compte au roy de ce que vous m'avez escrit au sujet du don fait à la mère Garnier et à la sœur Ancelin, et S. M. donnera toutes les expéditions qui seront nécessaires pour assurer ce don à la communauté des Nouvelles-Catholiques; mais elle ne veut point accorder l'amortissement de cette maison; ainsy il faudra qu'elles la vendent.

J'ay veu ce que vous m'escrivez au sujet de plusieurs nouveaux convertis qui ne font pas leur devoir à Paris, et il me paroist un grand inconvénient de les traiter comme on auroit pu faire avant leur conversion, et de les renvoyer dans les provinces; mais il me semble que le meilleur expédient seroit de les faire observer pour voir s'ils s'acquittent des devoirs catholiques en allant à la messe les jours ordonnez, les faire advertir en cas qu'ils y manquassent, et s'ils continuent, on pourra ensuitte leur ordonner de sortir de Paris.

Je vous envoye l'ordre du roy pour faire arrester le nommé Roger Costar, banquier.

Le 29 juillet.

Le roy ayant esté informé qu'il y a dans le livre de *la République des lettres* beaucoup de choses qui sont contraires à son service, S. M. m'ordonne de vous escrire que son intention est que vous fassiez les diligences nécessaires pour en empescher le débit.

On a donné advis à S. M. qu'il se fait de petites assemblées à Paris chez les nouveaux catholiques, particulièrement de femmes qui, sous prétexte de visites, s'assemblent pour faire leurs prières à l'usage de la R. P. R., et on nomme entr'autres la maison de la dame Combel, rue Neufve-Saint-Eustache. Sur quoy S. M. m'ordonne de vous escrire de faire observer si cet advis est véritable. On accuse encore la famille des Bigot de pareilles assemblées.

Le 13 aoust.

Il est nécessaire qu'aussytost que vous aurez receu ce billet, vous envoyiez Auzillon en poste après le carrosse de Bruxelles, pour arrester la dame Carron, si vous croyez qu'il puisse encore l'attraper.

A l'esgard des nommez Mamol et Pinart, le roy veut que vous vérifiiez si c'est par simple curiosité qu'ils ont esté au presche chez l'ambassadeur d'Angleterre, ou si c'est par quelque mauvaise disposition sur la religion, parce que, dans le premier cas, S. M. estime qu'une réprimande de M. l'archevesque doit suffire; mais, dans le second, il seroit à propos d'avoir une conduitte plus sévère à leur esgard.

Du 9 janvier 1687.

Je vous envoye des ordres du roy pour faire mettre à la Bastille les trois personnes de la R. P. R. qui sont encores à Paris, dont vous m'avez envoyé le mémoire. S. M. veut que vous fassiez payer la pension des enfans du sieur de la Ferté-Civille sur les biens de leur père, et celle de la demoiselle de Saint-Surin, qui est au couvent de Paupincourt, sur les biens de ses père et mère.

J'ay parlé au sieur du Montcel, lieutenant criminel de robbe courte, sur ce qui se passa avant-hier entre luy et le sieur Auzillon, et lui ay fait connoistre le tort qu'il avoit. Il est bon de ne pas donner aux officiers dud. sieur de Montcel des ordres à exécuter hors de Paris, leurs fonctions estant bornées à ce qui se passe au dedans de la ville.

Le 12 janvier.

Je vous envoye un ordre du roy pour faire mettre en liberté la dame de Falaizeau, qui a fait abjuration. S. M. approuve que vous la fassiez mettre aux Nouvelles-Catholiques.

Le 16 janvier.

Le roy estant informé qu'il s'assemble un grand nombre de bourgeois de Paris, nouveaux catholiques, dans les maisons des envoyez de Dannemark et de Brandebourg, S. M. m'ordonne de vous escrire que son intention est que vous preniez des mesures pour les faire arrester, en disposant un assez grand nombre d'archers pour n'estre point en estat de craindre rien de la part des domestiques desdits envoyez, voulant que le procez soit fait aux coupables, afin d'acquérir par ce moyen la preuve que ces ministres donnent retraite dans leurs maisons aux sujets de S. M. pour y faire l'exercice de la R. P. R.

Du 23 janvier.

J'ay expédié des ordres pour envoyer dans des chasteaux et dans des abbayes ceux que vous avez marqué par vos mémoires y devoir estre envoyez, et je vous en envoye pour tirer la dame Mallet de la Bastille lorsqu'elle aura fait abjuration, et pour en tirer aussi la nommée Melon et la mettre, ainsy que vous le proposez, dans les prisons ordinaires le temps que vous le jugerez à propos.

A l'esgard de Jeanne Lemaistre, vous pouvez la faire mettre aux Nouvelles-Catholiques, et faire mettre en liberté Rachel Godart, Anne Perrot, Magdelaine Salomon et Magdelaine Maulard, lorsqu'elles auront fait abjuration. Cette Maulard est une fille de la généralité de

Moulins, que M. d'Argouges doit faire revenir au païs, et il vous a esté envoyé 150ᵗᵗ pour donner à celui qui s'en chargera.

Je vous envoye aussi un ordre pour faire recevoir Mlle Dorignac au couvent des Annonciades, à Saint-Denis, et un autre pour faire conduire à l'hospital général Louise Cairet, et une ordonnance de 200ᵗᵗ pour la demoiselle Petcofsky.

Le 12 avril.

On a des advis certains que le sieur Danville de Villefagnan, du pays d'Angoulmois, est un fort mauvais catholique, et qu'il escrit plusieurs choses désadvantageuses dans les pays estrangers; sur quoy le roy m'ordonne de vous escrire de le faire arrester et mettre à la Bastille en vertu des ordres que je vous envoye à cet effet.

Le 13 juin.

Je vous envoye un ordre du roy pour faire mettre Mme de Beringhen dans un autre couvent. La mère Garnier, qui sçavoit le peu de progrez qu'elle faisoit au couvent du Saint-Sacrement, m'avoit fait dire qu'elle avoit une chambre propre pour elle, et qu'elle espéroit réussir à sa conversion. Ainsy je crois que nous ne pouvons mieux faire que de la mettre dans cette maison. Je vous envoye cependant un ordre en blanc pour en disposer ainsy que vous le jugerez le plus à propos.

J'expédieray une ordonnance de 300ᵗᵗ pour une année de la pension de la demoiselle de Cuningham, si cette fille veut estre religieuse, et que l'on veuille bien la recevoir pour la pension de 300ᵗᵗ. S. M. l'assurera par un brevet au couvent où elle sera receue, et la fera régulièrement payer.

A l'esgard de la fille que le commissaire Labbé a fait arrester, vous pouvez la faire remettre à celuy qui s'en veut charger, et sa pension sera payée sur le pied de 60ᵗᵗ qu'on demande.

Je vous prie de me mander quel jour nous pourrions prendre pour conférer ensemble sur l'affaire des bois de Bourgogne et sur ce qui regarde celle des livres des nouveaux catholiques.

Le 17 novembre.

Je vous envoye le placet présenté au roy par Charles Guedeville, bourgeois de Paris, qui désire se charger du nommé Pain, religionnaire opiniastre, sur l'esprit duquel on n'a rien pu gagner depuis deux ans qu'il est dans les prisons, S. M. désirant sçavoir si vous jugez à propos de luy confier cet homme, et s'il y a lieu d'en espérer quelque chose par cette voye.

A Marly, le 14ᵉ janvier 1688.

Le roy a esté estonné que vous ayez si longtemps retardé l'exécution de l'ordre que je vous avois envoyé pour faire arrester la gouvernante du fils de Mme le Coigneux, et S. M. m'a donné un ordre précis de vous dire que quand elle vous envoye des ordres, et que vous jugiez de son service de faire quelque représentation dessus, il faut que vous la fassiez sur le champ, et que vous preniez la peine de rendre compte de leur exécution aussytost après que vous les avez receu. Cependant S. M. ayant fait réflexion à la lettre que vous m'avez escrit, m'a ordonné de vous dire qu'elle veut que vous donniez l'attention nécessaire pour vériffier si ce que le prestre a dit contre cette femme est véritable ou non, en vous informant si elle fait son devoir de catholique, si elle va à la messe et fréquente les sacremens, comme aussy de la réputation dans laquelle elle est parmy les domestiques de ladite dame le Coigneux. En attendant cet esclaircissement, vous pourrez surseoir l'ordre que vous avez receu pour la faire arrester.

Le 24 mars.

J'ay receu une lettre de M. de Basville, qui m'escrit que les parens du sieur Boisleau et de la demoiselle Pujolas, de la ville d'Usez, souhaittent qu'ils se marient, et que par ce moyen ils finissent leur désordre. L'intention du roy est que vous luy déclariez qu'il ne sera mis en liberté qu'en faisant ce mariage.

Le 26 avril.

Les enfans de M. Duguay demandent permission d'entrer tous les jours à la Bastille pour soulager leur père qui est malade, et de le faire voir par le docteur Porette, médecin auquel il a confiance. Je vous prie de me mander si on peut leur accorder ce qu'ils demandent.

J'ay rendu compte au roy du mémoire que vous m'avez envoyé des religionnaires qui restent à Paris. S. M. veut qu'on fasse sortir du royaume le frère de Marmier, banquier, en cas qu'il ne se convertisse pas; que vous fassiez mettre en liberté le nommé Granger, apothiquaire d'Alençon, et sa femme, s'ils ne sont point coupables; que la veuve Charles soit remise entre les mains de la dame Catillon, puisqu'elle veut bien s'en charger, et que vous fassiez enfermer aux Nouvelles-Catholiques les demoiselles de Pierre-Buffière et Chambon, qui ont cy-devant déclaré avoir fait abjuration. Et à l'esgard des dames du Plessis-Rambouillet et d'Alba, et des nommées Régnier, Lejeune, Gardouleau, Ravenel, Morisset et Gousset, j'expédieray un ordre pour les faire conduire hors du royaume avec quelques autres ausquelles il avoit esté donné quelque temps pour se disposer à partir. Pour le nommé Force, marchand de vin, il faut que vous examiniez encore s'il a quelque disposition à faire sa réunion, sinon le chasser comme les autres.

La dame de Rebondy a dit à M. le controlleur général qu'elle s'est trouvée à un presche qui se faisoit à Paris; sur quoy S. M. m'ordonne de vous dire d'aller voir cette dame pour apprendre d'elle de quelle manière et où se faisoit ce presche, afin de tascher de suivre l'advis qu'elle pourra vous en donner, et en profiter.

Je vous prie de vous informer si le nommé Claye, orfèvre, nouveau catholique, fait bien son devoir, et de me le mander. Vous me ferez un sensible plaisir de vouloir bien finir bientost ce qui regarde les toiles peintes, et de mesnager autant qu'il se pourra les intérêts de la Compagnie des Indes orientales, qui souffre par les deffenses faites aux marchands de débiter les toiles provenant de son commerce.

Le 16 novembre.

Vous aurez sceu l'évasion du sieur de Montginot de la Salle et de sa femme, qui se sont retirez en Hollande. Le roy m'ordonne de vous escrire qu'il faut faire contre eux les mesmes procédures qui ont esté faites contre les autres fugitifs, et faire saisir leurs biens.

Le 20 novembre.

Le roy m'ordonne de vous escrire que son intention est que vous fassiez arrester tous les nouveaux convertis, ses sujets, qui vont au presche chez l'envoyé de Brandebourg, en observant, ainsy que vous le proposez, de ne les arrester que quand ils seront esloignez de sa maison.

J'ay eu response de M. d'Avaux au sujet de Valmont, et sur cette response S. M. a résolu de le faire mettre dans un séminaire, et la femme qui vivoit avec luy à l'hospital général avec ses enfans. Prenez la peine de me mander dans quel séminaire on peut le mettre, et le nom de cette femme, afin que je vous envoye les ordres nécessaires pour cela.

Le 30 janvier 1690.

N'ayant point eu de vos nouvelles sur ce qui regarde le ministre Lestang, le roy est inquiet de sçavoir ce que vous aurez fait à cet esgard, et S. M. m'ordonne de vous escrire de donner toute vostre attention pour faire arrester cet homme, qu'on luy a dit estre encore à Paris.

Le 20 février.

Je vous envoye l'ordre pour faire arrester les deux complices de Raoul Foy.

Le roy donnera ordre pour faire cesser les diligences qu'on faisoit pour arrester le nommé Lestang; mais il est bien important que, de nostre costé, nous mettions toutes choses en usage pour ne le pas manquer. Vous ne sçauriez rien faire de plus agréable à S. M. que d'y réussir. J'escris à l'intendant de la Rochelle sur les trois filles de la Rochelle, rue Barbot.

Le 21 avril.

J'ay rendu compte au roy de la prise du ministre Lestang. S. M. approuve que vous l'ayez fait mettre à Vincennes avec le nommé Malet. Elle a esté estonnée que vous n'ayez pas fait arrester la nommée Prévost, sœur dudit Malet, qui a parlé avec tant d'emportement. Je vous envoye l'ordre pour faire retenir ces deux hommes à Vincennes. Il faudra tenir pour le ministre Lestang la mesme conduitte qu'on a tenue à l'esgard des deux autres, et l'envoyer aux isles Sainte-Marguerite, suivant les ordres cy-joincts.

Reg. secr.

40.

LE MARQUIS DE SEIGNELAY A LEVAYER.

A Versailles, le 16e juillet 1683.

Le nommé Rotisset, de la ville de Laon, faisant profession de la R. P. R., ayant fait présenter au roy le mémoire cy-joint, par lequel il se plaint d'une ordonnance du juge-prévost de Laon, qui l'a exclus de la maistrise de mercier en ladite ville, S. M. m'a ordonné de vous escrire pour sçavoir ce qui s'est passé en cette occasion, et de vous dire en mesme temps que vous devez faire entendre à ce juge qu'il ne devoit pas ainsy par sentence ouvertement exclure ledit Rotisset, mais seulement l'empescher par d'autres voyes d'entrer dans ladite communauté des merciers.

Le 20 octobre.

J'ay rendu compte au roy du mémoire que vous m'avez adressé

concernant les motifs du refus fait par le juge de Laon de recevoir le nommé Rotisset à la maistrise de marchand mercier de ladite ville. Sur quoy S. M. m'a ordonné de vous escrire qu'il faut que vous fassiez entendre aux officiers devant lesquels a esté relevé l'appel de la sentence du premier juge de ne point rendre de jugement sur cet appel, et de laisser la chose indécise.

Reg. secr.

41.

LE MARQUIS DE SEIGNELAY A DE BESONS, INTENDANT.

A Fontainebleau, le 5ᵉ octobre 1683.

Il y a quelque temps que la fille d'un ministre de Bordeaux, nommée Magdelaine Sarran, laquelle estoit à Amiens, s'estant convertye à la foy catholique, sortit de la maison où elle estoit à Amiens, à la persuasion d'un garde du roy que l'on a dans la suitte accusé de séduction, ce qui a donné lieu à un procès dans lequel il est intervenu un arrest du parlement portant permission à cette fille de se retirer chez le sieur Favières de Maisonfort, son parent. Et comme S. M. est bien aise que cette fille soit en lieu où ses parens de la R. P. R. ne puissent la pervertir, où elle puisse au contraire, par les bons exemples qu'elle y trouvera, s'affermir dans la religion, elle m'ordonne de vous escrire que son intention est que vous vous informiez si la femme dudit sieur de Maisonfort est d'un bon exemple et d'une piété assez reconnue pour laisser cette fille auprès d'elle sans danger. Ledit sieur de Maisonfort demeure à son chasteau de Maisonfort, près Saint-Amant, qui est dans vostre département.

Reg. secr.

. 42.

LE MARQUIS DE SEIGNELAY
AU PREMIER PRÉSIDENT DU PARLEMENT DE PARIS.

A Versailles, le 2 décembre 1683.

Les parens de deux filles de la R. P. R., nommées Mirai, dont vous prenez soin depuis quelque temps, présentent souvent des placets au roy, tendant à ce que ces filles leur soyent rendues. Sur quoy S. M. m'a ordonné de vous escrire pour sçavoir si elles persistent dans leur religion, parce qu'en ce cas elle croit qu'il faudroit les rendre à leurs parens.

A Versailles, le 14 décembre 1684.

Lorsque le roy passa à Pluviers, Mme de Ruterfort se présenta à S. M. avec plusieurs Maures de l'un et de l'autre sexe; et d'autant que, suivant la déclaration du 25 janvier 1683, ces sortes de gens ne peuvent estre instruites que dans la religion catholique, et que cependant, cette dame faisant profession de la R. P. R., il se pourroit faire que ces Maures en feroient exercice, S. M. m'ordonne de vous escrire que son intention est que vous vous en informiez, et qu'en ce cas vous teniez la main à l'exécution de ladite déclaration[1].

Le 13 janvier 1685.

Le roy ayant esté informé que le sieur Pajon, médecin de Blois,

---

[1] Le 6 février suivant, le roi écrivit à l'intendant du Languedoc : « Après avoir examiné ce que vous m'avez escrit au sujet d'une mauresse, que la dame de Ruterfort fait eslever en la R. P. R., j'ay estimé devoir la faire instruire dans la religion catholique. C'est pourquoy je vous escris cette lettre pour vous dire que mon intention est que vous choisissiez un couvent dans lequel je veux qu'elle soit incessamment conduitte et instruitte dans la véritable religion, vous advertissant que je pourvoyeray au payement de sa pension. » (*Reg. secr.*)

a chassé de sa maison Daniel Pajon, son fils, aagé de quinze ans, qui a fait abjuration, et qu'il le laisse sans subsistance, S. M. m'ordonne de vous escrire que son intention est que vous vous informiez si ledit Pajon est en estat de donner à son fils de quoy subsister, et en ce cas que vous vous employez pour cela, en sorte que ce fils ne demeure pas dans la nécessité après s'estre converty.

Je vous envoye aussy un placet de la demoiselle du Plessis, qui se plaint de ce qu'elle ne peut obtenir justice du lieutenant criminel de Beaugency, dans une affaire qu'elle poursuit contre le sieur de Gresset; S. M. désirant qu'après que vous vous serez informé si ce qui est contenu en ce placet est véritable, vous teniez la main à ce que la justice luy soit rendue.

Le sieur de Saineville ayant demandé dispense de deux ans d'âge pour estre pourveu de l'office de lieutenant criminel d'Orléans, on m'a dit beaucoup de bien de luy, ce qui me fait croire que le roy peut luy accorder cette grâce; mais j'ay esté bien ayse d'en estre encores informé par vous, afin d'en rendre un meilleur compte à S. M.

Le 29 octobre.

Sur le compte que j'ay rendu au roy de ce que vous m'escrivez au sujet des permissions qui vous sont demandées par ceux de la R. P. R., sous prétexte d'affaires, d'aller de province à autre, S. M. m'ordonne de vous dire que vous devez refuser ces sortes de permissions.

Août 1687.

J'ay expédié, sur un mémoire qui a esté donné au roy de vostre part, l'ordre de S. M. pour tirer de la Conciergerie et mettre aux Nouvelles-Catholiques trois jeunes filles hérétiques que leur oncle huguenot vouloit mener hors du royaume. Comme le mémoire ne marque point leurs noms, vous prendrez la peine, s'il vous plaist, de les faire mettre dans l'ordre cy-joint.

Reg. secr.

43.

LE MARQUIS DE SEIGNELAY
AU PROCUREUR GÉNÉRAL DU PARLEMENT DE PARIS.

A Versailles, le 6ᵉ décembre 1683.

Le sieur de Jaucourt ayant présenté un placet au roy, par lequel il a représenté à S. M. que si on vouloit surceoir pour un mois les poursuittes commencées contre la dame de la Vaisserie, ce seroit un moyen de convertir toute sa famille, et qu'elle donneroit mesme des lumières pour parvenir à la démolition du temple de Castillon, S. M. m'a ordonné de vous escrire pour sçavoir si la justice souffriroit en quelque chose de cette remise.

Le 16 décembre.

Comme M. de la Berchère, intendant du Bourbonnois, a donné avis que le chastelain d'Aubusson avoit interdit l'exercice de la R. P. R. dans ledit lieu, pour raison de quelques contraventions aux dernières déclarations de S. M., et que ceux de ladite religion du consistoire ont interjetté appel de ce jugement, qui doit estre porté naturellement au parlement de Paris, S. M. m'a commandé de vous escrire pour vous recommander de sa part d'aporter tous les soins et les diligences qui seront des fonctions de vostre charge, afin que ce procès soit jugé ainsy qu'il sera trouvé raisonnable; de quoy je vous suplie d'avoir agréable de me mander des nouvelles, pour luy en rendre compte.

Le 12 janvier 1684.

La dame de la Vezerie estant sur le point de se convertir, le roy m'ordonne de vous escrire de surceoir encore pour quelque temps vos poursuittes; après quoy, elle désire que vous les continuiez et fassiez juger le procès pour parvenir à la démolition du temple de Chastillon, S. M. se réservant à donner grâce à ladite dame de la Vezerie, en considération de sa conversion, après qu'elle aura esté condamnée.

Le 25 janvier.

J'ay rendu compte au roy de ce que vous m'avez escrit au sujet de la dame de la Vezerie; sur quoy S. M. m'ordonne de vous escrire qu'elle estime que vous devez faire juger son procès par contumace, et qu'à l'esgard des lettres de rémission qu'il plaira à S. M. de luy accorder après sa condamnation, elle doit en entendre la lecture à genoux en la manière ordinaire[1].

Le 6 février.

J'ay rendu compte au roy de ce que vous avez pris la peine de m'escrire concernant la perversion de la nommée Renée Robillard, et de ce qui vous a esté escrit sur ce sujet par un père capucin; et comme son tesmoignage peut estre raisonnablement suspect d'un faux zèle, S. M. estime qu'il suffira que vous teniez la main, par les voyes que vous jugerez les plus convenables, à ce que la justice soit rendue à cet esgard.

Le 17 avril.

Le nommé Jean Meusnier, de la R. P. R., qui avoit esté cy devant emprisonné pour debtes à Saint-Martin-des-Champs, s'estant évadé des prisons, a depuis son évasion fait abjuration, et parce que le bailly de Saint-Martin-des-Champs informe contre luy pour raison de bris de prison, que d'ailleurs ses créanciers luy ont donné un dé-

---

[1] Deux jours après, le marquis de Seignelay écrivit au président de Mesmes : « Il doit estre jugé un procès à la Tournelle contre la dame de la Vezerie, de Chastillon-sur-Loire, qui, après avoir abjuré l'hérésie, est retournée dans le temple, et y a fait l'exercice de la religion qu'elle avoit abjurée. Sur quoy, S. M. m'a ordonné de vous escrire que son intention est que vous teniez soigneusement la main à ce que la justice en soit faitte suivant son édit du mois de juin 1680, estant important pour la religion de proffiter de cette occasion de faire desmolir le temple de ladite ville. » (*Reg. secr.*)

lay, et deschargé le geollier, et qu'il n'y a plus de partie que le procureur fiscal, S. M. a bien voulu faire cesser les poursuittes qui sont faites contre luy, et pour cet effet m'ordonne de vous dire que son intention est que vous donniez ordre audit bailly de ne le plus poursuivre.....

Le 30 juillet.

Un des lieutenans civils ayant donné permission de baptiser un enfant de la R. P. R. dans la maison de sa mère, ses parens ont abusé de cette permission, et l'ont porté chez le ministre Claude, où il a esté baptisé. Sur quoy le roy m'ordonne de vous escrire, afin qu'il vous plaise examiner si dans un cas pareil on pourroit faire quelques poursuittes contre ledit ministre Claude, et s'il y a lieu de le poursuivre au parlement, et d'espérer quelque exemple contre luy.....

Le 27 novembre.

Le nommé Rotisset, de la R. P. R.[1], s'estant voulu faire recevoir marchand mercier à Laon, le juge ordinaire le refusa, et sur ce refus, ledit Rotisset en interjetta appel au présidial; mais S. M. ayant sceu de quelle conséquence il estoit d'empescher cet homme d'estre receu à cause de l'establissement que cela luy auroit procuré dans la ville avec une grande famille de la mesme religion, S. M. fit dire aux officiers du présidial de ne point rendre de jugement sur l'appel, ce qu'ils ont exécuté. Et parce que ledit Rotisset veut se pourvoir au parlement comme pour dény de justice, S. M. m'a ordonné de vous en donner advis, et de vous dire d'empescher qu'il ne soit rendu aucun arrest sur sa demande.

Le 22 octobre 1685.

Je vous supplie de vouloir bien m'informer de ce qui s'est passé ce matin lors de l'enregistrement de l'Édit qui suprime celuy de Nantes; et quoyque je ne doute pas que vous ne preniez la peine de

---

[1] Voy. plus haut, p. 357-358.

faire la mesme chose sur ce qui se passera demain à Charenton, je vous diray que le roy m'a paru avoir tant d'envie d'estre informé des moindres particularitez, que je crois qu'il sera nécessaire qu'il vous plaise d'envoyer un courrier exprez en cas qu'il se passast quelque chose qui valust la peine d'en informer S. M.

Le 23 novembre.

Le roy n'ayant pris qu'hier au soir la résolution sur la lettre que vous m'avez escrite, et sur le mémoire qui y estoit joint, je n'ay pu plus tost vous y répondre, et vous faire sçavoir les intentions de S. M.

Elle a estimé comme vous que le concours de M. le lieutenant civil et de M. de la Reynie, en ce qui regarde le travail des commissaires pour les conversions, seroit embarrassant, et ne pourroit produire un bon effet. Ainsi elle a expliqué ses intentions à M. le lieutenant civil, qui sont : qu'elle veut que les commissaires continuent d'agir en cette occasion uniquement sous les ordres de M. de la Reynie, et qu'ils agissent de sa part par toutes les voyes que l'authorité de sa charge luy donne pour contribuer au succez des bonnes intentions de S. M.

A l'esgard des moyens proposez dans le mémoire[1], S. M. estime qu'il faut encore attendre à expédier les déclarations sur l'éducation des enfans, et sur l'article 12 du dernier édit.

Pour ce qui est de l'interdiction des conseillers du parlement qui font profession de la R. P. R., vous aurez incessamment l'arrest qui est expédié pour cet effet.

Je vous envoyay hier la déclaration pour interdire les advocats.

Il faut sans difficulté faire entendre à ceux de la R. P. R. qui paroissent les plus opiniastres, qu'ils ne doivent pas s'attendre de demeurer en repos dans leurs biens tant qu'ils feront profession de leur religion, et que leur demeure dans Paris ne sera pas un azile pour eux. Et à l'esgard de ceux qui pourroient s'échapper à dire quelque chose contre le respect deub aux magistrats qui leur parleront, S. M. veut

---

[1] Ce mémoire se trouve plus loin, p. 381 et suiv.

qu'ils soient envoyez en prison, ou punis d'autre peine proportionnée à leur insolence; et s'il est nécessaire qu'elle donne des ordres pour cet effet, elle les fera expédier sur les premiers avis.

Il est pareillement fort utile de faire entendre aux maistres de mestiers, que dans la suitte S. M. ne les souffrira pas dans l'exercice de la maistrise à moins qu'ils ne changent de religion, et S. M. donne ordre à M. de la Reynie et à M. Robert de tenir la main à ce que les artisans nouveaux convertis soient receus maistres sans frais, ou qu'ils diminuent considérablement ce qu'il a accoustumé de leur en couster pour leur réception.

A l'esgard des aumosnes, elle a fait remettre un fonds entre les mains de M. de la Reynie, qui sera renouvellé toutes les fois qu'il sera nécessaire, et il vous plaira luy adresser ceux que vous estimerez devoir estre assistez, et luy marquer les sommes que vous croirez leur devoir estre données.

S. M. estime qu'il faut suivre pour le reste le plan qu'on s'est proposé, c'est-à-dire tâcher de gagner doucement 50 ou 60 des principaux de la R. P. R., différer leur abjuration jusqu'à ce qu'on ayt ce nombre, afin qu'ensuitte on les fasse assembler avec un nombre de ceux qui ne seront pas encore gagnez, pour leur expliquer fortement les intentions de S. M., porter ceux qui seroient les plus opiniastres à suivre l'exemple de leur conversion, qu'on rendra publique, et se servir ensuitte de leur ministère pour exciter tout ce qui restera de ladite religion à prendre la mesme résolution.....

Le 30 novembre.

Le roy estant informé, par le compte que j'ay eu l'honneur de luy rendre, de l'exécution du projet qui a esté fait pour la conversion des principaux bourgeois de la R. P. R., que ce grand œuvre advance par vos soins et par l'application que vous avez bien voulu y donner, S. M. m'a ordonné de vous escrire qu'elle désire que vous vous assembliez avec M. de la Reynie et M. Robert pour dresser un mémoire de l'estat auquel on en est à présent à l'esgard desdits bourgeois, S. M. désirant, avant qu'il soit rien fait pour l'exécution du dessein qui a esté projetté, de vous faire sçavoir ses intentions sitost qu'elle aura esté informée de l'estat des choses par le mémoire qu'il vous plaira dresser avec ces messieurs.

Le 11 décembre.

J'ay rendu compte au roy de la proposition que vous faites d'obliger les marchands de la R. P. R. les plus opiniastres à fermer leurs boutiques, et de mettre quelques archers chez eux en garnison. S. M. approuve cette proposition, et elle veut que vous la fassiez exécuter ainsy que vous trouverez le plus à propos, suivant vostre prudence ordinaire.

Le 19 décembre.

Le sieur Gobelin estant aussy opiniastre qu'il est, le roy m'a ordonné d'expédier l'ordre cy-joint pour le faire mettre à la Bastille. Il vous plaira le faire exécuter.....

Le 23 décembre.

J'ay leu au roy la lettre que vous m'avez escrit en dernier lieu. S. M. a esté très-aise des bonnes dispositions qui sont à présent pour la conversion de ceux de la R. P. R. à Paris, et elle se remet à vous des expédiens que vous estimerez les plus convenables pour advancer le succez de ce grand ouvrage. Elle m'ordonne seulement de vous expliquer une chose qu'il faut tenir encore secrette, qui est que S. M. a résolu, dans le 10e du mois prochain, de faire déclarer à ceux de cette religion qui resteront dans Paris qu'elle ne leur donne plus qu'un mois pour prendre leur dernière résolution, après lequel temps ils seront tenus de se rendre en différens endroits des provinces qui leur seront indiquez.

A l'esgard des femmes qui demeureront opiniastres dans leur religion, je vous prie de me faire sçavoir quel est vostre advis sur la punition qu'on pourroit faire à celles qui tourmentent leurs maris, et qui retiennent leurs enfans dans leur mauvaise religion.

Le 30 décembre.

Je vous envoye l'ordre du roy pour faire mettre à la Bastille la femme de Schenawer, avec deffenses de la laisser communiquer, si ce n'est avec ceux que vous pourrez y envoyer pour essayer de la convertir.

Le 31 décembre.

Je vous envoye l'ordre du roy pour faire arrester Cuville, marchand, et le menuisier dont vous ne m'avez pas envoyé le nom.

S. M. désire que vous continuiiez vos soins pour tascher de convertir Rousseau, peintre, et elle sera bien aise que cette conversion réussisse, parce que c'est un homme habile [1].

Le 3 janvier 1686.

J'ay rendu compte au roy de la conversion de ceux des quartiers dont vous avez bien voulu vous charger.

S. M. m'ordonne de vous dire qu'à présent que la plus grande partie des gens de commerce et des gens de mestier sont convertis, elle veut que vous vous attachiez fortement à la conversion des autres particuliers, à laquelle vous n'avez pas encore travaillé, et que, pour cet effet, vous preniez la peine de faire assembler M. de la Reynie et M. Robert pour faire une nouvelle répartition de ceux à qui chacun se chargera de parler; et elle estime qu'il faut commencer par les gens domiciliez, afin d'avoir plus de prise sur eux, et de pouvoir envoyer des garnisons dans les maisons des plus opiniastres. S. M. m'ordonne de vous escrire aussy qu'il faut nécessairement s'attacher à la conversion des femmes et des domestiques de ceux qui ont fait abjuration, et elle estime qu'il faut prendre la résolution, à l'esgard de plusieurs, de les séparer de

---

[1] Rousseau (Jacques), né à Paris, en 1630, membre de l'académie de peinture. Il abjura, mais ce ne fut pas sincèrement; voir, à ce sujet, la lettre de Mme la duchesse d'Orléans, princesse palatine, du 21 juillet 1720. *Princessinn Elis. Charlotte, Briefe an die Raugräfinn Louise.* Herausg. von W. Menzel. Stuttgart. 1843, in-8. Il y en a une traduction française par M. G. Brunet. (Paris, 1853, in-12.)

leurs familles, et les mettre dans des monastères ou aux Nouvelles Catholiques, afin que cet exemple oblige les autres à estre moins opiniastres.

Le 8 janvier.

J'ay leu au roy le projet que vous m'avez envoyé de la déclaration concernant les femmes de la R. P. R. qui demeurent dans leurs erreurs nonobstant la conversion de leurs marys, et sur les difficultez qui luy ont esté faites par ceux devant lesquels S. M. m'a ordonné de luy lire ce projet. Elle en a surcis l'expédition jusques à ce que j'aye eu l'honneur de vous parler, et que nous en ayons entretenu ensemble S. M., ce que j'espère qui pourra estre dimanche prochain, si vous prenez la peine de venir icy.

Je vous envoye copie de deux déclarations qu'elle m'a ordonné d'expédier, dans l'une desquelles j'ay inséré l'article portant deffenses aux nouveaux convertis d'avoir des domestiques de la R. P. R. Je vous prie de vouloir bien m'en faire sçavoir vostre advis, estant bien aise, dans une affaire de cette importance, de profiter des lumières d'un homme aussi esclairé, et qui a la bonté de ne me les pas refuser.

S. M. a résolu ce matin de faire expédier une déclaration portant que tous les enfans de ceux de la R. P. R. de 16 ans et au-dessous seront instruits en la R. C., dont ils seront obligez de faire profession. Et comme pour l'exécution de ses intentions à cet esgard, il y a des cas très-importans à prévoir, qu'il faut voir de quelle manière on séparera ces enfans de leurs pères et mères, comment on pourvoira à leur subsistance et à leur instruction, je vous suplie de vouloir bien que j'aye recours à vous dans cette occasion, et que je vous conjure d'en dresser un projet. J'oze mesme vous suplier, dans l'empressement où S. M. est de faire expédier cette déclaration, de vouloir bien y travailler incessament et me l'envoyer aussitost que vous l'aurez dressée. Vous voyez avec quelle liberté j'en use à cet égard; mais je le fais sans scrupule par la bonté que vous m'avez toujours témoigné, et parce que je me flatte que vous me faites la justice de croire que personne n'est plus véritablement que moy, etc.....

P. S. Je vous renvoye un projet que vous m'avez envoyé il y a quelque temps, afin que vous ayez agréable de le repasser, et d'y changer ce que le temps et la résolution présente de S. M. peut avoir changé.

Le 10 janvier.

Le roy voulant absolument que les déclarations dont je vous ay escrit par ma lettre du 8ᵉ de ce mois soient registrées dans le cours de cette semaine, je vous envoye cet homme exprès pour vous suplier instament de vouloir bien me les renvoyer avec ce qu'il vous aura plu faire sur ce qui regarde les enfans de la R. P. R. Je vous prie de ne vous sentir point importuné de la manière dont je vous escris à cet égard, S. M. m'ayant ordonné de luy lire ces déclarations dans le cours de cette journée, afin qu'elles puissent estre scellées demain matin et enregistrées samedy.

Le 7 septembre.

Puisque le nommé Pain n'avoit point fait abjuration avant que de se mettre en estat de sortir du royaume, le roy veut bien luy faire grâce après qu'il aura fait abjuration.

Le 11 septembre.

On a dit au roy que Mᵐᵉ Muisson est mal convertie, et que ses enfans ne peuvent pas estre bien instruits estant près d'elle; et comme vous vous estes meslé de la conversion du sieur Muisson et de sa femme, S. M. m'a ordonné de vous prier de vous en informer; et de sçavoir si ce qu'on luy a dit est véritable, afin que, suivant ce qu'il vous plaira de m'en escrire, elle donne les ordres nécessaires pour l'éducation de leurs enfans.

Le 18 septembre.

J'ay rendu compte au roy de ce que vous avez pris la peine de m'escrire au sujet des enfans de M. Muisson, et S. M. m'a ordonné de vous escrire que vous pouvez luy dire qu'elle veut bien le dispenser de les envoyer au collége, luy recommandant de continuer de les faire eslever en la religion catholique avec tout le soin qu'il doit.

Le 13 may 1688.

J'ay rendu compte au roy du projet d'ordonnance qui vous a esté adressé par le bailly de Chasteaudun pour obliger les nouveaux catholiques à raporter de temps en temps des certificats de leurs curéz, comme ils font leur devoir; mais S. M. ne l'aprouve point, estimant que ce seroit un moyen pour leur faire prendre la résolution de s'absenter, et elle m'ordonne de vous dire d'escrire à ce juge qu'il se garde bien de rendre une pareille ordonnance.

Le 11 juillet.

Il y a à Paris la veuve Beaulieu, qui avoit esté arrestée sur la frontière voulant sortir du royaume, laquelle est fort aagée et opiniastre dans la R. P. R. Le roy a pris la résolution de la faire mettre dans un hospital, et m'ordonne de vous en escrire, afin que vous choisissiez un endroit à la mettre, où elle ne puisse point par son mauvais exemple causer de préjudice. M. de la Reynie sçait où elle est, et il la fera conduire dans le lieu que vous aurez choisy.

Reg. secr.

44.

LE MARQUIS DE SEIGNELAY A PÉLISSON.

Le 6 mars 1684.

Le roy m'ordonne de vous envoyer une liste de nouveaux convertis que vous trouverez cy-joincte, et comme ces gens-là sont pressez, S. M. désire que vous luy en parliez incessamment.

Le 15 mars.

Le roy m'ordonne de vous envoyer les mémoires cy-joints de plusieurs nouveaux convertis qui sont dans le besoin, afin que vous preniez les ordres de S. M. pour leur donner quelque secours.

<small>Reg. secr.</small>

45.

LE MARQUIS DE SEIGNELAY A DEFITA, LIEUTENANT CRIMINEL.

A Versailles, le 17e juillet 1684.

Le roy ayant esté informé que dans la maison de l'ambassadeur de Hollande et des envoyez d'Angleterre et de Danemark, où il se fait exercice de la R. P. R., plusieurs de ses sujets y assistent, et mesme y font les fonctions d'anciens et autres charges des consistoires, ce qui est contre l'ordre, S. M. m'a ordonné de vous escrire que son intention est que vous fassiez vos poursuittes contre ceux de ses sujets qui prendront ainsy des charges dans ces consistoires.

<small>Reg. secr.</small>

46.

LE MARQUIS DE SEIGNELAY A LECAMUS, LIEUTENANT CIVIL.

A Versailles, le 30 juillet 1684.

Le roy a appris que le ministre Claude, ayant baptisé chez luy un enfant de la R. P. R. et ayant esté poursuivy pour ce fait qui n'est point du tout de sa compétence, avoit respondu qu'il avoit obtenu une permission d'un de messieurs les lieutenans civils. Et comme ces sortes de permissions sont contraires aux intentions de S. M., elle m'ordonne de vous escrire de vous abstenir à l'advenir d'en donner aucune, estimant mesme que c'est un fait qui regarde la police. C'est ce que j'ay ordre exprès de vous expliquer de la part de S. M.

Le 17 février 1690.

Sur le compte que j'ay rendu au roy du mémoire que vous m'avez envoyé au sujet de quelques difficultez qui se rencontrent à l'exécution de l'édit du mois de décembre dernier concernant la disposition des biens des religionnaires fugitifs, S. M. m'a ordonné de vous escrire qu'ayant expliqué ses intentions par cet édit, elle n'estime pas nécessaire de l'interpréter dans tous les cas particuliers où il se trouvera des difficultez; que c'est aux premiers juges qui en doivent connoistre et rendre leurs jugemens dont l'appel allant aux parlemens, il n'y a pas lieu de douter que les uns et les autres ne règlent ces difficultez par leurs lumières; et en tout cas vous sçavez que lorsqu'il s'agit d'interprétations d'édits, les cours de parlement doivent, suivant l'ordonnance, s'adresser à S. M. pour les faire interpréter.

Le 10 décembre.

Le roy a esté informé d'une manière néantmoins trop vague et trop indéfinie pour que je vous puisse icy citer touttes les circonstances, que dans quelques interrogatoires ou actes passez, vous avez pressé une femme de se déclarer sur la religion qu'elle professoit, et qu'elle avoit dit qu'elle professoit la religion protestante. Rappelez, s'il vous plaist, tous ces faits pour m'en instruire, afin que j'en rende compte à S. M. Vous voyez bien les conséquences de ces sortes de déclarations, qui, devenant publiques, engagent, malgré qu'on en ayt, à suivre exactement la rigueur des ordonnances, et que la sagesse d'un magistrat consiste à éviter plustost ces occasions qu'à se les attirer. S. M. a surscis à se déterminer de faire arrester cette femme, ou à passer cette affaire sous silence, jusques à ce que vous m'ayez exactement informé du détail de tous ces faits.

Reg. secr.

47.

LE MARQUIS DE SEIGNELAY AUX AUTRES SECRÉTAIRES D'ÉTAT.

Septembre 1684.

Je vous envoye coppie de l'arrest qui a esté résolu pour empescher ceux de la R. P. R. de retirer dans des maisons particulières les malades de leur religion, afin que vous preniez, s'il vous plaist, l'ordre du roy, pour en envoyer des expéditions dans les provinces de vostre département[1].

Le 31 mars 1687.

Le roy estant informé que dans quelques endroits du royaume on a fait razer par la main du bourreau les femmes et filles qui ont esté condamnées à estre razées et enfermées, S. M. m'a ordonné de vous advertir de prendre son ordre pour escrire dans l'estendue de vostre département, afin d'empescher cet usage, qui est contraire à ses intentions.

Reg. secr.

---

[1] Quelques années auparavant, le 2 janvier 1679, le procureur général du parlement de Paris avait reçu du gouvernement l'ordre suivant : « Le roy ayant esté informé que le nommé Masle, de la R. P. R., tenoit, il y a quelque temps, une espèce de petit hospital dans le fauxbourg Saint-Germain pour les malades de la religion, et qu'ayant esté condamné en 100# d'amende pour ce faict par ordonnance de police, il a présenté requeste au parlement pour faire casser ladite ordonnance, S. M. m'a ordonné de vous dire qu'elle estime qu'il faut faire un exemple de cet homme, en laissant exécuter l'amende qui a esté prononcée contre luy. » (Reg. secr.)

48.

LE MARQUIS DE SEIGNELAY A DE RUVIGNY.

A Versailles, le 19° mars 1685.

Le roy ayant esté informé que les dames Douquetot et de Lort ont demandé une conférence entre M. l'évesque de Meaux et les ministres Claude[1], Daillé[2] et Alix[3], pour estre esclaircies de plusieurs points de religion, S. M. m'a ordonné de vous dire qu'elle veut bien que lesdits ministres ou tels autres que lesdittes dames voudront choisir, s'assemblent au lieu où il sera convenu, pour avoir une conférence en leur présence avec ledit sieur évesque de Meaux. C'est ce qu'elle m'a ordonné de vous faire sçavoir.

Reg. secr.

49.

LE MARQUIS DE SEIGNELAY A DE CHENEVIÈRES.

A Versailles, le 1ᵉʳ may 1685.

Sur ce que vous m'escrivez au sujet du premier consistoire qui doit estre tenu à Charenton, je dois vous dire qu'en ayant esté tenu un,

---

[1] Le 31 octobre suivant, le roi signa un ordre conçu en ces termes : « Il est ordonné à Laguerre, valet de pied de S. M., de se transporter incessamment dans la maison du sieur Claude, cy-devant ministre de la R. P. R. à Charenton, et de luy faire commandement, de la part de S. M., de sortir de la ville de Paris dans vingt-quatre heures au plus tard, pour se retirer incessamment hors du royaume. A l'effet de quoy, ledit Laguerre l'accompagnera jusques sur la frontière par laquelle il désirera de sortir. » (Reg. secr.) — Claude se réfugia en Hollande.

[2] Daillé (Adrien), fils de Jean Daillé connu par ses ouvrages de controverse, ministre du temple de Charenton.

[3] Allix (Pierre), savant pasteur de Paris, mort à Londres en 1717.

le lendemain de Pasques, il ne doit y en avoir qu'après le troisième dimanche, afin de ne rien innover à la déclaration du mois d'aoust 1684.

Reg. secr.

50.

LE MARQUIS DE SEIGNELAY AU LIEUTENANT GÉNÉRAL DE SENLIS.

A Versailles, le 16° may 1685.

J'ay receu la lettre que vous m'avez escrit au sujet du désordre causé par la populace au presche de Senlis. Il faut que les jours de presche vous vous mettiez en estat d'empescher pareils désordres, en vous transportant sur les lieux, et vous faisant accompagner d'officiers et d'archers pour contenir le peuple.

Reg. secr.

51.

LE MARQUIS DE SEIGNELAY AU MARQUIS DE LOUVOIS, SECRÉTAIRE D'ÉTAT.

A Versailles, le 22° may 1685.

Le roy a eu advis que le consistoire de Charenton a une relation fort intime avec la dame Bertheau, nourrice de Madame, qui est à Metz; que c'est à elle qu'ils adressent ceux qu'ils font passer dans le Palatinat, qu'elle les assiste de sa protection, de lettres de recommandation et d'argent; que la fille de cette femme, qui est à Paris, avec laquelle le consistoire a aussy relation, donne des lettres d'elle au lieu d'attestations du consistoire à ceux qui s'en vont, et qu'il est convenu entre eux que ces simples lettres tiendront lieu d'attestation. De quoy S. M. m'a ordonné de vous envoyer ce mémoire, afin que vous preniez, s'il vous plaist, ses ordres pour en escrire sur les lieux, et estre informé de ce qui y est contenu.

Le 22 novembre.

Le roy m'ordonne de vous advertir, monsieur, de prendre l'ordre de S. M. pour exempter du logement de trouppes la maison que le sieur Bigot de Montrogne, de la R. P. R., a au village de Grigny, estant en disposition de se convertir.

Le 24 juin 1687.

On a donné advis au roy que le nommé Bardou, commis à la poste de Gien, est mauvais catholique, et qu'il favorise les correspondances que les nouveaux convertis du Berry et de la rivière de Loire ont avec ceux qui sont sortis du royaume; et S. M. m'a ordonné de vous en advertir, afin que vous preniez ses ordres sur cela.

Reg. secr.

52.

LE MARQUIS DE SEIGNELAY
AUX OFFICIERS DE L'AMIRAUTÉ A CALAIS, DUNKERQUE, SAINT-VALERY,
LA ROCHELLE ET AUTRES PORTS.

A Versailles, le 30° juin 1685.

Le roy estant informé que plusieurs de ses sujets de la R. P. R. passent dans les pays estrangers, au préjudice des deffenses portées par les édits, soubs prétexte d'estre domestiques des princes, ambassadeurs et autres estrangers; S. M. m'ordonne de vous escrire de tenir soigneusement la main à ce que les estrangers ne fassent passer avec eux aucuns domestiques françois faisant profession de la R. P. R.

Reg. secr.

53.

ORDRE DU ROI POUR LA POMMERAYE, CAPITAINE.

A Versailles, le 14ᵉ aoust 1685.

Il est ordonné au capitaine de la Pommeraye, exempt de la prévosté de l'hostel et grande prévosté de France, de se transporter dans la maison de Pierre Masclé, aubergiste, de la R. P. R., rue de l'Échaudée, à Paris, pour y prendre Abraham Masclé, et de le conduire dans la maison des nouveaux catholiques [1].

Reg. secr.

54.

LE MARQUIS DE SEIGNELAY A DE MENARS, INTENDANT.

A Fontainebleau, le 21ᵉ octobre 1685.

Vous serez pleinement informé, tant par la copie que je vous adresse de l'édit que le roy a nouvellement fait expédier que par la lettre qui l'accompagne, de ses intentions, et de ce qu'elle désire de vos soins, pour l'exacte observation et exécution de cet édit. C'est pourquoy je n'y adjousteray rien que pour vous dire que dans les certificats que vous expédierez aux ministres qui voudront se retirer, vous ne compreniez que leurs personnes, celles de leurs femmes et de leurs enfans de l'aage de sept ans et au-dessous, l'intention de S. M. estant que leurs enfans qui auront plus de sept ans restent dans le royaume, et qu'ils ne disposent pas de leurs immeubles. Vous aurez agréable de

---

[1] Le 4 juin émana du cabinet du roi l'ordre suivant : « Le roy veut que M. le curé de Jonquières fasse remettre au porteur de ce billet l'enfant de M. de la Penissière, qui est en nourrice dans sa paroisse. » (*Reg. secr.*)

me donner advis de tout ce qui se passera en exécution de cet édit dans vostre département, qui sera de conséquence, et dont il sera besoin que S. M. soit informée, afin que je puisse luy en rendre compte [1].

Le 29 octobre.

M. l'évesque de Meaux ayant demandé au roy la démolition [2] des temples de Nanteuil et de Morcerf pour l'hospital général et pour l'Hostel-Dieu de Meaux, je vous prie de me faire sçavoir vostre advis sur cette demande, afin que j'en puisse rendre compte à S. M.

(Sans date.)

Le roy approuve la proposition que vous faites d'ordonner aux plus endurcis des nouveaux convertis du diocèse de Meaux d'aller trouver M. de Meaux pour s'esclaircir sur les difficultez, et vous pouvez leur donner cet ordre et les charger de vous en rendre compte; et si, dans la suitte, il y en a encore quelques uns que vous estimiez devoir estre esloignez ou punis d'une autre manière, en me le faisant sçavoir, je vous envoyerai les ordres nécessaires pour cela.

Le 30 janvier 1686.

J'ay rendu compte au roy de ce que vous m'avez escrit au sujet de la dame de Fresnay. S. M. approuve que vous ayez fait arrester les deux hommes qui estoient chez elle, et il faut travailler à leur conversion. A l'esgard de cette femme, je vous envoye l'ordre pour la faire conduire aux Nouvelles-Catholiques, ainsy que vous le proposez.

Le 12 juin 1687.

Je vous envoye les ordres du roy pour faire mettre à l'hospital

---

[1] La même lettre fut adressée à d'autres intendants, entre autres à de Besons et Bossuet.

[2] Le mot de *démolition* signifie dans ces actes les matériaux provenant de la démolition, et peut-être aussi le mobilier de l'édifice à démolir.

général de Nevers la nommée Lachassagne, dont M. l'évesque de Nevers vous a escrit, et pour reléguer le nommé Lombard du village de Marigny. A l'esgard du nommé Bonnel, de la paroisse de Grevois, S. M. veut que vous le fassiez mettre en prison pour le punir de l'insolence qu'il a eu de dire qu'il se repentoit d'avoir fait abjuration.

Le 8 février 1688.

Le roy ayant résolu d'en user à présent à l'esgard de la famille du sieur du Quesne ainsy qu'il a esté fait à l'esgard de tous les autres religionnaires opiniastres, S. M. m'a ordonné de vous escrire que son intention est que vous fassiez incessamment saisir tous les biens qui sont dans l'estendue de vostre département, qui se trouveront avoir appartenu au feu sieur du Quesne.

Je vous envoye par ordre de S. M. une grande lettre escritte au P. de la Chaise par un carme de Senlis au sujet d'une cabale qui se fait entre le prieur des Carmes et des chanoines de la cathédrale pour raison du jansénisme; S. M. désirant que vous vous informiez exactement de ce qui se passe à cet esgard, et que vous me fassiez savoir ce que vous en apprendrez, pour luy en rendre compte.

Le 17 mars.

Je dois adjouster à la lettre que je vous ay cy devant escritte au sujet des religionnaires opiniastres, que l'intention du roy est que si, parmy les femmes que vous devez faire sortir du royaume, il y en a quelques unes dont les marys ayent fait leur réunion, et qu'ils soyent encore vivans, elles soyent retenues jusques à nouvel ordre dans les lieux où elles ont esté enfermées. Il n'en est pas de mesme à l'esgard des hommes dont les femmes auroient fait abjuration, S. M. voulant qu'ils soyent chassez du royaume[1].

---

[1] La même lettre fut adressée à d'autres intendants.

Le 26 juillet.

Sur le compte que j'ay rendu au roy de la prétention du fermier du domaine de Meaux au sujet de la confiscation de ceux qui ont esté condamnez aux galères pour fait de religion, et de ceux ausquelz le procez est fait pour avoir en mourant refusé les sacremens, S. M. m'a ordonné de vous escrire que son intention est que vous expliquiez aux fermiers du domaine qu'ils n'ont rien à prétendre sur touttes les confiscations qui seront prononcées pour fait de religion.

Le 2 aoust.

On a donné advis au roy que le nommé César, qui se dit de Senlis, et qui a autrefois demeuré dans un lieu appelé Beaumont, ne fait autre mestier que de guider des nouveaux catholiques hors du royaume. Sur quoy S. M. m'ordonne de vous escrire de faire les diligences nécessaires pour descouvrir la vérité de cet advis, et arrester ledit César, s'il se trouve coupable.

Le 4 janvier 1689.

M. l'évesque de Beauvais m'a escrit que la demoiselle de Dompierre, qui est au couvent des Ursulines de Clermont, ne fait aucun progrès dans cette maison pour son instruction, et qu'au contraire il est dangereux pour les religieuses qu'elle y demeure plus longtemps. Sur cela le roy m'a ordonné d'expédier un ordre pour la faire transférer dans la maison des Nouvelles-Catholiques, et je vous l'envoye, affin que vous preniez la peine, s'il vous plaist, de le faire exécuter.

Reg. secr.

55.

LE MARQUIS DE SEIGNELAY AU COMTE DE GRIGNAN.

A Fontainebleau, le 3 novembre 1685.

Le roy m'ordonne de vous escrire en secret que le sieur de Lignon, s'estant converty, a représenté à S. M. qu'il avoit lieu de craindre que sa femme et la dame de Caille, sa belle-mère, ne sortissent du royaume; sur quoy elle m'ordonne de vous escrire qu'il faut que vous envoyiez avec les précautions que vous estimerez nécessaires audit lieu de Caille, qui est dans les montagnes de Provence, pour obliger ces femmes de venir à Aix avec les trois enfans dudit de Lignon, et en cas qu'elles feussent desjà sorties du royaume, S. M. veut que vous fassiez arrester le sieur de Caille, beau-frère dudit de Lignon, en vertu de l'ordre cy-joinct, et que vous luy déclariez qu'il ne sortira point de prison qu'il n'ayt fait revenir ces femmes.

Reg. secr.

56.

MÉMOIRE DE LA CONFÉRENCE
TENUE LE 20 NOVEMBRE 1685 CHEZ LE PROCUREUR GÉNÉRAL DU PARLEMENT DE PARIS.

Ayant conféré cejourd'hui mardi, 20 novembre 1685, sur les moyens dont on se pourroit servir pour parvenir, suivant l'intention du roy, à la conversion des sujets de S. M. qui font profession de la R. P. R. dans Paris, sans y faire entrer des troupes, nous estimons estre obligez de représenter au roy que l'on ne peut suppléer à un moyen si efficace et dont ils appréhendent si fort que l'on ne se serve, qu'en employant en mesme temps plusieurs autres moyens, lesquels, quoyque plus foibles estans séparez, nous estimons qu'ils pourront produire le mesme effect par leur concours, au moins sur la plus grande partie des habitans de la R. P. R.

Nous estimons nécessaire qu'il plaise au roy oster par une déclaration à ses sujets de la R. P. R., la confiance que leur a donné l'article 12 de l'édict qui a révoqué celuy de Nantes, et leur faire cognoistre par une autre déclaration que l'on ne leur laissera pas l'éducation de leurs enfans, mesme de ceux qui sont desjà nez.

Rendre publique l'interdiction des cinq conseillers du parlement qui ne sont pas convertis, et défendre aux advocats, par une déclaration qui devienne aussy publique, de continuer l'exercice de leurs fonctions.

Faire aller le plus lentement qu'il se pourra les troupes que l'on a envoyé autour de Paris.

Marquer précisément aux personnes qu'il plaist au roy d'honorer de ses commandemens pour parler à ses sujets de la R. P. R. de Paris, si S. M. trouve bon qu'ils le facent en son nom et par ses ordres, et ce qu'il luy plaira qu'ils leur disent.

Si l'on pourra faire entendre à ceux qui paroistront trop opiniastres, et particulièrement à ceux d'une condition plus honeste, que les édicts faits durant les plus grands désordres de l'Estat n'ayant pas permis que l'on fist dans Paris l'exercice de leur religion, ils ne doivent pas s'attendre d'y demeurer eux-mesmes dans ce temps icy et d'y jouir de l'azile qu'ils y ont trouvé jusques à cette heure, s'ils persistent dans leur opiniastreté.

Si le roi trouveroit bon de faire punir de peines proportionnées à leur condition quelques uns de ceux qui pourront s'eschaper lorsque l'on leur parlera, afin que l'exemple d'un petit nombre pût contenir les autres et les rendre plus dociles.

Si le roy trouvera bon que l'on face entendre avec beaucoup de mesure que l'on aura peine à souffrir les artisans de cette religion dans leurs maistrises, et que l'on promette d'y faire parvenir sans frais les ouvriers qui ne seront pas maistres et qui se convertiront.

Si S. M. aura la bonté de faire donner quelques aumosnes à ceux qui en recevoient et qui en auront besoin.

Si le roy trouvera bon qu'en cas que nous soyons assés heureux pour convertir, sous les ordres de S. M., quelque nombre de ses sujets, comme celuy de 5o ou 6o, nous les facions assembler chez moy de la Reynie avec quelques autres qui seront un peu esbranlés, pour y rendre publique la résolution qu'ils nous auront tesmoigné en particulier, et tascher par ce moyen d'entraisner les autres, et que nous les facions conduire ensuitte à M. l'archevesque pour en recevoir l'absolution.

FORMULE DE L'ENGAGEMENT CONTRACTÉ PAR LES CONVERTIS, A PARIS.

Je..... crois de ferme foy tout ce que l'église catholique, apostolique et romaine croit et professe. Je condamne et rejette très-sincèrement toutes les hérésies et opinions erronées que la mesme église a condamnées et rejettées. Ainsi Dieu soit à mon ayde et les saints évangiles, sur lesquels je jure de vivre et mourir dans la profession de cette mesme foy.

Nous soussignez, négocians faisans profession de la R. P. R., mandés en l'hostel de Mgr le marquis de Seignelay, secrétaire d'Estat; après avoir conféré ensemble sur ce qu'il nous a fait l'honneur de nous dire, que le roy ayant esté informé de nos bonnes dispositions et de la manière dont nous respondions aux intentions de S. M. et aux soins qu'elle prend de réunir tous les sujets à la religion catholique, S. M. avoit bien voulu nous faire témoigner la satisfaction qu'elle en avoit, et nous faire assurer en mesme temps de sa protection; promettons de faire incessamment nostre profession de foy conformément à l'acte ci-dessus transcrit. Fait à Paris, le 14 décembre 1685.

Ainsi signé : Bar. A. Estrang. Huglas. Masseyron. Chaussé. Henry Hersant. Jaques Estrang. Pencot. Petit. F. Falaise. G. Perigois. D. Creuzé. Coutin. Trinquand. le Feuve. Jaques Allan. Michel Congnard. T. le Gaigneur. P. Foissin. E. Martin. Aubry. Tremolière. Pittan. Heran.

Trenchepain. Lamouche. Lemaire. Rondeau. Élie père. A. Meusch. Mermier. Burgeat. Mauzy. Seignoret. J. François Legendre. Jean Massienne. J. le Plastrier. Samuel Bernard. Dorigny. Domenessin. Testard. Jean-Claude Tourton. Jacob Crommelin. Prondre. Pierre Jallot. Massé. J. Chardon. Renouard. J. Lorin. Lejay. Préau. P. Girardot. F. Houdry. Massé. De Bussières. Louis Boursin. De Lagueze. Pain. Jourdan. Roger. Vemerobre. Bodin, et de Meuves.

Pap. de la Reynie, vol. I. Bibl. imp.

57.

LE MARQUIS DE LOUVOIS A DE HARLAY.

A Versailles, ce 4 décembre 1685.

Je vous envoye par ordre du roy une sentence qui a esté rendue au présidial de Chastillon-sur-Indre contre un gentilhomme de la R. P. R. qui est fort opiniastre, et donne de très-mauvais exemples dans la province. S. M. désire que vous teniez la main à ce que l'appel soit jugé promptement, et que vous luy fassiez sçavoir le temps que cela pourra estre finy.

Le 19 février 1686.

Un gentilhomme nommé Souville, qui s'est nouvellement converty, est poursuivy au parlement pour les faits mentionnez en l'information cy-joincte; et comme S. M. a intention de luy pardonner la faute qu'il a faite, en considération de sa conversion, elle m'a commandé de vous demander en quel estat est cette affaire, pour le faire jouir de la grâce que S. M. veut luy accorder[1].

Reg. secr.

[1] Un autre gentilhomme fut l'objet des dispositions suivantes, transmises au même procureur général par le marquis de Châteauneuf : « Versailles, le 3 avril 1687. Le sieur de Bergeries, gentilhomme du Boulonnois, nouvellement con-

58.

RAPPORTS DE LA REYNIE, LIEUTENANT GÉNÉRAL DE POLICE,
A DE HARLAY.

Ce 7 décembre 1685.

C'est précisément, M^r, tout ce qu'on doit craindre qui arrive, et verty, aiant esté arresté pour avoir voulu sortir du roiaume avec sa femme, qui s'estoit aussy convertie ; par sentence du juge de Boulogne, il a esté condamné aux galères perpétuelles, et sa femme à estre rasée et recluse, leurs biens acquis et confisquez au roy, à l'exception de 1,000^tt de rente qu'on a réservé pour l'éducation de leurs enfans qui sont dans le séminaire de Boulogne ; de laquelle sentence aiant interjetté appel, ledit sieur de Bergeries et sa femme ont esté amenez à la conciergerie du palais, où ils sont depuis six ou sept mois. Et comme j'ay rendu compte au roy du témoignage que M. le duc d'Aumont et beaucoup d'autres personnes ont donné de leur repentir et de leur bonne conduite, qu'ils s'acquittent de tous leurs devoirs de bons catholiques, et que S. M. est portée à leur faire grâce, elle m'a ordonné de vous faire sçavoir, M^r, que vous aiez à faire surceoir le jugement de leur procez, parce qu'après avoir esté détenus encore quelque temps, elle les fera mettre en liberté. »

Le 6 may.

« ..... Comme S. M., avant d'achever la grâce qu'elle leur veut faire, désire d'estre particulièrement informée si véritablement ils font le debvoir de bons catholiques, et tiennent une bonne conduite, elle m'a ordonné de vous mander, M^r, que vous preniez la peine de me le faire sçavoir au plus tost, affin que je puisse luy en rendre compte avant le voyage..... »

Le 13 may.

« ..... J'ay rendu compte au roy que vous avez faict surceoir le procez du sieur et dame de Bergeries, despuis lequel temps il avoit receu les instructions avec beaucoup de docilité, en sorte que si ses sentimens et ceux de la dame sa femme estoient conformes à leurs parolles et à leurs actions, ils estoient présentement dignes de la clémence de S. M. Sur quoy ayant trouvé bon de leur accorder des lettres de pardon, je les ay expédiées et envoyées à M. le duc d'Aumont pour leur estre remises. » (*Pap. Harl.*)

Un fait curieux pour l'époque, c'est que l'évêque de Boulogne avait intercédé en faveur des deux époux. On peut lire sa lettre dans le *Bulletin de la Société de l'Histoire du Protestantisme français*, t. II, p. 448. (Paris, 1853, in-8°.)

— Un troisième gentilhomme est celui à

ce qui a grand besoin de vostre authorité et de vostre sage conduite. Il n'y a rien que les gens de la religion craignent davantage que de tomber entre les mains de ces indiscrets zélés, et plusieurs d'entr'eux refusent de se faire catholiques pour n'estre pas livrés aux dévots et aux pasteurs de ce caractère d'esprit[1]. Je suis persuadé que s'il vous plaist de faire sentir combien vous improuvés une telle conduite, l'effect en sera grand, et je ne le crois pas moins nécessaire; car le bon curé n'est pas le seul qui a de bonnes et pieuses intentions pour jeter tout par les fenestres.

J'ay envoyé chercher M. Chardin, et je luy dois parler à midi. J'avoue, Mr, que ma mémoire m'a faict faire une faute que je vas réparer dans le moment. Je n'ay pu me resouvenir, quoy que j'aye pu faire, de ce que vous m'aviés ordonné à son esgard, et il ne me restoit que l'idée d'avoir à lui parler de son mauvais procédé; et en me donnant l'honneur de vous escrire, je retrouve dans cet instant que vous m'avez ordonné de dire au commissaire du quartier de l'amener chez vous cette après-disnée; c'est à quoy je vas satisfaire sur-le-champ.

---

l'égard de qui le comte de Pontchartrain adresse, sous la date du 4 février 1692, l'ordre suivant à de Molac : « Le sieur de la Chevallerie, prisonnier au chasteau de Nantes, m'ayant escrit pour obtenir sa liberté, je vous prie de luy dire que, jusques à présent, il ne s'est pas mis en estat par sa conduitte d'obtenir cette grâce; au contraire, celle qu'il a tenue sur le fait de la religion devroit porter S. M. à le faire plus estroittement resserrer, et à l'envoyer dans une prison plus désagréable. Il a veu la clémence que S. M. a eue pour les sieurs Puichemin et la Maisonneuve, gentilshommes de son pays, parce qu'il se sont mis à leur devoir : il faut qu'il suive leur exemple s'il veut estre traitté aussy favorablement. » (Reg. secr.)

[1] Le 13 may 1688, le marquis de Seignelay se vit obligé d'écrire au P. provincial des Carmes : « Il y a un carme du couvent de Crégy au diocèze de Meaux qui a eu l'indiscrétion de dire à plusieurs nouveaux catholiques de ce diocèze qu'il avoit esté expédié une déclaration pour les obliger à faire leurs pasques ou à sortir du royaume, ce qui a causé un grand mouvement parmy eux. Le roy veut que vous luy fassiez sur cela une sévère réprimande, et m'ordonne d'escrire à M. l'évesque de Meaux de luy interdire la prédication. Je ne puis vous dire son nom; mais il est du couvent de Crégy, et y prescha le dimanche 11° avril dernier, et il débita cette belle nouvelle à des habitans du lieu le mesme jour. » (Reg. secr.)

Le 18 décembre.

Les sieurs Gauthier frères ont donné parole, M^r; le sieur de la Bare, orfèvre, en a faict autant; mais la veufve Dieulefit, marchande, a refusé nettement toute sorte de propositions, croyant estre parfaittement instruitte de la vérité de sa religion. J'ay peine à croire qu'on en puisse venir à bout. Pierre Melot, marchand de vins, n'a pas jugé à propos de venir chés moy à l'heure que je luy avois donnée.

J'ay escrit ce soir aux commissaires des quartiers, ainsi que vous l'avés jugé nécessaire, M^r, de fermer les boutiques, les cabarets et les caves de Piaugier, de Reynier, de la veuve Dieulefit, de Gedouin, Dutemps, de Melot et de Marcelle, et de mettre en chacune de ces maisons deux huissiers ou sergens par forme de garnison pour empescher le divertissement des effects et des marchandises qu'il peut y avoir. Je ne sçay si je me trompe, M^r; mais il me semble, quoyqu'il n'en faille guière moins parler pour cela, que ceux à qui on parle présentement sont beaucoup moins roides que ceux que l'on a veu dans les commencemens.

M. le comte de Seignelay ne s'est pas souvenu sans doute de ce que vous eustes agréable de luy dire vendredy à l'esgard de M. le lieutenant civil; car il continue de se mettre en soin de connoître les gens de la religion : il a un registre chez luy où il faict signer ceux qui le veulent bien, et il en tient un autre au greffe, où il fait signer aussi les dénonciateurs contre les absens.

Le 27 décembre.

J'ay travaillé tout le jour à regaigner le temps que j'avois esté obligé de passer hier à Vincennes, et je continueray jusques à dimanche pour estre en estat de vous rendre compte de ce dont vous m'avez fait l'honneur de me charger.

Je suis très-persuadé, M^r, que ce que vous jugés nécessaire à l'esgard de la femme de Chenoure, ne sçauroit produire qu'un très-bon effect.

De ceux à qui j'ai parlé jusques ici, j'en ay trouvé beaucoup plus de dociles et de soumis que d'autres. Je trouve cependant qu'il y a parmi le petit peuple des trois fauxbourgs dont vous avez eu agréable de me charger, beaucoup d'ignorance, et en quelques uns une extrême dureté d'esprit et de cœur. Vous avés sans doute beaucoup entrepris de faire mettre garnison dans la maison du tapissier; mais j'espère que dimanche je vous demanderay la permission d'en mettre en quelque autre maison où elle pourra aussi produire un bon effet.

Le 28 décembre.

J'exécuteray l'ordre que vous me faictes l'honneur de me donner touchant le sieur Desvalon, et je suis persuadé qu'après la peine qu'il nous a donnée de luy faire voir des livres, après vous avoir entendu, il voudra bien à la fin que vous le persuadiés.

La dame Mesnard, prisonnière au Fort-l'Évesque, prendra aussi un très-bon parti lorsqu'elle se conformera à ce que vous jugerés qu'elle peut faire, et nous exécuterons tout ce que vous ordonnerés.

J'ay trouvé aujourd'huy un menuisier du faubourg Saint-Antoine, qui m'a parlé avec une hardiesse extraordinaire et en des termes bien forts, et je ne sçay mesme si l'esprit de cet homme n'est point altéré; je le feray observer de plus près, afin d'en connoître un peu mieux la situation.

Le 30 décembre.

Le menuisier du fauxbourg Saint-Antoine s'appelle Rebours; je n'ay point veu encore aucun autre homme de la R. P. R. avec de plus mauvaises dispositions, et dont l'esprit ayt esté aussi altéré[1].

---

[1] Le 24 du même mois, la Reynie avoit reçu une lettre, signée de Charmoy, que voici : « Mme de Guise vient de me commander de me donner l'honneur de vous escrire qu'elle estime, si vous voulez bien faire encore quelque semonce un peu forte à Mme de la Garde, qu'elle prendra le party de faire abjuration plustost que de quitter Paris ; S. A. R. vous prie de luy garder le secret. » (Pap. Harl.) Le lieutenant général de police, ou quelque autre fonctionnaire public, a écrit sur la lettre : « Si elle ne veut pas faire abjuration, le roy ne la veut pas souffrir à Paris. »

Le 13 janvier 1686.

J'ay envoyé ce matin au sieur Auzillon l'ordre du roy que vous me fîtes l'honneur de m'envoyer hier au soir à l'égard de Mme Muisson, et ayant voulu faire l'homme habile et philosopher sur ce qu'il vous plut de me faire sçavoir à l'esgard de M. de la Sablière, j'ay cru qu'il estoit bon que ceux qui exécuteront ces deux ordres ne se rencontrassent pas, et j'ay marqué au sieur Auzillon de venir chez moy avant de se mettre en devoir de rien faire, pour luy donner quelque instruction; et despuis jusques à l'heure qu'il est, je n'en ay aucune nouvelle.

Meusnier, banquier, a esté arresté par le sieur Desgrés; il l'a trouvé prest, son paquet disposé pour la Bastille, et muni d'une grande résolution pour demeurer dans la religion.

Je n'ay, M^r, encore rien de la part des commissaires, et je ne sçay point ce qu'on doit diminuer sur le dernier estat pour le progrès qu'on aura fait aujourd'huy. Je n'ay parlé qu'à de pauvres gens des fauxbourgs, qui m'ont promis faire escrire leurs noms par les commissaires qui me les avoient envoyés.

Le 16 janvier.

Je viens de m'apercevoir, M^r, que je n'ay point eu l'honneur de vous rendre compte de l'ordre touchant la demoiselle Crespin, destinée aux Ursulines de la rue Sainte-Avoye. C'est une femme mariée dont le mari a fait sa confession au commissaire Gorillon, et j'ay cru qu'il estoit bon que l'ordre du roy fust entre les mains de cet officier, pour ayder au mari, et au cas que la conférence ne réussît pas, exécuter l'ordre du roy sur-le-champ. Je n'ay point encore de nouvelles du Marais, et je ne sçai si cette femme se sera trouvée du caractère des trois autres.

Le 17 janvier.

La demoiselle Crespin, femme du sieur Crespin qui demeure au quartier du Marais, ne put hier soustenir l'effort des larmes et des prières de toute sa famille, et elle prit le parti de promettre de faire profession de la religion catholique entre cy et mercredi prochain. Elle vint assez tard chez elle, et je ne pus avoir l'honneur de vous rendre compte dès hier au soir de ce qui s'estoit passé à son esgard.

Je vous envoye, M^r, le mémoire de l'estat présent des quartiers. Les valets et domestiques font la plus grande partie de ce qui reste de gens de la religion à Paris.

Le 12 février 1692.

Hier, à 8 heures du soir, un ministre de la R. P. R., appelé Bastide, qu'on cherchoit depuis long temps, fut aresté dans une maison de la parroisse Saint-Germain-l'Auxerrois où il devoit faire la cœne et prescher à une petite assemblée de gens de la religion ou prétendus nouveaux convertis qui estoient desjà dans cette maison, et du nombre desquels on arresta, avec le ministre, quatre femmes et deux hommes. Je vais, dès ce matin, essayer de tirer d'eux les esclaircissemens qu'il peut estre nécessaire de chercher sur cette matière[1].

Pap. Harl.

59.

LE MARQUIS DE SEIGNELAY AU P. DE LA CHAISE.

Du 19 décembre 1685.

Mon révérend père, le roy m'ordonne de vous adresser le nommé

---

[1] A ces rapports se joignent ceux de Robert, que voici : « Ce 25 novembre 1685. Je prends la liberté, ainsy que vous avez eu la bonté de me permettre, de vous rendre compte de ce que j'ay fait pour l'exécution de vos ordres. Je continueray demain, et j'auray l'honneur de vous rendre compte des dispositions dans lesquelles je trouveray ceux ausquels je parleray. Une occasion d'affaires m'a amené le bon homme Raveau, ancien procureur de la cour; j'en ay voulu profiter pour luy dire quelque

Alais, qui dit estre en disposition de se convertir. Vous observerez seulement à cet esgard que cet homme s'est expliqué d'une manière à faire croire qu'il estoit socinien, disant qu'il croit en Dieu, et qu'il est persuadé que toute société chrestienne est bonne, et qu'ainsy il ne fait pas difficulté de se rendre catholique. Et c'est pour cette raison que le roy, qui ne veut pas souffrir des gens de cette croyance dans Paris, m'avoit ordonné d'expédier l'ordre pour le faire chasser, et S. M. m'a ordonné depuis, sur la parolle qu'il avoit donnée de se convertir, de vous l'adresser, et de vous advertir des dispositions dans lesquelles il avoit paru.

Pap. Harl.

60.

LE MARQUIS DE SEIGNELAY A L'ARCHEVÊQUE DE PARIS.

Du 30 janvier 1686.

Le roy vient de me faire l'honneur de me communiquer la lettre que vous avez escrit à S. M. sur le sujet de M. le duc de la Force, et l'on ne peut s'empescher de déplorer son opiniastreté, qui résiste si longtemps aux extrêmes bontés que S. M. luy témoigne. Mais comme il paroist clairement par vostre lettre qu'il n'y a de party à prendre à chose sur sa conversion. Il m'a paru estre encore touché de ce que vous luy avez dit le mois d'octobre dernier, et si vous avez la bonté de l'envoier quérir, et de luy dire un mot, vous acheverez de le déterminer.

Le 26 novembre.

« J'ay fait si peu de progrès aujourd'huy que je n'ose quasi avoir l'honneur de vous en rendre compte. Un seul banquier m'a donné parolle; les autres sont demeurés fermes et opiniastres, ou demandent beaucoup de temps. Je leur ay fait promettre de revenir mercredy, et espère que les réflexions qu'ils auront lieu de faire les rendront un peu plus raisonnables. Le marchand de bois nommé Paris, qui est un des plus riches et des plus fiers de son quartier, et lequel a envoyé ses enfans à Genève, a esté arresté ce soir en vertu d'un décret donné par M. de la Reynie. » (*Pap. Harl.*)

son égard que celuy de luy permettre d'aller en Angleterre, à quoy S. M. ne peut pas consentir, ou celuy de la crainte, S. M. s'est déterminée à luy envoyer demain au matin un officier de ses gardes, avec ordre de se retirer avec sa femme dans sa maison de la Boulaye, et en mesme temps M. de la Reynie doit aller prendre ses enfans pour mettre les garçons au collége des jésuittes, et les filles en tel couvent que vous estimerez le plus convenable. Cependant, comme dans les bontés que S. M. a pour M. le duc de la Force, elle ne prend ce party qu'avec peine, elle m'ordonne de vous envoyer encore cet homme exprez, afin d'avoir ce soir vostre response, par laquelle il vous plaira de me faire sçavoir vostre advis sur ce sujet, et s'il n'y a rien de changé depuis la lettre que vous avez escrit à S. M., ou si vous estimez qu'il y ait encore quelque chose à espérer par la douceur et la patience à son égard, parce que s'il ne vous paroist pas vraysemblable de réussir par cette voye, S. M. estime qu'il ne faut pas balancer à exécuter dez demain le projet que je vous ay expliqué cy-dessus. Je vous suplie donc de vouloir bien me faire réponse sur-le-champ.

(Sans date.)

Ce billet est pour vous donner advis que j'envoye à M. de la Reynie les ordres du roy pour faire arrester Mme d'Heucourt, et la conduire à l'abbaye de Port-Royal. C'est Mme de Maintenon qui l'a demandé au roy.

Le 26 juillet 1688.

Le roy a fait mettre depuis quelque temps le nommé Tavernier, de Villiers-le-Bel, au fort l'Évesque. Il a fait présenter plusieurs placets à S. M. par lesquels il représente qu'il a bien fait son devoir de catholique, excepté le jour de la Pentecoste qu'il estoit malade; qu'il est collecteur des tailles et chargé de dix enfans, et que sa détention le ruinera entièrement. Sur quoy S. M. m'ordonne de sçavoir de vous si vous croyez qu'il puisse estre à présent mis en liberté.

Reg. secr.

61.

LETTRE DU ROI AU DUC DE LA FORCE.

Du 30 janvier 1686.

Mon cousin, j'aprens avec déplaisir que nonobstant les raisons pressantes qui ont deub vous déterminer à vous réunir à la religion catholique, et les marques d'amitié et de considération singulière que je vous ay donné, vous vous laissez aller aux mauvais conseils de ceux qui veulent vous retenir dans les erreurs d'une religion que je ne veux plus tolérer dans mon royaume. C'est ce qui m'a porté à vous escrire cette lettre pour vous dire que je veux que vous vous retiriez dans vostre maison de la Boulaye, aussytost que vous l'aurez receu, et que vous remettiez vos enfans entre les mains du sieur de la Reynie, que j'ay commis à cet effet, me réservant de pourvoir à leur instruction[1].

Reg. secr.

[1] Le 23 février, le secrétaire de la maison du roi écrivit au duc : « M. le coadjuteur de Rouen a rendu compte au roy de la conversation qu'il a eue avec vous sur le sujet de vostre conversion, et vous sçavez par des tesmoignages bien certains et bien remplis de bonté combien S. M. la désire, non seulement par l'envie générale qu'elle a que ses sujets suivent la bonne religion, mais aussy par l'amitié particulière qu'elle a pour vous. C'est ce qui l'a portée à m'ordonner de vous escrire pour vous dire que s'il est vrai que vous soyez dans la disposition de luy donner une satisfaction entière à cet esgard en vous réunissant de bonne foy à la religion catholique, conformément à la profession de foy dressée par M l'archevesque de Paris, vous pouvez sans difficulté partir quand il vous plaira de chez vous, pour vous rendre auprès de S. M., qui est disposée à vous donner des marques de son amitié particulière aussytost que vous aurez bien voulu prendre cette résolution. Je n'adjousteray rien à ce que S. M. m'ordonne de vous escrire à cet esgard, si ce n'est que, comme elle a desjà espéré vostre changement, je ne crois pas qu'il fust à propos que vous vinssiez qu'après estre bien résolu à vostre conversion, et sans faire aucune proposition nouvelle sur la formule de la profession de foy. » Et le 15 avril : « Le roy m'ordonne de vous envoyer ce courrier exprès pour vous dire que S. M., ayant attendu longtemps les bons effets des réflections qu'elle espéroit que vous feriez chez vous,

62.

LE MARQUIS DE SEIGNELAY
A DE BESMAUS, GOUVERNEUR DE LA BASTILLE.

Le 2ᵉ avril 1686.

Le roy veut bien que vous receviez à la Bastille Mme et Mlle de Peray, et qu'elles y demeurent pendant deux jours avec M. de Peray, pour voir si cet expédient produira quelque chose de bon pour leur conversion. J'envoye à M. de la Reynie les ordres nécessaires pour les tirer des couvens où elles sont, et les faire conduire à la Bastille. Vous me manderez, s'il vous plaist, ce qui se passera à cet esgard.

S. M. veut bien aussy que vous permettiez à Mlle de la Roche-Chenard, fille d'honneur de Mme la duchesse de Bourbon, de voir Mme de Villarnon.

Le 23 juillet 1689.

Le roy m'a dit aujourd'huy qu'il veut bien que M. le duc de la Force ait à la Bastille deux valets anciens catholiques. Prenez la peine, s'il vous plaist, de luy dire d'en faire venir s'il en a; sinon, de donner ordre à quelqu'un de sa famille de luy en choisir; mais ils doivent estre anciens catholiques; et si celuy qui est prez de luy n'est pas de cette qualité, il le faut congédier[1].

Reg. secr.

veut que vous vous rendiez incessamment icy pour aprendre ses intentions sur ce qui vous regarde. » (*Reg. Secr.*) Trois jours après, une lettre du roy envoya le duc dans la maison de Saint-Magloire, faubourg Saint-Jacques, à Paris. Seignelay écrivit alors au P. de la Chaise, le 18 avril 1686 : « M. le duc de la Force s'estant retiré par ordre du roy dans la maison de Saint-Magloire, S. M. m'ordonne de vous en donner advis, et de vous dire de prendre la peine de l'aller visiter. » (*Reg. secr.*)

[1] La Noux, lieutenant de la Bastille, reçut du cabinet du roy, le 18 septembre, les ordres suivans : « Le roy veut bien que Mme la marquise de Langer voye son mary;

63.

LE MARQUIS DE SEIGNELAY
A LA SUPÉRIEURE DES NOUVELLES-CATHOLIQUES.

Le 2 may 1686.

J'ay parlé à Mme de Maintenon sur ce que vous m'escrivez au sujet de Mlle de Sainte-Hermine, et elle m'a témoigné qu'elle désiroit qu'à la réserve de Mme de Vizé et de Mme de la Marzelière, qui la pourront voir une fois, vous ne luy permettiez pas de parler ni d'escrire à personne.

Reg. secr.

64.

LE MARQUIS DE SEIGNELAY A DAUBEVILLE.

A Versailles, le 21 aoust 1686.

..... Le consul (Aubert à Gênes) m'a escrit qu'il y a plusieurs marchands françois de la R. P. R. establis en ladite ville, qui ont fort apréhendé jusques à présent que S. M. ne les fist demander, et qu'ils donnent protection à ceux de la mesme religion qui sortent du royaume. Et comme S. M. sçait que ces marchands contribuent beaucoup à l'évasion de ses sujets qui passent des costes de Provence et de Languedoc en Italie, elle m'ordonne de vous escrire qu'elle veut que vous examiniez s'il y auroit lieu d'espérer que la République accordast la demande que vous luy feriez de sa part, de vous remettre

mais S. M. ne veut pas qu'elle couche à la Bastille.

Il faut que vous empeschiez M. de Sainte-Hermine de voir aucun nouveau catholique, hors M. de Sainte-Hermine son frère, estant nécessaire qu'il n'ayt commerce qu'avec des anciens catholiques. » (*Reg. secr.*)

tous les fugitifs de cette religion qui sont actuellement habituez à Gênes; mais si, par la connoissance que vous prendrez de la scituation de l'esprit de ceux qui gouvernent la République, vous aviez lieu de craindre que cette demande compromist inutilement le nom de S. M., elle veut que vous vous contentiez de faire courre le bruit sous main que vous avez eu ordre de les demander à la République, estant certain que cela les intimidera de sorte ou qu'ils prendront la résolution de sortir de Gênes ou qu'au moins cela les empeschera de faciliter l'évasion des nouveaux convertis avec lesquels ils ont correspondance dans le royaume.

Le 22 septembre.

J'ay appris que les nommés David-André, de Nismes, et Gaspard Boysier, d'Anduse, de la R. P. R., sont fort opiniastres, et que, s'ils se convertissoient, tous ceux de la mesme religion qui sont à Gênes le feroient. Aussy c'est pourquoy le roy désire que vous fassiez tout ce qui dépendra de vous pour porter ces deux hommes à faire abjuration. Faites-moy, s'il vous plaist, sçavoir les mesures que vous prendrez pour cela, afin que j'en puisse rendre compte à S. M.

Le 30 septembre.

..... S. M. vous recommande de faire tout ce que vous pourrez pour porter les François de la R. P. R. qui sont à Gênes à se convertir, et à retourner en France, et si vous pouviez y réussir, cela feroit beaucoup de plaisir à S. M.

Le 8 octobre.

S. M. a approuvé que vous ayez fait courre le bruit sous main que vous avez ordre de demander à la République tous les François de la R. P. R. qui sont à Gênes, puisque vous avez reconnu qu'il auroit esté trop difficile d'obtenir de ladite République de vous les remettre entre les mains.....

Reg. dépêch. comm.

65.

LE MARQUIS DE SEIGNELAY A DE LA FITTE.

Du 7 septembre 1686.

Le sieur de la Charmoye a esté envoyé au chasteau de Guise à cause de son opiniastreté dans la R. P. R. L'intention du roy n'est pas qu'il soit mis dans un cachot, et je donne ordre à un ingénieur de faire accommoder pour luy une des chambres que vous proposez. Il faut qu'en attendant vous fassiez ce qui sera possible pour adoucir sa prison, en prenant néantmoins les précautions nécessaires pour empescher qu'il ne s'évade. A l'esgard du nommé Regnault, il est coupable de l'évasion de plusieurs personnes hors du royaume, et son procez devroit luy avoir esté fait, sans des considérations que S. M. a eu, qui l'ont obligé de l'envoyer à Guise pour y estre estroittement gardé jusques à nouvel ordre.

Reg. secr.

66.

LE MARQUIS DE SEIGNELAY
A DE LA BRIFFE, INTENDANT A ROUEN.

Le 13 octobre 1686.

Ayant rendu compte au roy du contenu au mémoire cy-joinct, touchant deux filles de la R. P. R. qui sont cachées à Dieppe et en disposition de se convertir, S. M. m'a ordonné de vous escrire que vous vous conformiez aux expédiens proposez par ledit mémoire sur les indications qui vous seront données par le sieur Allart, qui vous rendra cette lettre, pour vous assurer de ces deux filles, et les remettre sous le cautionnement dudit Allart et du sieur Baudry, dénommés audit mémoire, Sadite Majesté voulant qu'en obéissant à ses édits, ces filles soient protégées, ainsy que ceux qui auront contribué à leur conversion. Je vous prie de vouloir m'informer de ce qui se passera en cette affaire.

Reg. secr.

67.

LE MARQUIS DE SEIGNELAY A CHAUVELIN.

Du 5 novembre 1686.

Entre plusieurs advis qui ont esté donnez au roy de ceux qui sortent de Paris pour passer dans les pays estrangers, il y en a un qui porte qu'il y a six guides qui font passer les religionnaires dans le village de Bohain en Picardie, où ils séjournent s'ils veulent, et que lorsque ces guides sont las ou qu'ils veulent retourner à Paris pour en prendre d'autres, ils mettent ces réfugiez entre les mains de six ou huit autres du mesme village, qui achèvent de les conduire, et qu'enfin ce village n'est remply que de guides. Sur quoy S. M. m'ordonne de vous faire part de cet advis, afin que vous puissiez prendre des mesures pour faire arrester ceux qui se trouveront coupables de ce mauvais commerce[1].

Reg. secr.

---

[1] L'année précédente, le rapport suivant avait été fait au lieutenant général de la police : « L'Espine dit sçavoir plusieurs chemins pour faire passer les religionnaires en Hollande, sans passer dans les villes ny grands chemins, et voilà de la manière qu'il en parle :

« Pour les sortir de Paris, c'est les jours de marché à minuict, à cause de la comodité des barrières que l'on ouvre plus facilement que les autres jours, et ils arrivent devant le jour proche Senlis, qu'ils laissent à main gauche. D'autres, qui vont jusques à Saint-Quentin et qui n'y entrent que les jours de marché, dans la confusion du moment. Et y estant ils ont une maison de rendez-vous où ils se retirent, et où les guides les viennent prendre.

« Pour les faire sortir, ils s'abillent en paysans et paysannes, menant devant eux

68.

LE MARQUIS DE SEIGNELAY AU P. DE SAINTE-MARTHE.

Du 18 novembre 1686.

Mon très révérend père, le roy ayant ordonné à M. le Cocq, qui est au Mans, de se rendre dans vostre maison de Saint-Magloire, je ne doute pas qu'il n'exécute ponctuellement l'ordre qui luy a esté donné pour cela. Il est fort opiniastre et persuadé de sa capacité. Il sera

des bestes asinnes et qu'ils font au dernier passer, ils se destournent du chemin, et les guides, qui sont ordinairement deux ou trois, l'un va devant pour passer, et s'il ne rencontre personne, l'autre suit; s'il y rencontre du monde, l'autre qui suit voy et entend parler, et, suyvant ce qu'il voy ou entend de mauvais, il retourne sur ses pas trouver les huguenots et les mennent par un autre passage, ou bien prennent leur belle pour passer, et s'ils trouvent que ce sont des soldats, ils passent par argent qu'ils leur donnent. Quant aux paysans, ils ne font pas de mesme lorsqu'ils sont plusieurs, d'autant que l'un veut et l'autre est contraire. Mais comme les passages sont gardez de huit en huit jours par de nouveaux gardes, ils sont d'autant plus faciles à corrompre. Lorsque les guides les viennent prendre dans les villes ou passages où sont donnez les rendez-vous, ils ne sortent que la nuit et principalement quand il fait fort noir ou bien lorsqu'il pleut bien fort, parce que cela leur fait un grand bien pour la conduite.

« Il dit que s'il avoit vingt huguenots à passer, et qu'ils fussent aux portes de Valenciennes le soir à la brune, il les rendroit tous le lendemain à la porte ouvrante à Mons; que les guides viennent attendre les huguenots sur les chemins et ne disent ny leurs noms ny leurs domiciles, que la plupart desdits guides sont bandits qui n'ont ny feu ny lieu et se sont sauvez des galères, lesquels ne s'attendent qu'à périr pour vivre.

« Il assure que le petit homme[*] auquel il a parlé sur le boulevart de la porte Saint-Antoine est celuy qui les livre aux autres guides, et qu'il ne luy voulut pas dire son nom, mais qu'il l'a suivy et qu'il sçay la maison où il entra, où il faut passer trois portes,

« Que lorsqu'il luy parla, c'étoit pour passer une femme et quatre enfans, et que c'est la femme d'un cabaretier dudit faubourg Saint-Antoine, qui est fort grande; qu'il avoit receu une lettre de ce petit homme en Hollande pour se trouver sur ledit boulevart à l'heure qu'il luy avoit

---

[*] En marge : « Petit homme important à conoître. »

nécessaire que vous luy donniez d'habilles gens pour conférer avec luy et tascher de le persuader[1].

Reg. secr.

69.

LETTRE DU ROI AUX INTENDANTS DES GÉNÉRALITÉS.

Le 22 novembre 1686.

J'ay esté informé que plusieurs de mes sujets nouveaux catholiques tiennent près de leurs enfans des précepteurs aussy nouvellement convertis, qui ne peuvent estre assez instruits dans les principes de la religion catholique pour leur donner une éducation convenable. C'est pourquoy je vous escris cette lettre pour vous dire que mon intention est que vous fassiez sçavoir de ma part aux pères et mères, et à

---

marqué, mais que son nom n'y estoit pas non plus que la datte.

« L'Espine a parlé à une femme appelée madame Leroy, qui demeuroit rue Saint-Martin, à la Botte, entre un pâtissier et un rôtisseur, pour la passer en Hollande, où elle avoit desjà une fille. Il y avoit avec elle une autre fille qui vouloit aussy passer avec elle, et que ladite dame Leroy a un autre nom qu'il croit estre Bertault. Il dit aussi qu'il y a encore plusieurs familles de qualité dont il a connoissance qui veulent partir pour passer; et que si l'on vouloit luy donner sa liberté, qu'il feroit prendre plusieurs desdites familles. Il connoist plusieurs guides, entre autres les deux Lespines et un nommé Thomas. Il demande si en luy accordant sa liberté à Paris, on le pourroit arrester en s'en retournant pour autres choses dont il pourroit estre accusé.

Et sy quand un homme est condamné aux gallères pour ce sujet, il peut en sortir en donnant cent un escus, et à qui il faut s'adresser pour cela. Il dit qu'un jour il trouva des huguenots sur le chemin, et que, les ayant conduits jusqu'au passage de Cuverin, ils se détournèrent du chemin et se mirent dans un fond, et que luy s'estoit esloigné des huguenots à cause que les gardes qu'il avoit appelez les estoient venus joindre. » (*Pap. de la Reynie*, vol. 1, Bibl. Imp.)

[1] Le 30 janvier, le marquis de Seignelay avait écrit au supérieur de Saint-Lazare : « Le sieur Harrouard de Bouilly ne peut pas estre en meilleur lieu que chez vous pour s'instruire et faire son abjuration. Il faut donc qu'il la fasse, après quoy le roy le fera mettre en liberté. » (*Reg. secr.*)

SOUS LE RÈGNE DE LOUIS XIV.

leur deffaut à ceux qui sont chargez de l'éducation des enfans des nouveaux convertis, d'oster les précepteurs qui ont esté de la R. P. R. pour leur en donner qui ayent tousjours fait profession de la religion catholique, apostolique et romaine.

Reg. secr.

70.

LE MARQUIS DE SEIGNELAY A DE CREIL, INTENDANT.

Le 8 décembre 1686.

..... S. M. veut bien que madame de Peray fasse sortir du royaume les livres qu'elle peut avoir de la R. P. R. — A l'esgard de la nommée Papot, de la ville de Marchenoir, qui a déclaré en mourant persister dans la R. P. R., S. M. estime qu'il convient mieux d'estouffer cette affaire que de la poursuivre davantage.

Le 3 février 1687.

Le roy ayant reconnu que la déclaration du 29 avril 1686, donnée contre ceux qui en mourant déclarent persister dans la R. P. R., n'a pas eu tout le succez qu'on en espéroit, S. M. s'est relaschée en quelque façon de l'exécution de cette déclaration, et elle m'ordonne de vous escrire que, dans les occasions où il arrivera que quelque nouveau converty aura déclaré avec esclat vouloir mourir en ladite religion, et que les parens le diront avec ostentation et en veu d'en tirer vanité, il faut faire exécuter cette déclaration à la rigueur; mais, à l'esgard des autres qui en mourant feront de pareilles déclarations, par un simple motif d'opiniastreté, et que les parens tesmoignent le désapprouver, il sera bon de ne pas relever la chose, et de ne point faire de procédure. Et pour cet effect, S. M. trouve à propos que vous fassiez entendre aux ecclésiastiques qu'il ne faut pas que dans ces occasions ils appellent si facilement les juges pour estre tesmoins, afin de n'estre point obligez de faire exécuter la déclaration dans toutte son estendue.

Le 5 avril.

On a dit au roy qu'Amyot, médecin d'Orléans, ne fait pas son devoir de catholique. Je vous prie de vous informer de sa conduitte, et de me mander ce que vous en aprendrez, pour en rendre compte à S. M.

Le 13 juin.

Le roy estant informé que la demoiselle Girard, de la ville de Gien, n'est pas encore convertie, et mesme qu'elle médite sa retraite hors du royaume avec son père, qu'elle entretient dans ce sentiment, S. M. m'a ordonné de vous envoyer les ordres cy-joints pour la faire mettre dans le couvent des Bénédictines de Cosne.

Le 5 août.

Le roy ayant esté informé que vous avez donné au nommé Perrin, nouveau catholique de la ville de Gien, la liberté d'enseigner la jeunesse sans la participation de M. l'évesque d'Auxerre, qui ne l'avoit pas jugé capable d'exercer encore cette profession, S. M. m'a ordonné de vous escrire que les évesques estant en droit de juger de la capacité des maistres d'escoles, vous ne deviez pas à l'insceu de M. l'évesque d'Auxerre procurer à celuy-cy cette permission, et qu'il faut que vous le révoquiez pour quelque temps. Je sçay bien que vous m'en avez escrit, et que sur le bon raport que vous en faisiez, je vous fis sçavoir que vous pouviez luy donner cette permission; mais je supposois, comme il devoit estre, que vous agissiez en cela de concert avec M. d'Auxerre.

Le 27 février 1688.

Le roy ayant pris résolution de chasser du royaume tous ceux de la R. P. R. qu'on n'a pu jusqu'à présent obliger à faire leur réunion, je vous envoye la lettre de S. M. cy-jointe, en vertu de laquelle vous les ferez conduire sur la frontière, et je dois vous dire qu'à l'esgard du fils du ministre Soustel, aagé de 11 à 12 ans seulement, et de quelques autres qui pourroient estre si jeunes qu'on deust encore espérer de les réduire, vous pourrez, si vous le jugez à propos, différer à les renvoyer, et m'en donner advis pour en rendre compte à S. M. Cet ordre servira d'une dernière tentative pour obliger les opiniastres à se réunir, et je ne doute pas que vous n'en profitiez avantageusement pour en déterminer le plus qu'il sera possible à prendre ce party.

Le 4 juillet.

Le sieur Amyot, médecin d'Orléans, a demandé pour luy et pour ses neveux les biens de sa mère qui est sortie du royaume, et S. M. veut, avant de prendre aucune résolution sur cela, sçavoir de vous si ledict Amyot et ses neveux font leurs devoirs de catholiques.

Le 17 septembre 1690.

On a donné au roy un mémoire contre un chirurgien de Blois dont je ne sçais pas le nom. Mais le mémoire vient du nommé Peyras, qui dit estre son compère. Il dit qu'estant chez ce chirurgien, qui a un fils âgé de 3 ans, ce petit enfant luy fut amené par sa mère, qui se plaignoit de ce qu'il avoit esté à la messe avec d'autres enfans; que ce père dit à son fils que la messe ne valoit rien, et qu'il y avoit un Dieu estrange qui empesche d'aller au ciel. Il adjoute que ce chirurgien dit en présence d'un prestre et d'autres personnes que le roy estoit un usurpateur ayant usurpé la Franche-Comté, la Lorraine et la meilleure partie de la Flandre. Sur quoy S. M. m'ordonne de vous escrire de vous informer qui est cet homme et quelle conduite il tient.

Reg. secr.

71.

CIRCULAIRES
DU MARQUIS DE SEIGNELAY AUX INTENDANTS DES GÉNÉRALITÉS.

(1686.)

Le roy estimant qu'il est important que les nouveaux convertis ne puissent entrer dans les charges de ville, s'ils n'ont fait les devoirs de bons catholiques, S. M. m'ordonne de vous escrire que son intention est qu'ils n'y soyent admis qu'après qu'il sera apparu par des certificats des curez qu'ils ont assisté à la messe, et fréquenté les sacremens; ce que S. M. veut que vous fassiez sçavoir aux communautez de l'estendue de vostre département, et que vous teniez la main à ce qu'il n'y soit contrevenu.

Le 9 janvier 1687.

La déclaration du 1er juillet 1686 ordonne une récompense considérable à ceux qui donneront moyen de faire arrester des ministres; mais comme elle ne prononce rien en faveur de ceux qui livreront des gens qui se seront meslez de prescher dans des assemblées de nouveaux convertis, le roy m'ordonne de vous dire que vous pouvez leur faire payer 500^{tt}, dont vous serez remboursé sur le mémoire que vous prendrez la peine de m'en envoyer.

Reg. secr.

72.

LE MARQUIS DE SEIGNELAY A MORANT.

A Versailles, le 25 febvrier 1687.

Le roy a esté informé que les marchands nouveaux convertis des costes de son royaume se donnent la liberté d'envoyer leurs enfans dans les pays estrangers sous prétexte d'y apprendre la langue; et comme rien n'est si contraire aux intentions de S. M., à cause des mauvaises suittes que cela entraisneroit après soy, dont la principalle seroit que ces enfans, n'ayant aucune instruction, non seulement ne seroient jamais de bons catholiques, mais pourroient mesme abandonner la religion qu'ils ont embrassée, S. M. veut que vous ayez une attention particulière à empescher cet abus dans l'estendue de vostre département, que vous deffendiez à tous juges et autres officiers de donner aucune commission de cette nature, que vous fassiez entendre à ces marchands, que leur principal soin à l'égard de leurs enfans devant estre de les faire instruire dans la religion qu'ils professent, on ne leur permettra pas de les envoyer dans lesdits pays estrangers qu'ils n'en soient suffisamment instruits, et qu'ils ne fassent leur devoir eux-mesmes sur la religion, de manière qu'ils ne laissent aucun lieu de douter de leurs bonnes intentions. Je vous prie de me tenir informé de ce qui se passera sur ce sujet, cette matière estant d'une extrême conséquence, et estant nécessaire que j'en rende compte à S. M.[1].

Reg. dépêch. comm. vol. XI.

73.

LE MARQUIS DE SEIGNELAY A L'ÉVÊQUE D'ORLÉANS.

Du 18 mars 1687.

Le roy a accordé des lettres de noblesse au sieur de Rozemont, cy-devant ministre de la R. P. R. que vous avez converty; et comme je n'entends point parler de luy, et qu'il est nécessaire qu'il me donne le mémoire sur lequel il veut faire expédier ces lettres, je m'adresse à vous pour vous prier de l'en faire advertir.

Reg. secr.

[1] Deux mois après, une ordonnance du roi défendit à tous les convertis d'envoyer leurs enfans hors du royaume.

74.

LE MARQUIS DE SEIGNELAY
AU COMTE D'AVAUX, AMBASSADEUR EN HOLLANDE.

Le 18 avril 1687.

J'ay receu avec vos deux lettres le mémoire qui vous a esté donné pour René Tinnebacq, habitant cy-devant à Saumur, où je sçay qu'il a fait une longue résidence, et qu'il y avoit une rafinerie qui a esté effectivement saisie, et ensuitte adjugée. Le roy entreroit volontiers dans les expédiens nécessaires pour le restablir dans la possession de ladite raffinerie, et de le protéger fortement pour son commerce, s'il vouloit prendre la résolution de se faire catholique et de revenir en France; mais hors ces conditions, S. M. ne veut pas empescher l'effet de l'adjudication qui a esté ordonnée, et il ne se rencontre rien dans les moyens qu'il propose qui soit d'aucun advantage pour le commerce. Il y a trop de profit à entretenir les raffineries pour craindre que l'adjudicataire de celle dudict Tinnebacq ne la fera pas valoir, et quand cela seroit, ce qu'il ne feroit se trouveroit remplacé par les autres raffineries qui ont des establissemens dans le mesme endroit et dans les autres villes maritimes du royaume.

Reg. dépêch. comm.

75.

LE MARQUIS DE SEIGNELAY A DE HARLAY-BONNEUIL.

A Luxembourg, le 24ᵉ may 1687.

Madame de Dolon, nouvelle catholique, ayant représenté au roy que les biens que son mary et elle possèdent en Bourgogne ont esté saisis, parce que M. de Dolon est encore engagé dans la R. P. R., et que par ce moyen elle ne peut toucher aucune chose de son revenu, S. M. m'a ordonné de vous escrire que son intention est que, faisant distraction des biens de cette dame d'avec ceux de son mary, vous luy laissiez l'entière jouissance des siens, et luy fassiez délivrer les revenus qui en sont eschus depuis la saisie.

Reg. secr.

76.

LE MARQUIS DE SEIGNELAY A FOUCAULT.

Le 16e juin 1687.

Mademoiselle de la Massais, qui est dans la maison des Nouvelles-Catholiques de Paris, tesmoigne beaucoup d'envie d'estre près de M. de la Massais, son frère, qui est en Poictou, et on croit que ce gentilhomme, qu'on dit estre bon catholique, pourroit mieux que personne contribuer à sa réunion. Je vous prie de me mander s'il fait son devoir de catholique, et si vous croyez qu'il n'y ait point d'inconvénient à luy envoyer sa sœur; auquel cas il seroit nécessaire que vous prissiez la peine de luy dire que s'il veut respondre d'elle et prendre des mesures pour la faire conduire chez luy, S. M. luy en fera donner la liberté. Il pourra concerter sur cela avec M. de Saint-Martin, conseiller au parlement, qui a fait cette proposition.

Reg. secr.

77.

LE MARQUIS DE SEIGNELAY
AU COMMANDANT DU CHATEAU D'ANGERS.

Le 4e aoust 1687.

Le roy envoye au chasteau d'Angers les sieurs de Montginot, de

Verdeille et de Romeron, qui sont des gens opiniastres dans la R. P. R. S. M. veut qu'ils soyent soigneusement gardez sans avoir communication ensemble ni avec personne du dehors, si ce n'est avec M. l'évesque d'Angers ou les ecclésiastiques qu'il voudra leur envoyer[1]. Ils doivent payer leur dépense, et s'ils veulent des valets, il faut que vous leur en donniez d'anciens catholiques de la bonne conduitte desquels vous soyez assuré; que s'ils en veulent faire venir de Paris, vous prendrez la peine de m'en envoyer un mémoire, afin qu'avant de les leur envoyer, je fasse examiner s'ils sont de la qualité dont ils doivent estre.

Le 11 mars 1689.

Le roy envoye au chasteau d'Angers une femme nouvelle catholique, dont l'esprit est pernitieux sur le fait de la religion. Il faut qu'elle y soit soigneusement gardée, et empescher qu'elle n'escrive; mais vous pourrez luy faire voir tel ecclésiastique que M. l'évesque d'Angers jugera à propos.

Reg. secr.

78.

LE MARQUIS DE SEIGNELAY
AU MARQUIS DE CROISSY, SECRÉTAIRE D'ÉTAT.

Le 8e septembre 1687.

Le roy ayant esté informé que le ministre de l'ambassadeur de Hollande va souvent chez Mme d'Heucourt, qu'il s'y fait quelque sorte

---

[1] Le 23 janvier, le secrétaire d'état avait écrit à cet évêque : « Le roy envoye au chasteau d'Angers quelques femmes religionnaires opiniastres qu'il a esté jusques à présent impossible de convertir, et S. M. m'ordonne de vous en donner advis, afin que vous preniez la peine de les voir, pour les exciter à recevoir les instructions que les ecclésiastiques que vous choisirez pour cela pourroient leur donner, en cas qu'elles se trouvent dans de meilleures dispositions qu'elles n'ont esté jusques icy. » (Reg. secr.)

Il écrivit le 17 août au chapitre d'Ad'assemblée de nouveaux catholiques, et qu'estant ensemble ils prennent des assignations pour se trouver en d'autres lieux et à la campagne, où, sous prétexte de promenade, il se rencontre un nombre considérable de personnes, qui confèrent avec ce ministre sur des matières de religion, S. M. m'a ordonné de vous escrire de prendre ses ordres pour parler à l'ambassadeur, afin qu'il empesche la mauvaise conduitte de son ministre à cet esgard.

Vous prendrez aussy, s'il vous plaist, ses ordres au sujet du ministre de l'envoyé de Dannemark, qui a visité ces jours passez un colonel danois qui estoit à l'extrémité.

Reg. secr.

79.

LETTRE DU ROI A LA REYNIE.

Le 9 septembre 1687.

Ayant esté informé du mauvais usage que font de leurs biens et revenus les religionnaires qui ont esté arrestez par mes ordres à cause de leur opiniastreté, j'ay donné un ordre général aux intendans et commissaires départis dans les provinces et généralitez de mon royaume, de faire saisir lesdits biens et revenus, et je vous escris cette lettre pour vous dire que mon intention est que vous fassiez la mesme chose à l'esgard de ceux qui sont dans ma bonne ville de Paris.

miens : « Le roy a envoyé Mme le Cocq et quatre autres femmes de la R. P. R. dans la citadelle d'Amiens, et deux autres au chasteau de Montreuil, et comme S. M. désire passionnément qu'elles reconnoissent leurs erreurs et qu'elles s'instruisent des véritez de la religion catholique, elle m'ordonne de vous escrire de leur donner quelques ecclésiastiques esclairez pour conférer avec elles, S. M. voulant bien payer à ces ecclésiastiques ce que vous jugerez à propos pour le soin qu'ils en prendront. » (Reg. secr.)

Le 16 juillet 1689.

La conduite de mon cousin le duc de la Force et du sieur de Vivans m'estant suspecte, j'ay donné un ordre pour les faire arrester, et voulant par la connoissance de leurs papiers en estre plus particulièrement informé, je vous escris cette lettre pour vous dire que mon intention est que vous vous transportiez dans la maison dudit sieur de la Force, pour, conjoinctement avec le sieur de Harlay, conseiller en mes conseils, maistre des requestes ordinaire de mon hostel, procéder à la levée du scellé que vous avez, en exécution de mes ordres, apposé sur leurs papiers, que vous fassiez description de ceux qui peuvent avoir relation aux choses qu'ils avoient entrepris contre mon service, et que vous en envoyiez vostre procès-verbal.

Reg. secr.

80.

LE MARQUIS DE SEIGNELAY A DE BERCY.

Le 29° novembre 1687.

On a des advis certains de Londres qu'il est passé beaucoup de nouveaux catholiques par Dieppe pour se retirer en Angleterre, et la demoiselle Hauduroy, qui a passé en dernier lieu, escrit à sa mère à Paris la lettre dont je vous envoye copie, par laquelle vous verrez que c'est aux nommez Bucquet et Michel Durand, du village d'Ouville-la-Rivière, qu'on s'adresse pour cela. Sur quoy S. M. m'ordonne de vous dire que son intention est que vous fassiez arrester ces deux particuliers et les autres qui se trouveront coupables de leur mauvais commerce, et que vous teniez la main à ce que leur procez leur soit fait suivant la rigueur des ordonnances[1].

Reg. secr.

[1] Le 17 novembre 1698, le comte de Pontchartrain écrivit à de Gassé : «On a reconnu que les pilotes de Méché, qui vont joindre les vaisseaux estrangers qui

81.

DE HARLAY A L'UN DES SECRÉTAIRES D'ÉTAT.

Le 21 febvrier 1688.

Après avoir pensé à ce que vous me fîtes l'honneur de me dire mercredy dernier, touchant l'ordre que le roy a donné pour faire sortir du royaume tous les sujets qui y font encore profession de la R. P. R., et de la confiscation que S. M. veut ordonner de leurs biens, il ne m'est rien venu dans l'esprit sur ce sujet que ce que je vous ai expliqué d'abord, et que vous m'ordonnâtes d'escrire.

Personne ne sera surpris qu'un prince aussy pieux et aussy sage qu'est le roy, veuille consommer entièrement ce grand ouvrage de la réunion de tous ses sujets dans la véritable religion, et que S. M. oblige à sortir du royaume un petit nombre d'opiniastres qui feroient encore voir des restes de cette hérésie qu'elle aura entièrement estouffé.

Mais comme des officiers qui passent toute leur vie au moins dans l'obligation d'estudier et de suivre les lois, sont obligés de chercher dans leurs dispositions les fondemens des avis qu'ils prennent, je ne crois pas qu'ils pussent regarder comme un crime la sortie hors du royaume d'un homme que l'on oblige d'en sortir, et prononcer la confiscation des biens ni aucune peine pour une action qui n'a rien de volontaire de la part de celuy qui paroist plustost la souffrir que la commettre.

---

descendent de Bordeaux pour les sortir du Perthuis, embarquoient des nouveaux convertis pour les y porter; ce qui a obligé M. le mareschal d'Estrées de leur deffendre de sortir du port dans leurs chaloupes sans en avoir demandé permission à l'officier de marine qui y est estably. Le roy m'ordonne de vous escrire de faire de pareilles deffenses à Saint-Palais, où il y a bon nombre de ces chaloupes. » (*Reg. secr.*)

Que si le roy avoit trouvé bon de révoquer par une déclaration la liberté que l'article 12 de l'édict du mois d'octobre 1685 a laissé à ses sujets de vivre dans la profession de la R. P. R., et d'ordonner à tous ceux qui voudroient continuer dans cette erreur, de sortir du royaume dans certain temps, cette peine, quoyque grande, ne pourroit estre regardée que comme un effect de la clémence aussy bien que de la justice du roy, et le bannissement perpétuel auquel ils se condamneroient volontairement, leur feroit perdre leurs biens dans les règles de la justice; mais dans l'estat où sont les choses, je ne puis que sousmettre mes sentimens à toutes les volontés du roy, persuadé que les motifs de sa résolution n'en seront pas moins justes pour surpasser une intelligence aussy bornée que la mienne; et je ne pourrai m'empescher de désirer que S. M. ayt la bonté de tempérer l'esclat que feroient dans les pays estrangers l'estat et les plaintes de ceux que l'on y mèneroit sans aucun secours, et que S. M. fasse remettre leurs biens à leurs enfans ou à leurs autres proches parens catholiques, s'ils en ont qui demeurent dans le royaume, à condition de leur payer des pensions viagères pour subsister dans les lieux où ils seront, sans une pauvreté honteuse et insupportable, et que l'on les tienne encore dans leur devoir par ce gage que le roy aura toujours entre ses mains.

Voilà, Mgr, ce que je pense sur ce sujet, et que la seule obéissance que je dois à vos commandemens me pouvoit obliger d'escrire et mesme de dire. Je vous supplie d'en user avec indulgence et comme d'une chose qui ne doit estre que pour vous.

Pap. Harl.

82.

LE MARQUIS DE SEIGNELAY A DE BASVILLE.

A Versailles, le 23 février 1688.

On a arresté à Paris le nommé Boileau de la ville d'Usez et la nommée Catherine Pujolas, fille d'un advocat de laditte ville, nouveaux catholiques, sur le soupçon qu'on a eu qu'ils vouloient sortir du royaume; et dans la suitte on a apris que cette fille, qui vivoit avec ledit Boileau comme sa femme, est grosse de sept mois, que ses parens en sont fort en peine, et qu'ils en ont fait faire de grandes perquisitions, tant dans le royaume que dans les païs estrangers. Sur quoy le roy m'ordonne de vous escrire afin que vous en advertissiez leurs parens, et que par un mariage de ces deux personnes d'une condition esgale et d'un aage convenable, ils puissent faire cesser leur désordre.

Le 10 janvier 1690.

Sur l'advis qu'on a eu qu'il estoit arrivé quelques ministres de la R. P. R. à Paris, on en a fait arrester un qui s'appelle de Salve ou de Selve, autrement Valsec, de la ville de Nismes, et l'autre, qu'on n'a pas encore arresté, s'appelle Valsac, autrement Molan et Lestang, de la ville d'Usez. Le roy m'ordonne de vous escrire de vous informer secrètement de la famille et de la conduitte de ces deux hommes, et de me faire sçavoir ce que vous en apprendrez. Vous jugez bien de quelle conséquence il est de tenir la chose secrette, puisque Valsac n'estant pas encore arresté, il pourroit estre adverty des perquisitions que vous ferez.

Reg. secr.

83.

LETTRE DU ROI A DE CREIL, INTENDANT A ORLÉANS.

Le 27 février 1688.

J'ay veu la liste que vous m'avez envoyé de ceux de la R. P. R. qui sont dans l'estendue de vostre département, et qui ont jusques à présent refusé de faire leur réunion à l'Église catholique, et ne pouvant souffrir que des gens si opiniastres dans leur mauvaise religion demeurent plus longtemps dans mon royaume, je vous escris cette lettre pour vous dire que mon intention est que vous les fassiez conduire au plus prochain lieu sur la frontière, sans qu'ils puissent, sous quelque prétexte que ce soit, emporter aucuns meubles ny effects de quelque nature qu'ils soient, lesquels je veux estre de nouveau saisis, s'il en est besoin, suivant les ordres que vous en avez cy-devant receus[1].....

Reg. secr.

84.

LE MARQUIS DE SEIGNELAY
A DEVISE, LIEUTENANT DE ROI A HAM.

Le 19e avril 1689.

Le roy envoye au chasteau de Ham une femme nouvelle catholique fort opiniastre dans son ancienne religion. Il faut que vous luy donniez la liberté de conférer avec quelque honneste ecclésiastique qui puisse l'instruire, et lorsqu'elle se trouvera en de meilleures dispositions, vous me le ferez sçavoir, s'il vous plaist. Sa nourriture sera payée 15 sols par jour.

Le 14 mai 1690.

Le roy envoye au chasteau de Ham deux mauvais catholiques dont la conduitte a paru suspecte. Leur despense sera payée sur le pied de 15 sols chascun par jour.

Reg. secr.

[1] Le 2 mars suivant, pareille lettre fut adressée à de Menars pour la généralité de Paris, et le 13 dudit mois à l'intendant Bossuet pour la généralité de Soissons.

85.

LE MARQUIS DE SEIGNELAY A CHAMILLART.

Le 30° avril 1689.

Le sieur de la Ferté-Civille a escrit qu'il a trouvé un de ses enfans qu'il croyoit estre passé en Angleterre avec sa femme; sur quoy le roy m'a ordonné de vous dire de luy faire rendre cet enfant, et de luy recommander de le faire bien eslever en la religion catholique.

Le 22 juillet.

Sur le compte que j'ay rendu au roy du procès-verbal que vous avez fait à la Boullaye, S. M. m'a ordonné d'expédier des ordres pour faire mettre au chasteau du Pont-de-l'Arche les trois hommes domestiques de M. le duc de la Force que vous avez fait emprisonner, et faire conduire dans la maison des Nouvelles-Catholiques à Paris les trois femmes[1].

A l'esgard de la femme, du garçon et de la fille qui sont encore dans la R. P. R., que vous avez laissé dans une mesnagerie dépendante de la terre de la Boullaye, S. M. veut que vous vous fassiez rendre compte s'ils auront fait leur réunion dans le temps que vous leur aurez marqué, et s'ils ne l'ont pas fait, que vous les fassiez mettre en prison.

Reg. secr.

[1] A l'égard de celles-ci, la Reynie reçut du secrétaire du cabinet du roi, le 18 janvier 1691, l'ordre suivant : « Le roi veut que les deux femmes de Mme de la Force qui sont aux Nouvelles-Catholiques, et celle qui est chez Desgrez, soyent renvoyées du royaume par Valenciennes. Il faut les faire partir par la première voiture, et j'escris à M. Magalotti de les envoyer à Mons avec un trompette. J'ay chargé de cette conduitte un garde de la prévosté qui vous rendra cette lettre. » (Reg. Secr.)

86.

LE MARQUIS DE SEIGNELAY AU COMTE DE MANNEVILLE.

Le 19 may 1689.

J'avois cy-devant escrit par ordre du roy à M. Feydeau de Brou, de donner au sieur Jacques Allart de Dieppe la protection nécessaire pour son commerce, et pour empescher les effets de la jalousie et de la malice de ceux qui, sous le prétexte de la R. P. R. qu'il avoit professé, cherchoient à luy susciter des affaires; il a depuis fait une augmentation très considérable à une raffinerie de sucre qu'il avoit déjà, et continué d'envoyer tous les ans plusieurs vaisseaux aux isles de l'Amérique. Cependant il se plaint que ses ennemis continuent de le fatiguer, et craignant leurs menaces, il a de nouveau eu recours à S. M., et estant nécessaire de donner à ce négotiant, qui satisfait d'ailleurs à son devoir, le repos dont il a besoin pour soustenir ses entreprises, Sadite Majesté veut que vous l'aidiez dans les occasions pour lesquelles il s'adressera à vous, et que vous fassiez connoistre qu'elle l'a mis sous sa protection.

Reg. dépêch. comm.

87.

LETTRE DU ROI
A SAINT-MARS, GOUVERNEUR DES ILES SAINTE-MARGUERITE.

A Versailles, le 15ᵉ janvier 1690.

J'envoye aux isles de Sainte-Marguerite le nommé Valsec, ministre de la R. P. R., pour y estre détenu pendant toute sa vie, et je vous escris cette lettre pour vous dire que mon intention est que vous le receviez, et que vous le fassiez mettre dans un endroit seur, où je veux qu'il soit soigneusement gardé, sans avoir communication avec le nommé Cardel, ny avec qui que ce soit, de vive voix ou par escrit, sous quelque prétexte que ce soit.....

Le 9 may 1692.

J'envoye aux isles Sainte-Marguerite le nommé Malzac, cy-devant ministre de la R. P. R., pour y estre détenu pendant toutte sa vie, et je vous escris cette lettre pour vous dire que mon intention est que vous l'y receviez, que vous le fassiez mettre dans un endroit seur, sans avoir communication avec qui que ce soit, de vive voix ou par escrit, tant au dedans qu'au dehors, sous quelque prétexte que ce soit.

Reg. secr.

88.

LE MARQUIS DE SEIGNELAY
A SAINT-MARS, GOUVERNEUR DES ILES SAINTE-MARGUERITE.

A Versailles, le 15 janvier 1690.

Le roy envoyant aux isles de Sainte-Marguerite le nommé Valsec, ministre de la R. P. R., je n'ay rien à adjouster à la lettre de S. M. cy-jointe, si ce n'est que cet homme ne doit estre connu de personne, et que sa subsistance et entretenement, qu'il luy faut faire fournir sur un pied médiocre, sera régulièrement payée comme celle du nommé Cardel, après que vous m'aurez mandé à quoy cela peut monter chaque année.

Le 10 mars.

..... S. M. m'a ordonné de vous escrire qu'elle veut bien faire la despense de 900^{tt} pour le ministre que vous avez desjà, et autant pour celuy qui vous sera envoyé. Cette pension est considérable, et il y aura lieu de faire la dépense nécessaire pour empescher de communiquer entr'eux ny au dehors. A l'esgard des prisons que vous vous proposez de faire, S. M. y donnera ordre, et vous aurez au premier jour de mes nouvelles.

Le 24 may.

Sur le compte que j'ay rendu au roy de vostre dernière lettre au sujet de quelque chose qu'un des ministres avoit escrit sur ....¹, et des traittemens que vous luy avez fait à cette occasion, S. M. m'a ordonné de vous escrire qu'elle est fort estonnée que vous en ayez usé ainsy sans en avoir d'ordre, et elle ne veut pas que vous leur fassiez à l'advenir de pareilles duretez. Vos soins se doivent réduire à les faire garder, et empescher qu'ils n'ayent communication tant au dedans qu'au dehors; et la pension qui vous a esté réglée pour chascun d'eux est assez forte pour leur fournir tous leurs besoins et une bonne nourriture. Il faut que vous me fassiez sçavoir, s'il vous plaist, de temps en temps ce qui se passera à leur esgard².

Reg. secr.

---

[1] Le mot est resté en blanc; sans doute le copiste qui a transcrit les minutes du secrétaire d'État n'a pu le lire, ou n'a pas cru que ce pouvait réellement être celui *d'assiette* ou *vaisselle* qu'il y avait probablement dans l'original.

[2] Le successeur de Seignelay dans le cabinet du roi adressa encore quelques ordres au même gouverneur sur ces ministres détenus :

Le 29 juin 1692.

« Il est certain que vous ne devez pas souffrir que ces ministres chantent des pseaumes à haute voix; mais si leur désobéissance alloit jusques à le faire quand vous leur avez deffendu, il faut les mettre dans les lieux les plus écartez, afin qu'ils ne puissent pas estre entenduz. A l'esgard de ce qu'ils escrivent sur la vaisselle qu'on leur donne, il est aisé d'y remédier, en leur en donnant de terre seulement. Enfin ce sont des gens très opiniastres qui sont à plaindre, et qu'il faut traiter avec le plus d'humanité qu'il sera possible.

Le 16 aoust 1693.

« Le roy vous envoye encore deux ministres de la R. P. R., et S. M. m'ordonne de vous escrire de les mettre chascun dans des lieux séparez, sans qu'ils ayent communication entr'eux ni avec qui que ce soit au dehors. Je vous en advertis par advance, afin que les endroits où vous aurez résolu de les mettre se trouvent prests à leur arrivée. Le sieur Auzillon, qui

89.

LE COMTE DE PONTCHARTRAIN A DE CREIL, INTENDANT.

A Versailles, le 21 novembre 1690.

Sur le compte que j'ay rendu au roy des deux dernières lettres que vous aviez escrit à M. de Seignelay, S. M. m'a ordonné de vous dire en réponse que la femme du nommé Fontaine, qui est dans le couvent des religieuses de Sainte-Claire de Gien, ne donnant aucune espérance de conversion, elle veut que vous l'envoyiez au chasteau de Loches, en exécution des ordres que je joins à cette lettre.

A l'esgard du nommé Jouan, chirurgien de Blois, qui a tenu des discours insolens, S. M. veut qu'il soit arresté et mis dans telle prison que vous jugerez à propos, pour y rester le temps que vous croirez nécessaire pour le corriger, et je vous envoye aussy ordre à cet effet. Il faut cependant que vous chargiez quelqu'un de tenir la main à ce que ses enfans soyent instruits en la religion catholique et envoyez aux escoles.

Vous pouvez faire encore payer 400" sur les biens des religionnaires fugitifs pour le parfait payement des trois ans de pension qui sont deus au séminaire de Pontlevoy pour le fils du ministre Soustel.

Reg. secr.

est chargé de leur conduitte, doit partir dez demain. A l'esgard de leur pension, elle vous sera payée sur le mesme pied que celle des autres.

Le 10 novembre.

.....« Vous me mandez l'estat auquel se trouvent les quatre ministres dont vous estes chargé. Il faut bien enfermer ceux qui sont alliénez d'esprit, et les traitter cependant avec charité; et à l'esgard de l'autre, contribuer en ce que vous pourrez à le faire bon catholique. » (Reg. secr.)

90.

LE COMTE DE PONTCHARTRAIN A LA BOURDONNAYE.

Le 6 décembre 1690.

J'ay rendu compte au roy de ce que vous m'avez escrit concernant le nommé Baconneau, et S. M. m'a ordonné de vous escrire que s'il meurt dans la disposition dans laquelle il est, il faudroit luy faire faire son procez suivant la rigueur des ordonnances.

Je n'ay rien au surplus à vous dire au sujet des ordres qui vous ont esté envoyez par M. de Louvois, qu'il faudra exécuter en la manière qu'il vous l'a mandé.

Le 3 avril 1691.

Le roy n'a pas trouvé à propos d'envoyer le sieur de la Roussière dans une citadelle, ainsy que vous le proposez, et S. M. veut qu'il soit arresté et mis dans les prisons ordinaires en vertu de l'ordre que je vous envoye. Et à l'esgard de la D^{lle} de la Bratière, S. M. veut qu'elle soit mise dans un couvent.

J'escris à M. l'évesque de Nantes de procéder contre le prestre qui a fait le mariage. Je vous prie de luy en mander le nom si vous le sçavez.

Le 21 aoust 1693.

L'homme que vous proposez d'envoyer à Paris pour observer les assemblées des nouveaux catholiques peut y estre utile, pourveu qu'il soit sensé et capable par son bon esprit d'establir la confiance nécessaire en telles occasions, qu'il soit d'ailleurs connu de quelques nouveaux catholiques considérables, et qu'il ayt desjà par devers luy quelque preuve ou certitude de quelques faits; car s'il n'a que des veues générales sur des récits qu'on peut luy avoir faits, son voyage sera de peu d'utilité. Il y a une infinité de gens qui pensent et disent les mesmes choses sans aucune certitude, et qui donnent tous les jours des avis qui paroissent estre asseurez par les circonstances, mais qui estant suivis et éclaircis se réduisent ordinairement à rien. Voyez donc sur ce pied si vostre homme peut estre bon à quelque chose.

Le 26 aoust.

J'ay parlé au roy des doutes qui vous sont venus sur le jugement du procez des trois prisonniers accusez d'avoir assisté à des assemblées de nouveaux catholiques, et S. M., sans vous rien prescrire, m'a chargé de vous advertir seulement d'y procéder avec honneur et en conscience. Je vous feray aussy remarquer que les coupables sont jeunes gens dont la profession est d'estre artisans, qu'encore que deux ayent presché, ils ne doivent pas cependant estre regardez comme des ministres ou prédicans de profession, parce qu'ils déclarent que les sermons qu'ils ont presché, ils les avoient apris dans des livres, et qu'ils les ont récitez plusieurs fois. A l'esgard de l'arrest qui vous commet pour leur faire leur procez, S. M. m'ordonne de vous en expédier un général que je vous envoyeray au premier jour.

Le 21 octobre 1698.

On a donné advis au roy que M. le duc de la Force a auprès de luy, à la Boullaye, cinq domestiques nouveaux catholiques dont je vous envoye les noms, qui font mal leur devoir. S. M. m'ordonne de vous dire de vous informer secrètement de la conduitte de ces gens-là, et de m'en donner advis pour luy en rendre compte.

Le 16 novembre.

Le roy, qui a très juste motif d'estre mécontent de la conduite de M. le duc et de Mme la duchesse de la Force et de quelques-uns de leurs enfans, m'a ordonné de vous escrire de vous transporter à la Boullaye pour leur faire entendre ses intentions, et faire exécuter ses ordres à leur égard.

Pour cet effet, vous devez estre informé que S. M., qui a tousjours honoré M. le duc de la Force d'une amitié et d'une estime particulière, fut très sensible à la sincérité de la conversion qu'il fit il y a quelques années; que, par cette raison, elle a pris soin de l'éducation de ses enfans, leur a donné des pensions, et a doté ses filles qui ont voulu estre religieuses. S. M. a poussé sa complaisance jusqu'à laisser Mme la duchesse de la Force en pleine liberté à la Boullaye, ce qu'elle n'a encore fait pour personne de ceux qui sont dans l'estat d'opiniastreté et d'endurcissement de la R. P. R. où elle se trouve, et cela par les asseurances et paroles d'honneur que M. le duc de la Force a souvent donné à S. M. qu'il ne se départiroit jamais du bon party qu'il avoit pris, et que tant que Mme la duchesse de la Force auroit le malheur de rester dans son opiniastreté, au moins elle ne s'ingéreroit en aucune manière de parler de religion à luy ni à ses enfans. Cependant S. M., qui avoit desjà eu de justes soupçons contre la conduitte de cette dame pendant la maladie qu'eut M. le duc de la Force il y a un an, aprend qu'enfin Mme la duchesse de la Force, ne gardant plus de mesures, tasche de les pervertir tous, mesme leurs domestiques nouveaux catholiques. Si S. M. avoit escouté son ressentiment, elle auroit d'abord envoyé ses ordres pour séparer Mme de la Force de sa famille, et la mettre en lieu où ils n'eussent point à craindre ses mauvais conseils; mais S. M., qui conserve tousjours de l'estime pour M. le duc de la Force, n'a pas voulu, en l'estat où il peut estre pour sa santé, luy oster, quant à présent, les secours temporels qu'il peut recevoir d'elle. Ainsy S. M. m'ordonne de vous escrire de vous transporter incessament à la Boulaye avec le sieur Dupoy, lieutenant de la prévosté de l'hostel, que je fais partir d'icy dez demain pour se rendre prez de vous à Rouen. S. M. veut que vous disiez à M. le duc de la Force qu'elle ne se seroit jamais attendue à un tel manquement de parole de sa part, qu'elle a un juste sujet d'estre indignée contre luy d'avoir abandonné les pratiques de la religion catholique en laquelle il l'a tant de fois assurée estre entré de bonne foy; que vous disiez à Mme la duchesse de la Force que la seule considération de M. son mary a suspendu sur elle la sévérité des ordres de S. M.; qu'il luy sera permis de le voir pour son soulagement et leurs affaires domestiques, mais qu'elle n'aura aucune liberté de luy parler de religion, S. M. voulant qu'à cet effet le sieur Dupoy reste tousjours près de luy jusques à nouvel ordre, et rende compte jour par jour de ce qui se passera à la Boulaye.

A l'esgard de M. de Castelnau leur fils, le mesme officier a ordre de l'arrester et de l'envoyer à la Bastille.

S. M. veut aussy que vous disiez à M. le marquis de la Force de se rendre icy, afin que je luy puisse faire sçavoir les intentions de S. M.; et pour empescher le progrez des perversions de Mme la duchesse de la Force, et qu'ils ne se servent de domestiques nouveaux catholiques, S. M. a donné ordre de faire arrester les nommez Durant et Bontemps, valets de chambre, Attinville officier, Renaud mareschal, et le fauconnier, et les faire conduire au chasteau du Pont-de-l'Arche jusques à nouvel ordre. Et afin que M. le duc de la Force, dans l'estat auquel il se trouve, ne manque pas de domestiques, S. M. veut que pour remplacer ceux-là, vous luy en choisissiez autant qu'il voudra d'anciens catholiques, mesme que vous luy donniez les vostres, s'il est besoin, afin que rien ne lui manque.

Le 2 juin 1700.

Nous avons à Paris la femme du sieur de Martigny, seigneur de Celle, eslection d'Eu, qui est très-opiniastre dans la religion. On l'auroit volontiers fait mettre dans la maison des Nouvelles-Catholiques pour y estre instruitte, sans un procez à la poursuitte duquel elle est; mais M. d'Argenson ayant jugé qu'on pourroit la ramener en prenant l'expédient de faire mettre sa fille dans une maison d'instruction, ainsy que vous verrez par la lettre qu'il m'a escrit, S. M. m'a ordonné de vous l'envoyer, et de vous dire en mesme temps de faire mettre cette fille dans le lieu que vous trouverez le plus à propos au dessein qu'on a.

Le 18 octobre.

J'escrivis au mois de mars dernier à M. de Besons sur les maistres de langues à establir à Bordeaux et à Bayonne, pour oster aux nouveaux catholiques le prétexte d'envoyer leurs enfans en pays estrangers. Il me fit response qu'il estoit inutile d'en establir à Bayonne ; qu'à Bordeaux il y en avoit un pour l'anglois, auquel la ville donne 600# de gages; qu'il y en avoit aussy eu un de langue hollandoise, lequel on avoit esté obligé de renvoyer à cause de sa mauvaise conduitte, et qu'on en chercheroit un autre. Le roy m'ordonne de vous demander si cela a esté fait, et suposé qu'on n'en eust pas encore trouvé un, de vous dire de tenir la main à ce que cela se fasse le plus promptement qu'il se pourra.

Reg. secr.

91.

LE COMTE DE PONTCHARTRAIN
AU LIEUTENANT DU ROI AU CHATEAU D'ANGERS.

Le 12 mars 1691.

Mme la duchesse de la Force a tort de vous demander des livres des ministres Claude et Jurieu, et vous ne devez luy en donner aucun ; que si elle veut de bons livres pour s'instruire des véritez de la religion, vous pouvez luy donner ceux que M. l'évesque d'Angers trouvera à propos.

A l'esgard de la femme qu'elle veut oster, il faut que vous me fassiez sçavoir, s'il vous plaist, si elle est ancienne catholique, si elle en veut une autre à sa place, et qui elle est, afin que je prenne sur cela les ordres du roy.

Reg. secr.

92.

LE COMTE DE PONTCHARTRAIN
AU LIEUTENANT GÉNÉRAL DU BAILLIAGE DE MONTFORT.

Le 12 mars 1691.

J'ay rendu compte au roy de ce que vous m'avez escrit au sujet du sieur de Chartres de Villeray, gentilhomme nouveau catholique, lequel a déclaré en mourant qu'il persistoit dans son ancienne religion. Sur quoy S. M. a résolu de passer la chose sous silence, supposé qu'elle n'ait pas fait un grand scandale. Il y a apparence que ce gentilhomme estant mort dans sa terre, il y aura eu peu de tesmoins de sa déclaration. Ainsy, vous ne devez point relever cette affaire. Si cependant elle s'estoit passée autrement que je ne l'entends, et avec grand esclat, mandez-moy les circonstances; je vous feray sçavoir ce que vous aurez à faire.

Reg. secr.

93.

LE COMTE DE PONTCHARTRAIN A L'ÉVÊQUE DE NANTES.

Paris, le 3 avril 1691.

Le sieur de la Roussière, gentilhomme de Poictou, nouveau converty du diocèse de Luçon, n'ayant pu trouver de prestre qui voulust le marier avec la demoiselle de la Bratière, aussy nouvelle catholique, si ce n'estoit avec les cérémonies de l'Église, et s'il ne s'approchoit des sacremens, il s'est fait donner à Nantes la bénédiction nuptiale par un prestre, moyennant quelque argent. De quoy M. de la Bourdonnaye ayant donné advis, le roy a fait expédier des ordres pour faire arrester ce gentilhomme et la demoiselle, et comme l'entreprise de ce prestre de vostre diocèse ne doit pas demeurer impunie, si la chose est ainsy qu'on la mande, je vous en donne advis, afin que vous puissiez descouvrir qui est ce prestre, et faire sur cela ce que vous trouverez à propos.

Reg. secr.

94.

LE COMTE DE PONTCHARTRAIN AU DUC DE LA FORCE.

Le 13 may 1691.

Le roy a bien voulu, sur les tesmoignages qui luy ont esté rendus de la bonne disposition en laquelle vous estes à présent, vous permettre de vous retirer avec Mme de Courtomer. Ainsy vous pourrez, quand il vous plaira, sortir de la maison de Saint-Magloire, et venir saluer S. M., qui le trouvera bon. Je voy avec plaisir que vous estes sur le point de rentrer dans les bonnes grâces de S. M., et je vous asseure que personne ne prend plus de part que moy à tout ce qui vous regarde.

Le 7 mai 1696.

Sur ce que M. le marquis de la Force m'a dit que Mme la duchesse de la Force souhaitoit d'aller voir le médecin de Chaudrais, j'en ay rendu compte au roy, qui trouve bon qu'elle y aille, à condition de n'estre qu'un jour ou deux hors de la Boullaye, et que Huot l'y accompagnera. Je n'escris point à Huot de me rendre compte de ce qui se passera, je m'en remets à l'ordre que vous luy en donnerez vous-mesme, S. M. prenant confiance en vous sur la conduitte que Mme de la Force doit tenir.

Le 27 janvier 1698.

Le roy ne doutant plus de la solidité de la vocation de Mlle vostre fille après les assurances qu'elle en a données par escrit et de vive voix à une personne de confiance qui luy a esté envoyée, S. M. m'a ordonné de vous dire que bien loin de vous y opposer doresnavant, vous devez contribuer à son dessein en ce qui dépendra de vous. S. M. veut bien luy continuer, sa vie durant, la pension de 700^tt dont elle jouit depuis qu'elle est hors du couvent de Sainte-Marie. Mme l'abbesse de Saint-Sauveur la recevra avec plaisir pour cette pension. Ainsy il n'est plus question que de luy donner les choses nécessaires pour sa prise d'habit et pour sa profession. Vous estes convenu avec moy de les luy donner, et je l'ay dit au roy. Donnez donc ordre, s'il vous plaist, afin que cela ne retarde point sa prise d'habit[1].

S. M. a esté surprise d'aprendre que Mme la duchesse de la Force l'ayt veue dans le couvent. Vous sçavez que S. M. n'a jamais entendu ce commerce. Je croys mesme qu'elle a toujours bien connu que ce n'estoit point l'intention de S. M., et je m'étonne qu'elle ayt hazardé cela sans permission. Dites-luy, s'il vous plaist, qu'elle s'en abstienne, et qu'il y a ordre au couvent de ne l'y point laisser voir Mlle vostre fille.

Le 25 mars.

J'ay receu une lettre de Mme de Nesmond, qui me mande qu'une de mesdemoiselles vos filles veut se faire religieuse au couvent de la Visitation à Saint-Denis. Comme il y a apparence que sa vocation est

---

[1] Le 11 mars de l'année précédente, le secrétaire d'État avait écrit à la supérieure du couvent : « J'ay rendu compte au roy de ce que vous m'avez escrit concernant l'arrivée de Mlle de la Force dans vostre couvent. Quoyqu'elle s'y soit rendue volontairement, l'intention de S. M. est qu'elle n'en sorte pas, sous quelque prétexte que ce soit, sans ordre de S. M. A l'esgard de la pension, il faut que vous vous contentiez de 1,000 ou de 1,200^tt, en luy fournissant le bois et la lumière. S. M. ne luy donne que cette pension pour toutes choses, et le peu qu'elle peut avoir d'ailleurs luy doit servir à l'entretenir. » (*Reg. Secr.*)

bonne et sincère, estant en lieu de se déterminer sans aucune contrainte, le roy m'a ordonné de vous escrire qu'il croit que vous devez contribuer à accomplir le dessein de cette demoiselle, bien loin de l'en empescher, et luy donner les choses nécessaires pour sa dot.

Le 22 décembre.

Le roy a bien voulu donner une pension de 600^{tt} à Mlle vostre fille qui est à la Visitation de Saint-Denis, pour sa dot. S'il y a quelques autres frais, c'est à vous à les payer, ainsy que vous avez fait pour celle qui est à l'abbaye du Saint-Sauveur à Évreux.

Reg. secr.

95.

LE COMTE DE PONTCHARTRAIN A L'INTENDANT DE METZ.

Le 14 aoust 1691.

Il y a deux ou trois jours que le Saint-Sacrement passant dans les rues de Paris, une fille nommée Catherine du Chat refusa de se mettre à genoux, et elle fust arrestée par le peuple et menée chez le commissaire, où elle a déclaré qu'elle s'est retirée de la ville de Metz avec sa mère et une de ses sœurs depuis quatre ou cinq ans à cause de la persécution qu'on y faisoit à ceux de la R. P. R., qu'elle n'a pas voulu se mettre à genoux parce qu'elle ne croit pas que Jésus-Christ soit ailleurs que dans le ciel, qu'elle fait profession de la R. P. R., et que tous ceux qui l'ont abjurée s'en repentent. Sur cela le roy a donné ses ordres pour faire conduire à Metz cette mère et ses deux filles. S. M. m'ordonne de vous escrire que, pour celle dont je vous parle, il faut que vous la fassiez mettre dans un couvent pour y estre instruite, et qu'au surplus vous preniez soin du reste de cette famille en la faisant instruire avec charité, et les excitant à se mettre dans la bonne voye. L'archer qui les conduit doit estre payé à leurs despens; vous y donnerez ordre, s'il vous plaist.

Reg. secr.

96.

LE COMTE DE PONTCHARTRAIN AU P. ATHIE, CAPUCIN.

A Versailles, le 11 novembre 1691.

J'ay rendu compte au roy de la lettre que vous m'avez adressée, et S. M. m'a ordonné de vous escrire en response, d'avoir une attention particulière pour descouvrir les desseins des nouveaux catholiques dont vous parlez; et à mesure que vous aurez apris leurs noms et quelques autres circonstances, il faut que vous preniez la peine de m'en advertir. Vous pouvez compter que la chose sera tenue secrette.

Reg. secr.

97.

LE COMTE DE PONTCHARTRAIN A DEFITA, LIEUTENANT CRIMINEL.

Le 11 avril 1692.

Au mois d'octobre 1690, le nommé Coqueret, maistre maçon, nouveau catholique, demeurant à la Courtille, fut envoyé à la citadelle d'Amiens par ordre du roy, pour y estre dans une prison perpétuelle à cause des discours insolens qu'il estoit accusé d'avoir tenus contre S. M. Ce misérable a fait présenter depuis plusieurs placets pour obtenir sa liberté, représentant qu'il a esté faussement accusé par des gens qui luy avoient fait violence dans sa maison le jour de la fausse nouvelle qui se répandit dans Paris de la mort du prince d'Orange. J'ay envoyé à M. de la Reynie les pièces et mémoires de cet homme, parce qu'il avoit eu d'abord connoissance de la chose. Je vous adresse le mémoire qu'il a fait sur ce sujet, avec la lettre de M. Robert sur laquelle la résolution fut prise d'envoyer cet homme en prison. Je crois qu'il y a de la justice d'examiner de nouveau si les accusations faites contre luy sont véritables, parce qu'il y a grande présomption de faux contre les accusateurs, qui sont gens sans aveu, qui sont venus bien des fois depuis me demander récompense de leur dénonciation. Je vous prie d'examiner la chose sérieusement avec M. Robert, ensuitte de me mander ce que vous en aurez connu, pour en rendre compte à S. M., qui prendra sa dernière résolution sur le sort de ce malheureux.

Reg. secr.

98.

CIRCULAIRES DU COMTE DE PONTCHARTRAIN AUX INTENDANTS DES GÉNÉRALITÉS.

Le 31 aoust 1692.

Le roy a, depuis quelques années, fait deffenses d'admettre les nouveaux catholiques dans les charges de maires et eschevins des villes et autres lieux du royaume, et S. M., estimant qu'il est de son service de les en exclure encore, m'ordonne de vous escrire qu'elle ne veut pas qu'ils y soyent admis pendant deux ans, à quoy elle désire que vous teniez la main dans l'estendue de vostre département. Voulant néantmoins que si vous jugiez advantageux d'en mettre quelqu'un dans ces charges, dont le zèle pour le service du roy et la bonne conduitte fussent capables de faire un exemple, et produire un bon effet parmy les nouveaux catholiques, vous m'en donniez advis, et me fassiez sçavoir leurs noms et qualitez, afin que j'en rende compte au roy, pour vous informer ensuitte de ses intentions.

Le 26 décembre 1693.

Il y a quelques provinces où les notaires se sont volontairement obligez d'advertir les curez de tous les contracts de mariage qu'ils passeront entre nouveaux catholiques, afin qu'ils puissent prendre leurs mesures pour exciter les contractans à observer les cérémonies de l'Église; et les médecins, chirurgiens et apothiquaires se sont pareillement soumis d'advertir les curez des premières visittes qu'ils feront aux malades nouveaux catholiques, et de continuer de leur dire l'estat des malades, lorsque les maladies augmenteront. Cela ayant parfaittement bien réussy, S. M. m'a ordonné de vous escrire de faire exécuter la mesme chose dans l'estendue de vostre département en excitant les notaires, médecins, chirurgiens et apothiquaires d'observer régulièrement cette conduitte, et leur faisant entendre que ceux qui y manqueroient, seroient blasmez, et qu'ils s'attireroient l'indignation de S. M.

Le 20 juin 1696.

M. de Basville, intendant en Languedoc, ayant fait arrester depuis peu de jours le nommé Henry, prédicant, qui alloit desguisé de lieux en lieux pour exhorter les nouveaux convertis à faire l'exercice de la R. P. R., il a trouvé dans ses papiers une lettre qui luy a esté escritte, datée du 7 avril dernier, par le nommé Brousson, qu'on a cy-devant cherché, sur les advis qu'on avoit eu qu'il estoit dans ladite province, où il les avoit souvent excitez à se pervertir. Et comme il paroist par cette lettre que ledit Brousson, qui est un homme dangereux, parcourt encore les provinces du royaume pour y faire la mesme chose, sans qu'on sçache quelle route il a prise ni où il a passé, parce que sa lettre n'en fait aucune mention, et que Henry a asseuré qu'il n'en avoit aucune connoissance, S. M. m'a ordonné de vous envoyer le portrait que M. de Basville a donné de Brousson, affin que vous fassiez touttes les diligences possibles pour descouvrir s'il est dans vostre département ou s'il y passe à l'advenir, et, en ce cas, le faire arrester pour

estre mis dans des prisons très-seures, dont vous me donnerez aussytost advis, pour en rendre compte à S. M.[1].

Le 5 juin 1699.

Le roy, après avoir de nouveau examiné la déclaration du 29 avril
1686, qui porte que le procez sera fait au cadavre ou à la mémoire
des nouveaux catholiques qui, en mourant, auront déclaré persister
en la R. P. R., a jugé qu'il ne convenoit plus de faire traisner leur
cadavre sur la claye. S. M. m'ordonne donc de vous escrire de l'empescher doresnavant dans l'estendue de vostre département, sans que
pour cela on cesse de faire le procez à la mémoire de ceux qui seront coupables de ce crime, ny qu'on se dispense de les condamner
aux autres peines portées par cette déclaration. Et comme il seroit
à craindre que la remise de cette peine d'estre traîné sur la claye
ne produisist un mauvais effet, si la volonté du roy sur cela estoit
rendue trop publique, il faut proprement ne la faire connoistre qu'à
chaque occasion, mais en mesme temps prendre grand soin qu'aucune
occasion ne vous en eschappe.

Reg. secr.

99.

LE COMTE DE PONTCHARTRAIN A CHAUVELIN.

A Fontainebleau, le 14 octobre 1692.

On a arresté à Paris un ministre de la R. P. R. nommé Gardien,

---

[1] C'est peut-être au sujet du même prédicant que le secrétaire d'État avait écrit
le 5 mars 1693 à l'archevêque de Lyon :
« Le roy estant informé que depuis peu il
est arrivé à Lyon un ministre de la R. P. R.
qui ne devoit qu'y passer pour se rendre
à Paris, mais que depuis il a pris la résolution de rester à Lyon; sur quoy S. M.
m'ordonne de vous escrire de faire les diligences que vous jugerez nécessaires pour
faire arrester ce ministre. » (Reg. secr.)

natif de Vervins, lequel par des interrogatoires a déclaré le progrez qu'il a fait en plusieurs endroits, non-seulement à l'esgard des nouveaux réunis, mais aussy à l'esgard des anciens catholiques qui se sont pervertis. Et, S. M. voulant que vous soyez informé de ce qui s'est passé dans l'estendue de vostre département, elle m'a ordonné de vous en faire le détail, afin que par vostre prudence vous essayiez de remédier à un tel désordre.

Au commencement d'octobre de l'année 1691, ce ministre se rendit à un village proche de Vervins, et après avoir passé dans plusieurs endroits, tomba à Saint-Quentin, où il dit que sept villages des environs de Saint-Quentin luy envoyèrent quatre députez pour le prier de passer chez eux, afin d'y recevoir les déclarations qu'ils luy vouloient faire de professer à l'avenir la religion protestante, d'y vouloir vivre et mourir en quittant la catholique, dans laquelle ils avoient vescu jusques alors; qu'ils avoient un grand désir de voir un ministre et d'entendre quelque docteur de la vérité, après en avoir entendu beaucoup d'autres qui leur avoient presché jusques-là le mensonge et la superstition. Sur la promesse qu'il leur fit de s'y rendre le dimanche ensuyvant, l'un de ces députez le vint prendre à Saint-Quentin, et le conduisit dans un vallon où il trouva cinq cents personnes assemblées qui estoient de cent dix familles, et lui déclarèrent qu'elles estoient nées de parens catholiques et avoient toujours fait profession de la R. C., et qu'elles vouloient néantmoins la quitter et l'abjurer. Après ces déclarations, il prescha dans cette assemblée depuis neuf heures du soir jusqu'à minuit, à la lueur des feuz et des flambeaux. Mais il ne voulut pas pour cela recevoir leurs abjurations, afin qu'ils n'eussent aucun sujet de dire qu'on les avoit surpris : il les remit au dimanche suivant, et l'assemblée s'estant faite au mesme endroit et à la mesme heure, il essaya de faire comprendre à tous ses auditeurs les avantages de la R. P. R., et en mesme temps les dangers temporels où s'exposoient ceux qui demandoient à la suivre; mais tous ayant répondu qu'ils ne vouloient plus estre de la communion de Rome, il receut touttes leurs abjurations, et ne voulut point cependant les recevoir à la cœne, parce qu'ils n'estoient pas assez instruits. Il n'a pu se souvenir que du nom de Tamples, qui est un des sept villages, ayant oublié les trois autres; mais il dit que tout le monde sçait à Saint-Quentin que les habitans de ces sept villages ont abjuré la R. C. dont ils faisoient profession. Il déclare encore qu'il fit des assemblées à Saint-Quentin, qu'il y prescha et fit tous les exercices de la R. P. R.[1].

Reg. secr.

100.

LE COMTE DE PONTCHARTRAIN A L'ÉVÊQUE D'AUXERRE.

Le 18 février 1693.

On a arresté à Paris une fille de Gien, nommée Nicolle Tesson, ancienne catholique, qu'un séducteur avoit pervertie. Son dessein estoit de pervertir de mesme la mère de cette fille, son père et trois sœurs qui sont à Gien. De quoy le roy m'a ordonné de vous donner advis, afin que vous donniez ordre, s'il vous plaist, aux supérieurs ecclésiastiques de Gien de travailler à l'instruction de cette famille, et de prendre soin de la maintenir dans l'Église. A l'esgard de la fille dont je vous escris, elle a esté mise dans la maison des Nouvelles-Catholiques à Paris, pour y estre instruite.

[1] Deux mois après, la lettre suivante fut adressée sur le même objet à l'évêque de Laon : « J'ay rendu compte au roy du mémoire que vous m'avez envoyé concernant la conduitte des nouveaux catholiques des paroisses des environs de Vervins. S. M. donne ordre à M. Bossuet de faire arrester le nommé Dolignon, qui luy a paru le plus dangereux. Mais à l'esgard des autres et en général de tous les mauvais catholiques de ces quartiers-là, S. M. estime que vous ferez un plus grand progrez pour leur conversion sincère en vous appliquant à les faire instruire, et en les engageant par les voyes de la douceur et par l'espérance des récompenses, que par la punition de leur désobéissance. Ainsy continuez, s'il vous plaist, à donner tous vos soins pour ramener ces gens-là à leur devoir. » (Reg. secr.)

1706.

Les nommées Bessé et Pellet ont esté envoyées à Auxerre après avoir esté longtemps dans la maison des Nouvelles-Catholiques de Paris, sans vouloir escouter les instructions. On avoit espéré qu'en les esloignant on les rendroit plus dociles; mais puisqu'elles ne veulent pas se rendre raisonnables, je crois qu'il est bon que vous ayez la charité de leur dire que le roy veut bien leur donner trois mois de temps pour se faire instruire, après lequel on ne pourra pas se dispenser de les faire renfermer à l'hospital pour le reste de leurs jours. J'espère que vous voudrez bien prendre la peine de me mander l'effet que produiront ces advertissemens.

Reg. secr.

101.

LE COMTE DE PONTCHARTRAIN A LARCHER.

Le 3 mars 1693.

Le roy ayant esté informé qu'un ecclésiastique nommé Bertrand, natif de Joinville, et qui a esté précepteur des enfans du sieur de la Mothe, gentilhomme de Picardie, s'est perverty, et a passé en Hollande, S. M. m'a ordonné de vous escrire de vous informer secrettement quelle est la famille de ce misérable, quelles ont esté ses mœurs, et ce qui peut l'avoir porté à commettre un tel crime.

Reg. secr.

102.

LE COMTE DE PONTCHARTRAIN A LA HOUSSAYE.

Le 7 décembre 1694.

Il y a à Noyon une famille de protestans opiniastres; la nommée Bernardon, qui est la mère, a esté arrestée à Paris, et a esté mise aux Nouvelles-Catholiques et ses fils au collége. A l'esgard de la fille qui est à Noyon, le roy veut que vous la fassiez mettre dans un couvent à Noyon. Je vous envoye un ordre à cet effet, que vous ferez, s'il vous plaist, exécuter de concert avec M. de Noyon.

Le 4 janvier 1696.

Il vous fut envoyé hier un arrest pour faire le procez aux nouveaux catholiques que vous avez fait arrester dans la parroisse de Landouzy-la-Ville. Le roy veut qu'ils soyent jugez suivant la rigueur des ordonnances. Prenez la peine, s'il vous plaist, de me mander ce qui se passera dans cette affaire, pour luy en rendre compte.

Reg. secr.

103.

LE COMTE DE PONTCHARTRAIN A BIGNON.

Le 21 février 1695.

La demoiselle de Falquerolles, fameuse protestante, qui a esté prise sur un vaisseau anglois par un armateur de Dunkerque, a esté conduitte dans la citadelle d'Amiens. Le sieur Dacière, son parent, a demandé qu'elle soit mise en liberté, assurant qu'elle a esté cy-devant conduitte hors du royaume à cause de son opiniastreté dans la R. P. R., et qu'il n'y a rien à espérer pour sa conversion. Prenez la peine, s'il vous plaist, d'examiner dans quelle position elle est, et s'il n'y auroit pas lieu de la convertir, afin que si la chose se trouve impossible, S. M. se détermine sur ce qui regarde cette fille.

Le 26 mars.

La demoiselle Falquerolles, que vous avez veue à Dourlens, estant dans une aussy mauvaise disposition que celle où vous l'avez trouvée sur le fait de la religion, S. M. a jugé qu'il n'y avoit qu'à la renvoyer hors du royaume. Ainsy, faittes-la conduire sur la frontière ou sur la coste, si elle veut s'embarquer pour passer en Angleterre, et donnez ordre qu'elle passe par la première commodité.

Le 15 novembre 1702.

Je vous envoye par ordre du roy la lettre que les eschevins de Calais m'ont escrit pour demander la suppression des deux professeurs en langues estrangères qui ont esté establis dans cette ville. Prenez la peine de m'en mander vostre sentiment, et s'il est vray qu'ils n'ayent encore aucuns escoliers.

Reg. secr.

104.

LE COMTE DE PONTCHARTRAIN A L'ARCHEVÊQUE DE PARIS.

Le 5 juin 1695.

La mère de la demoiselle Batelier ayant présenté au roy le placet cy-joinct, par lequel elle demande la liberté de sa fille, je n'ay pas voulu en rendre compte au roy sans sçavoir vostre sentiment sur ce qu'il contient. Cette femme a esté mise dans un couvent à vostre prière, parce qu'on prétendoit qu'elle ne faisoit aucun acte de religion. Sa mère y a joinct un certificat portant qu'elle a fréquenté les saeremens. Vous jugerez si elle doit estre détenue plus longtemps.

Le 13 may 1697.

On a arresté à Paris depuis peu un particulier nommé Pardieu, qui mesnageoit les mariages des nouveaux catholiques qui s'adressoient à luy, par le moyen de faulx certificats de confession et de demeures, ainsy que M. d'Argenson vous l'expliquera en destail. Il y a plusieurs curez et autres ecclésiastiques coupables de ce mauvais commerce, et qui mériteroient une punition sévère, s'ils estoient poursuivis en justice. Mais le roy a jugé plus à propos d'assoupir cette affaire par rapport à l'estat de ces mariages, qui pourroient en estre troublez, et S. M. m'a en mesme temps ordonné de vous en advertir, afin que vous ayez attention aux ecclésiastiques et que vous fassiez en cette rencontre ce que vostre prudence vous suggérera.

Le 11 aoust 1699.

J'ay rendu compte au roy de ce que vous avez pris la peine de m'escrire concernant le mémoire de M. le duc de la Force, sur lequel S. M. avoit demandé vostre advis. Elle entre dans vostre sentiment, et elle m'ordonne de vous dire d'escrire à M. l'évesque de Sarlat de la manière que vous jugerez à propos, pour l'engager à avoir, dans l'occasion qui se présente, la condescendance que demande M. le duc de la Force pour la réconciliation de sa chapelle, sans en tirer les corps de ses pères hérétiques.

Le 12 septembre.

Le sieur Cormier, à présent gendarme de la garde du roy, a demandé à Sa Majesté descharge de la peine des galères à laquelle il fut condamné l'année passée en Poictou par M. le mareschal d'Estrées, pour avoir porté l'espée au préjudice des deffenses qui sont faictes aux nouveaux catholiques de porter des armes. Pour obtenir cette grâce, il a représenté qu'il fait bien son devoir de catholique, et il en a raporté un certificat du vicaire de Saint-Roch, où il est marqué qu'il a fait ses pasques. Mais S. M. m'ordonne de vous escrire de vous faire rendre compte de sa conduitte, et de vous dire de prendre la peine de me faire sçavoir ce que vous en aurez appris; en suitte de quoy elle prendra sa résolution sur la demande de ce gendarme.

Reg. secr.

105.

LE COMTE DE PONTCHARTRAIN A SAUMERY.

Le 23 aoust 1695.

J'ay rendu compte au roy de ce que vous m'avez escrit concernant les assemblées des nouveaux catholiques qui se font dans vostre département. Le roy veut que les coupables soyent arrestez. J'escris à M. de Bouville d'informer contre eux pour leur faire leur procez, et je luy mande d'agir de concert avec vous pour l'exécution de l'ordre du roy. S. M. ne doute point que vous ne vous conduisiez en cela avec la prudence nécessaire, et que vous ne preniez de bonnes mesures pour faire arrester les coupables en flagrant délict.

Le 25 mars 1698.

J'ay receu des lettres de M. de Bouville, qui me mande qu'on pourra, pendant cette quinzaine de Pasques, arrester le ministre qui est dans vos cantons, et surprendre quelques assemblées. Je ne puis que vous répéter ce que je vous ay dit lorsque vous estiez ici, et vous rendrez au roy un très-bon service de vous saisir de ce ministre et de ceux qui vont à ces assemblées.

A l'esgard du nommé Belair, j'ay envoyé ordre à M. de Bouville pour le faire arrester; mais il me mande qu'il surseoira l'exécution de cet ordre pour quelques jours, crainte d'escarter le ministre que vous cherchez.

Reg. secr.

106.

LE COMTE DE PONTCHARTRAIN A DE BOUVILLE.

Le 5 septembre 1695.

J'ay receu la lettre que vous m'avez escrit concernant le nommé de Bennes, et le mémoire des difficultez qu'il a avec sa fille; mais il ne s'agit point de ces difficultez, qu'ils termineront comme ils aviseront, lorsque l'estat de Bennes sera certain. Cet homme est sorty du royaume comme plusieurs autres religionnaires fugitifs. Aux termes de l'édit du mois de décembre 1689, sa fille a pu prendre possession de ses biens. Il est revenu sous prétexte d'y amener des chevaux, à ce que prétend sa fille; mais dans le fonds à dessein d'en enlever le reste de ce qu'il peut avoir. Il s'agit donc de sçavoir s'il est revenu dans le dessein de rester, s'il est catholique, et s'il a la volonté, comme il dit, de faire réunir sa famille. Cela suposé, on pourroit le mettre en liberté et prendre de luy les cautions qu'il veut donner pour seureté de son retour, soit seul, soit avec sa famille. S'il revient, il rentrera en possession de ses biens, et si au contraire il reste en pays estranger, sa fille sera dans le cas de l'édit. La seule chose qui seroit à craindre est qu'il n'en disposast avant sa retraite; mais il n'y a point d'apparence qu'un homme en cet estat trouve des achepteurs. D'ailleurs vous pouvez prendre avec luy des mesures pour l'en empescher. Examinez la chose, s'il vous plaist, et prenez la peine de me mander ce que vous pensez.

Le 19 septembre.

Cette lettre que je reçois du nommé de Bennes, me fait persister à dire qu'il faut que cet homme rende son estat certain de bon catholique, en se restablissant en son pays avec sa famille, et qu'on ne peut mieux faire que de le laisser aller en Suisse pour essayer d'en ramener sa femme, en prenant de luy les seuretez qu'il offre pour son retour[1].

Le 27 juin 1696.

Une des filles du sieur Scalberge, médecin de Chartres, veut entrer religieuse au couvent de Saint-Cyr, où elle estoit cy-devant en pension. Et comme son père, qui est très-mauvais catholique, ne voudra peut-estre pas luy donner ce qui est nécessaire pour sa dot, le roy m'ordonne de vous escrire de vous informer s'il a suffisament de bien pour payer cette dot, et en ce cas, de l'exciter par les moyens les plus efficaces à seconder le dessein de sa fille. J'attendray sur cela de vos nouvelles pour en rendre compte à S. M.

Le 16 avril 1698.

Le roy veut que vous fassiez arrester les nommez Retif, Lenoir et Forlineau, mauvais catholiques de la ville de Mer, et qu'ils soient mis en prison : je vous envoye les ordres pour cela. Au surplus S. M. vous recommande d'estre attentif sur les assemblées des nouveaux catholiques, afin de tascher de les y surprendre. J'escris la mesme chose à M. de Saumery.

Le 3 mars 1699.

J'ay leu au roy la lettre que vous m'avez escritte concernant les nouveaux catholiques de Blois. S. M. veut que vous fassiez mettre aux Nouvelles-Catholiques de Blois la nommée Rebondy et la fille de Martin; et si le chapelier venu d'Hollande pour l'épouser n'a pas fait sa réunion, il faut le faire arrester. A l'esgard des trois filles du

---

[1] Le même jour le roi écrivit à un autre intendant, de Bâville : « Estant informé que deux fils et une fille du feu sieur Bosc, qui sont près de leur mère, seroient mieux instruits en la religion catholique s'ils estoient esloignez d'elle, je vous escris cette lettre pour vous dire que mon intention est que vous les envoyiez incessamment en ma bonne ville de Paris, pour estre les fils mis au collége des jésuittes et la fille dans un couvent. » (*Reg. secr.*)

sieur de la Bergerie, vous pouvez luy dire qu'elles ne luy seront point rendues qu'il ne soit meilleur catholique et que M. l'évesque de Blois ne le trouve à propos.

Le 2 janvier 1701.

Le roy a esté informé qu'il y a à Montoire un advocat nommé Bigot, très-mauvais catholique et entesté, qui passe pour chef de party, et empesche les autres nouveaux convertis de la ville de faire leur devoir, et sur ce qu'on a dit à S. M. qu'il seroit à propos de l'esloigner à cause du mauvais exemple qu'il donne, et pour l'obliger à se réunir sincèrement, elle m'ordonne de vous dire d'examiner si la conduitte de cet homme est telle qu'on le dit, et en ce cas de me mander ce que vous trouvez de plus convenable à faire sur son sujet, et en mesme temps que vous examiniez ce que je vous ay desjà mandé.

Le 18 février.

Il est arrivé depuis quelques jours à Paris un advocat d'Orléans nommé Thuyard avec ses deux filles pour rendre visite à la dame du Coudray, vieille protestante aagée de plus de 80 ans, pour mesnager par leur complaisance la succession de cette femme qui les regarde; et comme elle a encore d'autres héritiers présomptifs qui demeurent tous dans sa maison, et dont aucun n'ozeroit se dire catholique, de peur d'encourir son indignation, le roy m'a ordonné de vous escrire de me faire sçavoir le plus tost que vous pourrez, quelles sont les véritables dispositions du sieur Thuyard et de sa famille sur le fait de la religion[1].

---

[1] Le même jour, le secrétaire d'État écrivit à d'Argenson, de qui il tenait probablement les renseignements sur la dame du Coudray : « Le roy trouve à propos que vous fassiez mettre aux Nouvelles-Catholiques les deux filles de cet avocat (Thuyard), et leurs cousines qui sont avec elles dans la maison de cette femme, ainsy que vous le proposez. »

Le 1ᵉʳ février 1702.

Le roy estant informé que le sieur Boisnier, nouveau catholique de la ville de Blois, fait bien son devoir, et qu'il donne des marques d'une sincère conversion, S. M. m'a ordonné de vous escrire que si jusques à présent sa qualité de nouveau catholique luy avoit esté un obstacle dans l'eschevinage, elle ne veut pas que doresnavant cela en soit un; mais au contraire qu'il puisse estre admis à toutes les charges de ville, comme s'il estoit ancien catholique.

Le 5 may 1704.

J'ay parlé au roy des trois religionnaires à Dourdan, pour avoir pris femmes sans observer les formalitez prescrites par l'Église. Puisque le curé de Dourdan juge à propos de les faire mettre en liberté, afin de voir si les dispositions dans lesquelles ils paroissent à présent seront sincères, S. M. trouve bon que vous les fassiez sortir de prison, et que vous les renvoyiez dans les lieux de leur demeure, en observant de les séparer de leurs prétendues femmes jusqu'à ce que leurs curez les jugent capables de recevoir le sacrement du mariage. Vous ferez aussy, s'il vous plaist, observer leur conduite, et je vous prie de me mander dans la suitte ce que deviendront ces trois mariages.

A Versailles, le 8 may 1706.

On a informé le roy qu'il y a dans la parroisse de Chilleurs, au diocèze d'Orléans, plusieurs nouveaux catholiques qui ne font aucun acte de catholicité. On cite entre autres un nommé Colard, aagé de 80 ans, lequel, profitant de l'accez que sa profession de médecin et de chirurgien luy donne parmy les principaux habitans du païs, les entretient, aussy bien que sa femme, qui est encore plus obstinée que luy, dans les mauvaises dispositions où ils sont sur le fait de la religion, et on assure aussy qu'ils ont un neveu, aagé d'environ 14 ans, qui n'a jamais esté à l'église, et qui refuse de se faire instruire. Je vous prie de vous informer de la vérité de tous ces faits, et de prendre la peine de me mander ce qui en est, avec vostre avis sur ce qu'on peut proposer au roy à l'égard de ces particuliers. Je ne puis vous dissimuler qu'on a dit à S. M. que vous protégez ouvertement ce Colard; mais je l'ay assuré que cela ne pouvoit pas estre, et elle en est persuadée.

Le 9 juin.

Sur ce que M. l'évesque d'Auxerre m'a escrit sur ce que deux filles du nommé Odry, médecin de Gien, sont tourmentées par leurs père et mère pour raison de la religion catholique qu'elles sont en résolution de professer, le roy a bien voulu faire expédier l'ordre que je vous envoye pour les faire conduire dans la maison de la Providence à Auxerre, et S. M. m'ordonne de vous escrire d'obliger leur père à y payer leur pension en tout ou en partie, suivant le moyen qu'il en aura, voulant bien, en cas qu'il ne le puisse faire, y supléer sur les revenus des biens des religionnaires fugitifs. Je vous prie donc de prendre la peine de me faire sçavoir le temps de l'exécution de l'ordre, et ce que le père pourra faire pour leur pension. S. M. veut aussy que vous fassiez observer la conduite du père et de la mère par rapport à la religion.

Reg. secr.

107.

LE COMTE DE PONTCHARTRAIN A DE RY.

Le 2 may 1696.

La raison de religion pour laquelle M. Hudel est retenu à Angers, ne permet pas qu'on luy laisse l'instruction de ses enfans, crainte qu'il ne la leur donne mauvaise. Ainsy il ne faut point qu'il les voye[1]. Il feroit bien mieux de s'instruire pour reconnoistre ses

[1] Le secrétaire du cabinet du roi avait écrit quelques mois auparavant, 17 février, à Descayeul : « Le roy ayant esté informé que le nommé Prevost et sa femme ont

erreurs, et de prendre ensuitte des mesures avec son évesque et l'intendant de la province pour obtenir du roy son retour en son païs, après qu'il leur auroit donné des seuretez d'une meilleure conduitte que celle qu'il a cy-devant tenue.

Le 25 avril 1700.

Le roy a esté informé que les nouveaux convertis qui sont au chasteau de Saumur ont commerce ensemble, et s'entretiennent par ce moïen dans leurs erreurs, et mesme qu'ils ont avec facilité des livres à l'usage des calvinistes. Sur quoy S. M. m'a ordonné de vous escrire de prendre vos mesures et de les disposer de manière qu'ils n'ayent commerce ensemble, et ne puissent avoir d'autres livres que ceux que vous leur donnerez par l'advis des ecclésiastiques préposez pour leur instruction.

Le 9 may.

J'ay receu la lettre que vous m'avez escrit concernant la manière dont sont conduits les nouveaux catholiques qui sont enfermez dans le chasteau de Saumur. Ce que vous faites observer à leur esgard paroist assez bien; mais vous devez leur retrancher la liberté de manger ensemble. Ce n'est point l'ordre d'assembler ainsy des prisonniers pour les mener chez l'aubergiste, comme vous faites. Il faut qu'on leur donne à manger chacun séparément dans leur chambre, sur le pied de ce que le roy paye pour eux, ou de ce qu'ils payent eux-mesmes, et mesnager les heures de promenade de telle manière qu'ils ne puissent point converser ensemble. C'est à quoy le roy désire que vous ayez une particulière attention.

Reg. secr.

veu depuis peu un de leurs enfans qui estoit allé à Guise, et qui en est revenu avec des sentimens contraires à la religion catholique, S. M. m'a ordonné de vous escrire d'interdire tout commerce du père et de la mère avec leurs enfans, soit de vive voix ou par escrit, et mesme que vous les empeschiez d'escrire, ne pouvant sortir rien de bon de gens qui sont dans la disposition où ils se trouvent. » (*Reg. secr.*)

108.

LE COMTE DE PONTCHARTRAIN A L'ÉVÊQUE DE LUÇON.

Le 14 juillet 1696.

On n'a pu rien gagner sur l'esprit des demoiselles de Boisrogue, dans la maison des Nouvelles-Catholiques de Paris, et on les a remises entre les mains de Mme de Merville, ainsy que vous l'aviez proposé. Je luy ay escrit de resgler leur conduitte de concert avec vous, et le roy m'ordonne de vous mander d'avoir attention sur elles, et de tascher de les rendre dociles à recevoir les instructions[1].

Le 8 septembre 1698.

M. le mareschal d'Estrées ayant escrit que les nouveaux catholiques de Poictou sont allarmez du bruit qui court qu'on doit envoyer beaucoup de troupes dans cette province, S. M. luy a donné ordre de profiter de cette occasion non-seulement pour faire cesser leurs assemblées, mais aussy pour les déterminer une bonne foys à se convertir sincèrement. Mais comme cette occurrence dépend principale-

---

[1] Le même secrétaire d'État avait écrit, le 30 janvier, à la supérieure des Nouvelles-Catholiques : « M. de Boisrogue a présenté un placet par lequel il demande que ses filles, qui ont esté envoyées chez vous par ordre du roy à la prière de M. l'évesque de Luçon, soyent remises entre les mains de Mme la marquise de Merville. J'ay escrit à ce prélat pour sçavoir son sentiment sur le placet. Il me fait response que si l'on juge qu'elles soyent suffisamment instruites, on peut les remettre à cette dame, pourveu qu'elle promette de ne les pas confier à leur père, qui est très-mauvais catholique. Mandez-moy si ces demoiselles ont à présent assez receu d'instruction. » (*Reg. secr.*)

Il écrit, le 6 janvier 1698, à Mme de Mailloc : « Le roy a appris avec plaisir la conversion de Mlle de Villarnon, et la chose luy est d'autant plus agréable que S. M., en la mettant chez vous, le faisoit sans scrupule de donner à une nouvelle catholique une protestante à gouverner. Vous avez parfaitement bien respondu à la bonne opinion que S. M. a eue de vous, et c'est par son ordre que je vous escris la satisfaction qui luy en reste. » (*Reg. secr.*)

ment de l'instruction qu'il est nécessaire qu'ils reçoivent des ministres de l'Évangile, S. M. m'a ordonné aussy de vous dire que vous devez profiter de cette disposition pour les instruire, et à cet effect leur envoyer des ecclésiastiques sages et zélez qui leur parlent avec douceur et charité, sans se servir indirectement, comme plusieurs ont fait, de menaces et autres voyes de rigueur, que les ecclésiastiques doivent laisser aux séculiers, sans jamais s'en servir, parce que cette conduitte les rend odieux à ceux à la conversion desquels ils veulent travailler.

Le 19 février 1702.

Le roy, à qui j'ay rendu compte de ce que vous m'avez escrit au sujet du P. Caillergues, jacobin, des prédications duquel les nouveaux catholiques sont si contens, a tesmoigné qu'il entreroit volontiers dans la dépense qui est à faire pour l'entretenir dans vostre diocèze, et m'a ordonné de demander quelle somme vous estimez qu'on doive luy donner chaque année.

Le 26 avril.

Le roy a esté bien aise d'aprendre la réunion parfaite de M. de Château-Guibert, et la bonne disposition dans laquelle se trouve sa famille. S. M. a bien voulu luy permettre de prendre auprès de luy ses deux sœurs, à condition, ainsy que vous le proposez, qu'il s'en chargera, pour les renvoyer dans trois mois dans les maisons des Nouvelles-Catholiques de Fontenay et de Partenay, si elles ne se convertissent de bonne foy. Je vous adresse les ordres pour les en faire sortir. Je les aurois bien adressés à M. d'Ableiges, afin qu'il pût en mesme temps recevoir la soumission de M. de Château-Guibert; mais comme il pourroit estre party de Poictou, j'ay cru que vous voudriez bien vous charger de ce détail, qui ne doit pas vous estre désagréable, puisqu'il s'agit de faire plaisir aux personnes qui y prennent intérest.

Reg. secr.

109.

LE COMTE DE PONTCHARTRAIN A L'ÉVÊQUE DE LA ROCHELLE.

Le 15 février 1697.

J'ay receu le placet que vous m'avez envoyé pour obtenir les biens de M. la Forest pour vostre chapitre. Avànt que d'en rendre compte au roy, je dois vous dire que par l'édit du mois de décembre 1689, tous les biens des religionnaires fugitifs ont esté donnez à leurs plus proches parens[1]. M. de la Forest n'est pas sans parens, et il y a lieu de croire que quelques-uns s'en seroient mis en possession ; que s'il est sorty du royaume avec permission, ce mesme édit porte que le roy les fera régir, et jusqu'à présent le roy n'a point disposé des fonds de tels biens. Prenez la peine de vous instruire de l'estat des choses, et de me le mander. Je vous aurois espargné ce soin, si j'avois sceu de quelle généralité sont ces biens.

Reg. secr.

[1] Ces dispositions furent changées dans la suite, comme on voit par la lettre suivante du secrétaire d'État au comte de la Massais, du 12 avril 1702 : « Le roy s'est fait une règle de ne plus donner de confiscation de la nature de celle dont vous me parlés par vostre lettre, à qui que ce soit. Il a préposé, sous les ordres de M. Chamillart, par voye de finance, un homme qui reçoit tous les genres de biens et revenus ou confisqués, ou saisis, ou séquestrés sur des religionnaires ou morts, ou fugitifs, ou qui ne font point le devoir de bons convertis ; et de cette masse, il en destine une partie à de petites pensions pour de bons convertis, ou au soulagement de quelques pauvres, ou à l'entretien de maisons de nouvelles catholiques. Enfin, tout est distribué en œuvres pieuses de cette nature, et rien ne se donne à autre titre. Voilà la disposition présente ; si cependant vous voulez hazarder la demande de cette confiscation, vous devés la faire par le secrétaire d'Estat dans le département duquel les biens sont situés, ou par celuy qui est de mois ; mais en aucun cas par moy, que ces sortes de grâces ne regardent point. Vous pouvés néanmoins vous asseurer de mes bons offices, si l'on en parle au roy en ma présence. » (Reg. secr.)

110.

LE DUC DE BEAUVILLIER A DE HARLAY.

Le 31 mars (1697).

Le roy a veu par des nouvelles d'Hollande qu'on ne doit pas espérer le retour des nouveaux convertis, si on n'adjouste la restitution de leurs biens à la permission qui leur est accordée de revenir. Je crois que cela dispose fort S. M. à entrer dans la proposition que vous luy avés desjà faitte. J'ay creu, Monsieur, devoir vous mander cecy, afin que vous soyés plus en estat de faire une nouvelle tentative à la première occasion qui s'en présentera à vous. Oserai-je, Monsieur, vous proposer de retrancher à l'avenir tout air de cérémonie quand nous nous escrirons, et de vouloir bien que ce soit en billet? Il me semble que nostre commerce en sera plus libre, et que cette manière conviendra davantage à l'amitié réciproque établie entre nous. Je n'ose commencer sans que vos intentions me soient connues.

Le 5 may 1698.

Je vois avec joye que le roy suit cette affaire, et qu'avec le temps nous pouvons en espérer un succès conforme à nos bonnes intentions. Quand il s'agira de dresser la déclaration (car j'espère que nous en aurons bientost une), faudra-t-il rendre la clause qui concerne les biens vendus indéfinie ou la restraindre au jour de la datte de la déclaration? Il y a des raisons pour l'un et pour l'autre de ces deux partis; car si d'un costé il est bon de presser le retour des nouveaux convertis, par leur intérest propre et par la crainte que le retardement ne leur préjudicie beaucoup; de l'autre, il est à craindre qu'entre la datte de la déclaration et leur retour, les possesseurs ne fassent de mauvais marchés et ne vendent à un trop bas prix en tirant soubs main des pots de vin considérables. Je me sens un vray plaisir, Monsieur; à vous escrire sans cérémonie, cela convient fort aux sentimens d'amitié que j'ay pour vous, et j'aime à les suivre en laissant à part tous les autres de respect et de vénération que je conserveray tousjours, quoyque je ne vous en parle plus à l'avenir.

<small>Reg. secr.</small>

111.

LE COMTE DE PONTCHARTRAIN A D'ABLEIGES.

Le 15 avril 1697.

J'ay receu touttes les lettres que vous m'avez escrit concernant les assemblées de nouveaux catholiques, tenues le jour de Pasques, dans les bois de Lusignan. Le roy veut que le procez soit fait aux coupables par les juges ordinaires. Ce que vous avez à leur recommander est de le faire avec diligence, et suivant les édits et déclarations donnez sur cette matière. Vous pouvez faire mettre en liberté ceux qui ont esté arrestez en chemin, et contre lesquels il n'y a pas de preuve qu'ils se sont trouvez à l'assemblée.

Le 5 may.

Je vous envoye la copie d'une lettre qui a esté escrite au P. de la Chaise par une personne inconnue, au sujet des assemblées de Nouveaux-Catholiques qui se sont faittes en Poictou, particulièrement aux environs de Couhé. Le roy m'ordonne de vous escrire de vous informer par tous les moyens que vous croirez possibles, des faits contenus dans cette lettre, et de me mander ce que vous en aprendrez, pour luy en rendre compte.

Le 29 décembre.

Je fis voir au roy le projet d'ordonnance que vous m'envoyastes le 26 novembre dernier, et S. M. ne l'approuva pas. Elle contient des ordres aux Nouveaux-Catholiques d'assister au service divin. Il n'est point besoin d'ordonnance pour cela : il n'y a qu'à les exciter par les curez et les ecclésiastiques, et à l'esgard des deffenses de fréquenter les cabarets pendant le service, les ordonnances de police y sont formelles. C'est aux juges ordinaires à les faire exécuter.

Le 23 avril 1698.

S. M. n'aprouve pas l'expédient que vous proposez de loger des troupes chez les religionnaires pour les obliger à aller à l'église. Il faut se contenter de punir ceux qui causeront du scandale par leur conduitte, et surtout empescher les assemblées, et traitter suivant la rigueur des ordonnances ceux qui s'y trouveront.

Le 18 juin.

J'ay rendu compte au roy de ce que vous m'avez escrit au sujet des Nouveaux-Catholiques qui ont esté condamnez pour s'estre trouvez à des assemblées. A l'esgard de la proposition que vous faittes de mettre dans la maison des Filles de l'Union-Chrétienne les femmes qui ont esté condamnées à estre rasées et enfermées, il semble que cette maison ne doit pas servir à un tel usage, et que l'hospital général, s'il y en a un à Poictiers, seroit plus propre à les renfermer.

Le 21 octobre.

J'ay rendu compte au roy de ce que vous m'avez escrit touchant la mauvaise conduitte de la D^{lle} de Médicis, nouvelle catholique. S. M. n'a pas jugé à propos de la faire mettre à l'Union-Chrétienne à Partenay, ainsy que vous le proposiez. Elle trouve qu'il convient mieux de l'envoyer au chasteau de Saumur. Je vous adresse les ordres pour l'y faire conduire, et vous aurez soin que sa pension soit payée sur son bien.

Le 19 avril 1699.

J'ay escrit de la part du roy à M. le procureur général, comme je vous l'ay mandé, de faire des poursuittes contre les juges des seigneurs des Nouveaux-Catholiques qui ne font pas leur devoir. Il seroit bon qu'il eust un mémoire de ceux que vous croyez mériter punition : prenez la peine de me l'envoyer. Le sieur de Marsac, enseigne de vaisseau, ayant présenté au roy un placet par lequel il demande la remise d'une rente qu'il devoit au sieur de Boisrousset, dont les parens ne font pas leur devoir de catholiques, S. M. m'a ordonné de vous escrire de vous informer de la conduitte de ceux qui jouissent de cette rente.

Le 5 juin.

Le roy m'a fait l'honneur de me dire que depuis les dernières déclarations, qui renvoyent aux juges ordinaires la connoissance des contraventions que peuvent faire les Nouveaux-Catholiques et leur punition, quelques intendans sont tombez dans un grand relaschement sur la vigilance qui leur a esté si fortement recommandée par les instructions qui leur ont esté données. S. M. a dit en plein conseil qu'elle sçavoit les noms de ceux qui s'estoient ainsy rallentis, et qu'elle vouloit bien différer encore à les nommer pour leur donner lieu de changer leur conduitte à cet esgard. C'est ce qui m'oblige de vous escrire que vous ne pouvez rien faire de plus désagréable à S. M. que de vous relascher sur l'exécution des déclarations, et qu'encor que vous ne soyez pas chargé de punir les contrevenans, vous ne devez pas avoir moins d'attention pour les connoistre, les faire poursuivre, et tenir la main à ce que les juges fassent leur devoir[1].

---

[1] Cette lettre fut adressée de plus, ainsi que celle du 19 novembre 1700, aux intendans Sanson, Bouville et Phelypeaux. — Le procureur du roi à Civray reçut, le 23 juin 1699, la semonce que voici : « Depuis qu'on instruit le procez à Civray au nommé Taver et autres nouveaux convertis, le roy a receu plusieurs advis que vous avez pour eux trop d'indulgence, et mesme où luy a voulu faire entendre que cela alloit jusqu'à une certaine connivence, qui seroit fort criminelle à un officier tel que vous. Ainsy, je suis obligé de vous advertir qu'il faut que vous vous appliquiez en cette occasion à faire vostre devoir, de manière que ces soupçons tombent, et qu'on ayt lieu de se louer de vostre conduite. » (*Reg. secr.*)

SOUS LE RÈGNE DE LOUIS XIV.

Le 31 décembre.

Le nommé Paillardy, procureur fiscal à Coulonge-les-Royaux, que vous avez fait mettre en prison parce qu'il faisoit mal son devoir, m'a fait dire qu'il est dans la disposition de faire tout ce que son évesque désirera. Il faut profiter de cette disposition, et le faire mettre en liberté, pour empescher la ruine de ses affaires domestiques.

Le 4 juillet 1700.

J'ay rendu compte au roy de ce que vous m'avez escrit concernant les Nouveaux-Catholiques, lesquels s'abstiennent d'appeller les médecins et chirurgiens dans leurs maladies, de crainte qu'ils n'avertissent les curez de l'estat auquel ils se trouvent. S. M. n'estime pas qu'il convienne de les assujettir, comme vous voudriez le faire, à se servir de médecins et chirurgiens, lorsqu'ils n'en auront pas la volonté; et il suffit d'exécuter à cet égard ce qui est porté par les déclarations.

Le fils de la nommée Fleury, habitante de la Châtaigneraye, est trop âgé pour le mettre dans un couvent; et si la mère est d'un si mauvais exemple, il vaudroit mieux la mettre dans une maison de Nouvelles-Catholiques, c'est ce que S. M. laisse à vostre discrétion.

J'ay receu par M. de Basville les éclaircissemens que j'attendois sur le nommé le Blanc, que vous avez fait arrester : celuy qu'on croyoit estre ce mesme homme, est aux galères depuis six ans. Ainsy il n'y a qu'à mettre celuy-cy en liberté, en observant de luy faire faire abjuration si on doute de la vérité de celle qu'il a faite. Il faudra aussy luy demander où il entend se retirer, afin qu'on l'y fasse observer.

Le mémoire que vous m'avez envoyé avec vostre lettre du 28 juin, concernant des gentilshommes et des femmes à conserver dans le chasteau de Nantes et dans les couvens, ne suffit pas; il faut pour déterminer le roy à donner ses ordres sur cela, cotter des faits, afin que S. M. puisse juger s'ils méritent cette punition.

Le signalement que vous donnez de deux ministres qui ont passé à Châtellerault, est bien vague : si vous pouvez dans la suitte en aprendre quelque chose de plus précis, prenez la peine de me le faire sçavoir.

Le 13 aoust.

Je vous envoye les ordres pour faire mettre la dame de Lestortière dans la maison de l'Union chrestienne de Poictiers, son fils à l'abbaye de Noaillé, la veuve à l'Union chrestienne de Fontenay, sa fille dans la mesme maison de Poictiers, et le sieur de Voult au chasteau de Nantes. Vous devez avoir receu les ordres pour faire transférer à Nantes les sieurs de Gagemont et de la Vivière. Au surplus, S. M. est très-contente de voir les progrez que fait la religion parmy les nouveaux catholiques, et elle m'ordonne de vous répéter que vous ne pouvez luy donner des marques plus sensibles de vostre zèle qu'en vous appliquant, comme vous faites, à cette œuvre que vous sçavez que S. M. a tant à cœur.

Je vous envoye le placet de la veuve Médicis, ministre, qui est, comme vous sçavez, enfermée à l'Union chrestienne de Parthenay, parce qu'elle faisoit mal son devoir. Si elle se trouve à présent dans une disposition à mériter quelque changement, prenez la peine de me le faire sçavoir. Je joins icy un mémoire qui m'a esté donné concernant madame de Bessé. Je vous envoye aussy un mémoire qui m'a esté donné par les parens du sieur de Nieuil, jeune gentilhomme de Poictou, qu'ils croyent qu'on pourroit rapeller dans sa terre de Nieuil, où il seroit mieux pour la religion que dans une autre terre qu'il a en Xaintonge. Prenez la peine de vous informer des faits contenus dans ce mémoire, et, après que vous aurez concerté avec M. Begon, de me mander ce que vous jugerez qu'on doive faire.

Le 28 aoust.

Le roy m'ordonne de vous escrire de proposer quatre des plus coupables des paroisses de Montcoutant, la Forest-sur-Seyne et Saint-Jouin de Milly, qui s'enfuirent dans les bois au dernier voyage que M. le mareschal d'Estrées y fit, afin de faire sur eux un exemple de sévérité. Marquez-moi de quelle manière vous croirez que chacun de ces particuliers devra estre puny, soit par prison, soit par esloignement ou autrement.

Je vous envoye des ordres pour mettre dans des maisons de l'Union chrestienne les dames de la Chevalerie, de Champeaux et de Saint-Denis.

Le 17 novembre.

Je vous envoye un ordre du roy pour faire sortir le sieur de Lestortière fils de l'abbaye de la Selle. S. M. veut que vous obligiez les sieur et dame de Nesmy de se défaire de leurs domestiques nouveaux convertis, et d'en prendre d'anciens catholiques. Il faut aussy exciter le sieur de la Mésanchère, frère de cette dame, à la voir souvent : le roy a confiance en la bonne conduitte de cet homme, et vous pouvez luy dire que S. M. luy sçaura très-bon gré du soin qu'il prendra pour mettre sa sœur et son beau-frère dans la bonne voye.

Le 19 novembre.

Le nommé Brousson, de la R. P. R., a été condamné et exécuté à mort, pour avoir fait le prédicant et avoir excité les peuples en beaucoup d'endroits à faire des assemblées. On a trouvé dans ses escrits les noms des personnes chez lesquelles il a esté ou chez qui il devoit aller en parcourant les provinces; et il a déclaré que ces gens estoient affectionnez à la R. P. R. Je vous envoye la liste de ceux de vostre département, pour faire exactement observer leur conduitte, et s'il ne se fait point d'exercice chez eux, afin que vous les fassiez arrester en cas qu'ils se trouvent coupables de quelque contravention.

Le 31 janvier 1701.

J'ay rendu compte au roy de la lettre que vous m'avez escrit en réponse au placet que je vous avois adressé, par lequel on se plaint que l'on contrarie par toute sorte de voyes les nouveaux catholiques à fréquenter les sacremens. Il faut, s'il vous plaist, que vous ayez une très-grande attention pour empescher que les officiers que vous chargez de l'exécution de vos ordres n'en abusent et n'exigent de l'argent, et S. M. a fort approuvé que vous ayez fait mettre en prison les deux sergens qui en avoient pris de quelques nouveaux convertis.

Comme vous me marquez que vous aviez fait conduire trois ou quatre femmes de la Chastaigneraye à l'Union chrestienne de Fontenay, parce qu'elles refusoient d'aller aux instructions, S. M. m'ordonne de vous dire que vous ne devez jamais rien faire de semblable sans avoir auparavant receu ses ordres.

Le séneschal de Chantemerle est très blasmable de ne vous avoir pas donné avis de l'assemblée de nouveaux catholiques qui s'estoit tenue, dans laquelle les sergens qu'il avoit envoyés pour les arrester ont été maltraitez, et plus encore d'avoir eu la complaisance d'accommoder cette affaire.

Il faut sans difficulté faire rendre l'argent que les sergens ont receu et faire poursuivre les nouveaux catholiques pour raison de cette assemblée, suivant la rigueur des déclarations; et si dans l'instruction du procés, on peut acquérir des preuves que les nouveaux catholiques se soient assemblez, vous m'en informerez, afin que S. M. fasse punir le séneschal de Chantemerle, qui les a favorisez.

Le roy n'a pu rien décider sur la proposition qui a esté faite par M. l'évesque de Poictiers d'employer à l'entretien d'une maistresse d'école le revenu d'un pré dont jouit la jeunesse de la ville de Mesle, le consentement de la plus saine partie des habitans ne suffit point; dez le moment qu'il y a des opposans, il faut traitter l'affaire dans les règles ordinaires. Ainsy vous devez entendre touttes les parties, et dresser vostre procés-verbal des raisons des uns et des autres, sur lequel vous donnerez ensuite vostre avis, afin que sur le tout S. M. puisse ordonner ce qu'elle estimera à propos.

Je vous envoye le placet du sieur de Camoin, gentilhomme de Poictou, nouveau catholique, qui demande une pension. Je vous prie de me faire sçavoir si luy et sa famille sont bons catholiques, l'estat de ses affaires, le nombre d'enfans qu'il a, et en un mot si vous le croyez digne des grâces de S. M.

Le 29 aoust.

Suivant une lettre que j'ay receue de M. de Chamilly, M. l'évesque de la Rochelle a mal entendu ce qu'il luy avoit dit concernant les nouveaux catholiques. M. de Chamilly ne convient point de luy avoir dit que dans les circonstances présentes il ne falloit pas les presser; il est persuadé au contraire qu'il est tousjours bon de faire quelques exemples sur les plus opiniastres. Ainsy M. l'évesque de la Rochelle peut faire la mission qu'il s'estoit proposé de faire à Montcoutant, et il trouvera tousjours M. de Chamilly disposé à seconder ses bonnes intentions. Quant à ce que vous dites du séneschal de la Chastaigneraye, qu'il vous demande pour le suivre dans cette mission, la chose me paroît nouvelle : c'est pour ainsy dire mettre un prévost à la suite d'un évesque, et il me semble qu'il convient mieux que le prélat qui fait sa mission porte ses plaintes à ceux qui ont l'authorité du roy en main, afin de les punir suivant l'occurrence des fautes qu'ils peuvent commettre.

Reg. secr.

112.

LE COMTE DE PONTCHARTRAIN AU MARQUIS DE VÉRAC.

Ce 20 may 1697.

Depuis les assemblées de nouveaux catholiques qui se sont faites en vostre gouvernement et si près de vous, le roy a receu quelques mémoires par lesquels on vouloit luy insinuer que vous aviez eu en cela trop de complaisance; et comme S. M. connoît vostre zelle pour son service, ces advis n'ont fait aucune impression sur son esprit. S. M. est mesme informée qu'à ce zelle que vous avez tousjours eu, vous joignez une conduitte très-édifiante sur le fait de la religion; mais S. M., qui sçait que vous avez plusieurs domestiques nouveaux catholiques, apréhende que par ce moyen les advis qui pourroient vous estre donnez de telles assemblées, ne parviennent pas à vous aussytost qu'ils feroient si vous estiez servy par des anciens catholiques. C'est une observation que S. M. m'a ordonné de vous faire faire, estant persuadée que son service vous estant recommandable par-dessus touttes autres considérations, vous serez en garde sur cela, s'il est besoin, et que vous prendrez des mesures pour ne mettre dans vostre maison que des gens de la fidélité desquels vous soyez seur pour ce qui regarde la religion.

A Versailles, le 11ᵉ mars 1705.

Le roy a esté bien fasché d'apprendre que Mme vostre mère persiste dans son opiniastreté[1]. S. M. veut bien luy accorder la permission de se retirer en Angleterre avec une fille; mais il faut sçavoir quelle fille elle entend mener; car si c'est une nouvelle catholique, elle la pervertira; et il n'y a pas d'apparence qu'une ancienne catholique veuille sortir du royaume pour la suivre, et S. M. ne le trouve

---

[1] L'année précédente, le 19 septembre, le comte de Pontchartrain avait écrit à la marquise de Vérac : « Vous sçavez la considération particulière que le roi a tousjours eue pour feu M. le marquis de Vérac. Il vient de vous en donner tout récemment une marque très sensible, accordant à M. vostre fils, à son aage, la charge de lieutenant-général au gouvernement de Poictou. Si quelque chose est capable de vous convaincre davantage de l'estime que S. M. avoit pour luy, c'est la complaisance qu'elle a eue pendant son vivant de ne pas vous inquiéter sur le fait de la religion, espérant tousjours que ses bons exemples et ses conseils vous détermineroient, afin de suivre le bon party, à embrasser sincèrement la religion catholique. Je ne sçaurois vous exprimer combien S. M. est touchée d'apprendre que vous persistez tousjours dans vostre opiniastreté; mais comme elle s'est fait une loy de ne souffrir personne dans son royaume qui fasse profession de la R. P. R., S. M. m'a ordonné d'escrire à M. Gould, qui est un ecclésiastique d'un rare mérite, de vous aller voir pour conférer avec vous, et vous instruire des véritez de la religion catholique. S. M. est persuadée que vous l'escouterez avec docilité, et que vous vous défairez de tous vos faux préjugez qui seroient tousjours un obstacle à vostre conversion. En mon particulier, je souhaitte de tout mon cœur qu'il plaise à Dieu de vous ouvrir les yeux, et qu'il vous fasse la grâce de profiter des avis et des instructions d'un si bon ecclésiastique. » (*Reg. secr.*)

pas trop bon. Prenez donc la peine de voir avec M. Pinon qui on peut luy donner, et mandez-moy en mesme temps quelle pension vostre mère entend recevoir de France.

Le 25 mars.

Le roy veut bien que Mme vostre mère emmène avec elle en Angleterre la nommée Vaugelade que vous proposez, et que vous luy fassiez tenir 3,000^{tt} de pension par an. Je vous envoye le passeport qui luy est nécessaire, afin que rien ne retarde son départ.

Reg. secr.

113.

LE COMTE DE PONTCHARTRAIN A D'AGUESSEAU.

Le 17 juin 1697.

Le roy ayant esté informé que les enfans de feu Papin, ministre converty, ne sont pas bien avec leur mère, mauvaise catholique, S. M. a envoyé les ordres pour les faire remettre entre les mains du sieur Bernon, autre ministre converty de Marennes, et m'a en mesme temps commandé de vous dire de faire payer à ces enfans la pension de 250^{tt} qui avoit esté réservée à leur mère.

Le 25 février 1699.

Je vous envoye un mémoire donné au roy par M. l'abbé de Camps sur les veues qu'il auroit de faire revenir en France les protestans gens de distinction et de mérite qui en sont sortis à cause de la religion. S. M. m'ordonne de vous dire d'aprofondir avec luy les moyens qu'on pourroit mettre en usage pour l'exécution de ce dessein, et quelles sont ses correspondances pour y parvenir. J'attendray de vos nouvelles sur ce sujet pour en rendre compte au roy[1].

[1] Le 13 mars suivant, le secrétaire d'État écrivit à l'abbé de Camps : « J'ay rendu compte au roy du mémoire que vous avez remis à M. d'Aguesseau sur les veues que

Le 14 juin 1702.

..... J'envoyay dernièrement à M. Sanson le mémoire que vous m'aviez adressé concernant les précautions à prendre contre le zelle des missionnaires qui travaillent dans le diocèse de Rouen, et vous verrez la response qu'il y fait.

Reg. secr.

114.

LE COMTE DE PONTCHARTRAIN A D'ARGENSON.

Le 15 septembre 1697.

Le roy ayant esté informé qu'il se faisoit des collectes d'argent entre les nouveaux catholiques pour les ennemis, S. M. a envoyé ordre à M. Phelypeaux de faire arrester le nommé le Franc, et à M. Bignon de faire aussy arrester avec le Franc le nommé Briet; ils sont tous deux dans les prisons du Fort-l'Évesque, où le roy veut que vous les interrogiez pour connoistre leur commerce et instruire leur procez, s'il y a lieu. Je joins à cette lettre les premiers advis venus sur ce sujet par M. de Barbesieux, avec les papiers qu'avoit le Franc. Il sera bon que vous les luy fassiez reconnoistre juridiquement pour vous en servir dans le besoin. C'est par où le sieur Rolland devroit avoir commencé en l'arrestant.

Le 23 avril 1698.

Le roy approuve que vous ostiez aux nouveaux catholiques mal convertis leurs enfans pour les faire instruire : c'est à vous à en user sur cela avec prudence. S. M. n'a aucuns ordres à donner sur ce qui revous avez pour le retour des sujets nommez dans vostre mémoire. S. M. approuve que vous agissiez suivant vostre projet, en observant de ne commettre S. M. en aucune manière, et de ne pas promettre trop de choses. » (Reg. secr.)

garde les divisions qui sont parmy les capucins; il faut leur laisser vuider leurs querelles par les voyes ordinaires.

Le 24 may.

Il suffit que vous fassiez brusler les toiles peintes qui se sont trouvées chez Riolle, tailleur, sans le condamner à l'amende.

L'expédient que vous proposez d'oster les enfans aux nouveaux catholiques soupçonnez de vouloir sortir du royaume, est très-bon; mais aussy il faut en user avec prudence; car de les oster ainsy sans un pressant besoin, c'est révolter l'enfant contre le père, le mettre hors d'estat d'embrasser aucune profession, et souvent détourner sans aucun fruict l'affection du père envers l'enfant. Ainsy, dans le cas qui se présente, je crois qu'il conviendroit encore mieux d'attendre qu'on se mette en estat de faire passer cet enfant, pour les arrester, que de hazarder à le faire sans une nécessité absolue.

Quant au fait particulier de la dame de Rodelouze, si vous estes seur qu'elle médite d'envoyer ses enfans, il faut les faire mettre dans des colléges ou couvens, et la faire aussy arrester, si elle n'a pas encore fait sa réunion.

Le roy fera parler à milord Portland du précepteur de son fils. Vous avez bien fait de laisser un mois en prison le nommé Chevreau.

Le 24 février 1699.

Le roy veut que vous envoyiez chercher Dupuis, papetier, que vous luy fassiez une réprimande de ce qu'il va au presche de l'envoyé de Brandebourg, et que vous l'avertissiez que, s'il tombe en pareille faute, il en sera rigoureusement puny.

M. de Torcy parlera à ce ministre sur la trop grande facilité qu'il a d'admettre les sujets de S. M. à son presche.....

Le 15 juillet.

Le roy estant informé que le sieur marquis de Trechan, qui est un jeune enfant de douze à treize ans, fils de Mme de Marié, a une grande inclination pour la religion catholique, dont il est destourné par sa mère, qui a mis près de luy un gouverneur luthérien, S. M. m'a ordonné de vous escrire d'envoyer prendre cet enfant chez sa mère, et de le faire mettre au collége des jésuittes. Il loge avec Mme de Marié sa mère, rue de Grenelle, chez Mme Amproux, veuve du conseiller au parlement.

A Fontainebleau, le 26 octobre 1701.

Le roy n'estime pas à propos de faire retenir par son authorité à l'hospital la nommée Chalons, ainsi que le demandoit le sieur de Roussac, garde de S. M. Il y a lieu de croire que le chastiment qu'elle a receu par vostre ordonnance l'aura corrigée, et il convient mieux de voir quelle conduitte elle tiendra après sa sortie; si elle n'est pas bonne, on pourra la faire enfermer.

A l'esgard de la demoiselle Stample, il faut la laisser dans la maison des Nouvelles-Catholiques, où les sœurs doivent l'empescher d'avoir communication avec les autres; et si on ne peut la rendre docile, il faudra l'enfermer ailleurs.

S. M. veut bien donner 300^tt à Marie Gallois, nouvelle catholique, pour se faire maistresse couturière, lorsqu'on aura trouvé à la marier avec un ancien catholique; ainsy, j'attendray de vos nouvelles sur cela pour expédier une ordonnance de 100^tt.

Puisque Valbin est à Paris, vous n'avez qu'à le faire arrester suivant l'ordre que je vous en ay cy-devant envoyé.

S. M. ne peut se déterminer à faire enfermer la femme qui est auprès de l'abbé de Cherbourg, sans sçavoir le scandale qu'elle cause. Mandez-moy donc, s'il vous plaist, de quoy on l'accuse.

J'ay escrit à Orléans et à Rouen sur la licence que les libraires s'y donnent d'imprimer les livres deffendus, et de les envoyer à Paris. Le désordre ne paroît pas encore assez grand pour se servir de la voye d'emprisonner à la Bastille leurs correspondans à Paris; mais il faut que vous leur disiez qu'ils ne pourront pas éviter ce chastiment, et mesme de plus sévères, s'ils ne se corrigent, et que vous avertissiez des faits particuliers qui mériteront cette peine.

Je vous envoye la réponse que m'a faite M. le cardinal de Furstemberg, par laquelle vous verrez comme il parle des immunitez de son enclos. Il faudroit une bonne fois voir ce que c'est que ces immunitez, et faire un mémoire des raisons que vous avez pour les détruire ou les restraindre.....

Le 7e mars 1703.

Le mareschal de Maurcourt, qui commande en Languedoc, a faict en dernier lieu brusler la parroisse de Marvejols, composée de huit ou dix maisons, parce qu'on y avoit retiré pendant deux jours, sans luy en donner advis, trois cents de ces phanatiques qui ont assassiné un capitaine, deux lieutenans et trente soldats du régiment de Lafare. On a à cette occasion dit au roy que le sieur Causse, à qui appartient cette parroisse, et qui estoit le chef des religionnaires de Montpellier, s'est retiré depuis un an à Paris, et l'on est persuadé qu'il entre dans quelque intrigue contraire au service de S. M. Informez-vous secrètement du lieu où il peut estre, et faites observer sa conduite, en sorte que vous puissiez estre tousjours à portée de le faire arrester s'il y a lieu.

Le 23 avril 1704.

..... Le roy me fit hier une question sur laquelle je ne pus luy respondre assez positivement. Il demande si un ambassadeur, envoyé ou estranger qui prend à son service des domestiques françois, n'est pas obligé, depuis la révocation de l'édit de Nantes, de les avoir de la religion catholique, puisqu'il n'est pas permis à aucun de ses sujets d'estre d'une autre religion; et en cas que ces ministres estrangers prennent des domestiques d'une autre religion, s'ils ne sont pas astraints de les prendre de leur nation seulement. Je vous prie de me mander quel est sur cela l'usage, afin que je puisse en rendre compte à S. M.

Le 28 may 1710.

Le roy veut bien laisser le nommé Lemierre pendant un an à Saint-Lazare. Durant ce temps, il faut tascher doucement de le convertir et de le ramener à son devoir[1].

Reg. secr.

115.

LETTRE DU ROI A LA DUCHESSE DE LA FORCE.

A Versailles, le 8ᵉ décembre 1697.

Ma cousine, je ne doubte pas que mon cousin le duc de la Force n'ayt conneu en touttes occasions, et particulièrement en celle de sa conversion à la religion catholique, l'amitié que j'ay tousjours eu pour luy. Je crois ne luy en pouvoir donner des marques plus sensibles qu'en esloignant de luy les personnes qui pourroient, dans l'extrémité de sa vie, inspirer des sentimens contraires aux bonnes dispositions dans lesquelles il a paru depuis sa réunion. Ainsy, je suis obligé de vous dire que mon intention est que vous vous retiriez de la Boulaye

---

[1] Le même secrétaire d'État écrit à Phelypeaux, le 7 octobre 1697 : « Le roy m'ordonne de vous escrire de faire en sorte d'avoir des certificats ou autres preuves des mariages de religionnaires, que le nommé Daspic a déclaré avoir esté faits à Paris sans publication de bans, et cependant de faire garder Daspic dans la prison où il est jusqu'à nouvel ordre. » Et le 27 janvier 1701 : « J'ay rendu compte au roy de la lettre que vous avez pris la peine de m'escrire au sujet des cinq filles qui sont aux Nouvelles-Catholiques de Paris, et qui ne donnent aucune espérance de leur conversion. S. M. donnera ses ordres pour les faire conduire au chasteau de Saumur, et fera payer la despense de quatre sur le pied de 20 sols par jour. A l'esgard de la demoiselle de Brasnay, puisqu'elle a du bien, vous aurez, s'il vous plaist, soin de pourvoir à sa subsistance et entretien sur ses revenus. » Il écrivit à de Bernaville, le 26 février 1698 : « Le nommé Charton, plastrier du village de Noisy-le-Secq, religionnaire opiniastre, sera conduit à Vincennes. Il faut que vous taschiez à le rendre docile et le faire instruire s'il veut bien recevoir l'instruction. » (Reg. secr.)

aussytost que cette lettre vous sera rendue, et que vous vous absteniez d'y retourner jusques à nouvel ordre. A quoy m'asseurant que vous satisferez ponctuellement, je prie Dieu qu'il vous ayt, etc.

Reg. secr.

116.

LE COMTE DE PONTCHARTRAIN A DE BARBEZIEUX, SECRÉTAIRE D'ÉTAT.

Le 25 mars 1698.

Le roy ayant esté informé que les nouveaux catholiques de Poictou font des assemblées et autres contraventions aux édits, S. M. a résolu d'y envoyer des troupes pour les contenir. J'ay cru devoir vous le mander afin que vous puissiez sur cela prendre les ordres de S. M.

Le 16 avril.

Le roy m'a ordonné de vous advertir de luy parler des troupes qui vont en Poictou, afin que vous leur donniez ordre d'agir de concert avec l'intendant pour contenir les religionnaires[1].

Reg. secr.

[1] Déjà, le 18 avril 1696, le comte de Pontchartrain avait écrit au maréchal de Tourville : «Les années dernières, le roy a pris la précaution de faire expédier des ordres pour arrester les nouveaux catholiques les plus suspects, en cas qu'il arrivast quelque chose d'extraordinaire en Poictou, et qu'on fust obligé de s'asseurer d'eux pour les empescher de se mettre à la teste des autres. Je vous envoye ces ordres pour les faire exécuter s'il est nécessaire. C'est par M. d'Ableiges que j'en ay eu la liste : il vous instruira plus particulièrement de la conduitte et de la disposition de chacun.» (Reg. secr.)

117.

LE COMTE DE PONTCHARTRAIN A L'ÉVÊQUE DE NOYON.

Le 16 avril 1698.

Vous estes un prélat incomparable : on trouve en tout ce que vous faites un fonds d'esprit et de charité qu'on ne peut assez louer. Vous aviez pris de très-bonnes mesures pour mettre à profit vos exhortations et l'abjuration du nommé Sézille, si elles n'avoient point esté rompues par Ludovic Sézille; et S. M. juge comme vous qu'il faut faire faire un exemple en la personne de ce dernier. J'escris à M. l'intendant de le faire arrester et de le faire mettre en prison, dont il ne sortira que quand vous le jugerez à propos.

A l'égard du mariage de l'Irlandois âgé de vingt-cinq ans, qui ne raporte point de consentement de son père, S. M. ne peut sur cela vous donner aucuns ordres, et si pareille chose se présentoit en lieu où vous ne seriez pas, on ne pourroit mieux faire que de vous consulter, vous qui estes si versé en touttes ces matières. Ainsy, S. M. estime que, laissant aux séculiers ce qui regarde le contract civil, vous devez vous renfermer pour le sacrement dans vos règles.

Reg. secr.

118.

LE COMTE DE PONTCHARTRAIN A L'INTENDANT SANSON.

Le 16 avril 1698.

Les nouveaux catholiques de Varenne ayant résisté aux instructions que M. l'évesque de Noyon a voulu leur donner, à quoy ils ont esté excitez par Ludovic Sézille, fermier de la terre de Varenne, un des principaux d'entr'eux, le roy a fait expédier l'ordre que je vous envoye pour le faire mettre en prison. M. l'évesque de Noyon vous donnera sur cela tous les éclaircissemens dont vous aurez besoin.

Le 10 décembre.

J'ay rendu compte au roy de ce que vous m'avez escrit concernant la femme du nommé Rousset, marchand, qui a refusé les sacremens, et déclaré vouloir mourir dans la R. P. R.; et S. M. m'ordonne de vous escrire de dire aux juges ordinaires de faire le procez à sa mémoire suivant les édits et déclarations; que si son cadavre avoit esté conservé, et qu'il fust condamné à estre trainé sur la claye, vous direz aux juges de ne point exécuter, à cet esgard seulement, le jugement, S. M. voulant bien, pour cette fois, à cause du temps qu'il y a que la chose est arrivée, espargner cette honte à la famille de la deffunte; mais il faudra exécuter le jugement en tous les autres points.

Le 10 février 1699.

Vous avez bien fait de surseoir l'exécution du jugement rendu contre la mémoire de la femme de Rousset, marchand de Laon, en ce qui regarde que son corps devoit estre traisné sur la claye. Il faut laisser tomber la chose sans plus en parler.....

Le 21 juin.

..... S. M. veut que les deux marchands et les sept ou huit autres particuliers qui ont déclaré au procureur du roy qu'ils vouloient vivre à leur ancienne manière, soyent mis en prison, qu'il soit procédé contre eux, que leurs revenus soyent saisis au profit de l'hospital où leurs enfans seront mis pour y estre instruits, à la réserve cependant des enfans de ceux dont le revenu est suffisant pour les entretenir dans des pensions, auquel cas ils y seront mis et non à l'hospital, et leur pension préférablement payée sur ces revenus. Vous avez bien fait d'envoyer à l'hospital les trois enfans du village de Coin; il faut y envoyer de mesme ceux de la veuve Bernard de Crespy, et ceux de

Boquet, brasseur de bière, demeurant à la Ferté, et mesme arrester ledit Boquet.

Vous devez aussy faire mettre en prison la nommée Rachel Soyan, de la parroisse de Plomion, qui a fait esvader ses trois petits-enfans, et luy faire faire son procez non obstant son grand aage.

Le 20 juillet.

Vous avez bien fait de faire continuer le procez des marchands et des autres particuliers de Laon qui ont desclaré vouloir vivre dans la R. P. R. Lorsqu'ils auront esté jugez par les premiers juges, il sera temps de voir les dispositions dans lesquelles ils seront pour exciter le roy à leur faire grâce.

Le 2 septembre.

Le roy ayant esté informé par M. l'évesque de Laon, que les nouveaux catholiques que vous avez fait arrester pour avoir déclaré qu'ils vouloient vivre dans leur ancienne religion, sont présentement fort repentans de leur faute, et qu'ils sont dans la disposition de vivre en bons catholiques, S. M. m'a ordonné de vous escrire de les faire mettre en liberté.

Le 11 septembre.

Ce que vous escrivez sur le fait des mariages qui n'ont point esté célébrez en face d'église entre nouveaux catholiques des diocèses de Laon et de Noyon, est desjà revenu au roy de plusieurs autres diocèses, et on y a fait les réflexions que vous faites; mais S. M. n'estime pas que les intendans doivent se mesler de réformer ces abus; cela regarde plustost les évesques. Ainsy, à moins qu'il ne se passe des choses d'un scandale notoire, vous devez ignorer ces sortes de mariages, et laisser aux évesques et aux juges ordinaires à en discuter la validité chacun en ce qui les concerne.

Le 19 novembre 1701.

Le roy trouve bon que vous fassiez sortir du collége le fils du sieur de la Motte, et qu'il soit mis dans le service.

Rien n'est mieux que ce que vous et M. l'évesque de Noyon avez pensé pour mettre au service les enfans des nouveaux catholiques qui estoient répandus dans les hospitaux, et qui commencent à bien faire leur devoir. Le roy aprouve et souhaitte que vous exécutiez ce qui est contenu dans le mémoire que vous m'avez envoyé sur cela.

Le 21 janvier 1703.

Je vous envoye le placet du sieur de Chambry, capitaine au régiment de Saint-Pouenges, qui se plaint de ne pouvoir jouir du don que le roy luy a cy-devant fait de 3,000ᵗᵗ que son père devoit au sieur du Vez, religionnaire fugitif. Comme toute la question consiste à sçavoir si le sieur du Vez s'est absenté avant que la déclaration du mois de février 1701 fust enregistrée, je vous prie de prendre la peine de me mander ce que vous en sçavez, et ce qui a donné lieu à la main-levée que vous avez faite à l'héritier du fugitif.

Le 9 février.

Le roy aprouve que vous ayez fait sortir de l'hospital les trois filles nouvelles converties pour les marier avec d'anciens catholiques. C'est ce qui se peut faire de mieux pour leur véritable conversion, et il seroit à désirer qu'on eust dans les autres provinces le mesme soin que vous et M. l'évesque de Noyon avez à cet esgard.

Il n'y a pas de meilleure voye pour obliger le nommé Boquet à donner 1,000ᵗᵗ à sa fille pour sa dot dans un couvent que de l'arrester comme mauvais catholique, qui fait mal son devoir. Je vous envoye l'ordre pour le faire mettre dans telle prison que vous jugerez à propos. Sa détention luy donnera lieu de se défaire de ses entestemens, et le rendra plus docile pour obtenir de luy le secours que vous demandez pour sa fille.

S. M. veut que vous fassiez le procez aux nommez Blondin et autres de la parroisse de Voulpaix, qui ont fait rébellion à celuy qui estoit porteur de l'ordre de S. M. pour arrester les nommées Bastrées, nouvelles converties de la parroisse de Lemé; et je vous en envoyeray au premier jour une commission à cet effect.

Reg. secr.

119.

LE COMTE DE PONTCHARTRAIN AU MARÉCHAL D'ÉTRÉES.

Le 8 septembre 1698.

J'ay rendu compte au roy de vostre lettre, et S. M. m'a ordonné de vous escrire en response que vous devez profiter de la crainte qu'ont les Nouveaux-Catholiques des troupes qui doivent aller en Poictou, afin de faire cesser touttes assemblées et d'avancer leur conversion. J'escris en mesme temps aux évesques d'envoyer dans leurs diocèses des missionnaires zélez et prudens, ainsy que vous le proposez.

Le 12 septembre.

Le roy voit agréablement vostre attention sur ce qui regarde les Nouveaux-Catholiques, et les moyens de les réduire à leur devoir. Cependant S. M. n'estime pas à propos de faire tant d'emprisonnemens, de destituer des officiers de seigneuries et les employés dans les fermes; elle croit qu'il suffit de punir en détail ceux qui se trouveront coupables. Ainsy prenez la peine de m'envoyer des mémoires sur chacun des faits dans lesquels ils seront tombez, et de proposer la punition que vous croirez qu'ils auront mérité, afin que sur cela S. M. donne des ordres.

Le 20 septembre.

S. M. est très satisfaite de l'attention que vous donnez à contenir les Nouveaux-Catholiques dans le devoir, et des moyens que vous pratiquez pour empescher leurs assemblées. Il ne faut pas craindre, quelques efforts que puissent faire les chefs de leur parti en les flattant, que le roy leur permettra de vivre dans leur religion, s'ils persévèrent, après toutes les marques qu'ils ont du contraire. Ainsy il y a lieu d'espérer que quelques petits exemples de sévérité de vostre part, faits à propos, les détermineront sérieusement à écouter les instructions qui leur seront données par les missionnaires qui leur seront envoyez.

A l'égard de l'homme qui a esté arresté et conduit à Niort, qu'on sçait, dites-vous, avoir presché dans deux assemblées, et lequel vous n'avez pas voulu faire mettre en prison que vous n'ayez des preuves certaines qui puissent valoir en justice, il me paroît que vous agissez en cela avec trop de douceur. Quand la vérité est constante, il n'est pas toujours nécessaire qu'elle soit prouvée, pour chastier d'authorité par prison.

D'ailleurs, le roy estant persuadé qu'il y a nombre de ministres qui sont entrez dans le royaume, et qui sont répandus dans les provinces, on ne peut avoir trop de sévérité contre tous les prédicans; et vostre principal objet doit estre de tascher de les descouvrir, parce que ce sont eux qui causent tout le mal, et qui entretiennent les Nouveaux-Catholiques dans l'opiniastreté et dans la désobéissance.

Le 27 septembre.

..... Le roy veut que l'ordonnance pour désarmer les Nouveaux-Catholiques soit toujours exactement observée; ainsy vous ne devez pas soufrir qu'on en néglige l'exécution, comme on a fait jusques à présent.

Le 9 novembre.

Le roy trouve que vous avez bien fait de vous assurer de cette fille du Languedoc qui estoit si dangereuse pour les Nouveaux-Catholiques; lorsqu'on l'aura plus particulièrement connue, vous me le ferez sçavoir, s'il vous plaist, pour en rendre compte à S. M. Vous ne devez rien oublier pour découvrir les autheurs de la violence faite dans la maison des Nouvelles-Catholiques de Pons : cette violence mérite une sévère punition.

Il y a lieu de croire que vous aurez prévenu, par vostre diligence, le dessein de la dame du Linaux, et qu'elle aura esté arrestée, avant que de pouvoir sortir du royaume.

Le 13 janvier 1699.

Le roy m'ordonne de vous escrire de faire arrester le sieur Laubry-Faugère, garde ou prétendu garde de S. M., qui a fait faire l'appel au sieur Garnier.

A l'esgard du père du nommé Lommeau Cormier qui a fait l'appel, ce père ne pouvoit estre responsable de la fuitte de son fils, et S. M. jugeoit qu'il n'y avoit pas lieu de le retenir plus longtemps en prison, ny pareillement de laisser dans le village de Chaban le lieutenant et les 14 dragons que vous y aviez envoyé pour les punir de leur rébellion. Mais le fruit que vous en avez tiré est une très-bonne chose, et vous avez sçu habilement mesnager cette occasion de convertir tout ce village. Les mesures que vous avez prises pour estre informé des assemblées qui se font en Bas-Poictou, et arrester les ministres ou prédicans, donnent lieu de croire que vous pourrez réussir à cette capture. S. M. attendra de vos nouvelles sur ce sujet.

Le 20 janvier.

S. M. m'a ordonné de vous escrire que la qualité de garde qu'a le sieur de Laubry-Faugère, et la bandolière qu'il a l'honneur d'en porter, ne le doit point exempter d'estre puny de la faute qu'il a faite, S. M. voulant au contraire qu'un homme qui est du corps de ses gardes soit traité avec plus de rigueur qu'un autre, lorsqu'il se trouve en faute.

Le 29 avril.

On ne peut mieux faire la guerre que vous faites aux prédicans qui sont répandus dans le Poictou. Le roy, à qui je rends un compte fort exact de toutes les lettres que je reçois de vous sur ce sujet, m'a ordonné de vous dire, en réponse à votre dernière, que vous devez redoubler vostre attention pour les dissiper entièrement. Il est certain qu'il n'y a qu'eux qui entretiennent les nouveaux catholiques dans la désobéissance, et il y auroit lieu d'espérer de les ramener bientost à leur devoir, si on pouvoit une bonne fois s'assurer de ces prédicans. Il ne faut pas rebuter les deux dont vous me parlez, qui sont les nommés Moyneau et Blanchard, et quoyque je croye comme vous que c'est la crainte d'estre arrestez qui les oblige à demander grâce, il faut cependant les attirer doucement par des espérances et des promesses, pour tascher en tous cas de tirer d'eux quelques lumières touchant les assemblées qui se font; que si au contraire ils agissent de bonne foy, leur conversion seroit d'un merveilleux exemple pour les nouveaux convertis.

Le 24 aoust.

Il est difficile de contraindre les juges à juger d'une autre manière qu'ils ne croyent devoir faire. Tout ce qu'on peut en cette occasion, est d'avoir attention à leur conduitte, et d'advertir, comme je fais, M. le procureur général de tenir la main à ce que la justice soit bien rendue. A l'esgard du nommé Bonnet, prédicant, que vous dites avoir esté déchargé de l'accusation intentée contre luy, j'escris aussy, par ordre du roy, à M. le procureur général d'examiner cette affaire, et d'en appeler *a minima*, afin que si cet homme se trouve coupable, il n'eschappe pas à la justice.

Le 20 octobre.

Je rendis compte au roy hier de ce qui estoit contenu dans vos lettres au sujet des promesses que vous aviez commencé de faire signer aux nouveaux réunis, par lesquelles ils s'engageoient de se faire instruire. Quoyque la chose paroisse très-bonne en soy, S. M. a cependant trouvé qu'elle pouvoit avoir de trop grandes conséquences. Vous sçavez que tous les protestans ont abjuré, soit en particulier, soit par délibération de communautez. Depuis ce temps, on a tenu la main par différens moyens à ce qu'ils fissent exercice de la R. C., en récompensant ceux qui ont bien fait leur devoir, et chastiant ceux qui se sont distinguez par leur opiniastreté. Si on mettoit en usage ces promesses de s'instruire, ce seroit une espèce de nouvelle abjuration qu'on feroit faire aux nouveaux réunis; on seroit obligé d'en user de mesme dans tout le royaume; et si quelques-uns éludoient de les signer, ils se croyeroient dans la suitte estre en droit de dire que leur première abjuration auroit esté forcée, et que n'ayant point signé ces promesses, ce seroit une espèce de consentement tacite à ce qu'ils pussent vivre à leur volonté. S. M. veut donc que vous n'exigiez plus de ces promesses; personne ne sçaura l'ordre qu'elle vous donne à cet égard; ainsy vous pouvez vous servir de tel prétexte que vous jugerez à propos.

Le 31 janvier 1700.

..... Quoyque S. M. ne doute point que vous n'ayez eu de bonnes raisons pour faire mettre 14 filles dans des couvens de Loudun, et 12 garçons dans différens séminaires; elle m'a cependant ordonné de vous escrire que si vous aviez pu faire sçavoir le sujet que vous aviez de les séparer ainsy de leurs parens, et attendre ses ordres, cela eust esté plus conforme à ses intentions. A cette occasion S. M. m'ordonne de vous faire souvenir de lire l'instruction qui fut envoyée aux intendans au mois de janvier, et les dernières déclarations, affin que vous puissiez tousjours agir conformément aux intentions de S. M. La promesse que vous avez tiré du baron de Poiroux, et que vous garderez (dites-vous) pour servir de modèle aux gentilshommes qui voudront donner pareille asseurance de leur conversion, est entièrement inutile; et vous ne devez plus, après ce que S. M. vous a si précisément fait escrire sur ces promesses, en prendre aucune. Le prétexte pour lequel vous avez fait establir garnison dans la maison du sieur de Marmande a paru à S. M. un peu léger; ainsy elle m'a ordonné de vous escrire de la faire lever avec le moins de frais qu'il se pourra, n'ayant desjà que trop duré, et d'observer doresnavant de n'emprisonner personne sans ordre exprès de S. M., à moins que ce ne soit dans des occasions qui requièrent célérité.

Le 29 mars.

J'ay rendu compte au roy aujourd'huy seulement de vostre lettre du 9 février dernier, et S. M., qui continue d'approuver vostre zèle et vostre vigilance sur ce qui regarde l'avancement des sincères conversions, m'a ordonné de vous escrire, à l'occasion de la promesse de se faire instruire que le baron de Poiroux vous a remise, que vous devez tesmoigner en toutes rencontres aux nouveaux convertis que l'abjuration qu'ils ont une fois faite est le gage le plus seur qu'ils puissent donner de leur conversion; qu'après ces abjurations, vous ne doutez point qu'ils ne soyent tousjours dans la résolution de se faire instruire, et que vous faites plus de cas des paroles qu'ils vous donneront sur cela, que de tous les escrits qu'ils pourroient vous remettre, que S. M. ne veut pas qu'ils donnent.

Le 7 juin.

Ayant rendu compte au roy de la désobéissance que plusieurs nouveaux catholiques du bas Poictou marquèrent au dernier voyage que vous y fistes, particulièrement ceux de Moncoutan, Courlé, Laforest-sur-Sèvre et Saint-Jouin de Milly, qui s'enfuirent dans les bois pour esviter vostre présence et celle de M. l'évesque de la Rochelle, S. M. m'a ordonné de vous escrire qu'elle croit qu'il convient mieux à son service que dans ces voyages vous ne soyez point précédé par des dragons ou autres troupes, affin de moins intimider les nouveaux convertis, et que vous devez tascher plustost de les disposer par des voyes douces à faire ce que vous désirerez d'eux, en observant cependant de les faire obéir par force, s'il leur arrive de marquer en quelque chose du mespris de vostre authorité; de quoy vous aurez soin d'advertir S. M., affin qu'en pareil cas elle donne les ordres qu'elle jugera à propos.

Le 10 juin.

M. l'évesque de Poictiers m'ayant escrit les progrez que le voyage que vous fistes l'année passée à Loudun y a produit, et qu'il espéroit que vous y en feriez encore un l'automne prochain pour soustenir la mission qu'il y fera en mesme temps, S. M. m'a ordonné de vous escrire que sans affectation vous devez contraindre les nouveaux catholiques d'aller aux instructions, et chastier ceux qui en feroyent refus avec opiniastreté, mais qu'à l'esgard des autres exercices de religion, vous devez vous contenter de les y exciter, et rien plus, crainte de profanation.

A Fontainebleau, le 17° octobre.

S. M. m'a ordonné de vous répéter, sur les promesses qui vous ont esté encore apportées par des gentilshommes de se faire catholiques ou de se faire instruire, qu'elle ne juge point à propos que vous en receviez aucunes, en quelque forme et sous quelque prétexte que ce puisse estre, S. M. croyant toujours ces promesses inutiles et mesme d'une dangereuse conséquence à l'esgard de ceux qui n'en donneroient point de semblables, lesquels pourroient se croire moins en obligation que les autres de faire le devoir de catholiques, auquel ils sont obligez suivant leur première réunion; et ces promesses sont à présent d'autant plus inutiles que la pluspart les faisant dans la veue d'obtenir mainlevée des saisies faites sur leurs biens, ou d'en faire surseoir les baux, S. M. ne veut point pour cela leur accorder ny mainlevée ny surséance, ainsy que je l'escris à M. d'Ableiges par cet ordinaire.

S. M. approuve la pensée que vous avez eu de faire escrire par ordre du roy, aux gens les plus qualifiez de la province, affin de les exciter à contribuer de leur part à la conversion de leurs vassaux et tenanciers. Je le feray incessamment aux personnes dont vous m'avez envoyé la liste.

Le 5 janvier 1701.

J'ay rendu compte au roy de la lettre que vous avez pris la peine de m'escrire au sujet de la conversion du nommé Tenon, dont M. de Muin vous a donné avis. Le roy veut bien le faire mettre en liberté, et je vous en envoye l'ordre, afin que, le recevant par vostre canal, il soit persuadé qu'il vous en a toute l'obligation. Mais comme vous remarquez fort bien que les nouveaux catholiques n'agissent pas toujours de bonne foy, et qu'ils sçavent se déguiser lorsqu'ils veulent obtenir des grâces, S. M. désire que vous veilliez avec soin sur sa conduitte, en sorte que vous puissiez estre informé de toutes ses démarches.

S. M. a eu beaucoup d'attention à la recommandation que vous luy avez faite de M. l'abbé Maboul, et elle m'a ordonné d'escrire de sa part au P. de la Chaize, de l'en faire souvenir lors de la distribution des bénéfices.

Le 25 janvier.

Sur ce que vous m'escrivistes, par vostre lettre du 24 octobre dernier, que le père et la sœur de la nommée Robin, prescheresse, qui a passé en Angleterre, distribuoient des livres à l'usage des hérétiques, dont vous pristes la peine de m'envoyer la liste, j'en ay rendu compte au roy, qui m'a ordonné de vous dire qu'il faut leur faire faire le procez suivant la rigueur des ordonnances.

Comme vous me marquiez par la mesme lettre qu'on avoit establi depuis peu un bureau de poste à la Motte-Sainte-Heraye, et que le commis, qui est un nouveau catholique mal réuny, retient les lettres qui luy estoient adressées par les fugitifs pour le haut Poictou, j'en ay parlé à M. de Torcy, qui m'a asseuré qu'il n'y a point eu de bureau estably dans ce lieu-là. Ainsy il y a apparence que l'avis qu'on vous a donné à cet esgard, est faux.

On a dit au roy qu'on envoye des archers dans les métairies et dans les maisons des paysans nouveaux catholiques pour les intimider et les obliger à se réunir; que l'hyver dernier, plusieurs de ces archers, abusant d'un ordre de vous qu'ils avoient contrefait, tirèrent beaucoup d'argent non-seulement des paysans et bourgeois, mais mesme de plusieurs gentilshommes, et que ce procédé, bien loin d'avancer les conversions, ne faisoit qu'aigrir les esprits et produisoit beaucoup de désertions. Quoyque S. M. ne donne pas beaucoup de créance à tous les avis qui paroissent sans fondement et donnez par des gens inquiets ou suspects, elle ne laisse pas néanmoins de m'ordonner de vous escrire que vous devez bien prendre garde qu'on n'exerce point de ces sortes de violences, qui sont plus capables de nuire que de produire de bons effets pour la religion.

J'ay leu au roy la lettre par laquelle vous me marquez qu'il seroit nécessaire de tenir quatre ou cinq compagnies de cavalerie ou de dragons dans la province pour contenir les nouveaux catholiques dans le devoir; mais S. M. n'ayant plus de trouppes en ce pays-là, elle n'a pas jugé qu'il fust convenable d'y en envoyer. Elle est persuadée que vostre présence et vostre activité à veiller sur leur conduite les empeschera de faire le moindre mouvement.

<small>Reg. secr.</small>

120.

ORDRE DU ROI
POUR DUPOY, LIEUTENANT DE LA PRÉVÔTÉ DE L'HÔTEL.

A Versailles, le 16° novembre 1698.

Il est ordonné au sieur Dupoy, lieutenant de la prévosté de l'hostel et grande prévosté de France, de se transporter au chasteau de la Boullaye, pour y arrester le sieur de Castelnau, fils du sieur duc de la Force, et le faire conduire sous bonne et seure garde au chasteau de la Bastille, voulant que ledit sieur Dupoy reste avec ledit sieur duc de la Force, pour estre toujours près de sa personne et exécuter les ordres dont il a esté chargé par S. M. Veut pareillement S. M. que ledit sieur Dupoy arreste les nommez Durant et Bontemps, valets de chambre; Halliaville, officier; Renault, mareschal ferrant, et (le nom en blanc), faulconnier dudit sieur de la Force, et les conduire au chasteau du Pont-de-l'Arche, pour y estre détenus jusques à nouvel ordre.

MÉMOIRE
DE CE QUE LE ROY VEUT ESTRE OBSERVÉ PAR LE SIEUR DUPOY.

Le sieur Dupoy ira à la Boulaye avec M. de la Bourdonnaye, pour après que ledit sieur de la Bourdonnaye aura fait sçavoir à M. le duc et à Mme la duchesse de la Force les intentions du roy, arrester M. de Castelnau, leur fils, et l'envoyer au chasteau de la Bastille, par le sieur Nerot, exempt de la prévosté de l'hostel, et un ou deux gardes, s'il est besoin; et comme ce gentilhomme est malade, ils auront soin de le conduire doucement et en autant de journées qu'il sera nécessaire, afin que sa santé n'en soit pas altérée.

Le sieur Dupoy restera auprès de M. le duc de la Force, sera toujours près de sa personne et empeschera que ny Mme de la Force ny quelque autre personne que ce puisse estre luy parlé de la R. P. R.; mais au contraire donnera auprès de luy un accez facile tant au curé du lieu qu'aux autres ecclésiastiques que M. le duc de la Force pourroit avoir envie de voir.

Il aura une attention particulière sur la conduitte de Mme de la Force, et si, au préjudice des ordres que M. de la Bourdonnaye doit luy porter de la part de S. M., elle se mettoit en debvoir de luy parler de religion, il luy imposera silence, et l'obligera de se retirer d'auprès de luy.

Il fera conduire au Pont-de-l'Arche les cinq domestiques qu'il a ordre d'arrester, et donnera de temps en temps avis de ce qui viendra à sa connoissance, et qu'il croira debvoir estre mandé.

Reg. secr.

121.

LE COMTE DE PONTCHARTRAIN A DUPOY.

Le 2 décembre 1698.

Depuis les nouvelles que j'ay receu sur ce qui s'est passé à la Boulaye, le roy a résolu d'y envoyer le P. Bordes de l'Oratoire pour y estre toujours près de M. le duc de la Force, afin de le fortifier dans la religion, et empescher que Mme la duchesse de la Force ne le pervertisse. S. M. veut que vous soyez tousjours près de luy, suivant les premiers ordres que vous en avez receu, à moins que le P. Bordes n'y soit, auquel cas vous ferez ce qu'il trouvera à propos. A l'esgard de Mme la duchesse de la Force, elle ne luy doit parler, soit de jour, soit de nuit qu'en vostre présence, et elle ne doit point coucher dans sa chambre, sous quelque prétexte que ce soit. Elle pourra cependant luy parler en particulier, si le P. Bordes le juge nécessaire.

Quant à ce qui regarde M. le marquis de Castelnau, S. M. a bien voulu, à cause de l'estat auquel il se trouve, suspendre l'exécution de l'ordre qui vous a esté mis en main, pour le faire conduire à la Bastille, et au lieu de cela, l'envoyer dez à présent à l'abbaye de la Croix, qui est dans le voisinage, pour achever de s'y guérir; après quoy S. M. verra ce qu'elle aura à ordonner. Faites-l'y donc transférer le plus tost qu'il se pourra, avec des domestiques anciens catholiques seulement[1].

---

[1] Le 16 décembre, le secrétaire d'État écrit à Pelot : « Le roy a esté bien ayse que le marquis de Castelnau soit tombé entre vos mains; il ne pouvoit estre mieux. Je suis persuadé que vous effacerez, pendant qu'il sera chez vous, les mauvaises impressions qu'on pourroit luy avoir données à la Boullaye. » (*Reg. secr.*)

M. le duc de Caumont avoit fait icy beaucoup d'instances pour le retour du nommé Durand, chirurgien; mais cela ne se peut, il n'est pas un homme propre à laisser près de M. le duc de la Force. Dites-le à Mme la duchesse, afin qu'elle se pourvoye d'un autre chirurgien catholique.

Le 23 décembre.

Vous ne pouvez mieux faire que de mettre en usage ce que vous croirez propre à vous attirer la confiance de M. le duc de la Force. Vous pouvez par ce moyen pénétrer ses pensées et donner des advis au P. Bordes, dont il pourra se servir utilement. A l'esgard du marquis de Castelnau, vous avez bien fait de deffendre aux domestiques de Mme la duchesse de la Force tout commerce avec luy. Je crois qu'il ne sera point envoyé à la Bastille; mais on le tirera de là aussytost qu'il aura restably sa santé. Faites-m'en sçavoir des nouvelles de temps en temps.

Le 7 janvier 1699.

Le roy, en vous envoyant près de M. le duc de la Force, a eu intention, ainsy que je vous l'ay amplement expliqué, que vous soyez tousjours près de luy, que vous empeschiez que Mme la duchesse de la Force ne luy parle de religion, et qu'elle ne le contraigne en aucune manière sur cela, S. M. la laissant près de luy uniquement pour avoir soin de sa santé. S. M. veut à plus forte raison que le P. Bordes ayt une liberté entière de lui parler toutes les foys qu'il voudra, soit en présence de Mme de la Force, soit en particulier, en la manière que ce père le trouvera le plus à propos. Expliquez bien toutes choses à Mme la duchesse de la Force, afin qu'elle ne le trouve pas mauvais, et qu'elle n'y apporte aucun obstacle, ce qu'elle ne pourroit faire sans s'attirer quelque chose de désagréable.

Je vous envoye une lettre en response à vostre dernière, afin que vous la puissiez faire veoir à Mme la duchesse. A l'esgard du cas de mort dont vous parlez, le roy veut que si M. le duc de la Force venoit à mourir, vous arrestiez sur l'heure Mme la duchesse de la Force, et que vous la gardiez à la Boulaye jusques à ce que, sur la nouvelle que vous m'en ferez sçavoir, je vous aye envoyé de nouveaux ordres[1].

J'ay esté bien aysé d'aprendre que l'indisposition de M. le duc de la Force n'ayt pas eu de suitte. Je vous prie de l'asseurer de la part que je prens en ce qui le regarde. A l'esgard du marquis de Castelnau, il sera mis à l'Académie, et au premier jour, il aura ordre de se rendre à Paris.

Le 13 janvier.

Le roy, qui aprend que le P. Bordes n'a pas une entière liberté de parler et de converser avec M. le duc de la Force, mesme que Mme la duchesse de la Force ne se conduit pas à cet esgard avec la retenue qu'elle doit avoir, m'ordonne de vous escrire que son intention est que touttes les fois que le P. Bordes trouvera à propos que Mme la duchesse de la Force ne voye point M. le duc son mary, vous fassiez commandement exprès à cette dame de se retirer et de rester dans sa chambre, non-seulement des heures, mais des journées entières, suivant que le P. Bordes le trouvera à propos; luy déclarant que si elle contrevient aux ordres que vous luy donnerez à cet esgard, vous aurez celuy de l'arrester et de la conduire au Pont-de-l'Arche.

Le roy veut bien que M. de Castelnau vienne à Paris pour estre mis à l'Académie. Je le mande à M. le duc de Caumont, afin qu'il donne ordre à son retour. Faites-le sçavoir à M. le duc de la Force et au prieur de l'abbaye de la Croix, et renvoyez-moy l'ordre que vous avez pour le mettre à la Bastille.

Le 13 mars.

Sur tout ce que le roy aprend de la conduitte de Mme la duchesse de la Force, de ses peines, lorsque M. le duc de la Force se met en estat de faire son debvoir de catholique, et de la contrainte dans la-

---

[1] Ce qui suit paraît être la lettre ostensible dont il vient d'être parlé.

quelle elle se tient à cet esgard, S. M. a résolu de les séparer à moins qu'elle ne change entièrement sa conduitte. Avertissez-l'en de la part de S. M., et dites-luy que si elle souffre quelque disgrâce à cette occasion, elle n'aura à en imputer la faute qu'à elle-mesme. A l'esgard de M. le duc de la Force, dites-luy que S. M. est bien ayse d'aprendre que sa santé se restablit de mieux en mieux, mais que S. M. n'entend qu'avec peine parler de la tiédeur dans laquelle il est sur son salut, et qu'il se trouve assez de santé pour se faire porter à ses escuries, sans penser à employer les premiers momens de cette santé à entendre la messe, et à faire les autres choses qui peuvent persuader qu'il n'a pas la basse complaisance d'adhérer aux mauvais sentimens de Mme la duchesse de la Force, luy qui a tousjours paru réuny sincèrement.

Le 6 avril.

Il est parvenu au roy que Mme la duchesse de la Force a jusques à présent fait un si mauvais usage de la liberté qu'elle a eu de rester près de M. le duc de la Force, qu'il n'y a pas lieu de douter que sa présence et ses insinuations ne l'ayent empesché de faire son debvoir de catholique et de suivre les premiers mouvemens de sa conversion, qui estoit sincère. Cela a fait prendre au roy la résolution d'oster toute communication entr'eux. Je vous envoye à cet effet un ordre à l'exécution duquel S. M. veut que vous teniez exactement la main, et si Mme la duchesse de la Force se mettoit en estat d'y contrevenir, S. M. veut que vous vous serviez de vostre authorité pour l'en empescher, et mesme que vous l'arrestiez absolument, en la faisant garder de force, et que vous m'en donniez aussytost advis, afin que S. M. y pourvoye.

ORDRE DU ROI.

A Versailles, le 6 avril 1699.

Il est ordonné au sieur Dupoy, lieutenant de la prévosté de l'hostel et grande prévosté de France, de faire commandement à la dame duchesse de la Force de se retirer dans une des chambres du chasteau de la Boulaye, pour y demeurer jusques à nouvel ordre, sans qu'elle puisse avoir aucune communication de vive voix ou par escrit avec le sieur duc de la Force, à peine de désobéissance.

Le 19 avril.

Je vous manday, il y a quelque temps, d'arrester Mme la duchesse de la Force, en cas que M. le duc de la Force vinst à mourir. Le roy a changé de sentiment depuis, et m'ordonne de vous dire que s'il mésarrive de luy, vous laissiez Mme la duchesse de la Force à la disposition de M. le duc de Caumont, son fils, à qui j'escris les intentions de S. M.

Le 21 avril.

Le roy trouvant bon que Mme la duchesse de la Force reste avec M. le duc de Caumont, ainsy que je vous l'ay desjà mandé, vous pouvez revenir icy quand vous voudrez, vostre présence estant désormais inutile à la Boulaye.

Reg. secr.

122.

LE COMTE DE PONTCHARTRAIN AU PÈRE BORDES, DE L'ORATOIRE.

Le 2 décembre 1698.

M. le duc de la Force, qui est depuis quelque temps malade à la Boulaye, s'y trouve dans un tel danger d'estre perverty par Mme la duchesse de la Force, que le roy a esté obligé d'y envoyer un officier pour observer sa conduitte; mais cela ne suffit pas; il faut restablir ce que cette dame a pu gaster des bonnes dispositions dans lesquelles vous l'aviez mis sur la religion. Ainsy S. M. m'ordonne de vous escrire d'aller à la Boulaye pour rester près de luy jusques à ce qu'il soit en estat de revenir à Paris. S. M. a donné ses ordres pour empescher que Mme de la Force ne luy parle en particulier, et l'officier qui est près de luy ne le souffrira point, à moins que vous ne le jugiez à propos. Vous ferez un ouvrage bien agréable au roy si en travaillant pour garantir le mary de la perversion, vous pouviez convertir la femme, qui a tousjours esté si opiniastre. L'esloignement des églises a esté jusqu'à présent dans cette maison un prétexte pour se dispenser d'entendre la messe; c'est pourquoy S. M. veut qu'avec l'agrément de l'évesque, vous choisissiez le lieu qui y sera le plus propre pour y establir une chapelle, et y faire dire la messe tous les jours. M. le duc de Caumont[1] s'est chargé de vous mener à la Boulaye; il doit vous voir pour cela. Escrivez-moy souvent sur ce qui s'y passera.

Le 16 décembre.

Le roy a entendu avec plaisir le compte que je luy ay rendu du contenu dans vostre lettre du 6 de ce mois. S. M. ne doubte point que vous ne fassiez sur M. le duc de la Force tout le progrez qu'on doit espérer des bonnes dispositions où vous l'avez mis. Souvenez-vous bien des paroles positives qu'il avoit donné à S. M. sur ce sujet. C'est à quoy il paroist fort sensible, et il faut se servir de tous moyens pour le ramener à son debvoir.

Le 7 janvier 1699.

J'ay rendu compte au roy de ce que vous m'avez escrit, concernant les bonnes dispositions de M. le duc de la Force; mais S. M. a esté estonnée d'entendre qu'il ne peut aller à la messe à cause de ses infirmitez, pendant qu'elle aprend qu'il a assez de force pour aller à son escurie veoir ses chevaux. — La déclaration du 13 du mois passé doit avoir esté publiée au parlement de Rouen : je vous en envoye un

---

[1] Ce duc reçut du secrétaire d'État, le 16 décembre, la lettre suivante : « J'ay receu les lettres que vous avez pris la peine de m'escrire, dont S. M. a paru fort contente. Elle m'ordonne de vous dire de continuer à bien faire, parce que vostre bon exemple peut estre d'un grand effet dans vostre famille. » (*Reg. secr.*)

exemplaire. Vous y verrez que le roy ne se relasche en rien sur l'exécution des premiers édits; et mesme que l'article 5, qui regarde le service divin, oblige les chefs de famille d'y assister.

Le 13 janvier.

J'escris au sieur Dupoy une lettre dans le sens que vous désirez, et beaucoup plus forte. Ainsy il y a lieu de croire que Mme la duchesse de la Force sera docile, et ne vous troublera plus dans vos conférences avec M. le duc de la Force.

Le 28 janvier.

Rien n'est mieux que la pensée que vous avez eu de faire venir une maistresse d'escolle à la Boulaye, et si vous n'aviez trouvé l'expédient d'y en establir une par le moyen de M. l'abbé Gaillard, je ne doubte point que le roy ne l'eust plustôt payée que de manquer de donner ce secours dans la paroisse de la Boulaye.

Le 25 février.

J'ay rendu compte au roy de ce que vous m'avez escrit concernant les dispositions où se trouvent M. le duc et Mme la duchesse de la Force. J'attendray de vos nouvelles sur son départ, lorsqu'il sera en estat de se transporter à Paris, et des veues que vous avez sur Mme la duchesse de la Force après leur séparation. Vous pouvez cependant faire le voyage de Rouen que vous avez projeté. Je suis tout à vous.

Le 8 avril.

Le sieur Dupoy vous communiquera les ordres que je luy envoye, de réduire Mme la duchesse de la Force dans une chambre esloignée de celle de M. le duc de la Force, sans permettre qu'ils ayent ensemble aucune communication. Vous ne pouvez pas dans ces circonstances, et mesme à cause du nouvel accident qui luy est arrivé, le quitter. Ainsy le roy m'ordonne de vous escrire de continuer vos soins et vos assiduitez près de luy, jusques à ce que les choses changent de face, et de me mander tout ce qui se passera. Je suis, mon révérend père, entièrement à vous.

Le 21 avril.

J'ay rendu compte au roy de tout ce que vous m'avez escrit concernant ce qui s'est passé à l'esgard de M. le duc de la Force. S. M., en louant extresmement vostre zèle et vostre piété, m'a ordonné de vous dire que vous pouvez retourner à Paris quand il vous plaira.

Reg. secr.

123.

LE COMTE DE PONTCHARTRAIN A DE POMEREU.

Le 12 février 1699.

M. le marquis d'Orbec, qui fait sa demeure à Orbec, diocèse de Lisieux, a une fille dans la maison des Nouvelles-Catholiques de Paris, d'où il est temps de la retirer. Le roy m'ordonne de vous escrire de l'advertir de donner ordre incessamment à la despense qui sera nécessaire pour la faire conduire à l'abbaye de la Chaize-Dieu, où elle a une sœur, S. M. ne voulant pas qu'elle retourne près de sa mère, qui n'est pas bonne catholique. S. M. veut, pour la mesme raison, que deux autres de ses filles, âgées de 16 et 17 ans, et qui sont chez luy, soient mises dans la maison des Nouvelles-Catholiques, pour y estre instruites pendant le temps qu'il faudra. La pension des trois filles sera payée par M. d'Orbec; vous pouvez luy dire que S. M. l'entend ainsy. Il a une pension de 2,000 ₶ à cause de sa conversion, qu'il ne mérite pas trop par sa conduitte, particulièrement par celle de Mme sa femme : il luy sera aisé de payer ces pensions.

Reg. secr.

124.

LE COMTE DE PONTCHARTRAIN A D'HERBIGNY, INTENDANT,
ET A QUELQUES COMMANDANTS DE PLACES FORTES DE LA FRONTIÈRE.

Le 16 février 1699.

Le 5 de ce mois, on enleva, dans le jardin du Luxembourg, à Paris, un jeune enfant qui estoit au collége des jésuittes par ordre du roy, nommé Daubais, dont le père, protestant fugitif, est à Genève; et comme on pourroit l'avoir mené du costé de Lyon pour le faire passer près de son père, le roy m'ordonne de vous en donner advis, afin que vous puissiez le faire arrester, et vous asseurer en mesme temps de ceux qui le conduisent. Cet enfant est âgé de 13 ans.

INSTRUCTION POUR FAIRE ARRESTER DAUBAIS.

A Versailles, le 16 février 1699.

Le roy ayant esté informé que le 9 du présent mois, un jeune gentilhomme nommé Daubais s'est absenté de Paris, et qu'il a pris la route de Besançon, à quoy on soupçonne que le nommé Glouson, qui se dit officier d'infanterie, a contribué, S. M. m'a ordonné de faire partir le courrier porteur de cette lettre, afin qu'il joigne le carrosse de Besançon, voulant que si ce jeune homme se trouve, il en donne advis aussytost au prévost des mareschaux, au juge et aux maire et eschevins du lieu où il se trouvera, afin qu'en vertu de l'ordre que ledit courrier leur remettra, ils arrestent tant ledit jeune homme que celuy qui sera chargé de sa conduitte. Il continuera sa route, s'il est besoin, jusques à Besançon, et remettra au commandant la lettre dont il est porteur, et attendra que ledit commandant ayt fait ses diligences avant que de revenir[1].

Reg. secr.

[1] Par une lettre du 18 du même mois, adressée à Larcher, le comte de Pontchartrain avertit qu'on a trouvé l'enfant à Paris, avec celui qui devait le conduire.

125.

LE COMTE DE PONTCHARTRAIN
AU PROCUREUR GÉNÉRAL DU PARLEMENT DE PARIS.

Le 14 avril 1699.

Trois prédicans ont esté arrestez par les soins de M. le maréchal d'Estrées, commandant en Poictou, et leur procez leur doit estre fait par les juges qui en doivent connoistre. Je crois que ce sera à Civray et à Poictiers. Je vous en donne advis, afin que vous ayez attention à ce qui se passera à cet égard. M. d'Ableiges escrit que la pluspart des juges de seigneurs dans l'estendue de son département sont de nouveaux convertis qui ne font pas leur devoir, que par leur mauvais exemple ils empeschent les autres particuliers de le faire. Il croit qu'il seroit bon d'en interdire quelques-uns des plus opiniastres. Le roy m'ordonne de vous escrire de prendre soin de vous en informer, et de procéder contre eux.

Le 24 aoust.

Vous verrez, par deux lettres de M. le mareschal d'Estrées, les plaintes sur le peu de justice qu'on rend à Civray et à Poictiers à ceux qui sont accusez d'avoir presché et fait des assemblées. Par la première, il remarque qu'on a voulu esluder le chastiment des coupables en faisant le procez à des gens qu'il employoit, à cause des concussions envers les nouveaux catholiques, et par la seconde qu'on a renvoyé absous le nommé Bonnet, prédicant. Le roy m'ordonne de vous dire de tenir la main à ce que la justice soit faite, et que s'il y a lieu vous appeliez *de minima* du jugement rendu en faveur de Bonnet, afin qu'on puisse voir s'il est effectivement innocent.

Le 23 avril 1700.

Il a esté jugé depuis peu au parlement une affaire concernant des prédicans qui avoient paru à Civray. Ces trois hommes ont esté renvoyez, et il a esté seulement ordonné un plus amplement informé, et deux particuliers qu'on accusoit d'avoir rendu faux tesmoignage contre eux, ont esté simplement bannis du ressort de Civray. Le jugement a paru au roy extraordinaire, en ce que si ces prédicans estoient effectivement prédicans, ils auroient deu estre punis suivant les ordonnances; et de mesme les faux tesmoins auroient deu subir une plus rigoureuse peine que celle d'un bannissement pour trois ans. Cela fait que S. M. m'ordonne de vous escrire de m'envoyer un mémoire sommaire pour luy en rendre compte.

Reg. secr.

126.

LE COMTE DE PONTCHARTRAIN
AU MARQUIS DE TORCY, SECRÉTAIRE D'ÉTAT.

Le 15 avril 1699.

Le nommé Merca, qui est à la Bastille par un ordre signé de M. de Croissy, du 29 mars 1689, s'estant fait instruire en la religion catholique, a fait abjuration de la R. P. R. avec l'approbation de M. l'archevesque, de manière que s'il n'estoit détenu que pour fait de religion, il y auroit lieu de le mettre en liberté. C'est à vous à voir, s'il vous plaist, quel est le sujet de sa détention, et en rendre compte au roy.

A Versailles, le 11 avril 1701.

Plusieurs religionnaires fugitifs qui sont rentrez dans le royaume depuis quelque temps, avoient déclaré, en faisant leur serment de fidélité entre les mains des gouverneurs des places frontières, qu'ils venoient faire leurs demeures à Paris. Cependant on apprend que la pluspart ne sont point venus loger dans les quartiers qu'ils avoient marqué, dans la veue apparemment de cacher leur arrivée, et se dispenser d'exécuter les conditions prescrites par la déclaration du mois de décembre 1698. Comme le roy seroit bien aise de remédier à cet inconvénient, S. M. trouve à propos de faire advertir les gouverneurs d'obliger ceux qui rentreront en France d'indiquer des personnes connues et domiciliées à Paris, qui puissent donner advis de leur arrivée au lieutenant général de police. Vous aurez, s'il vous plaist, agréable de prendre les ordres de S. M. pour escrire à M^{rs} les gouverneurs sur ce sujet [1].

Le 1er novembre 1702.

Nous avons à Paris un homme de Genève, nommé Dupré, qu'on soupçonne d'estre ministre protestant ou espion. Comme on a de la peine à descouvrir quel il est véritablement, le roy a jugé à propos de faire intercepter quelques-unes de ses lettres, tant de celles qu'il reçoit sous l'adresse de M. Jacques Briant, que de celles qu'il escrit au sieur Dupré son frère, citoyen de Genève, ou à d'autres bourgeois de la mesme ville. A l'esgard de celles-cy, il seroit facile de s'y mesprendre, parce qu'on ne connoît pas encore son escriture; mais on espère d'en avoir bientost, et alors on pourra agir plus seurement. S. M. m'ordonne donc de vous escrire de donner vos ordres aux directeurs des postes d'en arrester quant à présent quelques-unes de celles qu'il reçoit, et de les faire remettre à M. d'Argenson pour en faire ouverture, afin de voir s'il pourra parvenir à connoistre qui il est, et quelles sont ses intrigues.

Reg. secr.

[1] Cette dépêche fut adressée également aux deux autres secrétaires d'État, Chamillart et de la Vrillière.

127.

LE COMTE DE PONTCHARTRAIN A D'HERBIGNY, INTENDANT.

A Versailles le 23 juin 1699.

Je vous escrivis le 3ᵉ de ce mois de faire arrester la mère du sieur Lejeune, qui s'est absentée avec son petit-fils aagé de 4 ans. Le sieur Lejeune a receu la lettre dont je vous envoye copie, par laquelle on luy donne advis qu'elle est à Lyon sous le nom de Latran. Faites faire toutes les diligences nécessaires pour l'arrester, et prenez la peine de m'en donner advis.

Le 28 octobre.

Milord Exester partit de Paris le 21 de ce mois pour se rendre en Italie par la route de Lyon, ayant à sa suitte trois carrosses et trente-deux personnes. Comme on a sceu de ses gens que plusieurs personnes françoises, faisant profession de la R. P. R., ont dessein de se joindre à son équipage, dans l'espérance qu'il facilitera leur évasion, S. M. m'a ordonné de vous escrire de vous attacher à distinguer ses véritables domestiques d'avec ceux qui voudroient abuser de son nom pour sortir du royaume au préjudice des deffenses. En cas que vous apreniez qu'il y ait quelques François à sa suitte, vous pourrez luy en parler en luy faisant honnesteté sur cela; mais il ne suffira pas d'avoir à Lyon cette attention. Il faudra que vous donniez des ordres au Pont-de-Beauvoisin, s'il sort par là comme il y a aparence, afin qu'on y prenne la mesme précaution[1].

---

[1] Le même secrétaire d'État écrit, le 17 novembre 1700, à de Vaubourg : « Il est parti de Paris, depuis deux jours, un advocat, nouveau converty, nommé Chartier de la Roullière, avec quatre enfans, pour se rendre à Dieppe, à dessein de s'y faire baigner, ayant esté mordu d'un chien enragé. Il a pris pour ce voyage une attestation de M. d'Argenson, et a mesme donné un procureur pour caution. Cependant le

Le 4 janvier 1702.

On est informé de bonne part que le nommé Costil, médecin de la ville de Rouen, vient de temps en temps à Paris chez son gendre, où il fait le prédicant, affectant de visiter la pluspart des protestans mal convertis, pour les confirmer dans l'erreur. Le roy m'ordonne de vous escrire de faire observer la conduitte qu'il tient à Rouen, et de le faire arrester s'il est vray qu'il fasse sa principale estude de destourner les nouveaux catholiques de faire leur devoir; voulant au surplus que, quand il s'absentera de Rouen pour venir à Paris, vous me le fassiez sçavoir.

Le 1er aoust 1703.

Vous avez à Rouen un médecin nommé Costil qui est un protestant opiniastre, qui fait de temps en temps des voyages à Paris pour confirmer dans l'erreur le nommé Leroy, marchand de vin, qui a espousé sa fille. Le roy m'ordonne de vous escrire de luy deffendre très-expressément de venir à Paris sous quelque prétexte que ce soit, en l'advertissant que s'il est assez osé d'y paroistre, il sera mis en prison, et au surplus de prendre garde à la conduitte qu'il tiendra à Rouen, et d'en advertir M. le marquis de la Vrillière.

Reg. secr.

128.

LE COMTE DE PONTCHARTRAIN AU CHANCELIER DE FRANCE.

Le 7 juillet 1699.

Le mouvement dans lequel on se trouve sur l'exécution des déclarations concernant les religionnaires, et sur tout ce qui se passe dans

roy m'ordonne de vous escrire d'en avertir les officiers qui sont sur les lieux, affin que, s'il avoit dessein de s'évader, ils puissent estre prévenus. » (*Reg. secr.*)

les provinces à l'esgard des nouveaux convertis, donne souvent, comme vous sçavez, trop de matière au conseil des dépesches, ce qui consomme la meilleure partie du temps qui devroit estre employé en d'autres affaires. Cela a fait prendre au roy la résolution de faire une assemblée chez vous, lorsque vostre santé vous le permettra, ou chez M. le duc de Beauvillier, lorsque ce ne pourra estre devant vous, où il sera fait raport de tout ce qui reviendra des provinces sur cette matière, afin d'y prendre des résolutions uniformes, et en rendre compte au roy mesme dans un conseil qu'il veut bien donner uniquement à cet effet. Outre M. de Pomponne et les secrétaires d'Estat, Mrs de Pomereu et d'Aguesseau assisteront aux assemblées et chez le roy mesme. S. M. m'a ordonné de vous en advertir et de vous dire que ces assemblées se tiendront de quinzaine en quinzaine, le samedy après le disner, et le conseil de mois en mois chez le roy.

Reg. secr.

129.

LE COMTE DE PONTCHARTRAIN A DE BASVILLE.

Le 29 juillet 1699.

Le roy ayant esté informé que le procureur fiscal de Chandenier est un très-mauvais catholique qui, par son exemple, destourne les autres de faire leur devoir, S. M. m'a ordonné de vous escrire de le destituer, rien n'estant plus contraire aux conversions sincères que de voir un tel homme en charge dans vostre terre[1].

---

[1] Le même secrétaire d'État avait été chargé, le mois précédent, d'écrire aux fermiers généraux : « J'avois eu advis de M. l'intendant du Poictou que le nommé Dieulefit, controlleur des traictes à Chastellerault, nouveau réuny, y fait très-mal son devoir de catholique. Ainsy, le roy veut qu'il soit destitué de cet employ qu'il se trouve par cette raison indigne de remplir. » (*Reg. secr.*)

Le 8 may 1704.

On a demandé au roy la confiscation des biens de la demoiselle de Montmil, bourgeoise de Castres, morte dans la religion protestante, et qui n'a que des parens fort esloignez. S. M. m'ordonne de sçavoir de vous s'il a esté fait quelques procédures contre la mémoire de cette fille, s'il y a lieu à la confiscation, et en ce cas en quoy consistent ces biens.

Reg. secr.

130.

LE COMTE DE PONTCHARTRAIN
AU PREMIER PRÉSIDENT DU PARLEMENT DE PARIS.

A Versailles, le 26° octobre 1699.

Le roy fit escrire au mois d'aoust dernier à M^{rs} les premiers présidens et procureurs généraux des parlemens, d'empescher qu'on ne fist traisner sur la claye le cadavre des nouveaux catholiques ausquels on feroit le procez pour avoir desclaré en mourant qu'ils persistoient dans la religion protestante. Et S. M. estant informée que la peine d'amende honorable à laquelle on condamne ceux qui, après ces déclarations, reviennent de leurs maladies, produit un aussy mauvais effet que celle de traisner sur la claye, S. M. m'a ordonné de vous escrire d'empescher qu'à l'advenir on ne leur fasse subir cette peine d'amende honorable; en tenant la main cependant qu'elle soit tousjours ordonnée par les jugemens de mesme que les autres peines portées par la déclaration du mois d'avril 1686, voulant que les jugemens soyent exécutez en tous les autres chefs, excepté l'amende honorable; ce qu'il faudra tenir secret autant qu'il sera possible.

Pap. Harl.

131.

LE COMTE DE PONTCHARTRAIN AU MARQUIS DE VINS.

Le 3 mars 1700.

Le roy a esté informé que le sieur de Vic, mousquetaire de vostre compagnie, nouveau catholique, néglige fort de se faire instruire, et ne visite presque plus les ecclésiastiques du séminaire des Missions Estrangères qui s'estoient chargez de ce soin. Ainsy S. M. m'ordonne de vous escrire d'y avoir une attention particulière[1].

Reg. secr.

132.

LE COMTE DE PONTCHARTRAIN A DE BONNAC.

Le 10 may 1700.

On m'escrit de Genève et des environs qu'il y est revenu quelques François de Brandebourg et des autres lieux de l'empire où les religionnaires ont formé des establissemens, qui les descrient beaucoup, et qui passent à Genève pour arrester ceux qui se préparoient à s'y rendre. Ils en ont dit assez pour faire juger qu'ils avoient pris la résolution de se retirer en France, et mesme qu'ils espéroient tirer

---

[1] C'est peut-être le même de Vic au sujet duquel le secrétaire d'État écrit le 26 mai 1701 au P. supérieur de l'Oratoire : « M. de Vic, qui est depuis longtemps chez vous, ne paroît pas avancer beaucoup sa conversion; il a depuis peu receu un remboursement qui pourroit faire soupçonner qu'il auroit dessein de s'absenter; mais comme M. le cardinal de Noailles donne des asseurances d'une prochaine réunion, S. M. m'ordonne de vous escrire d'avoir une attention plus particulière sur luy, en sorte que soubs quelque faux prétexte il ne vous eschappe pas, et de mander le progrez qu'il fera pour sa conversion. » (Reg. secr.)

quelque récompense de ce qu'ils faisoient. Sur le compte que j'en ay rendu au roy, S. M. m'a commandé de vous dire qu'il seroit très-important pour le bien du royaume qu'en suivant ce mouvement de quelques particuliers vous taschassiez de le pousser plus loin, et d'engager les François establis dans les endroits à portée desquels vous estes, surtout ceux qui sont à la teste des manufactures, et qui employent les ouvriers, à prendre le mesme party, et à y revenir ou de retourner dans le pays. Mais s'il y avoit d'autres moyens praticables pour les y exciter, je les proposeray volontiers au roy, lorsque vous me les aurez suggéré.

Reg. dépêch. comm.

133.

LE COMTE DE PONTCHARTRAIN A MAGALOTTI.

Le 10 juin 1700.

Le roy ayant esté informé que la femme et les enfans du nommé Seheult, orfèvre, nouveau catholique, ont est éarrestez à Valenciennes voulant sortir du royaume, S. M. m'a ordonné de vous escrire de les envoyer à Paris. Celuy que vous chargerez de les conduire aura soin de mener la femme à la Bastille, les fils à la maison des Nouveaux-Catholiques du faubourg Saint-Victor, et les filles dans la maison des Nouvelles-Catholiques, rue Sainte-Anne. Je feray payer à ce conducteur la despense qu'il fera. Prenez la peine seulement de luy recommander de les traiter doucement, et de les amener par quelques voitures convenables.

Reg. secr.

134.

LE COMTE DE PONTCHARTRAIN
AU LIEUTENANT DE ROI DES ILES SAINTE-MARGUERITE.

Le 16 juin 1700.

Il y a longtemps que je n'ay receu des nouvelles des nommez Lestang, Valsec, Girard et Gardien. Prenez la peine de me mander en quel estat ils sont, de quelle manière ils se conduisent, s'ils ne demandent point à estre instruits en la religion catholique, et s'ils paroissent toujours opiniastres dans la R. P. R., et enfin tout ce qui regarde ces quatre hommes, afin que j'en puisse rendre compte au roy[1].

Reg. secr.

135.

LE COMTE DE PONTCHARTRAIN A DE MIANE.

Le 12 aoust 1700.

Le roy est fort content d'aprendre tous les soins que vous prenez pour la conversion des nouveaux catholiques qui sont envoyez au chasteau de Nantes, et particulièrement de ce que vous avez fait à l'esgard du sieur de Ramsay. J'envoye à M. d'Ableiges l'ordre pour sa

---

[1] Le 18 février de l'année suivante, le même secrétaire d'État écrivit à Desgranges : « Le roy trouve bon, dès que vous serez arrivé à Toulon, que vous passiez aux isles Sainte-Margueritte pour y voir les cinq ministres qui y sont détenus par ordre de S. M. ; que vous vous entreteniez avec eux, pour connoistre dans quelle situation ils sont sur le fait de la religion, et que vous m'envoyiez un mémoire de l'estat auquel vous les avez trouvé, et de leurs bonnes et mauvaises dispositions, sans que personne sçache ny qu'ils y sont, ny pourquoy vous y allez. » (*Reg. secr.*)

liberté. Il vous l'adressera avec le mémoire de ce que ce gentilhomme doit faire avant sa sortie. Et comme vous réussissez si bien aux conversions, il vous sera envoyé de Saumur deux gentilshommes envers lesquels S. M. vous recommande de faire aussy bien que vous avez fait pour le sieur de Ramsay.

Le 27 octobre.

J'ay lu au roy la lettre que vous m'avez escrit au sujet de la dame de la Contaudière. S. M. est très-persuadée de son opiniastreté dans la religion; mais il faut espérer qu'avec un peu de patience on pourra l'obliger à devenir plus docile, et la faire entrer en raison sur sa prévention contre l'église catholique. Vous devez avoir tousjours beaucoup d'honnesteté pour elle; c'est le moyen de ne pas la rebuter; et si, suivant les dispositions que vous luy trouverez après quelques conférences, vous jugez à propos de vous faire ayder par quelque ecclésiastique habile en fait de controverse, il faudra luy en faire venir un qui luy soit agréable; car bien souvent on gagne plus sur l'esprit d'une femme entestée par la douceur et la complaisance que par tout autre moyen.

Le 17 novembre.

J'ay rendu compte au roy de ce que vous m'avez escrit concernant Mme de la Contaudière. S. M. est persuadée que vous ferez de vostre mieux pour sa conversion, et que vous estes capable d'y contribuer plus qu'un autre par vostre sçavoir-faire. Le roy ne laissera pas pourtant d'estre agréablement surpris si vous pouvez venir à bout de cette entreprise.

Le 19 octobre 1701.

Il y a à Saumur deux nouveaux catholiques de Poictou, nommez Hadel et la Gaillarderie, qui y sont depuis longtemps, sans qu'on ayt pu rien gagner sur eux. Le roy, qui est persuadé que vous y réussirez mieux que personne, a fait expédier des ordres pour les faire transférer au chasteau de Nantes. Ce sera pour vous une belle occasion de donner, en les convertissant, des marques de vostre zèle et de vostre capacité.

Reg. secr.

136.

LE COMTE DE PONTCHARTRAIN

AUX MARQUIS D'ESTISSAC, DE VERAC ET DE PONS, AUX MARQUISES DE SAINT-GELAIS ET DE LA VARENNE, AU GRAND PRIEUR D'AQUITAINE, AUX ABBESSES DE THOUARS ET DE XAINTES, ETC.

A Fontainebleau, le 17 octobre 1700.

Le roy apprend avec plaisir que la noblesse et tout ce qu'il y a de gens de quelque considération, nouveaux catholiques dans le Poictou, y donnent de plus en plus des marques de la sincérité de leur conversion, et se portent volontiers à faire tous les exercices de la religion catholique. Quoyque cette bonne disposition paroisse aussy en la pluspart des autres nouveaux catholiques, S. M. est informée que les vassaux et tenanciers des gens de qualité qui ont des terres en ce pays-là, sont les plus lents à se mettre entièrement dans la bonne voye. Ce qui a obligé S. M. de m'ordonner de vous escrire que vous ne sçauriez faire une chose qui luy soit plus agréable, que de faire en sorte, soit par excitation, soit par les autres moyens doux et convenables que vous pourrez vous imaginer, que les gens de cette espèce qui sont vos vassaux et qui tiennent de vous des fermes, se hastent de s'instruire parfaitement, et donnent lieu, par leur bonne conduitte dans la religion, de croire qu'ils sont sincèrement convertis.

Reg. secr.

137.

LE COMTE DE PONTCHARTRAIN
A DE MONTESQUIEU, PRÉSIDENT A BORDEAUX.

Le 18 octobre 1700.

J'ay rendu compte au roy des deux arrests dont vous me parlés par votre lettre du 6 juillet, et des difficultés que vous me proposés sur l'exécution de ces deux jugemens.

A l'égard du premier, qui condamne trois fugitifs aux peines portées par la déclaration, le roy a paru surpris que vous avés tardé si longtemps à le faire exécuter, et que vous attendiés sur cela de nouveaux ordres. Vous n'ignorés pas que son intention a toujours esté que les édits et les déclarations, aussy bien que les instructions qu'il a données en conséquence, fussent exécutées à la lettre; et affin qu'il ne vous reste sur cela aucun doute, et que vous soyés parfaitement instruit de ce que vous avés à faire dans ces occasions, je vous diray que, ny pour les trois fugitifs dont vous me parlés, ny pour tous ceux qui pourront estre condamnés dans la suitte pour avoir contrevenu aux déclarations sur le fait de la religion, il n'y a aucune grâce à espérer de la part du roy avant l'exécution des arrests, mais seulement lorsque les condamnés, dans le temps qu'ils subiront actuellement la peine des galères, donneront des marques sincères d'une véritable conversion, toutes celles qu'ils pourront donner auparavant que d'y estre conduits devant toujours estre suspectes, et l'expérience ayant fait connoistre que ceux qui, dans le moment de la condamnation, déclarent qu'ils veulent vivre et mourir dans la religion catholique, et font sur cela les plus fortes protestations, changent très-souvent et de langage et de conduitte, quand ils se voient attachés à la chaisne, sans espérance de grâce. Ainsy, monsieur, il faut commencer par exécuter l'arrest dont il s'agit contre les nommés Viers, Desquignos et

Chabot. Quand ils auront esté quelque temps aux galères, s'ils persistent dans les bons sentimens dont ils ont fait profession dans la prison, le roy verra s'il sera à propos de leur accorder des lettres.

Quant à l'autre arrest, je ne vois point ce qui a pu vous empescher de le signer, dès le moment que vous avés trouvé et la procédure irrégulière et les accusés innocens. Nulle considération n'a pu différer la signature d'un arrest qui n'a point dû avoir d'autres motifs que ceux de la justice et de la conscience. Le vray caractère d'un bon juge est d'estre toujours égal, et quand il condamne le coupable et quand il absout l'innocent, et il ne luy est pas plus permis de surceoir l'exécution de ses jugemens dans le cas de l'absolution que dans celuy de la condamnation. Ainsy ne tardés pas plus longtemps de signer celuy qui casse la procédure de l'assesseur de Saintes, et s'il est vray, comme vous me le marqués, que les accusés ne soient pas dans le cas de la déclaration, ne faittes nulle difficulté de les élargir ; donnés seulement les ordres nécessaires pour veiller à leur conduitte, affin que leur absolution ne leur serve pas de prétexte pour contrevenir dans la suitte aux déclarations du roy.

Décis. Pontch.

138.

LE COMTE DE PONTCHARTRAIN AU DUC DE LA FORCE.

A Versailles, le 24 novembre 1700.

Ce qui a obligé le roy de faire remettre Mlle vostre sœur dans un couvent, est qu'on avoit eu des advis certains qu'à la persuasion et par le ministère d'une dame Proste, elle se disposoit à sortir du royaume pour passer en Angleterre. Il faut espérer qu'elle reconnoistra sa faute, et qu'elle ne vous donnera plus la juste inquiétude que vous auriez eu si elle avoit exécuté ce dessein.

Quant à ce qui regarde les nouveaux catholiques de Bergerac,

M. de la Vrillière doit vous faire sçavoir les intentions de S. M. sur ce sujet.

Le 17 may 1703.

Vous aurez apparemment appris que M. vostre frère l'abbé a pris la résolution de quitter l'estat ecclésiastique, et de se mettre dans les mousquetaires; S. M. l'a trouvé bon. Il entrera incessamment dans la compagnie commandée par M. de Maupertuis. Il sera payé de sa pension de 3,000^{tt}; mais comme il doit la meilleure partie à Saint-Magloire, et qu'il a de la despense à faire pour se mettre en équipage, je crois que vous jugez bien qu'il a besoin en cette occasion de vostre secours. Ainsy si vous pouvez luy donner quelque chose de plus que les 1,200^{tt} que vous avez accoustumé de luy payer, vous ne pouvez le faire dans un temps où il en ayt plus de besoin. C'est de l'ordre de S. M. que je vous en escris, et je luy rendray compte de la response qu'il vous plaira de me faire sur ce sujet.

Reg. secr.

139.

LE COMTE DE PONTCHARTRAIN
A DESALEURS, MINISTRE PLÉNIPOTENTIAIRE DE FRANCE EN ALLEMAGNE.

A Versailles, le 16 mars 1701.

Le sieur Ribeyre de Ricarville, nouveau catholique qui a esté longtemps prisonnier à cause de la religion, est en peine de sçavoir des nouvelles de sa femme et de sa fille, qui ont passé en Allemagne; il a demandé permission au roy d'escrire à M^{rs} du consistoire de Saxe-Gotha pour tascher d'en apprendre par leur moyen, et S. M. a bien voulu y consentir, à condition qu'elle verroit la lettre qu'il escriroit, et qu'elle vous seroit ensuitte adressée par son ordre, afin que vous ayez, s'il vous plaist, agréable de l'envoyer, et si vous jugez à propos de vous charger de la response de ces messieurs, vous prendrez la peine de me l'adresser.

Reg. secr.

140.

LE COMTE DE PONTCHARTRAIN A L'ÉVÊQUE DE POITIERS.

A Versailles, le 19° avril 1701.

J'ay rendu compte au roy aujourd'huy de la lettre que vous m'avez escrit au sujet des curez de vostre diocèse. S. M. a veu avec peine que vous estes obligé de convenir que les uns sont incapables d'instruire les nouveaux catholiques, et que les autres les scandalisent par leur mauvaise conduitte. Vous estes à plaindre dans une telle situation, par l'impossibilité qu'il y a de remédier en mesme temps à l'ignorance des uns et au désordre des autres. Mais comme la déclaration du 15° décembre 1698 vous donne le pouvoir d'envoyer pendant trois mois dans des séminaires les ecclésiastiques qui tiennent une mauvaise conduitte, S. M. m'ordonne de vous escrire de vous servir de ce remède contre les curez qui mènent une vie scandaleuse, autant que vous le jugerez nécessaire. Au surplus elle vous recommande de vous conformer, dans le choix des ecclésiastiques que vous employerez à l'instruction des nouveaux catholiques, à ce qui vous est prescrit par le mémoire qu'elle vous a envoyé le 20° janvier 1699. A l'esgard de ce que vous dites qu'il seroit à propos que les juges eussent des listes de tous les enfans, et qu'ils allassent eux-mesmes de temps en temps aux cathéchismes pour voir ceux qui y manquent, afin de pouvoir condamner les pères et mères à des amendes, S. M. a trouvé cette proposition impraticable. C'est aux curez à les advertir, et si, après leurs dénonciations, les juges ne font pas leur devoir, ils pourront vous en porter leurs plaintes ou à M. l'intendant, et sur vos advis S. M. donnera les ordres qui conviendront.

S. M. ne peut point non plus vous envoyer les livres que vous demandez pour les nouveaux catholiques : c'est un détail dans lequel elle ne veut point entrer.

A Versailles, le 19ᵉ avril.

Je vous ay desjà mandé que le roy avoit donné ordre à M^{rs} les intendans d'avoir plus d'attention que jamais sur la conduitte des nouveaux catholiques, et d'obliger les enfans d'aller aux instructions. Mais M. d'Ableiges me marque que les curez négligent d'envoyer aux juges les listes de ceux qui se dispensent de ce devoir, ce qui empesche qu'on ne puisse condamner à des amendes les pères et les mères. Sur quoy S. M. m'ordonne de vous escrire que vous devez donner ordre à tous les curez de vostre diocèze d'estre plus soigneux à l'advenir, d'informer les juges des lieux de ceux qui manqueront à exécuter les intentions de S. M. à cet esgard.

Le 26 aoust.

J'ay receu les lettres que vous avez pris la peine de m'envoyer, qui sont escrites par des réfugiez d'Angleterre à de nouveaux catholiques de Poictou. Il seroit à désirer qu'on pust suprimer touttes ces lettres, et en empescher l'entrée dans le royaume, à cause du mauvais effet qu'elles peuvent produire; mais c'est une chose impossible dans son exécution; car il faudroit pour cela lire touttes les lettres qui arrivent dans la province, et ce qu'on peut faire tout au plus, est que doresnavant qu'on en adressera de semblables à quelques particuliers, de donner ordre au bureau de la poste pour les faire arrester. J'en escris dans ce sens à M. d'Ableiges, et luy mande d'y avoir attention. Je luy envoye en mesme temps un ordre pour faire sortir pendant trois mois de l'hospital de Loudun la dame de Saint-Fonds; c'est à condition que si pendant ce temps elle ne profite pas de vos advis et de vos instructions, elle sera de nouveau enfermée....

Reg. secr.

141.

LE COMTE DE PONTCHARTRAIN AU COMTE DE CHAMILLY.

A Versailles, le 17ᵉ aoust 1701.

M. l'évesque de la Rochelle, qui se proposoit de faire une mission à Moncoutant, et qui estoit persuadé qu'il faudroit que le commandant de la province usast de sévérité pour rendre heureux le succès de cette mission, me mande qu'il a compris par ce que vous luy avez dit, que dans les circonstances présentes il n'estoit pas du service du roy de traitter les mal réunis avec rigueur. Il me consulte s'il doit faire ou non sa mission; ce qui m'oblige de vous prier de me mander si vous jugez qu'il y ayt quelque inconvénient à punir quelques-uns des plus opiniastres par la prison, l'exil ou autre peine semblable, et après que j'auray receu de vos nouvelles sur ce sujet, je luy feray response.

Le 23 novembre.

Ayant rendu compte au roy de ce qui m'a esté escrit par M. l'évesque de la Rochelle du peu de succez qu'a eu sa mission à Moncoutant, S. M. m'a ordonné de vous escrire en général de tenir la main à l'exécution des édits et déclarations concernant les religionnaires, estant persuadée que vous sçaurez faire en cela ce qui conviendra pour son service et l'avancement de la religion.

Le 12 décembre.

Le roy ayant esté informé que Mᵐᵉ de Fonpatour, très-opiniastre huguenotte, a trois filles qui ne le sont pas moins qu'elle, S. M. m'a ordonné d'expédier les ordres que je vous envoye, pour les faire mettre séparément dans des maisons de Nouvelles-Catholiques, ainsy que vous et M. l'évesque de la Rochelle le jugerez à propos. Je vous prie de prendre la peine de me mander les lieux que vous aurez choisy pour cela, et quand elles y seront.

Le 18 janvier 1702.

J'ay lu au roy la lettre que vous avez pris la peine de m'escrire concernant Mme de Fontpatour. Plus elle paroist entestée, plus sa conversion sera glorieuse, si vous pouvez y réussir. A l'esgard de ses filles, vous avez bien fait d'envoyer à M. de Sourdis les ordres pour les placer dans des couvens de Bordeaux.

Le 25 janvier.

Le roy, à qui j'ay rendu compte de ce que vous m'avez escrit concernant la nommée Chabot qui a commis une irrévérence en présence du Saint-Sacrement, m'a ordonné de vous escrire qu'il convient mieux de la mettre dans une maison de Nouvelles-Catholiques que dans un autre couvent, où l'on n'est pas si propre à instruire ces sortes d'entestées.

Le 15 février.

J'ay apris par M. d'Ableiges qu'ayant fait arrester le nommé Maniteau, mauvais catholique de la parroisse de Moncoutant, les habitans ont fait une espèce de rébellion, et l'ont retiré par force des mains du prévost de Thouars. Il me mande en mesme temps qu'il vous en a donné advis, et que les habitans de cette parroisse mériteroient bien quelque chastiment pour cette rébellion et pour les autres fautes dans lesquelles ils sont desjà tombez. Je crois qu'il seroit à désirer qu'on pust distinguer les principaux autheurs de cette rébellion, afin de les punir par détail plustost que de chastier la parroisse par logement de gens de guerre ou autre exécution militaire. C'est ce que le roy désire sçavoir de vous, après que vous vous serez informé de ce qui s'est passé en cette dernière occasion.

Le 22 février.

M. d'Ableiges m'a escrit sur une assemblée de nouveaux catholiques qui a esté faitte à Melle, et en mesme temps il mande la nécessité qu'il y auroit d'avoir un régiment de cavalerie ou de dragons à départir dans les cantons où les nouveaux catholiques sont les plus opiniastres. Je luy fais response que le roy n'est pas à présent en estat d'y en envoyer, et qu'il faut qu'il agisse de concert avec vous par le moyen des prévosts des maréchaux ou autres gens de cette espèce, pour contenir les religionnaires dans leur devoir. C'est ce que S. M. m'a ordonné de vous escrire, affin que de vostre part vous donniez, s'il vous plaist, les ordres qui seront nécessaires suivant les occurrences, S. M. se reposant entièrement sur vous pour tout ce qui regarde les religionnaires.

Le 1er mars.

Pendant la guerre passée, le roy faisoit expédier des ordres au commencement de la campagne pour arrester les gentilshommes de la province de Poictou dont la conduite estoit suspecte, et dont il auroit esté à propos de s'assurer en cas qu'il fust arrivé quelque chose d'extraordinaire. Je vous envoye le mémoire des ordres qui furent donnés sur cela en 1696. Il pourra vous servir à dresser un pareil mémoire de ceux que vous auriez dessein de faire arrester en pareil cas, en quoy S. M. se remet à vostre prudence et à la connoissance que vous pouvez avoir des gentilshommes nouveaux catholiques qui seroient suspects.

Le 25 mars.

Le roy approuve que vous ayez fait mettre en liberté la dame de Gourville et la fille aveugle que vous aviez fait conduire au chasteau de Niort, puisqu'elles ont donné des marques suffisantes de la sincérité de leurs conversions.

Il a esté envoyé à M. d'Ableiges un arrest du conseil pour faire le procez aux coupables de la rébellion faitte à Melle contre le prévost de Thouars. A l'esgard des assemblées dont le président Goulier vous a donné advis, il doit faire le procez aux coupables suivant les édits et déclarations, et comme la procédure qui sera faitte soit par M. d'Ableiges, soit par M. Pinon son successeur, aura beaucoup de connexité avec celle que le juge fera sur les assemblées illicites, ce dernier trouvera beaucoup de facilité dans l'instruction du procez. Il faudra bien que le prévost de Thouars fasse main-basse, en cas de rébellion, lorsqu'il ira à Puymarie pour exécuter les décrets de M. d'Ableiges dans ce procez qu'il doit faire; mais il faut qu'il ne se serve de cette voye qu'à l'extrémité, et il faut le fortifier de manière qu'il ne tente point inutilement cette exécution. S. M. se remet sur cela à vostre prudence et à vostre bonne conduitte.

Le 27 avril 1705.

Les réflexions que vous faites sur la permission qui a esté donnée à Mme de Vérac de sortir du royaume sont très-judicieuses, et rien ne seroit plus capable de donner mauvais exemple, s'il y avoit beaucoup d'autres protestans de cette espèce. Mais je dois vous faire observer qu'elle n'avoit encore point fait abjuration, qu'il n'y en a point, ou qu'il n'y en doit pas avoir dans la province dans le mesme cas, et que si sous ce prétexte quelque femme opiniastre vouloit se rendre difficile aux instructions, le roy la feroit aussytost enfermer sans espérance de pouvoir obtenir la permission de sortir. C'est ce que vous ne devez pas manquer de représenter à celles qui voudroient profiter de l'exemple de Mme de Vérac.

Reg. secr.

142.

LE COMTE DE PONTCHARTRAIN A SAVILLE.

A Versailles, le 26 aoust 1701.

Il y a quelque temps qu'on me donna advis qu'un gentilhomme anglois nommé Bigion, nouveau catholique, ayant esté attaqué d'une maladie dangereuse, avoit esté obsédé pendant plusieurs jours par deux ministres escossois nommé Edouard et Torp qui l'avoyent perverty; mais que deux aumosniers du roy d'Angleterre et quelques ecclésiastiques de la parroisse de Saint-Sulpice, à Paris, ayant esté introduits auprès du malade, il estoit mort dans de bons sentimens, après avoir receu les sacremens de l'Église. On accuse ces ministres de visiter non-seulement les protestans estrangers, mais aussy les François mal convertis, pour les confirmer dans l'erreur, et que pour se rendre moins circonspects, ils se rendent de temps en temps à Saint-Germain. Je vous prie de prendre la peine de me faire sçavoir si vous connoissez ces deux ministres, quelle est leur conduite, et s'ils sont avouez du roi d'Angleterre.

Reg. secr.

143.

LE COMTE DE PONTCHARTRAIN A BEGON.

A Versailles, le 29ᵉ aoust 1701.

Vous m'escrivistes par vostre lettre du 20ᵉ février que les maire et eschevins de la Rochelle estoient convenus de donner 350 ᵗᵗ par an à un prestre irlandois présenté par leur évesque, pour enseigner la langue angloise. Vous me marquiez en mesme temps que vous luy faisiez chercher un lieu pour tenir son escole. Le roy approuve le choix de cet homme; il faut l'establir promptement, et chercher une autre personne pour enseigner de mesme la langue hollandoise. M. l'évesque de la Rochelle m'avoit en dernier lieu escrit pour remplir ces emplois de deux jésuites; mais S. M. n'a pas jugé que cela convinst, ainsy que je vous l'ay desjà mandé.

Le 16 septembre 1705.

Une femme de la Rochelle nommée Flaming et ses filles, ayant esté condamnées à estre rasées et enfermées pour avoir voulu sortir du royaume, le roy avoit bien voulu les renvoyer à la Rochelle sur les asseurances qu'elles donnoient d'une conversion sincère, et de tenir doresnavant une conduitte telle que de bons catholiques doivent avoir. Cependant elles ont fait tout le contraire, ainsy que vous le verrez par la lettre de M. l'évesque de la Rochelle ; ce qui a obligé S. M. de faire expédier l'ordre que je vous envoye pour les faire mettre dans tels couvens que vous jugerez à propos.

Reg. secr.

144.

LE COMTE DE PONTCHARTRAIN A TURGOT.

A Versailles, le 11° janvier 1702.

Sur l'avis qu'on a eu de Saumur que la demoiselle de Chalendos, mauvaise catholique, laquelle est enfermée dans le chasteau par ordre du roy, estoit devenue folle, j'escrivis au commandant pour sçavoir ce qu'on en pourroit faire. Il me fit response qu'elle ne pouvoit estre mieux que chez un chirurgien de la ville qui en prendroit soin, et l'entretiendroit de tout, moyennant 400#, pension que S. M. veut bien payer. Cette demoiselle m'a escrit la lettre que je vous envoye par ordre de S. M., qui veut qu'encores que vous n'ailliez pas sitost sur les lieux, vous chargiez quelqu'un de la voir, d'examiner la scituation de son esprit, et de vous en envoyer un mémoire que je puisse faire voir à S. M.

Le 19 décembre 1703.

Au mois d'octobre 1700, on fit mettre à l'hospital de Paris une fille nommée Judith Margadret, de la ville de Tours, qui vouloit sortir du royaume pour aller trouver son oncle réfugié en Angleterre. Elle a assez bien profité des instructions qui luy ont esté données; on la juge digne d'estre renvoyée à son pays, pourveu qu'elle soit mise avec quelque ancien catholique où sa religion soit en seureté. Le roy m'ordonne de vous escrire de voir où elle pourra estre mise, et de me le faire sçavoir, afin qu'on puisse la renvoyer au plus tost.

Le 2 décembre 1705.

La veuve Camin, prisonnière au chasteau de Saumur, n'ayant point fait abjuration, le roy est résolu de la faire sortir du royaume, après qu'on aura essayé de la convertir. Pour cet effet il faut tenir cette résolution secrette, et mettre tous les moyens possibles en usage pour l'obliger à s'instruire, en luy faisant entendre que c'est le seul expédient propre à mettre fin à ses peines ; et si dans trois mois elle persiste dans son opiniastreté, on l'envoyera hors du royaume. Prenez donc la peine de charger quelqu'un d'avoir sur elle une attention particulière pour vous en rendre compte, et de m'informer dans le temps de la situation où elle se trouvera.

Reg. secr.

145.

LE COMTE DE PONTCHARTRAIN
AU PROCUREUR DU ROI PRÈS L'AMIRAUTÉ DU HAVRE.

A Versailles, le 18 janvier 1702.

Je m'estonne de la proposition que vous me faittes par vostre lettre par laquelle vous demandez si vous devez faire le procez comme à des relaps à divers particuliers qu'on a arresté voulant sortir du royaume, qui se disent de la R. P. R., quoyque la pluspart ayent fait abjuration. Si vous prenez la peine de lire la déclaration du 13e septembre 1699, vous verrez qu'elle porte que le procez sera faict aux sujets du roy anciens engagez dans cette religion ou réunis à l'Église, qui sortiroient sans permission, ou qui seront arrestez sur les frontières en estat de sortir du royaume. Vous n'avez donc qu'à exécutter à la lettre ce qui est porté par cette déclaration.

Reg. secr.

146.

LE COMTE DE PONTCHARTRAIN AU CARDINAL DE NOAILLES.

A Versailles, le 22 février 1702.

Je vous envoye par ordre du roy cette lettre, qui m'a esté escritte par le gentilhomme qui est auprès de M. l'abbé de la Force, S. M. désirant que V. Ém. prenne la peine de s'informer s'il est vray que l'abbé de la Force fasse mal son devoir dans le séminaire, et qu'on eust voulu le renvoyer, s'il y a quelque fondement à ce qu'on avance concernant M. le duc de la Force, si d'ailleurs cet homme n'auroit point des raisons d'intérest qui le fissent agir comme il fait, ou si ce ne seroit point par humeur.

Le 8 mars.

J'ay rendu compte au roy de ce que V. Em. m'a fait l'honneur de m'escrire concernant M. l'abbé de la Force, et puisque vous voulez bien donner vostre attention sur ce qui le regarde, S. M. se remet à vous de renvoyer quand vous le jugerez à propos, l'homme qui est auprès de luy, et de luy choisir un ecclésiastique qui luy convienne[1].

Reg. secr.

---

[1] Le précepteur du jeune de la Force était la Bruyère. Deux ans après la date de la lettre transcrite ci-dessus, il reçut du secrétaire du cabinet du roi la lettre que voici : « Vous avez esté mis, comme vous sçavez, auprès de M. de la Force par M. de Longpré, à qui je m'estois adressé pour chercher un homme capable de cet employ. Vous n'avez pas deu vous attendre qu'il durast tousjours; et M. de la Force ayant 25 ans, et estant sur le point d'entrer en campagne, il est juste qu'il ayt la liberté de se gouverner, et il faut espérer que les bonnes instructions qu'il a receues de vous, luy seront très-utiles. Si dans la suitte je puis quelque chose pour vostre service, je m'y employeray avec plaisir. » (Reg. secr.)

147.

LE COMTE DE PONTCHARTRAIN
A CHAMILLART, SECRÉTAIRE D'ÉTAT.

A Versailles, le 18 mars 1702.

M. de Gagemont, gentilhomme de Poictou, cy-devant un des plus opiniastres et des plus accréditez parmy les protestans, a un fils qui a servy cornette pendant quatre ans dans le régiment de Fiesquy, et pour lequel M. de Chamilly demande une lieutenance de cavallerie, ce qui contribuera beaucoup à avancer la conversion du père. Le roy m'ordonne de vous advertir de recevoir sur cela ses ordres.

Le 1er avril 1705.

Il y a à Paris une fille, nouvelle catholique, nommée la demoiselle Broschot, à laquelle le roy donne 400^{tt} de pension pour subsister, parce que sa mère, fugitive en Hollande, a emporté leur bien. Il se présente un particulier pour l'espouser, qui demande un des employs contenus dans ce mémoire, et il paroît qu'il porte ses veues bien hautes. Le roy m'ordonne de vous le remettre, afin que vous preniez la peine de luy en parler, et je fais dire à l'homme de s'adresser à vous.

Le 15 avril.

M. le cardinal de Noailles s'intéresse fort pour l'establissement de cette fille, comme vous verrez par la copie de sa lettre, que S. M. m'a ordonné de vous communiquer, afin que vous taschiez de procurer à ce particulier les moyens de conclurre son mariage.

Reg. sec.

148.

LE COMTE DE PONTCHARTRAIN
A VERNIER, SUBSTITUT DU PROCUREUR GÉNÉRAL A METZ.

Le 9 avril 1702.

Je n'ay d'autres sources où puiser les décisions que je suis obligé de donner, que les mesmes du Parlement. Les édits et déclarations du roy, esgalement sages et respectables dans toutes les parties de son royaume, doivent estre l'unique règle à suivre. Le Parlement les sçait et il les doit suivre. Je diray seulement qu'il me paroît que des gens qui ont fait abjuration, qui pendant le reste de leur vie n'ont point esté poursuivis pour y avoir manqué, et qui sont morts sans avoir refusé ce qui est porté par les déclarations, suposé qu'on le leur ait demandé, doivent estre censés dans l'estat de leur abjuration, et en liberté par conséquent de disposer de leurs biens, suivant les coustumes des lieux où ils sont situés. Tout le tort et toute la faute vient du magistrat de n'avoir pas veillé pendant la vie de ces gens-là à leur faire faire les devoirs de catholicité, et au curé de ne s'estre pas présenté lors de leur mort. Mais il est trop tard quand on a laissé passer tous les jours de la vie d'un homme sans lui rien dire, et pas mesme à l'article de sa mort, de rechercher sa vie passée, pour faire le procès à sa mémoire. Cela n'empesche pas néantmoins les raisons ordinaires et receues entre les catholiques mesme les plus réglés, par lesquelles on attaque les testamens.

Lettr. Pontch.

149.

LE COMTE DE PONTCHARTRAIN, SECRÉTAIRE D'ÉTAT, A PINON.

A Versailles, le 24 juin 1702.

Les nouveaux catholiques des paroisses de Montcoutant, Courlay, Saint-Jean-de-Milly et la Forest sont depuis longtemps dans l'habitude de résister à toutes sortes d'advis et d'instructions qu'on leur a voullu donner. Ils ont mesme souvent fait sédition, et vous avez receu un arrest du conseil pour en informer. M. l'évesque de la Rochelle m'ayant escrit qu'ils continuent de résister avec opiniastreté aux instructions, le roy m'a ordonné de vous mander, et à M. de Chamilly aussy, de concerter ensemble les moyens qu'on peut mettre en usage pour les réduire. Vous verrez donc avec luy ce qui se peut faire de plus convenable, et vous prendrez la peine, s'il vous plaist, de me le faire sçavoir, afin que j'en puisse rendre compte à S. M.

Je vous envoye l'ordre de faire sortir de la maison de l'Union-Chrétienne de Poictiers la femme du sieur de Saint-Denis, de la ville de Saint-Messant; mais il faut que vous ayez soin de faire observer la conduitte qu'elle tiendra, lorsqu'elle sera de retour chez elle, et de vous en faire rendre compte.

Le 6 septembre.

J'ay rendu compte au roy de ce que vous m'avez escrit au sujet du sieur Perreau-Barré, gentilhomme nouveau catholique, mort depuis peu à Beauvoir. S. M. m'a ordonné de vous dire que sa femme estant angloise, on ne peut l'obliger de se convertir comme on feroit si elle estoit née en France, ou si elle avoit pris des lettres de naturalité. Ainsy, supposé qu'elle ne se soit point fait naturaliser, il faut employer la voye d'excitation et de persuasion pour tascher de la convertir; que si elle y résiste, S. M. veut qu'elle sorte du royaume, et que sa fille au contraire y reste, et que vous la fassiez mettre entre les mains de tels parens de son père que vous le trouverez à propos.

Le 1ᵉʳ may 1703.

Vous avez près de Poictiers le sieur de Gagemont, gentilhomme nouveau catholique, très-opiniastre, qui n'estoit sorty de prison que sur les asseurances qu'il avoit données à feu M. l'évesque de Poictiers de se faire instruire. Mais comme S. M. est informée qu'il n'a point changé de sentiment, ce qui est d'un très-mauvais exemple, elle m'ordonne de vous escrire que si, après le mois que M. le mareschal de Chamilly luy a encore donné, il ne se met à son devoir, elle veut qu'il soit arresté et envoyé au chasteau de Saumur, suivant l'ordre que je vous adresse sur ce sujet[1].

Le 7 juillet.

Nous avons à Paris une Mme de Beslé qui est une protestante opiniastre de Poictou, à laquelle on n'a pu encore faire entendre raison. Je vous prie de me mander en quoy consistent ses biens, si elle en jouit, et de quelle manière; car il me semble qu'elle en avoit esté dépossédée à cause de sa mauvaise conduitte dans la religion[2].

Le 25 may 1704.

Le roy approuve fort que vous ayez fait arrester le nommé Marcoin, nouveau catholique de Lusignan, pour avoir préparé, ainsy qu'il

---

[1] L'ordre suivant fut adressé le 1ᵉʳ décembre à Trudaine : « Il y a depuis plusieurs années au chasteau de Saint-Pierre-Encize, un prisonnier nommé Coyant, qui estoit un prisonnier opiniastre, de la province de Poictou. Le roy m'a ordonné de vous demander quelle est la conduitte qu'il a tenue jusques à présent, et en quelle disposition il se trouve sur la religion. » (*Reg. secr.*)

[2] C'est probablement au sujet de la même que, deux mois après, le secrétaire d'État écrit à de Mornay : « J'envoye à Beauvais Mme de Beslé, qui est une protestante très-opiniastre, sur l'esprit de laquelle on n'a encore pu rien gagner, quoyqu'elle ayt esté dans la maison des Nouvelles-Catholiques et autres endroits. S. M. m'ordonne de vous la recommander, et de vous dire d'essayer de la convertir. Si vous réussissez, ce ne sera pas une petite affaire pour le bien de la religion. Je vous prie de pren-

avoit fait, une sépulture à sa famille, et vous devez le retenir en prison et le faire instruire, et au surplus faire rompre et démolir ce prétendu cimetière.

Le 18 juin 1705.

J'ay receu la lettre par laquelle vous me mandez avoir fait arrester un de ceux qui se sont trouvez aux assemblées de religionnaires faites aux environs de Melle. Le roy ne doute point que vous ne mettiez en usage tout ce qui sera possible pour découvrir les autres coupables de ces assemblées, et les faire punir. Si vous avez besoin d'une commission pour le jugement de leur procez, vous n'aurez qu'à prendre la peine de me le faire sçavoir : je vous l'envoyeray aussitost.

S. M. ne doute pas que vous n'ayez aussy une particulière attention pour la punition des voleurs qui ont esté arrestez en bas Poictou.

Reg. secr.

150.

LE COMTE DE PONTCHARTRAIN
A SAINT-MARS, GOUVERNEUR DE LA BASTILLE.

A Versailles, le 17e aoust 1703.

La nommée le Rat, qui est à la Bastille, est accusée d'avoir fait passer en pays estrangers des protestans mal convertis, et la nommée

---

dre la peine de m'en mander de temps en temps des nouvelles. »

Au sujet d'une autre dame protestante, le secrétaire d'État écrivit le 26 août 1705 à l'évêque de Condom : « Le roy trouve bon que la dame de la Tour sorte de la maison des Nouvelles-Catholiques, ainsy que vous le proposez, pour estre remise dans sa famille, et j'escris à la supérieure de faire sur cela ce que vous désirez. Vous sçavez que le roy ne souffre en aucun lieu du royaume des religionnaires qui font ouvertement connoistre leur opiniastreté. Ainsy, supposé que cette femme ne se rende pas à la raison dans un certain temps que vous luy marquerez, elle ne doit pas espérer de demeurer paisible dans son opiniastreté ; et il faudra que vous soyez le premier à en advertir, afin qu'on puisse la faire renfermer. » (Reg. secr.)

Robert est une maîtresse d'escole qui enseignoit aux enfans le catéchisme de la R. P. R. Si l'abjuration qu'elles ont faite est sincère, ce sera un moyen pour elles d'obtenir le pardon de leur faute. Ainsy dites au chapelain de la Bastille de continuer à les instruire, et d'observer la situation dans laquelle elles se trouveront, afin que dans quelque temps vous puissiez m'en mander des nouvelles pour proposer au roy leur liberté.

<small>Reg. secr.</small>

151.

LE COMTE DE PONTCHARTRAIN A COURTIN, PRÉSIDENT A BLOIS.

A Versailles, le 8ᵉ juin 1705.

J'ay veu le mémoire que vous m'avez envoyé concernant le nommé Renou, auquel vous faittes le procez pour vols, et qui dans ses interrogatoires a dit avoir fait abjuration, et néantmoins déclaré vouloir vivre et mourir en la R. P. R. Vos observations sont judicieuses; mais comme vous n'estes que les premiers juges, je crois que vous auriez deu consulter sur vos doubtes M. le procureur général, et en cas qu'il ne pust pas les résoudre, soit par luy, soit par la voye du Parlement, ce sera à luy à demander au roy l'interprétation des ordonnances, supposé qu'elles ne soyent pas assez claires sur la question qui se présente. Cette conduitte sera dans les règles, et conforme à l'article 3 du titre Iᵉʳ de l'ordonnance de 1667.

Le 18 juin.

Je vous ay cy-devant mandé de consulter M. le procureur général sur la difficulté qui se présentoit dans l'instruction du procez de David Renou, à cause de la déclaration qu'il faisoit de vouloir vivre et mourir en la R. P. R. Je ne doute pas qu'il ne vous ayt fait sçavoir sur cela la conduitte que vous avez à tenir. Ainsy il ne me reste qu'à vous dire qu'en cas que cet homme ne soit condamné ny à mort ny aux galères, vous le reteniez en prison jusqu'à ce qu'on puisse connoistre la disposition dans laquelle il se trouvera sur la religion[1].

Reg. secr.

152.

LE COMTE DE PONTCHARTRAIN AU DUC DE PERTH.

Le 21 avril 1706.

Le nommé Arnold, originaire de Londres, est à la Bastille depuis le 2 juin 1699. Vous verrez par le mémoire joint à cette lettre de quoy il est accusé. Il paroist présentement dans la disposition d'embrasser la religion catholique. Le roy, avant que de prendre aucune résolution sur son sujet, m'a ordonné de sçavoir vostre advis sur la liberté qu'il demande.

Reg. secr.

153.

LE CHANCELIER DE PONTCHARTRAIN
A Mme DE LA GARLAYE A RENNES.

A Versailles, le 31 may 1706.

Je ne puis comprendre, Madame, ce que vous me mandés de l'estat

---

[1] Le 4 août, le secrétaire du cabinet manda au lieutenant général de Blois : « Le nommé Renou ayant esté renvoyé de l'accusation qui avoit esté faite contre luy, il ne reste en prison que sur ce que vous m'avez mandé qu'il estoit protestant opiniastre. Il faut donc que vous advertissiez M. l'évesque de Blois de l'envoyer visiter et instruire, affin que, s'il se rend docile, il puisse estre renvoyé en son pays. » (Reg. secr.)

où vous dites que se trouve à présent M. de la Garlaye, et qu'un homme bien converti, comme vous avés assuré cent fois qu'il l'estoit, soit à la veille de mourir relaps. C'est à vous et par vostre piété et par vostre tendresse de femme pour un mary, à faire tout ce qui est en vous pour l'empescher de tomber dans un aussy grand malheur selon Dieu et selon les hommes. Ce n'est pas à moy qu'il faut s'adresser pour cela : vous avés sous vostre main vostre évesque, vostre curé, et le président de Kolman, dont vous me parlés. Vous estes beaucoup plus à portée que moy de les engager à faire ce que vous désirés d'eux dans cette occasion; vous devés les mettre en œuvre. Je suis persuadé que vous n'aurés aucune peine à les y engager, puisqu'ils doivent y estre suffisamment excités par leur zèle, et que leur devoir les oblige également à donner tous leurs soins et toute leur application à lever ses doutes sur la vérité de nostre religion, s'il luy en reste quelqu'un, et à luy inspirer avec force des sentimens capables de le ramener dans la bonne voie, s'il est assés malheureux pour s'en estre écarté. Je suis, Madame, tout à vous.

Lettr. Pontch.

154.

LE COMTE DE PONTCHARTRAIN AU DUC DE SAINT-SIMON.

A Versailles, le 26ᵉ aoust 1706.

Je vois, par une lettre que m'a escrit M. l'évesque de Chartres, que vous ne vous occupez pas à vostre campagne des seuls plaisirs que les gens de vostre aage et de vostre condition ont accoustumé d'y chercher et d'y trouver. Vostre sagesse et vostre piété paroissent en tous lieux; vous vous intéressez au salut de deux filles nommées Bordeau et Cajot, et le roy, suivant vostre désir, donne ses ordres à M. de Bouville pour les faire conduire dans la maison des filles de Baisville. C'est de quoy j'ay creu devoir vous advertir.....

Reg. secr.

155.

LE COMTE DE PONTCHARTRAIN
AU COMTE DE GRIGNAN, LIEUTENANT GÉNÉRAL EN PROVENCE.

A Versailles, le 23 janvier 1708.

Je suis entièrement de vostre advis sur ce que vous me mandés touchant le jeune homme de la ville de Marseille, d'une famille de nouveaux convertis, qui est mort sans avoir receu les sacremens. Dès qu'il estoit dans le désir, lorsque le curé de la paroisse l'a excité à les recevoir, l'on a pris un party très-sage d'en demeurer là, et de ne rien aprofondir davantage. Mais ce genre d'affaires regarde uniquement les juges ordinaires, à qui les édits et les déclarations du roy prescrivent les procédures nécessaires qu'ils doivent faire dans ces occasions, dans les cas qui y sont exprimez nommément.

Lettr. Pontch.

156.

LE COMTE DE PONTCHARTRAIN
A DALON, PRÉSIDENT DU PARLEMENT DE BORDEAUX.

Le 11 aoust 1712.

J'ay receu la copie de l'arrest que le parlement vient de rendre contre la nommée Debora. Cette femme pouvoit mériter la mort; mais les condamnations prononcées contre elle ne laissent pas d'estre assez considérables pour pouvoir contenir les autres par la crainte d'une pareille punition[1]. Le rasement de sa maison surtout ne man-

---

[1] Le chancelier écrivit le même jour à du Vigier, procureur général du parlement : « Les condamnations sont assez fortes pour empescher que qui que ce

quera pas de faire beaucoup d'esclat, et de produire un bon effect; et il faut espérer que cet exemple empeschera qu'on ne fasse plus dans la suite de pareilles assemblées. M. de Torcy, qui a rendu compte de cette affaire au roy, doit vous mander les intentions de S. M. sur ce qui reste à faire.

<small>Lettr. Pontch.</small>

soit ne fasse ni ne favorise à l'avenir aucunes assemblées illicites de nouveaux convertis. » (*Lettr. Pontch.*) — D'où l'on voit que c'est pour avoir tenu chez elle une assemblée secrète d'anciens huguenots que la femme Debora fut condamnée.

IV.

SCIENCES, ARTS ET LETTRES.

1.

P. DE BONZY, ÉVÊQUE DE BÉZIERS, AMBASSADEUR A VENISE,
A COLBERT.

A Venise, le 12 may 1663.

Je vous envoye toutes les lumières que j'ay peu avoir sur les points que vous me fistes l'honneur de m'envoyer dernièrement, après en avoir fait la plus exacte recherche qu'il m'a esté possible, avec les circonspections nécessaires. Vous y trouverés sans doute des choses fort inutiles que l'occasion m'y a fait glisser pour satisfaire vostre curiosité, et pour informer le roy de ce gouvernement. Il naistra peut-estre avec le temps quelque conjoncture qui aydera à m'esclaircir de plusieurs chefs que vous ne trouverés pas sans doute assés expliqués, et je ne manqueray pas de vous en rendre compte, si vous me l'ordonnés. Le roy aura sujet de remarquer dans le mémoire que je vous adresse, que la conduite présente de ses finances peut plustost donner des exemples aux autres potentats, que d'envie à S. M. d'en chercher hors de son royaume.

Les trois tableaux que l'on a proposé au roy sont assurément très-estimés, et je vous en donne présentement quelque information.

La Cène de Nostre Seigneur, qui est dans le reffectoire des Servi, est certainement une pièce rare, original de Paul Veronèse, et propre à mettre dans une salle ou salon à faire des fonctions royales. M. l'abbé Butti en a les mesures. Je vis ce tableau quand j'arrivay icy, sans estre connu, et j'ose vous assurer, après l'advis des bons connoisseurs, que c'est une belle chose ; mais j'y trouve quelques difficultés qu'il est nécessaire de vous mander avant de le faire marchander.

Ce tableau est fait avec une certaine farine comme plastre dont ce peintre s'est servi dans la pluspart de ses ouvrages. Il paroît dangereux à se gaster en roulant la toile, et quelques princes ont eu scrupule de l'achepter pour cella. Mais M. Potestat dit qu'il en a porté de pareils sans aucun accident, et plusieurs intelligens en cet art assurent qu'avec un peu de soin on peut l'emporter sans rien craindre par terre, la seule humidité de la mer pouvant luy faire tort. Vous sçaurés aussy qu'il est en trois pièces, et qu'elles sont attachées ensemble avec des petits clous avec quelque distance de quatre doits entre une toile et l'autre, où les bons moynes ont mis des morceaux de bois qu'ils ont faict peindre. M. Potestat ne fait pas cas de cella, parce qu'il trouve que le tableau estant en trois pièces, il sera plus aisé à rouler, et qu'à Paris on adjustera tout imperceptiblement, ne se rencontrant point de visages dans ces séparations. M. le duc de Modène a voulu donner autresfois de ce tableau 10 mil ducats. M. le marquis de la Fuentes l'a marchandé aussy, mais les moynes sont déterminés à ne le point bailler à moings de 10 mil ducats et 500 ducats pour en faire une copie, pour laquelle il faut trois moys de temps. Pour celluy-cy, il n'y a aucune diligence à faire pour le prix : il faut le prendre ou laisser.

Si le roy vouloit qu'on tentast d'avoir la Cène de Paul Veronèse qui est dans le reffectoire de Saint-George-Majeur, S. M. seroit assurée d'avoir son chef-d'œuvre, l'ouvrage le mieux conservé de ce peintre, et la plus belle chose qui soit au monde, tant dans le nombre des figures que dans la manière. Il est de beaucoup plus grand, et le prix seroit pour le moings du double. Ces moynes n'ont jamais voulu le vendre ; mais on pourroit le tenter dans cette conjoncture où la république a besoing d'argent, et que les moynes luy en doivent.

L'Alexandre, de Paul Veronèse, est fort estimé : il seroit propre pour le cabinet du roy ; il est chez un sénateur où je ne puis aller, et je ne puis en parler que par relation des intelligens qui le vantent fort. J'aprends qu'on ne l'aura pas à moing de mil pistoles; mais c'est une très-belle pièce.

La Vierge avec les douze apostres, de la main de Titien, est un original estimé : il n'y a point d'anges comme porte le mémoire de M. l'abbé Buty. Ce tableau seroit propre pour une chapelle du roy; il est dans la cathédrale de Vérone; on dit que c'est une très-belle pièce, mais non des quatre plus belles qu'aye fait Titien. On en demande 10 mil ducats et la copie. J'ay envoyé en faire un offre médiocre sous main. L'évesque doit estre icy au premier jour, et comme il est le maistre aussy de l'Alexandre, on verra ses sentimens avec toutes les précautions nécessaires pour ne descouvrir pas que c'est pour le roy.

Voilà, Monsieur, tout ce que je puis vous mander sur ces trois tableaux, sur lesquels vous me donnerés vos ordres; car il est impossible de pouvoir conduire un marché avec avantage sans pouvoir conclure, puisque c'est la première chose que demandent ceux qui veulent vendre, outre que tous veulent la copie, qui demande du temps, et ne la veulent pas laisser commencer qu'ils ne soient assurez d'avoir leur argent.

Pour le cabinet du roy, on trouveroit des tableaux d'honneste grandeur, originaux et estimés, à assés bon conte, si on sçavoit l'intention précise, et qu'on eût autorité de conclure ; car les occasions eschapent. M. Potestat s'y connoist par excellence; pour la fidélité, je croys que le roy peut s'y reposer, car ceux de qui je me suis fait informer sous main, m'ont tousjours dit les mesmes choses que luy, et je n'ometrois aucune diligence pour l'espargne et le contentement de S. M.[1]....

Le 13 octobre.

Il est certain que le signor Ferrari est un homme insigne dans les lettres humaines, et très-célèbre dans cette proffession. C'est un

---

[1] Dans une lettre écrite en avril, l'ambassadeur annonce à Colbert qu'il a remis au podesta de Venise la somme de 200 ducats, que le roi lui avait assignée, et que ce présent a été reçu avec une vive satisfaction, *car il en avoit grand besoin.*

homme de cinquante-deux ans, assez mal sain ; la république luy donne 4,000 livres par an pour enseigner à Padoue. Il est Milanois, et a quelque pension de la ville de Milan pour en escrire l'histoire ; mais son peu de santé l'empesche de s'y appliquer. Voilà, Monsieur, l'information très-véritable que je puis vous donner de ce personnage très-illustre.....

Le 20 octobre.

Pour continuer à m'acquitter des choses dont il vous a pleu de me charger, par vostre lettre du 14 de l'autre moys, je dois vous informer de ce que j'ay appris avec certitude des signori Viviani, Chimintelli et Burella.

Il est constant, sans aucune adulation, que le signor Viviani est le plus célèbre et le meilleur sujet qui soit dans l'Europe pour les mathématiques, dont on m'a fourni une preuve digne de vous estre communiquée. Appolonius Pergeo, autheur grec, ayant escrit, il y a deux mille ans, sept livres de ces matières, et les trois derniers ne se trouvant pas, le signor Viviani se mit à spéculer ce que cet autheur pouvoit avoir dit, et fit un traitté *De maximis et minimis* qui fust estimé à tel point que, s'estant trouvés parmy les imprimés arabes du grand-duc des livres qui manquaient d'Appollonio, celluy de Viviani passa pour plus parfait, ayant particullarisé et raffiné la matière mieux que l'autre ; et assurément cet homme n'a point son pareil : il a trente-sept ans, peu d'opinion de soy-mesme, et très-peu au delà de ce qui luy est nécessaire pour vivre, et sans autre employ que de simple ingénieur pour les rivières et chemins publics, se produisant peu, et fort retenu et modeste.

Le signor Chimintelli est excellent pour les humanités, qu'il proffesse à Pise, et en cette matière c'est le meilleur qu'aye la Toscane. Il a grande connoissance des autheurs grecs et latins, très-appliqué, de grande érudition et de bonnes mœurs. Il a quarante ans et est prestre. On ne trouve autre deffaut en luy si ce n'est qu'il est un peu obscur, et qu'il connoist et croit estre fort capable.

Le signor Burella, Sicilien, est très-brave dans les mathématiques, dont il est professeur à Pise, avec 1,400 ᵗᵗ d'apointement. Il n'est pas si grand géomètre que le signor Viviani : c'est un homme mélancolique, mais qui se produit plus volontiers que le Viviani. Il est fort estimé, et enseigne les mathématiques à M. le prince de Toscane.

Voilà, Monsieur, l'information plus exacte que je puis vous donner de ces trois personnages, qui méritent tous les grâces du roy et votre estime.....

Le 21 may 1664.

Les religieux des Servi sont très-disposés à vendre leur tableau à celluy qui leur en portera la permission du sénat, mais non pas un sol de moins de 10 mil ducats de cette monnoye, et la copie. Si vous désirés de conclure cette affaire, vous me donnerés, s'il vous plaist, vos ordres, et aurés agréable de me mander si vous en parlerés à l'ambassadeur de Venise, ou si j'en devray parler icy. J'estime que le premier sera plus à propos que d'en faire icy une instance formelle, comme vous jugerés mieux que moy. On pourroit mesnager les deux ou trois moys qu'il faudra employer à faire la copie en persuadant à ces moynes d'acheter un autre tableau pour l'argent dont on conviendra pour la copie, affin de gagner du temps. Si le roy en est pressé, vous aurés la bonté de m'ordonner par où et de quelle manière il faudra vous le faire tenir. J'ay entendu dire autresfois que l'on pourroit faire une colonne creuse de bois et le rouler dedans, et le faire porter par deux hommes à pied d'icy à Paris, si on craignoit qu'il se gastât par mer, comme vous pourrés sçavoir de ceux de la profession qui ont connoissance du tableau. Si on se résolvoit de le faire aller par mer, on pourroit l'adresser à Amsterdam à qui vous m'ordonnerés, les occasions de bons vaisseaux estant assés fréquentes ; néanmoins la voye de terre me paroist la plus seure.....

Le 31 may.

M. le prince de Toscane avoit quelque dessein sur le tableau que vous désirés; mais je l'en ay fait destourner adroittement, en attendant de vos nouvelles pour en conclure le marché.

Le 5 juillet.

Suivant ce que vous m'avés fait l'honneur de m'escrire, j'ay demandé à la république la permission pour les religieux des Servi, affin qu'ils feussent en liberté de vendre au roy ce tableau de Paul Véronèse qui est dans leur réfectoire. Le sénat m'a fait sçavoir, dans l'aparté qu'il vient de m'envoyer sur les autres affaires courantes dont vous serés informé par la dépesche que j'escris à S. M., qu'il me le fera aporter pour l'envoyer au roy, la république estant ravie d'en faire un présent à S. M. Je ne sçay si ces messieurs ont creu qu'elle ne l'accepteroit pas, et que ce tableau par là ne sortiroit pas de Venise, ou si en effet, comme j'estime qu'il faut croire, elle veut généreusement le donner au roy, qui ne manquera pas d'occasions de s'en revancher à l'esgard de la république. S'il l'accepte, vous aurés agréable de me faire sçavoir comme j'en dois user, et par quelle voye et de quelle façon je vous le devray faire tenir.

Les bons offices que vous m'avés rendu en ce dernier rencontre auprès de S. M. sur l'affaire de l'ambassade de Venise, m'ont procuré la satisfaction qu'il a pleu au roy de me tesmoigner de ma conduite; ce que vous m'en mandés, Monsieur, augmente fort la consolation que j'en avois receu, et la passion que j'ay de mériter la continuation de vostre protection par mes respects....

Le 19 juillet.

Pour ce qui est du tableau des Servi, vous aurés apris par mes précédentes que le marché en ayant esté fait soubs main, et arresté avec les relligieux pour celluy qui leur en aporteroit la permission du sénat, sans laquelle ils ne pouvoient le vendre, et dont ils ne pouvoient se charger depuis qu'elle leur avoit esté refusée, j'en fis l'instance nécessaire au sénat, qui m'envoya dire hier qu'il avoit donné charge aux deux plus célèbres peintres de Venise de bien accomoder ce tableau pour me l'apporter en estat d'estre envoyé au roy, mais que la république souhaittoit pour ma satisfaction que je le fisse emballer comme je jugerois à propos. Je respondis au secrétaire qui m'en vint parler, que comme il falloit l'accomoder différemment, suivant la voye que l'on choisiroit de l'envoyer par terre ou par mer, j'attendois vos ordres là-dessus. Cependant vous m'informerés, Monsieur, des intentions du roy, et de la manière que j'en devray user à l'esgard de ceux qui me l'apporteront de la part de la république, à qui M. le chevalier Molin, un des plus estimés sénateurs, inspira la pensée de faire cet agréable présent à S. M.

Vol. verts C.

2.

COLBERT A L'ÉVÊQUE DE BÉZIERS.

Le 15 juin 1663.

J'ay fait voir au roy les observations qu'il vous a plu de faire touchant le revenu de la république de Venise et l'administration des finances de cet Estat, que S. M. a trouvées très-curieuses et recherchées avec beaucoup de soin et d'exactitude.

Je luy ay pareillement rendu compte de tous les tableaux de Paul Véronèze et du Titien que l'on pourroit acheter; mais comme le prix en est fort grand, et que nous sommes à présent accablez d'une infinité de despenses pressantes ausquelles il faut nécessairement pourvoir sur le champ, si vous pouviez couler le temps pendant cinq ou six mois, en entretenant les particuliers à qui ces tableaux appartiennent, dans l'espérance que l'on s'en accommodera, je vous ferois remettre alors l'argent nécessaire pour les acheter.

Le 20 juillet.

Il est vray que si vous aviez eu un fonds entre les mains, qu'il eust esté bon, dans le dessein que le roy a d'orner ses maisons, d'acheter les tableaux qui se sont vendus depuis peu à Venise; mais il ne nous a pas esté possible jusques à présent de songer à faire cette despense, S. M. en ayant tant d'autres à soustenir, et particulièrement dans la conjoncture des affaires de Rome, par l'opiniastreté des parens et ministres du pape, qui persistent dans leurs premiers sentimens. Mais j'espère de vous remettre de l'argent à la fin de cette année, affin que vous puissiez proffiter de l'occasion d'acheter d'autres tableaux; et cependant je vous conjure de vous servir de vostre adresse pour tenir en haleine ceux avec lesquels vous estes entré en quelque sorte de marché, vous asseurant, Monsieur, que vous serez en estat alors de vous desgager honnestement des paroles que vous aurez données.

Reg. dépêch. mar.

3.

COLBERT A DUGUAY,
PREMIER PRÉSIDENT DE LA CHAMBRE DES COMPTES DE DIJON.

Le 17 juillet 1663.

Après avoir examiné l'inventaire que vous m'avez envoyé concernant les pièces curieuses qui sont dans le trésor de la chambre des comptes de Dijon, je n'en ay trouvé aucune qui ne m'ayt paru fort importante, et dont je peux avoir besoin dans l'occasion, de sorte que je vous seray fort obligé et à messieurs Cantin et Bouin, s'il leur plaist de prendre la peine de m'en faire faire des copies. Et vous trouverez cy-joincte une feuille de papier de la grandeur que sont les manuscrits que j'ay parmy mes livres, affin que vous ayez agréable de vous servir de pareil, en faisant transcrire lesdites pièces [1].

Reg. dépêch. mar.

4.

LES BEAUBRUNS, PEINTRES, A COLBERT.

Novembre 1663.

Monseigneur, si le roy n'a la bonté de dire un mot aux dames pour les animer à se faire peindre, nous ne sçaurions rien advancer à raison de leur négligence, et si vous ne nous faites la grâce d'estre un peu favorables à nos récompenses, nous ne sçaurions nous faire secourir par des habiles gens dont nous avons affaire. Nous sommes bien malheureux que le roy nous désire taxer au dessoulz des payemens que nous avons du public; pour peu que S. M. daignast penser à l'ancienneté de nos services, tant en qualité de domestiques que de celle de peintres dès le commencement de son enfance, que l'un de nous souvent a eu l'honneur de faire jouer, S. M. auroit pour nous quelque pensée plus advantageuse; les petits paiemens des ouvrages de la nature de celle-cy déshonorent leurs autheurs; nous sommes au désespoir, Monseigneur, si vous n'avez la bonté de nous exempter de ce mal. Vous pouvez de sy grandes choses qu'il vous sera fort facile de changer nostre fortune présente en une meilleure; faictes-nous-en la grâce, et la tenant de vos mains, nous vous la sacrifierons avec toute la soubmission et le respect imaginable; nostre académie, par l'advantage qu'elle a de l'honneur de vostre protection, reçoit des bienfaitz

---

[1] Le 19 février 1682, Colbert écrivit à Boudon : « J'apprens par vostre lettre que vous avez trouvé plus de 120 volumes d'anciens manuscrits dans les archives du chapitre de Carcassonne, et que vous m'en envoyez douze. Je prieray M. l'évesque de Carcassonne de donner ordre à son grand vicaire de voir si son chapitre a besoin de ces manuscrits, sinon de me les donner pour les rendre utiles au public. Vous me ferez plaisir de continuer tousjours d'en faire la recherche, et M. d'Aguesseau m'escrit qu'il vous donnera tousjours les secours qui pourront dépendre de luy. » (Mél. Clair.)

de S. M. Ayez agréable, Monseigneur, d'en considérer en particulier deux des plus anciens, qui prennent la hardiesse de se dire plus que qui que ce soit vos, etc.

Vol. verts C.

5.

DE LA CASSAGNE [1]. A COLBERT.

A Paris, le 12° mars 1664.

Comme je sçay que c'est vostre intention qu'on ne laisse passer aucun événement considérable sans travailler à la gloire du roy, j'ay fait un dialogue, où après avoir touché en peu de mots quelques actions de S. M., je descends à la plus nouvelle, et tasche de luy donner le tour que vous nous marquastes dernièrement, lorsque vous nous fistes l'honneur d'assister à l'assemblée.

Il y a quelque temps, Monsieur, que j'ay envoyé à M. Lebrun les grandes et les petites inscriptions avec les relations de la paix et du mariage; et depuis estant allé aux Gobelins, j'y trouvé qu'on avoit desjà peint le chiffre du roy dans l'un des boucliers, et les mots latins à l'entour. Il me semble que cela fait un bon effet, et contribue à orner le dessin de la tapisserie des quatre élémens. M. Lebrun a mis un soleil, qui est le corps de la devise de S. M., entre les lettres de son chiffre, de sorte qu'on ne sauroit maintenant le confondre avec celuy des roys ou des princes de la maison royale qui s'appellent Louis.

Je vis aussi une pièce de la tapisserie de Constantin, et j'y remar-

---

[1] Jacques de la Cassagne, né à Nîmes en 1636, fut élu membre de l'Académie française à l'âge de 22 ans, et il fut deux ans plus tard, comme on voit, un des quatre savants qui formèrent, sous la direction de Colbert, la petite assemblée qui donna ensuite naissance à l'Académie des inscriptions et belles-lettres. Il obtint la place de garde de la bibliothèque du roi, et mourut à Saint-Lazare en 1679. Ecclésiastique, il avait renoncé à la prédication depuis que Boileau avait dit dans la satire du repas ridicule, qu'il

..... Ne compte rien ni le vin ni la chère,
Si l'on n'est plus au large assis en un festin
Qu'aux sermons de Cassagne ou de l'abbé Cotin.

quay une chose qui me paroist assez considérable pour m'obliger de vous en donner avis. C'est que dans l'étendart de cet empereur, on y a mis ces mots : *Veni, vidi, vici*, qui appartiennent, comme chacun sçait, à Jules César, et qui en effet furent employez dans son triomphe. Pour moy, j'ay pensé qu'il vaudroit mieux y mettre ces paroles: *In hoc signo vinces,* puisqu'elles sont consacrées à Constantin, et que d'ailleurs, n'ayant pas plus de syllabes que les autres, elles pourroient y entrer aisément.

Comme je ne sçaurois avoir trop d'exactitude pour ces inscriptions latines, puisque vous m'avez fait l'honneur de m'en donner le soin, j'ay considéré attentivement la manière dont nous avions fait entrer l'affaire de Rome dans l'inscription de l'élément du feu, et sçachant que l'expression vous sembloit un peu trop forte, j'ay craint qu'en effet nous ne dissions plus que nous ne voulons dire. Ça donc esté un des sujets de nostre entretien dans la dernière assemblée, et nous sommes demeurez d'accord que si vous l'agréez ainsi, au lieu de mettre *pro læsa in legato majestate, Romanæ legem imposuit civitati,* on mettroit *violatam apud Romanos, in legato, majestatem asseruit*.

Vol. verts C.

6.

LE CHEVALIER BERNIN A COLBERT.

Roma, 4 maggio 1664.

Dal S^e abb. Elpidio Benedetti ricevo la comp^{ma} di V. Exc., et in essa i comandi da me pregiatissimi di S. M^{tà}; acciò impieghi la mia debolezza sopra la pianta del magnifico edificio del Louvre. La stima che fà S. M. della mia persona mi farebbe insuperbire, quando non mi accorgessi procedere dal non l'aver mai veduta alcuna delle mie opere, et in q^{to} viene assai repressa l'ambizione che ho di servirla dal timore di non corrispondere a concetto così grande. Sendiaco però di non rendermi totalmente indegno di questo honore quale ho tanto stimato, che del primo giorno che mi furono presentati i disegni, ho tralasciato in gran parte le mie gravissime occupationi, e mi sono occupato in questi, sperando che le notitie che mi dà il sign. abb. Elpidio siano per suplire al disavantaggio che ho di non potere essere sul sito, e qui pregandola ad honorarmi dei suoi comandi, dev^{te} me s'inclino di V. Exc. etc.

1mo giugno 1672.

I presenti giovani dell' accademia di S. M^a che sono ritornati in Parigi, hanno voluto farmi quest' honore di presentare a V. Exc. mia lettera, nella quale non posso abastanza esprimere quanto nei buoni costumi della vita e nell' amore dello studio siano sempre stati obedientissimi e diligentissimi, non tralasciando fatica nè incomodo veruno, ma sempre con una assiduità et amore indicibile, e di ciò dopo Dio si deve la lode all' esquisita directione di monsù Erar, al quale non so io se in ciò si potesse trovar compagno, basta dire che sia stato scelto dal purgatissimo giudicio di V. Exc., alla quale inchinandomi profondissimamente fo riverenza.

Vol. verts C.

7.

L'ABBÉ BENEDETTI A COLBERT.

Roma, 13 maggio 1664.

..... Non si perde punto di tempo nel travagliare a i disegni del Louvre, et forse non saranno riuscite vane le diligenze di consultarne le belle idee di questi nostri più celebri architetti. Il sign. cavaliere Bernini mi dice essere arrivato a sodisfarsi di un suo pensiero, et che essa andava ripulendo e megliorando. Ho poi preso il mio tempo per impegnare il sign. Pietro da Cortona a questa applicatione, e mi creda V. Ecc. che senza certe circonspettioni si haverebbe potuto guardar letto, essendo delicati e bizzarri i spiriti di questi virtuosi.

In fine spero di mandare fra non molto tempo quatro disegni diversi che se haverano del grande e del maestoso ; è ben vero che si ha della pena ad accoppiare questo col ligame di stare con la vecchia fattica; pur considero ch' ella vi troverà qualche cosa da sodisfarsi, e da appaggare l'animo regio di S. M.

Come scrissi, mandai le 4 statue d'argento rappresentanti li 4 fiumi della fontana di Navona, che spero riusciranno di sua sodisfatione. Hora si travaglia a 4 altre statue più grandi su i modelli delle più belle che sieno in questa città, e mi sarà caro che per l'une e per le altre V. Ecc. si compiacerà rimettermi qualche danaro.

Inviai giuntamente li 3 pezzi finiti della tapezzaria, et aspettaró con impatienza d'intendere come sieno pervenuti à S. M. et à V. Ecc.; mentre senza perdimento di tempo si travaglia al rimanente.

Non so se lo straordinario le haverà poi portato il disegno della scalinata della Trinità de Monti che haveva fatta consegnare all' ordinario di Lione, pregandola di nuovo a fargli dare la vernice prima di farlo vedere a S. M.....

20 maggio.

Queste due sigle saranno per accompagnare l'ingiunta del sign. Pietro da Cortona, e per dire à V. Ecc. come dal sudetto e dall' altri si va travagliando a i disegni, che io continuo a sollecitare con ogni maggior diligenza. Spero sempre che V. Ecc. troverà in essi da sodisfarsi, riconoscendo in detti buon gusto e pensieri grandi. Ho rincontrato qui un intendente matematico che mi ha fatto vedere un instrumento da inalzare acqua assai facile in forma di coclea, e di poca spesa. S'accenno à V. Ecc. sua notitia. Sto sempre attendendo qualche rimessa di danaro, havendo speso 338 doble di Spagna nelle 4 statue d'argento rappresentanti i 4 fiumi delle fontana di Navona inviate à V. Ec. con le robbe del sign. cardin. Chigi, con 3 pezzi della tappezzaria....

30 settembre.

Ho ricevuto con la benignissima di V. Ecc. i fogli delle osservazioni fatte sopra il disegno del sign. cav^{re} Bernino, et l'ho trovate degne del suo purgatissimo giudizio. Per meglio accertare l'intento di V. Ecc. mi riservo à comunicarle prima al sign. cardinale legato che sarà qui tra pochi giorni, credendo che sarà molto a proposito la di lui auttorevole interposizione col detto sign. cavaliere, che per non haver mai havuto risposta da V. Ecc., non si dice entieramente sodisfatto, come à suo tempo potrà intendere del sign. conte di Menard.

Haverà poi V. Ecc. veduto il disegno del sign. Pietro da Cortona, che per timore che io non lo facessi vedere al sign. caval^{re} Bernino, lo mandò per la via di Firenze, et intendo che l'habbi assai mutato del suo primo pensiero. Questi virtuosi sono tra loro gelosi e bizarri, e conviene soffrir così i loro diffetti.

Vado facendo le diligenze per i vasi d'alabastro, e sono hora in trattato per alcuni di porfido assai belli e rari per non esservi oggi chi ne travagli.

Mi permessi V. Ecc. che io torni a raccommandarmi al suo patrocinio per l'affare dell' abbadia d'Aumala, con protesta di non avere altro fine che di conformarmi al volere di S. M.

7 ottobre.

..... All' 9 del corrente deve capitare in questa parte il sig. card. Chigi; sarò à communicargli le osservazioni sopra i disegni del sign. cav. Bernini, et à procurare che gli vi faccia sopra qualche nuova fatica. Tratanto aspetto con curiosità d'intendere come sarà piaciuto à V. Ecc. il disegno di Pietro da Cortona, che conforme scrissi per aprehensione che io fossi per farlo vedere al Bernini, lo mandò senza mia saputa per la via di Firenze. — Sto sempre in cerca dei vasi d'alabastro.....

2 decembre.

Fui col sign. imbasciatore dal sign. cav^e Bernini, e dopo un lungo discorso sopra la fabrica del Louvere, si concluse ch' egli si contentasse di fare un altro disegno, e che quando poi si sarà inteso quale dei suoi venga più approvato da S. M., all' hora egli verrà alla discussione delle parti, per il qual effetto reputa che sarà necessario di mandare costà uno dei suoi alievi, acciò con la viva voce rimonstri, com' egli intenderebbe praticare il suo pensiero. Questa sarà la strada più spedita e più accertata mentre costì si voglino valere della nostra archittettura.

16 decembre.

Per l'appunto con le mie precedenti accennai à V. Ecc. qualche cosa di questi giovani pittori che studiano in questa città. Ho mandato à chiamare M. Serasin per significargli il desiderio di V. Ecc. di vedere qualche cosa del suo, come già i giorni addietro mi promise di fare, e tornarò à replicargli quello, che tante volte gli ho detto, che bisogna per ben aprendere, sottomettere i suoi studii alla censura di qualche buon pittore.

Il sudetto si mostra assai applicato, e desideroso di ben' riuscire, et in fine col tempo chi ha voglia di travagliare arriva à qualche perfettione. Io haverò quella cura che si deve, di tutti quelli che piacerà à V. Ecc. d'appoggiare alla mia direttione, e non mancarò loro di buoni lumi e buoni avertimenti.

Il sign. cav^e Bernini mi assecurò l'altro giorno, che travagliarà al nuovo disegno, sollecitato anche dal sign. card. Chigi, e che spera far di nuovo in breve apparire la sua prontezza à servire S. M.....

25 novembre 1665.

Diede il s^r card. Chigi al s^r caval. Bernini le osservazioni fatte sopra il suo disegno, et essendo io poi stato à trovare il sign. cavaliere per havere qualche risposta, mi ha detto ch' egli le restringeva tutte in dire che ben' conosceva, che nè col suo disegno, nè con la sua dichiaratione in scritto era arrivato a farsi intendere, poichè se gli conta per diffetto quello, ch' egli sa d'haver fatto con tutte le buone regole dell' arte. Non lassa però di aprendere che forse con l'oscurità dei suoi pensieri vi possa anco essere qualche alterata interpretatione dei suoi supposti con qualche più distinta dichiaratione, come credo che farà. Gli ho in oltre rappresentato il gusto che il Rè haverebbe di vedere sopra di ciò qualche altra parte del suo bellissimo ingegno. A ciò mi ha replicato che conosce fortiss⁶ l'honore che gli fa S. M. e l'obligationi che gli corrono d'obedire à i cenni della Mag. sua, che andarà indagando con tutta l'applicatione qualche nuovo pensiero che sia megliore del primo, et che se gli riuscirà d'avertarne alcuno che lo giudichi tale, lo metterà in carta con multo gusto; ma che per fare meno di quello che ha fatto non saperebbe indursi à farsi da se stesso questo prejuditio. Io continuarò seco le mie parti con quella delicatezza che si ricerca con questi virtuosi, ne lassarò di fare anco le altre col sign. card. Chigi.....

8 décembre.

All' 3 del corrente, arrivò in questa città il sign. caval⁶ Bernino in ottima salute. Parla non solo con me, ma anco con tutti l'altri assai avantaggiosamente della Francia, e si dice sodisfattissimo dei trattamenti ricevutici; anzi si dichiara d'haver havuto più in 6 mesi dal Rè che in 20 anni dai Papi, et in fine si mostra contentissimo d'haver fatto cotesto viaggio. Delle gran' parti riconosciuti nello spirito di S. Mᵃ non sa satiarsi di farne encomij, come anco si loda sommamente di V. Ecc., e dice professarle moltissime obligationi.

Gli ho fatto vedere il David finito, che non gli è piaciuto niente meno della Dafne. Simili saranno il Ratto di Proserpina et il Nettuno che si stanno faciendo.....

14 settembre 1672.

Essendo io stato ultimamente à rivedere la statua del rè, che fa il sign. cavalʳᵉ Bernino, et havendola trovata di molto avanzata, ho creduto mio debito di darne un cenno à V. Ecc. per il contento che potrà arrecarle l'intendere che questo lavoro camina a gran' passi alla sua perfezione. La testa è già finita, e se i ritratti inviati sono simili, similissima; il rimanente del corpo in buonissimo stato. Il cavallo è anch' egli nell' istesso termine, in modo che se il sign. caval^{re} continurrà à travagliarci come ha fatto fin' hora le 6 et 7 hore del giorno, si potrà sperare questa grande opera perfezionata forse anco prima d'un anno.

La machina riesce maggiore et assai megliore del Costantino, e di più egli medita di renderla più riguardevole con un pensiero pellegrino e nobile, col quale verrà insieme à fare un' altro ritratto che sarà delle heroiche e gloriose virtù di sì gran monarca. Per farlo meglio intendere, costì ne mandarà presto un disegno, e non dubito che non sia per piacere al Rè et à V. Ecc., poichè in effetti sarà una memoria maestosa delle magnanime qualità di cotesto grande eroe, un esemplare di virtù alla sua regia stirpe, et una testimonianza di verità per quelli che scriveranno i di lui gran gesti, la prodigiosa grandezza de' quali potrebbe forse rendere dubbia alla posterità la fede della historia.

Per meglio riuscire all' impresa, egli ha recusato ogni altro lavoro, cognoscendo molto bene che da questo può ritrarre più honore e più utile che da qualunque altro, e che non saperebbe meglio suggelare le sue celebri fatiche. Restarà che il Rè, in continuazione della sua reale munificenza, si degno di quando in quando fargli animo con nuovi contrasegni di benigno gradimento.

Vol. verts C.

8.

CONRART A COLBERT.

A Paris, le 3 juillet 1664.

Il y a plus de dix ans que je suis comme mort au monde, et je ne croiois plus estre sensible à la joye, lorsque j'eus, l'année passée, celle d'apprendre que mon nom, tout obscur qu'il est, n'estoit pas inconnu au roy; que mesme S. M. daignoit m'honorer de ses bienfaits, et que c'estoit à vous, Monsieur, que j'estois redevable de l'un et de l'autre. Depuis ce temps-là, j'ay toujours esté si languissant qu'il m'a esté impossible de vous donner plus tost aucun témoignage de ma reconnoissance, et que je me suis trouvé réduit à recevoir une seconde marque de vostre générosité, avant que de vous avoir pu rendre grâces de la première. Quelques-uns de mes amis particuliers ont fait en cette rencontre ce que je n'ay pu faire moy-mesme, et vous ont assuré sans doute, comme je les en avois priez, que mon silence n'a esté causé ni par l'ingratitude ni par la négligence, mais seulement par une impuissance toute pure. Ils vous auront dit que mon cœur ne participe point du tout à la foiblesse de mon corps, et que l'on ne peut avoir de sentimens plus sincères ni plus vifs que ceux que je conserveray toute ma vie des obligations que je vous ay. Ils peuvent mesme vous témoigner qu'avant que vous m'eussiez fait paroistre que vous saviez que j'estois au monde, j'avois une vénération très-particulière pour vostre vertu, et que je vous regardois comme un homme infatigable et incorruptible, et seul capable d'exécuter parfaitement les volontez d'un prince à qui le ciel a donné toutes les qualitez nécessaires pour rétablir le bon ordre dans la France, pour en estendre les bornes, et pour la rendre florissante au dedans et redoutable au dehors. Ce que je puis ajouster à cela, maintenant que je me trouve un peu moins mourant que je ne l'ay esté jusqu'à cette heure, ce sont de très-ardentes prières à Dieu, qu'il luy plaise de vous conserver longtemps au roy, pour le bien de son service, et de le conserver luy-mesme à la chrestienté, qui le regarde comme son libérateur, comme son protecteur et comme son arbitre. Il a comblé cet incomparable monarque de tant de riches dons, qu'il ne luy reste plus de grâce à luy faire, que de rendre sa vie aussi longue qu'elle est glorieuse. Si quelque chose me fait souhaiter la continuation de la mienne, dont d'autres raisons me dégoustent, ce n'est que pour avoir part à la consolation de tous les bons François, quand ils verront, après tant de misères dont la puissance et la sagesse de S. M. nous ont délivrez, la tranquilité affermie dans le royaume, les peuples heureux, le commerce rétably, les sciences et les arts en vigueur, et que vous, Monsieur, aurez esté le principal instrument de l'exécution de tant de si grandes et de si belles choses. Ce sont les vœux que fait de toute son âme, etc.

Vol. verts C.

9.

PERROT D'ABLANCOURT A COLBERT.

A Ablancourt, le 7° juillet (1664).

Monseigneur, comme ce n'est pas seulement par votre entremise, mais par vos bontés que S. M. me fait l'honneur de me continuer ses grâces, il est juste que je remercie l'auteur de ma bonne fortune. Véritablement votre conduite est si diférente de celle des autres que sans parler des choses qui ne me regardent point, et qui sont visibles à toute la France, sans dire que d'une épargne épuisée vous en avez fait une plantureuse, et que d'un roy qui ne vivoit que d'emprunts, vous en avez fait un opulent qui fait du bien mesme aux inconnus, et répand ses trésors sur toute la terre, il y a encore cecy de particulier, et qui est digne d'admiration, c'est que sous l'administration de ceux qui ont manié les finances du roy auparavant, on donnoit des pensions, mais on ne les payoit point, au lieu que sous la vôtre, on en paye non-seulement à ceux qui n'en ont point, mais à qui l'on n'en a point promis, de sorte que les bienfaits de S. M. sont d'autant plus agréables qu'ils sont plus surprenans, et qu'on obtient ce qu'on n'a point attendu. Mais, Monseigneur, pour remercier S. M. par des efets aussy bien que par des paroles, je vous diray que je travaille à un ouvrage que je me promets qu'il ne luy déplaira pas; car comme elle a dans l'esprit de réprimer les coursères d'Alger, elle sera bien aise de voir les entreprises de Charles-Quint, son trisayeul, sur cette place aussy bien que sur Tunis, qu'il fit toutes deux en personne, et avec des succès différens. Ce qui est de plus considérable, c'est que cela est écrit par un homme de guerre qui n'a pas oublié la moindre particularité, et qui aprend mieux la façon de faire la guerre des Espagnols, qu'aucun auteur que j'aye encore leu. C'est le Marmol qui a fait une description générale et particulière de toute l'Afrique, non-seulement pour ce qui concerne la géographie, mais aussy l'histoire, où l'on voit le détail de toutes les belles actions que les Espagnols et les Portugais y ont faites. Mais ce seroit abuser d'un temps si précieux que le vostre, que de vous en dire davantage. Il faut finir par des protestations d'estre toute ma vie, avec toute sorte de respect et de reconnoissance, vostre, etc.

Si S. M. désiroit voir par avance ces deux voyages ou entreprises de Charles-Quint, j'en ferois tirer copie, et me donnerois l'honneur de vous les envoyer.

Vol. verts C.

10.

LOUVET A COLBERT.

De Noyon, ce 12e aoust 1664.

Monseigneur, je prends la hardiesse de vous donner avis que cette semaine ou l'autre il doit arriver à Paris, par la porte de Saint-Martin, un nommé Belbrune, chirurgien et opérateur de son mestier, qui m'a dit avoir trouvé le moyen de faire changer l'estin en argent, et le cuivre en or. A la vérité il en a fait l'expérience devant quelqu'un de mes amis. S'il y avoit moyen de le prendre, il enrichiroit S. M. Affin que l'on le puisse connoistre, je vous diray qu'il a un cheval gris assez hault, qui porte deux sacques de cuir de poil roux, de pied et demy de long, sur le derrière de la selle. Pour luy, il a le visage assez maigre, le poil châtaigné, un chapeau à fort court bord, un manteau gris-blanc, un pourpoint fort brun, avec une ringrave de toille assez usée. Il porte un cravatte blanc autour du col, et sa parolle n'est pas forte. Au cas que vous le fassiez prendre, je vous supplie d'avoir soin de sa femme et de ses enfans, et de le contraindre à travailler, puisqu'il a dit que quand il seroit pris, il ne descouvriroit son secret qu'à la force.

<small>Vol. verts C.</small>

11.

DE MÉNARS A COLBERT.

<small>A Rome, le 19e aoust 1664.</small>

Vous aurez sceu la victoire que l'empereur a remportée, où les nostres ont eu très-bonne part. Le cardinal d'Arragon, vice-roy de Naples, part dans cinq ou six jours pour y aller. M. l'ambassadeur ne tesmoigne pas estre fort satisfait du pape sur certains mémoriaux qu'il avoit présentés à S. S. J'ai sceu d'un monseigneur qui souhaitte fort estre de vos serviteurs, que le pape avoit dit à un Allemand qu'il n'avoit fait la paix avec le roy que pour l'obliger de donner secours à l'empereur. Je ne doute point que, dans les avis secrets que M. l'ambassadeur envoie au roy, vous n'y trouviéez bien des choses plus ridicules. Il s'est fait deux pasquins sur la mort d'un gentilhomme de Dommano, qui s'appelloit *il conte Fiume,* que dom Augustin a fait assassiner :

<small>Fugite! che gran pericolo! il Fiume a inundato tutta Roma, è già al letto di dom Augustino.</small>

L'autre est un dialogue de Morphée et de Pasquin ; on suppose que Pasquin ait plusieurs cornes à ses piés. Morphée luy demande :

<small>Fra tante corne cosa fai Pasquino?
Risponde : Cholio le corne di D. Augustino.</small>

Pour moy, Monsieur, je profite du temps, et je cherche la conversation des plus habiles gens. Je voy souvent le chevalier Bernin ; je fais mon possible pour le faire venir à Paris, m'imaginant que vous le souhaiteriés pour la satisfaction de S. M. Après l'avoir bien prié, flatté, et pris de toutes les manières, il m'a promis que quand il auroit achevé un ouvrage qu'il fait à Saint-Pierre, il viendroit asseurément. Je croy, Monsieur, que vous trouverés bon que j'achève cette petite négociation, et que je vous informe de ce qui se passera à Rome pendant le séjour que j'y feray.

Vol. verts C.

12.
GIRARDIN A COLBERT.

Dieppe, le 1er octobre 1664.

J'envoye à monseigneur un exploict de saisie en mes mains par un créancier de feu Mgr de Guise, et une lettre qui m'a esté escritte de Dieppe pour les tapisseries de cette maison, affin de recevoir ses commandemens sur ce qu'il désire que j'y réponde, ayant fait vœu de luy obéir jusqu'à la mort.

Dieppe, le 29 septembre [1].

« J'ay esté à Eu depuis deux jours voir Mademoiselle, et elle fist venir en ma présence un nommé Gadret, tapissier de Paris, qu'elle a chez elle, auquel elle demanda si il ne sçavoit point où estoient les tapisseries de feu M. de Guise ; et il respondit qu'elles avoient esté mises autrefois en gage chez vous, mais qu'il ne savoit pas asseurément qu'elles y fussent encor. Comme elle est héritière en partie de feu M. de Guise, et qu'elle a le tiers aux meubles, elle m'a ordonné de m'informer s'il est vray, et si vous les avés encor, et pour combien elles tiennent, parce qu'elle les veut retirer en payant. Ce qui l'oblige à cela, c'est qu'on luy a dit que le roy en avoit envie, et que made-

[1] Cette lettre de Nozereau est celle dont Girardin vient de parler.

moiselle de Guise les voulloit avoir pour luy en faire présent. Mademoiselle auroit aussy le mesme dessein, et c'est pour cela qu'elle m'a dit d'en savoir des nouvelles. Comme je luy ay beaucoup d'obligation, je serois bien aise de la servir dans ce rencontre, et je vous supplie de m'en informer pour luy en rendre raison. Vous pouvés m'en escrire une petite lettre particulière, que j'enverray au secrétaire de ses commandemens pour le luy faire voir. »

Vol. verts C.

13.

LE DUC DE CRÉQUY A COLBERT.

A Rome, le 25ᵉ novembre 1664.

Il y a trois choses à considérer au dessein que vous me mandez que le roy a d'avoir le Taureau Farnèse. Premièrement la volonté de M. le duc de Parme, dont je ne doute point qu'on ne dispose aisément. Ensuitte le consentement du pape pour le transport, que l'on aura peut-estre peine à obtenir ; et en dernier lieu, la difficulté ou plustost l'impossibilité qu'il y aura à transporter une masse si haute, si vaste, chargée de tant de figures, et si pesante que 20 canons de batterie ne pèsent pas assurement davantage. Cela estant, imaginez-vous quelle machine il faudroit pour la remuer, et s'il y a apparence qu'on peust charger sur un vaisseau une pièce si embarrassante. Affin toutefois de ne manquer à rien de ce que je dois, je feray toutes les diligences possibles, et n'oublieray quoy que ce soit au monde pour essayer de faire réussir le dessein de S. M., et je vous en rendray soigneusement compte. Seulement je vous diray en passant que M. le duc de Parme a d'autres pièces d'une aussy grande réputation que celle-là, et qui seroient beaucoup plus faciles à transporter. Cependant je vous suis infiniment redevable de la faveur que vous me faittes en taschant de me donner occasion de m'acquérir en cela quelque mérite auprès de S. M.

Je m'estois toujours figuré que le roy m'avoit fait espérer qu'il me feroit payer les appointemens pour mon ambassade à commencer dez le mois de janvier de la présente année. Cependant je voy que l'ordonnance que vous avez pris la peine de m'envoyer ne porte que pour dix mois. Vous jugez bien, Monsieur, qu'estant obligé de soustenir icy de grandes dépenses, il est mal aisé que j'y fournisse sans quelque grâce de S. M. C'est pourquoy, dans la confiance que me donne la bonté que vous me tesmoignez, je vous supplie de luy en vouloir dire un mot, et de luy représenter la chose. Ce sera une extrême obligation que je vous auray, et de laquelle j'essayeray de vous tesmoigner mon ressentiment dans touttes les occasions où j'auray lieu de vous en pouvoir donner des marques.

Le cavalier Bernin me vint voir hier, et me fit connoistre que M. le card. Chigi luy avoit parlé, mais de la manière dont il m'a dit la chose, je juge que ce cardinal ne luy a pas tout à fait parlé comme vous souhaittiez. Je l'iray voir jeudy, et par tous les moyens que je pourray, je tascheray de le porter à faire plusieurs dessins pour le bastiment du Louvre, affin que, suivant vostre intention, vous puissiez choisir des uns et des autres ce que vous y trouverez de meilleur. Cependant je vous diray qu'après avoir veu tout ce qu'il y a de plus beaux bastimens icy, j'ay observé qu'il y a de certaines choses où l'architecture italienne ne se peut jamais accommoder avec la nostre, car ils font icy toutes leurs cours extrêmement estroittes et tous les escaliers fort obscurs; et mesme au palais où je suis, qui passe pour estre le plus achevé de Rome, le degré, qui d'ailleurs est fort beau, avoit tellement ce deffaut que, pour le réparer en quelque sorte, Michel-Ange fut obligé de gaster et de rendre inutile une grande partie d'un des quatre costez du logis.

Le 2 décembre.

Je fus jeudy dernier chez le cavalier Bernin, et estant entré avec luy en discours sur le nouveau dessin que vous m'avez mandé que le roy souhaittoit qu'il fist pour le Louvre, il me parut extrêmement scandalisé de la manière dont on avoit traitté celuy qu'il a desjà envoyé. Il me dit mesme ces paroles, que l'on y avoit fait plus d'observations et trouvé plus de deffauts qu'il ne falloit de pierres pour le bastir, et que quand il en feroit encore un autre, il en arriveroit autant, parce que les architectes de France ne manqueroient jamais de blasmer tout ce qu'il feroit, et avoient intérest de ne mettre pas en œuvre le dessin d'un Italien. Après luy avoir laissé dire là-dessus tout ce qu'il voulut, j'essayay d'adoucir autant que je peus le chagrin que je voyois qu'il avoit du peu de cas qu'il croyoit qu'on avoit fait de son dessin; et enfin, après l'avoir bien tourné, je gagnay sur luy que pour satisfaire S. M., il en feroit encore un autre. Mais il dit que lorsqu'il aura envoyé son second dessin, et que S. M. se sera arrestée à celuy des deux qui luy plaira davantage, il faudra qu'il fasse des plans particuliers de la manière dont on devra exécuter son projet, et que pour cet effet il est besoing qu'on luy envoye des plans plus exactz et des dimensions plus justes que ceux qui luy ont esté desjà envoyez, parce que dans le plan sur lequel il a travaillé la première fois il prétend qu'on s'est trompé de quatre cannes. Affin qu'il n'ayt pas lieu de faire une seconde fois la mesme plainte, vous voulez bien que je vous die que j'estime qu'il seroit à propos que, comme vous avez beaucoup de gens en main, vous fissiez dresser et prendre par plusieurs personnes le plan et les dimensions de ce qui doit estre le sujet de son dessin, affin que par le rapport et la confrontation des mesures on peust estre plus asseuré d'avoir un plan juste et exact au dernier point.

Vous sçavez que M. le cardinal Maidalchini est un homme qui a assez besoing de toutes ses pièces; c'est pourquoy je vous supplie de vouloir avoir la bonté de donner ordre à son banquier qu'il luy paye, l'année qui vient, tous les mois ce que S. M. luy fait la grâce de luy donner. Il m'a conjuré de vous faire cette prière de sa part.

Le 19 janvier 1665.

..... Par ce courrier extraordinaire que M. le card. Chigi redépesche à M. le nonce à Paris, vous recevrez le plan que le cav. Bernin a fait suivant ce que S. M. a souhaitté. On m'avoit fait espérer de me le faire voir, mais le prompt départ de ce courrier a empesché que je n'en eusse la communication.....

Vol. verts C.

14.

DE LECCY, RECEVEUR DES DÉCIMES DU DIOCÈSE DE LANGRES, A COLBERT.

A Langres, ce vii febvrier 1665.

Je viens tout présentement d'apprendre que, sur l'incommodité de nostre très-honorée dame la reyne-mère, l'on avoit mandé ung curé de ce diocèze, de la paroisse de Vaillant, distant de 4 lieues de ceste ville. J'é creu estre obligé de vous donner advis que les remèdes de ce personnage sont très-violens, puisqu'il se sert de cornetz couverts d'ingrédiens comme sulfurez ausquels il met le feu, et les douleurs en sont par conséquent très-grandes. Il est vray qu'il a faict une très-belle cure en tel accident; mais c'estoit sur ung capucin qui a dict depuis que, si c'estoit à recommencer, il ne s'y pourroit plus résouldre. Par ainsy, cela est à mesnager. Le sieur Robert, qui a l'honneur d'estre cogneu de vous, vous pourra bien dire ce que c'est de ce personnage. Mais surtout je me sens en conscience obligé de vous dire que si l'on se sert de cet homme, l'on prenne garde à ses actions, d'aultant qu'il est très-subject au vin, ce qui est de grande importance. Je vous demande excuse de la liberté que je prends de vous escrire ces lignes, que je vous supplie de recevoir de la part d'une personne qui vous est acquise et obligée, et en tout, Monsieur, vostre, etc.

Vol. verts C.

15.

ESBAUPIN A COLBERT.

De Lyon, le 20° may 1665.

Pour rendre compte à Monseigneur de mon voiage de Paris icy, j'arrivé dimanche dernier au soir en cette ville, accompagné des officiers qui partirent avec moy pour le service de M. le cavalier Bernin, duquel nous n'eusmes de nouvelles à nostre arrivée; mais le courrier ordinaire, qui arriva hier de Turin, nous a apris qu'il coucha dismanche dernier à Saint-Jean de Morienne, lundy à Esbelle, qu'il debvoit coucher hier à Chamberry, aujourd'huy au Pont-de-Beauvoisin, demain à la Verpillière, où je l'iray rencontrer pour luy rendre le paquet de Monseigneur, et vendredy en cette ville; au premier ordinaire, je donneray advis du jour que nous partirons d'icy, et de celuy que nous arriverons à Briare, et de l'estat des gens qui sont avec luy.

J'ay faict voir l'ordre du roy à M^{rs} les maire, eschevins et consuls des villes depuis Paris jusques en ce lieu, lesquels génerallement m'ont tesmoigné qu'ils y satisferoient avec grand zelle, à quoy je tiendray la main, arrivant dans lesdites villes.

Dans toutte la routte jusques icy, il ne s'est trouvé de la glace qu'à Essaune, Fontainebleau et à Chastillon, qui appartient à M. le mareschal d'Albret, situé sur le canal de Briare, distant de 5 lieues de Montargis. Il seroit à propos de tirer un ordre de mondit mareschal, adressant à son concierge, de ne faire difficulté de deslivrer de la glace lorsqu'on luy en demandera pour le service de M. le cavalier Bernin, de laquelle on se servira pour ledit Montargis, me faisant fort que la bonne quantité que je feray voitturer d'icy à Rouanne, pour mettre dans le batteau, nous conduira jusques à Briare, et ainsy toutte nostre routte sera fraische.

La rivière se trouvant bonne pour descendre, j'ay faict marché d'un batteau audit Rouanne, qui sera proprement adjusté et tapissé, ainsy que monseigneur le souhette, se pouvant asseurer et faire fond sur mon application à l'exécution de ses vollontez[1].

Vol. verts C.

16.

DE CHANTELOU A COLBERT.

(May 1665.)

Monseigneur, j'ay ce matin esté veoir M. le cavalier Bernin, que j'ay trouvé escrivant à Rome. J'ay voullu coupper court pour ne le pas détourner. Il n'a pas voulu, et m'a mené dans sa gallerie, me disant qu'il me vouloit monstrer quelque chose. J'ay pensé d'abord que ce fust quelque désordre auquel il fallust remédier : c'estoient des pépistres et des tables couvertes de plantz du Louvre. Luy ayant demandé s'il avoit bien reposé, il m'a dit que non, que depuis qu'il estoit arrivé, il n'avoit pu dormir. Je l'ay prié de me dire si c'estoit le bruit ou quelque autre chose qui l'en eust empesché. Il m'a dit que ce n'estoit rien, sinon qu'il avoit l'imagination échauffée. Je luy ay conseillé sur cela de prendre force bouillons pour se rafraîchir. Il fault prendre patience, m'a-il dit. J'ay voulu encor le quitter, luy répétant

---

[1] Quelques jours après, un lecteur ordinaire du roi pour les mathématiques, qui se nomme de la Ramée-Matcopt, écrit à Colbert : « Vous m'excuserez, s'il vous plaist, si je ne me trouve point aux audiences. Je suis empesché à finir le plan du chasteau du Louvre pour vostre cabinet; je le trouve, ce me semble, encore plus beau que le dernier que j'ay présenté au roy mon maistre. Nous verrons le brave chevalier Bernini tant renommé dans le monde. Sans doubte il contentera S. M.; je l'escouteray comme son disciple, d'autant qu'il estoit docteur auparavant que j'eusse veu la lumière, et si il tardoit trop à venir en chemin, comme il est indisposé, à ce que l'on m'a dict, il se pourroit encore trouver d'autres nouvelles inventions, puisque la fontaine où je les puise est intarissable. En attendant que j'aye l'honneur de vous présenter ce dessin, vous aggréerés, s'il vous plaist, etc. » (*Vol. verts C.*)

que j'avois peur de le détourner. Il n'a pas voulu, et a continué de me parler, me demandant si le roy demeureroit encor longtemps à Saint-Germain. Je luy ay dit qu'il y pourroit estre encor un mois ou six semaines, qu'après S. M. pourroit peut-estre aller à Versailles, qui est une maison où elle se plaist, et qu'elle a fait accommoder. Il m'a questionné sur sa beauté. Je luy ay dit qu'elle estoit très-propre et galante, mais qu'elle n'estoit pas grande, quoyque S. M. l'eust beaucoup augmentée, tenant toujours de son premier plan, qui estoit un ouvrage du roy deffunt. Il a pris la parole et m'a dit : « Il y a une chose dans les bastimens qui est commune aussy à toutes les autres affaires ; c'est que lorsqu'il s'agit à passer un fossé plus large qu'il ne fault pour l'enjamber et lequel soit fort profond, après qu'il l'a bien mesuré de l'œil, il s'en escarte fort loin. » Sur cela il est allé à un bout de la gallerie et est revenu courant, et a fait un sault à l'endroit où il m'avoit marqué le fossé comme s'il eust deu le franchir. Il m'a ajousté que dans une rencontre, ayant fait cette comparaison à Urbain VIII, il l'avoit beaucoup louée. Je ne luy en ay point demandé l'explication, ni fait semblant d'entendre le mystère. Vous, Mgr, la comprendrez bien sans doute, sans qu'il soit besoing de le dire icy.

Ensuitte qu'il seroit bien aise d'aller prendre l'air sur le soir, je luy ay dit qu'il y auroit un carosse prest, et suis allé donner l'ordre nécessaire pour cela. Il s'est aussy plaint à moy qu'on luy faict trop bonne chère, et que c'est du bien perdu. Je verray le sieur Beaupin pour cela. J'ay douté, Mgr, si cecy valoit la peyne que vous le lussiez. Si j'ay failly, vous me le pardonnerez.

Dimanche au soir.

En revenant hier de Saint-Germain, M. le cavalier Bernini me dist qu'il estoit obligé de faire le portrait du roy, que pour cet effet il falloit chercher du marbre. Je luy dis que je parlerois à M. Perrault et prendrois heure avec luy. Il répartit qu'il n'y avoit point de temps à perdre, qu'il eust désiré que c'eust esté dès le lendemain matin; si bien qu'aussytost que je fus arrivé à mon logis, j'escrivis un billet par lequel je donnois advis de cela à M. Perrault, et le priois de nous attendre aujourd'huy entre huit et neuf du matin, et l'estant allé prendre, il m'a dit qu'il avoit receu vostre ordre pour le mesme effet, et sommes allé ensemble chercher parmi les marbres qui sont devant les Tuilleries, où il ne s'en est trouvé qu'une pièce que M. le cavalier ayt estimée passable, encore mesmes a-elle des busches. Ensuitte on est allé à la Sorbonne, où il ne s'est rien trouvé de bon. Chez Guérin, il y a quelques pièces; mais après disner y estant allé, il ne s'en est pas contenté. Il a esté après au Val de Grâce, où il a trouvé un bloc qu'il a dit qu'il faudroit scier pour voir dedans comme il est. J'ay dit à Augier de le faire faire dès demain matin, et suis allé ensuitte avertir M. Perrault d'en dire un mot à M. Tubeuf.....

Le 1er aoust.

Hier au soir, à la promenade, entretenant M. le cavalier Bernini, je luy dis que j'avois remarqué, à ce que vous aviés dit, que vous aviés une grande impatience qu'on travaillast aux fondations, pour ce que la saison presse et est avantageuse maintenant pour les basses eaux, et que pour cela l'on prist les alignementz pour veoir quelles maisons il faudroit abattre, estant préalable de faire des formalitez qui peut-estre ne se pratiquoient pas à Rome. Il me respondit que j'estois tesmoin qu'on n'avoit point perdu de temps; qu'il s'en failloit deux ou trois jours qu'il y eust deux mois qu'il estoit à Paris; qu'il avoit fallu faire son plan; qu'il avoit ensuitte fait quatre différentes eslévations; qu'il avoit travaillé aux dedans, affin de mettre l'ouvrage en estat d'estre exécuté; que c'estoit un travail de six mois; qu'après, pour ne pas faillir dans l'exécution, il avoit fait prendre les allignemenz de ce qui est fait, où il s'estoit trouvé de la fausse esquerre; qu'il avoit travaillé pour y remédier et l'avoit fait; qu'avec cela il avoit travaillé au portrait du roy, qui est un ouvrage pour luy pénible, à cause de la contention d'esprit continuelle où il faut qu'il soit; qu'à l'égard des maisons à abattre, cela n'estoit point de son fait; qu'il n'en auroit jamais parlé; qu'il suffisoit qu'il s'appliquast à la partie qui concernoit l'invention, les autres choses n'estant pas de sa sfère, et pourroient nuire à cette partie; qu'il ne sçavoit pas si ces maisons estoient au roy ou non; qu'à Rome il y avoit un prélat qui estoit chargé des bastimens, c'est-à-dire de pourveoir aux choses pour l'exécution; qu'il ne pouvoit ni ne devoit faire de ces sortes de diligences; que l'on auroit pu, depuis que ses dessins sont finis, avoir fait celles qui concernent ces maisons; qu'il ne luy eust pas mesmes esté bienséant d'en parler; que l'on auroit pu abattre ce qui avoit esté commencé à la première façade pour se pouvoir servir des pierres qui y sont, mais qu'il ne devoit pas le dire. Je luy dis à cela, Mgr, que s'il sçavoit de combien de grandes et importantes affaires le roy se reposoit sur vous, et le terrible accablement où vous estiez, qu'il admireroit comment vous pouvés, avec une apparence de si grand loisir, donner à celles-cy le temps que vous faittes. Il me répartit qu'il sçavoit bien vos grandes occupations; qu'il sçavoit bien qu'il estoit impossible de pourvoir à tout en mesme temps; qu'il compâtissoit à la peyne que vous aviés, mais qu'on ne pouvoit luy imputer à blasme ce qui n'estoit pas de son fait. Après cela, il me dist qu'on auroit deub parler au signor Mathie, qui devoit avoir soin de l'exécution de ses dessins; qu'il disoit qu'il ne vouloit pas demeurer en France, et qu'auroit deub veoir avec luy; que c'estoient des premières choses, celles-là, ausquelles on devoit pourveoir. Je luy dis qu'il falloit bien que le signor Mathie restast icy, que c'estoit son intérest, de luy, M. le cavalier, pour ce qu'autrement peut-estre ses dessins n'auroient pas l'exécution qui est nécessaire pour le satisfaire luy-mesme; qu'on le traitteroit sans doute de sorte qu'il auroit sujet d'estre content [1].....

Le 6 aoust.

Si vous avés receu une lettre de M. Belissani, qui vient de prendre

---

[1] Le même jour, Lamotte mandait au surintendant des finances : « Le signor Mathias a travaillé toute la journée à prendre les mesures de ce qui a esté basty de neuf au Louvre, et je luy ay fait donner les hommes qu'il a demandé pour l'assister. Nous nous y sommes trouvés sur le soir, M. Perrault et moy, pour voir les places

M. le cavalier Bernini, et l'a mené au palais Mazarini, vous ne vous donnerez pas, s'il vous plaist, la peyne de lire cette lettre ; je ne l'escriptz que pour satisfaire à mon devoir, M. le cavalier ayant prié M. de Bellisani de vous mander qu'il sera bien aise de travailler dans ce palais, luy y logeant, parce qu'il a pensé qu'au Louvre ce seroit un combat perpétuel pour empescher les gens de qualité qui voudroient entrer, dont on ne viendroit pas à bout ; outre que travaillant de grand matin et sans estre achevé d'habiller, il y auroit loin pour aller et revenir quatre fois le jour du palais Mazarini au Louvre.

Le 17 décembre.

En passant hier sur le pont de bois, j'arrestay ma veue (ce que je n'avois point encore fait) sur les ornemens des frontons de la grande gallerie [2], et je trouvay, à mon sens, qu'il auroit esté mieux qu'il n'y en eust point eu du tout que d'y en faire de si gros, si lourds et pesans. Les antiques n'en ont presque jamais fait aux frontons, et les ont faits délicats et très-bas, affin de n'occuper point la veue de celuy qui considère le général. La grande gallerie ne doit estre pour cecy que tremeau à tremeau ; l'ornement de chaque fronton ne doit avoir nullement rapport à sa longueur, mais au tremeau. Or est-il, Mgr, que sur ce fondement, ce qui se fait est beaucoup trop grand et trop gros et de relief par trop excessif. Ce mesme deffault sera partout où l'on abandonne l'ouvrage à la discrétion du sculpteur, qui a deux veues : l'une de faire peu d'ouvrage, où est son proffit ; l'autre que cet ouvrage domine où il ne doit servir que bassement. Vous sçavés, Mgr, que les ornemens dans l'architecture ne sont que pour contenter l'œil de celuy

dont il a besoin pour le dessin de M. le cavallier Bernin, qui sont l'aisle de l'hostel de la Force du costé du Louvre, les escuries de l'hostel d'Aumont, un corps de logis de derrière de l'hostel de Prôvence, qui est entre l'hostel d'Aumont et celuy de Longueville, une partie des escuries qui restent de l'hostel de Longueville, un des deux corps de logis en forme de pavillon qui sont à M. du Buisson, et ce qui reste de l'hostel de Bourbon, où est le garde-meuble, à la réserve des boutiques du mareschal et du plombier qui sont sur la rue. » (*Vol. verts C.*)

[2] Du Louvre.

qui n'est pas à une distance de veoir le tout, et ne peut veoir que le particulier des membres. Je dis cecy avec une soumission que je dois, et poussé de la passion et du zèle d'un très-humble, etc.

<small>Vol. verts C.</small>

17.

BILLET DE Mlle DE MONTPENSIER A COLBERT.

<small>A St-G., ce 5 aoust 1665.</small>

M. de Segrais qui est de lacademie et qui a beaucoup travalié pour la gloire du roy et pour le public aïant esté oublié lannée passée dans les gratifications que le roy a faict aux baus esprits, m'a prié de vous faire souvenir de luy c'est un certin homme de mérite et qui est à moy il y a long temps j'espère que cela ne nuira pas à vous obliger à avoir de la considération pour luy c'est ce que je vous demande et demeurerai monsieur Colbert vostre afectionée amie Ch. Marie-Louise D'ORLÉANS.

<small>Vol. verts C.</small>

18.

LES MAIRE ET ÉCHEVINS DE LA VILLE DE DIEPPE A COLBERT.

<small>A Dieppe, ce 1er octobre 1665.</small>

Mgr, le jour de l'eslection des nouveaux eschevins de cette ville, nous avons receu celle dont il vous plu nous honorer du 25 du passé, laquelle nous informe des soins que S. M. et vous, Mgr, prenez pour le restablissement du commerce en cette ville, par la grâce que S. M. faict à tous les habitans de cette ville de leur faire enseigner gratuitement par le sieur Denis l'art de naviger et de pilotage. Nous avons faict faire lecture, en pleine assemblée, lors de ladite eslection, de vostre lettre, et en déclarant les intentions de S. M., excité tout le monde qui estoit présent à ladite eslection, qui estoient au nombre de mil ou 1200 personnes, de correspondre aux bonnes intentions de S. M. et aux vostres, Mgr, et tout d'un temps obligé le sieur Denis à faire ouverture de son escolle publique[1], ce qu'il a faict dès lundy dernier neuf heures du matin, et continuera ses leçons le matin et l'après disnée. Et nous prendrons le soin d'obliger un chascun à prendre des leçons pour se rendre capable de rendre les services que S. M. espère recevoir par le progrez de cette escolle publique, de quoy nous vous rendrons compte de temps en temps, vous suppliant très-humblement les grâces de vostre souvenir, et de croire que S. M. n'a pas de sujects plus passionnés pour lui rendre ses obéissances.....

Vol. verts C.

19.

DENIS, PROFESSEUR DE L'ÉCOLE DE PILOTAGE A DIEPPE, A COLBERT.

De Dieppe, ce 1er décembre 1665.

Je vous remercie de tout mon cœur du brevet de S. M. que vous avez eu la bonté de me procurer..... Je suis en peine si vous avez receu l'épistre de nostre livre que je vous ay envoyé.....

---

[1] La Bretagne eut, ainsi que la Normandie, son école d'hydrographie marine, comme on voit par la lettre du gouverneur, duc de Chaulnes, à Colbert, datée de Vitri, 31 décembre 1673. « J'ay fondé une classe de mathématiques, hydrographie et science marine dans le collége des jésuistes de Rennes par un accommodement que S. M. me commanda à Compiègne de faire entre ce dit collége et la ville de Rennes. Ce sera un establissement bien util au public. » (Vol. verts C.)

Le 8 décembre.

Vostre bonté me livre de jour en jour de nouveaux sujets d'obligation ; je receus hier les 600ᵗᵗ qu'il vous a pleu m'envoier..... Vous m'avez délivré d'une grande peine de me parler de nostre épistre ; nostre libraire en est dans l'impatience, parce qu'on luy en demande de tous costez : c'est la moindre de toutes vos affaires.....

Le 18 décembre.

Vous excuserez l'empressement de nostre libraire, qui se meurt qu'il ne peut distribuer nostre livre, faute de frontispice, parce que, comme il voit que l'embarquement des Indes orientales, en faveur duquel il est composé, presse, et qu'on lui en demande de toutes parts, il est dans l'impatience d'en avoir l'épistre liminaire. C'est pourquoy je vous supplie d'avoir la bonté de la faire examiner, et de m'en tesmoigner les sentimens, afin que nous puissions terminer ce petit ouvrage.

Pour vostre eschole royalle, les plus avancez sont à la fin de leur cours, et j'auray bientost fini une classe par la pratique la plus facile et la plus prompte. Comme les pilottes ne doivent jamais ignorer celle-cy, je suis en humeur de la repasser encor une fois auparavant que de continuer à des pratiques plus curieuses. Il y en a qui se destinent pour faire voiage, afin de mettre en pratique ce qu'ils ont apprins.

Le 28 décembre.

Je vous remercie de la peine que vous vous estes donnée touchant nostre épistre liminaire ; je ne manqueray d'accomplir de poinct en poinct tout ce que vous me marquez. Je vous supplie encor d'avoir la bonté de m'en faire envoier le frontispice qui est vostre non et vos qualitez, parce que vous m'avez surtout recommandé de me tenir réservé sur ce poinct.

Vol. verts C.

20.

DOUVRIER A COLBERT.

Décembre 1665.

Je vous envoye une devise pour les jettons de l'espargne, conformément à l'ordre que j'en ay receu de vostre part. Le secours que le roy a donné aux Hollandois, en conséquence du traicté qu'il a faict avec eux, est le sujet de cette devise; et si je ne me trompe, je ne pouvois rien faire de plus grand pour la gloire de nostre grand maistre, que de faire veoir avec combien de bonne foy il agit avec ses alliez. Quoyque tous les princes se picquent en apparence d'estre religieux observateurs de leur parole, nous pouvons dire avec vérité, qu'il n'y en a presque poinct qui ne se dispense de la tenir, lorsque ses intérests luy conseillent de ne la pas tenir : *sed rex non sic*.

Après vous avoir rendu compte de l'ordre que vous m'avez envoyé, trouvez bon, s'il vous plaît, Mgr, que je vous entretienne de mes affaires, que je prenne la liberté de vous en escrire, vos grandes occupations ne me permettant pas de vous en parler. Avant la mort de feu M. le cardinal j'estois accablé de debtes, et je n'avois rien vaillant, comme vous sçavez. Depuis ce tems-là, mes affaires n'ont point changé, ou si elles ont changé, ce n'est pas en mieux. La pension que M. le cardinal m'avoit procurée sur l'espargne, m'ayant esté conservée par la bonté du roy, j'en ay esté payé les années 60 et 61, et outre ma pension, je receus mille escus, chaqu'une de ces deux années, pour les bagatelles que je fis, et qui ne m'auroient rien valu, si vous n'eussiez pris le soin de les faire valoir. En l'année 63 le roy ayant par vostre conseil honoré de ses gratifications quelques personnes de mérite, on me dit que j'estois parmi ceux à qui ces gratifications estoient destinées. Lorsque j'appris cette nouvelle, je m'imaginé que c'estoit un coup de vostre adresse, et que vous m'aviez faict passer auprès du roy pour un homme de quelque esprit, affin de me faire obtenir de S. M. par ce moien un nouveau bienfaict. Mais j'appris, presque aussitost que cette gratification me fut apportée, que ce n'estoit que ma pension ancienne, et que toute la part que j'avois en ces nouvelles grâces, estoit d'estre dans le catalogue de ceux qui en sont honorés. Je ne vous ay point parlé de l'année 62, parce que je ne receus rien pour cette année, quoyque apparemment elle deut estre pour moy de plus grand rapport que les précédentes, à cause de divers petits ouvrages qu'en ce tems-là je fis pour S. M., et que vous ne me fistes faire qu'affin d'avoir prétexte de me procurer de nouveaux bienfaicts. Si la gratification que le roy me fit donner en l'année 63 m'estoit imputée pour ma pension de l'année 62, j'aurois tort de dire que je n'ay rien receu pour cette année; mais en ce cas, je serois de pire condition que ces nouveaux pensionnaires, puisque je ne recevrois que ma pension de l'année 65, lorsqu'ils toucheront leur gratification de l'année 66.

Auparavant que par vostre ordre je travaillasse à la devise de l'espargne, il y avoit un fonds de 300 ^{lt} establi pour celluy qui faisoit cette devise, et qui luy estoient comptées tout au commencement de l'année. Voici la quatrième que je donne la devise de l'espargne sans qu'encore j'en aye rien receu. Si mes affaires estoient en meilleur estat qu'elles ne sont, je ne vous représenterois pas ces petits intérests; et si je n'estois persuadé de vostre bienveillance, j'aurois raison de croire que ce seroit fort inutilement que je prendrois la liberté de vous les représenter.....

Mais quoy qu'il en soit du destin que l'avenir me prépare, qu'il soit heureux ou qu'il ne le soit pas, je vous supplie de croire que dès à présent vous avés une autorité absolue sur mon esprit, et qu'une des choses que je souhaitte avec plus de passion, est que vous n'ayés pas d'indifférence pour mon zèle.

Vol. verts C.

21.

PRIOLO A COLBERT.

Le propre jour de Noël, près Paris, 1665.

Mgr, je prends la hardiesse de me présenter à vous en cette fin d'année, pour vous rendre très-humbles grâces de vos bontés, et vous supplier avec le respect que je vous doibs de deigner avoir mémoire de moy, affin que je puisse estre assisté présentement de quelque ordonnance, *ut rivulus scaturiens a perenni fonte tuæ benignitatis.* Je vous asseure, Mgr, que je n'ay jamais receu de douceur qui me soit venue plus à propos, *gratiam facti celeritas donandi geminabit.* M. Rolland, qui sçait mes nécessités, est un autre moy-mesme, et ce qui luy sera donné est donné à moy-mesme, qui vient d'achever un ouvrage dont il sera parlé *in generatione altera,* non obstant la malignité de messieurs du clergé qui taschent de me nuire. *Tantæne animis cœlestibus iræ?* Mais ce qui les atterera, c'est de voir un bref du pape à la teste de mon livre. Mgr, je me soucie fort peu de tout, pourveu qu'il vous plaise fermer l'oreille à mes envieux, et conserver tousjours l'honneur de vostre protection à vostre, etc.

Vol. verts C.

22.

HUYGHENS DE ZULICHEM, PÈRE, A COLBERT.

A la Haye, ce 8° avril 1666.

J'ay receu avec ce que je doibs de respect à ce qui passe par vos mains, et de la part du roy, le tesmoignage qu'il vous a pleu me rendre des gracieuses intentions de S. M. pour la personne de mon fils. Il est vray, M^r, que me voyant avancé en aage, j'ay sujet de souhaitter que tous mes enfants me voyent mourir, et que particulièrement la conversation de cestuy-ci m'est très-douce et précieuse, à cause du beau talent qu'il possède, sans vanité, de plusieurs sciences de mon goust. Mais, quand j'oppose à cela l'honneur de la seule bienveillance d'un si grand roy pour mon enfant, je ne voy pas que la balance trébuche de mon costé, et me dispose ensuitte à me soubmettre humblement aux ordres de S. M., de laquelle j'ay eu l'honneur d'estre accueilli avec tant de clémence que je ne sçaurois manquer, sans beaucoup d'ingratitude, de m'asseurer qu'elle voudra continuer au fils les mesmes bontez dont le père a tant sujet de se louer. C'est en quoy, M^r, je me trouve d'autant plus animé que vous daignez bien me faire espérer de le vouloir honorer de vostre protection. J'ose croire qu'il s'évertuera à mériter cette grâce par ses services, comme je ne cesseray de faire de mon costé, tant que vous aggréerez que j'aye l'honneur de me dire, etc.[1]

Vol. verts C.

[1] Huyghens fils répond au ministre sous la même date : « Si je sentois encore quelque peine et regret à quiter ce païs et tout ce qui m'y est cher, vos dernières lettres, tant celle dont il vous a pleu m'honorer que celle que par ordre du roy vous avez escrite à mon père, ont eu le pouvoir de me l'oster entièrement, estant toutes deux si obligeantes et portant des tesmoignages si exprès de la bienveillance de S. M. et de la vostre, que tout me devient facile dans le désir d'aller jouir d'un bien si précieux. J'espère donc et fais estat d'entreprendre le voyage au premier jour, et sitost qu'il me sera possible, pour ne point retarder moy-mesme mon bonheur, vous priant de croire, Mgr, que je n'en fais pas consister une petite partie en l'honneur que j'auray de vous veoir et offrir mon très-humble service, comme estant la personne du monde que j'ay le plus de suject et d'inclination à estimer et révérer. » Signé *Chr. Hugens de Zullichem*. (*Vol. verts.* C.)

23.

DE SAINTE-MARTHE, CONSEILLER EN LA COUR DES AIDES,
A COLBERT.

(Mai 1666.)

Mgr, je ne m'excuseray point de la liberté que je prens de vous escrire; car outre que vous l'accordés à tout le monde, je ne pourois entreprendre de la justifier sans vous distraire davantage de vos grandes occuppations; je vous diray seullement que j'ay cru estre obligé par le devoir de ma charge de bibliothéquaire de Fontainebleau, de composer un discours sur le restablissement de cette roialle bibliothèque, autrefois si célèbre, dans lequel j'expose au roy les raisons et les avantages qui peuvent invister S. M. à l'entreprendre, les moyens faciles qu'elle a de le faire, sans estre à charge ni à ses finances ni aux particuliers. Mais je n'ay pas voulu le luy présenter qu'auparavant je ne vous l'eusse communiqué, et sceu ce que vous trouverés à propos que je fasse. J'ay cru que ce dessein estoit important pour la gloire et pour le service de S. M. Néantmoins, aiant peut-estre plus de zelle que de lumière, je ne sçay si j'ay eu raison de le croire ainsy, et cherche à l'apprendre de vous, Mgr, qui connoissés parfaittement ses intérests et ses sentimens, et qui les maintenés et les suivés avec tant d'exactitude, que vostre ministère ne luy peut estre ni plus utile ni plus agréable. Ainsy j'ose vous demander, ou que vous condamniés mon entreprise, affin que je m'en déporte et la condamne aussy moi-mesme, ou que vous l'approuviés et l'honoriés de vostre protection, pour me donner l'asseurance de la poursuivre. Aggréés donc, ou de veoir ce discours, ou d'ordonner qu'il soit veu par quelque personne qui vous en fasse son rapport. J'attendray le jugement que vous en ferés, avec tout le respect et toutte la soumission que je doibs; que si vous m'accordés ceste faveur, il est certain, Mgr, qu'elle n'ajoustera pas peu aux obligations que je vous ay comme un des sujets de S. M. dont la prospérité est un effet de vos soings et de vos travaux, mais vous estant desjà acquis par un respect et par une estime toutte particulière.....[1].

Vol. verts C.

24.

ERRARD, DIRECTEUR DE L'ACADÉMIE DE ROME, A COLBERT.

De Rome, ce 3 april 1669.

M. Girardon, aiant l'honneur d'estre auprès de vous, informera V. Exc. de touttes les particularités de l'académie, tant de l'estude et conduitte des pensionnaires du roy, que de tous les ouvrages que j'ay faict faire par vos ordres pour le service de S. M., le séjour de plus de deux mois qu'il a fait à l'académie lui en ayant donné une parfaitte connoissance, lequel temps il a emploié aussy utilement à veoir les belles choses et les habils du païs, et principalement M. le chevalier Bernin, duquel il pourra dire à V. Exc. les sentimens. Je crois qu'il aura beaucoup profité en son voiage, aiant veu et examiné les belles choses avec plaisir et estonnement; ces grands et magnifiques restes de l'antique Rome lui auront asseurément inspiré de hauttes pensées, le voïant dans la passion, si V. E. luy commande de mettre la main à l'œuvre et s'efforcer d'en produire quelqu'une. Je luy ay conseillé de remarquer dans ces fragmens antiques que le tout et les parties sont grandes et simples, et que ces beaux esprits ont fuy la

---

[1] Quarante ans après la date de cette lettre, le 31 août 1706, le secrétaire de la maison du roi écrit au concierge du château de Fontainebleau la lettre singulière que voici : « Vous sçavez qu'il y avoit un garde de la bibliothèque de Fontainebleau, nommé M. de Sainte-Marthe, mort depuis quelque temps. Le roy désire sçavoir s'il y a des livres à Fontainebleau, si cet officier y avoit un logement, et en quel endroict il est. Je vous prie de m'envoyer cet esclaircissement le plus tost qu'il se pourra. » (*Reg. secr.*)

confusion des choses petites et trittes tant dans leurs ouvrages d'architecture que de sculpture, ce qui leur donne la grandeur, netteté et armonie avec la résistance aux injures des temps, et qui diminue beaucoup de la despense, ces grands génies n'aiant mis es ornemens que dans les lieux propres à les recevoir, ne s'estant servy de ceste délicatesse que pour faire paroistre leurs ouvrages plus grands et magnifiques. Je croi que mondit sieur Girardon quitte Rome avec douleur de se destacher sitost de ces belles choses; mais l'ordre qu'il a receu de la part de V. E. luy a fait prendre en mesme temps résolution d'obéir. Je le vois partir avec desplaisir, principalement dans l'estat où je suis, aiant crainte de ne pouvoir pas bien m'acquitter de la charge dont V. E. m'a honoré, la guérison de ces sortes de maladies dont j'ay esté attaint estant très longue et quelquefois incurable. Je soumets le tout à la volonté du Très-puissant, persistant dans le zèle d'obéir aux ordres de V. Exc. jusques au dernier moment de ma vie.....

Vol. verts C.

25.

COLBERT A L'ABBÉ DE BOURLEMONT, A ROME.

Le 11 avril 1669.

J'ay receu la lettre que vous avez pris la peine de m'escrire. J'ay esté très-aise d'apprendre qu'il y ayt quelque apparence de pouvoir acheter les statues de la vigne du prince Ludovisio; et comme les occasions de faire de semblables achapts ne se rencontrent pas tousjours, et qu'il est bon d'en proffiter pour l'ornement des maisons royales, je vous prie de vous appliquer avec soin à en conclure le marché à un prix raisonnable. Pour cet effet, comme je ne doute pas que le sieur Errard ne soit à présent délivré de la fluxion qui luy estoit restée de sa maladie, et qu'il ne soit en estat d'agir, il sera bon que vous conferiez, s'il vous plaist, avec luy et le sieur Girardon, tant sur la beauté de ces statues que sur leur prix, et mesme que vous preniez sur le tout les advis de M. le cavalier Bernin.

Vous me ferez aussy un singulier plaisir de me mander en quoy consiste le palais dudit prince Ludovisio, combien il peut couster, tant pour l'achapt en l'estat qu'il est à présent que pour l'achever de tout poinct; mais il importe beaucoup qu'en prenant cet esclaircissement, vous observiez de ne faire aucune démonstration que le roy ayt envie de l'acheter, afin que l'on ne puisse pas s'en prévalloir pour le vendre plus cher.

C. C. Colb. vol. 204.

26.

DE LA VOYE A COLBERT.

A Toulon, ce 23ᵉ avril 1669.

Le zèle que j'ay et que j'auray toujours pour vostre service et pour l'exécution de toutes les choses dont vous me jugerés capable, m'a fait prendre la liberté de vous écrire, affin de vous supplier de seconder mes bonnes intentions, et de contribuer à tout ce qui est nécessaire pour achever entièrement l'expérience des pendules sur mer de M. Huggens que je commençay l'année passée par vostre ordre, et du succès de laquelle je vous donnay beaucoup d'espérance dans les lettres que je pris la liberté de vous en écrire. Il seroit nécessaire, Mgr, que vous ordonnassiés que l'on m'envoyast les deux horloges que je portay l'année passée à la mer, desquelles on a osté tous les deffauts que j'y avois pu rencontrer, et que j'ay examinées depuis le temps qu'on les a renvoyées de Brest jusqu'à mon départ. Je les joindray à l'horloge que Mgr le duc de Beaufort m'a ordonné de luy faire faire, qui est autant parfaite qu'on la peut souhaiter. M. Huggens, à qui j'écris ce que j'ay fait, et qui l'a veue auparavant que je l'emportasse de Paris, vous en pourra rendre tesmoignage. Le trajet est fort propre pour une semblable épreuve. Je ne doute point, Mgr, que vous ne me sçachiez bon gré aussi bien que M. Huggens de ce que je vous écris, comme il me l'a tesmoigné auparavant que de partir de Paris, et je croy que ma lettre vous sera d'autant plus agréable qu'elle est sans aucun intérest, et qu'elle part d'une personne que la seule curiosité qu'elle a naturellement pour les sciences, et le seul dessein d'estre maintenu dans vos bonnes grâces, fait agir; car quoyqu'il me soit fort fascheux d'estre mal auprès de vous, sans en avoir pu apprendre le sujet, la compagnie tant en particulier qu'en général m'ayant tesmoigné qu'elle ne se plaignoit point de moy, et qu'elle ne pouvoit m'éclaircir du sujet de ma disgrâce où elle n'avoit aucune part, cependant la seule satisfaction de recevoir de vos ordres effacera tout le chagrin que j'en ay pu concevoir. Je vis toujours dans cette espérance, et les attends avec impatience.

<small>Vol. verts C.</small>

27.

PERRAULT A COLBERT.

<small>A Paris, ce 30 juillet 1669.</small>

Je donne advis à Mgr qu'il est feste demain au Louvre et aux Thuilleries à cause de la feste de Saint-Germain, de sorte que s'il estoit égal à Mgr de visiter les Thuilleries et le Louvre jeudy ou mercredy, je croy qu'il auroit plus de satisfaction d'y aller jeudy, lorsque les ouvriers y seront. Il y aura à résoudre le plafonds de la gallerie des Thuilleries, où M. le Brun a fait mettre une partie des tableaux qui doivent orner ce plafonds. Si Mgr juge nécessaire qu'il soit présent à cette résolution, il le fera avertir, s'il lui plaist. On a travaillé hier et aujourd'huy à la closture de l'attelier de l'arc de triomphe, et quand il aura demain marqué l'endroit de l'arc et celuy du modelle, on travaillera aussytost à l'un et à l'autre.

Vol. verts C.

28.

COLBERT AU DUC DE CHAULNES, ENVOYÉ A ROME.

A Saint-Germain, le 7ᵉ mars 1670.

J'ay esté bien aise de voir, par la lettre que vous avez pris la peine de m'escrire, que le soin que le sieur Errard a pris de faire copier les tapisseries de Raphaël ayt vostre approbation; je vous avoue que je crains fort que nous ne perdions ce pauvre homme, parce que j'aurois beaucoup de peine à trouver un sujet aussy bon que celuy-là pour mettre à sa place.

A l'esgard des tableaux, figures et bustes qui sont dans le palais de M. le cardinal Antoine, lorsque vous les aurez veus, et que ledit Errard m'en aura envoyé un mémoire, en cas qu'il y ayt quelque chose qui plaise à S. M., je ne manqueray pas de vous le faire sçavoir.

Je sçay bien que la scituation du palais de ce cardinal n'est pas belle; je parleray au roy de celuy du prince Ludovisio; mais je doibs vous dire que S. M. n'a pas voulu entendre jusques à présent à une acquisition de cette nature.

Le 8 mars.

Vous connoissez la réputation dans laquelle est M. Cassini, ayant esté appellé par le roy pour servir S. M. dans l'académie qu'elle a establie. Elle fist faire instance à M. le cardinal Rospigliosi pour obtenir du pape deffunct la conservation de sa charge de premier ingénieur du fort Urban, et à la ville de Bologne pour celle de professeur d'astronomie dans l'académie de cette ville-là; et comme dans le changement de pontificat celuy qui sera général des armes de Sainte Esglise pourroit disposer de ladite charge de premier ingénieur du fort Urban, S. M. m'ordonne de vous dire que, considérant particulièrement ledit sieur Cassini, elle désire que vous fassiez toutes les instances en son nom envers le pape qui sera esleu, pour obtenir la conservation de ladite charge de premier ingénieur. Je vous prie donc de me donner advis de ce que vous ferez, affin que j'en rende compte à S. M., vous pouvant asseurer que ledit sieur Cassini mérite la grâce qu'elle luy veut faire en ce rencontre, estant d'une doctrine très-singulière[1].

Le 15 mars.

J'ay receu..... le plan du palais du prince Ludovisio; je n'ay pas manqué aussitost de rendre compte au roy de la proposition que vous faites de l'acheter; mais quoyque je n'y aye pas trouvé S. M. disposée, comme la beauté des statues et des antiques qui sont dans ce palais et sa vigne, pourroit l'y convier, s'il y avoit quelque apparence de pouvoir traicter du tout à bon marché, j'escris au sieur Erard d'examiner soigneusement ce palais, et tout ce qui est dedans, et demander le prix que l'on en pourroit donner; après quoy j'escriray à M. l'archevesque de Toulouse à Madrid pour voir s'il s'en pourra accommoder directement avec ledit prince.

Le 21 mars.

Je vous remercie de tout mon cœur de la peine que vous avez bien voulu prendre d'engager le cavalier Bernin à vous rendre compte de ce qu'il a faict jusques à présent pour la statue du roy. Je suis persuadé que si vous continuez de l'exciter par sa propre gloire à travailler à ce grand ouvrage, nous aurons la satisfaction dans quelque temps de le voir achevé.

---

[1] Cassini obtint dans la suite des lettres de naturalité en France; mais on le taxa à 4,000 livres pour cette faveur. Le savant astronome demanda d'être dispensé de ce payement, comme on voit par une lettre de Pontchartrain à Chamillart, de l'an 1703.

Je vous prie de prendre la peine d'examiner avec le sieur Errard ce que pourroit couster le palais et les statues du prince Ludovisio, parce que, sur le prix que j'apprendray que ceux qui ont soin de ses affaires à Rome en voudront avoir, j'escriray à M. l'archevesque de Toulouse de traiter avec ce prince, et de convenir, s'il est possible, du prix que le roy aura agréable d'en donner, en cas que S. M. prenne résolution de mettre une somme considérable à l'achapt d'un palais en cette première ville.

Reg. dépêch. comm.

29.

ORDRE DU ROI POUR L'ACTRICE BEAUVAL ET SON MARI.

A Saint-Germain-en-Laye, le xxxi° juillet 1670.

S. M. voulant toujours entretenir les troupes de ses comédiens complettes, et pour cet effet les meilleurs des provinces, pour son divertissement; et estant informé que la nommée de Beauval, l'une des actrices de la troupe des comédiens qui est présentement à Mascon, a toutes les qualitez requises pour mériter une place dans la troupe de ses comédiens qui représentent dans la salle de son palais royal, sa dite majesté mande et ordonne à ladite Beauval et à son mary de se rendre incessamment à la suite de sa cour pour y recevoir ses ordres. Veut et entend que les comédiens de ladite troupe qui est présentement à Mascon ayent à les laisser seurement et librement partir sans leur donner aucun trouble ny empeschement, nonobstant toutes conventions, contracts et traitez avec clauses de desdit qu'ils pourroient avoir fait ensemble, dont, attendu qu'il s'agit de la satisfaction et du service de S. M., elle les a relevez et dispensés. Enjoint à tous ses officiers et sujets qu'il appartiendra de tenir la main à l'exécution du présent ordre. Signé : LOUIS. Et plus bas : *Colbert*.

Reg. secr.

30.

COLBERT A HUYGHENS.

Le 5 décembre 1670.

Quoyque personne pour vous ne fasse aucune instance pour le payement de vostre pension, je crois que vous serez toujours bien aise de recevoir cette marque de la bonté du roy et de mon souvenir dans vostre païs. C'est ce qui m'oblige de vous envoyer la lettre de change de 500 escus cy-jointe, vous conjurant de travailler au restablissement de vostre santé, et m'en envoyer des nouvelles de temps en temps.

<small>Reg. dépêch. comm.</small>

31.

COLBERT A L'ÉVÊQUE DE LUÇON.

Paris, le 26 décembre 1670.

..... A l'esgard de M. de Varillas, je ne puis vous rien dire sur cela de si loin. Il faudroit qu'il proposast à nostre académie son dessein. Vous sçavez que c'est une matière bien délicate que l'histoire de l'hérésie, et je ne sçay pas s'il ne seroit point plus advantageux pour nostre religion de la taire que de la traicter historiquement.

<small>Reg. dépêch. comm.</small>

32.

COLBERT A ERRARD, DIRECTEUR DE L'ACADÉMIE DE FRANCE A ROME.

A Saint-Germain, le 17ᵉ juillet 1671.

Je vous avoue que j'ay esté surpris de ce que mon filz m'a dit que vous n'estiez pas content du travail et de l'application des accadémistes ni de leurs mœurs, et encore moins de l'obéissance qu'ilz vous doibvent rendre, d'autant que vous ne m'en avez jamais rien fait sçavoir. Ne manquez pas de m'escrire en détail tout ce qui se passe sur ce sujet; et comme il n'y a rien de si nécessaire pour le bien de l'accadémie que d'establir la subordination et la déférence que tous ceux qui y sont envoyez doibvent avoir pour vous, en cas que vous ayez besoin de quelque ordre pour cela, ne manquez pas de m'en advertir; parce que mon intention est que vous ayez une autorité entière et absolue pour chasser ceux qui manqueront à ce principe.

Le 20 novembre.

J'examineray dans peu de jours la proposition que vous me faites d'acheter quelques statues du prince Ludovisio. Cependant je vous puis dire dès à présent que je n'y penseray jamais pour le roy que le prix n'en diminue considérablement.

Je suis bien aise que le cavalier Bernin se plaise à travailler à la statue du roy. Informez-moy de temps en temps de l'estat auquel elle sera, affin que j'en puisse rendre compte à S. M.

Du 29 janvier 1672.

M. l'évesque et duc de Laon m'a envoyé un dessein pour le nouvel ordre d'architecture que le roy fait rechercher, auquel un père de l'Oratoire de Rome, nommé Chapuis, et un nommé Barrière ont travaillé; et comme ce dessin m'a paru assez beau, ne manquez pas de vous informer de la capacité dudit Barrière, combien il y a qu'il demeure à Rome, s'il est bon architecte, s'il s'est fortement appliqué à cette science, et en un mot, s'il a le goust et discernement nécessaires dans tous les ouvrages qui en dépendent, affin de me le faire sçavoir incessament.

Le 23 juillet.

J'ay veu vostre dernier mémoire concernant l'accadémie de Rome. Il me semble que le nombre des accadémistes diminue trop. J'auray soin de vous en envoyer de nouveaux. Vous voyez bien par là que le roy n'est pas résolu de discontinuer le soin des arts, nonobstant les grandes guerres ausquelles S. M. est à présent appliquée ; et vous pouvez estre asseuré que S. M. aymant autant les beaux arts qu'elle fait, les cultivera encores avec d'autant plus de soin qu'ilz pourront servir à éterniser ses grandes et glorieuses actions.

Ne manquez pas de m'escrire amplement tous les mois à moy-mesme l'estat de l'accadémie, et envoyez-moy soigneusement les mémoires de tous les ouvrages ausquelz vous employez les accadémistes, et remarquez avec soin les différens degrez d'application, de génie et d'estude des accadémistes. Faites faire aux peintres les copies de tout ce qu'il y a de beau à Rome, et lorsque vous aurez fait tout copier s'il est possible, faites-les recommencer, et à mesure que vous aurez quelque ouvrage fait, envoyez-le-moy par les premiers vaisseaux qui passeront le destroit, et en cas qu'il vous en manque, en m'en donnant advis, j'auray soin de vous en envoyer.

Faites faire aussy aux sculpteurs la mesme chose, et faites-leur copier tous les beaux bustes et les belles statues qui sont à Rome, et en un mot redoublez vostre chaleur et vostre application plus que jamais, et entreprenez hardiment de faire copier tout ce qu'il y a de beau. Surtout pensez à conserver vostre santé, parce qu'elle est nécessaire pour bien establir cette accadémie, qui sera éternelle dans Rome, si Dieu donne aux roys successeurs de S. M. le mesme amour qu'elle a pour les beaux arts.

Reg. dépêch. comm.

Le 25 juin 1682.

J'aprends par vostre lettre que vous avez fait lustrer le second vase de Borghèze, et que vous faites avancer celuy d'Iphigénie. Continuez de faire travailler à ces deux vases, et à les rendre les plus parfaits qu'il sera possible ; et aussytost qu'ils seront achevez, vous pourrez prendre l'occasion du premier vaisseau de Saint-Malo qui ira à Civita-Vecchia pour les charger dessus, à condition de les porter au Hâvre pour esviter d'envoyer un vaisseau exprès pour cela. Continuez tousjours de faire travailler les eslèves et de les exciter à bien faire et à se perfectionner. Il est bon mesme que vous me fassiez sçavoir ce que l'on pourroit à présent faire copier de plus beau à Rome, soit en peinture, soit en sculpture, soit des plus belles figures que je n'ay pas encore fait copier, soit de celles qui n'ont pas esté copiées avec toute la perfection convenable. Et comme vous voyez que mon intention est que les jeunes eslèves peintres et sculpteurs partagent tousjours leur temps entre le travail qu'ils doivent faire pour le roy, et celuy qu'ils peuvent faire de leur génie, faites un mémoire de ce qu'ils pourront faire pour le roy, afin que je vous en donne l'ordre. Appliquez-vous surtout à faire en sorte qu'ils s'advancent tous, et se rendent les plus habiles qu'il sera possible dans leur profession.

Le 9 juillet.

J'apprens par vostre lettre que les deux vases de Borghèze et de Médicis sont en estat d'estre bientost achevez, et que Lacroix, sculpteur, continue de travailler à la figure de l'Antinoüs. Je vous recommande surtout de bien prendre garde que les ouvrages ausquels vous faites travailler par mon ordre soyent bien finis, et qu'ils soyent encore, s'il est possible, plus finis et plus recherchez que l'antique. Continuez de me rendre compte tous les mois de tout ce que les eslèves font chacun en leur art, et tenez la main qu'ils s'advancent, et qu'ils se rendent habiles chacun dans leur profession.

Théodon se plaint que vous ne le faites payer qu'à 30 sols par jour, et comme c'est un bon homme qui est habile en son art, faites en sorte qu'il soit satisfait, et que cela l'oblige à bien travailler.

Le 20 juillet.

......Prenez bien garde que toutes les despenses de l'accadémie soyent faites avec beaucoup d'œconomie, et que toutes les despenses soyent utiles aux eslèves.

Faites achever avec diligence et amour les ouvrages qui sont commencez, et prenez garde surtout qu'il ne sorte aucun ouvrage de l'accadémie qui ne soit dans une très-grande perfection, et mesme, s'il est possible, plus parfait que l'antique.

Marie m'a escrit pour avoir permission d'aller en quelque lieu de Toscane pour se restablir à cause de son indisposition. Vous luy pouvez dire que je ne veux point donner de pension ni d'entretenement qu'aux eslèves qui seront actuellement dans l'accadémie. Et au surplus exécutez ponctuellement tous les ordres et réglemens que je vous ay envoyé concernant les eslèves de l'accadémie.

Le 29 juillet.

Je vous ay fait sçavoir mes intentions sur le sujet du nommé Marie. Au surplus faites continuer le travail des deux vases et des autres figures que je vous ay ordonné, et prenez bien garde que les eslèves soyent sages et fassent bien leur debvoir.

Le 12 aoust.

Canouville m'a escrit pour me demander pardon de sa mauvaise conduitte; il me fait de grandes protestations d'estre plus sage à l'advenir, en me demandant son restablissement; mais pour vous authoriser, je ne luy accorderay point, je vous laisse seulement la liberté de le restablir en cas que vous soyez asseuré qu'il changera de conduitte.

A l'esgard de tous les austres eslèves, prenez bien garde de les conduire de telle sorte qu'ils se rendent habiles dans leur profession, et surtout qu'ils soyent sages, et ne souffrez pas qu'aucun d'eux porte l'espée; obligez-les tousjours d'achever les figures qu'ils ont commencé, et prenez garde qu'ils travaillent utilement.

Je me remets à vous au surplus pour tout ce qui regarde la conduitte de l'accadémie, et je vous envoyeray dans peu le compte de la despense des six premiers mois arresté.

Le 27 aoust.

Continuez de faire travailler aux deux vases, et prenez bien garde qu'ils soyent dans une très-grande perfection, et que les sculpteurs qui y travaillent les achèvent avec l'amour que les bons ouvriers doibvent avoir pour leurs ouvrages. Je me remets au choix que vous ferez des plus belles figures de l'antique pour les faire copier; mais surtout observez bien de donner le temps aux eslèves de faire quelque chose de leur génie. Vous devez aussy observer que vous ne devez payer aucuns appointemens ni aucune subsistance que lorsqu'ils travaillent actuellement à l'accadémie, tant sur les ouvrages que vous leur ordonnerez de ma part que sur ce qui regarde leurs estudes particulières; et dès lors qu'ils ne travaillent plus dans l'accadémie, vous devez en retrancher leur subsistance. Faictes-moy sçavoir cependant quelle est la conduitte de ces eslèves, s'ils demeurent et couchent actuellement dans le lieu de l'accadémie, ou s'ils logent en ville, à quelle heure ils se rendent à l'accadémie, et à quelle heure ils en sortent, afin que s'il est nécessaire de faire quelque règlement sur cela, je le puisse faire.

Le 28 juillet 1683.

J'ay receu avec vostre lettre l'estat des despenses de l'accadémie pendant les mois d'avril, may et juin; je l'examineray, l'arresteray et vous en envoyeray le duplicata dans peu de jours. Continuez tousjours de maintenir l'accadémie dans un bon ordre. Je vous envoye pour cet effect un ordre pour licentier et mettre hors de ladite accadémie le sieur Bruant.

ORDRE DU ROY.

Estant mal satisfaict de la conduitte du sieur Bruant, qui est à présent dans l'accadémie establie par le roy à Rome, le sieur Erard, directeur de ladite accadémie, ne manquera pas de le congédier pour revenir en France, ou luy permettre d'aller partout où il voudra. Fait à Versailles, etc.

Mél. Clair.

33.

COLBERT AU CHEVALIER DE TERLON, AMBASSADEUR EN DANEMARK.

A Saint-Germain, le 17° juillet 1671.

Comme vous estes bien informé qu'entre les grandes choses ausquelles le roy nostre maistre s'applique, celle des sciences n'occupe pas moins son esprit que toutes les autres qui regardent la guerre, S. M. ayant ordonné à l'académie qu'elle a establie pour les sciences de s'appliquer à quelques observations astronomiques, elle a agréé la proposition que elle luy a faite d'envoyer l'un de ses principaux membres en Dannemarck pour y faire quelques observations importantes au progrez des sciences ausquelles elle s'applique. Et S. M. m'ordonne de vous escrire ces lignes pour vous dire que le sieur Picard, qui a esté choisy pour cela, s'adressera à vous pour avoir toutes les facilitez qui luy seront nécessaires pour faire lesdites observations, et S. M. désire que vous fassiez au roy de Dannemarck toutes les instances nécessaires en son nom pour luy demander dans l'estendue de ses estats les assistances dont il pourra avoir besoin. Je vous prie donc de le considérer comme porteur de l'ordre et des intentions de S. M. sur ce sujet, et pour son mérite particulier.

Reg. dépêch. comm.

34.

COLBERT AUX DIRECTEURS DE LA COMPAGNIE DES INDES
OCCIDENTALES.

A Saint-Germain, le 7° octobre 1671.

Messieurs, l'académie des sciences ayant fait choix de la personne du sieur Richer pour passer en l'isle de Cayenne et y faire quelques observations nécessaires au progrez des mesmes sciences, je doibs vous dire que l'intention du roy est que vous donniez non-seulement les ordres nécessaires pour faire embarquer ledit sieur Richer sur le premier vaisseau que vous envoyerez en ladite isle, ensemble ses hardes et instrumens, mais mesmes que vous luy fassiez donner un logement commode en ladite isle, et au surplus toutes les assistances dont il pourra avoir besoin. Et lorsqu'il y aura fait toutes les observations dont il est chargé, S. M. désire aussy que vous donniez les mesmes ordres pour luy donner la facilité de son retour. A quoy je ne doute pas que vous ne vous conformiez ponctuellement.

Reg. dépêch. comm.

35.

COLBERT A L'ABBÉ BENEDETTI, A ROME.

A Paris, le 6° novembre 1671.

J'ay receu la lettre..... par laquelle vous me donnez advis que l'on pourroit à présent acheter le buste de Jupiter de maistre de la Valle. J'approuve fort la pensée que vous avez de faire cette acquisition pour le roy; mais comme il faut prendre garde de ne pas acheter cet antique plus qu'il ne vaut, il sera bon que vous confériez sur ce sujet avec M. Errard, qui l'examinera et en fera le prix, et ensuitte vous pourrez le payer des deniers que vous avez entre les mains.....

Reg. dépêch. comm.

36.

COLBERT A SAUVAN, CONSUL DE FRANCE EN CHYPRE.

A Paris, le 6° novembre 1671.

M. Arnoul m'a envoyé les livres grecs et arabes que vous avez esté chargé de luy adresser par le sieur Vanslebio; et comme je seray bien aise d'avoir ceux qui sont les plus curieux et les plus rares dans ces langues et dans les autres de Levant, en cas que vous en rencontriez à achepter, et que vous trouviez quelqu'un qui sçache faire le choix des livres de cette qualité, vous pourrez en faire le marché, et en me faisant sçavoir ce que vous aurez advancé, j'auray soin de vous en faire rembourser exactement.

Continuez tousjours à m'informer de tout ce qui se passera dans l'estendue de vostre consulat concernant le commerce et la navigation; et en cas que vous ayez besoin de quelque assistance, ne manquez pas d'en escrire à M. de Nointel, ambassadeur pour S. M. près le Grand-Seigneur.

Le 29 novembre 1672.

J'ay receu les 37 manuscrits que vous m'avez envoyé, lesquelz j'ay trouvé assez bien conditionnez. Je donne ordre à M. Arnoul de vous faire tenir les 105 piastres que vous avez déboursé pour cela.....

Reg. dépêch. comm.

37.

COLBERT A L'ÉVÊQUE DE LAON, A ROME.

A Saint-Germain, le 15° janvier 1672.

Le roy a esté bien aise d'apprendre que le cavalier Bernin s'applique fort à faire sa statue, ainsy qu'il vous a plu de me le faire sçavoir.

Comme ce travail peut contribuer à la gloire du roy, je ne doute pas que vous ne vouliez bien exciter tousjours par quelque caresse ledit sieur cavalier d'y travailler avec plus d'assiduité, et lorsque M. le duc d'Estrée sera arrivé, et qu'il sera quite des grandes visites de cérémonie, je vous supplie de l'aller voir ensemble, affin que cet honneur le convie encore plus à bien faire.

Il sera fort advantageux que les sieurs Campani et Eustacio s'appliquent aussy à rendre leurs lunettes dans la dernière perfection, et si celle de 120 palmes, à laquelle le dernier travaille, peut réussir, je ne doute pas que nos astronomes n'en tirent beaucoup de fruict et d'utilité. A l'égard de la demande que vous me faites si le roy aura agréable un présent de tableaux que messieurs les cardinaux Barberins veulent faire à S. M., vous sçavez bien que les grands roys ne refusent point les présens de cette qualité.

Du 29 janvier.

J'ay veu le dessein du nouvel ordre d'architecture que le P. Chapuis et le nommé Barrière ont composé. J'ay trouvé leur pensée fort bonne, et ce dessein sera sans doute mis en comparaison avec tous ceux ausquelz l'on a travaillé jusques à présent. Cependant je vous supplie de prendre la peine de m'envoyer la copie que vous me promettez du mausolée que ledit Barrière a fait pour le prince et la princesse Ludovise.....

Reg. dépêch. comm.

38.

L'ÉVÊQUE DUC DE LAON, ENVOYÉ A ROME, A COLBERT.

A Rome, ce 9 février 1672.

Vous verrez par les dépesches de S. M. qu'on attend icy avec impatience et inquiétude quels seront ses sentimens touchant tout ce qui s'est passé à l'esgard de M. l'ambassadeur. Le palais se flatte tousjours qu'il a des gens à Paris qui le favorisent et qui taschent de me nuire, et l'on vous rendra compte, M^r, de ce que j'ai découvert sur cela. J'espère toutefois qu'agissant tousjours avec un dévouement si parfaict et si fidelle pour la gloire et pour le service de mon maistre, toutes leurs tentatives seront inutiles, et je ne fonde pas moins ma confiance sur la persévérance et la fermeté avec lesquelles vous soustenez ceux que vous honorez de vostre amitié quand vous les croyez fidelles et passionnés pour S. M. Je vous supplie très-instamment, M^r, de me vouloir bien faire connoistre avec ce caractère à M. de Ponponne, dont j'ai appris le retour avec une sensible joye, et luy marquer en mesme temps à quel point j'ai celui de vostre serviteur très-obligé et très-reconnoissant.

J'anime le plus que je peux le cavalier Bernin, et je luy donne un grand courage en luy apprenant avec quel soin vous me parlez de son travail; en vérité, il s'y attache entièrement, et il est visible qu'il cherche, comme Fidias, à s'immortaliser dans la statue d'un si grand prince.

Il y a quelque temps que je n'ay veu Campani; quand son travail sera achevé, sans doute il m'en viendra rendre compte. Pour Eustachio de Divinis, il avoit commencé de travailler un verre de 120 palmes, qui s'est cassé dans le travail. Il veut en recommencer un autre de mesme grandeur, il espère y bien réussir; cependant il achève les oculaires pour la lunette de 70 palmes dont je vous ai desjà parlé.

Il a fait un troisième verre de ceste longueur, qu'il croit d'une plus grande perfection que les deux autres. Nous l'esprouverons ceste semaine, et par le premier ordinaire je ne manqueray pas d'en mander quelques nouvelles.....

Le 12 avril.

J'ai esprouvé une lunette de Campani de 5o palmes qui a fort bien réussi ; on en doit esprouver une de 6o palmes d'Eustatio de Divinis, et celuy-cy a tousjours dans l'esprit de réussir dans une de 1 2 o. Deux verres luy ont desjà manqué.

Vol. verts C.

39.

LE CARDINAL D'ÉTRÉES, A COLBERT.

A Rome, le 13° juillet 1672.

Je croirois faire tort à vostre zèle et à vos grandes et glorieuses applications au service de S. M., si je différois à me réjouir avec vous de tant de gloire, de victoires et de prospéritez dont il a plu à Dieu de la combler, dans le commencement de sa campagne; mais quoyque vous y deviez prendre en général toute la part qu'un ministère aussy capable et aussy heureux que le vostre mérite, je dois, ce me semble, redoubler mes complimens sur le succez du combat naval, non-seulement parce que vous y avez mis toutes les dispositions en relevant la marine, et rendant cette puissance supérieure à celle des autres Estats, mais parce qu'en contribuant à l'employ dont il a plu à S. M. d'honnorer M. le comte d'Estrées, vous avez procuré à nostre nom l'honneur qu'il a eu l'avantage de s'acquérir en cette occasion.....

Nous avons pensé perdre cette semaine le cavalier Bernin, qui a esté attaqué d'une fièvre continue, et d'une diarrhée dans l'âge de 74 ans. Le travail qu'il a entrepris me rend sa vie si précieuse que j'en ay eu une extrême inquiétude, et que je n'ay manqué à aucun des soins qui pouvoient luy apporter quelque soulagement. Le sieur de Lorme, que nous avons icy, et qui en sait plus que les médecins de Rome, l'a visité assiduement; mais par bonheur, comme sa maladie a esté violente, elle n'a pas duré longtemps. Il est en estat de se lever au premier jour; mais comme il faut qu'il prenne du temps pour se remettre, et qu'il se ménage pendant les chaleurs, il est impossible que cet accident ne retarde son ouvrage de deux ou trois mois. Mais aussy, en estant bien remis, j'espère qu'il luy restera assez de vie et assez de santé pour le mettre dans sa perfection. Les nouvelles conquestes de S. M. ont déjà donné lieu de raisonner sur les ornemens et sur les trophées qu'on peut mettre aux pieds de sa statue, et ces grandes idées élèveront encore l'imagination du Bernin. J'ay cru que son travail présent m'obligeoit de vous informer de l'estat de sa maladie et de sa convalescence.

Un nommé Campani, frère de celuy qui travaille aux lunettes, m'apporta hier une lettre qu'il écrit à S. M. sur un nouveau dessin d'horloge, par lequel il prétend pouvoir parvenir à connoître les méridiens. Beaucoup de beaux esprits ont fait sur cela des tentatives inutiles; je ne say s'il aura esté plus heureux ou plus habile que les autres; mais en tout cas, j'ay cru que je devois vous donner connoissance de ce qu'il propose. Vous me ferez savoir, s'il vous plaist, ce que j'auray à luy répondre, et si vous jugez à propos de faire travailler quelque ouvrier à sa machine. Vous examinerez, M^r, si pour conserver mieux le secret, il ne seroit pas plus à propos de nous envoyer quelque ouvrier françois, de la fidélité duquel on peut estre plus assuré qu'on ne seroit de celle des Italiens.

Pour ce qui regarde les lunettes, Eustatio de Divinis et Campani en ont fait deux de 50 palmes. J'ay éprouvé celle de Campani, qui m'a paru fort nette et fort bonne; et M. Auzout, qui s'y connoît mieux que moy, en a fait le mesme jugement. On m'assure que celle d'Eustatio de Divinis n'est pas inférieure. Celuy-cy en a fait une aussy de 60 palmes, mais on ne l'a pas trouvé de la mesme perfection. Il travaille toujours à celles de 120 palmes, et ne perd pas l'espérance d'y bien réussir. Je l'encourage tant que je puis, et j'exécute en cela ce que vous avez désiré. Vous me ferez la grâce de me mander si je vous feray envoyer les deux lunettes de 50, dont les connoisseurs paroissent fort satisfaits. Une peut-estre pourroit suffire, mais comme celuy qui n'auroit pas la préférence seroit découragé, et qu'il importe de les animer à bien faire, je crois qu'il sera plus à propos de les prendre toutes deux.

Le 14 septembre.

Je vous informe si particulièrement par un mémoire joint à cette lettre sur l'envoy des lunettes que vous attendés qu'il ne me reste rien à y ajouster ici. On n'a manqué à aucune précaution pour les faire arriver seurement entre vos mains. Je commence à bien espérer de celles de 120 palmes, et je trouve que les ouvriers m'en parlent depuis quelque temps plus hardiment. J'auray d'autant plus de joye qu'elles réussissent, qu'outre l'avantage qu'on en pourra tirer dans les observations, l'accadémie royalle aura l'honneur d'avoir eu les premières d'une telle longueur. J'ay assuré les ouvriers qu'ils seroyent bien récompensés de leur travail, et certes ils le mériteront.

Le cavalier Bernin est entièrement restably, et recommencera à travailler tout de bon dans le mois d'octobre. Il a un tel amour pour son ouvrage que quoyqu'il n'osast y travailler dans les chaleurs, il ne laissoit pas de l'aller considérer de temps en temps. Je luy recommande toujours de ne se fatiguer pas excessivement, et de mettre surtout le buste et ensuitte toutte la figure du roy dans sa perfection, affin que s'il ne pouvoit aller jusques au bout, la principalle partie fust au moins achevée de sa main.

Le 30 may 1673.

.....J'ay différé à vous faire souvenir jusqu'après le départ de S. M., qui vous aura laissé plus de loisir, des lunettes de Campani et d'Eustatio de Divinis, que je vous envoyay l'année passée. J'ay appris qu'elles avoient bien réussy ; ainsy je ne doute pas que vous n'ordonniez qu'ils soient bien traitez pour la récompense. Cela les encouragera à travailler à de plus grands verres, suivant leur projet ; et comme ils ont attendu depuis l'année passée, je crois que vous ne différerez pas davantage.

Le cavalier Bernin me fit un discours, il y a quelque temps, dans lequel, aprez m'avoir représenté que depuis trois ou quatre ans il avoit abandonné toute sorte d'ouvrages et les profits considérables qu'il auroit pu faire, pour se dévouer uniquement à celuy qu'il a entrepris pour le roy, il m'insinua que la statue estant si avancée, il auroit eu lieu d'espérer quelque gratification extraordinaire, outre la pension que le roy luy donne tous les ans, et souhaitta que je vous en disse quelque chose. Il se dépeignit comme peu accommodé, quoyqu'on le croye fort riche. Je luy donnay le plus de courage et d'espérance que je pus sur les grâces de S. M. Il passe pour intéressé ; mais il est certain qu'il passe sa vie dans cet unique travail, et je suis quelquefois épouvanté qu'à son âge il puisse y employer tant d'heures chaque jour. Je vous prie de me répondre quelque chose sur cet article, par où je puisse luy faire voir combien son zèle est approuvé et agréé, et combien il sera reconnu.....

Nous attendons à toute heure les fonds pour les pensions qu'on donne ; il y en a une entre autres pour un sujet principal que je ne nomme pas, car vous l'entendez assés, qu'il importe fort de ne pas différer. J'en ay escrit plusieurs fois à M. de Pomponne.

Le 6 juin.

Vous avez prévenu par vostre lettre du 13ᵉ may ce que je vous avois écrit sur le sujet des sieurs Eustatio de Divinis et Campani. Le payement de leurs lunettes les doit satisfaire extrêmement, puisqu'il passe d'un tiers le prix que le cardinal de Médicis a payé à Eustatio d'un verre de pareille grandeur. Je ne manqueray pas de les encourager, comme j'ay déjà fait, à travailler à de plus grands, et de vous informer du progrez de leur travail.....

Depuis la lettre que je vous écrivis il y a huit jours, j'ay été voir le cavalier Bernin en son travail, dans le dessein de l'encourager à le poursuivre avec diligence ; mais je l'ay trouvé si consolé par l'arrivée de sa pension et par la lettre obligeante qu'il avoit receue, qu'il ne m'a pas esté nécessaire d'y employer beaucoup de discours. Il espère pouvoir achever son ouvrage dans la fin de l'année, ou tout au plus tard dans le printemps prochain.....

Eustatio de Divinis m'a fait souvenir qu'il avoit envoyé deux verres en France, l'un de 60 palmes, l'autre de 66. Campani n'en a envoyé qu'un de 66, et cependant il est payé également. Je crois, M^r, que vous trouverez juste d'envoyer une nouvelle ordonnance pour Eustatio.

Vol. verts C.

40.

BREVET DU ROI EN FAVEUR DE FRANÇOIS RENAUDOT, GAZETIER.

Aujourd'huy, vi^e aoust 1672, le roy estant à Saint-Germain-en-Laye, ayant accordé au sieur François Renaudot la permission de continuer la composition des gazettes aux mesmes clauses et conditions qu'elle avoit esté accordée au feu sieur Renaudot son oncle, et voulant luy donner moyen de se bien acquitter de cet employ, S. M. a accordé audit François Renaudot le logement dans la galerie du Louvre que ledit Eusèbe Renaudot occupoit, pour par luy en jouir et uzer aux honneurs, authoritez et droits y appartenans, tels et semblables que ledit feu Renaudot en a jouy. Mande et ordonne S. M. au surintendant et ordonnateur général de ses bastimens, arts et manufactures de France, de faire jouyr ledit François Renaudot pleinement et paisiblement du contenu au présent brevet, qu'elle a pour asseurance de sa volonté, signé de sa main et fait contresigner, etc.

Reg. secr.

41.

LE COMTE D'AVAUX, AMBASSADEUR A VENISE, A COLBERT.

A Venise, septembre 1672.

Il y a dans un couvent de religieux qui se nomme Santa Maria di Serravalle, qui est à deux petites journées de Venise, un tableau du Titien à vendre, de vingt pieds de hauteur sur environ huit pieds de largeur. C'est un tableau de dévotion qui est placé au maistre-autel ; la Vierge y est peinte dans une gloire et environnée d'anges, Nostre Seigneur est dans l'esloignement, sur le bord de la mer, qui appelle saint Pierre et saint André, et des pescheurs qui s'efforcent de tirer le filet de l'eau. Sur le devant sont les deux mesmes saints, debout, et dont la figure est plus grande que le naturel, en action de prier la Vierge.

Il est fait mention de ce tableau dans la vie du Titien, escrite par le cavalier Rodolfi. Voilà, M^r, toute l'instruction que je puis vous en donner. Si M. Mignard a veu ce tableau-là, il vous dira si c'est une chose qui doive estre acheptée pour S. M. Les religieux l'ont estimé au commencement 10,000 ducats, et depuis ils le laissent à 6,000. Je n'ay pas osé l'envoier visiter, de peur que la république n'en empeschast le marché, si cela estoit venu à leur connoissance dans le temps qu'on seroit à attendre vostre response ; car j'ay sceu que, quand M. de Béziers achepta icy un tableau pour S. M., ils firent entendre aux religieux qu'ils troüvoient très-mauvais qu'ils vendissent pas un de leurs originaux. Mais en cas que S. M. ait envie d'avoir ce tableau-là, j'y envoyeray M. Cochin, qui est un peintre françois très-habile et fort homme de bien. M. Mignard qui le connoist, vous peut dire, M^r, si c'est un homme à qui je puisse me fier, soit pour la capacité, soit pour la probité ; et ainsi, M^r, comme j'en ferois le marché dans le temps mesme qu'il l'auroit esté visiter, messieurs de la république ne pourroient plus s'oposer à une chose qui seroit faite. Je vous supplie donc très-humblement de me faire l'honneur de me mander si j'achepterai ce tableau, en cas que M. Cochin le trouve en bon estat, qu'il se puisse transporter, et qu'il voie qu'il soit vendu à un prix raisonnable. Si mesme vous le trouvés bon, j'en ferai le prix, et j'arresterai toutes choses de manière qu'ils ne pourront point s'en desdire. Mais je leur dirai que leur aiant donné plus du tableau que vous n'aviés consenti que j'en donnasse, qu'il faut encore attendre un de vos ordres là-dessus, si bien que je les empescherai de le vendre à d'autres, et cependant j'aurai le temps de vous donner l'avis du marché que j'aurai fait.

On brusla dans la place Saint-Marc, il y a huit ou dix jours environ, 200 brasses de draps d'Holande et d'autres draps fabriqués hors de Venise.

Vol. verts C.

42.

LE DUC DE VILLARS, AMBASSADEUR DE FRANCE EN ESPAGNE, A COLBERT.

A Madrid, le 28ᵉ de septembre 1672.

Je suis bien fasché que Mʳˢ Blanchart et Cusat soient obligez de s'en retourner sans rien faire ; comme ils ne veulent rien avoir icy qui ne se puisse égaler aux plus belles choses qu'ayt le roy, et qu'ils n'ont trouvé de digne d'entrer dans les cabinets de S. M. que 24 ou 25 tableaux, dont mesme quelques-uns des plus beaux ont esté retouchez, ils n'ont pas jugé en devoir rien offrir au-delà de 30,000 escus. L'esloignement où ils sont pour le prix ne laissant aucune espérance de conclure, ils vont demain à l'Escurial et prétendent partir lundy. Il est vray, Mʳ, que ces 24 tableaux qui sont venus d'Angleterre, hors deux ou trois, ont cousté beaucoup plus qu'on ne les estime, comme il paroist par les originaux des lettres, et que le *Mercure,* du Corrège, que ces messieurs ne prisent que 6,000 ℔, nous sommes tesmoins que l'Admirante en offre 10,000 escus. Peut-estre que le départ pour Rome du marquis estant différé, cela le fait tenir plus ferme. S'il se relasche lorsqu'il partira, je vous en donneray advis. Voilà ce qui se peut faire pour le présent. Ces messieurs ont trouvé que les autres qu'on prétendoit du Corrège, ne sont que copies. Il est bon d'avoir de ces gens clairvoyans; tous les peintres qui sont et ont passé icy, y ont esté trompez, aussy bien ceux qui ont esté envoyez en Angleterre pour les choisir.....

Mme de Villars aura l'honneur, M^r, de vous entretenir d'un petit contretemps qui met mes affaires, qui ne sont pas en bon estat, dans un plus grand désordre. M. de Belinzany m'a envoié par vostre ordre deux lettres de change, que j'avois tousjours regardées comme une gratification que vous m'avez procurée de S. M. pour subvenir à des frais qui ne se trouvent pas aussy excessifs dans aucune autre ambassade, comme les ports de lettres et les frais qu'on est obligé de faire pour une infinité de procès qu'il faut soustenir dans les conseils pour des particuliers. Cependant il en a demandé le payement à Mme de Villars comme d'un argent à luy, duquel, en me l'envoyant, il m'avoit demandé des quittances sur mes appointemens. Je vous advoue que vivant icy avec quelque règle pour esviter le désordre, j'y tomberois par cet accident impréveu. Cependant, M^r, j'escris à Mme de Villars de recevoir vos ordres là-dessus.

Le 10 octobre.

Vous connoistrez, par le prompt retour de Mrs Blanchard et Cusat, qu'on n'est pas demeuré d'accord du prix qu'ils ont offert pour les tableaux ausquelz ils se sont arrestez. Ce prix estant esloigné de celui que l'on a demandé, et ne voyant pas qu'on en pust venir sitost à un accommodement, je ne me suis pas opposé à la résolution qu'ils ont prise de s'en retourner. Si, après leur départ, celui à qui appartiennent les tableaux ne demeure plus si ferme sur l'estimation qu'il en fait, j'auray soin de vous en donner advis, et de faire ensuite ce que vous trouverez bon de m'ordonner.

Vol. verts C.

43.

CASSINI A COLBERT.

Nice, le 4 novembre 1672.

Mgr, à mon arrivée en Provence, je receus les nouvelles de la mort de mon père, d'un accident de paralisie arrivé à ma mère, de la fuite de mes sœurs à la prise de Perinalde, et du pilage et embrasement de ma maison. J'ay réduit toutes mes gens icy à Nice pour les avoir plus proches de moy, et maintenant je retourne à Toulon pour achever les observations que je m'avois proposées en ce voyage, ce que j'espère de faire en peu de jours, pour retourner au plus tost à l'Observatoire. De le 17 jusques à 27 du mois d'octobre, nous observasmes une grande tache dans le soleil qui fit son cours semblable à celuy que j'observay le mois d'aoust et de septembre de l'année passée, et je prendray garde si du 10 jusques au 24 de ce mois de novembre, elle ne fera pas un autre tour comme elle fit l'année passée.

Marseille, le 15 novembre.

Après avoir observé à Tolon la hauteur du pôle avec toute la diligence que mérite la célébrité du port et la ville plus méridionale de la France, que j'ay trouvée un degré plus septentrionale de ce qu'elle est monstrée par les cartes géographiques, et après avoir trouvé sur une de ses montagnes un lieu le plus propre du royaume pour observer les réfractions fondamentales, je suis retourné à Marseille, où j'ay receu de M. l'intendant la lunete de Campani de cinquante palmes à quatre verres, que j'ay aussitost esprouvé avec pleine satisfaction, et sur la terre et aux astres. Après plusieurs jours des nuages, j'ay observé le retour de la tache du soleil conforme à ce que j'attendois de sa première apparition du mois passé, et je l'ay fait voir icy aux curieux. Je partiray d'icy demain, pour estre au plus tost à la résidence de l'Observatoire [1].

Vol. verts C.

44.

COLBERT A L'ABBÉ STROZZI.

A Versailles, le 9 novembre 1672.

J'envoye par ordre du roy à Rome le sieur Coypel, l'un des peintres de S. M., pour estre recteur de l'académie françoise que S. M. y a establie; et comme il sera bien aise de voir, et les François qui l'accompagnent, tout ce qu'il peut y avoir de beau et de rare en peinture et sculpture à Florence, je vous prie de leur faciliter l'entrée dans tous les lieux où leur curiosité les pourra porter, affin d'en tirer les lumières nécessaires pour l'exécution des ordres qui leur ont esté donnez [2].

Reg. dépêch. comm.

---

[1] On voit, par une lettre de recommandation du secrétaire d'état comte de Pontchartrain, à Daubarette, qu'en 1700 Cassini alla faire des observations astronomiques au mont Canigou dans les Pyrénées.

[2] Servien, ambassadeur de France en Piémont, écrivit à Colbert, le 15 décembre, de Turin : « Le sieur Coypel, l'un des peintres de S. M., m'a rendu la lettre qu'il vous a plu me faire l'honneur de m'escrire, et en suite du commandement qu'elle contient; j'ay chargé un gentilhomme de ma maison de le mener, ainsy que ceux qui sont avec luy, dans tous les lieux de cette ville où il y a quelque chose de curieux en peinture ou en sculpture. Il a aussy esté à la Vénerie avec eux, et ils ont si bien profité du temps, que bien qu'ils n'ayent séjourné icy que lundy, ils n'ont pas laissé de voir tout ce qu'il y a de rare et de beau. J'ay donné ensuite audit sieur Coypel une mienne lettre pour le père Granery, jésuite piémontois qui demeure à Milan, et qui est frère de l'intendant des finances de Savoye; il est de mes amis, et ayme fort les François, de sorte que je ne doute pas qu'il ne contribue à luy faire voir audit Milan tout ce qu'il y a qui le

45.

COLBERT DE TERRON A COLBERT LE SECRÉTAIRE D'ÉTAT.

A Rochefort, le 17e novembre 1672.

..... Pour respondre à ce que vous avés demandé touchant le sieur de la Favollière, il s'est occupé à réduire le point de la carte de ce pays-cy, pour en faire une nouvelle à laquelle il prétend joindre les deux isles de Ré et Olleron et les deux pertuis Breton et d'Antioche. Il faut que cet homme-là se donne de la matière pour travailler; et comme il ne peut suivre pendant la guerre ce qu'il a commencé dans la Manche, j'estime que l'on pourroit luy faire suivre toutte cette coste, à prendre de Fontarabie à Belleisle; ce seroit au mois de mars qu'il faudroit commencer ce travail. Ledit sieur de la Favollière auroit esté un meschant instrument sur les vaisseaux du roy; il nous a pipé d'abord par une ostentation de connoissance de guerre, dont il n'a qu'une meschante théorie par livre. D'ailleurs il travaille bien de la main, et mesure bien les lieux et les distances; ainsy l'on s'en peut ayder. Il nous promet mesme qu'il se descouvrira à la fin, et qu'il donnera des moyens de nous soulager dans nos despenses. Dans l'abord il faict tout avec des allumettes, et puis il se trouve qu'il faut des poutres, et ne veut jamais se charger de respondre de la suitte d'une despense.....

Vol. verts C.

mérite. J'ay escrit aussy à l'abbé Servien à Rome sur le mesme sujet, croyant ne pouvoir aporter trop d'aplication à bien exécuter tous vos commandemens. Le sieur Caumel, l'un des intéressez en la manufacture des points de France, est venu jusqu'icy poursuivre un de ses commis qui luy a volé près de 100,000 escus. Je luy ay rendu tout le service qui m'a esté possible, ainsy que M. de Gaumont a fait de son costé, de sorte que ce voleur a esté arresté, et ledit sieur Caumel est party aujourd'huy pour s'en retourner à Paris. » (*Vol. verts C.*)

46.

COLBERT AUX CONSULS DE FRANCE DANS LE LEVANT.

A Versailles, le 29ᵉ novembre 1672.

Estant bien aise de faire recherche de manuscrits pour mettre dans ma bibliothecque, comme je ne doute pas que vous ne trouviez avec facilité plusieurs occasions d'en avoir, vous me ferez plaisir de vous en informer, et de n'en pas laisser eschapper aucune, lorsque vous en trouverez, sans les acheter. Vous debvez observer surtout que les manuscrits grecs qui sont en parchemin doibvent estre préférez aux autres, d'autant que c'est une marque de leur ancienneté. Mais, pour plus grande précaution, il sera nécessaire que vous cherchiez quelqu'un, soit au nombre des capucins ou autres, qui s'y connoisse, pour les bien choisir. Au surplus prenez garde de les avoir au meilleur marché qu'il se pourra, et ensuite de recommander aux capitaines des vaisseaux sur lesquelz vous me les envoyerez, d'en avoir grand soin.

Reg. dépêch. comm.

47.

ORDRE DU ROI AUX COMÉDIENS.

A Saint-Germain-en-Laye, le vɪɪᵉ janvier 1674.

S. M. estant informée que quelques comédiens de campagne ont surpris, après le décez du sieur Molière, une coppie de sa comédie du *Malade imaginaire* qu'ils se préparent de donner au public, contre l'usage de tout temps observé entre tous les comédiens du royaume de n'entreprendre de jouer au préjudice les uns des autres les pièces qu'ils ont fait accommoder au théâtre à leurs frais particuliers pour se récompenser de leurs advances, et en tirer les premiers advantages, sa dite majesté fait très expresses inhibitions et deffenses à tous comédiens autres que ceux de la troupe establye à Paris rue Mazarini, au faubourg Saint-Germain de sa bonne ville de Paris, de jouer et représenter ladite comédie du *Malade imaginaire* en quelque manière que ce soit, qu'après qu'elle aura esté rendue publique par l'impression qui en sera faite, à peine de 3000 ª d'amende, et de tous despens, dommages et intérêts. Enjoint S. M. à tous ses officiers et sujets de tenir la main à l'exécution de la présente.

Reg. secr.

48.

BREVET DU ROI EN FAVEUR DE GUICHARD, INTENDANT DES BATIMENTS ET JARDINS DU DUC D'ORLÉANS.

LOUIS, etc., à tous ceux qui ces présentes lettres verront, salut. Les spectacles publiques ayant toujours fait les divertissemens les plus ordinaires des peuples, et pouvant servir à leur félicité aussy bien que le repos et l'abondance, nous ne nous contentons pas de veiller à la tranquillité de nos sujets par nos travaux et nos soins continuels, nous voulons bien y contribuer encor par des divertissemens publiques. C'est pourquoy nous avons agréé la très humble supplication qui nous a esté faicte par nostre cher et bien amé Henry Guichard, intendant des bastimens et jardins de nostre très cher et très amé frère unique le duc d'Orléans, de luy permettre de faire construire des cirques et des amphithéâtres pour y faire des carousels, des tournois, des courses, des jouxtes, des luttes, des combats d'animaux, des illuminations, des feux d'artificier, et généralement tout ce qui peut imiter les anciens jeux des Grecs et des Romains. A ces causes, estans informez de l'intelligence et grande connoissance que ledit sieur Guichard s'est acquise dans la conduitte de ces actions publiques, nous luy avons permis et accordé, permettons et accordons par ces présentes, signées de notre main, d'establir en nostre bonne ville de Paris des cirques et des amphithéâtres pour y faire faire lesdites représentations, sous le titre d'*Académie royale de spectacles,* pour en jouir par luy, ses hoirs et ayans-cause, avec pouvoir d'associer avec luy qui bon luy semblera pour l'establissement de ladite académie; et pour le dédommager des grands frais qu'il luy conviendra faire, nous luy permettons de prendre telles sommes qu'il jugera à propos, et d'establir des gardes et autres gens nécessaires aux portes des lieux où se feront lesdites représentations; faisant très expresses inhibitions et deffenses à toutes personnes de quelque qualité qu'elles soient, mesme aux officiers de nostre maison, d'y entrer sans payer; comme aussy de faire faire lesdites représentations et spectacles en quelque manière que ce puisse estre sans la permission par escrit dudit sieur Guichard, à peine de 10,000^{tt} d'amende et de confiscation des amphithéâtres, décorations et autres choses, dont un tiers sera applicable à nous, un tiers à l'hospital général et l'autre tiers audit sieur Guichard, à la réserve néantmoins des illuminations et feux d'artifice, dont l'usage sera libre et permis comme auparavant nos présentes lettres, et à la charge qu'il ne sera chanté aucune pièce de musique ausdites représentations, et que lesdits spectacles seront donnez gratis à nostre peuple de nostre dite ville de Paris..... fois l'année; révoquant et annullant par ces présentes toutes permissions et priviléges que nous pourrions avoir cy-devant donnez et accordez pour raison de ce, sous quelque condition et prétexte que ce puisse estre. Si donnons en mandement à nos amez et féaux les gens tenans nostre cour de parlement, que ces présentes ils ayent à faire registrer, et du contenu en icelles faire jouir et user ledit Guichard pleinement et paisiblement, cessans et faisans cesser tous troubles et empeschemens contraires. Car, etc., et affin, etc. Donné à Versailles au mois d'aoust l'an de grâce 1674 et de nostre règne le 32e.

Reg. secr.

49.

LE MARQUIS DE SEIGNELAY
A DE HARLAY, PROCUREUR GÉNÉRAL AU PARLEMENT.

A Saint-Germain, le 8 décembre 1675.

Je vous envoyay, au mois de may de la présente année, une lettre de cachet par laquelle S. M. ordonnoit au parlement de tenir la main à ce que les maistres d'escolles de Paris ne peussent enseigner qu'à lire, escrire, et les premiers principes de la langue latine, sans pouvoir retenir aucuns de leurs escolliers après l'aage de neuf ans; et comme S. M. a esté informée que lesdits maistres d'escolles continuent d'enseigner la langue latine, la langue grecque et la rhétorique, S. M. m'a ordonné de vous dire qu'elle vouloit estre informée de ce que le parlement a fait en conséquence de ladite lettre : je vous prie de me le faire sçavoir.

Pap. Harl.

50.

COLBERT AU DUC D'ESTRÉES, AMBASSADEUR DU ROI.

Le 20° janvier 1679.

Le sieur Le Nostre que vous connoissez, s'en allant en Italie non pas tant pour sa curiosité que pour rech'ercher avec soin s'il trouvera quelque chose d'assez beau pour mériter d'estre imité dans les maisons royalles, et pour luy fournir de nouvelles pensées sur les beaux dessins qu'il invente tous les jours pour la satisfaction et le plaisir de S. M., quoyque ce soit vous en dire assez pour croire que vous luy donnerez touttes les assistances qui luy seront nécessaires pour avoir les entrées de tous les palais et de touttes les belles maisons des environs de Rome, je ne laisse pas encore d'y adjouster la prière que je vous fais en sa faveur.

Reg. secr.

51.

COLBERT A BARILLON.

Le 20° février 1679.

Pour response à la lettre que vous m'avez escrit, nous avons icy le secret de marquer les monnoyes au tour comme il se praticque en Angleterre; mais jusqu'à présent je n'ay pas estimé à propos de nous en servir, parce que dans un estat aussy bien réglé qu'est celluy du roy nostre maistre, le principal consiste à diminuer les frais de la fabrication, estant nécessaire de donner au public le prix de la valeur de l'argent. Néantmoins j'examineray cette proposition encore plus exactement, et vous feray sçavoir ce qu'il y aura à faire.

Le 23 juillet 1682.

J'attens avec impatience le catalogue des livres dont vous avez bien voulu prendre le soin de faire l'achat pour moy, et je vous avoue que j'ay un peu d'impatience de voir si la *Messe d'Illiricus* et le *Traité de la Trinité de Servez* y sont compris. Je vous prie de donner ordre promptement au sieur Bar de m'envoyer le tout.

Je commenceray à vous faire remettre la semaine prochaine des fonds pour les dépenses que vous sçavez.

Mél. Clair.

52.

LE CHANCELIER LETELLIER AU LIEUTENANT CIVIL.

A Saint-Germain, ce 30° décembre 1679.

Par l'article 5 de l'édict du mois d'avril dernier portant règlement pour l'estude du droit canonique et civil, il est deffendu à toutes personnes autres que les professeurs de cette faculté d'enseigner et faire leçons publiquement dudit droit, à peine d'amende, d'estre décheus de tous les degrez qu'ils pourroient avoir obtenus, et déclarez incapables d'en obtenir aucuns à l'advenir; et bien que S. M. soit persuadée qu'en qualité de juge conservateur des priviléges de l'université, vous prendrez un soin particulier de l'exécution dudit article, néantmoins, parce que S. M. a fort à cœur qu'il n'y soit point contrevenu, je vous fais cette lettre pour vous dire que vous devez contenir les sifleurs ou docteurs particuliers dans les termes dudit édict, au désir duquel ils doivent simplement faire des répétitions, comme il se pratique en théologie et en philosophie, sans faire aucunes assemblées chez eux, dicter ny donner aucuns escrits. Il seroit mesme bon de les obliger à ne faire aucunes répétitions qu'aux écoliers qui prendroient des leçons publiques, ou qui auroient satisfait aux trois années requises par la déclaration, et fait leurs actes. Je vous prie de donner une particulière application à ce que dessus, et recevoir les dénonciations des professeurs pour faire la justice convenable.

Mél. Clair.

53.

COLBERT A ROUILLÉ.

A Saint-Germain, le 22 février 1680.

Je feray examiner le livre arménien que vous m'avez envoyé; mais il me semble que vous auriez pu attendre les ordres du roy pour faire défenses de rien imprimer, parce que dans ces sortes d'establissemens, il n'est pas bon, sous prétexte d'un abus, de les oster, n'y ayant aucun establissement de quelque nature que ce soit qui ne soit susceptible de beaucoup d'abus; mais il seroit nécessaire de s'appliquer à en retrancher les abus, et à rendre cet establissement utile, estant certain que ces impressions arméniennes ont un très grand cours en Levant, et que si une fois cette imprimerie estoit establie à Marseille dans l'ordre qu'elle doit estre, elle seroit utile à cette ville-là, non seulement pour les impressions, mais mesmes parce qu'elley attireroit des Arméniens qui pourroient estre utiles aux autres commerces, et pour cela il auroit esté seulement nécessaire d'avoir un bon et fidel interprète, n'ayant pas grande confiance au prestre Herabied, qui est un homme que l'on voit estre agité d'une grande et violente passion[1].

---

[1] Dix ans auparavant, un archevêque arménien avait obtenu un privilége pour une imprimerie à Marseille, comme on voit par une lettre qu'il écrivit, en janvier 1670, à Colbert, et que voici : « Mgr, apprès les très humbles remerciemens que fait à V. G. Uskan Vartabiet, archevesque arménien, pour les lettres patentes qu'il vous a pleu faire expédier touchant l'établissement d'une imprimerie en langue arménienne à Marseille, il prend la liberté de vous remonstrer que les grandes despenses qu'il a fait en Hollande à faire travailler les matrices, poinçons et autres instruments concernant ladite imprimerie, ont espuisé tout le fonds qu'il avoit de Perse, si bien qu'estant présentement aux emprunts, il ne pourroit continuer son dessein, s'il n'avoit recours à une somme d'environ 500 escus qui luy appartiennent, et qui sont au commerce de Marseille sous le nom de Meltchion Nazar, marchand arménien, et que MM. du commerce font difficulté de luy payer présentement, sans quoy néantmoins il ne peut eslever son imprimerie. Ce que considéré, Mgr, il vous plaise ac-

Puisque le prix des bleds n'augmente point en Provence, le roy accordera au Languedoc la liberté d'en transporter par le port de Narbonne dans les païs estrangers, et cette permission ne pourra guères avoir d'effet que vers le 15 de mars, d'autant que je ne l'envoyeray que par l'ordinaire de la semaine prochaine.

Mél. Clair.

54.

COLBERT A PONCET.

A Versailles, le 14 may 1682.

..... M. l'archevesque de Bourges a demandé au roy douze statues de pierre représentant les douze apostres, qui ont esté autrefois dans la chapelle du chasteau de Mehun en Berry; je vous envoie son placet, le roy voulant que vous fassiez examiner de quelle qualité sont ces figures, et en quel lieu elles sont, afin que S. M. en puisse faire don audit sieur archevesque, s'il n'y a rien qui s'oppose[1].

Le 1er juillet.

Le roy ne veut point oster les figures des douze apostres qui sont

corder au suppliant une lettre de recommandation à MM. du commerce de Marseille, à ce qu'ils luy payent au plus tost ladite somme de 500 escus pour travailler à l'exécution de son dessein; et par augmentation de grâce, il requiert de V. Gr. que s'il se trouve à Marseille quelque maison non occupée appartenant au roy, il vous plaise l'en faire gratiffier pour quelque temps affin d'establir avec avantage ladite imprimerie, laquelle il espère devoir estre honorable à S. M., utile pour l'augmentation des langues orientales, et profitable au commerce. » (*Vol. verts C.*)

[1] Il paraît que ces statues avaient été demandées aussi par le chapitre de Châteauneuf, à en juger par une lettre de Colbert à Mignon, du 5 juin, ainsi conçue : « Je ne crois pas que les statues des douze apostres qui sont en la ville de Meun puissent estre fort utiles au chapitre de Châteauneuf, joint que le roy les a accordées à M. l'archevesque de Bourges. Ainsy vous ne deviez pas répondre à ce que les chanoines vous ont dit sur ce sujet..... » (*Mél. Clair.*)

dans l'église collégiale de Mehun ; ainsy c'est une affaire terminée, et je rendray compte au roy du mémoire que vous m'avez envoyé contre le lieutenant général de Dun-le-Roy.....

Mél. Clair.

55.

COLBERT A DE BOUVILLE.

Le 8 juillet 1682.

Comme vous sçavez de quelle importance il est de bien vérifier si le P. carme qui a travaillé à la jonction des trois races de nos roys, a dit vray ou non, et si les tittres qu'il vous a fait collationner sont véritables, et particulièrement celuy d'Eckard et ceux des deux Childebrand, je ne doute point que vous ne vous soyez applicqué à bien vérifier s'il y a de la supposition ou de la vérité dans tout ce que ce bon père vous a dit ; mais je vous prie de me le faire sçavoir au plustost.

Le 23 juillet.

Je vois par les conférences que vous avez eues avec le P. André que vous commencez à douter des tittres qu'il a rapportez pour justifier l'union des trois races de nos roys; mais il est difficile de rien décider sur une matière de cette conséquence, sans voir icy les tittres ; et ainsy prenez le soin de les retirer, et de me les envoyer. Vous pouvez mesme, pour estre assuré qu'ils me seront rendus, les envoyer par un homme exprès. Et comme ce point d'histoire est d'une très-grande conséquence, vous devez y donner toutte l'application nécessaire. Si vous avez besoin de quelques ordres du roy pour retirer ces tittres, en me le faisant sçavoir je vous les envoyeray.

Le 12 aoust.

Je vous envoye un mémoire que l'abbé Galois a fait sur le sujet des tittres du P. carme. Examinez avec soin si vous pouvez esclaircir tous les points contenus en ce mémoire, d'autant plus que de sept ou huit personnes des plus habiles de Paris ausquelles j'ay fait voir ces tittres, il n'y en a aucune qui n'ayt douté de la fausseté[1].

Mél. Clair.

56.

LETTRE DU ROI
A LA REYNIE, LIEUTENANT GÉNÉRAL DE LA POLICE.

A Versailles, le 15e juillet 1682.

Le nommé Primi-Visconte, qui a escrit mon histoire en langue italienne, l'ayant remplie de plusieurs faussetez, je vous escris cette lettre pour vous dire que mon intention est que vous vous transportiez incessamment en la maison du libraire qui l'a imprimé, et en celle dudit Primi-Visconte, et que vous vous saisissiez de tous les exemplaires que vous en trouverez, voulant qu'ils soyent supprimez. Et la présente n'estant à autre fin, je prie Dieu qu'il vous ayt, M. de la Reynie, en sa sainte garde.

Reg. secr.

---

[1] C'est-à-dire qui n'ait eu des doutes sur l'authenticité de ces pièces. On a mis en marge: « Je donnai des mémoires à M. l'abbé Galois sur ce fait, après avoir esté mandé à Sceaux, et je fus chargé des projets du carme, qui estoient visionnaires et quelque chose de pis. »

57.

COLBERT A LA REYNIE, LIEUTENANT GÉNÉRAL DE LA POLICE.

A Versailles, le 21 juillet 1682.

Vous trouverez cy-joint l'arrest pour la suppression de l'*Histoire de la guerre de Hollande*, composée par Primi-Visconte. Je vous prie de m'envoyer les manuscrits que vous avez trouvé chez luy.

Reg. secr.

Le 10 février 1683.

Les graveurs qui travaillent en taille-douce pour le roy se plaignent qu'ils sont troublez par les graveurs de cachets; et comme ce sont de très-bons ouvriers qui ont esté eslevez depuis vingt ans pour servir le roy dans les graveures des grands ouvrages que S. M. fait faire, elle désire que vous en preniez connoissance, et que vous leur donniez toute la protection dont ils ont besoin pour estre maintenus dans la liberté de leur travail. Vous me ferez sçavoir, s'il vous plaist, ce que vous aurez fait sur cela, pour en rendre compte à S. M.

Mél. Clair.

58.

LETTRE DU ROI A DE MARLE, INTENDANT.

A Versailles, le 20 septembre 1682.

Estant informé que les carmes déchaussez de Clermont ont entre leurs mains deux aveux-et-hommages faits au roy Philippes Auguste par les seigneurs, évesques et abbez du royaume, je vous fais cette lettre pour vous dire que mon intention est que vous vous transportiez au couvent desdits carmes déchaussez, et que vous leur disiez que je veux qu'ils vous remettent ces deux aveux-et-hommages entre les mains, pour estre envoyez à Paris et remis dans ma bibliothèque, et en leur donnant vostre récépissé, ils en seront bien et valablement dechargez. Sur ce, je prie Dieu qu'il vous ayt, M. de Marle, en sa sainte garde.

Reg. secr.

59.

LE CHANCELIER LETELLIER A DE HARLAY.

A Versailles, le 12 janvier 1683.

J'ay receu la lettre que vous m'avez escrite avec celle des docteurs régens de la faculté de droit d'Angers que je vous renvoye. Bien que les difficultez qu'ils proposent, venans en exécution de la déclaration vériffiée au parlement, semblent devoir estre décidées par la compagnie, je ne laisse pas de vous faire sçavoir mon sentiment sur chaque article, et de vous dire qu'il me semble qu'il ne faut pas souffrir que les estudians, quoyqu'il soit notoire qu'ils ayent faict ou non leur cours de philosophie, se puissent inscrire, s'ils n'ont 18 ans accomplis; que quoyqu'il soit encore notoire que d'autres ayent les 18 ans passez, ils ne doivent pas non plus estre admis à s'inscrire qu'après la représentation de leur extraict baptistaire; qu'il est nécessaire de faire mention en la première inscription de chaque estudiant de l'aage qu'il a, et de la représentation de son extraict baptistaire, lequel il ne faut pas retenir. Et à l'esgard des escolliers qui n'estans pas advertis de la déclaration ou estans trop esloignez, n'ont pu ou trouvent de la difficulté à faire venir sitost leurs extraicts baptistaires, il est raisonnable de ne pas leur faire perdre le temps d'estude, et il est juste de le leur compter comme s'ils avoient été inscrits à l'ouverture des escolles, à condition néantmoins que dans la première ou seconde inscription qui suivra, ils raporteront leurs dits extraicts baptistaires, par lesquels il paroistra qu'ils avoient les 18 ans acomplis lorsqu'ils ont commencé à estudier.

Quant aux légalisations, il ne me paroist pas juste qu'elles soient à charge aux escolliers, et il suffira que la signature des curez soit certiffiée véritable par le juge. C'est, comme semble, ce qui peut estre faict de mieux, me remettant au surplus à ce que vous croirez debvoir y estre adjouté ou changé[1].

Pap. Harl.

60.

CIRCULAIRE DE COLBERT
AUX INTENDANTS ET COMMISSAIRES DÉPARTIS.

Du 19 juin 1683.

Le roy faisant des gratifications aux gens de lettres, et S. M. estant protecteur de l'Académie françoise et ayant estably diverses académies des sciences et des arts, il seroit fort à souhaitter que dans toutes

[1] La lettre suivante du chancelier au premier président du parlement de Bretagne, du 18 août 1684, servira à compléter ces instructions : « Je dois vous dire, pour le faire sçavoir aux professeurs de la faculté de droit de Nantes, que la déclaration du roy qui porte que ceux qui auront 27 ans accomplis pourront, en six mois d'estude et de trois en trois mois, prendre les degrez de bachelier et de licencié, et ensuitte estre receus au serment d'avocat, n'a pas esté faite seulement pour ceux qui lors avoient ledit aage, mais encores pour ceux qui se présenteroient à l'advenir, afin de ne pas adstraindre tous ceux qui seroient dans un aage si avancé, de faire les trois années d'estude ausquelles sont obligez ceux qui sont moins aagez. Ainsy, en quelque temps qu'il se présente des escoliers de cette qualité à ladite faculté, il n'y a aucune difficulté à les admettre aux conditions portées par ladite déclaration. On a considéré la proposition que ces mesmes professeurs font de réduire le terme de 27 ans à 25 par rapport à la déclaration qui a réduit l'aage des magistrats à 25 ans ; mais S. M. n'a pas cru debvoir diminuer la sévérité de ce qu'elle a prescript par ladite déclaration, persuadée qu'on n'en sçauroit trop avoir pour faire que ceux qui veulent entrer dans la magistrature, s'en rendent capables ; ainsy il n'y a rien à changer. »

les provinces du royaume il se trouvast quelques hommes de littérature qui s'appliquassent à quelque science particulière ou mesme à l'histoire de chacune province. Et comme s'il y en avoit de ce genre, S. M. pourroit peut-estre leur faire quelque gratification à proportion de leur mérite, je vous prie d'examiner si dans l'estendue de vos généralitez il n'y a aucunes personnes de cette qualité, et en ce cas de me le faire sçavoir, et même quand vous ne trouverriez pas de ces personnes avancées en aage, et qui eussent employé tout leur temps à quelque science ou à quelque littérature particulière, si vous trouviez quelque jeune homme de 25 à 30 ans qui eust du talent et de la disposition d'esprit à s'appliquer à la recherche de tout ce qui pourroit composer l'histoire d'une province, ou à quelque autre science, vous pourriez l'exciter à entreprendre ce travail, et à redoubler son application à la science ou recherche qui seroit de son goust ou de son génie, et en ce cas, suivant son travail et son mérite, je pourrois luy obtenir quelque gratification de S. M. C'est ce que je vous prie d'examiner, et de me faire response au plus tost sur ce point.

Mél. Clair.

61.

LE MARQUIS DE SEIGNELAY
A DE GUILLERAGUES, AMBASSADEUR EN TURQUIE.

A Versailles, le 29e novembre 1684.

Dans l'assurance où je suis que vous serez bien aise de me faire plaisir, je m'adresse à vous pour vous prier incessamment de faire chercher avec soin le plus grand nombre de médailles antiques que vous pourrez trouver, principallement de celles qui sont avec des inscriptions grecques, et de celles que l'on appelle médaillons. Et comme j'ay appris que vous avez auprès de vous un jeune homme nommé Galland qui s'y connoist bien, et que je m'applique à en rassembler le plus grand nombre que je puis, vous me ferez un plaisir sensible de m'y ayder, et d'escrire pour cet effet dans tous les lieux de l'archipel où vous croirez qu'il s'en pourra trouver[1].

Reg. dépêch. comm.

62.

LE MARQUIS DE SEIGNELAY A DE BESONS, INTENDANT.

A Versailles, le 9ᵉ novembre 1685.

Je vous envoye deux thèses qui ont esté soustenues à Orléans sous un nommé Moucheron, professeur, dans lesquelles on renouvelle la philosophie de Descartes, que le roy a deffendu estre enseignée. S. M. m'ordonne de vous escrire que son intention est que vous m'in-

---

[1] Le même jour, le secrétaire de la maison du roi écrivit à de Vauvré : « J'ay receû le petit coffret de médailles que vous avez achepté 60 louis d'or du sieur Mulety. Il faudra vous bien donner de garde à l'advenir de faire de pareils achats, parce que cet homme vous a beaucoup trompé, et il s'est trouvé que tout ce qu'il y a de médailles rares dans ce recueil sont fausses, comme Pompée et ses deux enfans, les Gordiens et plusieurs autres, en sorte que tout ce qui vous a esté vendu n'est pas estimé icy plus de 400 ᵗᵗ. Et en cas que vous eussiez acheté ces médailles à condition qu'elles seroient toutes antiques et bonnes, ce que vous devez toujours faire à l'advenir, je vous renvoyerois ce coffret en la manière que vous me l'avez envoyé, pour le rendre.

« Le principal secours que nous puissions tirer pour ces médailles, sera du costé du Levant, où vous devez demander à tous les correspondans que vous pouvez avoir, qu'ils envoyent principalement de celles des empereurs qui sont avec des inscriptions grecques, et de celles que l'on appelle médaillons.

« J'ay veu les deux listes des médailles que vous m'avez envoyé ; vous trouverez cy-joinct le mémoire de celles que vous pourrez acheter, en cas que vous en trouviez occasion. — Je vous prie d'escrire au consul de Rome que je ne veux point de statues modernes, et que s'il en trouvoit quelques-unes d'antiques à bon marché, il faut qu'il fasse sçavoir le prix auquel on voudra les laisser, leur hauteur et ce qu'elles représenteront. Je ne veux point penser à l'achat des médailles d'or et d'argent antiques et modernes, dont le prix revient à 5,336 ᵗᵗ. » (Reg. dépêch. comm.)

formiez en vertu de quoy cet homme enseigne la philosophie, quel est le caractère de son esprit, et s'il a un grand nombre d'escolliers.

Reg. secr.

63.

LE MARQUIS DE SEIGNELAY A LÉGER, MÉDECIN.

(Vers 1687.)

Le sieur Helvétius, médecin, qui a un remède spécifique pour la guérison des flux du sang et des dissenteries, a eu ordre du roy d'aller à l'Hostel-Dieu et à l'Hospital général pour faire l'expérience de son remède. Je vous ay choisy, avec le sieur Gatelière, pour estre témoin de ses expériences. Il faut que vous le suiviez, que vous voyiez l'usage et les suittes de ce remède, et que vous vous mettiez en estat d'en faire vostre rapport en forme.

Reg. secr.

64.

LE MARQUIS DE SEIGNELAY A D'AGUESSEAU.

Le 17 avril 1089.

J'ay rendu compte au roy de ce qui regarde la dispense que vous demandiez pour M. vostre fils, et je luy ay fait sur cela toutes les instances possibles. S. M. m'a fait response que vous estiez celuy auquel elle accorderoit le plus volontiers cette grâce et d'autres plus considérables, mais qu'elle s'est fait une loy de ne plus donner de dispense d'estude sous quelque prétexte que ce soit, et qu'elle est bien faschée d'avoir à vous refuser celle-cy.

Reg. secr.

65.

LE MARQUIS DE SEIGNELAY A DE MÉNARS.

Le 15 février 1690.

Le roy ayant eu advis que quelques chanoines de l'église collégiale de Mantes veulent faire desmolir un jubé, ce qui est une dépense inutile, et qui seroit à charge à cette église, S. M. m'a ordonné de vous escrire de vous informer en quoy consiste ce changement qu'on veut faire, et quelles en sont les raisons, et cependant que vous empeschiez cette desmolition jusques à ce que les choses en soyent pleinement esclaircies.

Reg. secr.

66.

LE MARQUIS DE SEIGNELAY A DE PONTCHARTRAIN.

Le 14 décembre 1692.

Le roy ayant sceu que faute d'un habile monnoyeur pour travailler au balancier, on y casse souvent les carrez, S. M. m'a ordonné d'en faire chercher un qui ayt plus de capacité. Informez-vous qui sont les meilleurs, et m'en envoyez les noms pour les proposer à S. M.

Reg. secr.

67.

LE MARQUIS DE SEIGNELAY A LAHIRE, ACADÉMICIEN.

Le 4 septembre 1697.

Le roy m'ordonne de vous escrire de rendre à M. l'envoyé de Danemark les manuscrits originaux de Ticho-Brahé, que le roy de Danemark voulut bien prester en 1672 au feu sieur Picart; et comme il en avoit donné un récépissé en Danemark, M. l'envoyé vous en donnera une descharge.

Reg. secr.

68.

LE MARQUIS DE SEIGNELAY A DE TURMENIES.

Le 24 mars 1698.

On donne ordinairement une bourse de jettons à celuy qui a fait la devise. Ainsy prenez la peine d'en envoyer une pour la devise de cette année à M. l'abbé Tallemant, secrétaire de l'Académie des inscriptions, chargé de la recevoir.

Reg. secr.

69.

LE MARQUIS DE SEIGNELAY
AU PROCUREUR GÉNÉRAL DU PARLEMENT DE PARIS.

Le 31 juillet 1698.

Je n'ay rien à vous dire sur la lettre de cachet que vous avez receue pour communiquer à l'abbé Legrand les titres dont il aura besoin pour l'histoire de Louis XIe, si ce n'est que c'est à vous à faire en cela ce que vostre prudence vous suggérera, afin de ne pas aller au delà de ce que vous pouvez et devez.

Reg. secr.

70.
LE MARQUIS DE SEIGNELAY A L'ABBÉ RÉNIER.

Le 3 décembre 1698.

J'ay rendu compte au roy de ce que vous m'avez escrit concernant le sujet proposé pour le prix de l'Académie. S. M. l'ayant approuvé, ce billet n'est que pour vous le faire sçavoir.

Le 30 octobre 1700.

J'ay dit au roy le sujet que vous proposez pour le prix de poésie de l'Académie françoise; mais S. M. trouve qu'il est trop fort et trop flatteur pour consentir à ce qu'il soit donné. Ainsy prenez la peine, s'il vous plaist, de le changer, et de me l'envoyer tel que vous l'aurez réglé.

A l'esgard de l'histoire de l'affaire des Corses arrivée à Rome, S. M. trouve qu'il ne convient pas à son service qu'elle paroisse en public dans la conjoncture présente. Ainsy, quelque beau que soit cet ouvrage, il faut que vous ayez la mortiffication de le voir enseveli jusques à nouvel ordre, et j'escris fort sérieusement au sieur Anisson de n'en distribuer aucun exemplaire.

Le 12 novembre.

Des deux sujets que vous proposez pour le prix de l'Académie, le dernier a paru le plus convenable, qui est que le roy n'est pas moins distingué par les vertus qui font l'honneste homme, que par celles qui font les grands roys.

A Marly, le 10 décembre 1704.

Le roy n'a pas trouvé convenable le sujet proposé pour le prix de poésie de l'année prochaine : on vous en dira les raisons. Il faut en choisir un autre. Je suis, Monsieur, tout à vous.

Reg. secr.

71.

LE COMTE DE PONTCHARTRAIN A SÉGUIN.

Le 15 avril 1699.

Le roy a accordé à l'Académie royale des sciences de s'assembler après Pasques dans son petit appartement, et S. M. m'ordonne de vous en advertir, affin que vous fassiez mettre cet appartement en estat. M. l'abbé Bignon vous expliquera plus particulièrement ce que S. M. à entendu donner.

Reg. secr.

72.

LE COMTE DE PONTCHARTRAIN AU P. DE LA CHAISE.

Le 10 juin 1699.

Je crois que vous vous souviendrez bien que le roy ordonna, il y a quelques années, que le P. Ménestrier cesseroit un ouvrage qu'il avoit commencé, intitulé *Histoire du roy par les médailles,* et vous convîntes en ce temps qu'il ne devoit point faire cette entreprise, dont l'Académie des inscriptions estoit chargée par ordre de S. M. Cependant il a recommencé son ouvrage, composé de différentes médailles qu'il a ramassées, dans lequel il mesle une bonne partie de celles de l'Académie qui ont esté gravées avec une grande despense; en quoy il a très-grand tort, ne pouvant le faire avec la mesme perfection et le mesme soin que ceux de l'Académie qui en sont chargez par S. M. Ainsy elle m'ordonne de vous escrire de faire cesser l'ouvrage du P. Ménestrier, ne voulant, sous quelque prétexte que ce soit, qu'il le puisse donner sous le titre d'*Histoire du roy par les médailles*, luy estant libre cependant de faire imprimer les médailles qu'il peut avoir faites et celles qu'il peut avoir recouvrées d'ailleurs par ses soins et sa curiosité, sans y mesler aucunes de celles composées par l'Académie.

Reg. secr.

73.

LE COMTE DE PONTCHARTRAIN AU LIEUTENANT CIVIL.

Le 12 octobre 1699.

Ayant appris qu'il s'estoit trouvé quelques médailles sous le scellé de Habert, caissier du sieur Héron, j'en escrivis par occasion à M. d'Argenson, et le priay de parler au commissaire Regnauld, pour sçavoir quelles estoient ces médailles; ce qu'il a fait. Mais comme dans la suitte il s'en pourroit trouver sous d'autres scellez, vous voulez bien que je vous prie, pour l'intérest que je prens à l'embellissement du cabinet des médailles du roy, que quand il s'en trouvera sous des scellez, j'en sois adverty, afin de faire voir s'il y en aura quelques-unes de propres pour le cabinet. Vous sçavez que S. M. paye ordinairement ces sortes de curiositez mieux que les particuliers. Ainsy vous ferez l'advantage de ceux à qui elles appartiendront.

Reg. secr.

74.

LE COMTE DE PONTCHARTRAIN
A DE CORBERON, PROCUREUR GÉNÉRAL DU PARLEMENT A METZ.

Le 21 novembre 1699.

L'intention du roy n'est point que ses sujets fassent leurs estudes de droit dans l'université de Pont-à-Mousson. Ainsy vous ne devez plus à l'advenir viser les licences obtenues dans cette université.

Le 30 novembre.

Vous avez pu connoistre par la lettre que je vous ay escrit que l'intention du roy est sans distinction, et que dans aucun cas on ne peut recevoir au serment d'advocat sur des licences prises dans les universités de Lorraine. Ainsy ne faittes, s'il vous plaist, aucune exception à la règle générale que S. M. veut qu'on observe dans cette matière[1].

Lettr. Pontch.

75.

LE COMTE DE PONTCHARTRAIN A L'ABBÉ BIGNON.

Le 26 janvier 1700.

J'ay rendu compte au roy, Monsieur, de la proposition qui a esté

---

[1] Le chancelier écrivit dans le même sens en 1702 à Doroz, avocat général du parlement de Besançon : « Le roy a décidé depuis quelque temps, en touttes occasions et nonobstant tous usages, que touttes estudes faittes en pays estrangers ne serviroient de rien dans ses Estats. Ainsy vous avez bien fait de ne point viser les lettres de docteur que vous me marqués vous avoir esté présentées. » (*Lettr. Pontch.*)

faite d'envoyer M. de Tournefort, botaniste de l'Académie des sciences, en Grèce, à Constantinople, aux isles d'Archipel, en Asie, dans la Palestine, en Arabie, en Égypte et sur les costes de Barbarie, pour y faire recherche de plantes et des métaux et minéraux, s'y instruire des maladies de ces pays, et des remèdes qui y sont en usage, et de tout ce qui regarde la médecine et l'histoire naturelle. S. M. a fort aprouvé ce dessein; elle désire qu'il s'exécute, et elle ne doute pas qu'il ne soit d'une grande utilité à la perfection de la médecine et à l'avancement des sciences, Ainsy S. M. m'ordonne de vous escrire de luy dire de se disposer à partir incessamment avec un homme capable que l'Académie choisira pour travailler avec luy, et un dessinateur. S. M. veut bien luy faire payer à son retour toute la dépense qu'il aura faite, sur les mémoires qu'il en donnera, à condition qu'il fera cette dépense avec une grande économie. Cependant je luy expédieray dez aujourd'huy une ordonnance de 3,000ᵗᵗ à compte, dont il sera payé avant son départ. Je crois inutile de vous dire que les pensions de l'Académie luy seront continuées et payées régulièrement pendant son absence, et mesme qu'estant esloigné il sera encore plus en droit de prétendre aux augmentations et aux autres grâces que S. M. pourroit faire aux académiciens. Il faut donc qu'il vienne icy afin que je puisse le présenter au roy. Je luy feray aussy expédier tous les passeports et lettres de recommandation dont il aura besoin, en sorte qu'il fasse ce voyage avec toute la sûreté et l'agrément qu'on sera en estat de luy procurer d'icy[1].

Le 8 décembre.

Je vous renvoye le mémoire des instrumens de mathématiques que les jésuites demandent pour faire des observations à la Chine. J'ay marqué à la marge par un point ceux que le roy veut bien leur donner; mais à l'esgard des autres que j'ay chiffré 2 et 3, S. M. n'en

---

[1] A la fin de 1703, Paul Lucas fut également envoyé dans le Levant pour recueillir des plantes intéressantes. Tournefort eut à son retour une pension de 1,000 livres.

veut point faire la dépense. Je suis, Monsieur, entièrement à vous.

Le 30 juin 1701.

Le roy veut bien escrire à M. le prince de Monaco sur ce qui regarde le calendrier grégorien, sur lequel les protestans allemands ont consulté l'académie, sans que S. M. paroisse prendre aucun party. Prenez la peine de m'envoyer un mémoire instructif pour l'adresser en mesme temps à M. de Monaco, afin qu'il sçache de quoy il s'agit[1].

S. M. veut aussy que l'académie examine une poudre à canon que Joseph Aubry dit avoir trouvé, et qu'elle donne sur cela son advis.

A Versailles, le 10 may 1702.

Entre ceux qui ont esté proposez pour remplir la place vacante à l'académie des inscriptions, le roy a choisy M. Vaillant, et m'a ordonné de vous le faire sçavoir.

Je ne sçaurois m'empescher en cette occasion de vous parler des brigues qui ont agité l'académie : trop de personnes m'en ont escrit pour pouvoir en douter, et je m'estonne que vous ne m'en ayez pas averty. Si ç'a esté par ménagement pour la compagnie, vous ne sçauriez désavouer que ce ne soit là une affection mal entendue, puisqu'il est sans doute bien mieux de découvrir un mal pour y appliquer le remède que de le laisser sans remède faute de l'avoir découvert. Vous en devez prévoir les suittes mieux que tout autre : vous savez que dans le nouvel arrangement de cette académie l'esté dernier, j'eus beaucoup de peine à obtenir du roy qu'il voulût luy laisser la nomination des académiciens. Cependant dez la première occasion on n'use de ce droit que pour caballe. Vous devez juger aisément quel effet cela

---

[1] Déjà, le 7 juillet précédent, le secrétaire d'état avait écrit à ce sujet au prince de Monaco : « Les protestans d'Allemagne ont envoyé à l'académie des sciences un mémoire concernant le calendrier grégorien, pour avoir son advis, lequel mémoire a aussy esté envoyé à Rome à Mess, les cardinaux Loris et Spada; et quoyque le roy ne veuille point que vous fassiez des poursuittes en son nom, S. M. m'a cependant ordonné de vous escrire qu'elle désire que vous ayez attention sur ce qui se passera à cet égard, afin de l'en informer. » (*Reg. secr.*)

peut produire; que par exemple les particuliers aillent eux-mesmes solliciter les suffrages pour eux ou qu'ils demandent avec encore plus de vivacité les suffrages pour leurs amis, mais qu'il se fasse mesme une espèce de party pour donner l'exclusion à des personnes dont le mérite et la réputation n'auroit pu que faire beaucoup d'honneur à la compagnie, croyez-vous que ce soit une conduite qui puisse estre agréable à S. M.? Je suis persuadé que si vous aviez pris soin de représenter ces choses comme vous le deviez, M^{rs} les académiciens sont trop sages et trop équitables pour ne s'estre pas garantis de semblables fautes. Mais enfin puisque le mal est arrivé, il faut au moins que vous n'oubliiez rien pour le prévenir dans la suitte. Parlez donc, s'il vous plaît, et remontrez à chacun et leur devoir et l'importance de s'y mieux assujettir. Vostre rang dans la compagnie, et le zèle que vous avez toujours eu pour elle, vous y engagent égallement. J'y joins aussy mes instances, auxquelles je vous prie d'avoir autant d'attention que j'en auray toujours moy-mesme pour tout ce qui regardera l'académie.

– Reg. secr.

76.

LE COMTE DE PONTCHARTRAIN
AUX PROFESSEURS DE DROIT A BORDEAUX.

Le 1er février 1700.

Je n'ay point encore de réponse précise à vous faire sur les plaintes portées par vostre lettre du 25 janvier dernier. M. le procureur général du parlement de Bordeaux fait toutes les diligences possibles pour découvrir le domicile du nommé Aney, affin de le faire assigner pour raporter ses lettres et son arrest, et vous pouvés compter sur toute la justice qui vous est deue, si l'abus dont vous vous plaignés se trouve véritable. Mais on se plaint que de vostre part vous négligés de remplir vos devoirs, que vous n'estes point assidus aux écoles, que vous n'en faittes l'ouverture que pendant quatre ou cinq mois, et que dans ce temps-là les deux leçons que vous devés donner chaque jour, et qui doivent estre d'une heure chacune, ne durent tout au plus que cinq quarts d'heure; enfin que vous exigez de plus grands droits que ceux qui vous sont légitimement deus. Vous avés intérest de vous justifier sur tout cela, parce que si les plaintes qu'on fait contre vous estoient bien fondées, il seroit difficile de laisser en place des professeurs aussy négligens qu'on suppose que vous l'estes.

A Versailles, le 24 may 1709.

C'est avec raison que vous avés esté pénétrez de douleur lorsque M. le premier président vous a communiqué la lettre que je luy ay escrite, concernant les désordres qui se sont introduits parmy vous; mais l'effet de cette douleur ne doit pas consister à vous élever contre ceux qui ont pris soin de m'informer de ces désordres. Le fruit qu'elle doit produire est de vous engager à les faire cesser par une application exacte à remplir tous vos devoirs avec la satisfaction du public. Je n'ay pas prétendu par ma lettre rien changer dans ce qui est estably dans vostre université par les édits et déclarations du roy et par les arrests du conseil; je n'ay eu d'autre intention que de remédier aux abus qui s'y sont glissez. Si j'ay marqué qu'il falloit que toute vostre faculté s'assemblât pour nommer des agrégez capables de faire les leçons, au lieu des sieurs Tanelle et d'Albessard, ce n'estoit pas que j'ignorasse que les professeurs ne fussent en droit de choisir, en cas d'absence ou de maladie, tels des docteurs agrégez qu'il leur plaît pour faire leurs leçons; mais lorsque ces professeurs, ou ne sont pas eux-mêmes capables de faire ce choix par la foiblesse de leur aage, ou qu'ils choisissent de mauvais sujets, il est juste d'y pourvoir par la voie que j'ay marqué; et comme je sçay que les sieurs Fresquet fils et Maisainy, que les sieurs Tanelle et d'Albessard ont choisy pour faire leurs leçons, ne sont pas sujets convenables, il faut nécessairement en proposer d'autres, en la forme que je l'ay mandé, à moins que ces deux professeurs n'aiment mieux proposer d'eux-mêmes deux autres aggrégez dont la capacité me sera certifiée par M. le premier président.

A l'égard du sieur Tanelle fils, pourveu qu'il s'acquitte exactement de ses fonctions de professeur sans que celles de jurat l'en détournent en aucune manière, il peut continuer à les exercer conjointement. Autrement il faudroit qu'il optât, pour les raisons que j'ai expliqué à M. le premier président, qui ne reçoivent pas d'atteinte par vos responses : j'espère qu'il ne me donnera pas lieu de l'y obliger.

J'aprens avec plaisir que le sieur Fresquet a satisfait à ce que je désirois de luy, en entrant le matin pour la leçon du droit civil, et l'après-midy pour celle du droit françois.

A l'égard des droits que l'on vous accuse de prendre injustement, on m'a assuré que vous exigiez 8^{tt} pour chaque examen avant la thèse, au lieu de 4 qui vous appartiennent. Mais si vous ne prenez, comme vous le prétendez, que ce qui vous est attribué par l'arrest du conseil du 29 décembre 1694 et par les autres règlemens faits à ce sujet, on ne peut rien vous imputer.

Ce que vous me dites touchant l'ouverture et la closture des écoles, peut mériter de la considération, supposé qu'il soit d'un usage immémorial, dans vostre université, que les écoles de droit ne s'ouvrent que le 25 novembre, et qu'elles se ferment toujours le 22 juillet. Si cela est, il me paroist juste de ne rien changer à cet égard ; mais vous devés bien prendre garde aussy d'entrer exactement pendant tout ce temps que les écoles sont ouvertes, excepté les jours où l'on n'a jamais accoustumé d'entrer, et vous devez retrancher ou du moins abréger les longues vacations que j'apprends que vous donnez à Noël, au Carnaval, à Pasques et à la Pentecoste.

A l'égard de tous les sujets de plainte que vous proposez contre les aggrégez et contre le greffier de vostre université, dans le mémoire que vous avez joint à vostre lettre, c'est à vous à pourvoir à ce que les uns et les autres remplissent exactement toutes leurs fonctions, et s'ils y manquent et qu'ils contreviennent à ce qui leur est prescrit par les édits, déclarations et règlemens, vous n'avez qu'à en porter vos plaintes au parlement, qui est préposé pour les faire exécuter. Mais avant que de prendre cette voie, vous pouvez vous adresser à M. le premier président, afin qu'il tâche de les ramener à leur devoir, sans que vous soiez obligez d'essuier un procès dans les formes à ce sujet. Je ne puis trop vous exciter à les y engager par vostre exemple, et à ne plus donner à l'avenir aucun sujet de plainte contre vous. Je suis, M[rs], vostre affectionné à vous servir.

Lettr. Pontch.

77.

LE COMTE DE PONTCHARTRAIN
AU MARQUIS DE TORCY, SECRÉTAIRE D'ÉTAT.

A Fontainebleau, le 20 octobre 1700.

On continue en Hollande l'impression de l'*Histoire de Louis XIII*, par le Vassor, et les dernières nouvelles qu'on en a receu font croire qu'on en est au quatrième ou cinquième volume. L'autheur corrige luy-mesme les espreuves, et les Hollandois qui n'ont aucune part au gouvernement paroissent surpris que le magistrat tolère une telle insolence, et qu'un imprimeur ose mettre son nom à un tel ouvrage. Le roy m'a ordonné de vous advertir de prendre son ordre sur cela.

Reg. secr.

78.

LE COMTE DE PONTCHARTRAIN
A CAUSSE, PROFESSEUR DE DROIT ET RECTEUR DE L'UNIVERSITÉ
DE MONTPELLIER.

A Versailles, le 10 janvier 1701.

Vous me demandés ma décision sur trois difficultés que vous me proposés.

Sur la première, qui regarde l'augmentation d'émolumens accordée aux aggrégés par la déclaration du mois de janvier 1700, il me paroist qu'on doit en user dans la faculté de Montpelier comme on en use dans celle de Paris, où l'augmentation se règle sur le pied du tiers en sus, c'est-à-dire que si les aggrégés avoient 3 ₶ avant la déclaration, ils doivent avoir présentement 4 ₶ 10 ˢ.

Sur la seconde, qui regarde les inscriptions, il seroit à souhaitter pour ceux qui veulent commencer leurs estudes de droit, et peut-estre aussy pour le bien public, que les termes de la déclaration ne fussent pas aussy clairs et aussy précis qu'ils le sont; mais l'obligation qu'elle leur impose de s'inscrire pour la première année depuis le 10 jusqu'au 30 novembre, sans qu'ils puissent le faire après ce temps passé, me paroist si bien expliquée qu'il n'est pas permis de douter que son intention ne soit que ceux qui ont manqué à le faire dans ce terme fatal ne soient pas recevables à s'inscrire dans les autres trimestres de la mesme année, ou que, s'ils le font, leurs inscriptions leur soient inutiles. Ainsy la règle que vous devés observer dans ce cas, et dont vous ne devés point vous départir, est de les faire attendre jusqu'au mois de novembre de l'année suivante, et cela pour empescher que les escoliers de philosophie ne s'inscrivent à la fin de leurs cours, ou pour obliger aussy ceux qui commencent leurs estudes de droit de prendre la leçon des instituts dès le commencement.

La troisième question dépend de sçavoir si dans vostre faculté il y a un statut semblable à celuy qui a esté fait pour celle de Paris, et qui porte qu'après vingt ans d'exercice les professeurs peuvent faire faire leurs leçons par un docteur aggrégé. S'il y en a un, vous ne pouvés vous dispenser de le suivre; mais s'il n'y en a point, je ne comprens pas bien sur quoy le doyen de vos professeurs, que vous me marqués estre dans une parfaitte santé et en estat de travailler encore longtemps par luy-mesme, peut se fonder pour prétendre qu'il est dès à présent dispensé de tout service. Je ne trouve rien, dans l'extrait que vous m'envoyés de ses lettres de conseiller honoraire, qui puisse soutenir cette prétention, qui, encore une fois, me paroist sans fondement, à moins que dans vos statuts il n'y ait une disposition telle que je viens de vous l'observer.

Décis. Pontch.

79.

LE COMTE DE PONTCHARTRAIN A L'ÉVÊQUE DE SOISSONS.

A Versailles, le 1ᵉʳ may 1701.

Je veux bien accorder à celuy pour qui vous m'escrivés la dispense d'estude dont il a besoin, et je vous envoye pour cela une lettre que j'escris aux professeurs en droit à l'université de Reims. Il ne luy falloit pas moins que vostre crédit pour obtenir une grâce aussy singulière. Je me suis prescrit à moy-mesme, dans cette matière, des bornes si estroittes, et il me paroist si important pour le public de n'user en cela que très-rarement de mon pouvoir, qu'il faut avoir autant de considération que j'en ay pour vous, pour m'escarter de la règle que je me suis faitte. C'est un plaisir pour moy de m'en relascher dans cette occasion, et de vous marquer par là combien j'ay du penchant à vous en faire.

Lettr. Pontch.

80.

LE COMTE DE PONTCHARTRAIN
AU DUC D'HARCOURT, AMBASSADEUR EN ESPAGNE.

A Versailles, le 18 juillet 1701.

Le roy ayant esté justement persuadé que, pour la perfection de la géographie et par conséquent de la navigation, rien n'estoit plus utile que de déterminer avec exactitude une ligne méridienne la plus longue qu'il seroit possible, y a fait travailler à l'académie des sciences, et cette ligne se trouve présentement déterminée d'un bout du royaume à l'autre, en passant par Paris depuis Dunkerque jusques à l'occident de Perpignan. Si le roy d'Espagne vouloit bien permettre que les mesmes académiciens continuassent par ses États cette ligne jusques à la mer Méditerranée, cinq ou six lieues à l'orient de Tarracone, cette prolongation contribueroit beaucoup à la perfection de l'ouvrage, et feroit entrer le roy d'Espagne en part de la gloire que la postérité en donnera au roy.

S. M. catholique sçait desjà ce que c'est que ce travail, en ayant esté instruite par M. Sauveur, son maître en mathématiques, l'un des académiciens de l'académie des sciences.

Reg. secr.

81.

LE COMTE DE PONTCHARTRAIN A VARIN, A BESANÇON.

A Versailles, le 7 décembre 1701.

Le procureur général a très-bien fait de vous refuser ses conclusions, et de rejetter les licences que vous aviés obtenues à Rome. L'intention du roy est qu'on n'admette au serment d'advocat que ceux qui ont obtenu leurs degrés dans les universitez du royaume. Ainsy prenés telles mesures que vous jugerés à propos.

Lettr. Pontch.

82.

CIRCULAIRE DU COMTE DE PONTCHARTRAIN
AUX PREMIERS PRÉSIDENTS DES PARLEMENTS ET AUX INTENDANTS.

A Versailles, le 8 mars 1702.

On vient d'achever d'imprimer au Louvre un livre aussy beau par la matière qu'il traite, que curieux et rare par tout ce que l'art et la science y ont mis du leur dans la manière de traiter une précieuse matière. C'est l'histoire du règne du roy par les médailles qui ont esté frapées successivement pour chacun événement considérable. Ce livre n'est pas seulement un livre de bibliothèque et à y garder précieusement : c'est un livre que tout homme public doit tousjours avoir ou dans les mains ou sur sa table pour fournir à une conversation utile et solide. C'est dans cette pensée que j'ay cru vous faire plaisir de vous en destiner un exemplaire. Donnés donc ordre icy à quelqu'un de le venir prendre chés moy de vostre part, et je vous le donneray d'autant plus volontiers que je suis persuadé que vous en ferés tout l'usage qui s'en peut faire.

<small>Lettr. Pontch.</small>

83.

LE COMTE DE PONTCHARTRAIN
A LA BÉDOYÈRE, PROCUREUR GÉNÉRAL AU PARLEMENT DE BRETAGNE.

A Versailles, le 18 juillet 1702.

Vous me ferés plaisir de m'envoyer la lettre dont vous me parlés. elle pourra servir à esclaircir un fait important et fort controversé parmy les sçavans, touchant la conduite de Robert d'Arbrissel, qui a esté approuvée et condamnée, par rapport aux idées différentes qu'on s'en est formé, sur les différens faits qui ont esté avancés de la part de ses sectateurs et de ses adversaires. Mais je vous prie de ne vous pas contenter de m'envoier la traduction qui en a esté faite par le sieur du Chesnay, qui peut estre fort bonne, mais qui ne peut suffire ny tenir lieu de l'original, dont vous prendrés la peine de m'envoier en mesme temps une copie.....

Le 29 juillet.

J'ay receu la copie de la lettre de Marbodus à Robert d'Arbrissel, et la traduction que vous avés envoyé, dont je vous remercie.....

Lettr. Pontch.

84.

LE COMTE DE PONTCHARTRAIN A L'ARCHEVÊQUE DE BORDEAUX.

A Versailles, le 24 juillet 1702.

Il ne me paroît pas qu'on puisse trouver rien à redire à l'arrest qui enjoint à l'université d'admettre le sieur Silva à la dispute de la chaire de professeur en médecine qui est vacante. Le parlement a fait en cela son devoir, puisqu'il a exécuté les édits et les déclarations du roy, qui n'exigent autre chose, sinon que l'on rapporte un certificat du curé qui rende un témoignage avantageux de la religion et des mœurs de celuy qui veut estre admis à la dispute. C'est vouloir aller trop loin que d'aller au delà de ce que la piété et les lumières du roy ont jugé à propos de prescrire là-dessus. La nécessité de la légalisation de ces certificats par les évesques est une nouveauté qu'il n'est pas permis à aucun particulier d'introduire de son autorité privée : le roy seul peut le faire par une déclaration ; mais il n'y a pas d'apparence que S. M. en donne une pour cela, parce que les inconvéniens qui en naistroient seroient plus grands et les suites en seroient beaucoup plus dangereuses que le mal auquel on voudroit remédier, comme je l'ay mandé à M. le procureur général par la lettre que je luy ay écrite à ce sujet le 24 de ce mois. Ainsy je crois que toutes les fois qu'on voudra établir de semblables nouveautez, le parlement aura raison de s'y opposer. Cependant la confiance personnelle que j'ay en vous, et ce que vous me mandés de la créance et des mœurs de Silva, me déterminent à vous remettre et à M. le premier président la décision absolue de cette affaire, que vous régleres comme vous le jugerés à propos, persuadé que vostre zèle estant réglé par la modération et conduit par la sagesse, vous prendrés toujours le party qui sera le plus avantageux à la religion et au public, sans néantmoins que ce que vous ferés puisse servir à autoriser dans la suite ces nouveautez qu'on veut introduire.

Le 17 septembre.

Ce que vous me mandés de la répugnance du sieur Silva à donner sa déclaration sur la religion, n'autorise que trop vos premiers soupçons. Ainsy vous ne pouvés apporter trop de soin à bien approfondir quel peut estre le véritable sujet de ce retardement.

Je n'ay rien à ajouter à ce que je vous ay déjà mandé là-dessus et à M. le premier président. Vous continuerés à agir tous deux de concert pour faire dans cette occasion ce que vous jugerés de plus convenable pour le bien de la religion et pour l'intérest public.

Lettr. Pontch.

85.

LE COMTE DE PONTCHARTRAIN
A DE LA TRESNE, PREMIER PRÉSIDENT DU PARLEMENT DE BORDEAUX.

A Versailles, le 24 juillet 1702.

Je suis persuadé comme vous qu'on ne peut estre trop exact, et apporter trop de précaution pour empêcher que les premières places des universitez ne soient remplies par des personnes d'une créance et d'une doctrine suspecte, à cause des dangers où la religion se trouve exposée par là; mais je suis convaincu en mesme temps que la piété et la sage prévoiance du roy à tout, n'a rien laissé à désirer là-dessus, et que S. M. a tout remply en obligeant ceux qui veulent estre admis à la dispute des chaires de professeurs, à raporter des certificats de leur curé, de la pureté de leur foy et de leurs mœurs. On ne peut exiger d'autres preuves que celles-là, sans se faire soupçonner d'agir par un autre intérest que celuy de la religion. C'est ce que j'ay mandé à M. le procureur général, à l'occasion du sieur Silva. C'est pourquoy le parlement n'a rien fait de contraire aux règles, en enjoignant à l'université de l'admettre à la dispute, quoyque le certificat de son curé qu'il rapporte ne soit pas légalisé par M. l'archevesque. Néantmoins, comme ce que vous me mandés, et M. l'archevesque, de la conduite de ce docteur en médecine, est très-précis et très-grave, je m'en rapporte absolument à ce que vous régleres là-dessus avec M. l'archevesque, si vous jugés qu'on doive en user autrement dans les circonstances particulières.

Le 30 septembre.

Après ce que je vous ay mandé et à M. l'archevesque touchant le sieur Sylva, je croyois qu'il n'y avoit plus de nouvelle difficulté qui arrestast la décision de cette affaire. Vous sçavés que d'abord j'ay esté d'avis que le certificat de son curé luy suffisoit, et qu'on ne pouvoit rien adjouster aux précautions marquées par les déclarations du roy données à ce sujet; mais ayant appris depuis de M. l'archevesque et de vous-mesme que ce certificat ne devoit pas faire une loy entière, et que Sylva estoit soupçonné de judaïsme; ayant considéré d'ailleurs que les déclarations du roy n'ayant pas préveu le cas où la vérité du contenu dans les certificats des curés seroit combattue par les évesques qui sont les premiers curez, il seroit d'une dangereuse conséquence de s'en rapporter entièrement à ces certificats, et que ce seroit s'exposer à contrevenir à l'esprit de ces déclarations en voulant trop s'attacher à la lettre, j'ay cru qu'on ne devoit rien risquer, ny trop prendre de précautions dans une matière aussy délicate et aussy importante. C'est pourquoy je vous ay mandé que je vous laissois le maistre et M. l'archevesque de régler ce qu'il seroit plus à propos de faire pour s'asseurer parfaitement de la religion de Sylva, avant que de décider s'il devoit estre admis à la dispute. Je persiste dans cet advis; je ne puis mesme m'empescher de vous dire que j'approuve très-fort l'expédient qui a esté trouvé par M. l'archevesque d'obliger Sylva à déclarer qu'il renonce non-seulement à toute religion contraire à la catholique, mais qu'il déteste particulièrement le judaïsme. Il n'y a rien dans toute cette déclaration qu'on puisse regarder comme une trop grande délicatesse, ni comme un excès de précaution. Rien au contraire ne me paroît plus sage et mesme plus nécessaire à l'esgard d'un homme soupçonné de judaïsme, parce que s'il est véritablement catholique, et s'il renonce sincèrement et de bon cœur à toute autre religion, pourquoy fait-il difficulté de déclarer nommément qu'il déteste le judaïsme? Quand il indiqueroit par là son père et ses parens, seroit-ce une raison pour se dispenser de l'exprimer dans sa déclaration de foy? Doit-on garder des mesnagemens lorsqu'il s'agit de rendre tesmoignage de sa religion? Ce seul refus me paroît une cause suffisante pour exclure pour tousjours Sylva de la dispute, rien n'estant plus suspect, pour ne rien dire de plus, que ces sortes de chicanes en matière de religion, où l'on doit tousjours agir de bonne foy, et où tout est à craindre, lorsqu'on a recours à des réserves et à des restrictions. C'est tout ce que je puis vous mander à ce sujet. C'est à vous à prendre des mesures avec M. l'archevesque, pour que ce différend puisse estre terminé incessamment. Vous pouvés le faire sans vous commettre avec vostre compagnie, qui ne peut vous imputer de vous en avoir voulu attribuer seul la connoissance, puisque vous n'avez rien fait que sur ce que je vous ay mandé. Le parlement ne peut mesme se plaindre qu'on le despouille par là. J'ay cru que dans les circonstances particulières je pouvois, et mesme je devois vous charger de déterminer, conjoinctement avec M. l'archevesque, la qualité de la preuve que Sylva doit raporter pour qu'il ne reste aucun doute sur ses mœurs ny sur sa religion. Cela ne préjudicie en rien aux droits de vostre compagnie (pour laquelle j'auray tousjours toute sorte de considération), puisque lorsque vous aurés réglé, de concert avec M. l'archevesque, dans quels termes doit estre conceue la déclaration de

Sylva, ce sera au parlement de l'admettre à la dispute, s'il fait une déclaration conforme à ce que vous aurez arresté avec M. l'archevesque, ou à l'en exclure s'il le refuse.

Lettr. Pontch.

86.

LE COMTE DE PONTCHARTRAIN, SECRÉTAIRE D'ÉTAT, A CARILL.

A Versailles, le 13 septembre 1702.

Vous avez sceu que le roy a trouvé bon que la vie du feu roy d'Angleterre soit imprimée à l'imprimerie du Louvre. On a depuis demandé qu'on pust mettre à la teste le portrait de S. M. Britannique, et une vignette des armes du pape, à qui il sera dédié. Le directeur de l'imprimerie aura ordre d'y mettre le portrait; mais je dois vous dire qu'il est de l'usage de l'imprimerie royale qu'on n'y imprime jamais aucune épistre dédicatoire. C'est ce qu'il faut que vous preniez, s'il vous plaist, la peine de faire entendre à celuy qui sera chargé de la conduitte de cette impression.

Le 27 septembre.

Le roy donnera ses ordres à ce qu'il ne soit tiré que 2,000 exemplaires de l'impression du livre de la vie du feu roy d'Angleterre, et que le tout soit remis entre les mains de celuy qui sera commis pour les recevoir, à la réserve néantmoins d'un certain nombre d'exemplaires qu'on a accoustumé de garder de ce qu'on imprime au Louvre.

Reg. secr.

87.

LE COMTE DE PONTCHARTRAIN AU CARDINAL DE NOAILLES.

A Versailles, le 13 septembre 1702.

Vous avez sceu que le roy m'avoit ordonné de conférer avec M. le chancelier sur le placet de Cusson, libraire, qui demande la suppression du livre intitulé *le Théâtre italien,* et d'estre deschargé du traité qu'il avoit fait pour en obtenir le privilège. Il seroit beaucoup mieux que ce livre n'eust point esté imprimé ; mais l'impression en ayant esté faite depuis un si longtemps, il ne se peut que Cusson n'en ayt distribué beaucoup d'exemplaires. On ne peut mesme s'assurer qu'il fust fidelle à remettre ceux qui luy restent. Ainsy la deffense qu'on en feroit ne serviroit qu'à faire rechercher ce livre avec plus de curiosité et d'empressement. D'ailleurs M. Bontemps, donataire pour deux tiers des biens de feu Harlequin, et le fermier du domaine pour l'autre tiers, auroient raison de demander à S. M. un dédommagement pour les 15 mille et tant de livres qui restent deues par Cusson, et S. M. n'est pas en volonté de faire à présent cette dépense ; de sorte qu'elle m'ordonne d'escrire à V. Em. qu'elle ne veut point entrer dans cette affaire, dont Cusson se tirera comme il entendra. Il n'a pas jusqu'à présent paru si scrupuleux qu'il le veut paroistre aujourd'huy sur le choix des livres dont il a entrepris l'impression.

Reg. secr.

88.

LE COMTE DE PONTCHARTRAIN, SECRÉTAIRE D'ÉTAT,
A L'INTENDANT FERRAND.

A Versailles, le 7 décembre 1702.

Le prieur de l'abbaye de Bèze, en Bourgogne, a donné avis qu'à deux lieues de cette abbaye, sur la levée qui va du costé de Langres, il y a une colonne milliaire avec une inscription, laquelle est toute couverte de terre et environnée de broussailles, et il offre de la faire déterrer, si on le juge à propos. Le roy, à qui j'en ai parlé, veut bien le luy permettre, et m'ordonne de vous escrire de luy donner toutes les facilitez et les secours dont il pourra avoir besoin pour son entreprise[1].

Reg. secr.

89.

LE COMTE DE PONTCHARTRAIN A L'ABBÉ DE LOUVOIS, GARDE GÉNÉRAL DE LA BIBLIOTHÈQUE DU ROI.

A Versailles, le 22 décembre 1702.

J'ay receu par les mains de M. l'abbé Bignon l'arresté, signé de vous, de quatre mémoires montant en tout à la somme de 976# 10^s, pour des livres nouveaux que vous avez fait venir durant cette année pour la bibliothèque du roy. Rien n'est sans doute plus important que de s'apliquer chaque année à l'enrichir de tout ce qui s'imprime dans tous les pays, et je me feray tousjours un vray plaisir de seconder sur cela, auprès du roy, vos bonnes intentions. Quoyque le temps ne soit guères favorable pour engager S. M. à ces dépenses extraordinaires, je luy en ay rendu compte avec toute l'affection possible, et S. M.,

---

[1] Les habitants de Sacquenay mirent en effet obstacle à l'enlèvement de la colonne, et, en 1703, le secrétaire d'État écrivit à d'Harrouys de faciliter au prieur de Bèze cet enlèvement de la colonne milliaire placée entre Auxonne et Langres.

Le même secrétaire d'État, dans une lettre au consul Maillet, au Caire, du 30 avril 1698, lui dit, après avoir parlé des affaires du consulat d'Égypte : « J'ay veu tout ce que vous m'escrivez sur la colonne de Pompée, restée entière auprès d'Alexandrie, et les moyens de la transporter en France. Il seroit à désirer qu'on pust avec plus de facilité se procurer un aussy beau monument de l'antiquité ; mais la despense en seroit si considérable et le succez si incertain, qu'il ne convient pas d'y penser. » (Reg. dépêch. comm.)

persuadée de l'utilité de vos soins en ce genre-là comme en tout autre, m'a ordonné de vous faire sçavoir qu'elle les aprouve, et qu'elle désire que vous les continuyiez. Mais en mesme temps le roy s'est souvenu que sur une pareille proposition que mon père luy fit en vostre nom il y a sept ou huit ans, il y eut un ajustement pour y parvenir sans dépense, qui fut de s'accommoder avec un libraire de Hollande des estampes gravées par ordre du roy, et qui sont dans sa bibliothèque. C'est sur quoy S. M. m'ayant ordonné de rechercher comment les choses s'estoient passées pour lors, j'ay trouvé que ce fut le nommé Leer, fameux libraire de Rotterdam, à qui vous fîtes délivrer pour 10,000## de ces estampes, dont il devoit rendre la valeur en livres nouveaux. Ainsy S. M. souhaite que vous en agissiez de mesme à présent et dans la suitte, et que vous cherchiez quelque libraire (qui soit cependant de France et non estranger) avec qui vous puissiez traiter de ce que vous avez d'estampes, autant qu'il sera nécessaire pour avoir tous les ans sans autre dépense tous les bons livres qui s'impriment chaque année hors du royaume. Je vous offre pour cela M. Rigault, associé de Mrs Anisson et Poncet, dont la capacité et la fidélité vous sont sans doute connues, qui font le plus grand commerce dans les pays estrangers, et par qui je pourrois vous répondre que vous seriez bien servy, me trouvant par bien des raisons à portée de vous ayder efficacement à leur esgard en tout ce que vous pourrez désirer.

Reg. secr.

90.

LE COMTE DE PONTCHARTRAIN A DE LAMOIGNON.

A Versailles, le 20 juin 1703.

Le roy, à qui j'ay lu la lettre que vous avez pris la peine de m'escrire au sujet du refus que vous faittes de la place qu'on a voulu vous donner à l'Académie françoise, m'a ordonné de vous mander qu'il avoit esté bien aise du bon choix qu'on avoit fait, mais que la chose ne vous convenant point et voulant absolument la refuser, il ne peut que plaindre l'Académie de perdre, ou plustost de ne pouvoir se donner un aussy digne confrère que vous l'eussiez esté.

Reg. secr.

91.

LE COMTE DE PONTCHARTRAIN A L'ABBÉ DE CAUMARTIN.

Le 9° juillet 1703.

J'ay enfin trouvé un moment favorable pour faire lire au roy le mémoire que vous m'avez envoyé au nom de l'Académie des inscriptions. La response n'y est pas difficile : des deux différentes propositions sur le choix desquelles elle est en doute, il est aisé de juger que la première, vis-à-vis de laquelle j'ay mis *bon* de ma main, est la plus convenable. Le mémoire mesme qui propose le doute contient deux raisons indubitables de cette décision.

Premièrement, il s'agit de la description du cabinet du roy ; or, dans les descriptions de ce cabinet, il est d'un usage certain de mettre séparément les médailles de différent métal, et par conséquent il faut bien descrire d'abord celles d'or, puis celles d'argent, et enfin venir au cuivre. C'est le plan qui avoit esté réglé par le roy lui-mesme, il y a un an entier.

Une seconde raison, c'est que ce travail sera plus tost fini. Cet aveu suposé, le moyen de hésiter ! Il n'y a que trop longtemps que l'Académie est accusée de ne rien finir, de chercher sans cesse des prétextes pour esloigner la conclusion des travaux, et mesme de s'y appliquer très-nonchalament. Il revient de tous costés que la plus grande partie des séances se consument en discours inutiles ou en disputes frivoles, souvent mesme à ne s'entretenir que des nouvelles, et que hors trois ou quatre qui s'appliquent sincèrement, le reste n'apporte aux assemblées qu'un air d'ennuy ou qu'un esprit de critique, qu'excite peut-estre le chagrin de voir les autres plus assidus et plus laborieux. L'augmentation faite par le roy depuis deux ans dans l'Académie devoit naturellement produire dans les anciens une noble ambition de servir par leur zèle et par leur aplication d'exemple aux nouveaux, et dans les nouveaux une juste émulation de se rendre capable de remplacer les anciens. Les grâces dont S. M. veut bien acorder la continuation, malgré toutes les dépenses d'une des plus grandes guerres, devroit encourager à luy faire voir des travaux qui fussent de dignes fruits de ses libéralités. L'inaction feroit un tort infini à l'Académie aux yeux du public, et mesme auprès du roy. Ainsy elle peut préférer une manière de travailler; il suffit d'entrevoir que l'ouvrage en sera plus tost terminé. C'est sur quoy le roy m'a ordonné de faire entendre sa volonté en termes capables de produire un bon effet.

Reg. secr.

92.

LE COMTE DE PONTCHARTRAIN AU PÈRE GARDIEN DES CORDELIERS.

A Versailles, le 24° juillet 1703.

Le roy a esté informé qu'on fait depuis peu oster les vitres du chœur de vostre église, dans lesquelles estoient peintes les roys et reynes, des princes, ducs et chevaliers de l'ordre avec leurs habits de cérémonie, et mesme que le chœur de l'église fut rétably en 1580 des deniers que plusieurs princes et chevaliers fournirent alors. Comme ces monumens sont choses qui doivent estre conservées avec soin, S. M. m'ordonne de vous escrire de laisser toutes choses en l'estat auquel elles se trouveront dans le moment que cette lettre vous sera rendue, de voir quels expédiens il y aura à prendre pour les rétablir au mesme état qu'elles étoient; que s'il y avoit de l'impossibilité, mandez-le-moy, afin que j'en rende compte à S. M. Je dois par avance vous avertir que vous ne pouvez mieux faire que de chercher les moyens de rétablir ces vitres comme elles étoient.

On a dit aussy à S. M. qu'il y avoit dans vostre église une figure en bronze d'un seigneur considérable du temps de François Ier, qui a disparu depuis quelque temps. Je seray bien ayse de sçavoir de vous ce qu'elle est devenue.

Reg. secr.

93.

LE COMTE DE PONTCHARTRAIN, SECRÉTAIRE D'ÉTAT,
A GUYENET, DIRECTEUR DE L'OPÉRA.

A Versailles, le 12e janvier 1705.

Le roy a esté bien aise d'aprendre que l'attention que vous avez de restablir l'opéra ait un bon succez. Continuez à vous y attacher, et comptez que S. M. vous protégera en touttes occasions. A l'esgard de Marais, elle trouve bon qu'il y batte la mesure à l'ordinaire, et vous ne pouvez mieux faire que de vous servir aussy de Beauchamp pour les danses.

Reg. secr.

94.

LE COMTE DE PONTCHARTRAIN A FOUCAULT,
CONSEILLER D'ÉTAT.

A Versailles, le 3 février 1705.

Je suis bien aise d'avoir contribué à l'establissement de l'académie que vous aviés projetée ; mais si vous voulés que j'aye pour cette nouvelle assemblée et pour ceux qui la composent des sentimens d'estime et de considération, et que je leur rende tous mes bons offices dans les occasions, je vous prie de leur recommander de n'appliquer leur esprit et leur science qu'aux ouvrages qui le méritent, et suivant leurs propres statuts, et surtout de ne jamais penser à moy.

Lettr. Pontch.

95.

CIRCULAIRE DU COMTE DE PONTCHARTRAIN A DIVERS INTENDANTS DES GÉNÉRALITÉS.

A Versailles, le 27 février 1705.

Le roy estant informé du relaschement qui s'est introduit dans les escoles de la faculté de médecine de la pluspart des universités du royaume, il a résolu d'y restablir le bon ordre, et il a fait dresser à cet effet le projet de déclaration que je vous envoie. Mais comme S. M., avant que de se déterminer absolument là-dessus, veut estre parfaitement esclairci des statuts particuliers des facultés de médecine de chaque université, et de ce qui s'y observe, elle m'a ordonné de vous mander de communiquer ce projet au doyen et aux docteurs qui composent la faculté de médecine de l'université de...., afin qu'ils voyent ce qu'ils ont à remontrer à ce sujet. Vous les obligerés en mesme temps à vous représenter leurs statuts, et vous les entendrés ensuite là-dessus, après néantmoins que vous leur aurés bien fait comprendre auparavant que le roy regardant cette déclaration comme un remède nécessaire, il aura peu d'esgard à leurs remonstrances, si elles ne sont fondées sur des raisons solides et sans réplique. Vous dresserés vostre procès-verbal de tout ce qui se dira et se fera à cette occasion, que vous m'envoirés avec vostre advis le plus tost que vous pourrés.

Lettr. Pontch.

96.

LE COMTE DE PONTCHARTRAIN A DE TOREX.

A Versailles, le 18° juin 1705.

J'ay voulu, avant que de parler au roy de l'impression de Mariana[1], traduit par le P. Charenton, jésuitte, savoir le sentiment des gens savans sur ce sujet, et j'ay cru ne pouvoir mieux m'adresser qu'à M. l'abbé Renaudot. Il dit qu'on n'en a jusqu'à présent point voulu permettre l'impression en latin, et qu'on la doit encore moins permettre en françois; qu'à l'égard de l'expédient d'en retrancher ce qui peut déplaire, il n'est point d'avis de le mettre en usage, parce que par des changemens ou des additions contre la volonté des autheurs, on donne d'eux des fausses idées au public, et qu'on les représente autres qu'ils ne sont; que de plus le nom de Mariana est odieux à cause de la damnable doctrine du meurtre des rois, qui a fait condamner au feu par le parlement le livre *De regis institutione*; et enfin, il concleut par dire que M. le duc d'Albe, qui est un très-bon seigneur, n'a pas préveu les conséquences de ce qu'il a demandé. Ces raisons font que le roy m'ordonne de vous escrire de faire entendre à M. le duc d'Albe, le mieux qu'il vous sera possible, que cette impression ne se peut faire. Je ne vous parle point des frais, qui monteroient à plus de 4,000^{tt}, qu'il est bon dans le temps où nous sommes d'espargner.....

Reg. secr.

---

[1] Il s'agit probablement de l'histoire d'Espagne écrite par ce jésuite.

97.

LE COMTE DE PONTCHARTRAIN A DU ROBIN,
A MONTPELLIER.

A Versailles, ce 18 aoust 1705.

J'ay receu vostre nouveau poëme contre les fanatiques; quand vous m'envoiâtes le premier, je voulus vous épargner le chagrin d'apprendre par moy-mesme ce que j'en pensois : je me contentay d'en mander mon sentiment au sieur Bornier, juge-mage, et de vous marquer de vous adresser à luy pour en estre informé[1]. Mais comme je vois par vostre lettre que non-seulement vous paroissés ignorer encore ma pensée sur vostre premier ouvrage, et que mesme vous avés regardé ce que je vous en ay écrit comme une approbation de ma part, je vous diray clairement, puisque vous m'y forcés, que j'ay trouvé vostre premier ouvrage très-mauvais; que j'ay esté très-surpris qu'on en eût soufert l'impression, et que je trouve vostre second ouvrage encore pour le moins aussi mauvais que le premier. Ainsi, bien loin que vous puissiés vous flatter que je vous accorde la permission de l'imprimer, j'escris de nouveau au sieur Bornier pour l'exciter à donner toute son attention pour empescher que vous ne le fassiés imprimer par surprise, comme vous avés fait le premier.

Lettr. Pontch.

[1] Voici cette lettre du chancelier :

«Versailles, ce 28 octobre 1703.

«Je vous envoye l'exemplaire d'un poëme composé par le sieur du Robin, avec une copie de la lettre qu'il m'a escrite à ce sujet. Je vous avoue que je suis surpris non-seulement que vous ayez approuvé et permis d'imprimer un aussy mauvais ouvrage, mais de ce qu'ayant accordé cette permission vous n'y avés pas mis vostre nom et vostre signature, comme vous le devez tousjours faire dans toutes les permissions ou approbations d'imprimer que vous donnés.» (Lettr. Pontch.)

98.

LE COMTE DE PONTCHARTRAIN A MANSART,
INTENDANT DES BÂTIMENTS.

A Marly, le 11 novembre 1705.

M. l'abbé Tallemant, qui travaille à l'histoire de l'Académie des Inscriptions, n'a rien trouvé qui la concerne pendant les vingt premières années, c'est-à-dire depuis 1663 jusqu'en 1683. J'ay eu l'honneur d'en parler au roy, qui m'a ordonné de vous avertir de faire chercher dans les papiers des bastimens tout ce qui concerne cette académie, et de prendre la peine de me les faire remettre pour en charger M. l'abbé Tallemant.

Reg. secr.

99.

LE COMTE DE PONTCHARTRAIN AU CARDINAL DE NOAILLES.

A Versailles, le 23 décembre 1705.

V. Em. se souviendra sans doute que le P. Daniel, jésuitte, qui a fait l'*Histoire de France*, obtint il y a neuf ou dix ans, par la médiation du P. de la Chaise, que son ouvrage seroit imprimé au Louvre; mais comme alors on n'avoit pas sujet d'estre content de luy, cette permission n'eut point son exécution, et on se servit du prétexte de surseoir jusqu'au temps qu'il auroit entièrement achevé son ouvrage. Présentement qu'il l'a achevé, il vient et continue à demander cette grâce. J'en ay parlé au roy, qui, avant que de rien décider, m'a ordonné d'avoir l'honneur de vous escrire pour sçavoir ce que vous en pensez, et si vous n'avez point de raisons pour vous y opposer.

Reg. secr.

100.

LE COMTE DE PONTCHARTRAIN A FOUCAULT DE MAGNY, INTENDANT DE CAEN.

A Versailles, le 8 juillet 1707.

J'apprens que les professeurs en droit de l'université de Caen continuent à répéter les estudes en droit, quoyque cela leur ait esté deffendu expressément par un arrest du conseil d'Estat du 28 février 1704, que j'envoyay à M. vostre père, le 1er mars de la mesme année, pour le faire exécuter, et pour le faire notiffier aux professeurs et aux aggrégez de cette université. Je suis surpris qu'au préjudice d'un arrest aussy solemnel et aussy connu aux professeurs en droit, ils ayent la témérité de continuer à répéter comme ils faisoient avant cet arrest. Je ne puis trop vous recommander de tenir la main avec la dernière exactitude à l'exécution d'une loy aussy nécessaire pour maintenir la règle et le bon ordre dans cette université; et si quelqu'un des professeurs continue à y contrevenir, vous aurés soin de m'en prévenir, afin que je fasse là-dessus ce qui conviendra. Je suis persuadé que vous y donnerés toute vostre attention.

Lettr. Pontch.

101.

LE COMTE DE PONTCHARTRAIN A DE CORIOLIS, PRÉSIDENT A MORTIER DU PARLEMENT D'AIX.

A Versailles, le 17 juillet 1707.

Je vous renvoye les mémoires que vous m'avés envoyés, que vous me mandés vous avoir esté donnez par le nommé de Lisle, comme des preuves qu'il a trouvé le véritable secret de la transmutation des métaux. Je vous advoueray que mes préventions ou mon ignorance sur ce sublime ou dangereux art, m'a jetté dans une si grande incrédulité là-dessus, qu'elle tient presque du mépris. Je ne puis cependant que vous remercier de ce que vous avés bien voulu me faire part d'une découverte aussy heureuse; mais outre les raisons personnelles pour moy que je viens de vous marquer, il y en a de générales qu'on y peut naturellement opposer, et que d'ailleurs la nécessité de la finance pourroit tirer des avantages infinis d'un si grand secret, je vous conseille d'en faire part aussy à M. Chamillart, supposé qu'on ne luy en ait desjà donné advis, et de suivre sur cela ce qu'il vous marquera.

Lettr. Pontch.

102.

LE COMTE DE PONTCHARTRAIN
AUX PROFESSEURS ET DOCTEURS EN DROIT DE L'UNIVERSITÉ DE MONTPELLIER.

A Fontainebleau, le 22 aoust 1708.

M^{rs}, j'ai receu il y a quelque temps des plaintes de la part du sieur Mestrezat, originaire de Genève, de ce que luy aiant conféré le degré de bachelier en droit civil et canonique, quoyque vous sçussiez qu'il estoit de la religion P. R., vous refusés à présent de luy donner le degré de licencié en droit canonique sur le seul prétexte de la religion. Cette difficulté m'ayant paru mériter quelque considération, j'en ay rendu compte au roy, et S. M. a décidé que n'y ayant pas de loy qui deffende d'admettre les étrangers de la religion P. R. aux degrés en droit canonique lorsqu'ils ont satisfait à tout ce qui est prescrit par les édits et déclarations concernant les écoles de droit, et qu'ils ont toute la capacité nécessaire pour cela, il ne paroît qu'il puisse en arriver aucun inconvénient en prenant le tempérament que le roy veut que l'on prenne dans ces occasions, qui est de ne leur assigner pour les thèses qu'ils doivent soutenir, soit pour le bacalauréat, soit pour la licence, que des matières de droit canonique qui regardent ou des questions plus civiles qu'ecclésiastiques, ou du moins des sujets dans lesquels les hérétiques de ce temps conviennent avec l'église catholique. Par là l'on évitera la crainte que l'on pourroit avoir que les protestans, excités par la chaleur de leur dispute, ne laissent échaper quelque proposition contraire à la doctrine de l'Église ou au respect deub aux puissances ecclésiastiques ; quoiqu'il semble que l'on ne doive rien apréhender de pareil de leur part dans ce rencontre, puisque cela seul suffiroit pour les exclure des degrés pour lesquels ils disputeroient ; et dès qu'il n'y a pas lieu d'apréhender qu'il en arrive le moindre scandale, il paroît qu'il conviendroit d'autant moins d'en user avec rigueur à cet égard envers les hérétiques, que l'on pourroit peut-être regarder comme un avantage, et mesme comme quelque chose de glorieux au droit canonique, que les hérétiques mêmes en viennent soutenir les maximes dans nos universitez, qu'ils se fassent un honneur d'y obtenir les degrez. Ainsi, quoique le sieur Mestrezat soit de la R. P. R., vous ne devés plus faire de difficulté de le recevoir licencié, suposé qu'il ne luy manque rien d'ailleurs de tout ce qui luy est nécessaire pour être admis à ce degrez ; et c'est ce que le roy m'ordonne de vous mander de sa part[1].

Lettr. Pontch.

[1] Le chancelier écrivit, le 10 mars 1709, à un docteur en droit agrégé de l'université de Bordeaux : « J'aprens que vous abusez de vostre qualité d'agrégé et de la facilité que vous trouvez auprès du sieur Tanesse, professeur en droit en l'université de Toulouse, que son grand aage met hors d'estat d'agir, pour faire conférer les degrez de bachelier et de licentiez en droit à des personnes qui en sont absolument incapables, et que vous faites mesme antidater des inscriptions à ce professeur comme vous le jugez à propos, ce que l'on m'assure que vous avez fait depuis peu en faveur du nommé Verdesme, qui n'a jamais estudié, et qui veut se faire gradué pour estre pourveu de la charge de juge royal de Lalinde, dont il a traité. Si ces faits sont véritables, je ne manqueray pas de donner les ordres convenables pour vous faire punir comme vous le méritez, et vous avertirez Verdesme qu'il est inutile qu'il prenne des degrez, parce que je n'auray aucun égard à la matricule qu'il pourra surprendre sur de pareils degrez. » (*Lettr. Pontch.*)

103.

LE COMTE DE PONTCHARTRAIN A DALON,
PREMIER PRÉSIDENT DU PARLEMENT DE BORDEAUX.

A Versailles, le 24 juillet 1709.

Quoyque je ne trouve rien dans le projet de décret que vous m'avés envoié, qui ne paroisse estre fort convenable pour restablir l'ordre dans les disputes qui se font aux thèses de philosophie qui se soutiennent dans l'université, cependant je vous dirai que cela ne me paroist pas assés important pour interposer l'autorité du roy, ni mesme pour obliger le recteur et tous les docteurs à y souscrire. Tout ce que je puis faire, est de vous permettre de les y exhorter de ma part, et je ne doute pas qu'en continuant à faire de vostre costé tout ce qui sera en vous pour les y engager, vous n'en veniés enfin à bout. Du reste, je ne sçaurois que vous louer de vostre attention à remédier aux désordres qu'il y a dans cette université, non-seulement dans la faculté des arts, mais dans les autres facultez, et surtout dans celle de droit, et j'aprends qu'ils augmentent tous les jours, nonobstant tout ce que je vous ay mandé à ce sujet.

Lettr. Pontch.

104.

LE COMTE DE PONTCHARTRAIN A VALLÉE-DORIMONT,
A TRÉVOUX.

A Versaillès, le 30 septembre 1709.

Je suis informé à fond de tout ce qui regarde l'impression du dictionnaire de Richelet dont vous me parlés. Lorsque vous m'en avés escrit, le roy y a donné bon ordre, ayant par une lettre de cachet ordonné la suppression de cet ouvrage ; et cette lettre a esté expédiée par M. de Torcy, et elle doit avoir esté pleinement exécutée. Je ne laisse pas de vous tenir tout le compte que vous pouviés désirer du soin que vous avés pris de me mander tout ce que vous sçaviés touchant ce livre[1].

Lettr. Pontch.

105.

LE COMTE DE PONTCHARTRAIN AUX DÉPUTÉS
DES ÉTATS D'ARTOIS.

A Versailles, le 6 aoust 1710.

J'ay rendu compte au roy, Mrs, de la lettre par laquelle vous demandés qu'il soit permis aux jeunes gens de la province d'Artois qui ont commencé leurs estudes en l'université de Douay, de les y continuer, et d'y prendre les degrés, et à ceux qui voudront y envoïer leurs enfans pour y commencer leurs estudes, de pouvoir le faire. S. M. m'ordonne de vous mander qu'il veut bien vous accorder cette grâce, mais à condition qu'on en usera dans cette université soit pour le temps d'estude, soit pour les examens, soit pour les thèses, de la mesme manière qu'on en usoit avant que cette ville eust esté réduite sous la domination des ennemis ; sans quoy le roy ne veut pas qu'on ait esgard dans son royaume aux degrés qui seront pris dans cette université. S. M. veut bien aussy que les jeunes gens qui ont com-

---

[1] Le *Dictionnaire de la langue française*, par Richelet, rempli de remarques licencieuses et satiriques, avoit paru d'abord à Genève, en 1680, in-4°. L'année suivante, l'auteur ayant retranché une partie de ce qui avait choqué le public, fit réimprimer son ouvrage à Lyon. Puis, insérant de nouvelles remarques, qui ne valaient pas mieux que les premières, il donna encore à Genève une nouvelle édition en 1693, 2 vol. in-4°.

mencé à estudier à Douay avant la prise de cette place, et qui voudront aller achever leurs estudes et prendre les degrés dans une université du royaume, le temps qu'ils justiffieront avoir estudié dans celle de Douay, leur soit compté.

Décis. Pontch. III.

106.

CIRCULAIRE DU COMTE DE PONTCHARTRAIN AUX CONSULS EN LEVANT.

A Versailles, le 21 janvier 1711.

Le sieur Arnous, chargé de la fourniture des oyseaux et autres animaux curieux et estrangers que le roy fait entretenir dans sa mesnagerie, s'est plaint à S. M. que son commissionnaire dans les Eschelles du Levant ayant fait des achapts considérables, les capitaines ou patrons des bastimens expédiez dans les lieux où estoient ces animaux ont refusé de les embarquer, et luy causent un préjudice considérable. Sur quoy elle m'a ordonné de vous escrire que son intention est que les premiers ordres qu'elle a cy-devant donnez pour ces sortes d'embarquemens soyent exécutez ponctuellement; que vous y teniez la main plus exactement que par le passé, et qu'en cas que les capitaines ou patrons refusent de le faire, vous reteniez leurs expéditions jusques à ce qu'ils ayent embarqué les animaux, et se soyent chargez de leur passage en France aux conditions ordinaires. Vous aurez soin aussy, lorsque quelqu'un se sera obstiné dans la difficulté, d'en dresser un procès-verbal et de me l'envoyer, sur lequel le roy ordonnera de sa punition.

Reg. dépêch. comm.

107.

LE COMTE DE PONTCHARTRAIN
A TANESSE, PRORECTEUR DE L'UNIVERSITÉ DE BORDEAUX.

22 juin 1711.

Vous pouvés assurer l'université que les deux chaires du droit civil et canonique qui sont vacantes, se donneront au concours en la manière ordinaire. Ainsy elle ne doit pas apréhender que l'on change rien à la possession où elle est de les mettre à la dispute, et elle doit les y mettre incessamment, si elle ne l'a déjà fait. A l'esgard de la chaire de professeur en droit françois qui vient de vaquer par la mort du sieur Fresquet, quoyqu'il l'ait possédée conjoinctement avec celle de professeur en droit civil, cela ne sera plus à l'avenir. J'atends que M^{rs} les gens du roy m'aient proposé trois sujets qui aient toutes les qualités nécessaires pour la remplir; et dès qu'ils me les auront proposé, j'en rendrai compte au roy, qui choisira celuy d'entr'eux qu'il jugera à propos.

Lettr. Pontch.

108.

LE COMTE DE PONTCHARTRAIN A CLIGNET,
AVOCAT AU PRÉSIDIAL DE REIMS.

4 juillet 1711.

J'accepte le refus que vous me faites de la chaire de professeur en droit françois; on vous avoit trop honoré en vous préférant aux autres qui avoient esté nommés avec vous. Puisque vous jugiés qu'il ne vous convenoit pas d'en faire les fonctions par rapport au peu d'émolumens qui sont attachés à cette chaire, vous avés eu tort de vous faire proposer par M^rs du parquet du présidial pour la remplir. Quand le roy voudroit bien dans la suite en augmenter les revenus, ce que je ne crois pas qu'il soit dans le dessein de faire à présent, vostre refus seul vous en exclueroit pour toujours.

Lettr. Pontch.

109.

LE COMTE DE PONTCHARTRAIN AUX GENS DU ROI AU PRÉSIDIAL DE BORDEAUX.

7 juillet 1711.

M^rs, j'ay receu l'acte que vous m'avés envoié, par lequel vous me proposés trois sujets pour remplir la chaire de professeur en droit françois dans l'université de Bordeaux. Je vois avec peine qu'au lieu de vous estre appliqués à choisir parmi ceux qui font la profession d'avocat au présidial ceux que vous jugiés les plus capables d'exercer avec distinction les fonctions de cette chaire, vous n'avés au contraire eu d'autre attention qu'à favoriser chacun vostre amy et vostre parent. C'est sur cet indigne principe que vous m'avés nommé les sieurs Bongiraud, de la Naverre et d'Albessard. Quoyque les qualités de substitut, de frère et de beau-frère des nominateurs ne fussent peut-estre pas suffisantes pour les exclure de cette chaire, si cette raison se trouvoit seule, cependant dès qu'elle se trouve jointe à d'autres raisons encore plus fortes et peu honorables, puisque chacun, pour soutenir le sien, me dit ou me fait dire du mal des deux autres, cela doit opérer leur exclusion absolue; et comme je ne vois en cela qu'affectation et partialité de votre part, j'ay pris la résolution de ne pas parler au roy de ceux que vous m'avés proposé, pour vous éviter les effets de sa juste indignation. Ainsy je vous renvoie vostre acte, ne voulant en faire aucun usage. Vous m'en envoierés au plus tost un autre, par lequel vous me proposerés trois autres avocats, que vous jugerés en honneur et conscience être les plus propres pour remplir cette place avec la satisfaction du public¹.

Lettr. Pontch.

110.

LE COMTE DE PONTCHARTRAIN A LOUVET DE MONTMARTIN,
CURÉ DE LA PAROISSE DE Sᵗᵉ-CÉCILE A VIRE, DIOCÈSE DE COUTANCES.

A Versailles, le 23 janvier 1712.

J'ay fait examiner par gens habiles et esclairez vostre ouvrage qui a pour titre : *Apologia Beati Athanasii, etc.*, pour l'impression duquel vous m'avez demandé un privilége. Ils ont trouvé qu'il ne convenoit

---

[1] Le parquet choisit trois avocats, et le chancelier désigna, par lettre du 23 juillet, comme professeur Peros ou Perost, le premier inscrit. Dans une lettre de la même date, adressée à d'Albessard, avocat général à Bordeaux, le chancelier dit : « Je le répète encore, qu'il est indigne de tout un parquet de nommer chacun son frère, son beau-frère et son amy, et de faire entendre que celuy qu'on nommoit vaut mieux que les deux autres. » Mais il se trouva que le parquet de Bordeaux avait pour la seconde fois trompé le chancelier; que Peros ou Perost, ainsi qu'un autre des trois candidats, étaient des cousins germains de d'Albessard, l'avocat général, et qu'un avocat qui depuis plusieurs années avait fait le cours de droit français, n'avait pas même été mis sur la liste. A ce sujet, le chancelier écrivit, le 6 août, au procureur général du parlement de Bordeaux : « Vous avez eu tort, en m'en- voyant vostre second acte par lequel vous m'avez proposé trois nouveaux sujets pour remplir cette chaire, de ne m'avoir pas mandé que le sieur Peros fust cousin germain de M. d'Albessard, aussy bien que le second que vous m'avez proposé par cet acte. Je ne l'ay appris que depuis que le sieur Peros a esté choisy, car si je l'avois sceu auparavant, il n'auroit pas eu cette chaire. Le troisième, qui est le sieur Fontfrède, auroit esté choisy d'autant plus qu'il m'est revenu que c'est un très-bon sujet; mais c'est une chose faicte. Il n'y a qu'à prendre garde seulement que le sieur Peros remplisse bien ses fonctions. Comme on m'a mandé que M. d'Albessard ne me l'avoit proposé que dans l'espérance qu'il donneroit son suffrage à son frère lors de l'eslection d'un professeur en droit civil, s'il le fait, vous aurés soin de m'en informer. » (*Lettr. Pontch.*)

pas qu'il fust imprimé tel qu'il est, quoyque le fond n'en fust pas mauvais ; mais qu'il faudroit réduire cet ouvrage en peu de mots, et en retrancher toutes les réflexions odieuses et les raisonnemens détestables qu'il contient sur les entreprises détestables contre les princes, qui sont de ces choses dont on ne doit jamais parler. Ainsy, si vous voulés obtenir un privilége pour l'impression de cet ouvrage, il faut que vous le réformiez dans l'esprit que je viens de vous marquer.

Le 28 aoust.

Je vous renvoye les deux lettres du P. Mabillon ; bien loin de me faire changer de sentiment dans tout ce que je vous ay mandé touchant vos ouvrages, je persiste dans le jugement qu'en a fait celuy que j'ay commis pour les examiner. Mais quoyque je ne puisse vous permettre de les donner au public, je ne condamne point pour cela vostre application à l'étude de l'Escriture Sainte et de l'histoire ecclésiastique, et je pense aussy là-dessus comme le P. Mabillon.

Le 29 janvier 1713.

Je loue vostre zèle, qui vous engage à faire une nouvelle traduction de l'*Histoire ecclésiastique* de Théodoret, et je ne loue pas moins la sage précaution que vous prenés de demander le sentiment des examinateurs sur le premier livre que vous avez achevé, avant que de vous engager plus avant dans un travail aussy pénible. J'entre volontiers dans vos veues ; c'est pourquoy vous m'envoyerés quand il vous plaira cet eschantillon : je le feray examiner en la manière ordinaire, et je vous manderay le sentiment de ceux que j'en auray chargé. Je souhaite qu'ils en portent un jugement plus favorable que de vos précédens ouvrages que vous m'avés envoyés, et qu'ils n'y trouvent pas le mesme esprit de critique outrée qui vous porte à chercher à blasmer beaucoup plus nos plus célèbres escrivains, qu'à justiffier les anciens docteurs, et qui vous fait préférer un trait de satyre à un esclaircissement utile de la vérité.

Le 16 avril.

Dès que j'eus receu vostre manuscrit, qui contient une nouvelle traduction de Théodoret, j'en confiay l'examen à un des plus sages examinateurs qui travaillent sous mes ordres. Comme le compte qu'il m'en rendit me parut fort esloigné de l'idée que vous en aviés conceue, je redonnay vostre mesme ouvrage à un autre examinateur. Malheureusement pour vous, le tesmoignage de ce dernier ne vous est pas plus favorable que celuy du premier; et sur ce qu'ils en pensent l'un et l'autre, je suis obligé de vous dire que non-seulement je ne puis vous accorder le privilége pour l'impression de ce manuscrit, mais je vous conseille mesme d'abandonner absolument vostre dessein. Vous n'en pourriés rien faire qui aprochast de ce que nous avons en ce genre, au jugement de tous les sçavans. C'est pourquoy vous ferés mieux d'employer vos études et vostre temps à quelqu'autre entreprise.

Le 9 janvier 1714.

Je suis fasché pour vous que ceux que j'ay nommés pour examiner vostre dernier ouvrage n'en ayent pas porté un jugement plus favorable que de vos autres ouvrages. Ne vous donnés pas la peine de transcrire pour moy les dissertations que vous dites que vous avés faites sur différens sujets importans. Quoyque j'en présume avantageusement, je vous en remercie, n'en ayant nul besoin; ainsy vous pouvés en faire tout ce qu'il vous plaira.

Lettr. Pontch.

111.

LE COMTE DE PONTCHARTRAIN A PEROS,
PROFESSEUR EN DROIT FRANÇAIS A L'UNIVERSITÉ DE BORDEAUX.

A Versailles, le 14° février 1712.

J'attends le mémoire que vous me mandés avoir remis à M. le premier président, concernant vos nouvelles prétentions contre l'université; mais, en attendant, je ne puis m'empescher de vous dire ce que j'ay mandé depuis peu au recteur de l'université, à l'occasion de toutes les contestations que vous formés tous les jours, que mon repentir augmente tous les jours de vous avoir procuré la chaire de professeur en droit françois. J'y ajouteray aujourd'huy que vous me ferés un plaisir infiny de la remettre, ne pouvant espérer de vous ce que cette place exige de vous, et ce que mon inclination désire.

Lettr. Pontch.

112.

LE COMTE DE PONTCHARTRAIN A SOUVENEL FILS, A RENNES.

A Fontainebleau, le 31 juillet 1712.

Je ne puis donner d'ordre aux professeurs en droit de l'université de Nantes pour vous admettre à l'examen et à la thèse pour le baccalauréat, parce que le refus qu'ils en font me paroît bien fondé; car il ne suffit pas de rapporter une attestation de M. Joly de Fleury, avocat général au parlement de Paris, comme vous estes inscrit pour trois trimestres en 1708, en la faculté de droit de l'université de Paris; il faut, outre cela, que conformément à l'art. 21 de la déclaration du 6ᵉ aoust 1682, vous apportiés des attestations des professeurs en droit de cette université, portant que vous y avés étudié avec assiduité, et qu'ils ont vu vos cahiers escrits de vostre main; parce qu'il se peut très-bien faire que vous n'aiés pas esté assidu aux écoles, et que vous n'aiés pas escrit les cahiers qui y ont esté dictés, quoyque vous vous soiés inscrit. Pour quoy les édits et les déclarations exigent de ceux qui ont étudié dans une autre université que celle où ils se présentent pour prendre les degrés, que non-seulement ils rapportent des attestations comme ils s'y sont inscrits, mais aussy comme ils y ont étudié avec assiduité. Ce sont deux formalités toutes différentes, ausquelles il faut satisfaire également. Et si effectivement vous avés été assidu aux écoles de droit pendant les trois trimestres dont vous me parlés, les professeurs sous qui vous avés étudié ne vous en refuseront pas des attestations, et vous n'avés besoin de personne à Paris pour les en solliciter. Il suffit que vous leur en écriviés, puisqu'ils sont obligés d'en donner quand on leur en demande, lorsqu'ils n'ont pas de raisons valables pour les refuser.

Lettr. Pontch.

113.

LE COMTE DE PONTCHARTRAIN A DE BALLIEUX, A LONGWY.

14 novembre 1712.

Il est vray qu'il y a déjà du temps que je sçay tout ce que vous me mandés du livre dont vous m'écrivés, et que tout ce que vous m'en dites est sceu icy de tout le monde; sur quoy l'on sçaura bien faire ce qui sera à propos. Quoyqu'il convienne quelquefois de censurer certains ouvrages pour détromper des erreurs qui s'y trouvent, il y en a d'autres qui sont si remplis d'extravagances, que la critique souvent leur fait honneur et à leurs auteurs, ce qui oblige à prendre d'autres voies pour empêcher qu'ils n'aient aucune créance dans le public; et ce fut ainsy qu'on en usa sous le règne d'Henry III à l'égard du livre qui traite de la mesme matière, qui fut imprimé pour lors. Et cet exemple que vous cités vous-mesme, est rapporté dans toutes les histoires de ce temps-là. Mais comme on ne laissa pas de permettre d'imprimer la critique qui fut faite dans la suite de ce pernicieux ouvrage, je ne prétends point par ce que je viens de vous dire, rejeter absolument la critique que vous m'avés envoyée de celuy dont il s'agit. Je vais au contraire la faire examiner suivant mes règles, après quoy j'accorderay le privilège pour l'impression ou je le refuseray en parfaite connoissance. Mais si je l'accorde, vous ne devés pas espérer que le roy fasse imprimer vostre critique, S. M. ne se mêlant jamais de choses de cette nature, et je ne m'en mesle pas non plus, n'y ayant que le privilége qui me regarde. Ainsy, si vous l'obtenés, ce sera à vous à faire ce qu'il vous plaira là-dessus. Si vostre livre est bon, vous trouverés assés d'imprimeurs qui en feront les frais, et qui mesme vous en donneront quelque chose, parce que, pour peu que des livres soient bons, dès qu'ils traitent de semblables matières, ils ne manquent presque jamais d'avoir beaucoup de débit.

Le 23 novembre.

J'ay fait examiner, comme je vous l'avois mandé, vostre critique contre la généalogie de la maison de Lorraine, faite par le curé de Longwy. Je suis fâché d'être obligé de vous dire que l'avis de l'examinateur ne vous est pas favorable, et que bien loin qu'il estime que vostre ouvrage mérite d'être donné au public, il contient au contraire plusieurs choses qui doivent en empêcher l'impression. Ainsy vous ne devés pas attendre que je vous accorde le privilége que vous me demandés. Je ne laisse pas de louer vostre zèle, ne doutant pas que vous n'aiés de bonnes intentions, mais il ne suffit pas d'avoir du zèle pour faire un ouvrage utile et solide dans cette matière, et qui soit bien receu dans le public. Il faut avoir encore tout le goust, tout le discernement et toutes les lumières convenables pour cela, et vous n'avés fait paroistre rien de semblable dans vostre manuscrit.

<small>Lettr. Pontch.</small>

114.

LE COMTE DE PONTCHARTRAIN A L'ABBÉ BIGNON.

Le 6 janvier 1713.

L'approbation que M. Quenot a donnée à un livre intitulé *Esclaircissements, etc.*, souslève si justement tous les honnestes gens qu'il ne m'est pas possible de supporter patiemment la honte qui rejaillit sur moy d'avoir choisy un aussy indigne personnage pour l'honorer de ma confiance. Faites-luy donc sçavoir, je vous prie, M^r, que je ne veux plus me servir de luy dans un employ qui demande toutes les qualités qu'il n'a pas, et ne luy envoyés plus, s'il vous plaist, aucun livre à examiner. Il n'est pas permis de trahir comme il fait la vérité dans la pureté de ses maximes, sa patrie dans ses principaux priviléges, et M. le cardinal de Noailles, son bienfaicteur, dans le respect et la reconnoissance qu'il luy doit. Et s'il est curieux de rendre mes sentimens publics, dites-luy que je luy donne sur cela toute la liberté qu'il peut désirer.

<small>Lettr. Pontch.</small>

115.

ORDRE DU ROI POUR LE PRIEUR DE L'ABBAYE DE SAINT-DENIS.

A Versailles, le 29e avril 1713.

Cher et bien amé, les sieurs Coesvaux et Coustoux, sculpteurs [1], estant chargés de faire les deux statues qui doivent estre posées dans

---

[1] Coysevox et Coustou.

le chœur de l'église de Nostre-Dame de nostre bonne ville de Paris, ayant besoin du manteau royal qui est dans le trésor de vostre église pour leur servir de modèle, nous vous mandons et ordonnons de le leur faire remettre pour le garder autant de temps qu'il leur sera nécessaire, en prenant par vous les seuretés accoustumées en pareilles occasions. Si n'y faites faute, etc.

Reg. secr.

116.

ORDRE DU ROI
POUR LES INSPECTEURS ET GARDES DES EAUX ET FORÊTS.

A Versailles, le 20° juin 1713.

S. M. désirant que le sieur de Guiller puisse prendre de la racine fébrifuge partout où elle se trouvera, enjoint à ses officiers des eaux et forests, et généralement à toutes autres personnes de permettre audit sieur de Guiller la recherche de ladite racine dans ses forests, dans celles des communautez ou des particuliers, et dans tous les autres endroits où il pourra en trouver, sans luy donner aucun trouble ny empeschement, mais au contraire toute ayde et assistance.

Reg. secr.

117.

LE COMTE DE PONTCHARTRAIN A DU TREMBLAY, A ANGERS.

A Versailles, le 23 février 1714.

Je loue vostre zèle pour maintenir, autant qu'il est en vous, l'académie des sciences qui est establie à Angers. Il est fascheux qu'il y vacque un aussy grand nombre de places d'académiciens que vous me le marqués ; mais si cela ne provient que du refus que fait M. l'évesque d'Angers de convoquer vostre compagnie pour y nommer, le remède est entre vos mains, puisque vous dites qu'il dépend de vous et des autres académiciens de nommer un autre directeur qui ne manqueroit pas sans doute d'y pourvoir. Malheur à vous et aux autres académiciens si vous ne le mettés pas en usage, et si par de fausses et basses complaisances vous trahissés l'intérest du public! Je ne puis en parler à M. l'évesque d'Angers : outre que cela seroit inutile, je ne le verray peut-estre plus avant son départ.

Reg. secr.

118.

LETTRE DU ROI A L'UNIVERSITÉ DE PARIS.

A Rambouillet, le 11 juin 1714.

Chers et bien amez, informez que vous devez procéder le 23 de ce mois à l'eslection du recteur de l'université, comme vous pourriez, suivant vostre usage ordinaire, en conséquence de l'arrest du parlement du 14 mars dernier, continuer une seconde fois dans ce poste le sieur Godeau, qui en est actuellement pourveu, nous vous escrivons cette lettre pour vous dire qu'ayant de justes sujets d'estre mécontent du sieur Godeau, nous ne voulons point qu'il soit continué, et qu'ainsy nostre intention est que dans vostre prochaine eslection vous fassiez choix d'un autre sujet pour remplir la place de recteur. Si n'y faites faute, car tel est nostre plaisir.

Reg. secr.

V.

LETTRES DIVERSES.

1.

DE DRUY A COLBERT.

A Druy, ce 21 janvier 1661.

Comme je sçais que le plus agréable tesmoignage de respect qu'on vous puisse rendre consiste à ne vous point troubler dans vos importantes occupations, je n'aurois osé vous remercier de l'honneur que vous m'avez fait de m'escrire si je n'y estois engagé par quelque raison plus nécessaire que celle d'un compliment incommode et d'une reconnoissance exprimée à contre-temps. Je connois parfaitement, Mʳ, que vous vous intéressez très-fort à tout ce qui regarde le bien de l'Estat, la gloire de Son Éminence, et l'utilité particulière de cette province, dont vous estes le véritable protecteur. C'est pourquoy j'espère que vous agréerez bien ensuitte que je vous propose ce qui peut par vostre entremise et vostre authorité causer un très-notable avantage à tout ce pays, et principalement à la noblesse. Ce seroit, s'il vous plaisoit, de porter Mᵍʳ le cardinal à faire envoier un ordre du roy à M. de Joux pour assembler les gentilshommes de ce gouvernement à Nevers, et les inviter de la part de S. M. et de Son Em. à signer la protestation de ne se jamais battre en duel. Ce procédé, autant utile au Nivernois que considérable au bien de l'Estat, seroit tousjours regardé comme un effet de vostre solide affection pour cette province. Vous sçavez mieux que moy, Mʳ, qu'il y a quantité d'exemples de semblables choses. M. le mareschal de Grammont a fait signer de cette sorte la noblesse de son gouvernement de Béarn. On en a fait autant dans la Bretaigne et dans le Languedoc, aussy bien qu'en plusieurs autres endroits du royaume. Feu M. le duc d'Orléans avoit fait signer toute sa maison, et enfin le roy mesme a eu tant de zèle pour cela que presque toute sa cour a obéy au désir qu'il a fait paroistre que l'on y fist la mesme chose.

En vérité, M^r, nous autres qui avons l'honneur et l'avantage d'estre d'un pays qui appartient à Son Ém., pouvons avec beaucoup de justice faire de très-humbles prières, pour avoir part au bonheur de tous ces autres lieux, puisque c'est par les conseils, le zèle et l'authorité de Son Ém. mesme qu'ils l'ont obtenu, et que tant de personnes de qualité ont esté délivrées de la tyrannie du duel. Ainsy, M^r, s'il vous plaist de faire entendre à Mgr le cardinal nos désirs et nos respectueuses supplications en cette rencontre, nous jouirons infailliblement dans peu de jours dans ce duché d'un bien si précieux, pendant qu'on examinera à loisir ce qui doit estre ordonné touchant la pensée que j'ay proposée à S. M. et à Son Ém., et qui va à faire signer tous les gentilshommes du royaume. Comme cette dernière affaire est de grande conséquence, elle demande plus de temps pour estre terminée; mais celle qui regarde précisément le Nivernois, n'estant pas de cette importance, elle se peut régler présentement, s'il vous plaist de la faire agréer. Peut-estre mesme seroit-il à souhaiter qu'une chose de cette nature, et qui se doit répandre dans tout l'Estat, commenceast par ce pays. Le zèle qu'on y aura d'obéyr aux ordres du roy et à ceux de Mgr le cardinal, servira d'un exemple très-considérable aux provinces circonvoisines et mesme à toute la noblesse de cette monarchie. Je ne doute point, M^r, que vous ne pénétriez en un moment tout ce qui est à exécuter dans le souhait que je vous propose, et qui m'est commun avec plusieurs personnes de condition de ce gouvernement. C'est pourquoy je suis très-persuadé qu'il se faut abandonner à la lumière de vostre esprit et à la sincérité de vos intentions. Je vous envoye, M^r, encore une lettre que j'escris à Son Ém. sur cette matière, affin qu'elle soit une confirmation du désir que nous avons de recevoir ses ordres que je vous demande avec tant d'instance. Je vous supplye de la luy présenter si vous le jugez à propos. En attendant que vostre résolution sur ce sujet nous apporte l'utilité que nous espérons, permettez-moy de vous faire paroistre la passion que j'ay de pouvoir rencontrer les occasions de vous tesmoigner par mon obéissance que c'est avec un très-grand respect que je vous honore, et que je suis, etc.

Vol. verts C.

2.

COLBERT, INTENDANT, A SON FRÈRE LE CONTRÔLEUR GÉNÉRAL.

A Brisak, ce 28 septembre 1661.

.... Je dois vous informer d'une imprudence assez fascheuse qui s'est faitte icy à la réception des députés des villes impériales. M. de Tracy et moy ayant résolu de les ennyvrer à la table de M. le duc Mazariny, pour sçavoir à la fin du repas leurs véritables sentimens touchant la réception de M. le grand bailly, nous vinsmes à bout de ce que nous avions projetté, et l'on m'asseure que je m'estois réservé tout le sang-froid qui y estoit nécessaire pour ne rien dire qui fust contraire aux intérests du roy, quoyque la desbauche fust très-grande. Il n'en fust pas de mesme du marquis de Ruzé, qui est un bon gentilhomme, mais très-mal instruit de la manière de gouverner les Allemands, et dont le zèle au service du roy se trouvant fort eschauffé de vin, et assés dépourveu de raison, le porta à presser un bourguemestre de Colmar d'une manière assés brutale, si j'ose dire et violente, à renoncer à l'immédiateté de l'Empire, et à se soumettre entièrement au roy, et luy présenta en mesme temps des tablettes où il avoit escrit la renonciation qu'il avoit forgé, pressant ledit bourguemestre de la signer, et, sur son refus, il en vint à de grosses paroles et injures mesme. L'on adjouste de plus qu'il y auroit peut-estre eu des coups donnés, si M. Sauvat, intendant de mondit sieur le duc, ne les eust séparés. Pour moy, j'estois dans une autre chambre à m'entretenir avec le bourguemestre de Schelestat, et n'en fus informé que le lendemain au matin, que j'appris que ces deux bourguemestres qui m'avoient promis de venir disner avec moy, s'en estoient retournés chés eux sans prendre congé de mondit sieur le duc, et que celuy de Colmar avoit tenu beaucoup de discours insolens dans le cabaret protestant, que quand le roy et l'empereur joints ensemble voudroient, ils ne les destacheroient pas de l'empire; que si S. M. les venoit attaquer, ils sçauroient bien se deffendre, et que s'ils avoient aydé à prendre Brisak en faveur du roy, ils pourroient bien encore ayder à le reprendre. J'ay appris depuis qu'il en avoit esté fort réprimandé par les magistrats de la ville, et les affaires semblent assés bien raccommodées de part et d'autre; mais je vous avoue que voicy un très-meschant pas, et qui est capable de faire grand préjudice au bon succès de cette affaire; et je crains bien que les bons effets que la libéralité et l'affabilité de M. le duc Mazariny ont desjà produit parmy les Allemands, ne soient fort contrebalancés par une déclaration si brusque d'une personne qu'il a desjà nommé pour estre son bailly dans la Landfogtey et dans la préfecture des dix villes.

A Philipsbourg, ce 20e novembre.

M^r mon frère..... Pour satisfaire à ce que vous avés désiré de moy, je me sens obligé de vous dire qu'il y a trois personnes, tant en Alsace que dans le voisinage, qui mériteroient à mon sens, et suivant ce que j'en ay pu aprendre, d'estre honorés des marques de la libéralité du roy. Le premier est M. Schütz, qui a commandé toute la cavallerie de M. de Turenne en qualité de général-major, et s'est acquis une très-haute réputation dans les armées où il a servy. Il est à présent retiré sur des terres qu'il a près de Brisak dans la souveraineté de la maison d'Austriche, et l'archiduc l'a fait gouverneur des villes forestières. Néantmoins j'ay appris qu'il conservoit beaucoup d'affection pour les intérests du roy.

Le second est M. le baron de Fleckenstein, qui a esté lieutenant général dans les armées du roy. Il est aagé d'environ 50 ans, zélé pour le service de S. M., et en disposition de luy en rendre encore; il tient le premier rang parmy la noblesse franche de la basse Alsace, de sorte que cette raison et son mérite sont suffisans, ce me semble, pour porter le roy à le favoriser.

Le troisième est le docteur Himmelein, demeurant à Strasbourg, fort sçavant et habile jurisconsulte, très-informé de toutes les affaires de l'Empire, et que Mrs de Strasbourg ont tousjours consulté jusques à présent dans toutes leurs affaires les plus importantes. Mais il est sur le point de se retirer à Stuckart, et se mettre au service de M. le duc de Wirtemberg, à cause d'un petit mescontentement qu'il a eu du magistrat de Strasbourg.

Il y a encore à Nuremberg le sieur Oclaten, duquel je vous ay escrit lorsque j'estois à Frankfort, qui a tousjours esté député tant de sa ville que de beaucoup de grands princes de l'Empire dans toutes les plus belles assemblées et diettes, et qui est asseurément très-habile homme et parfaittement informé des affaires d'Allemagne.

J'en connois encore deux à Dantzik fort sçavans, l'un desquels travaille à l'histoire de Pologne, et l'autre fist une pièce latine sur la paix que feu Mgr avoit fait, qui tesmoignoit beaucoup d'esprit. Aussy est-il fort considéré dans Dantzik; mais je ne me souviens pas à présent du nom de ces deux personnes.

A Poittiers, ce 22 febvrier 1665.

..... J'ai desjà un mémoire de toutes les terres qu'il y a à vendre dans cette généralité[1]; je m'informeray, autant qu'il me sera possible,

---

[1] Il paraît que plusieurs intendants, sinon tous, avaient reçu ordre d'envoyer la liste des terres à vendre dans leurs généralités, parce que le roi avait l'intention d'en acheter pour en donner en récompense à des personnes qui l'avaient bien servi.

de leur consistence et revenu, et du prix pour lequel apparemment elles pourront estre adjugées. Cependant je prendray la liberté de vous dire que, dans ce beau dessein qu'a le roy de récompenser par ces moyens ceux qui l'auront bien servy, il me semble que S. M. ne peut point faire de ces sortes d'acquisitions plus utiles à son service que dans la basse Alsace, lorsqu'il y aura quelque terre à vendre; car vous sçavés que tous les gentilshommes de ce canton prétendent relever immédiatement de l'Empire, et n'estre pas sujets du roy; et que pour les y assujettir par les voyes de douceur, il n'y a pas de meilleur moyen que d'acquérir des deniers de S. M. toutes les terres et seigneuries de ce canton qui seront à vendre; et qu'il plaise à S. M. les donner ou à des gentilshommes françois qui l'auront bien servy, ou à quelques-uns de ses sujets de la haute Alsace, à condition de les relever de S. M., de ne reconnoistre autre jurisdiction que la sienne, et de ne payer aucune reconnoissance qu'à S. M. Enfin, cette affaire-là bien mesnagée produiroit, selon mon sens, dans la suitte du temps de grands fruits et de grands avantages au service du roy. Il faudra encore, s'il vous plaist, prendre garde que la fille de M. le comte de Ribeaupierre espouse un François; et, comme elle est bientost en estat d'estre mariée, il est temps d'y songer. J'auray le bien de vous entretenir plus amplement de toutes ces affaires à mon retour à Paris.

Je n'ay fait jusques à présent aucun progrès auprès des ministres, ce qui me donne bien de la mortification, et je crains bien que si l'on n'a quelque point à leur accorder ou se relascher pour leur servir de prétexte de leur conversion, ils ne s'opiniastrent à refuser toutes les propositions qu'on leur fera. Je continueray à y donner mes soins et mon application.....

Vol. verts C.

3.

CHANUT A COLBERT.

A Livry, le 1er octobre 1661.

Je ne pense point avoir besoing de vous faire une apologie sur ce que vous avez trouvé que M. Fouquet m'a confié, il y a environ deux ans ou plus, une somme de cent mil escus qu'il me disoit mettre en réserve pour le pain de ses enfans, ayant grand suject de craindre à touts momens, dans l'engagement où il estoit de plusieurs millions de debtes pour soustenir les affaires du roy. J'ay gardé le dépost, et très-souvent dans mes besoings j'ay emprunté de l'argent, et n'y ay pas touché. Puisque mon escrit est entre les mains du roy, et qu'il veut que cette somme soit portée en son espargne, ce n'est point à moy à m'y opposer. Elle est toute preste dans les mesmes espèces et dans les mesmes sacs. J'ay seulement à vous supplier de vos bons offices auprès du roy pour faire qu'il ne tire aucune conséquence contre ma fidélité à son service, de celuy que j'ay voulu rendre à M. Fouquet en cette occasion, et j'espère cela de vostre amitié. J'envoye à M. de Breteuil, qui me communiqua hyer l'arrest du conseil sur ce subject, un modèle de l'arrest qui me semble nécessaire pour ma descharge, et qui est conforme à la reconnoissance de ma main qui s'est trouvée....

Vol. verts C.

4.

SARTRE, CONSEILLER A LA COUR DES AIDES DE MONTPELLIER,
A COLBERT.

(Septembre 1662.)

Après avoir receu avec respect et obéi avec diligence au comman-

dement qu'il a pleu au roy de me faire, de me retirer en la ville de
Nantes, j'ose vous supplier très-humblement, M^r, puisque cet esloignement m'oste le moyen de me plaindre et de me justifier en personne,
qu'il vous plaise d'agréer que je vous représente par ceste lettre l'injurieus traittement qu'on m'a fait souffrir, et la fausseté de l'accusation
qu'on m'a supposée pour en éluder la réparation. Voicy la vérité
toute ingénue du faict que je réduirai à moins de paroles qu'il me
sera possible pour ne vous estre pas importun. Le conseil ordinaire
de la ville de Montpellier, composé de vingt-quatre personnes nommées par les consuls, et les consuls par le gouverneur de la ville,
demanda un octroy au roy, dont le prétexte estoit le payement de
leurs debtes; S. M. le leur accorda, et l'adressa à la cour des comptes,
aydes et finances de Montpellier, pour l'examiner et le registrer s'il
y avoit lieu. La cour des aydes députa pour cest effect divers commissaires dont je fus l'un; le clergé s'y opposa et présenta sa requeste
en opposition. Les habitans pensent à se syndiquer, prétendant que
soubz ombre de payer 200,000 ^{tt}, à quoy se peuvent monter leurs
debtes, on alloit leur mettre sus une imposition qui iroit à plus de
8 ou 900 mille. A la sortie du palais, quelques-uns de ces habitans
me prient de vouloir rapporter leur requeste; je le refuse d'autant
que j'avois esté rapporteur de celle du clergé, et que je voulois esviter
une affectation particulière contre ceste affaire. A quelques momens
de là, dix ou douze habitans viennent chés moy me solliciter, me
demandant justice, et m'instruisant de ceste affaire. Lorsque je parlois
à eux sur la porte de mon logis, M. de Castries arrive accompagné
de ses gardes, qui, me prenant d'abord par le bras, m'appellant séditieus et mutin, jetta par terre mon chapeau et ma perruque, et commanda à ses gardes de me traisner à la citadelle. Ils me tirèrent, en
effect, cinq ou six pas, sur quoy M. de Castries, par un mouvement
dont j'ignore le motif, comanda qu'on me laschât. Je fus en mesme
temps porter à M^{rs} de nostre compagnie les plaintes de ceste violence
qui flestrissoit la robe en ma personne, et ensuite à Mgr le prince de
Conty, qui estoit pour lors à Beaucaire. Incontinent après, je pars de

la province pour venir demander justice au róy, et ayant esté empesché par mon aage de faire la diligence que j'aurois bien souhaitée, à mon arrivée, bien loing de trouver les dispositions favorables pour me faire recevoir la justice que je croyois avoir lieu d'espérer, mes ennemis avoient desjà préoccupé S. M. et mes seigneurs de son conseil du vain nom d'une sédition qui ne fut jamais, et dont il n'y eut pas seulement les premières et les plus foibles apparences, et ont obtenu ensuite contre moy des lettres de relégation pour m'empescher d'estre ouy.....

Vol. verts C.

5.

COLBERT AU CHEVALIER DE TERLON.

Le 16 octobre 1662.

Le roy m'ayant fait l'honneur de me nommer commissaire pour traicter avec l'ambassadeur extraordinaire de Dannemark qui est à la cour, je m'adresse à vous qui avez des lumières particulières des intérestz de tous les princes et estatz libres du Nord, des liaisons qu'ils ont entre eux, des alliances qu'ils ont avec leurs voysins, et de ce qui peut les obliger d'entretenir amitié avec l'Empire et les couronnes de France et d'Espagne, pour vous prier de me faire un mémoire de l'estat présent du Dannemark, du gouvernement du royaume, de l'establissement de sa famille, de la disposition où est la noblesse par le changement qui y est arrivé, de l'inclination des peuples pour leur prince, des forces de terre et de mer, du revenu ordinaire et extraordinaire, et généralement de tout ce qui regarde le dedans dudit royaume. Pour ce qui est du dehors, je serois bien ayse d'estre informé si la paix qui a esté faite en dernier lieu entre la Suède et le Dannemark peut, suivant les aparences, subsister longtemps, les raisons et les motifs qui peuvent ayder à la maintenir ou contribuer à une rupture, de la correspondance et estroitte union de cette couronne-là avec les Estatz des Provinces-Unies, les intérestz que les uns et les autres ont de l'entretenir.

Je souhaitterois pareillement de sçavoir s'il y a quelque liaison secrette ou publique entre la cour de Vienne et le roy de Dannemark; en ce cas, ce qui peut les obliger à la conserver, et au contraire s'il n'y en a plus à présent, les raisons pour lesquelles elle ne subsiste plus, et particulièrement si c'est à cause de la paix qui est maintenant entre les deux couronnes du Nord, ou du peu d'assistance que le Dannemark a receu de la maison d'Autriche, lorsqu'en 1646, 1647, 1657 et 1659, il avoit les Suédois dans ses entrailles, pendant que les Austrichiens se contentoient de faire de foibles diversions, au lieu d'employer leur puissance, qui estoit considérable dans ces temps-là, pour le redressement des affaires du Dannemark.

Enfin, après avoir mis dans vostre mémoire quelque considération touchant l'Angleterre, et l'Espagne, qui est la puissance la plus esloignée du Dannemark, il faut venir au point essentiel de la chose, qui est de pénétrer les motifs de cette ambassade, le fruit que le roy de Dannemark en espère recueillir, ce qui peut l'engager à rechercher l'amitié du roy, l'utilité qui en peut rejaillir sur sa personne, sur sa famille et sur ses sujets, celle que S. M. en peut retirer, tant pour le commerce, que pour s'accréditer tousjours davantage dans le Nord; et tout ce que la notion que vous avez dans ces sortes d'affaires et d'intérests vous pourra suggérer. Mais, comme je vous demande cet esclaircissement en confidence et de vous à moy seulement, quoyque je puisse, comme je n'en doutte pas, vous déposer un secret de plus grande importance, je ne me sçaurois empescher de vous conjurer de le garder exactement en cette rencontre.

Reg. dépêch. mar.

6.

COLBERT A LA CONNÉTABLE COLONNE.

Le 15 juin 1663.

..... J'ay bien de la douleur de l'indisposition de M. le duc de Nevers, et qu'il n'ayt pas auprès de soy une personne d'honneur et de confiance sur qui l'on puisse reposer pour le faire solliciter et prendre soin de luy dans le cours de sa maladie; mais j'en ay une bien plus grande d'estre obligé de dire à V. Exc. qu'il n'en a jamais pû souffrir de cette qualité qui l'approchast, et de luy avouer avec une mortiffication qui m'est plus sensible que je ne sçaurois exprimer, qu'il semble qu'il s'estudie à ne retenir auprès de luy que des gens de rien qui n'ont méritte ny vertu.

..... Il n'y a point de jour que je ne déplore le malheur d'un gentilhomme qui a tant d'esprit, et qu'insensiblement il se soit formé une adversion si extraordinaire pour la plus belle charge du royaume, et dont les fonctions ne consistent presque que dans un divertissement continuel, et d'autant plus que son establissement et sa ruine dépendent esgalement ou de la bien faire, ou de ne la faire qu'avec cette mollesse qui lui est ordinaire. Ce dégoust m'avoit fait naistre la pensée de voir si l'on ne pourroit pas eschanger cette charge contre une autre à peu près de mesme considération à la cour, et j'ay trouvé qu'il n'y avoit que celles de premier gentilhomme de la chambre qui pussent entrer en parallèle avec celle-cy; mais, en mesme temps, il s'y est rencontré tant d'obstacles, qu'il est absolument impossible de les surmonter, parce que non-seulement ceux qui en sont pourveus ont la survivance pour leurs enfans, ou sont dans des interestz qui ne leur permettent pas de songer à cet eschange, mais parce que M. d'Artaignan, souz-lieutenant de la compagnie, qui est un gentilhomme que le roy honore de son estime, et lequel est une des créatures de feu Son Ém., ne pourroit pas souffrir qu'un autre que M. le duc de Nevers luy commandast, ce qui seroit une difficulté invincible.

J'adjousteray encore, avec la permission de V. Exc., que M. l'évesque de Béziers, m'ayant donné advis du retour de mondit sieur de Nevers à Venise, me mande en mesme temps qu'il s'abandonne à des curiositez qui le perdront infailliblement, s'il ne change de sentimens et de conduite, ce que j'escris à V. Exc. sous le voile du secret, en l'asseurant que ledit sieur évesque, qui est une personne judicieuse et qui professe beaucoup de gratitude pour la mémoire de feu Son Ém., ne s'expliquant que par un mouvement désintéressé, et qui ne peut estre suspect d'autre partialité que du zèle qu'il a pour le service et pour la gloire de la famille de Son Ém.; et, en mon particulier, je supplie très-humblement V. Exc., Madame, de croire que j'ay les mesmes motifs, et que si elle travaille de son costé pour mettre M. son frère dans un bon chemin, je n'oublieray rien de ce qui sera de mon devoir pour le servir icy.

Le 27 juin.

..... Je prends la liberté de vous dire encore que, ne voyant aucun jour à pouvoir eschanger la charge du capitaine-lieutenant des mousquetaires du roy avec une autre de pareille considération, par les raisons que j'ay eu l'honneur de vous expliquer, ny de la vendre, puisqu'il[1] a tant de peine à surmonter l'aversion qu'il s'est formée contre cette charge, je pense incessamment aux moyens praticables pour le tirer de ce mauvais pas et empescher sa ruine. Et il m'en est tombé un dans l'esprit qui, quoyque moins honorable, en seroit peut-estre capable. C'est que mondit seigneur se résolve de s'en revenir icy, sans faire aucune déclaration de sa pensée, de vivre comme il a fait les quatre et cinq derniers mois qu'il y est demeuré en négligeant la fonction de sa charge. Nous tascherions pendant cet intervalle de temps à le marier, et, par ce moyen, d'obtenir de la

---

[1] Le duc de Nevers, frère de la connétable.

bonté du roy de luy donner les gouvernemens de la Rochelle et de Brouage, et de cette manière sa fortune estant une fois establie, si l'on ne trouvoit ni à eschanger sadite charge ny à la vendre, il pourroit la remettre entre les mains de Sad. Majesté quelque temps après son mariage.

J'ose dire à V. Exc. que je croy avoir fait depuis peu de jours une affaire fort considérable pour luy, en faisant faire à Mgr le duc Mazarinj l'acquisition du duché de Rethelois, au moyen de laquelle je croy avoir rendu celle de Nivernois asseurée qui estoit auparavant fort douteuse, et exposée à l'événement incertain d'un grand procès.

J'adjouste ce mot en secret à V. Exc., que le meilleur office qu'elle puisse lui rendre seroit de le porter à oster de sa maison tout ce qu'il y a de canailles qui ne méritent pas de le servir, et qui peuvent mesme contribuer à luy donner de mauvais conseils, en choisissant pour l'accompagner des gens de vertu et d'honneur, ne doutant point, Madame, que quand je vous escris en ces termes, il ne vous plaise de me rendre la justice de croire que ce n'est pas pour maintenir auprès de luy les personnes que je luy avois proposées, ny pour en establir d'autres, n'ayant autre but dans l'esprit que ce qui peut regarder son avantage, et estant, Dieu mercy, fort dépouillé de tous autres motifs d'intérest et d'affection pour qui que ce soit qui le puisse approcher.

Reg. dépéch. mar.

7.

PONCET A COLBERT.

(Novembre 1663.)

Je crois, M^r, estre obligé de vous advertir que les deux députez principaux du Comtat qui sont icy, ont mandé au pays qu'il y avoit résolution prise de rendre à S. S. Avignon et le Venaissin; et sur ce fondement tout est fermé au pays contre la recherche des droictz du roy. C'est l'advis que je viens de recevoir du pays présentement, où j'avois escript pour veoir s'il ne m'échappoit rien des droictz de S. M. Ce n'est pas que je ne sois très-fort persuadé que nous en sçavons plus que ces provinciaux, qui ne songent qu'à leurs petits intérestz; mais par exubérance je voullois veoir s'ils nous pourroient apprendre quelque chose.

Je ne crois pas, après vous avoir ouy sur cette matière, que cela soit ainsy qu'on le mande : c'est une affaire très-importante pour le roy, particulièrement en ce qui concerne la souveraineté, qui ne peut estre contestée ni prétendue vallablement par S. S., quand mesme l'arrest du parlement d'Aix seroit cassé : nous avons des tiltres parlans sur ce subject.

Vous devez, s'il vous plaist, M^r, vous donner la garde des députez qui sont icy; l'un est le sieur de Fortia de Pile, gentilhomme demeurant à Avignon, et qui a beaucoup de biens dans le Venaissin. Il ne sera pas fasché que dans l'establissement de la justice on assujectisse le Venaissin à Avignon, pour ne faire à la fin qu'un corps de seigneurie, dont il se fault bien donner de garde; car S. S. n'a aucun tiltre pour le Venaissin; elle ne l'a qu'en dépost, le fonds est à la couronne. Avignon est d'une aultre qualité : il y a tiltre, mais nul et invalide ; il a donc plus d'apparence que l'autre, quoyqu'au fonds il ne vaille guères mieux, et il est nécessaire, pour éviter confusion, que les justices soient séparées, nonobstant que les papes aient pris grand soing de les joindre pour leurs propres intérestz, et pour se cacher à la France ; il y a plusieurs bulles pour cet effect.

L'autre député est un originaire de la Catalongne, fort opposé aux droictz du roy, grandement et fortement attaché aux intérestz du pape. M. d'Oppède l'a commis à la charge de lieutenant de la rectorie du Venaissin, à la recommandation d'un gentilhomme du Venaissin qui est beaucoup enclin à la couronne, mais qui a plus considéré son amy particulier que le droict public. Ce lieutenant est icy aussy bien que ledit sieur de Pile, pour séparer la justice de Venaissin de celle d'Avignon; mais on croit que toutz deux ont affecté la députation pour se deffendre foiblement et se laisser vaincre.....

Vol. verts C.

8.

BERNARD, DUC DE SAXE-WEIMAR, A COLBERT.

A Weymar, ce 1ᵉʳ aoust 1664.

J'ay pris la liberté d'escrire encore au roy T. C. sur le sujet du payement de la pension qu'il a pleu à S. M. de m'accorder, en attendant que je puisse estre satisfait de mes justes prétensions, non seulement pour les services que mes ayeuls ont rendus à l'estat de France en tant d'occasions, surtout deffunt mon oncle, de très-glorieuse mémoire, mais encore pour tout l'argent qu'on emprunta après sa mort de ceux qui tenoient ses finances, pour en payer l'armée qu'il avoit commandée avec tant de succès. Je sçay, M^r, que vous pouvés beaucoup par vos sages conseils sur l'esprit de ce grand monarque, et vous m'obligerés infiniment s'il vous plaisoit de le porter à me rendre justice, comme je le seray à le servir très-humblement tant que j'auray de vie. J'attens cela de l'amitié que vous m'avés promise, et vous connoistrés de la mienne en toutes occurrences que je suis véritablement vostre, etc.

Vol. verts C.

9.

DE FORTIA, INTENDANT EN AUVERGNE, A COLBERT.

A Riom, ce 3 décembre 1664.

Je puis satisfaire mieux que personne à ce que vous désirés sçavoir de la famille de M. le marquis d'Alègre, parce qu'il estoit fort de mes amis, et qu'il m'a bien souvent dit l'estat de ses affaires. C'estoit un fort honneste homme, capable autant qu'un gentilhomme peut estre, mais si timide et si peu porté à la dépense, que la seule envie d'avoir du bien faisoit son unique ambition. Il vivoit dans un mesnage deshonneste à une personne de sa qualité, porté à cela par l'exemple de madame sa mère, qui est encore vivante et qui possède de grans biens, et a de l'argent comptant beaucoup.

Il avoit espouzé une femme de la maison de Rochefeuille, avec laquelle il n'estoit point, n'osant pas s'accommoder à sa manière de vivre. Ainsy elle demeuroit à Paris et luy dans ceste province. Il a laissé une fille unique, aagée de six ans et demy, qui est entre les mains de sa grand'mère, qui voudroit fort la marier à un autre petit-fils qu'elle a du vicomte d'Alègre, frère du marquis, et qui s'estoit flatté d'en faire le mariage. Mais dans la vérité il avoit donné parrolle à M. le vicomte de Polignac, ainsy qu'il avoit annoncé.

Il a laissé plus de 60,000 ₶ de rente en fonds de terre dans ceste province, en Normandie et en Champagne. Il m'a dit souvent qu'il avoit beaucoup d'argent comptant, et beaucoup dans la banque de Lyon.

Le vicomte d'Alègre, son frère, se flatte qu'il a faict un testament par lequel il luy substitue et à son fils ses principales terres, et mesme dispoze de sa fille en faveur du fils du vicomte. On ne peut sçavoir la vérité de tout cela que par la levée du scellé et après l'inventaire qu'on commencera aussitost que la veufve, qui estoit à Paris, sera arrivée. J'en sçauray tout le détail, dont je me donneray l'honneur de vous rendre compte.

La grande mère est de la maison de Flajak, ancienne dans la province, et jouit encore de belles terres.

La femme du marquis avoit espouzé en première nopce le frère de M. de Coligny, dont elle a eu un fils et une fille, pour lesquelz elle a beaucoup d'amitié.

Elle a plus de 20,000 ₶ de rente, dont on croit qu'elle disposera en faveur des enfans du premier lict, voyant la fille qu'elle a du second assez riche; et assurément c'est le meilleur party du royaume pour une damoizelle de qualité. C'est ce que je peus vous mander, Mr, attendant que l'inventaire m'en aprenne davantage.

Le 10 décembre.

Après ce que vous m'avés fait l'honneur de me mander, de prendre garde à ce qui se passera dans la famille de M. le marquis d'Alègre, je crois estre obligé de vous dire que je crois la famille divizée sur l'élection d'un tuteur. La mère, qui n'a peu venir icy par son incommodité, prétend qu'elle est tutrice naturelle, d'autant plus qu'elle est mariée à la coustume de Paris, qui luy donne la communauté. Elle a les procurations de tous les parens maternels; mais de l'autre costé la fille se trouve entre les mains de son ayeulle, qui pour en disposer prétend que son fils a fait un testament, qu'il institue sa fille héritière universelle, et nomme pour tuteur le comte d'Alègre, qui est un dévot missionnaire. Ce testament n'est point signé du défunt, mais seulement d'un notaire de village, et fort soubçonné d'estre faux. Cependant, jusques à temps qu'il ayt esté déclaré tel, on ne pourra pas s'empescher de l'exécuter, la coustume d'Auvergne admettant telles dispositions.

Ce que je trouve de plus nécessaire quant à présent à vous faire sçavoir, c'est le soing que M. du Plessis-Guénégaud prend des intérêts de la mère, qu'il considère fort. On m'a dit qu'il avoit eu du roy la garde-noble du bien de Normandie. Comme il a M. son fils, il pourroit avoir cette visée, et c'est de quoy j'ay creu vous devoir avertir, attendant que l'inventaire qu'on doit commencer dans peu de jours me donne plus de lumière du bien.

Du 13 janvier 1665.

..... En conséquence du testament, qu'on soupçonne de faux, M. le comte d'Alègre a esté éleu tuteur, quoyque Mme la marquise d'Alègre mère s'y soit oppozée; sur quoy on a renvoyé les parties se pourvoir, et on a travaillé à connoistre les effets de la succession, laquelle ne s'est pas trouvée de la nature qu'on pensoit, soit que par politique on n'ait pas voulu la faire parestre si grande, ou bien que la mésintelligence qui estoit entre le mari et la femme l'ait engagé de prendre une entière confiance en la bonne femme qui est encore vivante, et luy laisser les effets qui se peuvent cacher, et par là priver la veufve de la part qu'elle y doit avoir par la communauté, estant mariée à la coustume de Paris; mais enfin, au lieu de tant d'argent comptant qu'on espéroit trouver, on a veu seulement 1,200 escus, point de promesses de particuliers, ni d'obligation, ni nulle preuve des sommes immenses qu'on disoit qu'il avoit mis à la banque de Lyon, quoyque l'on ait reconnu des papiers qui faisoient voir qu'il y en avoit eu autrefois. Touts les meubles de trois maisons ne vallent pas, y compris la vaisselle d'argent, 25,000 ♯; ainsy tout ce grand bien se réduit à 30,000 ♯ de rente, que la fille a présentement de son père, à la terre d'Alègre, dont la grand'mère jouit, et de laquelle elle a fait déclaration en faveur du défunt, qui peut valoir 10,000 ♯ de revenu. Mais l'espérance de la succession de l'ayeulle, qui jouit de 25,000 ♯ de rente, est considérable, et quand elle changeroit d'amitié pour sa petite-fille qu'elle tesmoigne uniquement, ce ne luy peut oster 12,000 ♯ de rente en terre. Elle aura encore part dans les biens de madame sa mère, qui jouit de 25,000 ♯, dont elle peut attendre le cinquième. Ainsy cette héritière peut avoir du moins 50,000 ♯ de rente après la mort de sa grand'mère et de sa mère.

J'ay fort entretenu M. le lieutenant général de Riom, qui a esté sur les lieux faire l'inventaire. Il m'a dit que le dessein de la famille estoit de faire espouser cette fille au fils du vicomte d'Alègre, que tout ce qu'on pourroit faire au monde pour cela, ces gens-là le feroient, qu'ils décrioient le bien à dessein d'en oster l'envie à de grands seigneurs, et d'en estre les maistres. Les dettes du marquis sont de 50,000 escus, qu'il doit à ses frères pour retour de partage, dont il payoit les intérests. Il faudra encore reprendre 90,000 ♯ d'argent ou meubles qu'il a reconnu avoir receu de sa femme..... A l'esgard de la personne, elle est aagée de sept ans, bien faitte et robuste, et tesmoignant avoir de l'esprit et de la vivacité.....

Le 1ᵉʳ aoust.

La petite mademoiselle d'Alègre est arrivée hyer icy : elle est bien faitte et a de l'esprit autant qu'une fille de sept ans en peut avoir. La grande mère m'a faict dire que si le roy a pensée pour la marier, qu'elle y donnera tout le consentement nécessaire, pourveu que Mᵐᵉ la marquise d'Alègre, sa belle-fille, n'y ait point de part; c'est une femme à mesnager, qui peut rendre sa petite-fille un parti fort considérable, et luy oster 500,000 escus. Elle ne manque pas d'estre fort sollicitée par ses autres enfans; mais elle aime extrêmement sa petite-fille. Ainsi, Mʳ, si on veut s'entretenir avec elle, elle peut rendre l'affaire très-bonne. Ceste femme a plus de quatre-vingts ans, elle peut disposer de tout son bien, qui est en pays de droit escrit : je vous en ay autrefois envoyé le détail.[1]

Vol. verts C.

[1] A la fin du même mois, Colbert reçut la lettre suivante, de la sœur Marie-Thérèse Amelot, de la Visitation Sainte-Marie : « Vive Jésus! De nostre maison du faubourg Saint-Jacques, ce 30ᵉ aoust 1665. Comme nous vous regardons pour nostre protecteur, et qu'il y a si longtemps que vous nous en donnés des marques très-évidentes, nous espérons que vous aurés encore assez de bonté pour nous assister de vostre secours en l'occasion qui se présente. Vous aurez, je croy, entendu parler de la petite mademoiselle d'Alègre, qui est un enfant de sept ans, que nous avons receue depuis peu par l'ordre du roy, dont je vous envoye la lettre de cachet. Depuis que nous l'avons céans, nous nous trouvons fort embarrassées de quelle manière nous la devons traitter. Madame sa mère désire qu'elle ait sa chambre à part, et soit séparée de nos autres pensionnaires. M. son oncle, qui est son tuteur, est d'un autre sentiment, et souhaitte qu'elle soit comme les autres, ce qui seroit asseurément tout le mieux pour l'enfant; mais nous ne voyons aucune aparence de les pouvoir accorder, ni de reigler chose du monde pour sa pension ni pour son entretien. Cependant nous ne sommes pas assez opulentes pour recevoir une héritière de cette importance simplement avec ses droits, et nos finances ne nous le permettent pas. Nous avons donc jugé que nous ne pouvions mieux faire que de nous adresser au roy, puisque c'est S. M. qui nous l'a donnée; et pour cela nous implorons vostre assistance, Mʳ, vous supliant très-humblement de tascher d'obtenir de S. M. une

10.

DE BONSY, ÉVÊQUE DE BÉZIERS, A COLBERT.

A Venise, le 20 décembre 1664.

..... J'ay appris aujourd'huy par la dépesche du roy les intentions de S. M. touchant mon voyage de Pologne, où je m'estimeroy très-heureux de pouvoir correspondre à la bonne opinion qu'elle a eu de ma personne pour remplir ce poste, avec toute la fidélité et tout le zèle que je dois avoir pour le service et pour la gloire de S. M. Vos bons offices ayant contribué à ce choix, je vous supplie d'agréer que je vous asseure que je tascheray de plus en plus de me rendre digne de la continuation de vostre protection, de laquelle je reçois de si solides effets en tous rencontres. M. de Lionne me fait sçavoir ce que le roy a résolu pour mes apointemens, pour l'ameublement et pour le voyage, dont je me reconnois aussy très-particulièrement obligé à vostre bienveillance. Le sieur Bougette, advocat au conseil, est chargé de ma procuration pour recevoir à l'espargne tout ce que vous aurés

ordonnance par laquelle elle commande que la petite soit eslevée avec nos autres pensionnaires, et qu'elle ait la bonté de nous assigner une pension. Je vous diray en passant que comme cet enfant possède de si grands biens, il sera aisé au roy de la faire si forte qu'il luy plaira, et une somme pour son ameublement; car elle n'a pas mesme du linge pour changer, ni lit ni quoy que ce soit. Si vous voulez vous charger de plaider nostre cause, nous nous estimerons heureuses d'avoir un si puissant advocat, et croyons que vous ferez si bien asseurer nos deniers, que nous en serons payées d'une autre monnoye que nous ne l'avons esté de la pension de nos bonnes religieuses de Port-Royal. Je croy, M', que vous jugerez que nous ne faisons point de tort à mademoiselle d'Alègre, de luy vouloir faire le mesme traittement, et l'eslever comme nous avons fait Mesdemoiselles vos filles, et nous estimons qu'elle recevra beaucoup d'honneur d'estre avec elles. Elles sont toutes deux en très-bonne santé, grâces à Dieu, et désirent avec passion d'avoir l'honneur de vous voir. Pour moy, j'aurois une joye la plus grande du monde, si vos affaires vous pouvoient permettre de venir prendre une portion céans. » (*Vol. verts C.*)

agréable d'ordonner; si vous trouviés bon, M^r, en luy faisant compter les 8,000 escus, de luy faire payer aussy six mois de l'ambassade de Pologne, cela me seroit comode, pour les remises particulièrement, affin que je peusse emporter un fonds avec moy pour vivre avec l'esclat que requiert ce poste dans les conjonctures présentes. J'estime que vous aurés eu la bonté de faire expédier l'ordonnance des derniers six moys de l'année courante de l'ambassade de Venise, et qu'avec vostre générosité ordinaire vous traitterés une personne qui vous est entièrement dévouée. La confiance que j'ay en vostre bonté, me fait prendre la liberté de vous dire que comme je n'ay en veue que le service du roy, je souhaitte aussy d'adjouster aux apointemens que S. M. me donne, tout mon revenu, comme j'ay fait dans Venise. J'en ay pour tesmoin la moitié de la France qui a passé par icy en revenant des quartiers de Parme et de Modène, et de la guerre d'Hongrie, et tout Venise peut tesmoigner que depuis trente ans il n'y a eu d'ambassadeur du roy qui aye vescu avec plus d'esclat et de despense en touttes choses que moy, soit pour la table, les meubles, les livrées, les gondoles, et le nombre des domestiques, comme vous verrés par la liste cy-jointe. Je sçay que quelques misérables Italiens, qui ont tousjours eu de l'envie contre moy de ce que je sçavois me distinguer d'eux par mes actions du temps de feu Mgr le cardinal, comme je l'estois par ma naissance, ont débité que j'espargnois tout mon revenu. Je veux croire que leur malice n'aura pas fait effet sur vostre esprit, et que vous me ferez la grâce de vous informer de ceux qui ont passé icy, comme j'y vis. Je vous la demande instamment pour mon repos, et vous supplie très-humblement d'y joindre celle de sçavoir de M. Bais combien il a receu des fermiers de mon évesché depuis mon départ de Paris, et vous verrés clairement qu'estant évesque depuis cinq ans, ayant payé mes bulles 30,000 ₶, et ayant esté continuellement en voyage et en postes publics, j'ay eu plustost occasion de faire des debtes comme j'ay fait, que de pouvoir espargner mes rentes, qui ne sont pas telles que l'on croit, pour estre beaucoup chargées, et pour avoir diminué depuis mon départ de plus de 7,000 ₶

par an. Pardonnés, M^r, ce destail à une personne qui est toute zélée pour le service du roy, et qui emploiera tousjours agréablement tout ce qu'il tient de sa libéralité, et qui fairoit la mesme chose de tout le reste si la conduite de ses proches luy en eust laissé les moyens. Je vous conjure d'en estre persuadé et de me croire.

Si vous croiés que je doive augmenter mon train, je vous suplie de me le mander, et je le fairay avec joye, tandis que j'en auray le moyen. Vous ne serés jamais importuné par des cahiers de frais extraordinaires de ma part, et asseurément je n'espargneray pas mon revenu tandis que je serviray le roy.

LISTE DES DOMESTIQUES DE Mgr L'ÉVESQUE DE BÉZIERS, AMBASSADEUR DE S. M. A VENISE.

1 maistre de chambre, 2 secretaires, 1 soubs-secretaire, 2 ecclésiastiques, 1 escuyer, 1 maistre d'hostel, 2 valets de chambre, 1 tapissier, 1 chirurgien, 4 pages, 2 petits Turcs, 8 valets de pied, 2 suisses, 2 cuisiniers, 1 ayde de cuisine, 2 someliers, 8 gondoliers. Total 41.

Vol. verts C.

11.

DE RUVIGNY A COLBERT.

A Londres, le 22 décembre 1664.

M. le marquis de Sande supplie très-humblement le roy de commander que l'on envoie promptement au Hâvre de Grâce les cent mille écus que S. M. a eu la bonté d'accorder à sa prière. Il espère que ce sera de l'argent comptant, et je dois vous dire que ce présent a fait un grand effet en ce païs icy; la frégatte qui doit porter cet ambassadeur en Portugal, partira au premier jour pour charger cet argent, et reviendra ensuite prendre M. le marquis de Sande, qui est fort pressé de partir, par les raisons qui vous sont cognues, et par le roy d'Angleterre, qui veut sçavoir quelles assistances il peut recevoir de Portugal contre les Hollandois. M. le chancelier me dit hier que dans dix jours il auroit toutes ses dépêches, et qu'il s'embarqueroit aussitost que l'argent seroit dans le navire. Le marquis de Sande vous prie de voir s'il ne seroit pas à propos de faire passer un homme avec l'argent, qui eust ordre de suivre les avis de cet ambassadeur sur la conduite de cet argent. Sa pensée est de s'en servir pour surmonter les difficultés qui peuvent estre contre le mariage de Mlle d'Aumalle, faisant entendre que cet argent n'est que pour cette considération. Il désire que ce commis, en cas qu'on l'envoie, soit instruit de ne dire à personne, pas mesme à M. Gravier, qu'il a cet ordre, pour conserver ce secret qu'il estime important.

Cet ambassadeur vous prie aussi, M^r, de luy envoier un ordre qu'il puisse porter luy-mesme à M. Gravier, par lequel il lui soit ordonné de faire ce que M. le comte de Castelmeglior luy dira sur les restes des 200 mille écus annuels qui se trouveront entre ses mains, après le paiement des troupes. Il dit que M. le comte de Castelmeglior luy a fort recommandé de faire cette prière, que cela est nécessaire pour son crédit, et que c'est un moyen de l'attacher plus fortement aux intérests de la France. Il est icy en grande estime, et il y a parlé dignement du roy et de ses ministres : il vous escrit[1].

Le 25 décembre.

Je me sens très-honoré de la response que vous avés voulu faire à un petit billet que je vous ay envoié, seulement pour vous faire sçavoir que le gentilhomme que vous connoissés n'estoit pas encore arrivé. Vous aurés sceu par la lettre que j'escrivis le mesme jour à M. de Lionne, les sentimens du roy d'Angleterre sur les mariages, et sur des choses qui sont peut-estre de plus grande importance.

Ce gentilhomme a trouvé icy les choses dans l'estat qu'il pouvoit

---

[1] Colbert a écrit au dos de la lettre : *Cavalerizzo d'Esp^e, une chaisne d'or à médaille 1,500^{lt}, aux palefreniers de l'argent.*

désirer. Vous verrés par la lettre que j'ay eu l'honneur de vous escrire du 22; que cest homme est pressé de partir par plusieurs raisons, et qu'il n'y a que ce que vous envoierés au Havre qui puisse le retarder. S'il y a du temps perdu, il sçait bien que c'est sa faute, ou plustost celle des vents, qui l'ont arresté dix jours plus qu'il ne pensoit. Il prendra le présent qu'il n'a pas voulu accepter sans le faire sçavoir au roy et à la reine d'Angleterre : il en a tout le ressentiment qu'on peut désirer. Je le donnerai à M. de Cominge, qui luy présentera ; la responce à la lettre que j'ay eu l'honneur de vous escrire du 22 de ce mois le fera partir, et moy aussi, si je n'ay un ordre contraire.....

Vol. verts C.

12.

LE MARQUIS DE CASTRIES A COLBERT.

A Bésiers, ce 29 décembre 1664.

Vous allés estre bien surpris quand vous trouverés cette lettre toute pleine de prédictions et de prophéties, parlant des astres et de la conjonction des planettes. Je ne doute pas que d'abord vous ne croyés que je suis devenu fou; mais quand vous aurés attentivement considéré l'imprimé cy-joinct, je m'asseure que vous perdrés la mauvaisse impression que le commencement de ma lettre vous avoit donnée, et que vous le jugerés digne de vostre curiosité; pour l'intelligence duquel je vous diray qu'étant allé ces festes de Noël à Montpellier, j'ouïs parler de la prédiction contenue audit imprimé qui étoit entre les mains d'un vieux astrologue, nommé Bonnet, lequel ayant envoyé chercher, et m'ayant fait voir le papier que je vous envoye, je luy demandé où il l'avoit pris, et ce que cela signifioit. Il me respondit qu'étant à Paris en l'an 1660, il l'avoit achepté sur le Pont-Neuf des pèlerins allemans, et que depuis que le comète paroissoit, il avoit examiné ledit papier, et jugé que le temps étoit venu de ceste prédiction, qui vouloit dire que l'Empire changeroit de maison, et que nostre maistre seroit empereur, parce, dit-il, que Saturne se trouve dans la maison du Sagittaire, que les astrologues nomment des informittés, ce qui arrive, dit-il, de 30 en 30 ans; mais que la conjonction qu'il y a eu de Jupitter avec Saturne, qui n'arrive que 800 ans en 800 ans, le confirmoit dans ceste créance, ce qui arriva, dit-il, lorsque Charlemagne fut fait empereur, auquel temps parut un pareil comete. N'entendant point ces matières, et entendant parler du roy en ces termes, voyant ce vieux imprimé qui ne peut estre soubçonné d'aucune supposition ni friponnerie, j'ay creu, M^r, que je vous le devois envoyer, pour en faire ce que vous jugerés à propos. Le comette qui paroît en ce païs depuis 3 sepmaines est semblable à celuy qui est dépeint dans cest imprimé. Me voilà, M^r, à bout de mon astrologie[1]!.....

Vol. verts C.

13.

JANOT, AGENT DE FRANCE EN HOLLANDE, A COLBERT.

A Middelbourg, le 17 avril 1665.

Je vous envoie une lettre qu'un ancien eschevin d'Amsterdam, directeur de la compagnie des Indes orientales, et députté en l'assemblée extraordinaire des chambres des Indes qui se tient présen-

---

[1] Cette comète fit une sensation extraordinaire. Un agent commercial de la France en Hollande, la Garde-Belin, manda de Middelbourg, 25 décembre : «Vous verrez, Mgr, dans la gazette icy jointe que nous voyons une comète bien plus grande que ne le marque le gazettier, la queue tournée en haut du costé de l'ouest et fort allumée.» L'intendant du Languedoc écrivit le 26 de Béziers à Colbert : «Il paroît icy une comète depuis le 7 octobre, que les astrologues du pays disent estre régie par la planète Vénus. Ils ne manquent pas de faire plusieurs jugemens sur cela incertains, comme c'est l'ordinaire; mais enfin ils disent que son effect regarde particulièrement l'Italie.» (*Vol. verts C.*)

tement en cette ville, m'escrivit hier au soir au sujet de deux oyseaux qui sont à luy, et qu'il croit assez rares[1]. Comme c'est un homme riche, il ne les voudroit pas vendre; et si vous pensiez que S. M. eût agréable de ces sortes de curiositez, je pense qu'il seroit facile de les avoir; et cet homme-là m'a tesmoigné qu'il seroit infiniment redevable à S. M., s'il plaisoit au roy luy accorder la grâce de porter une fleur de lys dans ses armes, comme on en a accordé à plusieurs personnes en ces provinces. C'est un honneste homme, cousin germain de M. de Beuningen, et dont le père, ancien bourguemaistre d'Amsterdam, est député ordinaire aux États de Hollande. C'est un bon patriote qui m'a tousjours paru, depuis 16 ans que je le connois, très-bien intentionné pour la France. Vous m'ordonnerez si je luy doibs faire espérer qu'il puisse obtenir la grâce qu'il demande, et si j'accepterai ces animaux pour vous les envoier.

Vol. verts C.

14.

JEAN-PHILIPPE, ÉLECTEUR, ARCHEVÊQUE DE MAYENCE,
A COLBERT.

Maience, le 24 d'aoust 1665.

M^r, les embarras dans lesquels je me trouve avec des frais inévitables, tant pour le fort d'Erfort que pour le différend avec mon coélecteur, le palatin, à quoy il me traîne et les autres Estats aggravez, par toutte sorte de violence qu'il exerce dans nos terres et sou-

---

[1] Voici cette lettre de Dirck Sulp à Janot : « *Le 16 avril (1665)*. J'ay entrepris de vous faire sçavoir les qualitez de mes oyseaux; et pour cela, je vous diray que le premier est une grue blanche comme neige avec des ailes noires, venue de Mosco (*Moscou*) à Archangel, et de là en ces provinces. Ladite grue est haute d'environ quatre pieds, qui advertit lorsqu'il arrive quelqu'un qu'elle ne connoît pas, dans le lieu où on la tient, et crie *volck, volck, volck!* c'est-à-dire qu'il y a quelqu'un, et

verainetés, comme vous vérés par le manifeste joinct, me pressent d'envoier le porteur de la présente, le sieur Kopfgen, mon conseiller, pour soliciter au moins les gratifications du roy échues à la foire passée, et celles-cy au moys de septembre. Je vous ay donc voulu prier instamment de me faire la faveur d'en faire souvenir S. M., et expédier les remises, et de les donner au porteur de la présente le plus tost qu'il se pourra, affin que je m'en puisse encore servir à la foire prochaine. Je vous asseure que si je ne me trouvois pas ainsi accablé, je ne me rendrois pas si importun au roy, ni aussi à vous, M^r. Et si ce pouvoit estre avec quelque avance d'une ou au moins d'une demie année d'avantage, le roy m'obligeroit dans la conjoncture infiniment; de quoy je tâcheré de m'acquitter dans touttes les occasions qui se pourroient présenter, avec le plus grand zèle qu'il me sera possible, et n'en oublieré jamais la souvenence comme aussi vers vous [1].

Vol. verts C.

15.

LETTRE ANONYME A COLBERT.

De Saint-Lô, le 26 aoust 1665.

C'est pour vous donner avis que l'abbaye de Saint-Lo est vacante par le décez de M. l'abbé Merlet, et pour vous faire une très-humble prière en faveur des habitans, que S. M. ne soit pas surprise lorsqu'elle en disposera, estant alarmés dans la crainte qu'elle ne tombe

cela comme feroit un chien qui abboye. Elle fait des grimaces, des postures et des sauts assez extraordinaires pendant tout le jour, et mange toutes sortes de viande. Valent ordinairement en Moscovie 800 francs la paire.

« L'autre est un casuaris venu des Grandes-Indes, de cinq pieds de haut, de plumes extraordinaires, la teste de diverses couleurs, assez pesant, mais fort domestique, et d'une posture divertissante. (*Vol. verts C.*)

[1] L'abbé Gravel, envoyé de France en Allemagne, écrivit de Mayence à Colbert

dans la maison de M. de Matignon, Madame estant partie de Torigny ce matin une heure après minuit pour l'obtenir du roy par l'intrigue de ses amis. Il ne leur manque que cette pièce pour se rendre entièrement absolus, leur autorité desjà trop grande pour l'oppression que l'on en souffre depuis plus de 30 ans, qu'ils ont innové plusieurs droits de coutumes, soubz prétexte de ce qui est deu à cause de la baronnie de Saint-Lo qui leur appartient. Il est important à S. M. et pour le bien public qu'une personne d'autorité la possède pour résister à cette puissance illégitime; et comme je suis fortement persuadé, Mgr, que vous en informerez incessamment S. M., je prendré la liberté de vous assurer de la part des habitans qu'ils continueront avec ardeur leurs vœux et prières pour vostre prospérité et santé, plus particulièrement de celuy qui n'ose se nommer, qui vous est avec tout le respect imaginable.....

Vol. verts C.

16.

LE COMTE DE PAGANO, PRISONNIER A LA BASTILLE, A COLBERT.

La Bastiglia, li 31 agosto 1665.

..... Priego V. Ecc. escusarmi si gli racordo che 13 mesi sono mi fè V. Ecc. gracia farmi donare 400 ₶ dal sign. de Basimos per remediare alle mie miserie, et per che adesso sono ridotto nel' istesso e più miserabile stato, come V. Ecc. potrà sapere da chi mi vede. La supplico dunque, Eccellentissimo sign. mio, conpatire e pagare

en septembre 1667. « L'évesque de Spire m'a fait advertir souvent et par lettres et par son chancelier, que le terme du payement des 4,000 escus que le roy luy fait fournir par an, est eschu. Il supplie S. M. de s'en souvenir. La gratiffication de 1,000 escus que S. M. donne à MM. les barons de Furstenberg et de Bassenheim, chanoines de Mayence, a tousjours esté payée en mesme temps que celle dudit évesque. » (*Vol. verts C.*)

il tapesiero che mi vuole levare gli mobili, à causa che non gli ho dato cosa nesciuna più d'un anno fa. Rimetto il tutto à V. Ecc. come à mio signore et padrone, protettore et benefattore, et la supplico ancora che si sovenga che io sono in questo sepolchro de vivi dodici anni et 10 mesi, et che sono già vecchio di 78 anni, che con l'occasione V. Ecc. se ne ricorda di farmi donare la mia povera libertà, quale consacrerò tutte le volte che V. Ecc. si conpicerà servirsene, et fra tanto resterò pregano sua divina majestà che gli concede ogni càlmo de felicito, conforme V. Ecc. merita, et che io suo maggiore servitore gli bramo, et con ogni reverente affetto à V. Ecc. humillissimamente bacio le mano[1].

La Bastiglia, li 15 aprile 1666.

Illustr. et eccell.*issimo* sign. et protettore mio semper collendissimo, dubito d'una parte non essere troppo importuno appresso di V. Ecc. con tante mie lettere; ma dal altra parte mi assicuro che V. Ecc. il mio deplorabile stato, m'escuserà et compatirà, già che sono ridotto in termine tale che non oso uscire dalla mia stanza per andare a intendere la santa messa, poi che sono senz habito, et per ho ricorro da V. Ecc. come unico sign. mio, a supplicarla che mi facci gratia inviarmi qualche soccorso quanto mi possa porre in stato da possere adenpire il precetto della santa resurectione del Sign. nostro Giesù Christo, che non mancherò di pregare sua divina maiestà per la salute et grandezza di V. Ecc. à chi con ogni devota riverenza humellissemente bacio le mano.

Vol. verts C.

---

[1] Déjà en septembre de l'année précédente ce prisonnier avait écrit à Colbert: « Le mie miserie sono tali che mi fanno importuno. » Il demandait « qualche aggiuto da posser me vestire e haver qualche biancherie da possere uscire della camera per andare alla santa messa. » Colbert a écrit sur ce placet : « A M. Boscavin, et luy faire faire des habits. » Je n'ai pas trouvé les motifs de la captivité de cet Italien.

17.

DE LA GALISSONIÈRE A COLBERT.

A Orléans, ce xie septembre 1665.

..... J'avois donné advis à M. le marq. de Louvoy, au sujet de la compagnie qui est icy, que je faisois marcher vers une paroisse de Romorantin, que l'on m'avoit assuré qu'il se devoit faire mercredy dernier une assemblée de plus de quarante gentilshommes, sous prétexte de se régaler. Le nombre et la manière dont cette assemblée se faisoit, et de gens fort escartez, me la rendit un peu suspecte ; et quand ils n'auroient d'autre mal que de gaster les bleds noirs qui est toute l'espérance de la parroisse de Pierrefite, dans laquelle les autres bleds ont esté greslez, où ils se devoient rencontrer, je croy qu'il n'y a pas eu de mal de la dissipper, et j'apprends que les habitans de cette parroisse devoient venir m'en rendre plainte, ainsy qu'il résulte des informations qui ont esté faictes, et que j'envoie à M. du Plessis. Cette compagnie avoit deux ou trois noms de *Chassennuy*, *Chassesoucy* et de *Rinssetout*, ce qui pouvoit estre innocent, mais ce qui pouvoit aussy dégénérer en quelque sottise ; outre que je ne comprends pas pourquoy ils ne faisoient pas ces assemblées chez eux, mais dans des granges de païsans. Enfin je ne crois pas qu'ils se rassemblent sitost, s'estant retirez fort brusquement. Ils n'estoient pas encore tout-à-fait assemblez, lorsque j'y ay envoié.

Vol. verts C.

18.

CHASSETIÈRE CANDÉ, COMMANDANT DU MONT-SAINT-MICHEL,
A COLBERT.

Au Mont-Saint-Michel, ce 12 septembre 1665.

Mgr, j'apprends que des gentilshommes prévenus de crimes, et pour cela réfugiez aux isles d'Angleterre, ont armé un petit bastiment avec lequel ils rôdent souvent autour de ces places du Mont-St-Michel et Tomblaine, dont j'ay la garde, font plusieurs allées et veneues sur la coste et dans le païs. Cela me donne occasion de vous supplier de me mander, si je puis les joindre ou doibs arrester, que je puisse en avoir un ordre.

L'estat pitoiable de ces deux pauvres places sans munitions, et dans une ruine espouvantable, avec des brèches de tous costez, me fait vous supplier, Mgr, de commander à telle personne qu'il vous plaira, qu'elles soient visitées et leur conséquence. Je suppliois S. M. d'avoir pitié de moy, de considérer qu'elles me tiennent lieu de récompense de dix-huit ans de services, de plusieurs blessures et de grandes sommes que j'ay advancé; et comme et que j'espérerois de sa justice et de sa miséricorde quelque dédommagement de tous les appointemens qui me sont deubs, je croirois que la démolition entière en seroit nécessaire plustost que de les laisser en ce misérable estat, à la mercy du premier venu. Si vous voulez bien envoier quelqu'un qui vous fasse le rapport des choses, vous cognoistrez avec combien de raison je vous en escris.

Vol verts C.

19.

LE MARQUIS DE GITRY A COLBERT.

De Constantinople, ce 27° décembre (1665).

Voici, Mgr, la segonde depuis huit jours! C'est affin que vous en puissiez recepvoir une. J'ay pris la liberté de vous mander mes sentimens sur ce qui se passe ici, je m'expliquerai quand j'aurai l'honneur de vous voir; mais comme ces lettres ici tombent en plusieurs mains, et sont très-souvent ouvertes, il est bon que ces curieus n'y trouvent que des vérités dont ils sont desjà convaincus, qui est que le roy sera le maistre de ces gens ici quand il voudra, et par conséquent qu'il leur fait grâce quand il leur envoie des embassadeurs pour renouveler l'ancienne amitié. Ils doibvent les recepvoir comme venant du plus grant empereur du monde, et les traitter mieus que tous les autres, principalement dans un temps où ils ont ressenti les effets de sa puissance, puisqu'eus-mesmes advouent que si nos 5,000 François avoient passé la rivière, eus seuls les ramenoient jusques à Constantinople. Le comte de Flandre n'en avoit pas davantage quand il s'en rendit le maistre. M. de la Haye a escrit et attent des ordres; je souhaitte qu'une des miennes arrive en mesme temps et que vous soiés persuadé come moy de la foiblesse de ces gens ici, et qu'il faut les tenir bas, et les faire craindre, ou souffrir toutes les avanies possibles; il n'y a point de millieu. L'on ne traitte point avec ces gens ici comme avec les autres nacions, les négociations sont inutiles, toutes parolles perdues. Si quelc'un vous dit le contraire, il vous ment. Je n'ai point voulu rompre la teste au roy de mes opinions, si vous les jugés bonnes. Pour l'affection, je vous le disputte et à tout le monde; mais sçachant que vous en avés après moy plus que personne, et pardessus cela beaucoup plus de lumière, je me submets à vostre jugement. Usés-en selon vostre prudence, et me croiés, s'il vous plaist, entièrement vostre serviteur.

Vol. verts C.

20.

LE DUC DE NAVAILLES A COLBERT.

A la Rochelle, ce 22ᵉ febvrier 1666.

Le gentilhomme que j'avois envoyé à la cour m'a rapporté que vous luy aviez fait l'honneur de luy donner audience, et luy aviez tesmoigné que mes soins ne vous estoient pas désagréables. Je vous asseure que vous me faites beaucoup de justice, de ne me pas desnier vostre protection, et j'espère que ma conduite vous fera cognoistre que je n'en suis pas tout à fait indigne. Je vous supplie très-humblement d'avoir la bonté de vous souvenir de moy touchant les appointemens que le roy a ordonné qui me fussent payez, comme aussy d'une pension de 4,500 ₶ que j'ay accoustumé de recevoir tous les ans, de laquelle je n'ay rien touché depuis que je suis sorty de la cour. J'adjousteray, Mʳ, que le chasteau de Niort est dans le plus mauvais estat où il puisse estre, et que c'est la seulle place que vous avez dans le Poictou qui puisse tenir la province dans l'obéissance du roy en cas qu'elle eust quelqu'autre pensée; que sa scituation est très advantageuse, estant sur la rivière de Sèvre qui va dans la mer; qu'il se débite toutes les années pour deux millions ou de sel ou de bled dans le port de laditte ville; qu'il y a beaucoup d'huguenots dans la province; que c'est un lieu fort peuplé, où il y a 7 ou 8,000 habitans; que les peuples en sont fort séditieux et arrogans; qu'ils ont assiégé deux fois mon beau-père dans le chasteau, parce qu'il avoit retiré les gens qui levoient les droits du roy, qu'ils avoient dessein de jetter dans la rivière. Tout cela s'est fait durant l'administration de M. le card. de Richelieu, longtemps aprez la prise de la Rochelle.

Vous ne doutez pas que l'authorité du roy ne fust bien establie en ce temps-là. Il n'y a ny portes, ny ponts-levis, ny couverture pour mettre les soldats à couvert, ny canons montez, ny pas une munition. J'ay creu estre obligé de vous rendre compte de ce destail, qui n'a autre fin et intérest que le service du roy. Quand vous m'en cognoistrez quelqu'autre, je me sousmets volontiers à estre desgradé comme un homme indigne de toute sorte d'employ. Je vous asseure, M^r, que je devrois estre fort bien avec vous, sçachant que vous faites grand cas des gens qui ont ces principes. Pour toutes les autres qualitez, je suis dans l'humilité que je dois, mes lumières estant fort bornées; mais mon intention sera toujours sincère et fort fidelle. Je vous fais cette petite digression une fois pour toutes, et vous supplieray en mesme temps de croire que vous n'avez personne en France qui désire avec plus de passion l'honneur de vos bonnes grâces, ny qui soit plus véritablement que moy vostre, etc.

Vol. verts C.

21.

DE LIONNE, SECRÉTAIRE D'ÉTAT, A COLBERT.

Le 2 avril 1666.

..... Le comte d'Ems, qui est sur les confins des Grisons, du costé de Bragance (Bregentz), voudroit bien se mettre en la protection du roy en cas qu'il arrivast quelque rupture avec l'empereur, dont il est vassal à cause d'une terre où il demeure, dans laquelle il y a un chasteau où il peut tenir près de 4,000 hommes, garny derrière 50 canons. Il ne voudroit pas souffrir publiquement qu'on mist garnison dans son chasteau; mais il seroit pour le laisser surprendre par des gens qu'on pourroit mettre aux environs, et voudroit, en attendant que la guerre donnast lieu d'exécuter cela, que le roy luy fist payer une bonne pension. J'estime que c'est ce qu'il cherche. Son chasteau et un autre qui en est proche et possédé par les enfans d'un frère qu'il a eu, dont il a la tutelle, seroient pour donner le moyen de traverser le passage de l'Allemagne en Italie par les Grisons.

Vol. verts C.

22.

COLONER, GRAND-MAITRE DE L'ORDRE DE MALTE, A COLBERT.

A Malte, ce 7ᵉ avril 1666.

M^r, la dernière lettre que le bailly de Souvré, nostre ambassadeur, m'a escritte, me donne lieu d'espérer que vous aurez eu la bonté de faire trouver bon à S. M. que nos galères et vaisseaux continuent à visiter ceux de ses vassaux, n'y aiant rien de plus certain que nous ne laissons jamais de visiter et prendre les Anglois et Hollandois, si ce n'est lorsque nous les trouvons les plus forts. Cette résolution, M^r, sera estimée non-seulement digne de la grandeur et de la piété de S. M., mais se trouvera d'autant plus nécessaire, que les Turcs, abusant de la protection qu'il a plu au roy de donner au capitaine Brunet, attendu qu'il alloit dans un des ports du grand duc de Toscane, sont arrivez à un tel degré de présomption, que de forcer les vaisseaux françois à porter leurs marchandises d'un de leurs ports en un autre, prétendant par ce moien d'asseurer leur commerce, et détruisant entièrement celuy desdits François, ainsy que vous serez plus particulièrement informé par nostre dit ambassadeur, qui vous fera sçavoir ce qui est nouvellement arrivé, et ce que je suis en volonté de faire touttes les fois qu'il s'agira de vous pouvoir tesmoigner que je suis véritablement, etc.[1]

Vol. verts C.

---

[1] Le président d'Oppède à Aix fut consulté par le gouvernement au sujet de la prétention de l'ordre de Malte; il répondit à Colbert, le 31 août : « S'il vous plaisoit nous communiquer les exemples que M. le bailly de Souvré donne de la possession

23.

LETELLIER, CHANCELIER DE FRANCE, A COLBERT.

A Saint-Germain-en-Laye, ce 2e novembre 1667.

Les derniers advis d'Alemagne que vous avez veus dans le cabinet du roy, vous ont fait connoistre que M. l'électeur de Saxe n'est pas en si mauvaise disposition pour les intérests de S. M. que les Espagnolz avoient publié; mais le roy en a receu des assurances positives depuis que vous estes party d'icy, ledit électeur ayant escrit une lettre au roy au desceu de ses ministres, par laquelle il luy promet de nouveau d'exécuter ce qui est contenu dans le traitté qu'il a signé, et marque à S. M. qu'il a révoqué l'ordre qu'il avoit donné à ses envoyez, par l'induction de M. de Brandebourg, de se joindre à ceux de cet électeur-cy, pour presser S. M. de donner les mains à une suspension d'armes, sur ce que le sieur de Chassan luy avoit fait connoistre que cette instance pourroit estre suspecte de partialité, et desplaire à S. M. Et ledit sieur de Chassan a escrit en mesme temps à M. de Lionne, que ledit sieur de Brandebourg ayant envoyé quelqu'un de sa part pour faire de nouvelles propositions audit électeur de Saxe, il l'avoit renvoyé, et fait sçavoir par son retour audit sieur de Brandebourg qu'il ne se voulloit point départir de l'alliance de S. M. Et comme elle a cru important de confirmer l'électeur de Saxe dans de si bons sentimens, elle m'a commandé de vous adresser le billet cy-joint, sur lequel je me sens obligé de vous faire observer que M. de Lionne estime que la lettre de change doibt estre des 53,000^{tt} entiers,

où il prétend que la relligion soit de visiter les vaisseaux de toutes les nations chrestiennes, et d'en confisquer les effects qui se sont trouvés appartenir aux infidelles, nous pourrions vous donner de quoy luy opposer. Le moyen de donner des exemples d'une chose que nous soustenons n'avoir jamais esté faite, et qui n'est point arrivée aux vaisseaux françois! Nous le soustenant affirmativement, il ne sçauroit faire voir le contraire. En cella c'est à luy à prouver par exemple, et non à nous, qui ne pouvons justifier ni vérifier une négative par exemples. » (*Vol. verts C.*)

payable à Leipsic audit sieur de Chassan ou à ses ordres, et qu'elle doibt estre remise ès mains dudit sieur de Lionne, pour estre portée audit sieur de Chassan par un courrier exprès qui sera dépesché aussitost que M. de Lionne aura cette lettre de change [1].

Vol. verts C.

24.

COLBERT, AMBASSADEUR DE FRANCE EN ANGLETERRE, A COLBERT.

Londres, le 5 novembre 1668.

..... Comme il est certain que son inclination[2] est toujours pour l'Espagne et la Hollande, il ne faut pas se flatter de le pouvoir destacher que par argent; et comme il faudra user de mesme envers le

[1] En janvier de l'année précédente, Colbert avait écrit à Collard, maître des requêtes, envoyé dans le Nord : « M. de Padwitz, maréchal de camp des armées du roy, que vous connoissez, m'a dit que le baron de Sweirn (Schwerin), qui est le principal ministre de M. l'électeur de Brandebourg, et le prince d'Anhalt, qui après luy a plus de part dans les bonnes grâces de S. A. E., sont créatures dévouées de Mme l'électrice de Brandebourg, et par conséquent dans l'intérêt de la maison d'Orange, favorable aux Anglois et contraire aux Hollandois. Néanmoins, comme le premier de ces deux ministres est en réputation d'estre fort intéressé, et que l'autre ne l'est peut-estre pas moins, il y auroit peut-estre lieu de les gagner par le moyen de gratifications que vous pourriez leur faire, si l'inconstance naturelle de leur maistre n'estoit dificile à fixer. Je sçay bien que ces choses vous sont assez connues; mais le roy m'ayant ordonné de vous en faire part, je n'ay pu me dispenser de suivre ses ordres, pour que vous puissiez sçavoir en mesme temps que S. M. désire que vous vous insinuiiez dans l'esprit de ce baron, et que vous tesmoigniez de faire la distinction que la considération où il est près de cet électeur demande. J'attends avec impatience des nouvelles de vostre négociation. » (Reg. dépêch. comm.)

Les deux ministres de l'Électeur furent achetés au prix de 22,000 écus. (Œuvres de Louis XIV, t. II, p. 43.) Quant à l'Électrice, on lui fit présent d'un diamant de 10,500 écus. (Lettre de Colbert à de Lionne, du 12 février 1669, publiée dans l'*Histoire de la marine française*, par M. E. Sue, t. I, p. 62 en note.)

[2] Il s'agit de lord Arlington, ministre.

duc de Bouquingam[1], si ce que m'a dit Leyton est véritable, je croy qu'en ce cas le présent devant estre partagé, il seroit bon qu'il fust permis de l'augmenter de 10,000 pistolles s'il estoit besoin.....

Vol. verts C.

25.

LA CONNÉTABLE COLONNE A COLBERT.

A Rome, ce 16ᵉ avril 1669.

Je serès bien fâchée, Mʳ, que vous aprisiez d'un autre ce qui s'est passé icy touchant Mᵐᵉ Mazarin, laquelle s'estant trouvée mal dans le monastèr, à cosse du mauvais air, fit demander à M. le cardinal Manchiny[2] et à mes tantes à sortir, ce qu'ils ne voulurent pas permettre. Voyant que la complaisance qu'elle avet eu d'antrer dans le couvent ne luy avet de rien servi vers M. Mazarin, et qu'il ne lesset pas de la poursuivre avec plus de vigueur, elle et moy nous avons cru qu'il ne seret pas mal qu'elle sortît d'un lieu où elle estoit entrée volontairement, ce qu'elle fit d'accord avec moy sans comuniquer nostre desin à personne, de crinte que l'on n'y mît obstacle. Je la conduisis dans nostre logis, au palais Manchiny, où estet une de mes tantes que M. le cardinal en fit retirer, ce quy ne devret pas estre, ma sœur estant toujours en estat et en désir de faire tout ce que l'on jugera à propos pour l'acomodement de ses afaires. Du reste, Mʳ, je vous conjure de faire vos aifors pour qu'elle obtienne la pansion que je vous disès par ma dernière pour le temps qu'elle est obligée de rester hisy. Mon frère partit avant-hiher au soir : il vous dira des chosses qu'il seret trop longue à vous escrire[3].

Vol. verts C.

[1] *Buckingham.*
[2] *Mancini.*
[3] Le 9 octobre suivant, la connétable adressa de Rome à Colbert une lettre en italien, dans laquelle elle dit qu'elle ne sait sur quel fondement le chanoine de Sciotel

26.

LE DUC DE CRÉQUY A COLBERT.

Rome, 1669.

Par les blancs signez que je vous envoye, vous verrez que j'ay desjà distribué icy une partie de l'argent que j'avois ordre de donner aux serviteurs de S. M. Il y en a mesme quelques-uns que j'ay desjà payez suivant le mémoire que vous en verrez icy, qui ne m'ont pas cependant encore donné leurs quittances. J'ay essayé au reste à accompagner les présens de S. M. de tous les termes qui estoient les plus propres pour en faire connoistre le prix; et je puis vous dire que s'ils ont esté donnés de bonne grâce par S. M., ils ont esté aussy receus avec toute sorte de reconnoissance par ceux sur qui elle a respandu ses bienfaits. Surtout M. le cardinal Albizzi a tesmoigné un extrême ressentiment de cette marque de la libéralité de S. M., qui cependant ne peut pas estre mieux employée que dans un sujet d'un tel mérite.

a pu dire au duc Mazarin que la duchesse était disposée à se remettre sans conditions entre les mains de son époux. Elle ne le fera au contraire que sous certaines conditions que la connétable joint à sa lettre, et dont voici la transcription littérale :

« Condizioni che domanda la s^{ra} duchessa Mazzarini al s^r duca suo marito : Prima che possa eligersi tutte le serve che vorrà per servirla; che cerchino che madama di Sant' Angelo accompagni e stia in compagnia con la s^{ra} duchessa, per haver seco una persona di qualità e stima; che dovendo andare monsù Mazzarini alli governamenti, non possa sforzare la s^{ra} duchessa a seguitarlo, ma in quel caso possa entrare in un monastero in Parigi; che tutte le gioje che haveva quando si maritò siano restitute nelle sue mani, e che sarà trattata tanto nella pensione quanto nell' equipaggio nella medesima forma di V^{ma}; che le sia permesso di vedere li suoi parenti quando vorrà ; che le sia pagata la spesa fatta doppo la sua partenza, e che le siano riscorse le gioje impegnate, per qualque effetto; che monsù Colbert prometta che tutte le condizioni sian osservate, et che il s^r duca si scordi affatto del passato, senza trattarla male per ciò. »

Pour M. le duc Césarién, comme il n'est icy que depuis fort peu de temps, je ne luy ay pas encore donné ses 10,000ᵗᵗ; mais je luy ay dit que je les avois, et qu'il pouvoit les envoyer quérir quand il voudroit. A mesure que l'on me donnera les quittances de toutes choses, je ne manqueray pas de vous les adresser.

Je me réserve à vous envoyer par le premier ordinaire tous les blancs, affin que vous les receviez tous ensemble.

MÉMOIRE
DE L'ARGENT QUE J'AY DONNÉ A ROME PAR ORDRE DE SA MAJESTÉ.

A M. le cardinal Albizzi, 600 pistolles d'Espagne; à la signora Leonora, 3,000ᵗᵗ; au sieur Ugo Maffei, 2,000ᵗᵗ; à Vagnozzi, 1,500ᵗᵗ; à Manassei, 1,500ᵗᵗ.

Vol. verts C.

27.

LE COMTE DE MARSAN A COLBERT.

Avril 1669.

Le roy ayant eu la bonté de m'accorder les biens meubles et immeubles délaissez par le nommé Michel Lheuillet, bourgeois de Paris, décédé en cette ville depuis deux jours, sans enfans ny héritiers, estant bastard, j'espère, Mʳ, que vous me ferez la grâce de m'en faire expédier et délivrer le brevet. Je vous en seray particulièrement obligé, et demeureray avecq toute la reconnoissance possible, et plus que personne du monde, vostre très-humble, etc.[1]

Vol. verts C.

---

[1] Sa pétition au roi était conçue dans les termes suivants : « Sire, plaise à V. M. accorder et faire don au comte de Marsan, de tous les biens meubles et immeubles délaissez par feu Michel Lheuillet et qui luy appartenoient au jour de son décedz, acquis à V. M. par droict de déshérance, et que ledit Lheuillet n'a délaissé enfans

28.

DE HARLAY, PROCUREUR GÉNÉRAL DU PARLEMENT DE PARIS, A COLBERT.

A Paris, le 17 juin 1669.

M. l'archevesque de Paris m'ayant ordonné de la part du roy d'empescher la continuation d'une assemblée qui se faisoit dans la parroisse de St-Severin, je le priay d'en mander le curé, qui en avoit donné advis à S. M., affin d'apprendre de luy quelles personnes s'y trouvoient, et de quelles affaires on y traittoit. Il nous dit que depuis quelques années on avoit establi dans sa parroisse une confrairie de St-Joseph en vertu de lettres patentes du roy, registrées au parlement, et qu'ayant eu quelques démeslez avec quelques-uns de ceux qui la composent, ils avoient pris résolution de s'assembler chez un nommé d'Auvergne, professeur royal, où ils avoient mesme associé quelques personnes d'autres parroisses, et que là ils cherchoient les pauvres qui avoient des procez pour les accommoder ou les assister autrement. Voylà ce que j'en pus apprendre, et il me parust que si cette assemblée s'estoit faite dans sa maison et par des personnes qui n'eussent point eu de démeslé avec luy, il n'y eust rien trouvé à redire; de sorte que n'en ayant pas assez d'esclaircissement, et ayant sceu que M. d'Auvergne estoit cognu de M. Bignon, feu M. son père luy ayant confié l'éducation de M. son frère, maistre des requestes, je le priay de s'en informer. Il me dit qu'effectivement un nommé Davol et Courbajon, docteur en théologie, s'estoient assemblez quelquefois chez luy pour ayder à accommoder quelques procez de personnes pauvres qui avoient recours à eux, et que d'Auvergne luy avoit

ny héritiers légitimes, estant bastard. Et lesquels biens sont situez pour la plus grande partye en la ville de Paris, et le suppliant continuera ses prières pour la prospérité et santé de V. M. »

dit que puisque l'on trouvoit mauvais qu'ils s'assemblassent ainsy, il luy donnoit parole qu'ils ne le feroient plus, et que l'advis que l'on en pouvoit avoir n'estoit que l'effect des démeslez qu'il avoit eu avec le curé de St-Severin pour le service de la confrairie de St-Joseph. Il m'est venu trouver avec ce Courbajon, et m'ont répété l'un et l'autre les mesmes choses. Voylà, M^r, le compte que je puis vous en rendre. Sur quoy j'attendray vos ordres pour sçavoir si vous estimerez après cela que l'on doive donner un arrest, estant obligé de vous dire que ces gens m'ont paru très incapables, dans la conversation que j'ay eue avec eux, et que c'est un grand hazard s'ils jugent bien un procez.....

Vol. verts C.

29.

TRÈS-HUMBLE REMONTRANCE AU ROY SUR LE SUJET
DU GRAND PRIEURÉ DE FRANCE, REMISE A COLBERT EN OCTOBRE 1670.

Il est à remarquer de tout temps immémorial que si les roys ont osté le grand prieuré de France aus anciens commandeurs, ce n'a esté que pour en gratifier leurs propres enfans naturels, comme MM. d'Angoulesme et de Vendosme.

Le roy d'Espagne en fait de mesme : le grand prieuré de Castille est possédé présentement par don Jean, fils naturel, mais avec cette restriction qu'il donne 15,000 escus de rente au commandeur qui le devroit posséder.

Le pape donne aussi celuy de Rome à son propre neveu, qui luy tient lieu de fils.

Il est constamment vray que l'on n'a jamais obtenu de S. S. aucun bref pour le grand prieuré de France en faveur d'aucun prince, qui ait esté valable, si ce n'a esté pour les enfans naturels des roys; et si les papes en ont donné, ils les ont révoqués comme abus et surprises, dont on peut fournir les exemples en propres originaux.

Outre une infinité de lettres des roys et de la reyne régente, qui promettent au grand maistre de Malte et à toute la religion de n'en jamais disposer, et d'en laisser le cours aus anciens, comme d'une chose qui leur appartient légitimement.

Ainsi M. le chevalier de Vendosme n'estant pas fils de roy, son bref est aussi facile à détruire qu'il l'a esté à obtenir, à moins que le roy, par son authorité absolue à laquelle nous nous soumettons très-respectueusement, n'en ordonne autrement, espérant de sa bonté et de sa justice, que S. M. ne voudra pas sacrifier tous les chevaliers de son royaume qui ont l'honneur de la bien servir, à un intérêt particulier.

Outre que c'est la ruine entière de la religion, qui n'a d'autre revenu que les dépouilles, les vaquances et les mortuaires des grands prieurés et commanderies, qui n'arriveroient pas si souvent si elles estoient possédées par des gens de l'aage de M. le chevalier de Vendosme.

Le roy est le maistre absolu de la religion, et de tout ce qui en dépend; il ne tiendra qu'à S. M. de la maintenir, comme elle a toujours fait, ou de la ruiner totalement quand il lui plairra.

Vol. verts C.

30.

COLBERT A FIEUBET.

A Saint-Germain, le 21ᵉ novembre 1670.

J'ay receu la lettre que vous avez pris la peine de m'escrire, et j'apprends en mesme temps de mon fils toutes les bontez et les marques d'amitié qu'il a receu de vous à son passage à Toulouse, et la nécessité en laquelle vous l'avez mis de prendre un appartement chez vous, dont je vous remercie de tout mon cœur, et vous prie de croire que, comme je ne pouvois pas estre obligé en une partie plus sensible, j'en ay aussy toute la reconnoissance que je dois. Vous m'auriez fait un fort grand plaisir si vous aviez pris la peine de m'advertir des défauts de sa conduite, et de ce qui peut n'estre pas assez poly à un jeune homme qui commence à entrer dans le monde; et je veux espérer que vous voudrez bien satisfaire en cela ma curiosité avec la mesme sincérité que je fais en vous asseurant que je suis, etc.

Reg. dépêch. comm.

31.

LE DUC DE CHAULNES A COLBERT.

(1670.)

J'ay balancé quelque temps à troubler la tranquillité de vostre campagne; mais comme une affaire depuis peu arrivée en Bretagne pourroit avoir quelque suite, j'ay creu devoir prendre la liberté de vous en informer : le mémoire cy-joint vous instruira du fait.

Ce qui me persuade encor qu'elle pourra avoir quelque suite, est une fort impertinente lettre que j'ay receu de M. le comte de Quintin, qui me mande qu'ayant besoin d'ordres du roy plus fors que ceux qu'il m'avoit demandé, il me prie de trouver bon que Mme sa mère emploie d'autres personnes que moy pour les obtenir, prétendant peut-estre qu'estant sœur de M. de Turenne, elle n'a besoin d'autre secour.

Je crois, M^r, que vous jugerés d'une grande conséquence que S. M. n'apuie pas les violences qui se font en Bretagne en fait de mariages des filles riches. J'espère aussi de sa justice qu'elle ne voudra pas que ses volontés s'exécutent que par ceux à qui elle veut bien commettre son autorité, et ne rien résoudre sans estre informé de la vérité; et comme je crois ces sentimens conformes aux vostres, j'espère que vous voudrés bien les apuier dans cette occasion. Je prens la liberté de vous adresser une lettre pour le roy, vous priant de la suprimer ou l'envoier selon que vous le jugerez à propos[1].

Vol. verts C.

32.

COLBERT AU CARDINAL MANCINI, A ROME.

A Paris, le 13e mars 1671.

Les différends qui traversent depuis si longtemps le repos de M. le duc et de Mme la duchesse Mazarin n'ayant pu estre pacifiez, et les

[1] MÉMOIRE.

« Il y a environ quinze jours que M. le comte de Quintin envoya un gentilhomme à M. le duc de Bouillon, avec une lettre de la part de mondit sieur le comte de Quintin pour M. le duc de Chaulnes, pour l'informer d'une affaire qui estoit arrivée en Bretagne, et luy demander sa protection. L'affaire estoit que M. le comte de Montgommeri, parent de M. le comte de Quintin, avoit recherché une demoiselle de Quadelen, qui demeure chez M. de Kenabat, son beau-père, chez lequel M. de Montgommeri avoit esté quelques jours; que sa recherche avoit esté agréée (à ce que l'on prétend) par M. de Kenabat, en cas qu'il eust 4 ou 5,000# de rente; que M. de Montgommeri s'en estant retourné chez luy pour rapporter un estat de son bien, qu'il disoit monter plus hault, il avoit retrouvé à son retour beaucoup de froideur dans l'esprit de Mlle de Quadelen, et peu de pente pour luy de la part de M. de Ke-

nabat; ce qui l'avoit obligé de se retirer de chez luy.

« L'affaire en cet estat, M. le comte de Quintin despêcha son gentilhomme, et la lettre qu'il escrivit à M. le duc de Chaulnes fut à deux fins, l'une pour luy demander un ordre pour faire mettre Mlle de Quadelen dans une religion, où après six mois elle pust déclarer ses sentimens; l'autre, pour qu'en cas que l'affaire de M. de Montgommery ne pût réussir, il pût avoir quelques desdommagemens des despences qu'il avoit faites.

« M. le duc de Bouillon demanda à M. de Chaulnes s'il pouvoit donner les ordres, lequel luy ayant respondu qu'il ne le pouvoit sans en avoir receu le commandement du roy, estant premièrement son debvoir, et d'ailleurs ces sortes de sequestremens ne se debvant faire, ou que lorsqu'il y avoit une procuration d'une partie de la famille qui supposoit une violence que l'on faisoit à une fille, ou parce que la fille souhaittoit celuy qu'un esprits n'estant pas disposez à une réunion, le roy a permis à ma dite dame de se retirer à Rome auprès de ses parens, et a ordonné en mesme temps à Mme Bellinzani, qui aura l'honneur de présenter cette lettre à V. Em., de l'accompagner, et de la remettre entre vos mains. J'espère que la considération qu'elle aura pour vous, et ce que vous luy direz, pourra bientost la persuader de revenir icy pour se remettre auprès de M. son mary, à quoy nous n'avons pu la porter de deçà.

Reg. dépêch. comm.

de ses parens vouloit l'empescher d'espouser, ce qui ne se rencontroit pas dans cette affaire, tant parce qu'il ne paroissoit aucune procuration des parens, que parce que M. le comte de Quintin convenoit par la lettre que Mlle de Quadelen ne souhaittoit pas M. le comte de Montgommery; sur quoy MM. les ducs de Chaulnes et de Bouillon se trouvèrent chez M. de Lionne, lequel M. de Bouillon ayant prié d'obtenir de S. M. l'ordre pour faire mettre la fille en un couvent, il ne voulut point se charger d'en parler au roy qu'il n'eust une procuration des parens, d'autant plus que la fille estant mineure, et n'estant par conséquent point maistresse de ses volontez, ce seroit un grand abus si les ordres du roy séparant les filles de leur famille donnoient lieu aux moindres personnes de gaigner leurs esprits dans un aage moins advancé.

« Ce refus de M. de Lionne fit prendre résolution de concert avec M. le duc de Bouillon que M. le comte de Quintin luy demanderoit quelque acte ou procuration des parens auparavant que l'on en parlast à S. M.; qu'il escriroit à M. le marquis de la Coste pour avoir des informations plus particulières, et qu'il prieroit aussy M. d'Argouges de vouloir prendre connoissance de cette affaire, pour, sur tous leurs advis, examiner s'il y auroit quelque matière d'en parler à S. M. Ce projet ayant esté concerté avec M. de Lionne et approuvé par M. le duc de Bouillon, en présence du gentilhomme de M. le comte de Quintin, fut exécuté par M. le duc de Chaulnes, lequel en outre demanda les parolles à MM. les comtes de Quintin et de Montgommery de ne procéder par aucune voye de faict. L'on a sceu du depuis que M. le comte de Quintin avoit esté avec quelques-uns de ses amis chez M. de Kenabat, lequel, dans la crainte que ce ne fust pour enlever Mlle de Quadelen, avoit assemblé quelques-uns de ses amis pour s'y opposer, de laquelle action l'on prétend demander justice au roy. » (*Vol. verts C.*)

33.

LETTRES PATENTES DU ROI
EN FAVEUR DE LA DUCHESSE DE LA VALLIÈRE.

A Saint-Germain-en-Laye, le 28 mars 1671.

S. M. estant informée que la forest du duché de la Valière ne peut estre restablic que par la continuation des recépages, et considérant que le grand nombre des bestes fauves dont elle est chargée, en ruyne le rejet et le recru, mesmes que les terres voisines en sont notablement endommagées, jusques là que plusieurs des propriétaires en abandonnent la culture et les laissent en friche, Sad. Maj., pour faire cesser ce préjudice, a permis et permet à ladite duchesse de la Vallière de faire dépeupler ladite forest de toutes sortes de bestes fauves, avec armes à feu sy besoin est, à l'exception toutesfois des cerfs, qu'elle veut y estre conservez. Et en conséquence fait deffences à tous capitaines des chasses, officiers des eaux et forests et autres, d'y aporter directement ou indirectement, en quelque manière que ce soit, aucun empeschement, à peine de respondre en leurs privez noms de tous despens, domages et intérests.

Dunkerque, le 19 may.

Louis, etc., à nos amez et féaux les gens tenans nos cours de parlement, grand conseil, cour des aides, requestes de nostre hostel et de nostre palais, bailliage, séneschaux, leurs lieutenans; et à tous autres nos justiciers qu'il apartiendra, salut. Ayant ordonné à nostre très-chère et bien amée cousine la duchesse de la Vallière de nous suivre en nostre voyage, et ne pouvant à cause de ce vacquer à ses affaires : à ces causes nous vous mandons et ordonnons par ces présentes, signées de nostre main, que tous et chacuns les procez meus et à mouvoir, que nostre ditte cousine a ou aura cy-après par-devant vous, tant en demandant qu'en deffendant, vous ayez à tenir en estat et surcéance durant le temps de six mois, pendant lesquels nous vous deffendons très-expressément d'en connoistre, et aux parties d'en faire aucunes poursuites, à peine de nullités, cassation de procédures et de tous dépens, domages et intérests. Commandons au premier huissier ou sergeant à ce requis faire pour l'exécution des présentes tous exploits, commandemens, significations et autres actes de justice nécessaires sans pour ce demander autre permission.....

Reg. secr.

34.

COLBERT A L'AMBASSADEUR DE FRANCE EN ANGLETERRE.

A Saint-Germain, le 16° janvier 1672.

Le roy a esté bien aise d'apprendre par vostre lettre que le roy d'Angleterre ayt approuvé la proposition que vous luy avez faite de sa part d'envoyer en Angleterre un officier de marine avec mon fils, pour conférer avec le duc d'York et les autres officiers de marine d'Angleterre, de la jonction et de l'action pendant la campagne des forces maritimes des deux couronnes. Vous avez un mémoire que je vous ay envoyé, qui contient le principal de toutes les résolutions qui sont à prendre. Mon fils portera de plus une instruction qu'il fera luy-mesme, sur tout ce qu'il aura à faire; et comme ce voyage luy peut estre util pour son instruction, je vous prie de luy ayder en tout ce qui dépendra de vous. J'estime que ce voyage luy pourra estre beaucoup plus util que le précédent, d'autant qu'après avoir travaillé quatre mois soubz moy, il est asseurément plus en estat de proffiter de tout ce qu'il verra et entendra. Le principal poinct consiste à ce que vous disposiez toutes choses, en sorte qu'il ne demeure, s'il est possible, que quatre jours à Londres, et qu'il puisse avoir la liberté de retourner à Chatam et Portsmout pour y voir l'estat auquel sont les vaisseaux du roy d'Angleterre, pour s'embarquer à Portsmout et repasser en France. Pendant le temps qu'il sera auprès de vous, je vous prie de faire en sorte qu'il y ayt trois ou quatre des principaux officiers de marine d'Angleterre qui mangent avec luy à disner et à souper, affin qu'il puisse les entretenir et contribuer à les faire tousjours parler de leur mestier, et de tout ce qu'ils ont veu.

S'il y avoit en Angleterre quelque livre imprimé, ou quelque traicté manuscrit qui traistast de la police dans les arsenaux de marine, de la fonction des officiers généraux des armées navalles, des officiers particuliers de chacun vaisseau et de tout ce qui sert à la manœuvre, des crimes et des fautes qui se peuvent commettre tant dans la manœuvre des vaisseaux que dans les actions de guerre et dans les combats, des récompenses et des punitions, des ordres généraux, des batailles, des signaux, et généralement de tout ce qui concerne la marine, je vous prie de le faire rechercher, quand mesmes il seroit en anglois, d'autant que cela seroit fort util à mon filz, qui pourroit faire traduire le tout. Enfin, vous me ferez un très-grand plaisir de rechercher vous-mesme tout ce qui luy peut donner une profonde connoissance de toute la marine d'Angleterre.

Mon fils partira sans faute mardy prochain.

Reg. dépêch. comm.

35.

LES JÉSUITES MISSIONNAIRES EN AMÉRIQUE A COLBERT.

(Juin 1672.)

Les PP. jésuites des missions de l'Amérique suplient très-humblement Mgr de faire quelque considération sur la foiblesse extrême de la colonie de Cayenne, et de la terre ferme de l'Amérique, du soutien et de la conservation de laquelle dépendent toutes les missions de ce païs, qu'il n'est pas possible de pouvoir défendre si l'on n'y envoie quelque secours de France un peu considérable. Il n'y a dans Cayenne et en toute la coste de la terre ferme pas plus de 300 hommes, la pluspart pauvres gens et peu accoutumés aux armes, séparés les uns des autres en diverses habitations dont plusieurs mesmes n'ont point d'armes pour leur défense. La descente à Cayenne est très-aisée partout, et le fort mesme où en cas de besoin, en abandonnant les habitations aux ennemis, l'on pourroit se retirer, n'est pas en état de défense, de sorte que Cayenne se peut dire estre un lieu à prendre par un seul vaisseau avec 200 soldats dessus qui feroient leur descente au milieu de nos quartiers, et les empêcheroient de s'assembler. Les principaux habitans de Cayenne, et particulièrement quelques personnes de France qui ont fait la dépense pour l'établissement des sucreries, sont en dessein, si le roy n'envoie pas quelque secours un peu considérable, d'abandonner leurs entreprises, et de sauver leurs hommes, leurs nègres, leurs bestiaux et leurs meubles dans les isles de la Martinique, de la Guadeloupe et de St-Christophe, où la défence peut estre plus grande. Les petits habitans, qui ne se souviennent que trop de la désolation faite de Cayenne il y a quatre ans par les Anglois, ne manqueroient pas de contraindre leurs commandans de s'accommoder avec les Hollandois, pour lesquels Mgr sçait mieux que personne que toutes les colonies françoises de l'Amérique ont très grande affection. Il ne faut pas douter que les Hollandois, qui sçavent aussi bien que nous nostre foiblesse, ne prennent la pensée, en cas de rupture, de tomber sur Cayenne, non-seulement à cause qu'ils ont toujours chagrin de ce que nous leur avons enlevé ce poste; mais aussi dans le dessein qu'ils ont de faire un petit Brésil de cette coste depuis les Amazones jusques à la rivière d'Orinots, de 3 à 400 lieues d'étendue; car il n'y a que Cayenne seule qui ne soit pas à eux. Ils y possèdent déjà Surinam, Berbiche et Essequibe, et comme Cayenne est le poste le plus avantageux et le meilleur port, ils ne manqueront pas de s'en saisir pour posséder toute la coste, et s'enrichir de nos dépouilles, comme ont autrefois fait les Anglois, particulièrement de 5 ou 600 nègres, de bon nombre de bestiaux et de chaudières à sucre. L'escadre de quelques navires de guerre que l'on espère que le roy aura la bonté d'envoier dans les isles pour en favoriser le commerce contre les pirates ne peut pas défendre Cayenne, qui en est esloignée de six ou sept semaines de navigation, de sorte qu'il est nécessaire qu'elle se défende par elle-mesme, et par les troupes qui y seront envoiées; autrement Cayenne avec la coste de la terre ferme est perdue, ce qui non-seulement seroit un grand opprobre à la France, mais mesme de grand préjudice au Royaume, veu les beaux sucres que produit Cayenne et la terre ferme voisine, qui est blanc comme neige et aussi beau ou plus beau que celui du Brésil le plus estimé. Les Hollandois occupans Cayenne et toute la coste se rendront par ce moien indépendans pour les sucres de nos isles de l'Amérique; mais la plus grande perte seroit sans doute l'abandon que nous serions obligés de faire de toutes nos missions parmy les Indiens de ce païs-là, pour l'établissement desquelles il a esté déjà fait tant de dépense d'aumosnes faittes pour ce sujet, et nous osteroient le moien de les estendre à l'avenir parmi les Indiens de ce grand et vaste païs de la terre ferme, plein de nations qui n'ont jamais entendu parler de l'Évangile, et qui sont néanmoins si bien disposées à le recevoir par la docilité qui leur est naturelle. Mgr est donc très humblement supplié de favoriser ce pauvre et désolé païs, d'un secours au moins de 300 soldats qui, en cas de paix, deviendront habitans et fortifieront la colonie.

Vol. verts. C.

36.

LE CARDINAL D'ESTRÉES A COLBERT.

A Rome, le 1er juin 1672.

M. le connestable Colonne a souhaité que je vous fisse savoir ses sentimens sur la résolution que Mme sa femme a prise de s'embarquer auprez de Civittà Vecchia, et de passer en France, et comme je ne puis mieux vous les représenter que par la lettre qu'il écrivit hier, dans le moment qu'il m'apprit cette nouvelle, à M. l'évesque de Marseille, j'en joins la copie à celle-cy, et il y adjouste seulement que dans les sentimens de douceur et de modération qu'il m'a témoignez, je l'ay veu mesmes touché du péril que Mme sa femme pouvoit courir dans un voyage si surprenant et si hazardeux. Il seroit bien à souhaiter que M. l'évesque de Marseille eût autant de bonheur en cette rencontre qu'il aura sans doute de désir et d'intention d'apporter quelque remède à cet accident. M. le connestable Colonne a voulu aussy que je me donnasse l'honneur d'en écrire à la reyne, à laquelle il a cru devoir s'adresser d'abord, à cause de l'éloignement du roy. Je l'ay fait très volontiers, et vous voulez bien, M^r, que je vous adresse ma lettre, et me faire la grâce de la rendre. Et comme je me remets à ce que vous pourrez dire plus particulièrement à S. M. des sentimens de M. le connestable, suivant la lettre que j'ay écrite à M. de Marseille [1], j'espère que vous prendrez bien le soin de l'en entretenir.

Vol. verts C.

[1] Voici cette lettre : « M. le connestable Colonne vient de sortir d'icy, et m'a conté une aventure qui ne vous paroistra pas sans doute moins fascheuse et moins surprenante qu'à moy. Mme sa femme et Mme Mazarin partirent dimanche après midy dans un carosse à six chevaux avec chacun une femme et un valet de chambre à cheval ; elles avoient envoyé quelques gens à une maison de M. le connestable, et tout le monde crut qu'elles y alloient coucher. On s'attendoit mesme qu'elles reviendroient hier au soir. Cependant on a sceu par les cochers qui sont revenus depuis, qu'elles prirent le chemin de Cività Vecchia, et qu'elles allèrent à un port qui n'en est qu'à 4 ou 5 milles. Elles y arrivèrent à 2 heures après minuit, trouvèrent une petite barque qui les attendoit, et y entrèrent à l'heure mesme, sans s'expliquer du lieu où elles alloient. Vous pouvez croire, M^r, dans quel estonnement cette nouvelle a mis M. le connestable, et avec quelle douleur il m'a parlé d'un si fâcheux accident. Cependant, à travers du desplaisir qu'il ressent, je l'ay veu plein de douceur et d'honnesteté, et dans la pensée de faire faire à Mme sa femme toutes les réflexions qu'une telle résolution demande, en luy inspirant en mesme temps

37.

ONDEDÉI, ÉVÊQUE DE FRÉJUS, A COLBERT.

A Fréjus, le 22 juillet 1672.

Il y a environ seize années que M. Giannetin Justiniani envoya au roy, par le moyen de M. le cardinal Mazarin, une horoscope de S. M., de trente feuillets de papier, lequel j'ay trouvé asture[1] seulement parmy mes papiers, et dont je ne ferois pas grand cas si je n'avois vû ses prédictions de l'année présente tout à faict vérifiéez par les glorieux exploits de S. M., et comme son discours continue par diverses toutes les veues qui peuvent et qui doivent l'obliger de se raprocher, et comme il suppose que Mme sa femme ne se peut estre retirée qu'en France, et qu'apparemment elle aura pris terre à Marseille, il m'a demandé si je ne pouvois escrire à personne qui peut l'entretenir sur ces choses, et la porter à attendre des nouvelles plus particulières de sa part, par une personne expresse qu'il a dessein d'y envoyer pour luy faire mieux connoistre le fond de son cœur et de ses sentimens, et de luy représenter toutes les choses qu'il m'a dites à moy mesme sur ce sujet. J'ay cru, M', que personne n'estoit plus propre que vous à leur rendre cet office à tous deux, et que me faisant la grâce de m'aimer depuis si longtemps, vous recevriez volontiers la prière que je vous en ferois..... »

Quant à la duchesse Mazarin, elle adressa le 12 septembre suivant, de Chambéry, une lettre au roi dont voici une copie fidèle : « Je ne sçay, sire, pourquoy l'on ne veut plus me fère peier ma pension, et qu'elle remest à M. Mazarin de me la donner s'il veut, je ne me consollerè jamais si je me lestois attiré ; mais je ne fais ostre chose que dacompagner ma sœur ; elle vous l'avet mandé, sire, avant que de partir de Rome. Si vous l'aviés treuvé mauvès, vous pouviés bien me le fère savoir, et je n'orè eu garde de le fère. Je vous suplie, sire, ne me réduisé point à lextremité de ne savoir où donner de la teste. Il vous doit estre indifférent que M. Mazarin est 24,000 liv. de rente de plus ; vous mempêcherè par là destre la plus malheureuse femme du monde. Ayez la bonté de fère un mot de response à celuy qui vous rendra celle-cy, et de li dire si vous voullés bien me la continuer. Escusé, sire, la liberté que je prends, et croiez que personne n'est avec plus de respect que je suis vostre, etc. » (*Vol. verts C.*)

[1] A cette heure.

prédictions ou bonnes ou mauvaises jusques à l'année 80 qu'il donne au roy, j'ay cru estre de mon devoir de vous en donner avis, afin qu'il vous plaise m'ordonner ce que j'en dois faire, ou le brûler ou vous l'envoyer, ou le retenir, nos loix divines et canoniques nous deffendant de tenir semblables écritures qui regardent la vie des rois. Cette occasion me servira pour vous fère souvenir d'une personne qui honore infiniment votre mérite et qui est plus que personne du monde, etc.

« In principio anni 33 currentis ætatis ejus, habeamus 3 directiones multum potentes, tam circa honores, quam etiam circa augmentum imperii. Hæ sunt directiones partis fortunæ, ad conjunctionem Jovis, et sol accedens ad terminos Jovis. Indicant ergo honores et dignitates et publicam quandam præeminentiam aut officium quod a principibus aut publicis magistratibus per electionem consequtturus est. Et duplicabit imperium suum, et multiplicabit spem et fiduciam, et acquiret ea quæ desiderabit, et largiuntur etiam hæ directiones amicitias et subjectiones magnorum hominum, et honorem et utilitatem per illos, et significat gaudium cum principibus et hominibus positis in potestate magna, et denotat reverentiam non solum a dictis principibus et regibus, sed etiam vulgo. Delectabitur gerere gemmas et res odoriferas, et hoc est tempus (ut diximus) in quo Christianissima Majestas in sua maxima potestate et fortuna positus erit. Et confirmatur etiam hoc ex variis aliis observationibus, et primo ex ascendente conjunctionis maximæ 1603 quæ per directionem accedit trigono Jovis figuræ regis. Indicat enim augmentum gloriæ et imperii ipsius regis causa religionis, et eodem tempore pars fortunæ ejusdem conjunctionis accedet ad sextilem Martis regis, et quia Mars positus est in domo Jovis in secunda domo in figura Regis, ideo divitias immensas pollicetur ex martialium præsidio, et ipse gradus conjunctionis maximæ 1623 accedet ad sextilem Mercurii ejusdem figuræ conjunctionis; et quia Mercurius in dictis conjunctionibus significat sectam christianam, ideo hæc directio significare poterit bonum christianis, ipso imperante. Et confirmatur etiam per alias figuræ conjunctiones et directiones Saturni et Jovis, sequutæ anno 1623, quia sol accedet sextili Jovis regis, quæ augmentum imperii et majestatis significant, et directio ascendentis conjunctionis sequtæ anno 1643 accedens ad sextilem Jovis figuræ Regis significat ut supra. »

Vol. verts C.

38.

DE NOINTEL, AMBASSADEUR EN TURQUIE, A COLBERT.

De Constantinople, ce 26° juillet 1672.

..... Je continue d'aporter touttes les diligences qui dépendent de moy pour faciliter le commerce entre les négocians. ..... La pension des enfans de la langue ne se payant point, j'ay pris 600 escus sur les voisles estant en ce port, dont il y en a 300 pour reste de la demie année passée, et les trois autres sont sur celle commencée. Il eust fallu encore 900^{tt} pour son entier payement, qui se doit faire par avance, mais la crainte de surcharger les bastimens m'a retenu. J'ay donné mon ordonnance pour le remboursement sur Mess. du commerce, et je me vois nécessité, par le refus qu'ils ont fait d'acquitter une lettre de change de 900 piastres pour des termes précédens tirée par le sieur Magis, de faire une autre imposition sur l'eschelle de Smirne. Je ne sçais pas bien sur quoy est fondée la raison de leur refus, si c'est à cause que l'intérest est trop haut, ou par autre motif.....

Les nouvelles géneralles se renferment dans les appres ts de la guerre de Pologne, et dans la sortie du grand seigneur pour aller sous son pavillon. Je puis vous parler de celle-cy, en ayant esté tesmoing, et vous dire qu'elle s'est faitte dans une magnificence et une superbe qu'il est difficile d'exprimer. Les maisons seulles des six ministres faisoient 13 à 14,000 hommes, tant cavalerie qu'infanterie, dont les compagnies des enfans perdus et des piétons affectoient la bravoure dans leur maintien et par leur habillement extraordinaire.

Les ichoglans, c'est-à-dire les pages ou gentilshommes de ces pachas, et particulièrement du visier, qui en avoit près de 200, estoient touts bien montés, les housses de velours en broderie d'or qui pendoient d'un costé sur les espaulles, et de l'autre sur la crouppe de leurs chevaux, et les harnois d'argent ciselé et doré avec une grande queue attachée sous l'encolure, et renouée par une escharpe de couleur sur le poitrail, faisoient esclatter et briller leur marche; mais leur personne et leur habillement la relevoit bien davantage. Ils estoient touts armés de jacques de mailles qui, finissant aux genouils, estoient bordées d'un bout de veste blanche, leur turban de couleur à la négligence et à la martialle estoit sur un bonnet de mailles dont les pendans battoient sur les joues, et une veste ou de satin ou de brocart avec quelques boutons d'or et de soye à queue estant seulement sur l'espaulle gauche, et couvrant une partie du bras du mesme costé, faisoit la figure d'une escharpe dont les bouts d'en bas estant relevés tenoient par derrière au karquois du cavalier. Il estoit très bien travaillé, et garni de flesches dorées; l'arc estoit auprès, et il avoit une lance à la main et un sabre au costé.

Quand vous considererés que des gens faits de cette manière font partie de la maison d'un particulier, qu'ils ferment une marche composée de compagnies de cavalerie et d'infanterie, qu'ils ont touts leurs drapeaux magnifiques escrits en grands caractères arabes, et qu'on entremesle les deux rangs dans lesquels ils sont partagés, de chevaux de main ou d'officiers ou du pacha, et que ceux-cy sont couverts de housses d'une richesse surprenante, sur lesquelles est attachée une targe renversée dont le travail sur de l'argent est une espèce de damasquinure relevée de pierreries, et que les harnois en sont tout brillans, vous jugerés qu'il estoit difficile que le grand seigneur parust avec plus d'esclat. Cependant tout cela n'estant qu'une ombre pour le faire paroistre davantage, luy imprimoit encore plus de brillant et de majesté.

Les six viziers, sçavoir, le tafterdar, le nitchandgi, Mustafa et Ibrahim-Pacha, Mussaip-Pacha et le grand vizier, marchoient deux à deux, précédés de leurs chators-bachis ou valets de pied allant un à un de chaque costé. Ils estoient vestus de vestes de velours de différentes couleurs; une chaisne d'orfévrie dorée, mise en escharpe, traversoit de l'espaulle gauche au costé droit, finissant à une ceinture de mesme manière, mais plus riche et plus large; le bord de leur veste estoit retroussé, et ils tenoient à la main une espèce de demie pique, paroissant ainsy plus magnifiques que leurs maistres, qui n'avoient que des habits fort simples. Les gens de la loy qui les suivoient, gardoient aussi la simplicité dans leurs vestes et de plus dans leurs montures, et tout leur excès n'estoit que dans leur turban d'une grosseur prodigieuse, et d'un vert fort enforcé ou d'un blanc fort transparent. Ils marchoient avec grande modestie, non-seulement par l'affectation ordinaire de leur gravité, mais parce qu'ils précédoient deux chameaux couverts de housses médiocrement belles, dont l'un avoit sur le dos une boeste où estoit enfermé l'Alcoran, et l'autre une petite machine couverte de drap noir au haut de laquelle on voyoit de petits balustres. L'on dit que la représentation de la Mekque y estoit enfermée.....

Le meslange des aigrettes, des différentes couleurs des draps et des brocarts, des bonnets et des bastons dorés, de l'esclat des housses, de leur brillant et de celuy des harnois, la beauté et la fierté des chevaux, l'usage si particulier des tigres, et la confusion de tout cela meslangée avec tant d'adresse que la quantité, quoyque raisonnablement grande, paroissoit au-delà de ce qu'elle estoit effectivement, et réduisoit par tant de diversités les spectateurs dans la surprise et dans l'incertitude à se déterminer à l'observation d'une chose plustost que de l'autre; tout cela, dis-je, estant veu dans une certaine distance, comme je l'ay observé, formoit une perspective vivante, martialle et galante dont le grand seigneur estoit le point de veue. Je l'apperceus d'assés loing, le distinguant fort aysément par la grandeur esclatante qui environnoit sa personne, et qui me faisoit croire que la proximité de cet objet n'attireroit pas davantage mon admiration, tant elle estoit occupée de ce que je voyois; mais lorsque ce prince, estant assés près de moy, me donna lieu de l'observer plus exactement, je cognus qu'une perspective animée estoit bien différente de celles de la peinture. A mesure que l'on en approche, l'on ne voit plus rien. Mais icy je vis un empereur dont la couleur du visage marquoit qu'il craignoit peu la chaleur du soleil, et lequel meslant les armes et la galanterie, faisoit voir ou qu'elles n'estoient pas incompatibles, ou qu'il falloit aller à la guerre avec la mesme disposition et le mesme esprit qu'on auroit pour faire quelque chose qui pust plaire à une personne bien aymée, et comme ce motif s'accommode fort bien avec la loy du Profette qui invitte le monde à son paradis par les douceurs charmantes des dames, S. H. s'estimoit glorieuse de suivre l'Alcoran. Elle estoit montée sur un cheval blanc dont la housse pendante sur les espaulles et la crouppe estoit semée de perles, et dont le harnois consistoit dans la bride, testière, un soleil posé sur l'encolure en dehors, et un poitrail, touts travaillés d'argent doré, ciselé à jour, assez larges, ornés de fleurs et garnis de pierreries, et une grosse queue blanche pendoit à une boulle d'or sous la gorge du cheval, estant enfermée dans une escharpe de brocart, et renouée au-dessus du poitrail. Le grand seigneur estoit couvert d'une jaque de maille bien fine jusqu'aux genouils, il avoit des bottes de fer bien travaillées, ses bras estoient défendus depuis le coude jusqu'à la main d'un brassart plein et damasquiné. Les gands estoient de mailles. Il y avoit aussi des mailles qui tomboient sur ses joues, estant attachées à son bonnet qui luy tenoit lieu de casque. Il estoit de fer ou d'argent doré, juste à la teste, fort rond, un peu pointu sur le haut, entouré d'un petit turban vert de soye au-dessus duquel paroissoit dans le milieu une seulle aigrette relevée de trois plumes, et attachée par des pierreries, que d'autres semées sur le bonnet accompagnoient..... Voylà à peu près l'habillement du grand seigneur, qu'il accompagnoit de beaucoup de fierté et d'un regard déterminé...... Je n'ay pas voulu toucher ce qui en paroissoit indigne[1],

---

[1] C'est-à-dire du cortége.

sçavoir les compagnies de carabins de chaque visier, les agas du premier, et ceux qui conduisoient les chevaux de main du grand seigneur, qui faisoient asseurément un meslange si disproportionné à la magnificence et aux inventions d'esprit qui régnoient dans tout le reste, que je ne puis comprendre comment ils estoient admis dans cette cérémonie, si ce n'est pour faire nombre.....

Le 3e aoust.

J'avois différé de me donner l'honneur de vous escrire pour vous mander le renouvellement des capitulations; mais la conclusion en ayant esté remise au retour du grand seigneur, je vous informeray présentement des nouvelles. Il a passé le Danube dès le 5 de juillet, il estoit encore le 12 à Kartali, et l'on faisoit estat qu'il demeureroit sept jours à Jassi, capitale de Moldavie, pour de là se transporter en dix autres vers Kamnies. L'on assure qu'il a despesché Ibrahim-Pacha avec 15,000 hommes au passage du Nister qui communique l'entrée dans le pays ennemi, soit pour se rendre maistre du passage, ou pour prendre revanche de la desfaitte de quelques pachas que l'on publie pour certaine. Sa Hautesse, dont l'armée ne peut estre tout au plus que de 80,000 combattants effectifs, tesmoigne beaucoup de fierté, jusques-là qu'un espion polonois, estant emmené à sa présence, où il avoua qu'il venoit pour descouvrir ses forces et ses desseins, elle luy fit donner 20 sequins et ordonna qu'après l'avoir fait promener par touttes ses troupes, on le renvoyast.

J'appris le 20e de ce mesme mois la naissance de Mgr le duc d'Anjou et la prise de cinq places sur les Hollandois, et ne pouvant différer plus longtemps qu'au lendemain d'en tesmoigner ma joye, je la fis paroistre au public du mieux qu'il me fust possible : la nation et quelques estrangers vinrent dans mon palais; touts les religieux, au nombre de 40 ou 50, s'y trouvèrent, et après un discours fort juste prononcé par mon aumosnier sur l'allégresse publique, on chanta le *Te Deum* et l'*Exaudiat* dans ma chapelle, au bruit de deux décharges de boettes rangées dans ma cour, de 40 coups de canon dans le port.

Deux heures après je donnay à manger, et fis table ouverte à touts ceux qui s'y trouvèrent. Tout le monde y estoit bien venu, et s'il n'y avoit point de Turcs, parce que ce n'est pas leur coustume, ils n'ont pas laissé d'estre bien informés de cette feste par quatre autres descharges de boettes et les cris redoublés de *Vive le roy!* d'un grand nombre de matelots qui estant secondés par les échos, portoient leur impression non seulement dans le voisinage, mais encore à Constantinople et en Asie. L'on vint de la part de la Validé s'informer du subject, et enfin une dernière descharge de boettes pour la santé du roy d'Angleterre que j'avois réservé pour couronner la cérémonie, et pour tesmoigner plus fortement le respect et l'affection du cœur pour S. M., ainsi que je m'en expliquay à des Anglois, acheva le nombre de 250 coups qui furent tirez en cette solennité, dont il parut encore des marques toutte la nuit, car les fenestres du palais furent esclairées par un grand nombre de lampes, et il s'y fit un grand bruit de touts ceux qui ne cessèrent point de tesmoigner leur joye jusqu'au jour.

Vol. verts C.

39.

LE CONNÉTABLE COLONNA A COLBERT.

A Rome, le 7 aoust 1672.

Je ne doute pas qu'à l'occasion du retour de S. M. à Paris, tous les parens de nostre famille ne reviennent mesmement avec le roy, et que sur l'affaire qui m'est malheureusement arrivée, ils ne s'assemblent tous pour la supplier de vouloir, par sa justice, faire réparation à l'honneur de tant de familles qui sont intéressées dans la fuitte de Mme la conétable. J'espère aussy que la prière que je vous en fay contribuera beaucoup à porter S. M. ou à faire revenir ma femme en Italie, dans les formes qu'elle jugera plus décentes, ou à la faire mettre dans un couvent enfermé, esloigné de la cour, pour luy donner lieu de se remettre en elle-mesme, en attendant que le temps fournisse d'autres expédiens. J'attends donc que par vostre faveur une si juste demande aye l'effect que l'on désire, et que je puisse, par cette dernière obligation, augmenter la qualité de vostre, etc[1].

Vol. verts C.

[1] Les tribulations de la famille Colonna ne finirent que longtemps après. Quelques années après le retour de la connétable en France, nous trouvons les deux époux en Espagne plus divisés que jamais. Mme de Villars écrit de Madrid, le 26 septembre 1680 : « La situation de la pauvre connétable Colonna est bien détestable..... sans nulle réflexion elle vivoit au jour la journée, comptant qu'on la laisseroit jouir de la liberté de sortir de sa maison, de faire des visites, et qu'on ne parleroit de rien qu'après les noces de son fils aîné. Il y a douze ou quinze jours qu'on lui vint signifier de la part du roy qu'il ne se mêloit plus de ses affaires, et qu'elle songeât à obéir à son mari, qui vouloit la mener ou l'envoyer en Italie. Le lendemain elle eut défense de ne plus sortir de chez elle : le jour d'après de ne plus voir personne, et à tous momens elle est dans les horreurs qu'on ne l'entraîne avec violence, et qu'on ne la mette dans une litière pour la mener où il plaira à son mari. Je ne veux pas justifier sa conduite passée; mais il faut convenir, en s'en souvenant, qu'elle a bien sujet de ne vouloir pas se confier à un mari italien. Elle fait ce qu'elle peut pour obtenir qu'on l'enferme ici dans le plus austère couvent qu'il y ait. Je ne sçais pas ce qu'on lui accordera; elle n'a contre elle que le roi, son premier ministre, son mari, toute la famille Balbasès. »

Dans les lettres subséquentes, la femme de l'ambassadeur de France, à Madrid, raconte que le connétable a exigé que sa femme prît le voile de religieuse dans un couvent, qu'elle y a consenti, et qu'en effet la cérémonie de la prise d'habit aura lieu. Le 7 avril 1681, elle mande : « La pauvre femme est peut-être bien près d'éprouver de pires aventures que toutes celles qu'elle a eues par le passé..... C'est la meilleure femme du monde, à cela près qu'il n'est pas au pouvoir humain de lui faire prendre les meilleurs partis, et de résister à tout ce qui lui passe dans la fantaisie. Son mari part samedi ou lundi avec ses enfans. Il a marié l'aîné avec une fille de Médina Celi, premier ministre, qu'il emmène aussi à Rome. La connétable demeure dans son couvent, où apparemment elle va manquer de tout; elle y est déjà misérablement. » (*Lettres de Mme la marquise de Villars*. Amsterdam et Paris, 1759, in-18.

40.

SÉBASTIEN DE GUEMADEUC, ÉVÊQUE DE SAINT-MALO, A COLBERT.

A Saint-Jean-des-Prés, ce 22 aoust 1672.

Je n'ay pas esté trop surpris du prodige de science que toute la France vient d'admirer en la personne de M. l'abbé votre fils et à son age, parce qu'il y a très longtemps que je suis informé de la manière dont vous avés pris la peine vous-mesme de le faire eslever et instruire, non obstant touttes vos plus importantes occupations, et que d'ailleurs, je sçais très bien que rien de tout ce qui a l'honneur de vous appartenir ne vous peut satisfaire qui ne soit de la dernière perfection; mais je n'ay pas eu pour cela moins de plaisir à apprendre par touttes les relations que mes amys m'ont faittes de l'acte de M. vostre illustre abbé, que jamais on n'avoit respondu sur toutte la philosophie avec tant de netteté d'esprit et de capacité qu'il vient de faire. Ce sont là, M^r, les fruits et la juste récompense de vostre application, aussi bien que de la science, et vous avés pris tant de plaisir jusqu'icy à favoriser les sciences et à faire valloir la vertu, qu'en vérité l'on peut dire que si vous vous eslevés des thrônes d'une gloire immortelle parmi toutes les nations estrangères pour avoir rendu l'estat florissant, et le règne du roy le plus glorieux qui ait jamais esté, vous vous faittes aussi des monumens éternels pour vostre réputation par l'amour que vous avés pour les sçavans, et par la protection que vous donnés aux gens de bien en tous rencontres. Leurs plumes feront connoistre aux siècles à venir à quel point vos grandes lumières ont pénétré tout ce que l'antiquité a eu de rare, et les moyens extraordinaires avec lesquels vous avés faict réussir tant de glorieuses entreprises de S. M., qui paroistront aussi incroyables à la postérité qu'elles sont dignes du plus grand ministre que l'estat ait jamais porté. Dans l'impuissance générale où se trouve le public de reconnoistre tous vos bienfaicts, ne voulés-vous pas bien, Mʳ, que les particuliers qui en sont pleins comme je suis, vous tesmoignent au moins la joye qu'ils ont de voir adorer vostre admirable ministère, et la justice qu'un chacun est enfin obligé à la plus sage et la plus désintéressée conduitte que l'on ait jamais esprouvée dans la place que vous tenés? Plaise à Dieu vous y conserver longues années en parfaite santé pour le bonheur de vostre maistre et le nostre, et que dans le peu de temps qui me reste à vivre, j'aye en quelque rencontre la consolation de vous mieux marquer que par des paroles assés inutiles, avec combien de respect, d'attachement et de fidélité je suis pour jamais, etc.

Vol. verts C.

41.

VERJUS, ENVOYÉ DE FRANCE EN ALLEMAGNE, A COLBERT.

(Cologne, 26 aoust 1672.)

En arrivant depuis huit jours icy, j'y ay trouvé cinq lettres de change qui font ensemble 62,660 escus et deux tiers, qui sont 4,000ᵗᵗ moins que ce qui se doit paier pour les mois de juillet et d'aoust des traitez de neutralité, et pour les mois d'aoust et de septembre des traitez offensifs, comme vous l'aurez pû voir par un mémoire que j'ay donné à M. de Pomponne et à M. le marquis de Seignelay..... Vous pouvez encores envoier une lettre pour ces 4,000ᵗᵗ, ou j'y supléeray en attendant que j'en reçoive au premier terme une lettre de change séparée. Rien, Mᵍʳ, ne me fait plus de peine que de ne pas recevoir les lettres de change séparément et précisément de la somme qui est destinée pour chacun. Car, si je donne une lettre de change à partager entre deux, cela fait plus connoistre les affaires de l'un à l'autre qu'il n'est expédient ni au roy ni à eux.

Si je lasche la lettre à un seul, il ne manque point d'en retenir tout le contenu, comme je l'ay expérimenté, sauf à avoir mon recours contre luy, et à satisfaire les autres sur le premier terme suivant, et si je veux leur en donner l'argent, il faut que j'envoie exprez un homme de confiance à Francfort pour l'y recevoir, ce qui est encore un petit surcroît à la trop grande dépense que je fay desjà, et sujet à beaucoup de dépenses très considérables. C'est pour cela, Mgr, que je vous suplieray très humblement de m'envoier pour les autres termes suivans du traité offensif des lettres de change séparées, l'une de 22,000 escus, l'autre de 6,000 et une troisième de 6,000 ; et pour les traitez de neutralité une de 20,000 escus, et une autre de 10,000, outre les 10,000 escus qui se paient à Paris, et outre ce qui s'y paiera à un autre quand on commencera à luy devoir, et qu'on ne sera plus en avance avec luy. Car de cette sorte je n'auray qu'à donner les lettres de change selon qu'elles seront destinées pour chacun, sans estre responsable de rien, et sans toucher l'argent, et chacun aura nettement son affaire à part, sans que je sois obligé à m'embarrasser de comptes avec personne. Je ne croy pas, Mgr, qu'il se puisse voir rien de si glorieux au roy que cette ponctualité si extraordinaire à payer les subsides promis, ni que rien fasse mieux connoistre et plus admirer le bon ordre de ses finances, moiennant lequel on conçoit qu'il doit y en avoir un grand dans tout le reste, et qu'il est aisé de l'y mettre.

Je vous envoie, Mgr, une ode latine sur les victoires du roy, qui est icy fort admirée des savans, et où il y a bien de la beauté et de l'élévation d'esprit. Celuy qui l'a faite est tellement estimé pour la poësie, que ses ouvrages tiennent une principale place dans le recueil qu'on a fait à Rome de ceux des sept poëtes qu'on a jugez les meilleurs de ce siècle. Mais c'est de plus un homme de qualité, chanoine en plusieurs chapitres de ce païs, et d'une naissance et d'un mérite à pouvoir espérer autant qu'aucun autre d'y parvenir au plus haut degré d'élévation, ami intime de M. l'évesque de Paderborne, et qui, avec l'estime et l'aplaudissement de tous les doctes, a grande part à la confiance et à l'amitié de plusieurs princes. Je suis bien aise que des gens de ce poids et de cette réputation prennent ce chemin, et monstrent cet exemple de publier les louanges du roy, et fassent insensiblement de la sorte intéresser toute l'Allemagne à sa gloire, pour laquelle, Mgr, vous avez tant de passion et avez fait de si grandes choses.

Je vous suplie très humblement de vouloir bien me favoriser à obtenir du roy mon congé pour m'en retourner en France, ou du moins pour estre à Paris deux ou trois mois, afin d'y donner ordre à mes affaires. J'avois pris la liberté de vous suplier aussi de vouloir bien faire donner à M. Formont une demi-année de mes apointemens, et je vous serois mesme très obligé s'il vous plaisoit luy faire paier les neuf mois qui écherront bientost, parce que je ne laisseray pas de luy devoir encore beaucoup aprez qu'il aura touché ces parties. J'avois aussi pris la hardiesse, Mgr, de vous demander vostre faveur et protection dans une affaire de M. le comte de Frontenac, qui, en frustrant ses créanciers comme il achève de faire, après avoir continuellement abusé de leur patience, me fait faire une perte dont je seray incommodé. Il faut pour oser vous faire toutes ces prières, que j'aye une grande opinion de vostre justice, et une grande confiance en vostre bonté.....

Vol. verts C.

42.

LA SOEUR MARIE MAGDELEINE DE JÉSUS, ABBESSE DU LIS, A COLBERT.

JHS. † MAR.

Ce 27° aoust (1672).

Mgr, nous ne manquerons point d'exécuter avec toute la soumission que nous devons les ordres du roy que vous nous avez fait l'honneur de nous envoyer pour la reception de Mme la conétable Colonne dans cette maison; mais vous voulés bien, Mgr, que je vous demande la grâce d'agréer que je m'adresse à vous dans les occasions où je me trouveré embarrassée sur les choses qui la regarderont, comme je le suis dès à présent de ce qu'il n'est point marqué par la lettre du roy ni par celle de M. le marquis de Seignelay, combien de femmes je dois recevoir avec elle. Je souhetterés bien en estre informée avant qu'elle fust venue, afin de ne rien faire que vous n'aprouviés, et, dans ce mesme sentiment, je prendré la liberté de vous rendre compte de tout ce qui se passera sur son sujet.

Le 30 aoust.

Paix en Nostre Seigneur J. C. Comme je croy estre de mon devoir de vous informer de ce qui se passe céans au sujet de Mme la conestable, je prends la liberté de vous dire, Mgr, que depuis samedy au soir qu'elle y est entrée, elle n'a veu que trois personnes : le premier; un gentilhomme de Mme la comtesse, nommé de Bescheville, qui vint dès le lendemain luy en aporter des lettres. Elle ne luy parla d'abord qu'un instant, et fut faire ses responses, qui n'estoient guère que de dix ou douze lignes chacune. En les portant, elle fut bien un petit cart d'heure avec luy. Durant qu'il estet céans, il arriva un valet de chambre de Mme Mazarin, nomé Holende, qui luy en aportet des lettres; il venoit de chez Mme de Bouillon, et fut au parloir avec le gentilhomme de Mme la comtesse, ce qui m'inquietta beaucoup lorsque je le seus; mais la chose avet esté d'une manière que nous n'avions pas pu prévoir. Elle luy parla bien une bonne heure, et le retint à coucher pour avoir plus de tems à faire réponce. Sa lettre paresset fort ample. Hier, Mme de Bouillon envoia un gentilhome nomé du Feu, savoir de ses nouvelles. Il n'avet qu'un compliment à luy faire, et ne fut qu'un moment. J'ay creu, Mgr, comme l'ordre du roy porte de la laisser voir à mesdames ses sœurs, que je ne devés pas refuser ceux qu'elles envoient; mais je vais toujours, avant qu'on luy dise, m'informer de leur nom et de quelle part ils viennent. Aujourd'huy le fils de M. Tambonneau a envoié une personne luy porter une lettre et faire compliment; je luy ay refusé de la voir, et me suis treuvée en peine quelle excuse prendre, ne sachant si je dois donner connessance à ceux qui viennent, de la volonté du roy sur ce sujet. Je luy ay dit, sans m'expliquer davantage, que mon supérieur m'avoit ordonné de ne la point laisser voir que l'on ne me montrât un ordre par escrit. Il s'en est allé avec sa lettre, assez mal satisfait. Tant qu'elle n'aura personne à nostre dehors, il sera facile qu'elle ne sache point que l'on renvoie de ceux qui la demandent; mais si ses officiers viennent bientost, comme elle l'espère, nous ne pourrons plus luy cacher. Elle nous a dit qu'elle les avet mandés et ses filles, mais qu'elle ne veut pas en faire entrer d'autre que celle qui est présentement avec elle. Elle a toujours paru assez gaye depuis qu'elle est icy, quoyque, dans le fonds, nous croyons bien qu'elle s'ennuye beaucoup. Elle croy que M. et Mme de Nevers pouront venir bientost, ce que j'ay esté bien ayse de savoir, afin de pouvoir, Mgr, vous demander de quelle manière j'en dois user, n'estant point compris dans l'ordre du roy. Je vous suplie très humblement d'avoir la bonté de nous le faire mander, et si je puis donner connessance à mesdames ses sœurs de l'ordre que j'ay du roi de ne la laisser voir qu'à elles. La crainte que j'ay de faire quelque chose contre les intentions de S. M. m'engagera à vous estre souvent importune; mais estant par ce motif, j'espère que vostre bonté me le pardonnera, et ne désagréera pas qu'en même tems je me donne l'honneur de vous demander la continuation de vostre protection pour cette pauvre maison.

P. S. Depuis nostre lettre escritte, il est venu à Mme la connestable un tailleur, une lingère et d'autres gens de cette sorte, et avec eux un home qui a esté dans son voiage avec elle, de qui je croy qu'elle se sert pour ses affaires. Je le vis au parloir avec le gentilhome ordinère du roy, lorsqu'elle arriva. Je n'en say point le nom; mais comme elle n'a icy aucune harde, je croy que ces personnes pourront venir souvent. Je n'ay pas creu qu'on les pût refuser; mais je ne laisse pas d'en estre fort inquiettée, craignant que quelqu'un qu'elle ne doive pas voir, se serve de ce prétexte, et vienne avec eux. Elle parest estre surprise de ce que personne ne la vient voir.

Ce vendredi au soir (23 septembre).

Je viens de recevoir avec la reconnessance que je dois à vos bontez, la lettre que vous m'avez fait l'honneur de m'escrire. Depuis celle qui vous a esté rendue de nostre part, les choses ont changé; Mme la conestable, qui d'abord parut un peu s'emporter lorsque je luy dis que l'intention du roy estet qu'elle satisfist pour les choses nécessères à sa dépense, après que sa lettre fut partie me témoigna en estre faschée, et vouloir suivre les sentimens de S. M, ce qu'elle a fait ensuitte, et tant sur ce point que pour tout le reste, nous avons tous les sujets du monde d'en estre contentes et de nous louer de sa bonne conduitte. Je vous demande, Mgr, l'honneur de vostre protection pour cette pauvre maison.

Le 3 octobre.

J'ay receu avec le mesme respect et soumission les ordres du roy, pour laisser sortir Mme la conestable de cette maison, comme j'avés fait celuy de l'y faire entrer. Si elle a aporté quelque retardement, je vous suplie de croire, Mgr, que je n'y ay aucune part, et l'aurès remise sur l'heure entre les mains de M. de la Giberti, si elle n'avet réglé avec luy toute chose. J'ay suivy avec toute la fidélité que je dois les intentions de S. M. que vous m'avez fait l'honneur de me prescrire; de son costé elle s'est fort bien conduitte, et nous avons tout sujet de nous en louer.

Vol. verts C.

43.

LA CONNÉTABLE COLONNA A COLBERT.

Du Lis, ce 23e septembre 1672.

Je croyé, Mgr, que vous auriés eu plus de charité pour vostre prochain, et que vous ne montreriés pas au roy ma lettre, laquelle j'escrivis en colère sans savoir ce que je faisois. J'en ay eu assé de regret lorsque j'ay esté de sangfroid. Mais comme aux fautes commises il n'y a plus de remède, je vous prie au moins de radoucir le plus qu'il vous sera possible l'esprit du roy, en ly faisant conoître que quand je serès icy retenue par ses ordres, je y demeurerès encor avec plus de satisfaction dans l'espérance de fair quelque chose quy ly seroit agréable, et que de plus je ne sohaitte nullement sortir d'icy pour aler à 60 lieux de Paris, à moins qu'il ne me le commande expressément, ce que je feré après pour l'obéir, mais non pas pour suivre mon plésir, le trouvant tout entier dans cette maison, où je demeureray si S. M. le trouve bon jusques à ce que Dieu m'inspire ce que j'auré affair touchant mon accomodement. Cependant, soyés assuré que je ne me consoleré jamais d'avoir eu une prontitude si mal à propos, et d'avoir dépleu à celluy à quy je dois tout ce que j'ay au monde. Je vous prie de m'escuser auprès de luy, et de me croire fort vostre, etc.

<small>Vol. verts C.</small>

44.

RÉPONSE DE COLBERT A LA CONNÉTABLE COLONNA.

A Versailles, le 24 septembre 1672.

J'ay leu au roy le billet que vous m'avez fait l'honneur de m'escrire par le retour de mon courrier. S. M. a bien receu les excuses que vous faites des termes de vostre billet du jour précédent[1], et elle m'ordonne de vous asseurer qu'elle vous donnera tousjours la protection qu'elle vous a promise. Et en mesme temps, elle m'ordonne de vous dire qu'elle persiste en ce que j'ay eu l'honneur de vous escrire de sa part; et pour cet effect que vous choisissiez un couvent à 60 lieues de Paris pour vous y retirer jusques à ce que vostre accomodement avec M. le conestable puisse se terminer. S. M. attend par le retour du porteur qu'elle m'ordonne de vous envoyer exprès, le nom du couvent que vous aurez choisy, affin que vous puissiez vous y rendre et y demeurer en toute seureté. Après m'estre acquitté de l'ordre de S. M., je vous prie de me permettre, Mme, de vous dire qu'il est difficil que vous puissiez juger de ma charité ou pour mieux dire de l'envie de vous servir et de contribuer quelque chose à vostre satisfaction par ce qui s'est passé. Le roy a bien voulu faire passer par ma plume ses ordres sur vostre sujet; vous m'escrivez sur l'exécution de ces mesmes ordres, je luy doibs fidélité, et ainsy je ne pouvois pas me dispenser de luy faire voir vostre lettre. Et j'espère, Mme, que vous en jugerez ainsy, et que vous agréerez la protestation que je vous fais d'estre tousjours, etc.

Vol. verts C.

45.

LA CONNÉTABLE COLONNA A COLBERT.

Du Lys, ce 25° septembre 1672.

Le commencement de vostre letre m'a fort réjouy, Mgr, voyant que le roy avoit bien receu mes escuses et qu'il vouloit bien m'accorder tousjours sa protection; mais la suitte ne me fait que trop conoître

[1] Ce billet ne se trouve plus dans la collection des lettres adressées à Colbert.

qu'il me voudroit voir bien loing de son royaume, et que ce n'est que par une simple honêteté tout ce qu'yl en fait. Du reste, je ne sçay pas assé bien la carte pour choisir un couvent dans une ville à 60 lieux de Paris; il n'a qu'à dir où veut que j'aylle, je m'y rendré, quoy qu'il me soit bien fâcheux de quitter un endroit où j'estois déjà toutte accouttumée, et où je recevois touts les bons traittemens que je pouvois sohaitter. Au moins que (ce) soit dans une abbaye et un beaux couvent, car je ne sauré pas y durer autrement. Je n'auré jamais creu ce que je voye; je n'en diré pas davantage, parce que je ne me possède pas si bien que vous : y vaut mieux finir. Dites seulement au roy que je ly demande de ly parler une fois avant que m'en aler, quy sera la dernière de ma vie, puisque je ne reviendré plus à Paris. Otroyés cette grâce, je vous conjure, Mgr, et après je ly promets que je m'en iré encor plus loing s'il le sohaitte, estant tousjours fort disposée à ly obéir, et à vous de vous témoigner que je seré toutte ma vie vostre, etc.

Ce 1er octobre.

Vous ne me répondés pas un mot, Mgr, sur la prière que je vous avois fait de faire au roy de ma part; je ne sçay plus que en juger. Je conois la bonté et l'honèteté du roy de tous tems, et ne say ce que je ne puis avoir démérité depuis mon arrivée en France, qu'il ne me juge pas digne d'une audiance ni d'un mot de réponse; ou il faut que j'aye bien des ennemis, ou que mon malheur soit sans exemple, puisqu'il n'est pas possible que le roy, qui est le plus obligeant roy du monde, comance par moy à estre inexorable. Escusés, Mgr, la plainte que je vous fait, et croyés-moy tousjours vostre, etc.

Vol. verts.

46.

LETTRE DU ROI A LA CONNÉTABLE COLONNA.

A Versailles, le 26° septembre 1672.

Ma cousine, désirant vous donner une abbaye commode pour vous retirer et y demeurer en toute seureté pendant le temps que vous voudrez demeurer dans mon royaume, je n'en ay point trouvé qui convinst mieux à tout ce que vous pouvez désirer que celle de Saint-Pierre de ma ville de Reims, dont la dame d'Orval est abbesse; et pour cet effect, aussi tost que j'auray une dernière response à cette lettre, j'envoyeray le sieur Goberti pour vous y aller conduire. Sur ce, je prie Dieu qu'il vous ayt, ma cousine, en sa sainte et digne garde.

Vol. verts C.

47.

RAPPORTS DE COLBERT DE TERRON, INTENDANT DE MARINE.

De Rochefort, le 3 novembre 1672.

..... Il ne se peut pas veoir un meilleur ouvraige que celluy qui s'est fait dans nostre corderie depuis trois ou quatre mois. On s'est appliqué particulièrement à faire des câbles, et soit pour la qualité du fil ou de l'estuve, je suis asseuré qu'il ne se peut rien de mieux. Je n'apprends point de Mess. nos capitaines qu'il soit arrivé aucun manquement aux vaisseaux de la part des câbles qui leur ont esté fournis. Ils sont usez et raguez à cause de fréquents mouillages, et d'autres ont esté laissez à la mer; mais il n'en est point rompu par la faute du fil; cela n'empesche pas que l'on n'ayt donné ordre à ce fil;

et que l'on ne l'ayt fait de meilleure qualité que les années précédente, estant plus menu et plus esgal.

Pour ce qui est des ancres, on est convenu que tous les deffauts se trouvent dans les ancres d'Allemagne. En cela, on ne se peut précautionner contre l'infidellité des ouvriers qu'en voyant sa besongne; car le paquet estant fait on n'y voit plus goutte.....

De la Rochelle, le 5 décembre.

..... La désertion des soldats augmente nottablement à Saint-Jean, cela passe présentement le nombre de 60, et il ne se faut point flatter sur cela, quand le temps de l'embarquement s'aprochera, tout est à craindre. Le service de la mer est dur pour le soldat, et le payement un peu médiocre, eu esgard aux hardes qu'ils ne peuvent s'empescher de consomer. Je ne puis m'empescher de vous donner ces avis, pour ce que la difficulté de trouver des soldats pourroit causer un nottable retardement à l'expédition de l'armement prochain.....

De Rochefort, le 15 décembre.

..... L'extrait de la lettre escrite par M. de Vauvré ayant esté communiqué icy à Mess. nos capitaines, parmy lesquels il y a des plus habilles et des plus honnestes gens, comme les sieurs Forant et Beaulieu, ils ont tous dit qu'ils avoient veu dans les navires d'Espagne l'expérience de cette manière de doubler les navires en table de plomb, et qu'ils pouvoient asseurer au roy que le fond des vaisseaux, pour estre doublé de plomb, ne se chargeoit pas moins d'ordures et de saletez comme mousse et sapinettes. Ilz appellent sapinettes une manière de moucle ou coquillage qui s'attache ordinairement au fonds des navires. Ainsy ilz ne croyent pas qu'il soit du service de S. M. de pratiquer cette façon de doublage pour l'inutilité et la dépense. Je leur ay donné aussy communication du mémoire contenant les différences qui se trouvent entre les manières de bastir de France et d'Angleterre. Ilz ont demandé quelques jours pour y faire leurs réflections et les mettre par escrit. Je feray l'extrait des choses dont on conviendra sur cela, et je l'envoyeray au premier jour. Cependant je diray qu'entre diverses choses considérables qui sont à y remarquer, ce qui parroist de plus essentiel, est de donner le fort et le soustien du navire à la ligne de la flottaison, et il y a desjà quelque temps que nous nous apliquons à rendre nos maistres charpentiers capables des raisons de cet usage, affin de le mettre régulièrement en pratique à l'advenir, et je croy que M. Pommet y aura réussy dans le gabarit qu'il a fait pour le radoub de *l'Aymable*.

Je ne croy pas qu'il y ayt rien à adjouster ni changer à l'ordonnance du 3 de ce mois pour remédier à la désertion des équipages; mais il est certain qu'il n'y a rien de si difficil que de se rendre maistre des désirs viollens qu'ont les mattelots au retour des voiages, de retourner dans leurs maisons et de veoir leurs familles. Il faudra à l'advenir s'employer à faire exécuter cette ordonnance du mieux qu'il se pourra.....

On s'employe icy avec autant de soin et d'ordre qu'il se peut, au radoub et rétablissement des vaisseaux. Ce travail se trouve toujours plus grand que l'on ne croit, particulièrement aux flamans qui sont bastis de bois du Nord qui s'eschauffe et se pourrit. Je dois aussy dire sur cela avec honte et confusion, que je vois tous les jours sous mes yeux, que ce charpentier avec lequel j'ay traitté de la construction d'une frégatte pour la main de l'ouvrier, fait beaucoup plus d'ouvraiges que les charpentiers qui travaillent à la journée du roy, et je ne sçay quel remède aporter à cela. Il est vray que la besogne parroist bien plus dans les constructions que dans les radoubs.....

Si vous nous faictes la grâce de nous secourir des fondz que vous avez destiné pour ce port, je vois seurement que nous ne manquerons d'aucune chose pour la fourniture des magasins..... La corderie fournira seurement cinquante-huit câbles dont nous avons besoin pour l'armement prochain. Il est certain qu'il ne se peut veoir en aucun arsenal du monde un cordage mieux fillé ni goudronné plus à propos. Si je ne puis fournir à d'autre cordage de moindre considération, les boutiques de la Rochelle en sont pleines et il se vend à très juste prix.

Nous avons icy des officiers qui s'ennuyent de ne rien faire et qui demandent par grâce au roy de leur donner *le Fanfaron* et *l'Inconnu* pour aller faire une course en attendant la campagne. Ilz offrent de remettre ces deux navires dans le corps de l'armée esquipez en brûlotz et de les commander si S. M. l'a agréable. C'est le chevalier de Réal et Lestrille des plus anciens lieutenans; et le commandeur de Verdille est celluy qui entre le plus dans la dépense de cet armement. Ilz m'ont donné le mémoire cy-joint, sur lequel je vous supplie très humblement de me faire réponce pour satisfaire à l'impatience de ces messieurs.....

<small>Vol. verts C.</small>

48.

LE DUC MAZARIN A COLBERT.

<small>A Strasbourg, le 8e novembre 1672.</small>

Je suis assuré que si vous pouvés faire au milieu de vos grandes affaires un peu d'attention sur la conduitte que M. l'intendant tient à l'égard de la préfecture royale, vous verriez une confusion dans la forme, un désordre dans le fond, qui ne quadrent point à vos principes, et sur le tout pousser les prérogatives de l'intendance bien au delà des justes bornes que vous luy avez prescrittes. Cependant je ne sçay s'il vous est rapporté qu'il se sert en toute sa conduitte du nom du roy pour l'autoriser, et qu'à l'abry d'une chose si éminente et si redoutable, il entreprend des faits fort inouis, comme ceux de despouiller toute la préfecture de ses priviléges, de n'avoir nul esgard pour la qualité de jurisdiction souveraine dont le roy l'a honorée à l'exemple des empereurs, des mains desquels il l'a receue revestie de tous les avantages; de faire emprisonner les officiers principaux, parce qu'ils ne lui sont pas aussi soumis que ceux d'Ensisheim, de faire venir dans sa chambre le greffe, de le feuilleter, en oster ce qui luy plaist, et l'emporter comme dans une justice inférieure à la sienne; encore semble-il qu'un inventaire soit dans l'ordre, d'examiner tous les comptes de communautez sans en avoir ordre du roy ni possession aucune, menaçant les prévosts de corde, parce qu'ils ne sont pas aussi réguliers qu'en France pour la forme, quoy que j'aye remédié à cet abus l'année passée; et sur le tout le grand prévost d'Alsace qu'il a créé, et ses archers faisant ces exécutions avec une entière et seule dépendance à son esgard. J'ay cependant souffert tous ces passe-droits, parce qu'il n'est point soumis aux belles charges dont le roy m'a honoré, et j'ay attendu tout l'effect de mes très soumises remonstrances au roy de la justice qu'elles contiennent et de la bonté que vous aurez de les faire valoir, non obstant la prévention que vous pourriez avoir en faveur de la fonction de M. l'intendant. Mais comme M. le marquis de Ruzé a eu la foiblesse de ne point soustenir les droits de la préfecture en mon absence, qu'il a suivi aveuglément les sentimens de M. l'intendant, et que d'ailleurs il n'a pas fait son devoir en plusieurs choses dans le grand baillage, j'ay creu devoir user du droit que le roy m'a donné sur luy, en l'interdisant des fonctions de sa charge. J'espère en ce rencontre, Mgr, et en tous autres des effets de vostre bonté pour moy, qui suis un peu poussé par M. l'intendant.

Vol. verts. C.

49.

COLBERT AU DUC MAZARIN, GOUVERNEUR DE L'ALSACE.

A Versailles, le 11° novembre 1672.

J'ay veu et considéré tout ce que vous avez pris la peine de m'escrire et en mesme temps j'en ay fait lecture au roy[1]. S. M. ayant fait réflexion sur toutes les raisons qui y sont contenues, et sur tout ce qui peut résulter du traitté de Munster, et des différens droicts qu'elle a en toute l'Alsace, m'a ordonné de vous répéter par ces lignes qu'elle veut que l'intendant fasse dans toute l'estendue de la grande prévosté d'Haguenau les mesmes fonctions contenues dans sa commission, que les autres intendans ont accoustumé de faire dans toute l'estendue des provinces du royaume, concernant la justice, police et les finances. Comme le roy ne donne ces commissions qu'à des personnes qui ont de l'expérience, et qui ont desjà servy dans les compagnies supérieures et dans le conseil, ils sçauront bien agir et exécuter leur pouvoir suivant les différens droicts que S. M. a en ces païs-là. Et je crois devoir adjouster à l'ordre que S. M. m'a donné de vous expliquer ses intentions, qu'en vérité vous ne debvriez jamais permettre que ces sortes de prétentions parussent aux yeux de S. M., d'autant que la discussion ne s'en peut pas faire qu'il n'en résulte quelque chose qui ne vous est pas advantageuse. Vous avez une si belle et si grande charge qui a tant de belles fonctions, au nom de Dieu, laissez faire aux autres ce qu'ils doibvent faire, et faites bien ce que vous estes obligé de faire pour le service du roy, en exécution du pouvoir que S. M. vous a donné. Vous sçavez de quelle estendue est le royaume, et vous sçavez que feu Mgr le cardinal, et auparavant luy, M. le comte d'Harcourt ont esté grands baillifs comme vous, et jamais le roy n'a entendu parler d'aucune difficulté sur ces matières, et il n'en est jamais arrivé aucune entre les gouverneurs et les intendans dans l'estendue des provinces du royaume. Je ne sçais par quel malheur il faut que le roy voye incessamment des difficultez que vous faites naistre où les autres n'en trouvent aucune. C'est tout ce que je vous

---

[1] Le duc Mazarin, de sa propre autorité, avait déclaré nulles les ordonnances de l'intendant de la généralité sur les corvées à faire, par les habitants, pour les travaux de la place forte de Philipsbourg; le gouverneur se fondait sur les priviléges des Alsaciens; mais sa manière d'agir fut blâmée par Colbert qui lui écrivit plusieurs lettres à cet égard.

puis dire sur cette matière, vous asseurant que je seray tousjours, etc.

Vol. verts C.

50.

LE DUC DE SAINT-AIGNAN, LIEUTENANT GÉNÉRAL AU HAVRE, A COLBERT.

Du Havre, le 28 novembre 1672.

Il n'a pas esté en mon pouvoir de refuser à M. de Brignon la prière qu'il m'a faite, en s'en allant vous trouver, de me donner l'honneur de vous escrire. Je crois, Mgr, que vous ne l'aurés pas désagréable, parce que c'est le bien du service du roy, et que vous n'avés peut-estre pas sceu au vray l'extrême nécessité des soldats des garnisons d'Harfleur et de Montivilliers, leur nudité et la bonté de ces troupes-là, estant certain qu'il n'y a pas de meilleurs hommes dans toutes les armées du roy, qui font aussy bien le service, et commandés par des officiers d'un aussy grand mérite. En vérité la désertion à laquelle, faute de subsistance, 272 hommes se verroient contraints absolument, auroit peine à estre réparée, et difficilement en pourroit-on remettre de pareils sur les vaisseaux du roy, et je vous jure qu'encores que je doive prendre assés de confiance en vostre justice et en vostre parolle positive pour ne pouvoir doutter qu'en ceste année 1673, je ne doive toucher 5,000^{tt} en janvier, et autant en juillet, ainsy qu'aux autres années, et un peu plus exactement mesme, à ce que j'espère; si vous ne me l'aviez confirmé par une lettre, j'aurois eu peine à m'empescher d'emprunter icy quelque argent pour leur faire une avance, les voyant sans chaussure, et les ayant employé pour le service de S. M. dans la boue jusqu'aux genoux; estant aussy tesmoin que M. Brodard n'a rien oublié de ce qu'il a pu faire pour eux. Je vous demande pardon encores une fois de cette importunité.....

Vol. verts C.

51.

LE DUC MAZARIN A COLBERT.

A Philipsbourg, le 29ᵉ novembre 1672.

Je n'auray jamais qu'une obéissance aveugle pour toutes les choses que vous m'escrirez de la part du roy, et une très grande déférence pour vos sentimens particuliers; je suis cependant obligé de vous dire que si M. l'intendant s'estoit renfermé dans les bornes de son employ, conformément à l'exemple de Mess. ses prédécesseurs, nous n'eussions eu qu'une très grande intelligence ensemble. Mais comme il a voulu establir plusieurs nouveautés, je l'ay fort prié diverses fois de remettre la décision de ses prétentions à la cour, ce qu'il a esté une fois sur le point de faire, et puis il ne l'a plus voulu; ensuitte il a usé de voye de faict en des choses que les plus indifférens jugent insoustenables, et il ne se trouvera pas que, de mon costé, j'aye faict ni escrit chose du monde dont il ait droit de se plaindre. Quant aux mauvais effects que ses nouvelles prétentions peuvent causer au service du roy, je vous supplie très humblement de vous en faire informer par telle personne qu'il vous plaira, et j'espère que cet esclaircissement ne sera nullement à ma charge. Pleust à Dieu que vos grandes affaires vous peussent permettre d'entrer dans le détail, et vous cognoistriez que la conservation des droits de la charge de grand bailly, les fonctions préfectoriales, le mesnagement envers les estats de l'empire et ses membres et l'entière authorité du roy dans les villes, sans user de sa puissance que sur des fondemens qui ne peuvent estre contredicts par qui que ce soit, sont choses qui conviennent et quadrent admirablement bien les unes avec les autres. Ce sont ces grands principes, Mᵍʳ, que j'ay tasché d'estudier depuis onze années jusques à ce que le roy m'ordonast de les mettre en pratique, et pour celles des finances du roy naturelles à un intendant, je vous proteste qu'elles m'auroient esté fort à charge, à moins que vous ne m'eussiez mandé de la part du roy, que pour ne rien changer aux vieilles coustumes des Allemands, j'en eusse deu prendre une cognoissance indirecte. Mais il me suffist de vous avoir représenté mes raisons, et après avoir receu la responce dont vous m'avez honoré, je ne vous en parleray plus.....

Vol. verts C.

52.

LOUVOIS A DE SAINT-ROMAIN, MINISTRE PLÉNIPOTENTIAIRE EN SUISSE.

A Saint-Germain, le 25 janvier 1673.

Le roy n'a jamais cru qu'il pust rien obtenir en Suisse en ne donnant rien et en ne donnant que de simples gratifications à des particuliers.....; les gratifications des particuliers seules n'estant bonnes que pour empescher des résolutions fascheuses dans les diettes où les voix se comptent. L'on peut, en distribuant de l'argent à des députés, les persuader de ne point parler de quelque affaire, ou d'en parler si foiblement que l'on n'y prenne aucune résolution. S. M. connoît bien que pour faire quelque chose dans un canton, il faut joindre aux gratifications particulières une pension pour le général; mais S. M. est persuadée que la chose la plus inutile du monde, c'est de donner une pension générale à tous les cantons, parce que, quand après la leur avoir payée, vous leur demanderez quelque chose, ils ne manqueront pas de vous en demander une nouvelle, et c'est sur cela, M^r, que l'on s'est récrié..... Ce que le roy a présentement à désirer des cantons, consiste à empescher qu'ils ne rappellent leurs troupes, à faire qu'ils accordent des recreues à celles qui sont sur pied, et qu'ils ne traversent pas le peu de levées que vous ferez dans les cantons.....

Dép. guerre, vol. 344.

53.

DE SAINT-ROMAIN AU ROI.

A Soleure, le 11 février 1673.

Rien n'est si rude et si injuste que la liberté que tous les cantons prennent de refuser les levées après avoir receu les pensions de plusieurs années, sur ce léger prétexte qu'il peut leur en estre encore deu quelqu'une..... Les Suisses, sire, ne se sont pas contentez de prendre cet avantage et les autres particuliers que j'ay desjà marquez, ils en ont pris et veulent tous les jours en prendre d'autres plus généraux si considérables, que si on les laissoit faire, il ne demeureroit rien dans les traitez de clair que l'obligation de payer les pensions. La première qui leur fut accordée, ce me semble par le roy Louis XI, n'estoit que de 20,000 ₶ pour tous les cantons, et les rois ses sucesseurs et V. M. en ont usé avec tant de bonté et de libéralité pour la Suisse, qu'aujourd'huy la pension de la pluspart des cantons en particulier est plus grande de 2 ou 3,000 ₶ que n'estoit alors celle de tous en général. Les Suisses au contraire en ont usé de leur costé avec si peu de reconnoissance qu'ils ont profité de tous les temps difficiles pour diminuer leurs obligations par des dispenses arrachées ou autrement.....

Dép. guerre, vol. 344.

54.

LE MARQUIS DE LOUVOIS A TURENNE.

A Metz, le 7 septembre 1673.

Le roy m'a commandé de vous donner part de ce qui s'est passé depuis quelques jours sur le fait du mariage de M. le duc d'Yorck, sur lequel S. M. m'a commandé de commencer par vous dire que vous pouvez vous souvenir de ce qu'elle vous a toujours dit sur une des filles de M. le duc d'Elbeuf. Il s'est fait depuis quelques mois plusieurs négociations sur le mariage de M. le duc d'Yorck, lequel, tantôt vouloit la fille du duc de Neubourg, et d'autresfois une des filles de M. le duc d'Elbeuf, pourveu que le roy la voulust dotter. Enfin, il s'est fait présenter, il y a quinze jours ou trois semaines, à la fille du deffunt duc de Modène, et S. M. avoit nommé M. Dangeau pour en aller conclure le mariage, ne doutant pas que la proposition n'y fust receue avec beaucoup de joye. Cependant la duchesse régente ayant esté informée, et ayant consulté M. de Canaples, qui est fort dans ses bonnes grâces (s'y est refusée en sorte) qu'ils ont pris le parti de faire dépescher un courrier par le roy d'Angleterre pour demander Mlle d'Elbeuf ou Mlle de Créquy, sçachant bien que le roy ne vouloit point Mlle d'Elbeuf, par le rapport qu'elle avoit avec la maison de Lorraine, et qu'ainsy l'affaire tomberoit naturellement sur Mlle de Créquy. Le roy a répondu qu'il ne pouvoit consentir ni à l'une ni à l'autre, et croit avoir mis les choses en estat, que cela tournera ou sur la princesse de Neubourg ou sur la princesse de Wirtemberg, et comme vous sçavez mieux que personne les raisons pour lesquelles le roy a eu de la répugnance à ce que cette affaire se fasse pour Mlle d'Elbeuf, je ne vous le répéteray point, et je vous diray seulement qu'il a creu que dans la conjecture présente où il semble que M. de Lorraine va devenir un peu plus considérable par les traitez que l'empereur, les Espagnols et les Hollandois viennent de conclure avec luy, S. M. m'a ordonné d'ajouter que vous sçavez assez que S. M. a de la satisfaction des importans services que vous luy rendez, et l'amitié qu'elle a pour vous, pour ne point douter qu'elle n'ait eu de la peine d'estre obligée de s'oposer à la bonne fortune d'une personne qui vous apartient de si près....

Le 22 septembre.

Il est arrivé cette après-disné un courrier par lequel le roy a esté informé que M. Dangeau a fait que la cour de Modène a changé de résolution, et qu'aujourd'huy la jeune princesse doit avoir esté espousée par M. de Péterbourg, et que trois jours après, elle doit se mettre en chemin pour aller en Angleterre. Le roy de la Grande-Bretagne vient de faire présent au roy de 1,500 Anglois et de 1,500 Écossois en deux régimens, lesquels il fait débarquer en France à ses dépens, voulant, dit-il, faire connoistre à tout le monde l'intime part qu'il prend aux intérêts de S. M.

Dép. guerre, vol. 346.

55.

L'ABBÉ GRAVEL, ENVOYÉ DE FRANCE EN ALLEMAGNE,
A LOUVOIS.

Mayence, 28 octobre 1673.

..... Je feray tout ce qu'il me sera possible pour exécuter à vostre satisfaction ce qui est contenu à l'esgard de l'establissement d'une poste entre Metz et cette ville. Il y a cinq ou six ans que feu M. l'Électeur avoit, sur les instances que je luy en fis, disposé les choses en sorte pour cet établissement qu'il ne manquoit plus que le consentement du costé de la France; mais feu M. de Lionne me manda que certains intérests de charge ne permettoient pas qu'on pust le donner.....

Le 24 novembre.

Je ne sçay si vous ne désagréerez pas que je vous fasse une proposition qui regarde un peu mes petits intérêts, et dans l'exécution de laquelle il ne tiendra qu'à S. M. de me faire un petit advantage, sans qu'il luy en couste rien. Voicy ce que c'est, Mgr. Il y a dans cet archevesché[1], en deçà du Rhin, quelques terres engagées au duc de Lorraine, et dont le prince de Vaudemont est en possession, et jouit actuellement. Ces terres s'attendent fort à estre mises sous la contribution, et y sont préparées comme à un accident inévitable; et mesme de la manière que j'en ay entendu parler icy, l'archevesché n'y perdra rien, et n'y sçauroit par conséquent trouver à redire. S'il plaisoit au roy de me faire don de cette contribution, cela ne feroit aucun tort ni préjudice au bien de ses affaires, et me feroit un peu de bien. L'advantage que j'en retirerois, consisteroit en ce que les terres estant dans ce voisinage, et venant jusqu'à une heure et demye prez de cette ville, je traitterois avec les habitans, qui me fourniroient en avoine et fourrage pour mes chevaux, et peut-estre un peu de petits vins pour mes domestiques, ce à quoy ils seroient taxez, ce qui leur feroit plaisir. Et je me ferois fort de le faire agréer à cette cour, qui aymeroit bien mieux que la chose se fist de cette manière, que d'espuiser ce pays, dont la propriété leur appartient tousjours, et qu'ils prétendent mesme racheter lorsqu'ils seront en estat de le pouvoir faire du peu d'argent qui y est. Cela m'ayderoit, Mgr, à subsister un peu plus commodément dans la saison où nous sommes, que toutes les denrées sont extraordinairement renchéries à cause du séjour qu'ont fait les armées aux environs de cette ville des deux costez du Rhin, et à faire honneur au service du roy, vous asseurant que si le roy me fait quelque grâce, ce n'est point pour en proffitter, mais pour le bien employer.....

Dép. guerre, vol. 347.

[1] Celui de Mayence, un des électorats de l'empire germanique.

56.

COURTIN, ENVOYÉ DE FRANCE
AU CONGRÈS DE COLOGNE POUR LA PAIX, A LOUVOIS.

Cologne, le 8 décembre 1673.

Je vous supplie très humblement, M^r, de lire les endroits que j'ay barrez dans les deux articles que je vous envoye, et de me dire de bonne foy si avec un autre qu'avec un maistre avec qui il fault tousjours se donner le tort, je ne serois pas bien fondé de demander une réparation d'honneur. J'ay rejetté une ouverture apprez l'avoir combattue par de bonnes raisons; quand on me l'a renouvellée, j'ay demandé si je pouvois dire que j'escouterois sur ce subject, ce qui prouve clairement que je n'ay pas voulu escouter, et néantmoins on me condamne, comme si j'avois commis un grand crime, et on faict parler le roy, qui est le prince du monde le plus honneste et le plus modéré, et à qui l'on n'a jamais ouy dire une parole fascheuse à personne, dans des termes si durs, que je maintiens qu'il n'y a point d'exemple que jamais on en ayt employé de si aigres, ny de si offensans, et véritablement c'est à l'esgard d'un homme qui sert continuellement depuis 20 ans dans les plus importantes affaires que S. M. ayt à démesler avec les estrangers, avec autant de zèle, d'application et de fidélité, et avec plus de succès que personne. J'ay faict tous les traittez et je suis ruiné, et ceux qui sont revenus sans rien faire sont comblez de dignités, de charges et d'honneurs, et on laissera à la postérité un tittre par escrit qui me déshonore.

Je vous advoue, M^r, que j'ay beaucoup de peine à le digérer, et que, sans la considération du service du roy qui me retient, et qui me servira tousjours de règle, je ferois imprimer la belle lettre de M. de Pomponne, et je ferois remarquer au publicq, ou qu'il avoit oublié ce qui s'est passé à Vienne soubs son ministère, et ce qu'il a faict signer par un plénipotentiaire du roy, en présence d'un nonce et d'un ambassadeur de Venise, et ce qui est demeuré entre les mains de l'empereur, ou ce que la passion qu'il avoit de se venger pour mon commerce que j'avois l'honneur d'entretenir avec vous[1], et qui ne blessoit nullement sa fonction, luy a faict dissimuler la vérité pour insulter à un ami de vingt-cinq ans, de l'amitié duquel il avoit receu des preuves très essentielles dans la mauvaise fortune.

Pour ce qui regarde le roy, dont je respecte la colère autant que je la sens avec douleur, je ne cherche pas qu'il fasse à mon esgard ce que fit le roy Henri IV, qui, pour avoir dit un jour au premier président de Harlay qu'il estoit contraire à ses sentimens et à ses intérests, parce qu'il luy faisoit des remonstrances sur quelques esdicts, l'envoya quérir le lendemain et eut la bonté de luy tesmoigner qu'il estoit en colère la veille, qu'il estoit fasché de luy avoir parlé comme il avoit faict, qu'il le prioit de l'oublier, qu'il sçavoit qu'il estoit un des meilleurs serviteurs qu'il eust, et luy donna l'abbaye de Chailly, qui valoit pour lors 35,000ᵗᵗ de rente. A Dieu ne plaise, Mr, que je songe en cette occasion à avoir du bien ni des parolles qui ayent l'air d'une excuse dans la bouche de mon maistre. Tout ce que je souhaitterois, ce seroit qu'il eust agréable (si M. de Pomponne supprimoit la lettre dans laquelle je rapporte les termes dans lesquels M. de Gremonville s'est expliqué) de lire les deux articles que j'ay marquez, et que vous eussiez la bonté de leur faire entendre combien le roy a trouvé mauvais que j'eusse l'honneur de vous escrire depuis deux ou trois mois, c'est-à-dire depuis le temps que l'armée de l'empereur est sortie de la Bohême, presque tousjours sur des choses qui regardoient la garnison et dont il eust esté ridicule qu'estant plénipotentiaire pour la paix, je me fusse ingéré d'escrire au secrétaire d'Estat qui a le département des estrangers. C'est M. de

---

[1] Quoique dépendant du ministère des affaires étrangères comme diplomate, Courtin rendait aussi un compte régulier des négociations à Louvois, secrétaire d'État pour la guerre; c'est ce qui paraît avoir excité la jalousie d'Arnaud de Pomponne.

Basville à qui le roy a tesmoigné le ressentiment qu'on a conceu contre moy, et c'est ce qui lui a faict prendre le plaisir, non-seulement de faire parler le roy comme il a faict, mais d'y adjouster dans sa lettre particulière, dans laquelle je m'attendois à trouver quelque honnesteté, une prédiction qui me menace de quelque chose de pis que l'affront que j'ay receu.

Il y a encore une chose qui m'embarrasse dans la mauvaise volonté que je voids qu'il a contre moy : c'est qu'à vous parler sincèrement, tous les ordres que nous recevons ne nous mettent point en estat de bien servir le roy, faulte de sçavoir assez bien ses intentions; ouvrez, s'il vous plaist, le volume des *Lettres de M. le cardinal d'Ossat*, celuy de la *Paix de Vervins*, celuy des *Négociations de M. le Président Jeannin*, l'*Estimé*[1] *de la négociation de Munster*, qui sont dans touttes les bibliothèques, vous y trouverez, à l'ouverture de ces livres, les lettres que M. de Villeroy escrivoit sous le nom du roy Henri IV, et et les siennes particulières à Mess. d'Ossat, de Bellièvre, de Sillery et Jeannin, et les Mémoires de M. le cardinal Mazarin à Mess. les plénipotentiaires qui estoient à Munster, presque aussy amples que les dépesches de tous ces messieurs. On agitoit la matière avec eux, et on les informoit si pleinement des intentions du maistre, qu'ils n'avoyent rien à désirer pour leur instruction. J'ay escrit des volumes depuis que je suis icy; j'ay défriché touttes les affaires, je les ay expliquées si clairement que la postérité ne me jugera peut-estre pas incapable de les avoir maniées, et véritablement nous n'avons receu que des responses si courtes et si stériles que je tremblerois s'il falloit dresser des articles sur les poinctz sur lesquelz j'ay souhaité d'estre instruict. Cependant je ne crois pas qu'un secrétaire d'Estat des pays estrangers ayt rien de plus important dans sa fonction que le commerce qu'il doibt entretenir avec des gens commis pour traitter de la paix.

Ainsi, M^r, quand je serois aussi asseuré que je le debrois estre de

---

[1] Il faut lire peut-être *le résumé*.

l'amitié de M. de Pomponne, j'aurois à souhaitter pour le bien du service du roy, qu'il nous escrivist plus à fond qu'il ne faict, et vous pouvez juger par là combien j'ay subject de craindre, à cette heure que je ne puis plus doubter de l'aigreur qu'il a contre moy, que la stérilité de ses lettres ne me mette hors d'estat de sçavoir ce qu'il faudroit que je sceusse, et ne me fasse tomber dans les doubtes continuels qui m'empescheront de prendre mon party comme il le fault prendre dans les grandes affaires, et comme je le ferois si je me croyois à couvert des mauvais offices dont j'ay desjà senty les effects.....

Vous serez informé, par la lettre que nous nous donnons l'honneur d'escrire au roy, de touttes les nouvelles qui regardent l'action des armées. Il n'y a plus rien qui empesche M. de Turenne de venir par le Luxembourg. Vous verrez bien aussi que les impériaux ne sont pas en estat de marcher vers la Lorraine. Ainsi il me paroist que vous avez une belle occasion de restablir la réputation des armes de S. M. Peut-estre que tous ceux qui sont dans les pays estrangers n'osent pas escrire au roy les mesmes choses qu'ils nous font sçavoir; mais en vérité, M^r, si vous veoyiez ce qu'ils nous mandent, vous jugeriez bien qu'il est de la dernière conséquence de faire esclatter en mesme temps la puissance du roy et la foiblesse de ses ennemis, et que sans cela nous pourrons perdre des alliez qui font la guerre avec nous, et n'en avoir point d'autres pour la continuer. Je sçais bien que vous me direz que le roy fera un plus grand effort au printemps s'il mesnage ses trouppes pendant l'hyver; mais permettez-moi de vous répliquer qu'il est périlleux de faire de trop grands progrez en Flandres, et que je doubte que S. M. y puisse faire des conquestes considérables et conserver la liaison qu'elle a avec le roy d'Angleterre, à moins que de luy donner quelque place maritime, ce qu'il est très-important d'esviter.....

Dép. guerre, vol. 347.

57.

RÉPONSE DE LOUVOIS A COURTIN.

Le 17 décembre 1673.

Je reçois présentement la lettre que vous avez pris la peine de m'escrire, triste sur ce que M. de Pomponne a dit à un de vos amis au sujet du commerce que nous avions ensemble, et de la lettre du roy que vous estimés que le chagrin qu'il en a vous a attirée. Il y a desjà du temps qu'il est travaillé de la maladie de vouloir faire sa charge et d'empescher que personne ne s'en mesle, et soit que son humeur apréhensive luy fasse craindre qu'il ne la fasse pas bien, ou qu'il luy revienne quelque chose de ce que l'on dict dans le public, il est devenu depuis quelque temps fort fascheux sur cela[1]. Mais cela ne vous doit point faire apréhender de mauvais offices, pourveu que vous n'y en donniés point de matière, parce que touttes vos lettres et les responses qu'il y fait, se lisant en présence de S. M., elle juge elle-mesme de ce que vous escrivez, et y en donne la response.

Pour revenir à la lettre du roy dont vous vous plaignez, je vous puis respondre sur mon honneur qu'elle n'est point un effet du chagrin de M. de Pomponne, non plus que la lettre particulière qui l'accompagnoit. Elles luy furent ordonnées touttes deux et relues en présence de S. M., et comme je suis bien persuadé que je ne vous seray pas suspect, je vous avoueray que quoyque je n'eusse pas été d'avis des termes fades dont on s'est servy, les responses que vous avez faites aux propositions de M. de Spar avoient tellement l'air d'ouvertures à une négociation qu'il n'estoit pas possible que vous

---

[1] On voit, par cette lettre, que déjà, avant sa disgrâce, Arnaud de Pomponne était jugé peu favorablement par ses propres collègues, et qu'il y a eu autre chose qu'un retard de courrier, comme le dit madame de Sévigné, pour causer le renvoi de ce ministre.

n'eussiez une response de S. M. fort désapprouvant la conduitte que vous avez tenue. Il faut vous abstenir dans la suite de vous conduire tout à fait selon vostre sens, et estre persuadé que quoyque les gens qui sont auprès du roy ne voyent pas aussy bien que vous, comme ils voyent plus de choses et qu'ils ont les affaires généralles devant les yeux, ils reconnoissent des inconvéniens en des choses où il ne vous en paroist point; et il vaut mieux pécher un peu en suivant vos ordres, que de prendre sur vous des choses qui vous puissent attirer des responses pareilles à celles que vous avez receues.

Dép. guerre, vol. 347.

58.

DE FORBIN, ÉVÊQUE DE MARSEILLE, AMBASSADEUR EN POLOGNE, A COLBERT.

A Varsovie, le 18 de may 1674.

Je suis si accablé, M^r, qu'à peine puis-je trouver un moment de temps pour vous dire que demain nostre élection se fait et que j'en ay bonne opinion. Ce n'est pas sans bien de la peine, je vous assure; j'ay trouvé les choses bien autrement brouillées qu'on ne se l'estoit imaginé. Je vous feray savoir touttes choses plus amplement par la première commodité. Je vous donne le bonsoir et suis tout à vous.

Le 22 may.

J'espère que vous trouverez l'argent du roy bien employé en apprenant l'heureux succès de cette diette qui vient de finir par l'élection de M. le grand mareschal[1], dont S. M. aura tout sujet d'être satisfaitte, en ayant tout l'honneur, et ne s'en pouvant faire une plus convenable à ses intérests présens et plus esloignez en l'estat que j'ay

[1] Sobieski.

trouvé les choses à mon arrivée. Il ne s'en pouvoit faire aussi une plus désaggréable à la maison d'Autriche, ni plus mortifiante ni de plus grande honte, puisque, non-seulement le prince Charles qu'elle appuyoit, et sur qui elle avoit fondé de grands desseins, a été exclus, mais que la reyne, tombant par delà du throsne, fait tomber avec elle le parti d'Austriche, qu'il importoit au bien des affaires du roy de ruiner entièrement en ce païs. Cet événement, M^r, pourra faire changer de conduitte à la maison d'Austriche, par les suittes qu'elle a lieu d'en craindre dès à présent, et le calme se trouvant restabli dans le royaume par une élection qui s'est faitte dans touttes les formes et sans violence, les choses s'y mettront d'elles-mesmes dans une situation que la France en pourra tirer divers avantages en paix et en guerre, que je vous marqueray en son temps, n'ayant maintenant que celuy de vous annoncer cette bonne nouvelle sans y pouvoir joindre d'autres particularités, pour ne pas retarder la satisfaction que je m'assure que vous aurés d'apprendre l'heureux succès de ma mission, ne doutant point que vous n'ayés la bonté de prendre quelque part à ce qui me regarde......[1].

Vol. verts C.

59.

PETIS DE LA CROIX, SECRÉTAIRE D'AMBASSADE EN TURQUIE, A COLBERT.

De Constantinople, ce 9ᵉ aoust 1674.

Le vent favorable m'ayant mis en ceste ville en 21 jours, je me sers de la première commodité qui part de ce port pour rendre mes très-humbles respects à V. G^r, et lui marquer, en l'absence de

[1] A ces lettres est joint un exemplaire imprimé de la harangue latine prononcée à la diète de Pologne par l'évêque de Marseille en sa qualité d'ambassadeur extraordinaire du roi de France.

M. l'ambassadeur mon maistre, qui n'est pas encore de retour, plusieurs choses dont j'espère, Monseigneur, que vous trouverez bon que je vous donne avis.

V. G^r a sceu la mort de Panajotty, premier drogueman du grand seigneur, homme fort zélé au service de son maistre et fort aymé du grand visier, mais sans doutte qu'elle n'a point esté informé de sa cause. D'abord que la Porte eut apris la résolution que les Moscovites avoient faicte de se joindre aux Polonois, elle tascha, par le moyen de Panajotty, qui avoit du crédit parmy ces peuples à cause de leur rite, de destourner cette entreprise. L'on dit qu'il y fut incognito; les choses ne succédèrent pas comme on se l'estoit promis, car on assure que l'on luy fit couper le nez et les oreilles et que l'on le renvoya. Le visier, sensiblement touché du traittement injurieux que l'on avoit faict à l'envoyé de la Porte, voulut assoupir un tel affront en ostant du monde ce malheureux par une petite potion qu'on lui fit prendre. Ensuitte il fut ensevely, et son cercueil scellé du bul du grand visier sous de grandes peines. Son cadavre a esté aporté icy, et enterré dans un couvent qu'il a fait bastir dans l'une des isles des Princes. Son successeur se nomme Maurocordato, médecin de sa profession, habile homme qui a beaucoup de brillant, et qui est fort ennemy du rite romain..... Quant aux ordres que V. G^r a eu la bonté de me donner pour la recherche des livres, je fais le destail de touttes choses à M. l'abbé Galois, afin de ne vous point ennuyer par une trop longue lettre.

J'ay apris que le lapis ou l'outremer estoit fort rare en France, et que M. Lebrun en faisoit chercher partout pour les ouvrages de S. M. Il s'en rencontre quelquefois de très-belles pierres en ce pays. Si V. G^r me veut honorer de ses ordres, je ne manqueray pas d'y satisfaire avec beaucoup d'exactitude, en ayant une connoissance assez particulière..... J'ay des personnes afidées qui me donneront les avis nécessaires lorsqu'il arrivera des caravanes, parce que les Vénitiens et les Hollandois recherchent fort exactement le lapis, et si j'avois eu du fonds ces jours passés, j'en ay veu une pierre pesant 36 ocres, qui sont près de cent livres.

En finissant ma lettre, je suplieray V. G{r} d'avoir esgard au grand voyage que faict M. l'ambassadeur pour establir le renouvellement des capitulations, et de luy vouloir procurer par vostre protection le payement des apointemens, en ayant besoin, à cause des grandes despenses qu'il est obligé de faire, n'oubliant rien de tout ce qui peut contribuer à faire paroistre la grandeur de S. M., et au restablissement du commerce.

Le 30 aoust.

..... Je vous entretenois, Mgr, du voyage du résidant de Hollande à la Porte; j'ay apris depuis qu'il a eu audience et qu'il retourne icy sans beaucoup de succez. L'on dit que le principal point de ses ordres estoit d'ofrir 300 vaisseaux au grand seigneur pour faire la guerre à S. M. L'on a rejetté son ofre, car ce résidant ne traitant point immédiatement avec le visier, il avoit employé un des familiers de ce ministre, duquel il n'a pas obtenu une response aussy favorable qu'il se l'estoit promis. Le visier s'est mocqué de la proposition que luy a faict son amy, et il lui a respondu qu'il ne devoit point se mesler des interests des chrestiens, mais qu'il estoit du leur d'espier l'occasion favorable d'avancer leurs armes. Peut-estre que le ministre hollandois n'en demeurera pas là, et qu'il fera quelque tentative, qui sans doutte ne sera pas moins inutile que la première, puisque le visier, qui est un homme qui n'ignore rien, est trop informé des grandes forces de S. M. et de ses conquestes; celle de la Franche-Comté ne lui est pas inconnue. Nostre nation en a tesmoigné sa joye par une feste publique, et je me suis éforcé d'en informer tout le monde par les relations que j'en ay donné, qui ont esté jusques au camp.....

Le grand seigneur a honoré de son amitié une nouvelle sultane; l'on a envoyé icy pour acheter toutes sortes de joyaux et d'estoffes précieuses dont Sa Hautesse luy faict présent, pour la mettre dans un équipage convenable à sa qualité. Cela pourra donner un peu de jalousie à la sultane reyne; mais, estant la mère du successeur de l'empire, elle aura toujours beaucoup de crédit.....

Vol. verts C.

60.

LE PELLETIER, PRÉVÔT DES MARCHANDS, A COLBERT.

A Paris, ce 11 septembre 1674.

Nous avons faict cette après-dînée, dans l'hostel de ville, l'assemblée dont j'eus l'honneur de vous parler dimanche matin. La lettre de cachet que le roy avoit faict expédier pour la descharge du ban et arrière-ban en faveur des bourgeois de Paris y a esté leue avec mille bénédictions pour S. M. L'on y a résolu de suite une levée de 600 chevaux aux despens du bureau de la ville; pour quoy l'on empruntera l'argent nécessaire. Ainsy la grâce du roy est toute pure, et la joye et la recognoissance de tout le monde en est d'autant plus grande. Si l'on pouvoit faire mieux, et l'on le doit, l'on le feroit assurément, et le zèle qui est dans les cœurs de tout le monde vient du profond respect que l'on a pour le maistre, en sorte qu'il n'y a point de lieu en vérité, pour ceux qui doivent tout au roy comme moy, pour servir autrement qu'en troupe. Le roy ayant trouvé bon que nous fussions demain matin à son lever, pour luy faire nos très-humbles remercîmens, et le suplier d'agréer cette levée de 600 chevaux, je vous suplie de nous faire l'honneur de nous présenter à S. M., et de me croire en mon particulier, avec plus de respect que personne du monde, vostre, etc.

Vol. verts C.

61.

COLBERT A L'ARCHEVÊQUE DE PARIS.

Au camp de Gand, le ixe mars 1678.

La demoiselle Lagarde qui a chanté aux opéras du roy, estant résolue de se retirer dans un couvent de religieuses régulières, et S. M. estant informée qu'elle n'en a pu trouver aucun à Paris qui la voulust recevoir, elle m'ordonne de vous escrire qu'elle veut que vous en choisissiez un où cette fille puisse estre receue, et qu'en effet vous l'y fassiez admettre...

Reg. secr.

62.

COLBERT A LEBLANC.

Le 20 janvier 1679.

J'apprends par vostre lettre le soin que vous avez pris pour estre informé s'il avoit paru quelques cignes sur la rivière de Seyne et autres affluantes. Je vous prie de continuer et de faire tousjours connoistre de plus en plus qu'ils sont soubs la sauvegarde publique, et en cas que ceux qui se sont trouvez près de la Rocheguion puissent estre pris, donnez des ordres nécessaires pour les faire reporter au lieu que je vous ay marqué par ma lettre du 25e du mois passé [1].

J'ay veu les mémoires des marchands de Rouen que vous m'avez

---

[1] A ce sujet Colbert écrit à l'intendant Méliand, le 10 juin 1683 : « Vous sçavez que le roy a fait mettre des cignes sur la rivière de Seine, estant sous la protection particulière de S. M., elle veut, non-seulement qu'aucun n'y touche, mais mesme que chacun prenne plaisir à avoir un ornement de cette qualité sur cette rivière; et j'apprends qu'il y a beaucoup de ces cignes entre le Pont-de-l'Arche et Rouen. Je vous prie d'envoyer un des gardes servant près de vous pour les reconnoistre, et en mesme temps vous devez donner une ordonnance et la faire afficher dans toute l'estendue de la généralité sur les bords de la rivière, portant deffenses à toutes personnes de leur faire aucun mal. »

Et le 7 juillet : « L'ordonnance que vous avez donné pour la conservation des cignes, et le soin que vous prendrez de vous en faire rendre compte, contribuera beaucoup à augmenter cet ornement sur la rivière de Seine; mais il faudra prendre les mesures pour empescher qu'ils ne passent le pont de Rouen, parce qu'ils pourroient descendre jusqu'au Hâvre, ces sortes d'animaux ayant une inclination naturelle pour se retirer dans le Nord. » (Rég. secr.)

envoyé, et je vous ay bien dit que ces sortes de marchands n'estoient capables que de penser à leurs petits soulagemens; mais j'adjouste à cela que, dans un temps moins authorisé que celuy-cy, je ne sçay si l'on n'auroit pas puny des gens qui, sans ordre, sans mission aucune, s'avisent de dresser des mémoires qui ne tendent tous qu'à oster ou diminuer les droits du roy. Vous pouvés vous asseurer que dans tout ce qu'ils proposent, il n'y a rien du tout qui tende au bien général du commerce du royaume, mais seulement à leur commerce particulier.

Mél. Clair.

63.

COLBERT A DE MÉNARS, INTENDANT.

Le 24° may 1679.

Je vous ay expliqué clairement ce que vous avez à faire concernant la saisie des bestiaux, c'est-à-dire que vous devez laisser la liberté de le faire aux receveurs, parce qu'il ne leur a jamais esté défendu, et vous avez seulement la voye de les exciter à n'en saisir que lorsqu'ils n'auront point d'autres moyens d'estre payez, et sur touttes choses, dans ces matières qui sont importantes, tenez-vous en garde contre les sollicitations qui vous sont faites, qui vous donnent un certain air d'approbation dans le public qui flatte un peu trop vostre esprit; et soyez assuré que la seule approbation consiste à faire la justice, et à bien et ponctuellement exécuter les volontez du roy.

A l'esgard des collecteurs qui sont dans les prisons, vous n'avez qu'à satisfaire à la lettre que je vous ay escrite. A l'esgard des pièces de 4 sols qui sont décriées, faites pareillement exécuter les déclarations et arrests qui vous ont esté envoyez.

Mél. Clair.

64.

SAUFCONDUIT DU ROI POUR LE COMTE DE TOURVILLE.

A Saint-Germain-en-Laye, le 28° décembre 1680.

S. M. ayant esté informée que le sieur comte de Tourville, capitaine garde-côte en basse Normandie, ne peut vacquer aux fonctions de sa dite charge, au moyen des contraintes par corps que des créanciers ont obtenu contre luy, ce qui est préjudiciable au service de S. M., elle a accordé et accorde audit sieur de Tourville saufconduit et seureté de sa personne pendant deux ans, faisant deffenses à ses dits créanciers d'user pendant ledit temps d'aucunes contraintes contre luy, à peine de perte de leur deub et de tous despens, dommages et intérests, et à tous huissiers et sergens d'attenter à sa personne, ny d'exercer aucunes contraintes contre luy, ny faire aucunes saisies sur ses chevaux, armes et équipages, et pareillement à tous geolliers et gardes des prisons de l'y recevoir à peine de désobéissance et d'interdiction.

Reg. secr.

65.

LE MARQUIS DE SEIGNELAY A LE FOUYN.

A Versailles, le 15° janvier 1683.

J'attends le mémoire que vous debvez m'envoyer de la dépense qui a esté faicte pour l'enterrement de M. le comte de Vexin. Le roy veut que vous alliez trouver M. l'abbé Girard, et que vous luy disiez de faire un projet de l'inscription qui doibt estre mise sur la tombe de marbre qui sera mise dans l'endroit où est enterré M. le comte de Vexin. S. M. m'ordonne d'escrire au P. Brachet que son intention est qu'il choisisse tel jour qu'il estimera à propos pour faire faire un service à M. le comte de Vexin; et comme elle veut qu'il soit fait sans cérémonie, je vous prie de faire tendre ce jour-là l'esglise de blanc, ainsy que le fut celle de Saint-Germain-des-Prez le jour qu'il fut enterré. Observez que S. M. ne veut pas que l'on mette d'armoiries qu'au luminaire, ainsi qu'il fut fait le jour de son enterrement, et que mesme elle n'y envoyera personne de sa part.

Reg. secr.

66.

LE MARQUIS DE SEIGNELAY A MÉNARS, INTENDANT.

A Bouquemont, le 1er juillet 1683.

J'ay rendu compte au roy de ce que vous m'avez escrit au sujet du mariage du fils de Mme de Rouvroy, et S. M. m'ordonne de vous escrire que vous pouvez respondre aux parens de la fille dont est question, qu'elle ne veut point les forcer à marier leur parente contre leur gred; mais si ledit sieur de Rouvroy eust esté convenable, S. M. auroit esté bien aise que l'affaire se fust conclue.

Je vous prie de vous souvenir du pont qu'il est nécessaire de faire entre la Ferté-sous-Jouarre et Saint-Jean, dans l'endroit où il y a un bac.

Reg. secr.

67.

LE MARQUIS DE SEIGNELAY A DE BESONS.

A Fontainebleau, le 21e septembre 1683.

Le roy ayant résolu d'aller dans peu à Chambord, S. M. m'a ordonné de vous dire de faire travailler à réparer les chemins, en sorte néantmoins que vous n'obligiez pas les paysans à de grands ouvrages, mais seulement à remplir les plus mauvais endroits, affin que les esquipages puissent passer facilement.

Reg. secr.

68.

LE MARQUIS DE SEIGNELAY A DEFITA, LIEUTENANT CIVIL.

1683.

J'ay rendu compte au roy de ce que vous m'avez escrit au sujet de l'huissier qui vouloit faire une signification contre Pouget, à l'hostel des Ambassadeurs. S. M. m'ordonne de vous dire que la personne de l'ambassadeur d'Alger ne doit point empescher cette signification.

Reg. secr.

69.

MÉMOIRE
QUE LE ROY A ORDONNÉ ÊTRE INSÉRÉ DANS LE REGISTRE DU SECRÉTARIAT
*DE SA MAISON.

Le 8 juin 1688, M. le comte d'Armagnac maria sa fille avec M. le duc de Valentinois.

Il apporta à M. de Seignelay le contract dressé par son notaire, pour estre signé par le roy.

Dans ce contract, qui devoit estre receu par deux secrétaires d'Estat, il prend la qualité de très-haut et très-puissant prince, Mgr le comte d'Armagnac, et M. de Valentinois pareillement prend ces mesmes qualitez.

Il luy fut représenté que les princes du sang ne prenoient point la qualité de *monseigneur* dans les contracts de mariage receus par les secrétaires d'Estat, et que celle de très-haut et très-puissant prince ne se donnoit qu'à Monsieur, et qu'on ne donnoit à M. de Chartres que celle de très-haut et puissant prince, et à M. le prince de Condé et à M. le duc son fils, pareillement celle de très-haut et puissant prince, et qu'ainsy M. d'Armagnac et M. de Valentinois ne devoient avoir que la qualité de haut et puissant prince, sans y adjouter celle de monseigneur.

M. d'Armagnac insista au contraire, s'apuyant sur ce qui s'estoit passé lors du contract de mariage de mademoiselle sa fille avec M. le duc de Cadaval, receu en 1675, par M. de Pomponne. Sur quoy, le roy dit qu'il vouloit bien le passer ainsy sans conséquence, luy disant que ces qualitez qu'il désiroit ne se donnoient pas aux neveux de S. M., et le contract fut signé par S. M.

On vérifia depuis que ce n'estoit point M. de Pomponne qui avoit fait dresser le contract de mariage de M. de Cadaval; que c'estoit le notaire de M. d'Armagnac, que la minute estoit escritte de la main de son clerc, et que M. de Pomponne l'avoit fait signer et signé luy-mesme sans l'examiner.

On recherca les contracts de mariage des princes de la maison de Lorraine passez par des secrétaires d'Estat depuis plus de cent ans, et on trouva que les aisnez de M. d'Armagnac n'y avoient point pris la qualité de monseigneur, non plus que M. le comte d'Harcourt, son père, en espousant la nièce du cardinal de Richelieu en l'année 1639. Sur quoy, S. M. ordonna qu'à l'avenir les princes de la maison de Lorraine seroient traitez dans les contracts de mariage de la qualité de haut et puissant prince, sans y adjouter celle de monseigneur, mais seulement leur nom, et qu'il en seroit fait mention sur les regis-tres de M. de Seignelay.

Il est à remarquer que S. M., s'estant ainsy expliquée, le contract signé du roy et des princes est demeuré entre les mains de M. d'Ar-magnac, sans estre signé des secrétaires d'Estat, n'ayant pas apparamment voulu le représenter, crainte qu'il ne fust réformé suivant l'intention de S. M.

Le 28ᵉ juin 1688, peu de temps après, le contract de mariage de M. le prince de Conty avec Mlle de Bourbon, sa cousine, fût receu par M. de Seignelay et par M. de Croissy, et il fut qualifié seulement très-haut et puissant prince, François-Louis de Bourbon.

Reg. secr.

70.

LETTRES PATENTES DU ROI
POUR UNE NOUVELLE CHARGE DE CHAPELAIN DE LA DUCHESSE D'ORLÉANS.

A Versailles, le 3ᵉ janvier 1689.

Louis, etc., à tous ceux qui ces présentes lettres verront, salut. Nostre très-chère et très-amée belle-sœur la duchesse d'Orléans nous ayant fait entendre qu'elle auroit besoin d'un chapelain ordinaire pour servir en l'absence des autres, affin que le service divin ne puisse jamais manquer ny estre retardé dans sa chapelle; nous avons volontiers consenty à la création de cet officier, et en mesme temps approuvé la suppression d'une charge d'empeseuse de linge de nostre ditte belle-sœur; au moyen de quoy le nombre des officiers de sa maison ne sera pas augmenté. A ces causes et autres considérations à ce nous mouvant, nous avons, par ces présentes, signées de nostre main, créé et estably, créons et establissons un chappelain ordinaire de la chapelle de nostre dite belle-sœur, pour y servir à l'advenir et jouir des mesmes priviléges, franchises et exemptions dont jouissoient ses autres chappelains; voulons qu'à cet effect celuy qui sera pourveu de ladite charge soit employé sur l'estat de la maison de nostre dite belle-sœur, aux gages qui luy seront par elle attribuez. Et de nostre mesme pouvoir et authorité, nous avons esteint et supprimé, esteignons et supprimons la charge d'empeseuse du linge, qui sera rayée et rejettée dudit estat. Et donnons en mandement à nos amez et féaux conseillers les gens tenant nostre cour des aydes à Paris, que ces présentes ils ayent à faire registrer et icelles exécuter selon leur forme et teneur. Car tel est nostre plaisir[1].....

Reg. secr.

71.

LE MARQUIS DE SEIGNELAY AU DUC MAZARIN.

Le 25ᵉ may 1689.

Le roy estant informé que vous n'avez pas encore réglé ce qui regarde la dot de Mme la marquise de Richelieu, et qu'à cause de cela, M. le marquis de Richelieu se trouve dans un grand embarras, n'ayant pas de quoy fournir à la dépense qu'il est obligé de faire pour la campagne, S. M. m'a ordonné de vous escrire que vous luy ferez plaisir de terminer cette affaire le plustost qu'il sera possible, et que vous ne pourrez faire un meilleur usage de ce que vous devez leur donner, pour égaller la dot de Mme la marquise de Bellefort, que d'en

[1] Il y eut plusieurs actes de ce genre. Ainsi une déclaration du roi, datée de Versailles le 10 septembre 1708, porte ce qui suit: «Nous avons, par nostre déclaration du xɪᵉ aoust 1707, ordonné l'establissement d'un maréchal des logis dans la maison de nostre très-chère et très-amée belle-sœur, la duchesse d'Orléans, et en mesme temps supprimé une charge de boulanger de sa maison, afin de ne point multiplier le nombre de ses officiers, et comme elle désireroit aussy un fourrier des logis, elle nous auroit supplié d'en agréer l'establissement, en supprimant le titre du prédicateur ordinaire employé dans l'état de ses officiers. A quoy nous avons volontiers consenty par le désir que nous avons de faire tout ce qui peut estre agréable à notre dite sœur. A ces causes, nous avons éteint et suprimé, éteignons et suprimons par ces présentes signées de nostre main, la charge de prédicateur ordinaire de la maison de nostre dite sœur, et avons ordonné et ordonnons qu'il sera establi un fourrier de ses logis pour jouir, par luy et ceux qui seront pourveus de ladite charge, des gages qui lui seront ordonnez par nostre dite sœur, et des honneurs, priviléges, franchises et exemptions dont jouissent ses autres officiers, à l'effet de quoy nous voulons qu'il soit employé dans l'état de sa maison.» (*Reg. secr.*)

ayder un homme qui est obligé de servir, et qui, sans ce secours, se trouveroit estre le seul hors de son devoir dans un temps de guerre comme celuy-cy. Je m'acquitte de l'ordre précis que j'ay receu de S. M. de vous escrire sur ce sujet.

Reg. secr.

72.

LE MARQUIS DE SEIGNELAY A DE MIROMESNIL.

Le 5 décembre 1689.

Louis Perceval, fourrier des logis du roy, qui a cy-devant obtenu un arrest portant que le pain bénist de la parroisse de Chenonceaux, lieu de sa résidence, luy sera présenté préférablement au bailly dud. lieu, s'est plaint de ce que, pour le priver de cet honneur deu à sa charge, les marguilliers ont discontinué de faire rendre le pain bénist par les parroissiens. Sur quoy S. M. m'a ordonné de vous escrire pourquoy on a introduit cette nouveauté et de tenir la main à l'exécution de l'arrest.

Reg. secr.

73.

LE MARQUIS DE SEIGNELAY A M. LE PRINCE.

A Versailles, le 14 juin 1690.

Mgr, je suis ravy que V. A. soit satisfaitte de ce qui a esté réglé sur le sujet de la cérémonie de demain. J'ay rendu compte au roy de l'estat auquel est Mad^e la princesse, nonobstant lequel elle se rendra à cette cérémonie. Vostre Alt. peut s'asseurer que l'intention de S. M. est qu'il n'y ayt point de différence pour les queues entre les petites-filles de France et les princesses de sang, et que la raison pour laquelle on ne mettra sur les registres que cinq aulnes de queue, c'est que dans celle de Saint-Denis, pour l'enterrement de Mme la Dauphine, on n'a mis pour les queues des petites-filles de France que cinq aulnes de long, ce qui, suivant l'intention de S. M., sera observé dans toutes sortes de cérémonies.

Reg. secr.

74.

LE MARQUIS DE SEIGNELAY A ROUILLÉ.

Le 13 mars 1692.

Le roy a donné un million en mariage à Mad^e la princesse de Conty douairière, un million à Mad^e la duchesse et 2 millions à Mad^e la duchesse de Chartres, et donnera un million à M. le duc du Mayne. On leur paye les intérests de ces sommes jusques à ce qu'il en soit fait employ. Je crois que dans l'ordre, il faut expédier des lettres patentes de ces dons, affin que non-seulement le principal, mais les intérests soyent valablement payés. Je vous prie de me mander sur cela vostre advis et de me faire sçavoir s'il suffira d'expédier des lettres dans lesquelles il sera parlé de l'article des contrats qui portent ces dons, ou si on mettra une expédition du contract sous le contrescel. Vous me ferez plaisir de m'envoyer les exemples de ce qui s'est pratiqué en pareil cas.

Reg. secr.

75.

LE MARQUIS DE SEIGNELAY A DU BOULAY.

Le 8 septembre 1692.

J'ay de nouveau parlé au roy de ce que vous m'avez escrit au sujet de vostre vicariat de l'ordre du Saint-Esprit de Montpellier, et S. M. m'a ordonné de vous escrire qu'elle vous deffend positivement de vous ingérer en aucune manière de faire fonction de ce prétendu vicariat, sous quelque prétexte que ce soit, adjoustant que s'il se passe quelque chose contraire à l'ordre que je vous donne, vous en serez responsable. Prenez donc garde à l'avenir de vous attirer par vostre conduitte la juste punition qu'avoit méritée vostre première désobéissance[1].

Reg. secr.

---

[1] Sous la même date le secrétaire d'État écrit à de Lussac : « Le roy a esté informé que depuis les deffenses qui ont esté faites au sieur du Boulay de faire aucune fonction de son prétendu vicariat de l'ordre du Saint-Esprit de Montpellier, certains particuliers qui se disent chevaliers de cet ordre vous ont recherché pour vous exciter à faire fonctions de ce vicariat ; et S. M. a apris en mesme temps que déférant à ses ordres, qui vous ont esté communiquez par ledit sieur du Boulay, vous vous estes tenu dans le silence. Sur quoy elle m'ordonne de vous escrire que vous avez bien fait, et de vous dire qu'elle ne veut pas que vous fassiez aucune fonction de ce prétendu vicariat sous quelque prétexte que ce soit. Je ne doute pas que vous n'exécutiez ponctuellement cet ordre. Ainsy il est inutile de vous dire que S. M. ne pourroit pas s'empescher de vous donner des marques de son mécontentement si vous y contreveniez. » (*Reg. secr.*)

Au sujet de ce même ordre du Saint-Esprit, le chancelier comte de Pontchartrain écrivit le 10 janvier 1709 à d'Imbercourt, maître des requêtes : « M. le nonce abandonne presque l'affaire de l'ordre du Saint-Esprit de Montpellier, et comme je ne désire rien tant sur cette matière que de nous en délivrer tous et le roy mesme, je proposay hier au conseil à S. M., de nommer incessamment un grand maistre, comme ces droits luy appartenans, et comme le seul moyen de tout finir et à l'avantage du roy et à l'avantage de l'ordre mesme. Tout le conseil s'éleva pour lors contre ma proposition, oubliant tout

76.

LE MARQUIS DE SEIGNELAY A DE CREIL, INTENDANT.

Le 9 novembre 1692.

Le roy a esté adverty que ceste beste qui mange les enfans a encore paru à Pontgouin[1]; sur quoy S. M. m'ordonne de vous escrire de faire assembler les habitans de quatre ou cinq paroisses des environs pour tascher de la tuer[2].

Reg. secr.

le passé, et le roy mesme, ou emporté par la pluralité ou négligeant ses droits, dit qu'il ne vouloit point nommer, que ce n'avoit esté jamais sa pensée, qu'il ne croioit pas en avoir le droit, et qu'il avoit toujours entendu que ce seroit par voye d'élection qu'il seroit pourveu à la grande maîtrise. Ce fut inutilement que je m'efforçay de nouveau à appuyer le contraire par tout ce qui s'estoit passé : tout le conseil et le roy surtout demeura dans la voye d'élection de trois sujets, dont tout au plus S. M., pour se donner quelque droit, en choisiroit un, ou de l'élection d'un seul, si l'ordre manque de sujects, et qui seroit agréé et confirmé par le roy. Tout ce que je pus faire dans ce concours unanime contre mon avis, et j'ose dire contre les dernières résolutions prises par le roy mesme en plein conseil, ce fut de proposer de remettre cette fatale décision jusqu'à ce que je raportasse par ordre et par dates tous les mémoires que j'ay sur cette affaire, et dont j'ay successivement rendu compte; et ce délay fut agréé, et comme tous ces mémoires sont entre vos mains ou en celles de M. l'abbé Bignon, et que personne ne sçait mieux cette affaire que vous deux, repassez ensemble incessament, s'il vous plaît, rapportez-moy lundy prochain tout ce que vous avez, avec un mémoire nouveau sur ces deux différentes voyes ou de brevet du roy ou d'élection, et pour ne laisser rien à désirer, traitez-y aussy la formalité de l'élection, où se tiendroit l'assemblée, qui en feroit la convocation, qui seroient les vocaux, etc. » (*Lettr. Pontch.*)

[1] Aujourd'hui dans le département d'Eure-et-Loir.

[2] Un ordre adressé à Phélipeaux, sous la date du 1ᵉʳ décembre, lui enjoignit de faire une battue aux environs de Montlhéry pour tuer « les loups qui mangent les enfans. » — On trouve, dans le registre du secrétariat de la maison du roi, en faveur de deux individus, un brevet qui les autorise à faire voir en public « une bête féroce d'une forme extraordinaire et qui dévoroit dans le Gastinois autant de femmes et d'enfans qu'elle en pouvoit rencontrer. » Le roi associe aux avantages du brevet un de ses *cochers de corps*.

77.

LE COMTE DE PONTCHARTRAIN AU PRÉSIDENT DE HARLAY.

Samedy matin (février 1693).

Le roy m'ordonne de vous dire, M^r, que son intention est que vous soiés bien attentif au moment de la mort de Mademoiselle, et qu'aussitost vous vous rendiez au Luxembourg, pour, par vostre présence et vostre caractère, empescher tous désordres et mesme tous procédés, de quelque nature qu'ils puissent estre, le deffaut d'héritiers en ligne directe, les différens interests des créanciers, de donataires, de légataires, de domestiques, etc., pouvant produire du désordre, si on ne prévenoit tout par les ordres du roy dans les mains d'une personne comme vous. Le reste des procédures ordinaires, comme le scellé, se fera aussy, M^r, en la manière accoutumée, vous le sçavez.

Mardy après midy (1694).

Le roy m'ordonne de vous dire que son intention est que M. le comte de Toulouse soit dispensé de faire information de vie et mœurs pour estre receu dans la charge d'admiral de France.

20 décembre (1694).

M. le duc du Mayne persiste, M^r, dans la pensée d'aller quelquefois au parlement, et le roy se souvient mesme que cette idée est venue d'abord de vous comme avantageuse à M. du Mayne, pour establir une possession paisible des grâces que le roy luy a faites. Il n'ira point cependant que les difficultés que vous proposés ne soient décidées. Et après avoir lu au roy le mémoire que vous m'avez fait l'honneur de m'envoyer, qui ne contient ni vostre avis, ni aucuns exemples, S. M. m'a commandé de vous dire, M^r, qu'elle vouloit avoir vostre avis et qu'elle vouloit sçavoir de quelle manière il en avoit esté usé en pareille rencontre avec feu M. le duc de Vendosme. Aiés la bonté de m'envoier au plus tost, s'il vous plaist, ce que le roy vous demande; car quoyque j'ay eu l'honneur de vous dire que M. le duc du Mayne n'ira point au parlement que le roy n'ait réglé ce qui peut faire quelque difficulté, comme il ira certainement à la réception de M. le comte de Toulouse dans la charge d'admiral, et que M. Le Peletier doit prendre sur cela vostre jour pour un de ceux de cette semaine, vous voyez, M^r, qu'il y a peu de temps à perdre.

Pap. Harl.

78.

LE COMTE DE PONTCHARTRAIN AU MARQUIS DESMARETS.

Le 21 juin 1694.

Le roy estant informé que M. de Montaterre et M. le comte de Plélo sont employez comme piqueurs du vol pour corneilles, S. M. a jugé qu'ils n'ont pris ces charges au-dessous de leur qualité que pour jouir des priviléges, ce qui est contraire à ses intentions. Ainsy elle m'a ordonné de leur escrire de s'en défaire, et à vous d'y tenir la main [1].

Reg. secr.

[1] Dans une lettre au chef de la louveterie, conçue à peu près dans les mêmes termes, le comte de Pontchartrain ajoute : « Ceux de cette sorte qui sont sur l'estat sont : M. le comte d'Heudicourt, *garçon de levriers*, le marquis de Gouvernat, *garçon de limiers*; et le marquis de Polignac-Chalençon, *valet de limiers pour le loup.* » (*Reg. secr.*)

79.

LE COMTE DE PONTCHARTRAIN
A FABRE, CONSUL DE FRANCE A CONSTANTINOPLE.

A Versailles, le 1er décembre 1694.

J'ay répété à M. de Chasteauneuf les intentions du roy au sujet des juifs qui ont esté jusques à présent sous la protection des consuls de France dans les eschelles de Levant, et qu'elle se doit réduire à empescher les officiers turcs de leur faire des avanies ou exiger d'eux des droits plus considérables que ceux qui sont deubs, S. M. ne voulant pas absolument qu'ils jouissent des priviléges et exemptions accordées à ses sujets, qui doivent servir à eux seuls pour leur procurer les avantages et l'utilité qu'il est à désirer qu'ils puissent trouver dans leur commerce. S'il se passe de la part des députez de Constantinople ou des consuls quelque chose contraire à ce que je vous mande, s'ils mettent quelque prétexte ou moyen en usage pour estendre cette protection et en couvrir l'abus, vous aurez soin de m'en informer et de m'en envoyer des preuves, si vous pouvez en avoir [1]....

Reg. dépêch. comm.

[1] Le 27 avril 1695, il fut écrit de même au consul de France à Smyrne : « S. M. vous permet de donner la protection aux juifs de Smirne, en la réduisant à les mettre à couvert seulement des vexations des Turcs, ainsy qu'il s'est pratiqué jusques en 1684, que l'abus qui s'est introduit à cet esgard en les faisant jouir, sous le prétexte de la protection des mêmes priviléges et exemptions de droits que les François, a commencé. Vous prendrez les précautions nécessaires pour empescher qu'il se renouvelle; et pour m'en assurer, vous m'envoyerez pour cet effet, à la fin de chaque année, un rolle des juifs qui seront sous la protection de France, au bas duquel vous et les députez de la nation certiffierez qu'ils payent aux douanes les mesmes droits que les autres nations, et ne jouissent d'aucunes des immunitez attribuées aux sujets de S. M. » (*Dép. comm.*)

80.

LE DUC DU MAINE A DE HARLAY.

A Versailles ce 26 avril 1695.

Quand Madᵉ de Maintenon aportoit quelqu'opposition pour que je signace le contract que Madᵉ de Montespan demandoit de moi, elle regardoit comme un pur don et non comme une rétribution la somme à laquelle je m'engageois, M. d'Aguesseau ne luy ayant pas bien expliqué le fet, et c'est ainsi qu'elle l'avoit fait entendre au roy. Quand on a connu la diférence de la thèse, les dispositions ont changé, et tous les gens à qui la nature et à qui l'amitié donnent sur moi quelque authorité consentent unanimement à la conclusion du marché dont j'ai la plus grande envie du monde et la plus grande joie, estant si fort du goust de Madᵉ de Montespan, à qui je dois beaucoup et à qui j'aime à rendre. Je suis donc prest à faire tout ce qui peut dépendre de moy, et vous n'aurés qu'à me marquer le temps qu'il vous plaira que je mette mon nom. Il me semble que le départ du roy est bien subit pour ne pas remetre à son retour. Cependant, si vous ne jugés à propos de diférer, je pourray passer exprès pour cela par Paris en allant à Chantilli, jeudi prochain. Usés-en sans façon, Mʳ, car je serai toujours trop paié de ma peine par le plaisir que j'aurai de vous voir. Esuiés une requeste avant de finir cette lettre : c'est pour Madᵉ de Soiecour[1], qui a une affaire à la troisiesme des enquestes qui se doit plaider pour la première fois jeudi. Elle souhaiteroit qu'elle peust estre diférée seulement de trois semaines, et cela dans la vue de s'accomoder. Je vous dirai, la prochaine fois que je vous verrai, quels sont les motifs qui m'y font prendre part aussi vivement que je fais, et j'espère que vous en trouverés la cause raisonnable. D'ailleurs le prétexte d'accommodement m'a fait ouvrir les oreilles et entreprendre de

---

[1] Mᵐᵉ de Soyecourt.

vous en parler, comptant oultre cela que vous ne vous en contraindrés pas, si la prière que je vous fais est contre les reigles, et que rien ne vous peut faire soubçonner la droiture de mes intentions, ny esbranler l'esprit œquitable que le public a de tous les temps reconnu en vous. Signé Louis-Auguste DE BOURBON.

Pap. Harl.

81.

LE COMTE DE PONTCHARTRAIN AU P. DE LA CHAISE.

Le 14 aoust 1695.

J'ay rendu compte au roy du mémoire de M. le cardinal de Furstemberg que vous pristes la peine de me remettre hier. S. M. a résolu de prendre connoissance de la contestation meue entre luy et le chapitre, et cependant réglé que les officiers qu'il a nommez pour exercer la jurisdiction temporelle dans le faubourg Saint-Germain ne feront aucunes fonctions, et qu'il ne sera point fait de procession demain en la manière qu'il l'avoit résolu, S. M. se réservant de décider sur tout par le règlement qui sera fait sans délay. J'ay pour cet effet gardé copie de ce mémoire que je vous renvoye, parce qu'il y a quelque chose à la fin qui vous regarde. J'ay dit aux chanoines de Nostre-Dame de me remettre le leur, ce qu'ils feront incessamment, et j'ay expliqué l'intention du roy à M. Breget, secrétaire de M. le cardinal, qui estoit icy aujourd'huy.

Reg. secr.

82.

LE COMTE DE PONTCHARTRAIN A LEBRET, INTENDANT.

A Versailles, le 16 novembre 1695.

J'ay rendu compte au roy des expédiens qu'on a trouvé en Provence pour éluder l'exécution des deffenses que S. M. a faites de jouer à la bassette ou à pharaon, en introduisant d'autres jeux de hazard qui font tomber dans le mesme désordre qu'elle a voulu éviter. Elle a estimé nécessaire de les deffendre, ainsy que vous le proposez, par un arrest général, et il vous sera incessamment envoyé. Vous prendrez les précautions que vous estimerez les plus propres pour le faire ponctuellement exécuter; et de ma part, j'escris aux intendans de la marine et des galères d'avertir les officiers que ceux qui seront accusez d'y jouer, peuvent s'asseurer, qu'outre les peines auxquelles les autres sont sujets, ils seront exclus de tout avancement.....

Reg. secr.

83.

LE MARÉCHAL DE VILLEROY AU PRÉSIDENT DE HARLAY.

A Meudon, le 12ᵉ janvier 1696, à minuit.

Je pense que vous apprendrez avec quelque surprise, M^r, que 2 notaires me sont venus relancer icy comme j'avois l'honneur de jouer au lansquenet avec Mgr, pour me proposer, de la part de Mad^e de Lesdiguières et de M. de Duras, d'examiner et de signer le contract de mariage de M. le duc de Lesdiguières avec mademoiselle de Duras. Je vous avoue que, quelque préparé que je sois à voir sortir des extravagances d'une telle boutique, j'ay esté surpris de voir ces 2 messieurs, qui se sont attirez la risée de toute la cour, me venir proposer de signer un contract de mariage le lendemain que j'ay déclaré à Mad^e de Lesdiguières, de la part de toute la famille, que nous ne consentirions point audit mariage proposé. Une eschapée des Petites Maisons n'auroit pas une conduite si irrégulière. J'ay répondu à ces honnestes messieurs, que le lieu n'estoit point propre pour examiner un acte d'une telle importance, que d'ailleurs je n'en avois pas la capacité et encore moins la volonté, que Mad^e de Lesdiguières sçavoit bien où nous en estions demeuré dans nostre dernière conversation et que je serois demain ou après-demain à Paris, où j'attendrois ses ordres. M. Le Grand et le marquis de Créquy, à qui ils avoient ordre de parler, leur ont répondu comme moy; comme ils avoient ordre aussy de parler à M. de la Trimouille, ils ont attendu inutilement jusqu'à 7 heures du soir qu'il revînt de Paris. Tout cela a fait une scène très-ridicule dans Meudon. J'ay cru que la conjoncture estoit favorable pour supplier le roy, au cas qu'on lui apportât le contract de mariage à signer sans qu'il fût revêtu de toutes les formes, de ne pas le signer, ce qu'il m'a fait l'honneur de me promettre. J'ay des avis de bons lieux qu'on travaille à détourner M. de la Trimouille de donner son consentement et de signer. Si l'on en vient à bout, je suis persuadé que Mad^e de Lesdiguières n'osera pas signer. Ayez la bonté, M^r, de dire à Barcos ce que je dois faire dans la situation où sont les choses, si l'on persiste à m'envoyer ce contract, la réponse que je feray; en un mot, réglez mes alleures, s'il vous plaît, car je ne veux faire que ce que vous jugerez de raisonnable. Il y a lieu de croire qu'il y a peu d'intelligence et de concert entre eux et M. de la Trimouille, puisqu'ils envoyent icy le chercher à l'avanture, quand il est à Paris. Les chaleurs de Mad^e la mareschalle de Créquy ne me hasteront point. Je me fais un grand scrupule de vous rompre si souvent la teste; mais puisque vous voulez m'honorer de vos bonnes grâces, il faut que vous me pardonniez mes importunités. Ne vous fatiguez pas un moment de me faire réponse; dites seulement deux mots à Barcos, afin que je sçache précisément ce que je dois faire.

Le 14e janvier.

Voilà la comédie finie. M. de Duras vient d'amener M. le duc de Lesdiguières, et il a fait signer le contract au roy; M. de la Trimouille, qui avoit promis de ne pas le signer, s'est ravisé ce matin et l'a signé. Je pense qu'il n'y a plus rien à faire. Je n'ay point encore eu l'honneur de voir le roy; je m'en vas au chasteau, et ce soir je vous rendray compte de tout ce qui se sera passé. Mad^e de Lesdiguières est la plus grande fole qu'il y ait en France; dans un état bien policé, on la mettroit entre quatre murailles.

Pap. Harl.

84.

LE COMTE DE PONTCHARTRAIN
A L'ABBÉ DE LA TRIMOUILLE, A ROME.

Le 19 février 1696.

..... Je ne sçais qu'imparfaitement la nouvelle dont vous voulez bien me faire part au sujet des différends du cardinal Spada avec le pape. Je croyois que vous me feriez part du refus que S. S. a fait à l'empereur d'une somme d'argent pour la campagne prochaine d'Hongrie; cette nouvelle m'est néantmoins confirmée de plusieurs endroits, et je vous supplie de vouloir bien me mander ce qui en est. Il me paroît que le pape prend les manières et le caractère de son prédécesseur, qui est de laisser couler l'eau sous les ponts, se moquer en luy-mesme de tout ce qui se passe, et ne songer qu'à lui. L'empereur n'aura point d'argent; la France n'aura point de cardinaux, et il gardera l'un et l'autre pour luy et sa famille. Le prince d'Orange n'est pas sans inquiétude sur l'armement de Toulon; mais je crois qu'il le sera bien davantage du départ du roy d'Angleterre, qui est party hier matin pour se rendre à Calais, car l'on croit icy qu'il doit passer de là en Angleterre sous une plus heureuse étoile que par le passé. Je ne doute pas que tout ce qu'il y a de bons catholiques à Rome ne se mettent en prière pour l'heureux succès de cette entreprise; je ne manqueray point de vous en mander toutes les particularitez[1]. Vous avez sceu apparemment les derniers mariages qui se sont

---

[1] Au sujet de cette entreprise, le même ministre de la marine, écrivit, le 12 mars suivant, à Vergier, envoyé à Calais pour la surveiller : « J'ay receu la lettre que vous m'avez escrit le 7 de ce mois. Je vous avoue qu'elle me surprend extraordinairement et

faits icy, que M. de Luxembourg a espousé Mad^e de Clérambaud, et que Mad^e de Seignelay, par un dépit amoureux, s'est donné en corps et en âme à M. le comte de Marsan.

L'ambassadeur de Portugal a eu aujourd'huy sa première audience : son audience a esté superbe et magnifique, et son seul carrosse luy

que je ne m'attendois pas que les obstacles qui ont empesché l'entreprise, vinssent de la part de milord Middleton; je ne puis même le croire entièrement, car il est entré dans le secret dès le commencement de l'affaire, et c'est luy qui est en partie l'autheur de ce dessein. Ainsy il me paroist bien estrange que ce soit luy qui ayt inspiré aujourd'huy au roy d'Angleterre les refroidissemens et les irrésolutions que ce prince fait paroistre. C'est pourquoy je vous prie d'examiner la chose de plus près avec M. de Louvigny, et tascher d'en descouvrir la vérité. N'apréhendez point de me communiquer toutes vos pensées et les siennes, car je ne vous commettray ny l'un ny l'autre, et vous jugez bien de quelle importance il est que mon père et moy soyons informés de tout ce qui se passera sur cela. Je vous recommande aussy de bien examiner l'esprit et le caractère des gens auprès de qui vous estes, et il ne faut point que vous songiez à quitter vostre mission tant que le roy d'Angleterre sera à Calais ou à Dunquerque. Continuez de conserver le mesme air et les mesmes manières que je vous ay prescrit, et que rien n'échappe à vostre pénétration. Soyez un peu plus exact à me faire part de tout ce qui se passera, et ne vous en remettez à personne. Taschez de découvrir si le prince d'Orange luy-mesme ne seroit pas l'autheur du mouvement qu'il y a eu en Angleterre, afin de descouvrir par là quelles sont les créatures qui restent attachées au roy d'Angleterre, et faittes en sorte d'estre informé aussy de tout ce que le roy aprendra de ce pays-là. Ne manquez pas de m'escrire tous les ordinaires, à moins que vous n'ayez rien à me mander. » (*Reg. dépêch. mar.*)

Le secrétaire d'État écrivit sur le même sujet à lord Middleton, d'abord le 7 mars : « Je n'eus point l'honneur de répondre hier à la proposition que vous me faittes du dessein que le roy d'Angleterre a de rester deux mois à Calais, parce qu'en ayant rendu compte à mon père, il a voulu auparavant sçavoir les intentions du roy, et vous pourrez voir dans la lettre qu'il vous escrit par ordre de Sa Majesté, quelle est sa résolution à cet égard. Je souhaitte, M^r, qu'elle soit agréable au roy d'Angleterre, et qu'elle puisse le mettre en estat d'exécuter ce qui a esté projetté. J'espère que vous voudrez bien me faire sçavoir le party que prendra S. M. Br. et me donner quelquefois de vos nouvelles et de tout ce qui se passera. » Et le 12 du même mois : « Vous voulez bien que je profite de l'occasion de ce courrier... pour vous marquer la joye que j'ay de ce que le roy d'Angleterre a pris le party de rester à Calais. C'est assurément le plus convenable et le plus avantageux que S. M. Br. puisse prendre dans la conjoncture présente des affaires, et je crois que mon père vous marque sur cela les intentions de S. M. » (*Reg. dépêch. mar.*)

couste 40,000 francs. Il y a 30 ans que le Portugal nous envoya son père en la mesme qualité, et depuis ce temps-là il n'y a point eu icy d'ambassadeur de ce royaume. Je ne crois pas que l'ambassadeur *Cesareo* fasse tant de dépense à Rome, et le comte d'Altamira sera sans doute aussy fragile que son prédécesseur.

Je parleray fortement à mon père touchant vostre payement; mais il ne sera pas nécessaire de le presser sur cela, et je puis vous assurer, M^r, qu'il n'est pas moins porté que moy à vous rendre service. C'est beaucoup dire; car personne assurément ne vous est plus acquis que moy et n'est avec plus de passion que je suis, etc.

Reg. dépêch. mar.

85.

L'ÉVÊQUE DE SOISSONS A DE HARLAY.

A Soissons, le 9 juin 1696.

Je ne receus qu'hier au soir, M^r, en revenant de mes visites, la lettre que vous m'avez fait l'honneur de m'écrire du 31 may. J'ay fait aussitost dresser ce mémoire, qui vous instruira entièrement de la maladie du village de Sauchery. Vous pouvez faire état qu'il contient la vérité. A présent tout est cessé, et il n'y a plus de malades en ce lieu-là. Je vous aurois obéi plus tost, si j'avois receu plus tost vostre lettre. Je me donnay hier l'honneur de vous escrire de Vilers-Cotrets avant que de l'avoir receue. Je suis, etc.

Sauchery est un lieu composé d'environ 600 personnes, despendant de la paroisse de Charly.

A l'issue d'une esclipse de lune, qui s'est faite le 16e may dernier 1696, il est tombé un brouillard puant sur le terroir de ce lieu de Sauchery. Tous ceux qui y ont esté ledit jour et le lendemain à fouir aux vignes, ont respiré (aïant le visage contre la terre en travaillant) une odeur fade dont ils sont tombés malades à l'instant même, au nombre de cent personnes, desquelles il en est mort en deux ou trois jours de temps 31 hommes tous jeunes. Ceux et celles qui n'avoient point travaillé aux vignes n'ont esté aucunement atteints de cette maladie, laquelle prenoit par un mal de teste et un commencement de vomissement, après quoy ils sentoient un feu qui les brûloit avec des envies de vomir.

Ce qui auroit donné lieu aux officiers et aux habitans de Charly (pour empescher la communication et que les morts soient enterrez en l'église dud. Charly) de poser quelques espèces de gardes aux portes, et d'avoir recours à M. l'évesque de Soissons, pour avoir la permission de faire bénir par le s^r curé dud. Charly une terre proche led. lieu de Sauchery, pour y faire un cimetière, afin d'y enterrer les morts. Mais cela n'a point esté exécuté, la maladie ayant esté cognue le 2e à 3e jour, pour n'estre que pourpre, par des médecins et chirurgiens; et les 70 malades qui restoient au pardessus des 30 décédez, ayant esté solicitez et secourus, ils ont esté entièrement guary, sans qu'il en soit mort aucun; et personne telle que ce soit n'est mort ni devenu malade depuis le 25 dud. mois de may dans ce lieu de Sauchery, en sorte que toutes choses sont à présent restablies.

Pap. Harl.

86.

LE COMTE DE PONTCHARTRAIN AU CHEVALIER DE RESSONS.

Du 11 juillet 1696.

J'ay receu les lettres que vous m'avez escrit avec les dessins que vous m'envoyez, et vous me ferez plaisir de continuer à m'en envoyer de toutes les manières. J'ay receu avec beaucoup de chagrin les mauvaises railleries que vous me faites au sujet du s^r de Loguières[1], et je vous avoue que ces sortes de plaisanteries ne me conviennent point

[1] Loguières et Ressons étaient probablement dans la marine royale.

et me sont mesme très-désagréables. Ainsy je vous prie de n'y plus retomber ny dans vos lettres ny dans vos discours, car vous ne pourriez trouver un moyen plus sûr de m'oster l'envie que j'ay de vous faire plaisir, et je dois mesme vous dire que si S. M. en estoit informée, elle pourroit prendre des impressions sur vostre sujet qui ne vous seroient pas avantageuses. Je verray ce qui se pourra faire pour vostre commis, et je vous exhorte à continuer à travailler avec le plus d'application que vous pourrez, sans trouver à redire à ce que font les autres.

Reg. dépêch. mar.

87.

LE COMTE DE PONTCHARTRAIN A LEFÉBURE.

Le 5 janvier 1698.

Le roy n'a pas encore pourveu à la charge de trésorier de Mad^e la duchesse de Bourgogne. Ainsy prenez la peine de luy payer 12,000^{tt} pour ses estrennes, et 3,000^{tt} pour ses menus plaisirs du mois de janvier : j'auray soin de vous en faire toucher le fonds incessamment.

Reg. secr.

88.

LE COMTE DE PONTCHARTRAIN
A BIGNON, SON NEVEU, CI-DEVANT CAPITAINE AUX GARDES.

Le 12 octobre 1698.

M'ayant esté donné advis de l'aubaine d'un Polonois, nommé le comte de Loches, mort depuis peu à Paris, qu'on dit valoir quelque chose de considérable, je l'ay demandé pour vous au roy, qui a bien voulu vous l'accorder. Je vous en envoyeray incessamment le brevet. Cependant prenez la peine de voir M. Menni, fermier général, qui m'en a donné advis, afin qu'il vous dise ce que vous avez à faire. Je suis, mon cher neveu, entièrement à vous[1].

Reg. secr.

89.

LE COMTE DE PONTCHARTRAIN A D'HOZIER.

A Versailles, le 20° novembre 1700.

Je serois bien aise d'avoir vostre avis sur les armoiries que M. le duc d'Anjou, devenu roy d'Espagne, doit porter. Je vous prie de m'en faire faire un dessin croqué seulement, et d'y joindre vostre mémoire qui explique le blazon, et qui contienne les raisons de vostre avis. Taschez que ce soit promptement, car cela presse. Je suis tout à vous.

Reg. secr.

[1] Cinq jours après, le ministre écrivit au lieutenant civil : « Je vois que cette aubaine estant de petite conséquence, le roy pourra bien la remettre aux héritiers et ne l'accorder à personne. » On voit en effet, par une lettre subséquente au gouverneur de cet étranger, qui s'appelait le comte de Loos, que le roi renonça au droit d'aubaine. Le même secrétaire d'État avait adressé, le 18 juin 1696, le billet suivant à son confrère, de Barbesieux : « J'ay demandé au roy ce matin pour Jeanson, jardinier à Versailles, le don des biens du nommé La Presle, bastard. S. M. s'est souvenue que ce mesme don luy a esté demandé par le sʳ Poulleau, enseigne des Cent-Suisses ; et elle m'a ordonné de vous envoyer ce placet pour l'en faire souvenir, lorsqu'elle disposera de cette bâtardise. Si Jeanson y a quelque part, vous m'obligerez de l'expédier le plus promptement qu'il se pourra. » (Reg. secr.)

90.

LE COMTE DE PONTCHARTRAIN A DE MASSOLES.

A Versailles, le 21 novembre 1700.

Le roy a décidé que M^rs les gens de S. M. ne parleront point en particulier au roy d'Espagne, ni dans les audiences que S. M. mesme pourroit donner dans la suitte aux cours. De la manière que M. Desgranges m'a dit, il semble qu'il avoit assez bien expliqué ce que le roy avoit réglé sur cela en 1697[1].

Reg. secr.

91.

LE COMTE DE PONTCHARTRAIN
A CHAMILLART, SECRÉTAIRE D'ÉTAT.

A Versailles, le 19 janvier 1701.

M. Rose, secrétaire du cabinet, jouissoit, à cause de l'exercice actuel de sa charge auprès du roy, de la somme de 10,000^H, outre les gages et droits y attribuez, sçavoir 1,500^H pour le quartier retranché

---

[1] La veille, le comte de Pontchartrain avait courtoisement écrit à l'évêque de Noyon : « J'ay appris que M. de La Chapelle, directeur de l'Académie françoise, doit porter la parole, lorsqu'elle viendra complimenter le roy d'Espagne. C'est une peine espargnée pour vous, mais en mesme temps un plaisir retranché à vos amis, qui sont charmez de vous voir dans ces actions publiques, dont vous vous acquittez avec tant d'éloquence et de dignité. » (*Reg. secr.*)

A l'égard du cérémonial à observer pour le petit-fils de Louis XIV, le même secrétaire d'État écrit à de Bouville, le 29 novembre : « Le roy d'Espagne sera suivy et mesme précédé du maistre des cérémonies dans les lieux de sa route, et il expliquera aux corps ce qu'ils auront à faire pour le complimenter, ainsy que le roy l'a ordonné. » (*Reg. secr.*)

de ses appointemens, 500ᵗᵗ pour le quartier retranché de ses gages, 3,000ᵗᵗ par acquit patent, 3,000ᵗᵗ de gratiffications, 2,000ᵗᵗ de pension. Et comme le roy a accordé à M. de Callières tout ce qu'avoit M. Rose, à la réserve de la pension de 2,000ᵗᵗ, S. M. m'a ordonné de vous advertir de prendre son ordre pour l'employer sur nos estats pour les parties cy-dessus expliquées, montant à la somme de 8,000ᵗᵗ.

Le 28 décembre 1703.

Il y a plus de trois ans que M. le duc d'Estrées a esté pourveu de la charge de gouverneur de l'Isle de France, sans qu'il ait jusques à présent presté le serment de fidélité dont il est tenu. Le roy m'a deffendu de renouveller ses provisions, et m'a en mesme temps ordonné de vous advertir de ne le point employer sur l'estat des garnisons pour ses appointemens, ou, si vous l'employez, de donner ordre aux trésoriers de l'extraordinaire des guerres de ne le point payer qu'il ne leur soit point apparu de la prestation du serment.

Reg. secr.

92.

LE COMTE DE PONTCHARTRAIN A SOUBEYRAN.

A Versailles, le 12 mars 1701.

Suivant la lettre que vous m'aviez escrit, j'ay proposé au roy de faire rendre aux festes de Pasques le pain bénit dans la parroisse de Saint-Germain-l'Auxerrois; mais S. M. m'a dit que, pendant qu'elle ne fera point sa résidence à Paris, elle n'est pas dans l'obligation de le rendre. Je suis tout à vous.

Reg. secr.

93.

LE COMTE DE PONTCHARTRAIN A PINON.

A Versailles, le 26 juin 1702.

M. de Chamilly m'escrivit, il y a quelque temps, pour sçavoir de quelle province, de Poictou ou de Bretagne, est l'isle de Bouin. Je l'ay toujours creue de Poictou, et M. de Torcy, qui a dans son département la Bretagne, le croit de mesme. Cependant, pour la faire régler avec plus de certitude, je vous prie de prendre la peine de vous informer quelle justice il y a dans cette isle, et d'où elle relève, et tout ce qui pourra vous esclaircir sur la désignation de la province. Cela servira à nous déterminer avec plus de seureté.

Reg. secr.

94.

LE COMTE DE PONTCHARTRAIN A DE CHAMILLY.

A Versailles, le 19 juillet 1702.

J'ay rendu compte au roy de la prétention de M. de Palignière, sénéchal de Poictou, au sujet du commandement de la noblesse, qu'il prétend avoir sous vos ordres à l'exclusion de Mess. les lieutenans généraux de la province. S. M. m'a ordonné de vous escrire qu'il est bien vray que, dans les occasions de convoquer le ban et arrière-ban, les ordres ont esté adressez aux baillifs et sénéchaux, ou directement ou par la voye de Mess. les gouverneurs ou commandans des provinces, mais que ce n'est pas à dire pour cela qu'il puisse oster le commandement de cette mesme noblesse aux lieutenans généraux. Bien au contraire, s'estant meu, pendant la dernière guerre, une contestation pareille entre M. le duc d'Atry, lieutenant général en Champagne, et les baillifs d'espée, il fut décidé que M. le duc d'Atry commanderoit non-seulement la noblesse de la partie de la Champagne qui est de son département, mais celle de toute la province, et que les baillifs luy obéiroient sans difficulté.

Reg. sec.

95.

LE COMTE DE PONTCHARTRAIN
A MICHAELIS, AGENT CONSULAIRE EN TURQUIE.

A Versailles, le 14 janvier 1705.

La réflexion que vous faites sur la conduitte que tiennent les négocians françois establis à Constantinople et Smirne pendant le carnaval est très-juste; elle pourroit donner au nouveau grand-visir, qui aime la police, une mauvaise opinion de la nation, et peut-estre occasion de faire quelque règlement de rigueur qui intéresseroit la liberté et les privilèges dont elle doit jouir. Mais elle est venue un peu tard; et quelques ordres que le roy donne, ils ne pourroient arriver assez tost pour prévenir le désordre. Ainsy, il faut à présent se contenter d'espérer qu'il n'y en aura point, et que le grand-visir a des soins plus pressans que celuy de penser à réformer cet usage, et de se souvenir de l'abroger pour l'avenir.

J'approuve beaucoup, au surplus, que vous continuyiez de remplir vostre bonne volonté en informant M. Le Bret de tout ce que vous croirez pouvoir estre de quelque utilité au commerce de la Méditerranée.

Reg. dépêch. comm.

96.

LE COMTE DE PONTCHARTRAIN
A DE VISÉ, RÉDACTEUR DU *MERCURE*.

A Versailles, le 10 février 1706.

Vous avez marqué dans vostre *Mercure* de février dernier, page 433, que le roy a nommé M. le comte de Toulouse généralissime de ses armées de mer et de terre, et qu'il doit commander les troupes qui serviront en Catalogne. Le roy a esté surpris de voir que vous, qui vous piquez de ne mettre que des choses dont vous soyez seur, ayez ainsy hazardé une telle nouvelle sur un ouy-dire. Car il est bien vray que M. le comte de Toulouse va commander l'armée navalle; mais il n'a esté aucunement question pour luy du commandement de l'armée de terre. Soyez donc, s'il vous plaist, plus attentif à ne pas escrire de tels faits au hazard. C'est de l'ordre du roy que je vous donne cet avis.

Reg. secr.

97.

LE COMTE DE PONTCHARTRAIN
A LE BRET, INTENDANT EN PROVENCE.

Le 5 décembre 1708.

Les négocians de Marseille, se plaignant de la conduitte de ceux qui sont en Levant, et qui se marient avec des femmes du pays, surtout en Chypres, où il y en a beaucoup, ont demandé qu'ils fussent exclus de l'administration des affaires de la nation, parce qu'ils les peuvent révéler, et qu'ils demeurent trop affectionnez aux Grecs. J'en ay escrit au sieur Luce, consul, qui marque qu'on ne peut prendre ce party ni celuy de deffendre absolument ces mariages sans de trop grands inconvéniens, et propose un expédient qui me paroist assez bon, sur lequel j'ay cru devoir prendre vostre advis avant d'en rendre compte au roy. Vous le trouverez amplement expliqué dans l'extrait de sa lettre qui est cy-joint[1].

Le 27 février 1709.

S. M., après avoir examiné les différens expédiens proposez par le sieur Luce, pour empescher les mariages que les François contractent fréquemment dans l'isle de Chypres avec des filles ou femmes du pays, s'est déterminé pour celuy dont vous faites l'ouverture, et elle deffendra aux fils de famille françois qui résident dans les Eschelles de se marier avec des filles ou femmes du pays sans le consentement par escrit de leurs pères et mères, sous les peines portées par les ordonnances, et encore sous celle d'estre renvoyez en France, sans qu'ils puissent plus retourner en Levant. Et à l'esgard de ceux qui n'ont ni père ni mère, et qui auroient espousé des Grecques ou des Maronites, elle ordonnera qu'ils seront tenus d'envoyer leurs enfans en France pour y demeurer depuis dix ans jusqu'à vingt-cinq, à faute de quoy ces enfans seront décheus de tous les priviléges de la nation ou de la protection du roy. Mais avant d'expédier l'ordonnance nécessaire, S. M. m'a dit de vous demander de quel ritte sont les femmes du pays, et si elles sont schismatiques ou non. A l'esgard des Maronites, je sçais qu'ils sont catholiques.....

Reg. dépêch. comm.

[1] Déjà le 3 novembre 1700, le même secrétaire d'État avait écrit aux échevins et députés de commerce de Marseille : « Le roy, ayant esté informé par M. de Ferriol qu'il est venu depuis la paix sur les bastimens françois en Levant un nombre considérable de passagers, dont la pluspart se sont faits Turcs ou sont à charge à la nation, ou tombent dans des désordres qui la déshonorent et en troublent le commerce par leurs cabales, S. M. a estimé nécessaire de rendre une nouvelle ordonnance pour y remédier; et elle m'a commandé de vous l'envoyer, affin que vous la fassiez publier et insérer dans vos registres. Je vous exhorte par son ordre de l'exécuter avec plus d'exactitude qu'on n'a fait celle de 1685 rendue sur le mesme sujet. » (Reg. secr.)

98.

ORDRE DU ROI
AUX MARGUILLIERS DE SAINT-EUSTACHE, A PARIS.

A Marly, le 16° juillet 1710.

Chers et bien amez, nous avons cy-devant permis aux héritiers de feu nostre cousin le vicomte de Turenne de mettre son corps en dépost dans la chapelle de Saint-Eustache de vostre église, et mesme d'y élever un mauzolée à la gloire de ce grand capitaine, dont les actions éclatantes dans la guerre et pour nostre service nous sont toujours présentes. Mais nous avons appris avec estonnement qu'on ait excédé les bornes de nostre permission, en faisant faire dans cette chapelle et dans celle qui est au-dessous, des ornemens, et placer des armoiries qu'il n'estoit pas libre de répandre dans un tel lieu. C'est pourquoy nous avons donné ordre au sieur de Coste, nostre premier architecte et intendant de nos bastimens, de s'y transporter pour y faire détruire ce qui aura esté fait et construit au delà de nostre permission, en laissant cependant en son entier le mausolée dudit vicomte de Turenne, en sorte qu'il reste avec la décence convenable pour marquer à la postérité l'honneur que ses services luy ont attiré de nostre part après sa mort. Au surplus, nostre intention est que doresnavant, pour quelque cause et quelque occasion que ce puisse estre, il ne soit rien construit dans vostre dite église de la part d'aucuns particuliers tels qu'ils soient, sans nostre permission expresse par escrit.....

Reg. secr.

99.

LE COMTE DE PONTCHARTRAIN
AU COMTE DESALLEURS, AMBASSADEUR DE FRANCE, EN TURQUIE.

A Marly, le 14 janvier 1711.

Le roy estant informé que plusieurs de ses sujets, artisans ou autres, sortis du royaume sans permission, se sont mariez ou procuré d'autres establissemens dans l'Eschelle de Constantinople, sans avoir obtenu le certiffìcat nécessaire pour la résidence des députez de la chambre de Marseille, qui pour estre en bonne forme doit estre vizé de l'intendant du commerce de Levant, S. M. m'ordonne de vous escrire que son intention est que vous examiniez avec attention quel motif peut avoir fait tolérer un abus si préjudiciable au bien du commerce et à la tranquillité des corps de nation establis dans les Eschelles, et que vous m'en informiez le plustost que vous pourrez. Je demande la mesme explication par son ordre aux consuls dont la négligence pour la pluspart est d'autant moins pardonnable qu'ils ne peuvent ignorer que la multitude d'un peuple fournit trop aisément des prétextes aux puissances turques de charger la nation d'avanies, de l'exécution desquelles on se deffend incomparablement mieux quand on n'a que sept ou huit marchands non mariez à retirer dans la maison consulaire, ou à faire embarquer, en cas de besoin, que lorsque la peuplade est nombreuse : joint à cet inconvénient celuy des querelles qui surviennent tous les jours entre les artisans françois quand on en souffre, et les Turcs qui ne manquent pas dans ces rencontres de faire intervenir les gens de loy contre nos missionnaires. Le roy, pour touttes ces considérations, voulant y pourvoir, m'ordonne de vous demander un rolle séparé contenant les noms des marchands establis à Constantinople, avec la datte du certificat sur lequel ils ont esté admis à résidence. Vous y en joindrez, s'il vous plaist, un autre de tous les particuliers, artisans ou non, dont on y a toléré la résidence sans permission. Ce dernier marquera leur extraction, origine, profession et motifs de leurs passages, ceux qui se sont mariez en Turquie, avec quelles femmes et de quelle religion, les proffits qu'ils ont fait et par quels moyens. Vous observerez que S. M. entend que vous fassiez repasser en France, par les premières commoditez, tous ces résidans sans certifficat de la chambre, aussytost le présent ordre receu, vous permettant néantmoins d'accorder trois mois pour tout délay à ceux qui vous justiffieront avoir des debtes à recouvrer ou des effets à vendre, son intention estant qu'au bout de ce terme vous les obligiez de s'embarquer sans distinction ni complaisance pour revenir en Provence. Je vous prie de m'informer exactement, et le plustost qu'il vous sera possible, de ce que vous ferez à ce sujet, affin que j'en rende compte au roy.

Reg. dépêch. comm.

100.

LE CHANCELIER DE PONTCHARTRAIN AU COMTE DE LA GARAYE.

Le 23 mars 1713.

Vous pouvés, M^r, envoier à Mlle de la Bretèche vos lettres de chevalier du Saint-Sépulchre que vous me mandés vous avoir esté envoiées depuis peu de Jérusalem. Je les liray avec attention, dès qu'elle me les aura remises, et avec désir de vous faire plaisir; ou vous pouvés me les adresser en droiture. Mais je crains que vous ne puissiés tirer de ces lettres les avantages que vous en espérés, parce que je ne vois pas que ces chevaliers jouissent dans le royaume des priviléges dont vous me parlés et que vous dites leur avoir esté accordés par nos roys. Je souhaite pour vous que cela soit autrement, ne désirant rien davantage que de pouvoir vous marquer la considération avec laquelle je suis, M^r, tout à vous.

Ce 10 avril.

J'ay receu, M^r, les lettres de chevalier du Saint-Sépulchre de Jérusalem que vous m'avés envoiées, que j'ay leues avec beaucoup d'attention. Je suis fasché d'estre obligé de vous dire que ces sortes de lettres ne sont ni reconnues en France ni autorisées par le roy. Ainsy, ce seroit vous tromper que de vous faire espérer que vous puissiés jouir d'aucuns des priviléges qui y sont énoncés, dont la pluspart sont si exorbitans qu'il n'y a pas d'apparence qu'aucuns roys aient jamais permis que ces chevaliers en jouissent dans leurs estats, puisque la pluspart de ces droits ne peuvent estre exercés que par les souverains mesmes, qui ne peuvent les céder ni les communiquer à personne, tels que sont la légitimation, le changement d'armes et de noms, et quelques autres qui y sont exprimés. S'il se présente quelque autre occasion qui dépende de moy où je puisse vous faire plaisir, vous pouvés vous adresser à moy avec confiance, et vous devés estre persuadé que je suis avec toute la considération que vous méritès, M^r, entièrement à vous.

Lettr. Pontch.

FIN DU TOME QUATRIÈME ET DERNIER.

TABLE ET SOMMAIRE

DES PIÈCES

CONTENUES DANS LE QUATRIÈME VOLUME.

Nos.	DATES.	ADRESSES ET ANALYSE DES PIÈCES.	PAGES.
		Introduction..	1
		I. TRAVAUX PUBLICS.	
1.	31 mai 1663.	Colbert à de Machault...........................	3
		Examiner le projet de rendre l'Aube navigable depuis Magnicourt.	
2.	5 mai, 8 août et 2 décembre 1664; 14 janv., 29 mai, 3 août 1665; 22 avril et 9 août 1666.	L'intendant Pellot à Colbert........................... Rapport sur les travaux entrepris pour rendre la rivière du Lot navigable. — Sur les mines de houille auprès de cette rivière, qui pourront donner lieu à un commerce considérable. Difficultés que l'on éprouve dans l'entreprise de la navigabilité à cause des inondations et autres accidents.	4
3.	17 novembre et 1er décembre 1664.	L'archevêque de Toulouse à Colbert............... Détails sur la visite faite pour examiner les localités où doit être creusé le canal de Toulouse. Idées des experts à ce sujet.	10
4.	13 et 19 décembre 1664.	Colbert de Terron à Colbert........................... Proposition de faire un port à Omonville, côte de Normandie. Rareté du bois aux environs de Brest pour la construction des vaisseaux, et nécessité de faire l'acquisition de la forêt du Faou au nom de l'État. Faveur à accorder aux fils du constructeur Hubac.	13
5.	20 décembre 1664; 31 juillet, 4 et 18 août, 3 et 28 septembre 1665; 20 septembre 1667; 1er mars 1669.	Riquet à Colbert........................... Il expose ses premières idées sur le projet d'un canal des Deux-Mers, et ses premières tentatives avec l'aperçu des frais. Détails sur la rigole d'essai. Idée d'une fête religieuse pour l'inauguration de la première écluse. A l'aide des fonds votés par les États de Languedoc et du prêt de 500,000 livres, il espère venir à bout de son entreprise.	15

Nos.	DATES.	ADRESSES ET ANALYSE DES PIÈCES.	PAGES.
6.	22 décembre 1664.	Lannoys à Colbert............................. *Avantages de la position de Tréport, ayant la meilleure rade de toute la côte, pour en faire un bon port.*	29
7.	26 décembre 1664.	Chatillon à Colbert............................ *Rapport sur les travaux à faire sur la côte de Normandie.*	30
8.	31 août et 11 décembre 1665, et 2 décemb. 1667.	Desjardins à Colbert........................... *Sur les travaux du Château-Trompette, à Bordeaux. Mauvaises dispositions des habitants; mines de cuivre aurifère du Périgord. Carte de la rivière de Lisle.*	31
9.	8 septembre et 16 novembre 1665, et 10 avril 1666; 10 déc. 1667, et 3 mars 1668.	De Besons et Tubeuf, commissaires du roi près des États de Languedoc, à Colbert..................... *Travaux entrepris pour la jetée du port de Cette. Rapports sur les progrès du canal de Languedoc. Opinion sur le projet du canal de communication entre l'étang de Thau et la mer. Utilité de ce canal et du grau d'Agde. Conférence avec Clerville et Riquet au sujet des travaux de canalisation.*	36
10.	30 octobre 1665, et 21 avril 1666.	Bouchu, intendant en Bourgogne, à Colbert......... *Enquête sur l'état des rivières de Deune et de Bourbinche, et sur le projet de les faire servir au canal de communication entre la Loire et la Saône par le moyen de quelques grands étangs.*	46
11.	7 février 1669....	Mévier à Colbert.............................. *Sur la mauvaise exploitation des mines de Languedoc, et sur la nécessité d'y faire venir une cinquantaine de bons mineurs allemands. Plaintes sur ses différends avec ceux qui sont intéressés dans ces mines.*	52
12.	23 avril et 18 juin 1669.	Le président d'Oppède à Colbert................. *Curage du port de Marseille et travaux de la jetée d'Agde.*	53
13.	1er juin 1669.....	Le duc de Beaufort à Colbert.................... *Recommandation d'un placet des habitants du bourg de Sannary, en Languedoc, qui demandent le rétablissement de leur port, et leur séparation d'avec la commune d'Olioules.*	55
14.	4 juin 1669......	Montpesat à Colbert........................... *Les États d'Artois font rendre la Scarpe navigable; utilité de ce travail.*	56
15.	16 juin 1669.....	Dumas, commissaire de marine, à Colbert......... *Sur les travaux au port de Saint-Valery, et pour les fontaines à établir au Havre.*	57

TABLE DES PIÈCES.

Nos.	DATES.	ADRESSES ET ANALYSE DES PIÈCES.	PAGES.
16.	4 juillet 1669	De Muyn à Colbert. *Rapport sur l'état de navigabilité de la Somme, et sur les travaux à faire pour l'améliorer.*	58
17.	28 juillet 1669	Lombard à Colbert. *Facilité de rendre la Drôme navigable; demande de fonds pour les travaux du Château-Trompette, à Bordeaux.*	60
18.	13 décembre 1669, et 27 août 1670.	Colbert à de Souzy, intendant. *Veiller à ce que les travaux du canal de Douai à Lille soient solides. De Douai on pourra conduire un canal à la Deule. La réparation des grandes routes et tous les travaux publics en général dans les pays d'États sont à leur charge.*	61
19.	1er août 1670; 3 février 1679.	Colbert à d'Aguesseau. *Examiner s'il y a moyen de dessécher les marais des Landes, et si les propositions de Chaverry sont acceptables. — Blâme du refus des États de Languedoc de subvenir à l'emprunt de 300,000 livres que Riquet est obligé de faire pour achever le canal de la province.*	63
20.	25 septembre 1670, et 10 août 1671.	Lettres du roi à de Mons, gouverneur de Honfleur. *Ordre de faire travailler par corvées les habitants des paroisses de son gouvernement à la réparation du port de Honfleur, et les habitants des villages voisins au curage de ce port.*	65
21.	7 octobre et 5 novembre 1670.	Colbert à Barillon. *Presser les députés des États d'Artois pour achever les travaux de la Scarpe; avoir soin que les ouvrages que l'on fera soient bien entretenus, et faire quelque règlement pour les bateliers.*	66
22.	28 novembre 1670.	Colbert à de Muyn. *Visiter, pendant l'hiver, le canal d'Abbeville pour s'assurer s'il n'a pas besoin de réparation. Le roi ne veut pas donner de privilége pour la navigation d'une ville à l'autre.*	68
23.	24 juillet 1671	Colbert à Robert. *Presser le corps municipal de Dunkerque pour qu'il se hâte de faire achever le canal de Bourbourg.*	69
24.	15 octobre 1671	Colbert de Terron à Colbert. *Est d'avis d'établir l'hôpital de la marine à Tonnay-Charente, et non à Rochefort.*	Ibid.
25.	3 juin 1672	Colbert à Brodart. *Examiner si l'on peut fournir de l'eau aux fontaines du Havre moyennant mille livres, ainsi que l'annonce le gouverneur de la ville.*	71

Nos.	DATES.	ADRESSES ET ANALYSE DES PIÈCES.	PAGES.
26.	31 août 1672, et 21 octobre 1674.	Le cardinal de Bonsy à Colbert................ Observations au sujet de la jetée du port de Cette et du grau de Narbonne. Abus commis à l'égard des fonds destinés pour les grandes routes.	71
27.	22 septembre 1672.	Colbert au duc de Chaulnes................... A l'exemple des États de Languedoc, ceux de Bretagne devraient faire des fonds pour des travaux au port de Paimbœuf et dans la Loire.	74
28.	8 octobre 1672....	Colbert à de Froidour....................... Avis de l'envoi de Dumont dans les Pyrénées pour rendre flottables les rivières sur lesquelles doivent être transportés les arbres propres à la marine. Mesures à prendre pour les forêts qui fournissent des bois de cette nature.	75
29.	4 janvier 1679....	Colbert à de Méliand...................... Tâcher de lever les oppositions formées par les gens du pays contre le projet du desséchement des marais et des rivières de Douves et du Merdret; oppositions qui sont inspirées généralement par le préjugé, l'ignorance, la jalousie ou l'intérêt particulier.	77
30.	8 juillet 1686....	Le marquis de Seignelay à de Gourgues, intendant à Caen............................... Avis de l'ordre donné à un ingénieur pour visiter la rivière de l'Orne, et pour proposer les moyens de curage exigés par l'état du lit de cette rivière.	Ibid.

II. AFFAIRES RELIGIEUSES ET ECCLÉSIASTIQUES.

1.	13, 16 et 25 février 1665.	R. de Harlay, évêque de Lodève, à Colbert......... Cabale qui se trame à l'assemblée provinciale pour la députation à l'assemblée du clergé. L'évêque n'en a pas moins obtenu la députation.	79
2.	21 février et 30 août 1665.	L'archevêque de Toulouse à Colbert............. Sur la même assemblée et sur la conduite de l'évêque d'Alet. Demande d'instructions.	81
3.	27 février 1665...	L'abbé de Tressan à Colbert.................. Il a réussi à empêcher l'évêque d'Alet de se faire élire député.	83
4.	20 mai 1665.....	Lettre d'un anonyme à Colbert................ Dénonciation contre l'évêque d'Avranches qui opprime son diocèse.	84

TABLE DES PIÈCES.

N°s.	DATES.	ADRESSES ET ANALYSE DES PIÈCES.	PAGES.
5.	14 avril 1666.....	L'abbé de Lesseins à Colbert..................	85
		L'assemblée du clergé veut demander au roi le maintien de ses immunités; l'archevêque de Toulouse n'a pu refuser de faire partie de la députation qui va se rendre à la cour.	
6.	17 avril 1666.....	Louys, procureur du roi à Vernon, à Colbert........	86
		Plainte au sujet de l'établissement non autorisé d'une maison religieuse.	
7.	19 août 1669.....	L'évêque de Mirepoix à Colbert..................	87
		Il expose la réduction des revenus de son évêché par suite des pensions qui y sont imposées.	
8.	4 et 11 février, 12 et 31 mars, 15 et 17 avril, 1er et 13 mai 1670.	Le duc de Chaulnes, ministre plénipotentiaire à Rome, à Colbert.................................	88
		Nouvelles du conclave pour l'élection d'un pape. Besoin d'argent de quelques cardinaux; intrigues et difficultés; exaltation définitive du cardinal Altieri sous le nom de Clément X. Politique vraisemblable du pape nouveau.	
9.	11 août 1670.....	Lettre du roi à la cour des comptes à Paris.........	95
		Ordre de sortir par la porte du côté du chapitre, lors de la cérémonie qui aura lieu à Notre-Dame.	
10.	14 août, 10 sept., 16 octobre et 20 novembre 1671.	Colbert à l'évêque duc de Laon, envoyé à Rome......	96
		L'évêque tâchera d'obtenir l'expédition gratuite des bulles pour le frère de Colbert, évêque d'Auxerre. Remerciment de l'avoir obtenue. — Il engagera le duc et le chevalier de Vendôme de ne faire à Rome qu'un court séjour. — Commission au sujet de lunettes astronomiques pour l'observatoire de Paris.	
11.	18 août 1672.....	L'évêque de Tulle à Colbert.....................	98
		Il sollicite le droit d'évocation de ses procès au grand conseil pour se soustraire aux appels comme d'abus qu'on adresse toujours au parlement de Bordeaux contre lui.	
12.	19 août 1672; juin 1673.	De Chambonas, évêque de Lodève, à Colbert.......	99
		Il fera en sorte que l'abbé Desmarez soit élu député selon le désir de Colbert. L'intendant du Languedoc travaille pour procurer l'agence du clergé à son fils. — Plaintes contre le vicomte du Bosc, qui néglige son devoir de catholique. Énumération des services rendus par le prélat à son diocèse.	
13.	25 août et 6 septembre 1672.	J. H. de Gondrin, archevêque de Sens, à Colbert....	102
		Prière de le soutenir contre le nonce du pape, qui veut le gêner dans l'exercice de son droit d'officialité, confirmé par un arrêt du parlement. Mémoire sur ce sujet.	

TABLE DES PIÈCES.

Nos.	DATES.	ADRESSES ET ANALYSE DES PIÈCES.	PAGES.
14.	Septembre 1672..	Placet au roi, remis par le député et procureur syndic des religieux réformés de Prémontré............	106
		Ils demandent qu'il soit permis à l'abbé d'Estival de se rendre à l'assemblée capitulaire, qui doit délibérer sur les différends qu'ils ont avec leur supérieur.	
15.	10 et 20 octobre 1672.	A.-S. de Sainte-Marthe, général de la congrégation de l'Oratoire, à Colbert......................	108
		Le roi n'ayant pas agréé le P. du Breuil, l'ordre a procédé à l'élection d'un autre assistant.	
16.	31 décembre 1672.	L'archevêque de Paris à Colbert.................	109
		Avis d'une assemblée tumultueuse que va tenir la Faculté de théologie.	
17.	5 juin 1673......	L'évêque de Genève à Colbert...................	*Ibid.*
		Le moment serait favorable pour introduire la religion catholique à Genève.	
18.	25 et 27 novembre 1673.	Le président Pellot à Colbert....................	110
		Rapport sur les candidats à la députation pour l'assemblée du clergé.	
19.	Avril 1674.......	De Ménars, intendant, à Colbert.................	113
		Rapport sur une élection capitulaire chez les dominicains, à laquelle il a assisté pour faire prédominer la volonté du roi.	
20.	20 décembre 1674.	Le cardinal Lesorel, à Colbert...................	115
		Obtention du gratis demandé par le ministre à la cour de Rome. Désir du cardinal dataire de voir rendre la liberté à l'abbé du Colombier enfermé à la Bastille.	
21.	11 mai 1675.....	Lettre du roi aux agents du clergé du diocèse de Sens.	116
		Le roi ne veut pas l'abbé de la Mivoye pour député du second ordre à l'assemblée provinciale du clergé.	
22.	1675..........	Lettre du roi aux doyen, syndic et docteurs de la Faculté de théologie............................	117
		Défense de délibérer en assemblée sur la condamnation prononcée à Rome de deux thèses approuvées par la Faculté de Paris.	
23.	Septembre 1676...	Colbert au P. de la Chaise, confesseur du roi.......	118
		Renseignement demandé sur un prêtre condamné au bannissement pour avoir abusé de son ministère.	

TABLE DES PIÈCES.

Nos.	DATES.	ADRESSES ET ANALYSE DES PIÈCES.	PAGES.
24.	15 septembre 1676; 27 décemb. 1680; 25 mai 1682...	Colbert à la Reynie, lieutenant général de police..... *Empêcher le débit de quelques ouvrages sur des matières religieuses.*	118
25.	14 juin 1677.....	Circulaire de Colbert aux intendants des généralités... *Ordre de s'informer au sujet d'une lettre au pape qu'on veut faire signer par les évêques dans les diocèses.*	119
26.	22 juin 1677; 16 et 31 mai 1682.	Colbert à l'archevêque de Paris.................. *Résolution du roi d'exiler les moines jacobins qui causent du désordre. — Dispositions à prendre relativement à l'enregistrement de la déclaration du clergé dans la Faculté de théologie.*	120
27.	22 juin 1677......	Ordre du roi pour le capitaine-prévôt.............. *Enlever, du couvent des frères Prêcheurs de la rue Saint-Jacques, plusieurs religieux, et les faire partir pour diverses villes de province.*	121
28.	23 février 1678...	Lettre du roi au P. Floriot, provincial des jacobins de la province de France........................ *Défense de tenir le prochain chapitre provincial dans la ville de Thouars.*	123
29.	23 mai et 27 novembre 1680.	Le chancelier Letellier à de Harlay, procureur général. *Sur les affaires relatives à la régale. — Le roi a résolu de disperser les religieuses du couvent de Charonne.*	Ibid.
30.	17 décembre 1680; 11 janv. et 4 juin 1681; 30 mai, 4 et 6 août, 4 novembre 1682; 28 janvier, 4 février, 3 avril 1683; 24 et 28 juin 1686; 11 octobre 1688.	Le marquis de Seignelay au même................ *Le roi veut que la maison des religieuses de Charonne soit donnée à bail pour les en faire sortir. — Faire comprendre au P. de la Chaise les motifs de la citation des supérieurs des Jésuites au parlement. — Envoi du mémoire de Colbert sur les réquisitoires à faire pour l'enregistrement de la déclaration du clergé. — Approbation donnée par le roi au projet de protestation contre le bref du pape désapprouvant la déclaration du clergé. — Envoi d'une thèse contraire à cette déclaration. — Préparer un discours qui devra précéder la censure de la Faculté de théologie. — Demander une décision à la Faculté sur la question de l'autorité du pape. — Faire saisir les revenus des abbayes, et autres revenus laissés en mauvais état par le prince Philippe de Savoie.*	124
31.	13 mars et 19 avril 1681.	Le chancelier Letellier au premier président du parlement de Toulouse........................ *Poursuivre devant le parlement le prêtre Cerles, qui a fait afficher son appel au pape contre une décision de l'archevêque.*	131

Nos.	DATES.	ADRESSES ET ANALYSE DES PIÈCES.	PAGES.
32.	20 et 24 juin 1681; 21 mai 1695.	L'archevêque de Reims à de Harlay : .... Observations confidentielles sur l'affaire des jésuites au parlement. — Éloge de la rédaction de l'édit sur la juridiction ecclésiastique.	133
33.	21 et 27 septembre 1681.	Le marquis de Seignelay à l'archevêque de Rouen.... Faire tomber les suffrages, pour la députation de la province, sur l'évêque de Lisieux, et, à son défaut, sur l'évêque d'Avranches.	135
34.	1682..........	Projet de réforme pour la Sorbonne...............	136
35.	8 mai et 24 octobre 1682.	Colbert au P. Brachet, général de la congrégation de Saint-Maur .... Blâme d'avoir hâté l'élection d'un général de la congrégation. — Mesures à prendre à l'égard du chevalier d'Elbeuf.	138
36.	16 mai 1682.....	Lettre du roi à l'abbé Pirot .... Ordre d'empêcher les docteurs en théologie de prendre la parole lors de l'enregistrement de la déclaration du clergé.	139
37.	1er juin et 24 juillet 1682, et 15 mars 1683.	Colbert à de Harlay, procureur général du parlement de Paris.................................... Avis demandé sur le projet de chasser trois membres de la Sorbonne. — Dans quel sens il devra faire son réquisitoire au parlement. — Consulté sur les assemblées de la Faculté.	140
38.	15 juin et 1er décembre 1682.	De Harlay, procureur général, à Colbert............ Rapport de ce qui s'est passé dans l'assemblée de la Sorbonne le 15 juin et le 1er décembre.	142
39.	24 juin 1682.....	Mémoire de ce qui s'est passé à l'assemblée de la Faculté de théologie sur l'enregistrement de la déclaration du clergé	144
40.	8 juillet 1682	Colbert au premier président du parlement de Paris... Il pourra s'abstenir d'assister aux assemblées qui doivent se tenir chez l'archevêque de Paris.	146
41.	12 juillet 1682....	Colbert à d'Aguesseau .... Consulté sur les dispositions à prendre au sujet d'une correspondance secrète qu'on entretient en Languedoc avec Rome.	Ibid.
42.	11 novembre 1682.	Colbert à de Ris, intendant..................... Au sujet des juifs qui, sous l'apparence de chrétiens, font le commerce dans le royaume.	148

TABLE DES PIÈCES.

Nos.	DATES.	ADRESSES ET ANALYSE DES PIÈCES.	PAGES.
43.	13 septembre 1684, et 14 janv. 1688.	Le marquis de Seignelay au chapitre de Beauvais..... Un chanoine délégué n'a pas droit aux revenus de sa théologale. — Blâme d'une décision que le chapitre a prise, sans le consentement de l'évêque, au sujet de la condamnation d'un sermon.	148
44.	13 janvier 1685...	Le marquis de Seignelay à l'évêque de Dol.......... Avis de la permission donnée à l'abbé Thoreau d'aller poursuivre un procès contre l'évêque.	149
45.	27 février 1685...	Le marquis de Seignelay à Levayer................ Le roi n'est pas content du doyen du Mans, qui a fait publiquement l'éloge des chanoines relégués.	150
46.	17 avril 1686.....	Le marquis de Seignelay au comte de Pontchartrain... Vérifier si l'on distribue *l'Esprit d'Arnauld* et autres livres défendus.	Ibid.
47.	24 avril 1687.....	Le marquis de Seignelay à l'évêque de Chartres...... Ordre d'éloigner pour quelque temps les curés de Maintenon et de Pierre.	151
48.	16 juillet et 26 août 1687, et 21 mars 1688.	Le marquis de Seignelay à l'archevêque de Paris...... S'informer si les professeurs de théologie enseignent en conformité de la déclaration du clergé; si le nonce du pape s'entretient avec les ambassadeurs dans le couvent des Célestins.	Ibid.
49.	8 et 30 janvier, 22 et 29 sept. 1688; 18, 24 et 25 févr., et 12 mars 1691; 13 août 1693; 26 novembre 1694; 1695.	Le marquis de Croissy, secrétaire d'État, à de Harlay, procureur général du parlement................ Consulté sur un décret de la congrégation à Rome au sujet des Trinitaires. — Préparer un appel au futur concile contre les censures du Saint-Siége. — Approbation du parti qu'il propose; dans quel sens le roi s'exprimera à l'égard de ce que le parlement fera dans cette occasion. — Avis demandé sur des bulles.	152
50.	7 février 1688....	Le marquis de Seignelay à la Reynie, lieutenant général de police.. Son rapport sur la visite du nonce chez les chartreux paraît être mal fondé.	157
51.	4 octobre 1690...	Lettre du roi au P. de Sainte-Marthe, général de l'Oratoire.. Ordre de quitter Paris jusqu'à nouvel ordre.	158
52.	29 mars 1691; 6 octobre 1693.	Le cardinal Forbin de Janson au président de Harlay.. Satisfaction au sujet du succès des cardinaux français dans le conclave, et de la négociation de l'affaire des bulles.	159

TABLE DES PIÈCES.

Nos.	DATES.	ADRESSÉS ET ANALYSE DES PIÈCES.	PAGES.
53.	30 juin 1691	Le comte de Pontchartrain à l'archevêque de Paris.... *Information sur les pièces d'une fausse dénonciation d'un chanoine de Beauvais contre ses confrères.*	160
54.	21 décembre 1691, et 27 févr. 1693.	Le marquis de Croissy à l'archevêque de Rouen....... *Envoi de divers projets d'une déclaration à faire par le clergé pour contenter le Saint-Siége. Consultation sur ces projets.*	161
55.	31 décembre 1691.	Le comte de Pontchartrain au doyen du chapitre de Beauvais........................... *Demande de la copie d'une épitaphe qu'on veut mettre dans l'église de Beauvais.*	164
56.	28 janvier 1692; 28 sept. 1701.	Le comte de Pontchartrain au P. de la Chaise........ *Avis de l'ordre donné au curé de Vincennes de renvoyer une fille qui est à son service. — Affaire concernant le P. général des Minimes.*	Ibid.
57.	5 février 1692	La Reynie, lieutenant général de police, au président de Harlay............................... *Avis de l'ordre du roi de transférer à l'hôpital général un hermite italien détenu à la Bastille.*	165
58.	9 octobre 1692	Lettre du roi à l'abbé de Clairvaux................ *Le roi dispense l'ancienne supérieure de l'Abbaye-aux-Bois de subir la peine afflictive à laquelle elle est condamnée.*	166
59.	2 novembre 1692	Le marquis de Croissy aux archevêques de Paris et de Reims............................. *Consultés sur la question si les évêques qui n'ont pas pris part à l'assemblée du clergé de 1682 peuvent demander leurs bulles à Rome.*	167
60.	1692	Mémoire pour être présenté au roi................ *Sur la nécessité de maintenir la déclaration du clergé de 1682, et de ne pas abandonner les signataires.*	168
61.	23 novembre 1692.	Le comte de Pontchartain à Desgrez............... *Tirer deux religieuses du couvent de la Roquette.*	170
62.	24 septembre 1693; 24 juin et 2 juillet 1694; mars, 13 et 21 avr., et 1er août 1699; mai et 10 juin 1703; 2 août 1705.	Le comte de Pontchartrain à de Harlay............ *Il doit toujours avertir la cour avant d'agir contre ceux qui enseignent des doctrines contraires à la déclaration du clergé. — Concession faite au pape pour les brefs d'alternative. — Dans quel sens devra être fait l'arrêt du parlement sur l'enregistrement d'un bref du pape dans l'affaire du livre de Fénelon. Difficultés éprouvées dans les négociations avec Rome. — Affaire de la constitution.*	Ibid.

TABLE DES PIÈCES.

799

Nos.	DATES.	ADRESSES ET ANALYSE DES PIÈCES.	PAGES.
63.	28 mars et 1er avril 1695.	Le comte de Pontchartrain à l'abbé Noirmoutier, à Rome.................................. *La cour de Rome a tort de blâmer la capitation imposée aux ecclésiastiques comme aux autres sujets du roi. — Sur l'élection d'un nouveau cardinal.*	177
64.	31 juillet 1696...	Le comte de Pontchartrain à Jolly, supérieur de Saint-Lazare.................................. *Avis de l'envoi de l'abbé Faydit dans sa maison par ordre.*	179
65.	27 novembre 1697.	Le comte de Pontchartrain à l'évêque de Noyon....... *Avis de la permission accordée à une sœur religieuse soupçonnée de quiétisme de se retirer en son lieu natal.*	180
66.	3 juillet et 26 août 1698.	Mme de Maintenon à de Harlay................... *Recommandation des écoles de charité de Saint-Sulpice et des carmélites de Saint-Cyr.*	*Ibid.*
67.	30 juillet 1698; 25 mai et 22 juin 1701; 29 novembre 1702; 7 févr. 1703; 9 janvier 1704, et 7 janvier 1705.	Le comte de Pontchartrain à Maillet, consul de France au Caire......................: .... *Approbation donnée par le roi à l'envoi d'un jésuite en Éthiopie. Espoir de convertir le roi de ce pays. Embarras que va causer l'arrivée d'un ambassadeur de ce roi. Reproches faits au consul d'avoir entravé cette mission. — Mutinerie des marchands français au Caire. — Les religieux italiens auront peut-être quelque succès en Éthiopie.*	181
68.	10 avril 1699.....	Le comte de Pontchartrain à l'intendant Phelypeaux... *Aller aux abbayes de Chailly et de la Victoire, et menacer les religieux qui causent du scandale de l'indignation du roi.*	187
69.	5 mai 1699......	Le comte de Pontchartrain au P. gardien des capucins de Noyon............:.................... *Avis de la résolution prise par le roi de faire venir un de ses moines avec ses papiers.*	*Ibid.*
70.	27 juillet 1699....	L'évêque duc de Laon à de Harlay................ *Exposé des motifs qu'il a de s'opposer à ce que l'autorité civile ne se mêle pas des revenus de la chapelle de Notre-Dame de Liesse.*	188
71.	17 novembre 1699; 13 janvier 1700; 30 août 1701; 12, 23 mars, et 21 juin 1702.	Le comte de Pontchartrain à d'Argenson............ *Le roi n'est pas d'avis de poursuivre l'auteur d'une lettre à Bossuet; empêcher l'entrée des brochures sur la querelle entre jésuites et bénédictins. — Faire arrêter un moine des Petits-Pères. — Avis de l'ordre de départ pour l'évêque de Gap. — Arrestation de l'auteur d'une religion nouvelle.*	190

TABLE DES PIÈCES.

Nos.	DATES.	ADRESSES ET ANALYSE DES PIÈCES.	PAGES.
72.	20 janvier et 28 février 1700.	Le comte de Pontchartrain à l'archevêque d'Arles..... *Le roi désire que l'évêque de Saint-Paul ne soit pas élu député à l'assemblée du clergé.* — *Satisfaction au sujet de la préférence donnée à l'évêque de Marseille.*	192
73.	31 mars et 21 avril 1700.	Le comte de Pontchartrain aux échevins et députés du commerce de Marseille...................... *Ordre de prendre soin des enfants du Levant qui doivent être élevés en France, jusqu'à leur départ pour Paris.*	193
74.	8 mai 1700......	Lettre du roi au chapitre de la cathédrale de Chartres.. *Défense de procéder à l'élection d'un doyen.*	194
75.	23 juin 1700; 12 mars et 26 novembre 1702.	Le comte de Pontchartrain à la Bourdonnaie......... *Faire supprimer le libelle d'un capucin apostat.* — *Demande à être tenu au courant de la conduite de M. l'évêque de Gap.* — *Mesures à prendre pour une aventure scandaleuse arrivée à Condom.*	Ibid.
76.	18 juillet 1700....	Le comte de Pontchartrain aux autres secrétaires d'État. *Enjoindre aux archevêques et évêques d'envoyer leurs mandements au sujet de la condamnation du livre de Fénelon.*	196
77.	18 juillet et 8 septembre 1700, et 29 juin 1701.	Le comte de Pontchartrain au cardinal de Noailles..... *Même sujet.* — *Plainte contre les couvents de sœurs hospitalières.* — *Défendre aux jésuites, missionnaires de Chine, de rien publier sur leur querelle au sujet de Confucius.*	Ibid.
78.	1er septembre 1700.	Le chancelier de Pontchartrain à Bouchu, premier président du parlement de Dijon................... *Regrets sur l'arrêt indulgent du parlement à l'égard des quiétistes.*	198
79.	3 novembre 1700..	Le chancelier de Pontchartrain à Lebret, premier président et intendant en Provence............... *Le parlement doit faire cesser promptement le scandale que cause à Aix la querelle entre l'archevêque et les réguliers.*	199
80.	2 janvier 1701....	Le chancelier de Pontchartrain à de Miroménil, intendant à Tours................................. *Avertir le chanoine Gervaise de la difficulté qu'il éprouvera de publier la vie de l'abbé de la Trappe.*	Ibid.

TABLE DES PIÈCES.

Nos.	DATES.	ADRESSES ET ANALYSE DES PIÈCES.	PAGES.
81.	5 janvier 1701; 28 février, 30 mai et 18 juillet 1703; 9 janv. 1704; 10 février, 11 août et 29 sept. 1706; 6 mars 1709; 15 janvier, 5 février, 19 mars et 9 juillet 1710; 11 février 1711.	Le comte de Pontchartrain au P. Fleuriau, jésuite, procureur des missions de Grèce................ *Mission du P. Brevedent en Éthiopie. S'il convient d'élever en France des enfants persans; envoi prochain d'un ambassadeur en Éthiopie; mécontentement du départ de missionnaires pour ce pays avec des projets très-étendus; il vaut mieux avoir d'abord des missionnaires en Égypte. Motifs du roi dans l'éducation des enfants du Levant, au nombre de 12. Avanie faite aux chrétiens d'Alep au sujet d'une maison de jésuites. Mauvaise conduite d'un des élèves levantins des jésuites; nécessité de les mieux choisir..*	200
82.	19 janvier 1701...	Le chancelier de Pontchartrain à de Boisguillebert, à Rouen............................... *Il ne doit pas permettre l'impression des Vindiciæ Augustinianæ.*	208
83.	7 juin 1701; 3 janvier, 23 février et 21 juillet 1703.	Le comte de Pontchartrain à de Baville, intendant de Languedoc........................... *Tort de l'évêque de Saint-Pons, en provoquant un décret de l'inquisition de Rome. — Avis de l'exil de l'évêque de Gap, soupçonné d'être l'auteur d'un libelle contre le cardinal de Noailles. — Sur la mort du cardinal de Bonzy et la révolte des protestants.*	209
84.	20 juillet 1701 ...	Le chancelier de Pontchartrain à Jobelot, premier président du parlement de Besançon............... *Expédier promptement un appel comme d'abus qui intéresse les libertés de l'église gallicane.*	211
85.	2 août 1701......	Le chancelier de Pontchartrain à l'archevêque d'Auch.. *Le chancelier ne place un indult sur une abbaye qu'après la mort du titulaire.*	212
86.	17 septembre 1701.	Le comte de Pontchartrain à Ferrand, intendant...... *Sur les plaintes des Minimes de Dijon contre leur général étranger.*	Ibid.
87.	10 novembre 1701.	Le comte de Pontchartrain au lieutenant général à Beauvais............................... *Engager le capucin Jean-Chrysostome à laisser là la politique.*	213
88.	14 janvier, 14 et 20 mars 1702.	Fénelon, archevêque de Cambrai, au président de Harlay................................ *Contre les prétentions de l'évêque de Saint-Omer, qui veut établir une officialité dans son diocèse, quoique dans ce pays l'archevêque soit en droit de juger les causes des diocèses suffragants. Remerciments de l'arrêt du parlement rendu en sa faveur.*	214

Nos.	DATES.	ADRESSES ET ANALYSE DES PIÈCES.	PAGES.
89.	20 février 1702...	Le chancelier de Pontchartrain à de Bagnols, intendant à Lille.. *Saisir l'édition du Dialogisme charitable, libelle diffamatoire.*	218
90.	3 avril 1702......	Le comte de Pontchartrain, secrétaire d'État, au cardinal de Bonzy.................................... *Le roi veut que l'évêque de Saint-Pons continue d'être exclu de la députation de l'assemblée du clergé.*	219
91.	9 mai 1702; 23 et 24 février 1711.	Le chancelier de Pontchartrain à de la Garde, procureur général au parlement d'Aix................... *Sur le scandale occasionné par les carmes d'Aix à cause de la représentation d'une comédie. Le roi veut qu'on chasse les plus coupables. Querelle entre les jésuites et les oratoriens.*	220
92.	10 juin 1702; 12 septembre et 17 octobre 1703.	Le comte de Pontchartrain à Sanson, intendant à Soissons.. *Assister à l'élection d'un abbé de Prémontré. Cabales dans l'abbaye de Soissons. Prendre des informations sur la punition infligée à un bénédictin.*	221
93.	8 novembre 1702..	Le chancelier de Pontchartrain à l'abbé de la Trappe.. *Il consent à suspendre la permission d'imprimer à l'égard de la lettre en réponse à celle de Tillemont.*	223
94.	22 novembre 1702.	Le comte de Pontchartrain à l'évêque de Condom..... *Avis de l'ordre donné pour envoyer l'évêque de Gap dans une abbaye de Bretagne.*	224
95.	4 mars 1703......	Le chancelier de Pontchartrain à dom Rafaël Cadre, coadjuteur de Bellary........................... *Exhortation à la paix et à l'union entre les chartreux d'Auray.*	*Ibid.*
96.	20 mars 1703.....	Le comte de Pontchartrain à Dupin, professeur au collége royal....................................... *Demande de sa démission à cause de sa conduite dans l'affaire du Cas de Conscience.*	226
97.	28 mai 1703.....	Le cardinal landgrave de Fürstenberg au président de Harlay.. *Réclamation au sujet de la censive de la pêche de la Seine que lui conteste le domaine.*	*Ibid.*
98.	1er août 1703.....	Le comte de Pontchartrain au chapitre de Beaune..... *Blâme de l'accueil honorable que le chapitre a fait à un docteur en Sorbonne exilé.*	227

TABLE DES PIÈCES. 803

Nos.	DATES.	ADRESSES ET ANALYSE DES PIÈCES.	PAGES.
99.	10 octobre 1703...	Le comte de Pontchartrain à d'Harrouis............. Prendre copie d'un décret du nonce que les cordeliers de Reims ont enregistré sans formalité, et l'envoyer à la cour.	228
100.	1er et 10 décembre 1703.	Le chancelier de Pontchartrain à l'évêque de Chartres.. Le prélat a eu tort d'autoriser l'impression d'un livre de Félibien, qui n'aurait dû paraître qu'avec une autorisation du chancelier. Si l'évêque ne trouve un expédient, on sera obligé de prohiber ce livre.	229
101.	8 et 30 janvier, 20 août et 17 septembre 1704; 4 novembre 1705, et 28 mai 1706.	Le comte de Pontchartrain à l'évêque de Gap.......... Observations sur la continuation de sa désobéissance; ce que le prélat a de mieux à faire, c'est de se démettre de sa dignité; alors il sera libre.	231
102.	9 janvier 1704....	Le comte de Pontchartrain à Pinon, intendant........ S'informer du dérèglement des religieux de l'abbaye de Nanteuil, dont se plaignent les habitants.	233
103.	9 janvier 1704; 3 janvier 1710.	Le comte de Pontchartrain à l'évêque de Babylone..... Mettre le nouveau consul à même de donner des détails sur le progrès des missions en Perse, et être moins sobre de nouvelles sur ce pays. Avis de la nomination d'un carme déchaussé pour vice-consul à Ispahan.	235
104.	10 février 1704...	Lettre du roi au P. Bécard....................... Pour lui annoncer que deux religieuses de Longchamp ne pourront être élues comme abbesses.	237
105.	31 mars 1704.....	Lettre du roi à l'abbesse des religieuses à Nogent...... Ordre de se rendre au monastère de Sainte-Claire, à Reims.	238
106.	8 mai et 29 août 1704.	Le comte de Pontchartrain au supérieur de l'abbaye de Saint-Michel-en-l'Herm...................... Scandale de la conduite de l'évêque de Gap; avis de son prochain éloignement.	239
107.	3 juin 1704......	Le comte de Pontchartrain au cardinal d'Estrées..... Le cardinal de Fürstenberg n'a pas dû être enterré dans le chœur de Saint-Germain, où il n'y a eu de sépultures que pour les membres de la famille royale.	240
108.	26 septembre 1704	Le comte de Pontchartrain au procureur général du parlement de Paris........................ Discuter avec le cardinal de Noailles l'affaire des communautés religieuses établies sans permission.	Ibid.

TABLE DES PIÈCES.

Nos.	DATES.	ADRESSES ET ANALYSE DES PIÈCES.	PAGES.
109.	11 mars, 26 avril et 3 mai 1705.	Le marquis de Torcy à de Harlay................. Avis de la procédure commencée contre le conseiller Rambour, qui a présenté une requête au pape contre une ordonnance de l'évêque de Châlons. — Consultation au sujet des termes de la constitution papale relative au jansénisme. Les remarques de Harlay seront communiquées au cardinal de Janson, à Rome.	241
110.	31 mars 1705....	Le chancelier de Pontchartrain à le Laboureur, chanoine à Strasbourg...................... Quoiqu'il soit prêtre, il pourra exercer, comme son père, la charge d'avocat général au conseil supérieur d'Alsace.	244
111.	1er avril 1705.....	Le chancelier de Pontchartrain à l'évêque de Tréguier.. Un prêtre anglais doit se faire naturaliser s'il veut être curé en France.	245
112.	Idem............	Le comte de Pontchartrain à l'abbé de la Trappe...... Ordre de garder dans son couvent le nommé Beaumont et de le traiter avec humanité.	Ibid.
113.	13 mai et 3 juin 1705; 5 mai 1706.	Le comte de Pontchartrain au cardinal de Janson, chargé des affaires de France à Rome .... Le roi a engagé le pape à écrire au grand maître de Malte pour qu'il mette à la chaîne les Grecs et les Arméniens schismatiques. Consultation sur ce qu'il y a à faire à l'égard des ermites qui vont en Palestine, sans avoir de quoi subsister. Le roi a fait arrêter un Grec de Scio. Mauvaise conduite des moines de Péra.	246
114.	3 et 29 août 1705..	Le président de Harlay au marquis de Torcy, secrétaire d'État................................... Il dressera le projet de lettres patentes pour la constitution du pape qu'on lui demande.	248
115.	4 novembre 1705..	Le comte de Pontchartrain au P. gardien Frassan, cordelier....................... Sur les cordeliers vagabonds des environs de Noisy.	249
116.	27 janvier, 10 février et 13 mars 1706.	Le comte de Pontchartrain à Nouet................ Exposé de l'affaire de la cure des Malabares, sujet de dispute entre les missionnaires jésuites et capucins. Demande de l'avis de Nouet. Approbation de son mémoire.	250
117.	7 et 20 avril 1706.	Le chancelier de Pontchartrain à l'évêque de Soissons.. S'informer de la conduite de Ducharmel, janséniste.	252

TABLE DES PIÈCES. 805

Nos.	DATES.	ADRESSES ET ANALYSE DES PIÈCES.	PAGES.
118.	19 mai 1706	Ordre du roi pour le prieur de l'abbaye de Saint-Jean-des-Vignes, à Soissons. *Éloigner trois religieux pendant l'élection d'un nouveau prieur.*	253
119.	15 juin 1706	Le comte de Pontchartrain au P. Duval. *Sa proposition de faire enfermer dans un château fort des religieux* discolles, *ou de les engager dans le service militaires, est étrange et non recevable.*	Ibid.
120.	4 octobre et 10 novembre 1706.	Le comte de Pontchartrain à de la Pallière. *Le roi ne veut point intervenir pour laisser promulguer la réunion des trois abbayes de l'évêché de Québec.*	254
121.	10 novembre 1706, et 18 décembre 1709.	Lettres du roi au prieur du Mont-Saint-Michel. *Ordre de garder jusqu'à nouvel ordre le prisonnier qu'on lui amène, sans le laisser communiquer avec personne. — Le remettre au porteur d'un nouvel ordre.*	255
122.	2 mars et 20 avril 1707; 23 mai 1708; 6 mars 1709; 18 février 1711.	Le comte de Pontchartrain au cardinal de la Trémoille. *Assassinat du sieur du Roule, envoyé en Éthiopie, signalé comme magicien par les missionnaires italiens. — Persécution des Arméniens catholiques au Levant. — Plaintes contre les religieux de la Terre-Sainte. — Histoire du patriarche arménien Avedik, enlevé et transporté en France, mis à la Bastille, puis converti au catholicisme. Demander au pape une retraite pour lui à Rome.*	256
123.	13 avril 1707	Lettre du roi aux supérieures et religieuses des couvents de Sainte-Marie. *Selon leur demande, le roi ne nommera aucune religieuse de leur institut aux charges d'abbesses et prieures qui seront à sa nomination.*	263
124.	25 avril 1707	Le chancelier de Pontchartrain à la Bedoyère, procureur général du parlement de Rennes. *Il doit représenter au contrôleur général des finances les suites de la conduite des traitants, qui exproprient des couvents de religieuses.*	264
125.	13 juillet 1707, et 22 août 1708.	Le comte de Pontchartrain au P. prieur du Mont-Saint-Michel. *Il pourra admettre aux sacrements le prisonnier arménien, mais avec prudence. Observations sur ce qu'il a dit au prêtre venu pour le confesser.*	Ibid.
126.	16 octobre 1707	Le chancelier de Pontchartrain à l'abbé Marescot. *Il doit attendre que l'abbaye de Bonneval devienne vacante, pour que le chancelier puisse y placer l'indult, selon sa promesse.*	266

Nos.	DATES.	ADRESSES ET ANALYSE DES PIÈCES.	PAGES.
127.	14 décembre 1707.	Le comte de Pontchartrain au P. Louvel, secrétaire de la congrégation de Saint-Maur, à Saint-Germain-des-Prés....................................	267
		Le roi donnera 600 livres par an pour l'entretien du prisonnier arménien au Mont-Saint-Michel.	
128.	20 janvier 1708...	Le duc de Noailles au cardinal de Noailles, son oncle..	Ibid.
		Exposé des sujets de plainte qu'on a adressés au roi à l'égard de la faiblesse du cardinal dans l'affaire du jansénisme et dans d'autres affaires.	
129.	Janvier 1708.....	Réponse du cardinal de Noailles au duc de Noailles, son neveu....................................	270
		Il proteste de son aversion pour le jansénisme, mais il ne regarde pas comme jansénistes tous ceux qu'on accuse de l'être. Il a approuvé le livre de Quesnel, mais alors cet ecclésiastique n'était pas chef de parti. Le cardinal ne veut pas la destruction du jansénisme par les mêmes moyens que proposent ses accusateurs.	
130.	1er mai 1708.....	Le chancelier de Pontchartrain au cardinal de la Trémoille....................................	279
		Sur un livre en faveur des doctrines de l'ultramontanisme, sur lequel on ne prendra en France un parti que lorsqu'on y saura ce que la cour de Rome aura fait.	
131.	2 mai 1708......	Le duc de Noailles à Amelot....................	280
		Les augustins de Puycerda ont mérité qu'on les renvoie et que l'on saisisse leur bien.	
132.	12 août 1708.....	Le chancelier de Pontchartrain à de Brillac, premier président du parlement de Bretagne.............	281
		Les grosses réparations des presbytères sont à la charge des paroisses, mais sous l'autorisation des intendants.	
133.	16 janvier 1709...	Le comte de Pontchartrain au P. Braconnier........	283
		De la persécution qu'ont essuyée les Arméniens catholiques en Orient.	
134.	6 mars 1709......	Le comte de Pontchartrain au P. général des cordeliers.	284
		Sur l'embarquement et le renvoi en Europe de plusieurs religieux de Jérusalem.	
135.	18 décembre 1709.	Lettre du roi à Bernaville......................	285
		Ordre de recevoir à la Bastille un personnage important (le patriarche arménien).	

TABLE DES PIÈCES.

Nos.	DATES.	ADRESSES ET ANALYSE DES PIÈCES.	PAGES.
136.	8 février et 1er mars 1710.	Le chancelier de Pontchartrain à Cholier, curé de Saint-Louis à Rochefort.............................	286
		Réprimande sur l'excès de son zèle qui l'a porté à dénoncer comme mauvais catholiques des personnes qui ont de bons certificats.	
137.	9 septembre 1710.	Le chancelier de Pontchartrain à dom George Sarazin, prieur de l'abbaye de Crépin.................	289
		Sa communauté peut s'adresser à la justice si elle a des plaintes fondées contre l'abbé.	
138.	19 décembre 1710.	Lettre du roi aux augustins déchaussés de Paris......	Ibid.
		Avis de l'ordre donné pour examiner les papiers de leur prieur après son décès.	
139.	4 février 1711, et 12 octobre 1712.	Le comte de Pontchartrain au comte Desalleurs, ambassadeur à Constantinople......................	290
		Il doit se mettre en garde contre la dissimulation des Grecs, et les éloigner de la possession du saint Sépulcre et soutenir contre eux les missionnaires de Damas.	
140.	6 mai 1711......	Le comte de Pontchartrain au P. dom Allard de l'ordre de saint Benoît..........................	292
		Avis de l'ordre donné pour éloigner un bénédictin et l'envoyer à Limoges.	
141.	22 et 30 juillet 1711.	Le comte de Pontchartrain à d'Argenson............	Ibid.
		Ordre de dresser un acte authentique du décès du patriarche arménien, afin que l'ambassadeur puisse le présenter à la Porte-Ottomane.	
142.	7 octobre 1711...	Le comte de Pontchartrain au P. de Loo............	294
		Exclure les mauvais sujets des charges dans la congrégation des Petits-Pères.	
143.	26 janvier et 22 février 1712.	Le chancelier de Pontchartrain au cardinal de Noailles.	295
		Approbation donnée par le roi à l'ordonnance du cardinal, recommandant aux médecins et chirurgiens d'avertir les curés du danger de mort dans lequel sont les malades; ordonnance dont le roi veut faire la base d'une loi.	
144.	11 octobre 1712..	Le chancelier de Pontchartrain à l'évêque de Saintes..	297
		Blâme de l'officialité d'avoir laissé évader un curé coupable de viol. Il est du devoir des évêques de veiller à la punition des malfaiteurs, nonobstant le scandale qui en résulte.	

N°s.	DATES.	ADRESSES ET ANALYSE DES PIÈCES.	PAGES.
145.	3 avril 1714	Le chancelier de Pontchartrain aux Ursulines de Bourges.............................. *Elles peuvent adresser à la justice ordinaire leurs plaintes contre l'évêque de Bazas.*	298
146.	19 mai 1714	Lettre du roi au prieur et aux docteurs de la Sorbonne. *Exclusion de six docteurs des assemblées de la Sorbonne, à cause de leur conduite turbulente.*	299
147.	25 mars 1715	Lettre de protection du roi en faveur des missionnaires allant en Mingrélie......................	300

III. PROTESTANTS ;
SUITES DE LA RÉVOCATION DE L'ÉDIT DE NANTES.

1.	18 avril 1662	D'Anglure, évêque de Castres, à Colbert............ *Nécessité de reprendre sur les huguenots les domaines royaux qui leur ont été aliénés.*	303
2.	21 septembre 1662.	Bourlié à Colbert............................ *Difficulté de convertir les protestants de Sedan, dont les principales familles émigreraient, si on les tourmentait.*	305
3.	7 juin 1663	Colbert à l'évêque de Mende.................... *Le roi fera justice des huguenots coupables du meurtre d'un curé.*	306
4.	13 juillet 1663	Colbert à l'évêque d'Usez...................... *Le roi est disposé à aider de 3,000 livres un avocat huguenot, s'il veut se convertir sincèrement.*	Ibid.
5.	12 juillet 1664	Colbert à Carcavi............................. *Consultation sur la question de savoir si le roi est en droit, vu les anciens traités, de réduire le nombre des temples dans le pays de Gex.*	307
6.	14 janvier 1665	Pellot, intendant, à Colbert..................... *La conversion du ministre Coras, à Montauban, a eu lieu avec beaucoup d'éclat.*	309
7.	23 août 1665	De Besons, intendant, à Colbert................. *Disparition d'un juge qui a faussement accusé des protestants. Surprise des dévots à ce sujet.*	Ibid.

TABLE DES PIÈCES.

Nos.	DATES.	ADRESSES ET ANALYSE DES PIÈCES.	PAGES.
8.	6 juin 1669	De Marie à Colbert. Les places d'oblats, dans les couvents, pourraient servir d'asile aux filles converties.	310
9.	14 et 22 juin 1669.	Defita, lieutenant criminel, et Ryants, à Colbert. Procès, condamnation et exécution du protestant Roux, dit Marsilly, convaincu de lèse-majesté.	311
10.	31 juillet 1670	Lettre du roi à la dame de Montlouet. Ordre de rester dans sa maison de Lisy, pour ne pas entraver la conversion d'une de ses filles.	319
11.	16 octobre 1671	Colbert à l'évêque d'Amiens. Le prélat doit modérer le zèle du capucin qui veut absolument convertir les ouvriers de la manufacture de draps à Abbeville.	Ibid.
12.	20 juillet 1672	Pierre, évêque de Montauban, à Colbert. Dénonciation de mauvais sentiments des huguenots à l'égard du roi.	320
13.	Janvier 1678	Colbert au procureur du roi au Châtelet. Rechercher une fille convertie qui a disparu.	321
14.	26 juillet et 8 novembre 1678.	Colbert à de Menars. Ordonner au jardinier des hauts jardins de Blois, huguenot, de vendre sa charge.	Ibid.
15.	19 août et 21 septembre 1679, et 18 sept. 1681.	Le chancelier Letellier à de Fieubet, premier président du parlement de Toulouse. Sur les restrictions ordonnées par le roi à l'exercice des fonctions judiciaires de la part des conseillers protestants. Satisfaction du roi au sujet des dispositions du parlement à cet égard.	322
16.	20 décembre 1679.	Colbert à de Machault, intendant de Beauvoisis. Il ordonnera au prévôt de Clermont de mettre obstacle à l'établissement d'un maître menuisier protestant.	324
17.	15 mars 1680, et 14 juillet 1681.	Le chancelier Letellier au lieutenant général de Bordeaux. Maintenir l'exclusion des protestants, si les statuts des apothicaires de Bordeaux sont fondés sur des lettres patentes. Il ne faut rien ajouter aux déclarations concernant les huguenots.	Ibid.
18.	19 mars 1680	Le chancelier Letellier au parlement de Dauphiné. Le roi approuve l'arrêt qui exclut les juges protestants établis par les seigneurs hauts justiciers.	326

N°.	DATES.	ADRESSES ET ANALYSE DES PIÈCES.	PAGES.
19.	14 avril et 1er août 1680; 18 et 26 avril 1682.	Le chancelier Letellier à Dalon, avocat général au parlement de Guienne............................ Le parlement pourra exécuter son arrêt contre les juges protestants des hauts justiciers. Le roi ne veut plus de protestants pour consuls dans les villes de Guienne.	326
20.	6 mai 1680......	Colbert à Tubeuf.................................. Enjoindre aux juges-gardes de la monnaie de Tours de ne plus recevoir d'orfèvres protestants à Blois jusqu'à ce que leur nombre n'excède plus celui des catholiques.	328
21.	27 mai 1680; 27 janvier 1682; 20 janvier, 4 février, 2 juillet 1685.	Le chancelier Letellier au procureur général du parlement de Paris................................ Réponse aux observations de Harlay relatives à la révocation des juges seigneuriaux protestants. Satisfaction du roi au sujet de l'arrêt du parlement qui ordonne la clôture du temple de la Rochelle. — Suivre le procès contre ceux qui sont retournés au prêche : on fera grâce à ceux qui se convertiront.	Ibid.
22.	14 juin 1680.....	Colbert à Bouchu, intendant en Bourgogne.......... Ne pas laisser un huguenot, membre de la compagnie du Levant, s'établir à Châlons.	331
23.	29 mars 1681.....	Le chancelier Letellier au lieutenant criminel et au procureur du roi, à Sarlat...................... Condamner le gentilhomme huguenot, séducteur d'une fille catholique, à des amendes si fortes qu'il soit obligé de se convertir et d'épouser cette fille.	332
24.	23 mai et 6 juin 1681.	Le chancelier Letellier au procureur général du parlement de Guienne............................ Avoir soin que les procès entre catholiques et huguenots ne soient pas rapportés au parlement par un conseiller huguenot.	Ibid.
25.	9 juin 1681......	Le chancelier Letellier au lieutenant général de Saintes. Les mariages des huguenots pourront avoir lieu en tout temps, et sans les formalités de la dispense.	333
26.	11 juin 1681.....	Le chancelier Letellier au procureur du roi à Poitiers. Renoncer au procès contre un ministre qui s'est borné à parler à un criminel qui était de sa religion.	334
27.	7 juillet 1681.....	Le chancelier Letellier à d'Abadie, président du parlement de Guienne............................ On ne peut empêcher les conseillers protestants d'opérer dans les affaires ecclésiastiques.	335

N°s.	DATES.	ADRESSES ET ANALYSE DES PIÈCES.	PAGES.
28.	19 août 1681	Colbert à Morant, intendant. Vérifier si les protestants envoient leurs enfants à Orange, et, dans ce cas, faire des menaces à la ville d'Orange.	335
29.	22 septembre 1681.	Lettre circulaire de Colbert aux autres secrétaires d'État. A l'avenir, les actes synodaux des protestants devront être signés par les deux commissaires.	336
30.	22 février, mars et 2 décembre 1682.	Colbert à de Besons, intendant. Aider un converti de la ville de Mer à retrouver son enfant qui lui a été enlevé. — Envoi de l'arrêt qui donne la préséance aux avocats catholiques sur les protestants. — Vérifier si un protestant a été élu échevin à Mer.	337
31.	23 mars 1682	Colbert à la Reynie, lieutenant général de police. Empêcher les dames protestantes de former des assemblées de charité.	338
32.	24 mars 1682	Colbert à de Bouville. Avertir le médecin protestant Amyot qu'il ne doit pas adresser d'exhortations religieuses aux malades.	Ibid.
33.	14 juin 1682	Colbert au marquis de Châteauneuf, secrétaire d'État. Prendre les ordres du roi pour faire le procès à des relaps du village de Mausé.	339
34.	22 juin 1682	Colbert à d'Aguesseau. Vérifier si les sous-fermiers des domaines de Languedoc ont remplacé des commis catholiques par des protestants, et, en ce cas, les forcer à replacer les catholiques.	Ibid.
35.	17 août 1682	Colbert à Leblanc. Envoyer les noms des commis et employés protestants qui sont dans les fermes et recettes du roi, pour qu'on puisse les destituer.	340
36.	23 octobre 1682	Colbert à l'archevêque de Paris. Le roi a permis de laisser continuer le débit d'un ouvrage du ministre Claude; mais le lieutenant général de police devra être moins facile à accorder des permissions d'imprimer.	341
37.	27 février 1683	Le chancelier Letellier à Daulède, premier président du parlement de Guienne. Les arbitres pourront être pris entre les catholiques et les protestants.	342
38.	30 avril 1683	Colbert à de Nointel. Il sera agréable au roi, s'il peut convertir le sieur Fournier.	Ibid.

N°ˢ.	DATES.	ADRESSES ET ANALYSE DES PIÈCES.	PAGES.
39.	1ᵉʳ mai 1683; 30 sept. 1684; 25 juin, 20 juill., 18, 20, 22, 29 oct., 20 et 22 nov., et 16 déc. 1685; 24, 30 et 31 janv., 15 avr., 29 juill. et 13 août 1686; 9, 12, 16, 23 janv., 12 avr., 13 juin et 17 nov. 1687; 14 janv., 24 mars, 26 avr., 16 et 20 novemb. 1688; 30 janvier, 20 févr. et 21 avr. 1690.	Le marquis de Seignelay à la Reynie, lieutenant général de police.................. Poursuivre les auteurs d'une affiche; examiner s'il y a à Paris des maisons pour de pauvres protestants; empêcher les étrangers d'emmener des domestiques français protestants; ordre de se transporter à Charenton pour faire démolir le temple; autorisation de permettre à des familles protestantes de séjourner pour un temps limité à Paris; s'entendre avec de Harlay pour tenir une conférence de conversion; favoriser, pour la maîtrise, les artisans qui voudront se convertir; envoi de 3,000 livres pour être distribuées aux convertis; enjoindre aux commissaires de quartier de ne pas s'introduire chez les gens de qualité; sur les enfants du duc de la Force; arrêter les protestants français qui vont au prêche chez les envoyés de Danemark et de Brandebourg; envoyer à la Bastille divers protestants opiniâtres; autres dispositions à l'égard de protestants et de convertis. Arrestation du ministre l'Estang.	343
40.	16 juillet et 20 octobre 1683.	Le marquis de Seignelay à Levayer.............. Il ne fera pas juger l'appel du mercier protestant à Laon, à qui un arrêté du juge-prévôt a interdit la maîtrise.	357
41.	5 octobre 1683....	Le marquis de Seignelay à de Besons, intendant...... Information sur une dame chez laquelle la fille convertie d'un ministre veut se retirer.	358
42.	2 déc. 1683; 14 déc. 1684; 13 janv. et 29 octobre 1685; août 1687.	Le marquis de Seignelay au premier président du parlement de Paris.......................... Sur des filles converties réclamées par leurs parents; sur des enfants maures élevées chez une dame protestante; sur le fils d'un médecin protestant, chassé par son père à cause de son abjuration, etc.	359
43.	6 et 16 déc. 1683; 12 et 25 janv., 6 févr., 17 avr., 30 juill., 27 novemb. 1684; 22 oct., 23 et 30 nov., 11, 19, 23, 30 et 31 déc. 1685; 3, 8, 10 janv., 7, 11, 18 sept. 1686; 13 mai et 11 juill. 1688.	Le marquis de Seignelay au procureur général du parlement de Paris............................ Faire le procès à la dame de la Vezerie, relapse, à qui le roi pourra faire grâce plus tard; tâcher de parvenir à la démolition du temple de Châtillon; suspendre les poursuites contre un débiteur protestant, à cause de sa conversion; examiner si on peut poursuivre le ministre Claude pour avoir baptisé un enfant dans une maison particulière; ne donner aucun arrêt sur l'appel d'un mercier protestant de Laon à qui on refuse la maîtrise; informer le roi de tout ce qui se passera pour la démolition du temple de Charenton; mesures à prendre de concert avec la police pour la conversion des bourgeois protestants de Paris; approbation donnée par le roi à la proposition de Harlay de fermer les boutiques des protestants opiniâtres et de mettre des garnisaires chez eux. Consultation sur diverses dispositions à prendre à l'égard des protestants et des convertis.	361

N°.	DATES.	ADRESSES ET ANALYSE DES PIÈCES.	PAGES.
44.	6 et 15 mars 1684.	Le marquis de Seignelay à Pelisson..............	370
		Prendre les ordres du roi à l'égard des convertis qui sont dans le besoin.	
45.	17 juillet 1684...	Le marquis de Seignelay à Defita, lieutenant criminel.	371
		Faire des poursuites contre les Français qui assistent aux exercices du culte protestant chez l'ambassadeur de Hollande et les envoyés d'Angleterre et de Danemark.	
46.	30 juillet 1684; 17 février et 10 décembre 1690.	Le marquis de Seignelay à Lecamus, lieutenant civil..	Ibid.
		Ne plus autoriser le ministre Claude à baptiser des enfants chez lui; ne pas insister sur les professions de foi, afin de n'avoir pas toujours à sévir en cas de profession de protestantisme.	
47.	Septembre 1684, et 31 mars 1687.	Le marquis de Seignelay aux autres secrétaires d'État..	373
		Envoi de l'arrêt qui défend aux protestants de retirer les malades dans des maisons particulières. Empêcher qu'on ne fasse plus raser par la main du bourreau les femmes condamnées.	
48.	19 mars 1685....	Le marquis de Seignelay à de Ruvigny...............	374
		Avis de l'autorisation d'une conférence du ministre Claude avec Bossuet.	
49.	1ᵉʳ mai 1685.....	Le marquis de Seignelay à Chenevières............	Ibid.
		Sur l'époque du premier consistoire qui pourra être tenu à Charenton.	
50.	16 mai 1685.....	Le marquis de Seignelay au lieutenant général de Senlis..	375
		Empêcher le désordre que cause la populace de Senlis pendant le prêche des protestants.	
51.	22 mai et 22 novembre 1685; 24 juin 1687.	Le marquis de Seignelay au marquis de Louvois......	Ibid.
		S'informer des relations du consistoire de Charenton avec les protestants d'Allemagne par l'intermédiaire de l'ancienne nourrice de la duchesse d'Orléans. — Exempter de logements militaires la maison du protestant Bigot, de Montrogne, qui veut se convertir. — Sur un commis de la poste qui favorise la correspondance des convertis.	
52.	30 juin 1685.....	Le marquis de Seignelay aux officiers de l'amirauté à Calais, Dunkerque, etc.......................	376
		Veiller à ce que les protestants français ne sortent pas du royaume comme domestiques de seigneurs étrangers.	

TABLE DES PIÈCES.

Nos.	DATES.	ADRESSES ET ANALYSE DES PIÈCES.	PAGES.
53.	14 août 1685...	Ordre du roi pour la Pommeraye, capitaine.........	377
		Ordre d'arrêter le fils d'un aubergiste de Paris, et de le conduire à la maison des nouveaux catholiques.	
54.	21 et 29 oct. 1685; 30 janvier 1686; 12 juin 1687; 8 févr., 17 mars, 26 juillet et 2 août 1688; 4 janvier 1689.	Le marquis de Seignelay à de Ménars, intendant.....	*Ibid.*
		Les ministres pourront émigrer avec leurs femmes et leurs enfants en bas âge; les autres devront être retenus sur une demande de l'évêque de Meaux. — Ordres au sujet de divers protestants et convertis. — La famille Duquesne sera traitée comme les autres. — Les hommes opiniâtres, dont les femmes auront abjuré, seront chassés du royaume. — Les fermiers du domaine n'auront rien à prétendre aux confiscations pour fait de religion.	
55.	3 novembre 1685..	Le marquis de Seignelay au comte de Grignan.......	381
		Obliger la femme et la belle-mère d'un converti à s'établir à Aix avec leurs enfants, et mettre en prison le beau-frère dans le cas où elles seraient sorties du royaume.	
56.	20 novembre 1685.	Mémoire de la conférence tenue chez le procureur général du parlement de Paris..................	*Ibid.*
		Insinuation des moyens acerbes et des menaces que l'on pourra employer contre les protestants qui sont encore à Paris, pour suppléer à l'envoi de garnisaires dans leurs maisons.	
57.	4 décembre 1685; 19 février 1686.	Le marquis de Louvois à de Harlay................	384
		Sur divers gentilshommes protestants.	
58.	7, 18, 27, 28 et 30 décembre 1685; 13, 16 et 17 janvier 1686; 12 février 1692.	Rapports de la Reynie, lieutenant général de police, à de Harlay....................................	385
		Zèle indiscret de quelques convertisseurs; progrès des conversions opérées par les agents de police; registre des dénonciations tenu par le lieutenant civil. Arrestation d'un banquier protestant, qui avait déjà fait son paquet pour aller à la Bastille. Femme protestante qui a cédé aux larmes de toute sa famille convertie. Arrestation du ministre Bastide.	
59.	19 décembre 1685, et 18 avril 1686.	Le marquis de Seignelay au P. de la Chaise.........	390
		Envoi d'un socinien qui veut se convertir.	
60.	30 janvier 1686, et 26 juillet 1688.	Le marquis de Seignelay à l'archevêque de Paris......	391
		Avis des ordres donnés à l'égard du duc de la Force, de sa femme et de ses enfants, à moins que le prélat n'espère opérer sa conversion. — Sur un collecteur de tailles mis en prison comme mauvais catholique.	
61.	30 janvier 1686...	Lettre du roi au duc de la Force.................	393
		Ordre de se retirer à la Boulaye, et de remettre ses enfants entre les mains du lieutenant général de police.	

TABLE DES PIÈCES.

Nos.	DATES.	ADRESSES ET ANALYSE DES PIÈCES.	PAGES.
62.	2 avril 1686; 23 juillet 1689.	Le marquis de Seignelay à de Besmaus, gouverneur de la Bastille............................ *Autorisation pour les dames de Peray de venir à la Bastille pour voir de Peray et essayer de le convertir. Procurer des domestiques anciens catholiques au duc de la Force.*	394
63.	2 mai 1686......	Le marquis de Seignelay à la supérieure des nouvelles catholiques............................ *Mme de Maintenon désire que la demoiselle de Sainte-Hermine ne voie que deux dames.*	395
64.	21 août, 22 et 30 septembre, et 8 octobre 1686.	Le marquis de Seignelay à Daubeville............. *Voir si l'on pourrait obtenir de la république de Gênes l'extradition des protestants français réfugiés; tâcher de convertir les deux principaux, et de les faire rentrer en France. Faire courir le bruit d'une extradition prochaine.*	Ibid.
65.	7 septembre 1686.	Le marquis de Seignelay à de la Fitte............. *Sur le traitement que doivent éprouver deux protestants envoyés au château fort de Guise.*	397
66.	13 octobre 1686..	Le marquis de Seignelay à la Briffe, intendant, à Rouen. *Prendre sous sa protection deux filles protestantes qui veulent se convertir.*	Ibid.
67.	5 novembre 1686.	Le marquis de Seignelay à Chauvelin.............. *Avis sur des guides picards qui conduisent les protestants à la frontière.*	398
68.	18 novembre 1686.	Le marquis de Seignelay au P. de Sainte-Marthe...... *Tâcher de convertir le Coq dans la maison de Saint-Magloire.*	399
69.	22 novembre 1686.	Lettre du roi aux intendants des généralités.......... *Défendre aux parents convertis d'avoir pour leurs enfants des précepteurs également convertis.*	400
70.	8 déc. 1686; 3 févr., 5 avr., 13 juin, 5 août 1687; 27 février, 4 juillet 1688; 17 sept. 1690.	Le marquis de Seignelay à de Creil, intendant....... *Ordres au sujet de divers protestants.—Il ne faudra pas exécuter la déclaration de 1686 à l'égard des mourants relaps, dont la dernière profession n'aura pas fait d'éclat. — Faire conduire à la frontière les protestants opiniâtres.*	401
71.	1686; 9 janvier 1687.	Circulaires du marquis de Seignelay aux intendants des généralités.................................... *On n'admettra les convertis dans les charges municipales que lorsqu'ils produiront des certificats des curés. — On donnera 500 livres de récompense aux dénonciateurs des assemblées secrètes.*	404

TABLE DES PIÈCES.

Nos.	DATES.	ADRESSES ET ANALYSE DES PIÈCES.	PAGES.
72.	25 février 1687...	Le marquis de Seignelay à Morant................. Empêcher, en Provence, l'envoi des enfants à l'étranger sous le prétexte de leur faire apprendre des langues.	404
73.	18 mars 1687....	Le marquis de Seignelay à l'évêque d'Orléans........ Sur les lettres de noblesse accordées à un ministre converti, nommé de Rozemont.	405
74.	18 avril 1687.....	Le marquis de Seignelay au comte d'Avaux, ambassadeur en Hollande...................... Si le Hollandais Tinnebacq voulait revenir et se faire catholique, le roi lui rendrait sa raffinerie, à Saumur.	406
75.	24 mai 1687.....	Le marquis de Seignelay à de Harlay-Bonneuil........ Sur la plainte d'une dame convertie, qui ne touche pas son revenu, parce que les biens de son mari, encore protestant, ont été saisis.	Ibid.
76.	16 juin 1687.....	Le marquis de Seignelay à Foucault................ S'informer si l'on peut confier la demoiselle de la Marsais, nouvelle catholique, à son frère, chez lequel elle désire se retirer.	407
77.	4 août 1687, et 11 mars 1689.	Le marquis de Seignelay au commandant du château d'Angers.............................. Envoi de trois gentilshommes protestants, qui devront être tenus au secret. Envoi d'une protestante qu'il faudra empêcher d'écrire.	Ibid.
78.	8 septembre 1687.	Le marquis de Seignelay au marquis de Croissy...... Sur les visites que font les prédicants attachés aux ambassades de Hollande et de Danemark chez les nouveaux catholiques.	408
79.	9 septembre 1687, et 16 juillet 1689.	Lettres du roi à la Reynie...................... Avis de l'ordre donné pour la saisie des biens des protestants opiniâtres. — Faire l'inventaire des papiers du duc de la Force et de Vivans, arrêtés.	409
80.	29 novembre 1687.	Le marquis de Seignelay à de Bercy................ Faire arrêter les marins qui transportent les fugitifs en Angleterre.	410
81.	21 février 1688...	De Harlay à l'un des secrétaires d'État............. La confiscation des biens ne paraît pas entièrement légale à l'égard de ceux à qui on permet de sortir du royaume; mais le magistrat soumet ses lumières à celles du roi.	411

TABLE DES PIÈCES.

Nos.	DATES.	ADRESSES ET ANALYSE DES PIÈCES.	PAGES.
82.	23 février 1688, et 10 janvier 1690.	Le marquis de Seignelay à de Bâville............ *Arrestation d'un couple de nouveaux catholiques et de deux ministres, sur lesquels on demande des renseignements.*	412
83.	27 février 1688...	Lettre du roi à de Creil, intendant à Orléans........ *Faire conduire à la frontière les protestants opiniâtres.*	413
84.	19 avril 1689, et 14 mai 1690.	Le marquis de Seignelay à Devise, lieutenant du roi à Ham.................................... *Envoi au château fort de divers mauvais catholiques.*	414
85.	30 avril et 22 juillet 1689.	Le marquis de Seignelay à Chamillart............ *Arrêter trois domestiques au château du duc de la Force. — Autres ordres concernant des convertis.*	415
86.	19 mai 1689.....	Le marquis de Seignelay au comte de Manneville..... *Ordre de protéger un raffineur et armateur de Dieppe, converti, contre ses ennemis.*	416
87.	15 janvier 1690, et 9 mai 1692.	Lettre du roi à Saint-Mars, gouverneur des îles Sainte-Marguerite.................................. *Envoi à ces îles de quelques ministres protestants, qui devront y être tenus pour la vie au secret.*	Ibid.
88.	15 janvier, 10 mars et 24 mai 1690.	Le marquis de Seignelay au même................ *Sur les mêmes ministres; comment ils devront être traités. Ordre d'adresser des rapports sur leur conduite.*	417
89.	21 novembre 1690.	Le comte de Pontchartrain à de Creil, intendant..... *Envoyer au château de Loches un protestant opiniâtre, et arrêter un chirurgien de Blois.*	419
90.	6 déc. 1690; 3 avril 1691; 21 et 26 août 1693; 21 oct. et 16 nov. 1698; 2 juin et 18 oct. 1700.	Le comte de Pontchartrain à la Bourdonnaie......... *Ordres relatifs à divers protestants et convertis. Sur un homme qui se propose pour espionner les assemblées des nouveaux catholiques. Sur un arrêt à rendre au sujet de quelques convertis, qui ont assisté à des assemblées secrètes. — Ordre de se rendre au château de la Boulaye, de transmettre au duc et à la duchesse de la Force la volonté du roi, et d'y installer le lieutenant de prévôté envoyé de Paris. — Installer un maître de langue à Bordeaux.*	420
91.	12 mars 1691....	Le comte de Pontchartrain au lieutenant de roi au château d'Angers................................... *Ne donner aucun livre protestant à la duchesse de la Force; lui procurer une domestique catholique.*	424

Nos.	DATES.	ADRESSES ET ANALYSE DES PIÈCES.	PAGES.
92.	12 mars 1691....	Le comte de Pontchartrain au lieutenant général du bailliage de Montfort..........................	425
		Le roi veut que l'on ne fasse aucune poursuite contre la mémoire du gentilhomme qui a déclaré mourir protestant, à moins que sa déclaration n'ait été faite avec éclat.	
93.	3 avril 1691......	Le comte de Pontchartrain à l'évêque de Nantes......	Ibid.
		Punir un prêtre qui a marié en secret un gentilhomme converti et une fille également convertie.	
94.	13 mai 1691; 7 mai 1696; 27 janvier, 25 mars et 22 décembre 1698.	Le comte de Pontchartrain au duc de la Force.......	426
		Ayant fait abjuration, il pourra sortir de Saint-Magloire et saluer le roi; sa femme pourra s'absenter un jour ou deux de leur château pour consulter un médecin. Faire une dot à sa fille pour sa réception au couvent; le roi ne veut pas que la duchesse la voie. Il donnera une pension à la sœur, qui veut aussi se faire religieuse.	
95.	14 août 1691.....	Le comte de Pontchartrain à l'intendant de Metz.....	428
		Faire instruire une famille protestante composée de femmes.	
96.	11 novembre 1691.	Le comte de Pontchartrain au P. Athie, capucin......	429
		Surveiller les nouveaux catholiques qu'il a dénoncés.	
97.	11 avril 1692.....	Le comte de Pontchartrain à Defita, lieutenant criminel..	Ibid.
		Examiner si un nouveau catholique, enfermé à la citadelle d'Amiens pour offense à la majesté royale, n'a pas été faussement accusé.	
98.	31 août 1692; 26 décembre 1693; 20 juin 1696, et 5 juin 1699.	Circulaires du comte de Pontchartrain aux intendants des généralités...........................	430
		Exclure, pendant deux ans encore, les convertis des fonctions municipales. — Exciter les notaires, médecins, chirurgiens et apothicaires à veiller à ce que les nouveaux catholiques se soumettent aux prescriptions de l'église. — Chercher à s'emparer du prédicant Brousson, qui parcourt les provinces. — Le roi ne veut plus que l'on traîne le cadavre des relaps sur la claie.	
99.	14 octobre 1692...	Le comte de Pontchartrain à Chauvelin............	432
		Sur les déclarations faites par un ministre protestant, relativement à l'adhésion de sept villages des environs de Saint-Quentin à la doctrine du protestantisme.	
100.	18 févr. 1693; 1706.	Le comte de Pontchartrain à l'évêque d'Auxerre......	434
		Envoyer des ecclésiastiques pour convertir de nouveau une famille pervertie. Menacer des femmes opiniâtres.	

TABLE DES PIÈCES.

N°s.	DATES.	ADRESSES ET ANALYSE DES PIÈCES.	PAGES.
101.	3 mars 1693.....	Le comte de Pontchartrain à Larcher................ S'informer de la famille d'un ecclésiastique qui s'est enfui en Hollande.	435
102.	7 décembre 1694, et 4 janvier 1696.	Le comte de Pontchartrain à la Houssaye........... Ordre au sujet d'une famille de protestants opiniâtres. — Faire le procès aux nouveaux catholiques de Landouzy.	436
103.	21 février, 26 mars 1695, et 15 novembre 1702.	Le comte de Pontchartrain à Bignon.............. Renvoyer de France une protestante prise sur un vaisseau, et qui ne veut pas se convertir. — Consulté pour savoir s'il convient de supprimer les maîtres de langues étrangers institués pour les convertis.	Ibid.
104.	5 juin 1695; 13 mai 1697; 11 août et 12 sept. 1699.	Le comte de Pontchartrain à l'archevêque de Paris.... Sur des nouveaux catholiques; sur un homme qui favorisait les mariages clandestins des anciens protestants; sur un gendarme du roi converti, mais condamné pour port d'armes.	437
105.	23 août 1695, et 25 mars 1698.....	Le comte de Pontchartrain à de Saumery........... Arrêter ceux qui prennent part aux assemblées des nouveaux catholiques, ainsi que leur prédicant.	439
106.	5 et 19 sept. 1695; 27 juin 1696; 16 avr. 1698; 3 mars 1699; 2 janv. et 18 févr. 1701; 1er févr. 1702; 5 mai 1704; 8 mai et 9 juin 1706.	Le comte de Pontchartrain à de Bouville........... Ordres relatifs à plusieurs protestants et nouveaux catholiques; des filles à mettre dans des couvents; des hommes à arrêter, ou à obliger à payer la pension de leurs filles dans les maisons religieuses.	440
107.	2 mai 1696; 25 avril et 9 mai 1700.	Le comte de Pontchartrain à de Ry................ Empêcher Hudel de voir ses enfants. — Faire cesser les communications entre les convertis, prisonniers à Saumur.	444
108.	14 juillet 1696, et 8 septemb. 1698; 19 févr. et 26 avril 1702.	Le comte de Poncharlrain à l'évêque de Luçon....... Suivre l'instruction des demoiselles de Boisrogue. — Envoyer des prêtres sages pour agir sur les nouveaux catholiques du Poitou, frappés de terreur à cause de l'arrivée prochaine de troupes.	446
109.	15 février 1697...	Le comte de Pontchartrain à l'évêque de la Rochelle... Les biens des religionnaires fugitifs doivent être remis à leurs plus proches parents.	448
110.	31 mars 1697, et 5 mai 1698.	Le duc de Beauvillier au président de Harlay......... En promettant aux protestants fugitifs de leur rendre leurs biens s'ils reviennent abjurer, on peut espérer d'en ramener un bon nombre.	449

TABLE DES PIÈCES.

Nos.	DATES.	ADRESSES ET ANALYSE DES PIÈCES.	PAGES.
111.	15 avr., 5 mai et 29 déc. 1697 ; 23 av., 18 juin et 21 oct. 1698 ; 19 avr., 5 juin et 31 déc. 1699 ; 4 juill., 13 et 28 août, 17 et 19 nov. 1700 ; 31 janv. et 29 août 1701.	Le comte de Pontchartrain à d'Ableiges............ Sur les assemblées des nouveaux catholiques en Poitou ; le roi n'est pas d'avis qu'un intendant les force à assister au service divin par des troupes ou par ordonnance. Ordres au sujet de divers convertis arrêtés ou à poursuivre. Blâme du relâchement de quelques intendants à l'égard de la surveillance des convertis. Proposer une punition pour quatre villageois les plus coupables de ceux qui se sont enfuis dans les bois à l'approche du maréchal d'Étrées. Faire rendre l'argent que les sergents se sont fait donner par les nouveaux catholiques pour les laisser tranquilles. — Communication de la liste des protestants trouvée chez le prédicant Brousson, qui a été condamné à mort.	450
112.	20 mai 1697 ; 11 et 25 mars 1705.	Le comte de Pontchartrain au marquis de Vérac..... Il ne doit avoir dans sa maison que des domestiques qui soient anciens catholiques. — Le roi permet à sa mère de se retirer en Angleterre.	457
113.	17 juin 1697 ; 25 février 1699, et 14 juin 1702.	Le comte de Pontchartrain à d'Aguesseau.......... Ordre d'enlever à leur mère les enfants de feu Papin, ministre. — Sur un projet de l'abbé de Camps, de faire rentrer en France les protestants de distinction et de mérite.	459
114.	15 sept. 1697 ; 23 avril et 24 mai 1698 ; 24 févr. et 15 juill. 1699 ; 26 oct. 1701 ; 7 mars 1703 ; 23 av. 1704, et 28 mai 1710.	Le comte de Pontchartrain à d'Argenson........... Interroger deux prisonniers qui ont fait une quête chez les nouveaux catholiques pour les ennemis. — Le roi approuve sa proposition d'ôter aux nouveaux catholiques, mal convertis, leurs enfants, ainsi qu'à ceux qui sont soupçonnés de vouloir émigrer. — Enlever le jeune marquis de Tréchan à sa mère, et le mettre au collége des jésuites. Résolution au sujet de divers protestants et convertis. Ordre de s'informer de Causse, protestant, à qui appartient une paroisse où l'on a surpris et massacré un détachement de troupes. — Si un ambassadeur étranger peut prendre des domestiques français protestants.	460
115.	8 décembre 1697..	Lettre du roi à la duchesse de la Force........... Ordre de s'absenter du château de la Boulaye jusqu'à nouvel ordre.	464
116.	25 mars et 16 avril 1698.	Le comte de Pontchartrain à de Barbésieux, secrétaire d'État................................. Envoi de troupes en Poitou pour contenir les religionnaires.	465
117.	16 avril 1698.....	Le comte de Pontchartrain à l'évêque de Noyon...... Celui qui l'a contrarié dans une conversion restera en prison tant qu'il le jugera à propos.	466

Nos.	DATES.	ADRESSES ET ANALYSE DES PIÈCES.	PAGES.
118.	16 avril et 10 déc. 1698; 10 février, 21 juin, 20 juill., 2 et 11 sept. 1699, 19 nov. 1701; 21 janv. et 9 février 1703.	Le comte de Pontchartrain à Sanson, intendant...... Ne pas faire traîner sur la claie le cadavre d'une femme relapse; mettre en prison et priver de leurs biens ceux qui ont déclaré vouloir vivre en protestants; mais, à cause de leur repentir, le roi leur fait grâce. — Sur les mariages qui se font entre nouveaux catholiques. Approbation des mariages faits par l'intendant entre d'anciens catholiques et des filles converties.	466
119.	8, 12, 20, 27 sept. et 9 nov. 1698; 13 et 20 janvier, 29 avr., 24 août et 20 oct. 1699; 31 j^{er}, 29 mars, 7 et 10 juin, 17 octobre 1700; 5 et 25 janvier 1701.	Le comte de Pontchartrain au maréchal d'Étrées...... Éloge de son zèle; mais il ne faudrait pas tant emprisonner, tant destituer. Quelques *petits* exemples de sévérité feront de l'effet; il devra tenir les convertis désarmés; poursuivre surtout les prédicants. Le roi n'approuve pas les promesses qu'il fait signer par les nouveaux catholiques de suivre les instructions religieuses; il faut se contenter de la parole des gentilshommes, ne pas effrayer les convertis, en faisant précéder de dragons la visite du maréchal dans les villages.	470
120.	16 novembre 1698.	Ordre du roi pour Dupoy, lieutenant de la prévôté de l'hôtel................................. Arrêter, au château de la Boulaye, le comte de Castelnau, fils du duc de la Force, pour le conduire à la Bastille, et plusieurs domestiques, pour les mener en prison au Pont-de-l'Arche.	478
121.	2 et 23 déc. 1698; 7 et 13 janv., 13 mars, 6, 19 et 21 avril 1699.	Le comte de Pontchartrain à Dupoy............... Il doit être toujours auprès du duc de la Force, même quand la duchesse sera là; il fera transporter le comte de Castelnau à l'abbaye de la Croix; il veillera attentivement à la conduite de la duchesse; il pourra l'arrêter en cas de besoin, et l'enfermer dans sa chambre. — Le duc étant mort, Dupoy peut revenir à Paris.	480
122.	2 et 16 déc. 1698; 7, 13 et 28 janv., 25 févr., 8 et 21 avril 1699.	Le comte de Pontchartrain au P. Bordes, de l'Oratoire. Ordre de se rendre à la Boulaye pour disposer le duc de la Force à se convertir; il y établira une chapelle. Avis de l'ordre donné pour séparer la duchesse de son mari. La mort du duc change les choses, et le P. Bordes pourra retourner à l'Oratoire.	484
123.	12 février 1699...	Le comte de Pontchartrain à de Pomereu........... Le roi ne veut pas que les filles du marquis d'Orbec demeurent avec leur mère, mauvaise catholique.	487
124.	16 février 1699...	Le comte de Pontchartrain à d'Herbigny, intendant, et à quelques commandants des places fortes de la frontière................................ Sur l'enlèvement d'un fils de protestant, qui était au collège des jésuites.	488

TABLE DES PIÈCES.

N°.	DATES.	ADRESSES ET ANALYSE DES PIÈCES.	PAGES.
125.	14 avril et 24 août 1699, et 23 avril 1700.	Le comte de Pontchartrain au procureur général du parlement de Paris........................ Sur des prédicants arrêtés en Poitou, et sur le procès qu'on leur fait. Étonnement sur l'acquittement de quelques-uns de ces prédicants.	489
126.	15 avril 1699; 11 avril 1701, et 1ᵉʳ novembre 1702.	Le comte de Pontchartrain au marquis de Torcy..... Examiner le sujet de la détention d'un converti, qui est à la Bastille. — Donner ordre aux gouverneurs d'exiger la caution de personnes domiciliées pour les convertis rentrés. — Tâcher d'intercepter les lettres d'un Genevois soupçonné d'être prédicant ou espion.	490
127.	23 juin et 28 octob. 1699; 4 janvier 1702, et 1ᵉʳ août 1703.	Le comte de Pontchartrain à d'Herbigny, intendant... Arrêter une convertie qui s'enfuit avec son enfant; faire visiter la suite de lord Exeter, qui part pour l'Italie avec trente-deux personnes. — Défendre au médecin Costil, à Rouen, d'aller à Paris, où il a des conférences religieuses.	492
128.	7 juillet 1699.....	Le comte de Pontchartrain au chancelier de France... A l'avenir, les affaires des nouveaux catholiques seront examinées chez le chancelier, puis rapportées au conseil du roi.	493
129.	29 juillet 1699, et 8 mai 1704.	Le comte de Pontchartrain à de Bâville............ Destituer un procureur fiscal, mauvais catholique; renseignement demandé sur une protestante de Castres, dont le bien a été confisqué.	494
130.	26 octobre 1699..	Le comte de Pontchartrain au premier président du parlement de Paris........................ On ne soumettra plus à l'amende honorable les malades relaps, quand ils seront rétablis.	495
131.	3 mars 1700.....	Le comte de Pontchartrain au marquis de Vins...... Veiller à ce que le mousquetaire de Vic, nouveau catholique, suive les instructions du séminaire.	496
132.	10 mai 1700.....	Le comte de Pontchartrain à de Bonnac........... Engager les réfugiés, surtout les manufacturiers, à rentrer en France.	Ibid.
133.	10 juin 1700.....	Le comte de Pontchartrain à Magalotti............ Ordre de faire ramener à Paris la femme et les enfants fugitifs d'un orfèvre converti.	497
134.	16 juin 1700.....	Le comte de Pontchartrain au lieutenant du roi aux îles Sainte-Marguerite........................ Information demandée au sujet des ministres enfermés.	498

TABLE DES PIÈCES.

Nos.	DATES.	ADRESSES ET ANALYSE DES PIÈCES.	PAGES.
135.	12 août, 27 oct. et 17 nov. 1700; 19 octobre 1701.	Le comte de Pontchartrain à de Miane............ Éloge de son zèle pour la conversion des prisonniers; travailler à celle de la dame de Contaudière, et de deux protestants qui seront transférés au château de Nantes.	498
136.	17 octobre 1700...	Le comte de Pontchartrain aux marquis d'Estissac, de Vérac et de Pons, aux marquises de Saint-Gelais et de la Varenne, au grand prieur d'Aquitaine, aux abbesses de Thouars et de Saintes, etc............ Exciter leurs vassaux convertis à se conduire en bons catholiques.	500
137.	18 octobre 1700..	Le comte de Pontchartrain à de Montesquieu, président, à Bordeaux........................... Il n'y a de grâce à espérer pour les fugitifs condamnés, que lorsqu'aux galères ils donneront des marques d'une conversion sincère. — Il n'est pas permis à un magistrat de suspendre l'exécution d'un arrêt rendu en conscience.	501
138.	24 novembre 1700, et 17 mai 1703.	Le comte de Pontchartrain au duc de la Force....... Sa sœur, ayant voulu fuir, a été ramenée au couvent; son frère quitte le séminaire pour entrer dans une compagnie de mousquetaires.	502
139.	16 mars 1701....	Le comte de Pontchartrain à Desalleurs, ministre plénipotentiaire de France en Allemagne............ Faciliter à un gentilhomme, nouveau catholique, la recherche qu'il fait de sa femme et de sa fille, protestantes, qui ont passé en Allemagne.	503
140.	19 avril et 26 août 1701.	Le comte de Pontchartrain à l'évêque de Poitiers..... Importance d'un choix scrupuleux des ecclésiastiques qui doivent instruire les nouveaux catholiques. Négligence des curés. — On ne peut supprimer la correspondance des réfugiés avec les convertis, en Poitou.	504
141.	17 août, 23 nov. et 12 déc. 1701; 18 et 25 janv., 15 et 22 févr., 1er et 25 mars 1702; 27 avril 1705.	Le comte de Pontchartrain au comte de Chamilly..... Consulté pour savoir si l'on peut user de rigueur envers quelques religionnaires opiniâtres du Poitou. Ordre d'enlever à Mme de Fonpatour, huguenotte obstinée, ses filles pour les mettre dans des couvents. Il serait bon de punir quelques rebelles de la paroisse de Moncoutant; tâcher de rétablir l'ordre. Dresser une liste des gentilshommes poitevins qu'il serait prudent d'arrêter en cas d'invasion ennemie. Être prudent dans le cas où il serait nécessaire d'user de violence par suite de la rébellion de Melle. La permission d'émigrer, accordée à la marquise de Vérac, ne tirera pas à conséquence pour d'autres protestantes.	506

TABLE DES PIÈCES.

Nos.	DATES.	ADRESSES ET ANALYSE DES PIÈCES.	PAGES.
142.	26 août 1701.....	Le comte de Pontchartrain à Saville .... *Sur des ministres écossais à Paris, qui visitent des protestants étrangers, et même des convertis français quand ils sont malades.*	509
143.	29 août 1701, et 16 septembre 1705.	Le comte de Pontchartrain à Begon................ *Favoriser la nomination d'un maître d'anglais et d'un maître de hollandais à la Rochelle. — Ordre de mettre dans des couvents des femmes fugitives.*	510
144.	11 janv. 1702; 19 déc. 1703, et 2 décembre 1705.	Le comte de Pontchartrain à Turgot............... *Sur une mauvaise catholique devenue folle en prison. — Sur une convertie qui a voulu s'enfuir, et sur une protestante opiniâtre, enfermée à Saumur, que le roi veut renvoyer de France.*	511
145.	18 janvier 1702...	Le comte de Pontchartrain au procureur du roi près l'amirauté du Havre....................... *Faire le procès à des convertis fugitifs, qui ont été repris.*	512
146.	22 février et 8 mars 1702.	Le comte de Pontchartrain au cardinal de Noailles.... *Veiller à l'abbé de la Force au séminaire, et lui donner, s'il est besoin, un ecclésiastique pour précepteur.*	513
147.	18 mars 1702; 1er et 15 avril 1705.	Le comte de Pontchartrain à Chamillart, secrétaire d'État. .... *Lieutenance de cavalerie à accorder à un fils de protestant, pour hâter la conversion du père. — Donner une place au futur époux d'une fille convertie.*	514
148.	9 avril 1702......	Le chancelier de Pontchartrain à Vernier, substitut du procureur général, à Metz.................... *Des convertis qui meurent sans refuser les sacrements doivent avoir la faculté de disposer de leurs biens.*	515
149.	24 juin et 6 sept. 1702; 1er mai et 7 juillet 1703; 25 mai 1704, et 18 juin 1705.	Le comte de Pontchartrain, secrétaire d'État, à Pinon. *Concerter avec Chamilly les moyens de faire cesser les rébellions de la paroisse de Moncoutant; ordres au sujet de divers convertis et protestants. Punir ceux qui ont pris part aux assemblées de Melle.*	516
150.	17 août 1703.....	Le comte de Pontchartrain à Saint-Mars, gouverneur de la Bastille........................... *Faire travailler le chapelain de la Bastille à la conversion de deux protestantes.*	518
151.	8 et 18 juin 1705.	Le comte de Pontchartrain à Courtin, président à Blois. *Retenir, jusqu'à sa conversion, un protestant dans le cas où il serait renvoyé absous d'une accusation de vol.*	519

Nos.	DATES.	ADRESSES ET ANALYSE DES PIÈCES.	PAGES.
152.	21 avril 1706	Le comte de Pontchartrain au duc de Perth. Sur un Anglais, enfermé à la Bastille depuis sept ans, qui veut se faire catholique.	520
153.	31 mai 1706	Le chancelier de Pontchartrain à Mme de la Garlaye, à Rennes. Ce n'est pas lui qui peut empêcher le mari de cette dame de retomber dans ses erreurs; elle doit s'adresser à l'évêque et au curé.	Ibid.
154.	26 août 1706	Le comte de Pontchartrain au duc de Saint-Simon. Éloge du soin qu'il prend pour le salut de deux filles converties ou à convertir.	521
155.	23 janvier 1708	Le chancelier de Pontchartrain au comte de Grignan, lieutenant général en Provence. On a bien fait de passer sous silence l'affaire d'un converti mort sans avoir pu recevoir les sacrements.	522
156.	11 août 1712	Le comte de Pontchartrain à Dalon, président du parlement de Bordeaux. L'arrêt sévère prononcé contre une femme coupable d'avoir favorisé les assemblées secrètes des nouveaux catholiques sera d'un exemple salutaire.	Ibid.

IV. SCIENCES, ARTS ET LETTRES.

1.	12 mai, 13 et 20 oct. 1663; 21 et 31 mai, 5 et 19 juil. 1664.	P. de Bonzy, évêque de Béziers, ambassadeur à Venise, à Colbert. Opinion sur trois tableaux, dont fait partie la *Cène* de Paul Véronèse, que la France désire acquérir. Renseignements sur Ferrari, Viviani et Chimintelli, savants italiens dignes des faveurs du roi.	525
2.	15 juin et 20 juillet 1663.	Colbert à l'évêque de Béziers. Regret de ce que l'état du trésor ne permette pas d'acheter des tableaux de P. Véronèse et du Titien. Cependant on espère pouvoir en acquérir bientôt.	531
3.	17 juillet 1663	Colbert à Duguay, premier président de la cour des comptes, à Dijon. Demande de copies des documents qui se trouvent aux archives de la cour des comptes.	532
4.	Novembre 1663	Les Beaubruns, peintres, à Colbert. Humbles représentations au sujet de la faible récompense qu'ils reçoivent pour leurs tableaux.	533

TABLE DES PIÈCES.

Nos.	DATES.	ADRESSES ET ANALYSE DES PIÈCES.	PAGES.
5.	16 mars 1664	De la Cassagne à Colbert. Remarques sur les inscriptions des tapisseries qu'on fait en l'honneur du roi.	534
6.	4 mai 1664; 1er juin 1672.	Le cavalier Bernin à Colbert. Remercîments de l'honneur qu'on lui fait, de lui commander des plans du Louvre. — Éloge de la conduite des élèves français à Rome.	535
7.	13 et 20 mai, 30 sept., 7 oct., 2 et 16 déc. 1663; 25 nov. et 8 décemb. 1665; 14 sept. 1672.	L'abbé Benedetti à Colbert. Sur le travail du Bernin pour le roi; il espère que le Bernin et Pietre de Crotone, qui font, chacun de son côté, des dessins du Louvre, satisferont le roi.	536
8.	3 juillet 1664	Conrart à Colbert. Joie et remercîments d'avoir été compris dans le nombre des gens de lettres sur qui le roi répand ses faveurs.	541
9.	7 juillet 1664	Perrot d'Ablancourt à Colbert. Éloge des bontés et du génie du ministre. — Perrot travaille à une traduction d'un ouvrage espagnol sur l'histoire d'Afrique.	543
10.	12 août 1664	Louvet à Colbert. Avis de l'arrivée prochaine à Paris d'un chirurgien sachant convertir l'étain en argent et le cuivre en or.	544
11.	19 août 1664	De Ménars à Colbert. Pasquinades affichées à Rome. — Démarches qu'il a faites pour décider le Bernin à venir à Paris.	545
12.	1er octobre 1664	Girardin à Colbert. Sur des tapisseries à Eu, appartenant à la maison de Guise.	546
13.	25 nov. et 2 déc. 1664; 19 janvier 1665.	Le duc de Créquy à Colbert. Difficulté de transporter de Rome en France le Taureau Farnèse, dans le cas où l'on en ferait l'acquisition. Mécontentement du Bernin au sujet des critiques faites sur son premier plan; cependant il en fera un second. — L'ambassadeur demande ses appointements et la pension du cardinal Maïdalchini. — Envoi du plan du Bernin.	547
14.	7 février 1665	De Leccey, receveur des décimes du diocèse de Langres, à Colbert. Avertissement à l'égard d'un curé que la reine-mère veut faire venir pour le consulter dans sa maladie, et qui a des remèdes très-violents.	550

TABLE DES PIÈCES.

N°s.	DATES.	ADRESSES ET ANALYSE DES PIÈCES.	PAGES.
15.	20 mai 1665.	Esbaupin à Colbert.................................... Sur le voyage du Bernin au-devant de qui il a été envoyé. Rareté de la glace qu'il faut pour le service de cet artiste italien.	551
16.	Mai et juin, 1er et 6 août, et 17 déc. 1665.	De Chantelou à Colbert................................ Compte rendu de ses entretiens avec le Bernin; ce que dit, ce que fait cet artiste depuis qu'il est au Louvre; buste du roi qu'il veut faire; préparatifs des travaux relatifs aux bâtiments du Louvre. Le Bernin désire établir son atelier dans le palais Mazarin. Chantelou trouve les ornements des frontons de la grande galerie du Louvre trop saillants.	552
17.	5 août 1665.	Billet de Mlle de Montpensier à Colbert............. Recommandation en faveur de Segrais, «qui est un certain homme de mérite.»	557
18.	1er octobre 1665.	Les maire et échevins de la ville de Dieppe à Colbert.. Remercîment de l'établissement d'une école de navigation et de pilotage dans leur ville.	Ibid.
19.	1er, 8, 18, 28 décembre 1665.	Denis, professeur de pilotage à Dieppe, à Colbert.... Remercîment sur sa nomination; cours qu'il fait. Ouvrage sur la navigation aux Indes orientales, qu'il fait imprimer par ordre de Colbert.	558
20.	Décembre 1665.	Douvrier à Colbert..................................... Envoi de la devise d'un jeton qui lui a été commandée. Mauvais état de ses affaires; il réclame sa pension ou gratification.	560
21.	25 décembre 1665.	Priolo à Colbert....................................... Il sollicite en français et en latin quelque chose dans ses nécessités.	562
22.	8 avril 1666.	Huyghens de Zulichem, père, à Colbert.............. Remercîment au sujet des bontés royales pour son fils le savant.	Ibid.
23.	Mai 1666.	De Sainte-Marthe, conseiller à la cour des aides, à Colbert.. Il veut soumettre à Colbert un ouvrage qu'il a composé sur le rétablissement de la bibliothèque de Fontainebleau.	564
24.	3 avril 1669.	Erard, directeur de l'académie de Rome, à Colbert... Sur le séjour de Girardon à Rome.	565

N°s.	DATES.	ADRESSES ET ANALYSE DES PIÈCES.	PAGES.
25.	11 avril 1669	Colbert à l'abbé de Bourlemont, à Rome............. Acheter à un prix raisonnable les statues de la villa Ludovisio, et s'informer du prix de l'hôtel de ce prince.	566
26.	23 avril 1669	De la Voye à Colbert........................ Recommande l'essai des pendules marines d'Huyghens pendant l'expédition du duc de Beaufort.	567
27.	30 juillet 1669	Perrault à Colbert.......................... Invitation au ministre de visiter la galerie des Tuileries pour donner son avis sur les peintures du plafond.	568
28.	7, 8, 15 et 21 mars 1670.	Colbert au duc de Chaulnes, envoyé à Rome........ On désire acquérir le palais du prince Ludovisio avec les statues et bustes. L'ambassadeur est chargé de négocier la conservation des fonctions d'ingénieur du fort Urban pour Cassini, que le roi a appelé en France, et d'engager le Bernin à travailler à la statue du roi.	569
29.	31 juillet 1670	Ordre du roi pour l'actrice Beauval et son mari....... Quitter la troupe de Mâcon, et entrer dans celle qui joue dans le palais du roi.	571
30.	5 décembre 1670	Colbert à Huyghens......................... Envoi de 500 écus pour sa pension.	572
31.	26 décembre 1670	Colbert à l'évêque de Luçon................... Varillas ferait peut-être bien de ne pas écrire l'histoire de l'hérésie.	Ibid.
32.	17 juillet et 20 nov. 1671; 29 janv. et 23 juillet 1672; 25 juin, 9, 20 et 29 juillet, 12 et 27 août 1682; et 28 juillet 1683.	Colbert à Erard, directeur de l'académie de France, à Rome................................... Maintenir la discipline parmi les élèves, les faire travailler; faire copier les chefs-d'œuvre, jusqu'à ce que les copies soient bonnes, et envoyer des rapports sur les pensionnaires. Faire transporter en France les copies des vases Borghèse et Médicis; mettre de l'économie dans les dépenses; renvoyer un des élèves à cause de sa conduite.	573
33.	17 juillet 1671	Colbert au chevalier de Terlon, ambassadeur en Danemark................................... Recommandation en faveur de Picard, envoyé dans le Nord pour faire des observations astronomiques.	578
34.	7 octobre 1671	Colbert aux directeurs de la compagnie des Indes occidentales.................................. Faciliter le voyage de Richer, astronome, et son séjour à Cayenne, où il est chargé de faire des observations.	579

Nos.	DATES.	ADRESSES ET ANALYSE DES PIÈCES.	PAGES.
35.	6 novembre 1671.	Colbert à l'abbé Benedetti, à Rome............... S'entendre avec Erard pour l'acquisition du buste de Jupiter.	579
36.	6 novemb. 1671, et 29 nov. 1672.	Colbert à Sauvan, consul de France, en Chypre...... Commission pour acheter des livres rares en grec et en arabe; accusé de réception de trente-sept manuscrits.	580
37.	15 et 29 janv. 1672.	Colbert à l'évêque de Laon, à Rome............... Exciter le Bernin à avancer le travail de la statue du roi; nouvelles lunettes de Campani et Enstacio; sur un nouvel ordre d'architecture composé par Chapuis et Barrière.	581
38.	9 février et 12 avril 1672.	L'évêque duc de Laon, envoyé à Rome, à Colbert..... Détails sur la statue sculptée par le Bernin, et sur l'essai des lunettes de Campani.	582
39.	13 juillet et 14 sept. 1672; 30 mai et 6 juin 1673.	Le cardinal d'Étrées à Colbert.................... Sur la maladie du Bernin; nouveau dessin d'une horloge marine par Campani. Détails sur les lunettes de Campani et de Divinis. Satisfaction du Bernin d'avoir reçu sa pension.	583
40.	6 août 1672......	Brevet du roi en faveur de François Renaudot, gazetier. Permission de continuer dans la galerie du Louvre la gazette de son oncle, et de jouir des mêmes avantages.	587
41.	Septembre 1672..	Le comte d'Avaux, ambassadeur à Venise, à Colbert... Sur un tableau de Titien que les moines de Seravalle veulent aliéner.	588
42.	28 sept. et 10 oct. 1672.	Le duc de Villars, ambassadeur de France en Espagne, à Colbert............................. Sur les tableaux à vendre à Madrid. Insuffisance des appointements de l'ambassadeur.	589
43.	4 et 15 nov. 1672.	Cassini à Colbert............................. Il rend compte des observations astronomiques faites à Toulon; approbation donnée à la nouvelle lunette de Campani.	591
44.	9 novembre 1672..	Colbert à l'abbé Strozzi........................ Avis de l'envoi de Coypel à Rome comme directeur de l'académie de France.	592

TABLE DES PIÈCES.

N°.	DATES.	ADRESSES ET ANALYSE DES PIÈCES.	PAGES.
45.	17 novembre 1672.	Colbert de Terron à Colbert, secrétaire d'État........ *Travaux topographiques de la Favollière pour la carte de l'ouest de la France.*	593
46.	29 novembre 1672.	Colbert aux consuls de France dans le Levant....... *Invitation de rechercher des manuscrits pour la bibliothèque de Colbert.*	594
47.	7 janvier 1674....	Ordre du roi aux comédiens .... *Défense aux comédiens de campagne de jouer le Malade imaginaire de feu Molière, au préjudice de sa troupe.*	Ibid.
48.	Août 1674.......	Brevet du roi en faveur de Guichard, intendant des bâtiments et jardins du duc d'Orléans............. *Pour des joutes, carrousels, tournois, combats d'animaux et autres divertissements publics dans des cirques et amphithéâtres.*	595
49.	8 décembre 1675..	Le marquis de Seignelay à de Harlay, procureur général au parlement........................ *Sur l'arrêté du parlement qui défend aux maîtres d'école d'enseigner le grec et le latin, et de garder les écoliers au delà de l'âge de neuf ans.*	597
50.	20 janvier 1679...	Colbert au duc d'Étrées, ambassadeur du roi........ *Recommandation en faveur de Lenôtre, envoyé en Italie pour y faire des études sur les jardins.*	Ibid.
51.	20 février 1679, et 23 juillet 1682.	Colbert à Barillon .... *Le ministre examinera la proposition d'introduire en France le procédé anglais pour le monnayage. Il attend le catalogue des ouvrages achetés pour lui en Angleterre.*	598
52.	30 décembre 1679.	Le chancelier Letellier au lieutenant civil.......... *Empêcher les docteurs particuliers ou répétiteurs de faire des cours publics de droit.*	599
53.	22 février 1680...	Colbert à Rouillé, intendant................... *Une imprimerie arménienne à Marseille pourrait être utile pour les relations avec le Levant.*	600
54.	14 mai et 1ᵉʳ juillet 1682.	Colbert à Poncet............................. *Sur douze statues des apôtres à Meun que l'archevêque de Bourges désire avoir, et que le roi veut laisser à l'église collégiale de Meun.*	601

TABLE DES PIÈCES.

Nos.	DATES.	ADRESSES ET ANALYSE DES PIÈCES.	PAGES.
55.	8 et 23 juillet, et 12 août 1682.	Colbert à de Bouville.................................... *Sur le travail d'un carme, le P. André, ayant pour but de montrer, par des actes, la filiation des trois races des rois de France.*	602
56.	15 juillet 1682....	Lettre du roi à la Reynie, lieutenant général de police. *Ordre de saisir chez le libraire tous les exemplaires de l'histoire de Louis XIV en italien, par Primi-Visconte.*	603
57.	21 juillet 1682, et 10 février 1683.	Colbert, à la Reynie, lieutenant général de police..... *Envoi de l'ordre précédent. — Contestations entre les graveurs en taille douce et les graveurs de cachet.*	604
58.	20 septembre 1682.	Lettre du roi à de Marle, intendant.................. *Ordre d'envoyer deux registres d'aveux et hommages faits par les seigneurs au roi Philippe Auguste, registres possédés par les carmes de Clermont.*	Ibid.
59.	12 janvier 1683...	Le chancelier Letellier à de Harlay................. *Les étudiants en droit ne pourront être inscrits s'ils n'ont dix-huit ans; toutefois il ne faut pas priver de l'inscription ceux qui ne produisent pas sur-le-champ leur extrait baptistaire.*	605
60.	19 juin 1683.....	Circulaire de Colbert aux intendants et commissaires départis................................... *Rechercher les savants qui pourraient écrire l'histoire de chaque province, et les signaler au ministre.*	606
61.	29 novembre 1684.	Le marquis de Seignelay à de Guilleragues, ambassadeur en Turquie............................ *Rechercher, pour le ministre en particulier, des médailles antiques.*	607
62.	9 novembre 1685.	Le marquis de Seignelay à de Besons, intendant...... *Demande d'information au sujet d'un professeur qui enseigne la philosophie de Descartes, prohibée par le roi.*	608
63.	Vers 1687.......	Le marquis de Seignelay à Léger, médecin.......... *Chargé de suivre les expériences qu'on fera à l'Hôtel-Dieu sur un remède d'Helvétius contre le flux de sang.*	609
64.	17 avril 1689.....	Le marquis de Seignelay à d'Aguesseau............ *Le roi ne veut plus accorder de dispense d'étude.*	Ibid.
65.	15 février 1690...	Le marquis de Seignelay à de Ménars.............. *Renseignement demandé sur un jubé que les chanoines de l'église collégiale de Mantes veulent faire démolir.*	610

TABLE DES PIÈCES.

Nos.	DATES.	ADRESSES ET ANALYSE DES PIÈCES.	PAGES.
66.	14 décembre 1692.	Le marquis de Seignelay à de Pontchartrain.......... Tâcher de trouver un habile monnayeur.	610
67.	4 septembre 1697.	Le marquis de Seignelay à la Hire, académicien...... Rendre à l'envoyé de Danemark les manuscrits de Tycho-Brahé, prêtés en 1672 à feu Picart.	611
68.	24 mars 1698...	Le marquis de Seignelay à de Turmenies........... Envoyer au secrétaire de l'Académie des inscriptions une bourse de jetons pour celui qui a fait la devise.	Ibid.
69.	31 juillet 1698....	Le marquis de Seignelay au procureur général du parlement de Paris .... Il communiquera, selon ce qu'il jugera à propos, les titres des archives dont l'abbé Legrand aura besoin pour l'histoire de Louis XI.	Ibid.
70.	3 décembre 1698; 30 oct. et 12 nov. 1700; 10 décembre 1704.	Le marquis de Seignelay à l'abbé Renier............ Décision du roi à l'égard de quelques sujets de poésie dont il est l'objet. — Le roi ne veut pas qu'on publie l'histoire de l'affaire des Corses arrivée à Rome.	612
71.	15 avril 1699.....	Le chancelier, comte de Pontchartrain, à Seguin..... Avis de la permission accordée par le roi à l'Académie des sciences de s'assembler dans son petit appartement.	613
72.	19 juin 1699.....	Le chancelier, comte de Pontchartrain, au P. de la Chaise. Engager le P. Ménétrier à ne pas continuer l'*Histoire du roi par les médailles*.	Ibid.
73.	12 octobre 1699..	Le chancelier, comte de Pontchartrain, au lieutenant civil. Ordre d'avertir le gouvernement toutes les fois qu'il y aura des médailles sous les scellés dans les affaires de succession.	614
74.	21 et 30 novembre 1699.	Le chancelier, comte de Pontchartrain, à de Corberon, procureur général du parlement de Metz...... ... On ne pourra recevoir en France, au serment d'avocat, ceux qui ont pris leurs licences dans les universités de Lorraine.	615
75.	26 janvier et 8 décembre 1700; 30 juin 1701; 10 mai 1702.	Le chancelier, comte de Pontchartrain, secrétaire d'État, à l'abbé Bignon............................ Sur le voyage prochain de Tournefort en Levant, défrayé par le roi. — Instruments de mathématiques qui pourront être délivrés aux missionnaires en Chine. — Préparer un mémoire sur le calendrier grégorien, pour être envoyé au prince de Monaco. — Plainte au sujet des cabales qui agitent l'académie des inscriptions.	616

TABLE DES PIÈCES.

Nos.	DATES.	ADRESSES ET ANALYSE DES PIÈCES.	PAGES.
76.	1ᵉʳ février 1700, et 24 mai 1709.	Le chancelier, comte de Pontchartrain, aux professeurs de droit, à Bordeaux.................... Réprimande sur leur défaut d'assiduité, et sur leurs exigences illégales; observations sur la durée des cours, sur les vacances, etc.	618
77.	20 octobre 1700..	Le comte de Pontchartrain au marquis de Torcy, secrétaire d'État............................ Prendre les ordres du roi au sujet de l'impression qui se fait en Hollande de l'*Histoire de Louis XIII*, par le Vassor.	621
78.	10 janvier 1701...	Le chancelier, comte de Pontchartrain, à Causse, professeur de droit et recteur de l'université de Montpellier. Réponse à quelques difficultés au sujet des émoluments des agrégés, des inscriptions dont le terme est fixé au 30 novembre, et du prétendu droit des professeurs de se faire remplacer après vingt ans d'exercice, sans perdre leurs droits.	Ibid.
79.	1ᵉʳ mai 1701.....	Le chancelier, comte de Pontchartrain, à l'évêque de Soissons............................. Le chancelier accorde, par une faveur toute spéciale, une dispense d'étude.	623
80.	18 juillet 1701....	Le comte de Pontchartrain au duc d'Harcourt, ambassadeur en Espagne.................... Obtenir du roi d'Espagne, pour les académiciens, la permission de continuer les travaux pour la mesure du méridien.	Ibid.
81.	7 décembre 1701..	Le chancelier, comte de Pontchartrain, à Varin, à Besançon................................ On ne peut avoir égard, en France, aux licences obtenues à Rome.	624
82.	8 mars 1702.....	Circulaire du chancelier, comte de Pontchartrain, aux premiers présidents des parlements et aux intendants. Envoi des exemplaires de l'*Histoire du roi par les médailles*; éloge de cet ouvrage.	Ibid.
83.	18 et 29 juillet 1702.	Le chancelier, comte de Pontchartrain, à la Bédoyère, procureur général au parlement de Bretagne...... Remercîment de l'envoi d'une copie de la lettre de Marbodus à Robert d'Arbrissel.	625
84.	24 juillet et 17 septembre 1702.	Le chancelier, comte de Pontchartrain, à l'archevêque de Bordeaux............................ On ne peut exiger des candidats qui se présentent pour les chaires de professeur qu'un certificat du curé; si pourtant Silva est soupçonné de judaïsme, l'archevêque pourra lui demander une déclaration de foi.	626

N°.	DATES.	ADRESSES ET ANALYSE DES PIÈCES.	PAGES.
85.	24 juillet et 30 septembre 1702.	Le chancelier, comte de Pontchartrain à de la Tresne, premier président du parlement de Bordeaux...... *Sur la candidature du même Silva; s'il refuse de donner la déclaration exigée par l'archevêque, il sera exclu du concours.*	627
86.	13 et 27 septembre 1702.	Le comte de Pontchartrain, secrétaire d'État, à Carill. *On ne peut mettre d'épître dédicatoire à un ouvrage imprimé à l'Imprimerie royale; la vie du feu roi d'Angleterre sera imprimée à 2,000 exemplaires.*	630
87.	13 septembre 1702.	Le comte de Pontchartrain au cardinal de Noailles.... *Le roi ne veut pas se mêler de l'affaire du libraire Cusson, qui, ayant obtenu le privilége de l'ouvrage intitulé le Théâtre italien, en demande maintenant la suppression.*	631
88.	7 décembre 1702..	Le comte de Pontchartrain à l'intendant Ferrand..... *Avis de la permission donnée au prieur de l'abbaye de Bèze, en Bourgogne, de faire enlever une colonne milliaire avec une inscription romaine.*	Ibid.
89.	22 décembre 1702.	Le comte de Pontchartrain à l'abbé de Louvois, garde général de la Bibliothèque du roi............... *S'entendre avec quelque libraire de France pour obtenir des livres étrangers en échange des estampes publiées aux frais du roi, pour sa bibliothèque, comme on a déjà fait.*	632
90.	20 juin 1703.....	Le comte de Pontchartrain à de Lamoignon......... *Regret au sujet du refus fait par Lamoignon d'accepter sa nomination à l'Académie française.*	633
91.	9 juillet 1703	Le comte de Pontchartrain à l'abbé de Caumartin..... *Mécontentement au sujet de l'Académie des inscriptions, dont les séances se passent souvent en discussions oiseuses ou en disputes, au lieu de produire des ouvrages qui répondent à la libéralité du roi.*	634
92.	24 juillet 1703....	Le comte de Pontchartrain au P. gardien des cordeliers. *Rétablir, dans le chœur de leur église, les vitraux qu'ils ont eu tort de faire enlever.*	635
93.	12 janvier 1705...	Le comte de Pontchartrain, secrétaire d'État, à Guyenet, directeur de l'Opéra..................... *Éloge de son zèle de directeur. Le roi approuve que Marais continue ses fonctions de chef d'orchestre.*	636

TABLE DES PIÈCES.

Nos.	DATES.	ADRESSES ET ANALYSE DES PIÈCES.	PAGES.
94.	3 février 1705....	Le chancelier, comte de Pontchartrain, à Foucault, conseiller d'État................................	636
		L'académie, à l'établissement de laquelle il a contribué, doit travailler à de bons ouvrages.	
95.	27 février 1705...	Circulaire du chancelier, comte de Pontchartrain, à divers intendants des généralités.............	637
		Proposer les améliorations dont seraient susceptibles les statuts des écoles de médecine, dans lesquelles il y a un grand relâchement.	
96.	18 juin 1705......	Le comte de Pontchartrain à de Torcy............	638
		Faire entendre au duc d'Albe qu'on ne peut permettre en France l'impression de la traduction française de l'ouvrage du jésuite espagnol Mariana.	
97.	18 août 1705.....	Le chancelier, comte de Pontchartrain, à du Robin, à Montpellier.............................	639
		Il trouve le poème de du Robin contre les fanatiques protestants pour le moins aussi mauvais que son premier ouvrage, et en fera empêcher l'impression.	
98.	11 novembre 1705.	Le comte de Pontchartrain à Mansart, intendant des bâtiments...................................	640
		Faire rechercher aux archives des bâtiments les renseignements sur l'Académie des inscriptions de 1663 à 1683.	
99.	23 décembre 1705.	Le comte de Pontchartrain au cardinal de Noailles.....	*Ibid.*
		Consultation pour savoir si l'on peut permettre au P. Daniel de faire imprimer son histoire de France au Louvre.	
100.	8 juillet 1707....	Le chancelier, comte de Pontchartrain, à Foucault de Magny, intendant de Caen....................	641
		Ordre de tenir plus rigoureusement à l'exécution de l'arrêt qui défend aux professeurs en droit de donner des répétitions.	
101.	17 juillet 1707...	Le chancelier, comte de Pontchartrain, à de Coriolis, président à mortier du parlement d'Aix..........	*Ibid.*
		Remerciment pour l'avis de la découverte du secret de la transmutation des métaux, secret auquel, du reste, le chancelier ne croit guère.	
102.	22 août 1708.....	Le chancelier, comte de Pontchartrain, aux professeurs et docteurs en droit de l'université de Montpellier..	642
		Le roi a décidé que les protestants étrangers peuvent prendre les degrés de licencié en droit canonique.	

N°.	DATES.	ADRESSES ET ANALYSE DES PIÈCES.	PAGES.
103.	24 juillet 1709....	Le chancelier, comte de Pontchartrain, à Dalon, premier président du parlement de Bordeaux......... *Le roi ne peut intervenir pour faire observer un règlement sur les disputes des thèses.*	644
104.	30 septembre 1709.	Le chancelier, comte de Pontchartrain, à Vallée-Dorimont, à Trévoux....................... *Avis de la suppression du dictionnaire de Richelet, et remerciment pour les renseignements donnés sur cet ouvrage.*	Ibid.
105.	6 août 1710......	Le chancelier, comte de Pontchartrain, aux députés des États d'Artois..................... *Le roi consent, à leur demande, que les étudiants qui ont commencé leurs études à Douai puissent les y continuer.*	645
106.	21 janvier 1711...	Circulaire du comte de Pontchartrain aux consuls en Levant............................. *Favoriser le transport en France des oiseaux et autres animaux rares, acquis pour la ménagerie du roi.*	646
107.	22 juin 1711......	Le chancelier, comte de Pontchartrain, à Tanesse, prorecteur de l'université de Bordeaux............ *Le parquet proposera, selon la coutume, trois sujets pour la chaire de droit civil, et le roi choisira. Du reste, il y aura concours, ainsi que pour la chaire de droit canonique.*	647
108.	4 juillet 1711.....	Le chancelier, comte de Pontchartrain, à Clignet, avocat au présidial de Reims...................... *Blâme sévère d'avoir refusé, à cause de la modicité des émoluments, la chaire de droit français à laquelle il était nommé.*	Ibid.
109.	7 juillet 1711.....	Le chancelier, comte de Pontchartrain, aux gens du roi au présidial de Bordeaux..................... *Réprimande d'avoir proposé leurs parents et protégés pour la chaire de droit, au lieu de désigner les avocats les plus dignes.*	648
110.	23 janv. et 28 août 1712; 29 janv. et 16 avril 1713; 9 janvier 1714.	Le chancelier, comte de Pontchartrain, à Louvet de Montmartin, curé de la paroisse de Sainte-Cécile, à Vire. *Le chancelier a fait examiner ses divers ouvrages; aucun n'a été jugé digne de l'impression. Regrets et motifs.*	649
111.	14 février 1712...	Le chancelier, comte de Pontchartrain, à Peros, professeur en droit français à l'université de Bordeaux.... *Expression des regrets qu'éprouve le chancelier d'avoir nommé à une chaire de droit un homme aussi tracassier.*	652

TABLE DES PIÈCES.

Nos.	DATES.	ADRESSES ET ANALYSE DES PIÈCES.	PAGES.
112.	31 juillet 1712...	Le chancelier, comte de Pontchartrain, à Souvenel fils, à Rennes................................ Les professeurs en droit ont eu raison de ne pas admettre ce candidat au baccalauréat, attendu qu'il n'a pas rempli les conditions prescrites.	652
113.	14 et 23 novembre 1712.	Le chancelier, comte de Pontchartrain, à de Ballieux, à Longwy.................................. Sa critique de la généalogie de la maison de Lorraine n'a pas été jugée digne par le censeur d'être imprimée.	653
114.	6 janvier 1713....	Le chancelier, comte de Pontchartrain, à l'abbé Bignon. Le chancelier ne veut plus pour censeur Quenot, qui a donné son approbation à un libelle odieux.	655
115.	29 avril 1713.....	Ordre du roi pour le prieur de l'abbaye de Saint-Denis. Confier à Coysevox et à Coustou, sculpteurs, le manteau royal qui est dans le trésor de l'église, pour les deux statues qu'ils sont chargés d'exécuter dans le chœur de Notre-Dame à Paris.	Ibid.
116.	20 juin 1713.....	Ordre du roi pour les inspecteurs et gardes des eaux et forêts.................................... Laisser prendre à de Guiller la racine fébrifuge partout où il en trouvera.	656
117.	23 février 1714...	Le chancelier, comte de Pontchartrain, à du Tremblay, à Angers................................. Puisque l'évêque ne nomme pas aux places vacantes dans l'académie d'Angers, les académiciens sont libres d'y pourvoir.	Ibid.
118.	11 juin 1714.....	Lettre du roi à l'université de Paris................ Ordre de ne pas réélire pour recteur Godeau, dont le roi est mécontent.	657

V. LETTRES DIVERSES.

1.	21 janvier 1661...	De Druy à Colbert............................. Il prie Colbert d'engager le cardinal Mazarin à ordonner aux gentilshommes du Nivernais d'abolir les duels entre eux, comme ont fait les gentilshommes d'autres provinces.	659
2.	28 septembre et 20 novembre 1661; et 22 févr. 1665.	Colbert, intendant, à son frère le contrôleur général.. Rapport sur les efforts faits par le marquis de Ruzé, pour déterminer les officiers municipaux de Colmar à se soustraire à l'empire germanique et à se donner au roi. D'après le désir de son frère, l'intendant signale les Alsaciens qui méritent la faveur du souverain, ainsi que quelques hommes marquants en Allemagne. Il a pris note des terres à vendre, que le roi voudrait acquérir pour en faire des objets de récompense.	661

TABLE DES PIÈCES.

Nos.	DATES.	ADRESSES ET ANALYSE DES PIÈCES.	PAGES.
3.	1er octobre 1661	Chanut à Colbert...	665
		Il est prêt à déposer à l'épargne du roi les fonds de réserve que Fouquet lui avait confiés. Il espère que cette marque de confiance de l'ancien surintendant ne tournera pas à son préjudice.	
4.	Septembre 1662	Sartre, conseiller à la cour des aides à Montpellier, à Colbert..	Ibid.
		Justification de sa conduite dans les troubles de Montpellier, pendant lesquels il a été insulté par le marquis de Castries. Plaintes de n'avoir pu se faire entendre, ayant été exilé.	
5.	16 octobre 1662	Colbert au chevalier de Terlon............................	667
		Demande d'un mémoire sur l'état statistique et moral du Danemark, sur ses relations diplomatiques et commerciales, etc.	
6.	15 et 27 juin 1663	Colbert à la connétable Colonne...........................	669
		Sur le mauvais entourage du duc de Nevers, frère de la connétable, et sur sa répugnance à remplir ses fonctions à la cour. Projets de Colbert à son égard.	
7.	Novembre 1663	Poncet à Colbert...	671
		Sur la recherche des titres du roi relatifs à ses droits sur Avignon et le Venaissin. Caractère des deux députés de ce pays.	
8.	1er août 1664	Bernard, duc de Saxe-Weimar, à Colbert..................	673
		Demande du payement de la pension qui lui est allouée pour les services de ses aïeux, et les avances qu'ils ont faites pour le service du roi.	
9.	3 et 10 décembre 1664; 13 janvier et 1er août 1665.	De Fortia, intendant en Auvergne, à Colbert..............	Ibid.
		Renseignements sur la famille d'Aligre; état de la fortune considérable échue à une enfant de six ans; nomination d'un tuteur; rapport sur ce qui se passe dans la famille au sujet de la riche héritière.	
10.	20 décembre 1664	De Bonzy, évêque de Béziers, à Colbert..................	678
		Remercîments de sa nomination à l'ambassade de Pologne. Demande de fonds en raison des grandes dépenses qu'il fait à Venise, où il ajoute son revenu à ses appointements. État de sa maison.	
11.	22 et 25 décembre 1664.	De Ruvigny à Colbert......................................	680
		Détails confidentiels sur l'argent et les présents que Louis XIV destine aux cours et aux ministres d'Angleterre et de Portugal.	

Nos.	DATES.	ADRESSES ET ANALYSE DES PIÈCES.	PAGES.
12.	29 décembre 1664.	Le marquis de Castries à Colbert.................. *Explication d'un astrologue à l'occasion de l'apparition d'une comète.*	682
13.	17 avril 1665.....	Janot, agent de France en Hollande, à Colbert........ *Un ancien échevin d'Amsterdam, pour obtenir la faveur de pouvoir mettre dans ses armoiries une fleur de lis, veut offrir au roi quelques oiseaux rares.*	683
14.	24 août 1665.....	Jean-Philippe, électeur-archevêque de Mayence, à Colbert.. *Il insiste sur le payement de la gratification du roi, dont il a grand besoin.*	684
15.	26 août 1665.....	Lettre anonyme à Colbert........................... *Avidité et intrigues de la famille de Matignon, à Saint-Lô, où elle a une baronnie. Nécessité de restreindre son influence.*	685
16.	31 août 1665, et 15 avril 1666.	Le comte de Pagano, prisonnier à la Bastille, à Colbert. *Demande de secours; exposé de sa misère.*	686
17.	11 septembre 1665.	De la Galissonnière à Colbert...................... *Sur une société de gentilshommes bons vivants, qu'il a jugé à propos de disperser.*	688
18.	12 septembre 1665.	Chassetière-Candé, commandant du Mont-Saint-Michel, à Colbert.. *État déplorable du Mont-Saint-Michel et de Tomblaine; danger auquel sont exposées ces places d'être prises par une troupe de gentilshommes réfugiés dans les îles.*	689
19.	27 décembre 1665.	Le marquis de Gitry à Colbert..................... *Il écrit de Constantinople que le roi sera maître des Turcs quand il voudra, et qu'il est inutile de négocier avec eux.*	690
20.	22 février 1666...	Le duc de Navailles à Colbert...................... *Réclamation au sujet de ses appointements et de sa pension. — Mauvais état du château de Niort; nécessité de le bien fortifier.*	691
21.	2 avril 1666.....	De Lionne, secrétaire d'État, à Colbert............. *Avis des dispositions que témoigne le comte d'Ems de laisser prendre un château sur la limite de la Suisse, par les troupes du roi; pourvu qu'on le récompense de ce service.*	692

N°.	DATES.	ADRESSES ET ANALYSE DES PIÈCES.	PAGES.
22.	7 avril 1666	Coloner, grand maître de l'ordre de Malte, à Colbert..	693
		Réclame le droit de visite sur les vaisseaux français, afin de s'assurer s'ils n'ont pas à bord de marchandises turques.	
23.	2 novembre 1667	Letellier, chancelier de France, à Colbert	694
		Préparer une lettre de change de 53,000 livres, pour être envoyée à l'électeur de Saxe, afin de le détacher de l'alliance du Brandebourg, et le mettre dans les intérêts du roi.	
24.	5 novembre 1668	Colbert, ambassadeur de France en Angleterre, à Colbert	695
		On pourra essayer de gagner par un présent le ministre lord Arlington, ainsi que le duc de Buckingham.	
25.	16 avril 1669	La connétable Colonne à Colbert	696
		Avis du parti qu'a pris sa sœur, la duchesse Mazarin, de quitter le couvent pour aller rejoindre la connétable. Demande de sa pension.	
26.	1669	Le duc de Créqui à Colbert	697
		Rend compte de l'argent qu'il a distribué à Rome par ordre du roi.	
27.	Avril 1669	Le comte de Marsan à Colbert	698
		Demande l'expédition du brevet du roi qui lui accorde les biens laissés par un bâtard décédé, et qui sont échus au roi en vertu du droit d'aubaine.	
28.	17 juin 1669	De Harlay, procureur général du parlement de Paris, à Colbert	699
		Sur une assemblée charitable ayant pour but d'accommoder les procès des pauvres, et dénoncée par le curé de Saint-Severin.	
29.	Octobre 1670	Très-humble remontrance au roi au sujet du grand prieuré de France	700
		On représente que les rois de France ont coutume de disposer du grand prieuré en faveur de leurs fils naturels.	
30.	21 novembre 1670.	Colbert à Fieubet	701
		Remerciment de l'accueil fait au fils de Colbert, et désir de connaître le jugement qu'il porte sur le caractère de ce jeune homme.	
31.	1670	Le duc de Chaulnes à Colbert	702
		Envoi d'un mémoire servant à prouver les abus qui se commettent en Bretagne au sujet des mariages de filles riches.	

TABLE DES PIÈCES.

Nos.	DATES.	ADRESSES ET ANALYSE DES PIÈCES.	PAGES.
32.	13 mars 1671....	Colbert au cardinal Mancini, à Rome................	703
		La duchesse Mazarin, ne voulant pas se raccommoder avec son mari, a obtenu la permission de se retirer à Rome.	
33.	28 mars et 19 mai 1671.	Lettres patentes du roi en faveur de la duchesse de la Vallière..	705
		Permission de détruire, dans la forêt du duché de la Vallière, les bêtes fauves, à l'exception des cerfs. — Défense d'intenter des procès à la duchesse, pendant qu'elle suivra le roi dans son voyage.	
34.	16 janvier 1672...	Colbert à l'ambassadeur de France en Angleterre......	706
		Sur les moyens de rendre profitable, pour l'instruction navale de son fils, le voyage qu'il va faire en Angleterre. Information sur les bons ouvrages concernant la marine.	
35.	Juin 1672.......	Les jésuites, missionnaires en Amérique, à Colbert...	707
		Ils représentent la nécessité de mettre Cayenne et la côte à couvert d'une attaque de la part des Hollandais.	
36.	1er juin 1672.....	Le cardinal d'Étrées à Colbert.....................	709
		Rapport sur la fuite de la duchesse Mazarin et de la connétable, sa sœur, pour la France.	
37.	22 juillet 1672...	Ondedéi, évêque de Fréjus, à Colbert..............	711
		Au sujet d'un horoscope en latin sur les exploits glorieux du roi.	
38.	26 juillet et 3 août 1672.	De Nointel, ambassadeur en Turquie, à Colbert......	713
		Description du cortége pompeux du sultan se rendant au camp pour la guerre de Pologne. — Fête que l'ambassadeur a donnée pour célébrer la naissance du duc d'Anjou, et la prise de cinq places dans la guerre de Hollande.	
39.	7 août 1672......	Le connétable Colonna à Colbert...................	718
		Il espère que le roi fera repartir Mme la connétable pour l'Italie, ou qu'il la mettra dans un couvent.	
40.	22 août 1672.....	Sébastien Guémadeuc, évêque de Saint-Malo, à Colbert.	720
		Éloge de la manière brillante dont le fils de Colbert a soutenu sa thèse.	
41.	26 août 1672.....	Verjus, envoyé de France en Allemagne, à Colbert....	721
		Il demande que l'argent qu'il est chargé de payer en subsides aux princes allemands lui soit envoyé en traites séparées, pour qu'il puisse remettre à chacun sa part. — Envoi d'une ode latine d'un savant allemand en l'honneur du roi.	

Nos.	DATES.	ADRESSES ET ANALYSE DES PIÈCES.	PAGES.
42.	27 et 30 août, 23 septembre et 3 octobre 1672.	La sœur Marie Magdeleine de Jésus, abbesse du Lis, à Colbert... Elle gardera dans son couvent, suivant l'ordre du roi, la connétable Colonne; elle rend compte des visites que reçoit cette dame. — Conformément à un nouvel ordre, l'abbesse a remis la connétable entre les mains de la personne chargée de la reprendre.	723
43.	23 septembre 1672.	La connétable Colonna à Colbert................... Regret d'avoir écrit une lettre trop vive au roi.	727
44.	24 septembre 1672.	Réponse de Colbert à la connétable............... Le roi est content de l'excuse de la connétable, et veut qu'elle choisisse un couvent à soixante lieues de Paris pour sa retraite.	Ibid.
45.	25 septembre et 1er octobre 1672.	La connétable Colonna à Colbert.................. Elle ne connaît pas les couvents de France; elle voudrait aller dans une abbaye ou un beau couvent. Plainte sur ce que le roi ne lui accorde pas d'audience.	728
46.	26 septembre 1672.	Lettre du roi à la connétable Colonna.............. Avis de l'envoi prochain de Goberti, qui la conduira à l'abbaye des dames de Saint-Pierre, à Reims.	730
47.	3 novembre; 5 et 15 décembre 1672.	Rapports de Colbert de Terron, intendant de marine.. Travaux des ateliers de corderie et de forges. — Désertion des soldats destinés à l'embarquement. — Sur les procédés servant à doubler les navires; radoub, etc.	Ibid.
48.	8 novembre 1672.	Le duc Mazarin à Colbert........................ Dénonciation des abus de pouvoir dont il accuse l'intendant de l'Alsace.	733
49.	11 novembre 1672.	Colbert au duc Mazarin, gouverneur de l'Alsace...... Ordre de laisser l'intendant exercer tranquillement ses fonctions. Blâme de l'esprit tracassier du gouverneur.	734
50.	28 novembre 1672.	Le duc de Saint-Aignan, lieutenant général au Havre, à Colbert....................................... Exposé du dénûment dans lequel se trouvent les garnisons de Harfleur et de Montivilliers.	736
51.	29 novembre 1672.	Le duc Mazarin à Colbert........................ Il cherche à justifier sa conduite envers l'intendant d'Alsace, et proteste de son obéissance pour les ordres du roi.	737

TABLE DES PIÈCES.

N°.	DATES.	ADRESSES ET ANALYSE DES PIÈCES.	PAGES.
52.	25 janvier 1673...	Louvois à de Saint-Romain, ministre plénipotentiaire en Suisse................................	738
		Le roi ne pense pas qu'il vienne à bout de ses desseins à l'égard des Suisses, en donnant des pensions générales ; il faudra joindre aux pensions des cantons des pensions particulières.	
53.	11 février 1673...	De Saint-Romain au roi.......................	739
		Sur les pensions que la France a payées aux Suisses.	
54.	7 et 22 septembre 1673.	Le marquis de Louvois à Turenne...............	Ibid.
		Récit de ce qui s'est passé à l'égard du duc d'York, à qui le roi n'a pas voulu qu'on donnât en mariage Mlle d'Elbeuf. Avis du consentement donné par la cour de Modène au mariage d'une princesse modénoise avec le prince anglais.	
55.	28 octobre et 24 novembre 1673.	L'abbé Gravel, envoyé de France en Allemagne, à Louvois.......................................	741
		Sur l'établissement d'une poste entre Metz et Mayence. — Demande d'une petite contribution de guerre, à son profit, dans des terres qu'occupe le duc de Lorraine.	
56.	8 décembre 1673.	Courtin, envoyé de France au congrès de Cologne pour la paix, à Louvois............................	743
		Se plaint de ce que Arnaud de Pomponne, secrétaire d'État, jaloux de la correspondance de Courtin avec le secrétaire d'État pour la guerre, lui a attiré une lettre très-dure de la part du roi. Pomponne envoie aux diplomates des instructions insignifiantes, en sorte qu'ils ne savent que faire. — Nécessité pour le roi de montrer toute sa force aux ennemis, s'il veut conserver ses alliés en Allemagne.	
57.	17 décembre 1673.	Réponse de Louvois à Courtin..................	747
		L'esprit de Pomponne est ombrageux ; cependant c'est bien le roi qui a voulu qu'il fût écrit à Courtin dans le sens dont celui-ci se plaint. Leçon que donne Louvois à ce diplomate.	
58.	18 et 22 mai 1674.	De Forbin, évêque de Marseille, ambassadeur en Pologne, à Colbert................................	748
		Annonce joyeuse de l'élection de Sobieski comme roi de Pologne; l'argent de Louis XIV a été bien employé.	
59.	9 et 30 août 1674.	Petis de la Croix, secrétaire d'ambassade en Turquie, à Colbert...................................	749
		Récit de la mort secrète de Panajotti, drogman de la Porte Ottomane, mutilé par les Moscovites et achevé par le visir. — Négociations de la Hollande avec la Porte.	

Nos.	DATES.	ADRESSES ET ANALYSE DES PIÈCES.	PAGES.
60.	11 septembre 1674.	Le Pelletier, prévôt des marchands à Paris, à Colbert..	752
		Annonce la résolution prise par l'Hôtel-de-Ville de lever à ses dépens six cents chevaux pour S. M.	
61.	9 mars 1678.....	Colbert à l'archevêque de Paris..................	Ibid.
		Ordre du roi de choisir un couvent pour une ancienne cantatrice de l'Opéra, qui veut vivre dans la retraite, et que les religieuses refusent de recevoir.	
62.	20 janvier 1679...	Colbert à le Blanc......................	753
		Veiller à la conservation des cygnes dans la Seine. — Mécontentement du ministre au sujet d'un mémoire sur le commerce, rédigé par les marchands de Rouen.	
63.	24 mai 1679.....	Colbert à de Ménars, intendant................	754
		Il doit ne pas rechercher par des concessions la faveur populaire, et n'avoir en vue que la justice et la volonté du roi.	
64.	28 décembre 1680.	Sauf-conduit du roi pour le comte de Tourville......	755
		Défense aux créanciers du comte, pendant deux ans, d'exercer des contraintes ou saisies contre lui.	
65.	15 janvier 1683...	Le marquis de Seignelay à le Fouyn..............	Ibid.
		Ordres sur le service funèbre pour le comte de Vexin. Il devra se faire sans cérémonies, et le roi n'y enverra personne de sa part.	
66.	1er juillet 1683...	Le marquis de Seignelay à de Ménars.............	756
		En faveur d'un mariage du fils de Mme de Rouvroy, lequel mariage ferait plaisir au roy.	
67.	21 septembre 1683.	Le marquis de Seignelay à de Besons.............	Ibid.
		Faire réparer les chemins qui mènent à Chambord, où le roi veut aller.	
68.	1683...........	Le marquis de Seignelay à Defita, lieutenant civil.....	757
		La présence de l'envoyé d'Alger à l'hôtel des ambassadeurs ne doit pas empêcher l'huissier d'y faire une signification.	
69.	1688...........	Mémoire que le roi a ordonné être inséré dans le registre du secrétariat de sa maison...............	Ibid.
		Concernant ce qui se pratique à l'égard des titres à donner aux princes du sang dans leurs contrats de mariage.	

TABLE DES PIÈCES.

Nos.	DATES.	ADRESSES ET ANALYSE DES PIÈCES.	PAGES.
70.	3 janvier 1689....	Lettres patentes du roi pour une nouvelle charge de chapelain de la duchesse d'Orléans................	759
		Consentant à la suppression d'une charge d'empeseuse de linge, et à la création d'une nouvelle charge de chapelain. — Autres pour la création d'un maréchal et d'un fourrier des logis.	
71.	25 mai 1689.....	Le marquis de Seignelay au duc Mazarin...........	760
		Invitation à régler la dot de la marquise de Richelieu, à cause des dépenses que le mari est obligé de faire pour le service militaire.	
72.	5 décembre 1689..	Le marquis de Seignelay à de Miromesnil...........	761
		Sur la plainte d'un fourrier des logis du roi au sujet du pain bénit.	
73.	14 juin 1690.....	Le marquis de Seignelay à M. le Prince............	Ibid.
		Le roi a décidé qu'à la cérémonie du lendemain il n'y aurait pas de différence entre les queues des robes des petites-filles de France et des princesses du sang.	
74.	13 mars 1692....	Le marquis de Seignelay à Rouillé................	762
		Consultation sur la forme à donner aux lettres du roi concernant les dons que le roi fait à divers princes et princesses.	
75.	8 septembre 1692.	Le marquis de Seignelay à du Boulay..............	763
		Défense d'exercer les fonctions du prétendu vicariat de l'ordre du Saint-Esprit de Montpellier.	
76.	9 novembre 1692..	Le marquis de Seignelay à de Creil, intendant.......	764
		Faire faire une battue par les paroisses des environs de Pontgouin, pour tuer « la bête qui mange les enfants. »	
77.	Février 1693; 20 décembre 1694.	Le comte de Pontchartrain au président de Harlay.....	765
		Veiller à prévenir tout désordre de la part des créanciers, légataires et domestiques, lors de la mort de Mademoiselle. — Le roi dispense le comte de Toulouse de produire acte de naissance et certificat de mœurs pour sa charge d'amiral de France. — Demande, au nom du roi, d'un mémoire sur ce qui se pratique au parlement pour la réception des enfants naturels des rois.	
78.	21 juin 1694.....	Le comte de Pontchartrain au marquis Desmarets.....	766
		Ordonner à de Montaterre et au comte de Plélo de se défaire des charges de *piqueurs du vol pour corneille*, comme indignes de leur naissance.	

TABLE DES PIÈCES.

Nos.	DATES.	ADRESSES ET ANALYSE DES PIÈCES.	PAGES.
79.	1er décembre 1694.	Le comte de Pontchartrain à Fabre, consul de France à Constantinople................................... *La protection accordée par le roi aux juifs en Turquie doit se réduire à les préserver des avanies des Turcs, sans les laisser jouir des priviléges des Français.*	767
80.	26 avril 1695.....	Le duc du Maine au président de Harlay............ *Le prince est disposé à consentir au contrat de mariage, si vivement désiré par Mme de Montespan, « à qui il doit beaucoup. »*	768
81.	14 août 1695.....	Le comte de Pontchartrain au P. de la Chaise........ *Le roi veut qu'en attendant la décision définitive, les fonctionnaires nommés par le cardinal abbé de Saint-Germain-des-Prés, pour exercer la juridiction dans le faubourg Saint-Germain, s'abstiennent.*	769
82.	16 novembre 1695.	Le comte de Pontchartrain à Lebret, intendant...... *Avis d'un arrêt général qui prohibe tous les jeux de hasard.*	Ibid.
83.	12 et 14 janv. 1696.	Le maréchal de Villeroy au président de Harlay...... *Sur la folie de Mme de Lesdiguières, qui a voulu absolument faire signer, par toute la famille, le contrat de mariage du duc de Lesdiguières avec Mlle de Duras, et qui en est venue à bout.*	770
84.	19 février 1696...	Le comte de Pontchartrain à l'abbé de la Trimouille, à Rome.................................... *Nouvelles du grand monde à Paris; projet d'une expédition du roi Jacques, pour débarquer en Angleterre, etc.*	772
85.	9 juin 1696......	L'évêque de Soissons au président de Harlay......... *Rapport sur une maladie singulière, qui a atteint les vignerons de Sauchery à la suite d'un brouillard.*	774
86.	11 juillet 1696...	Le comte de Pontchartrain au chevalier de Ressons... *Blâme au sujet des plaisanteries qu'il se permet dans ses lettres contre un sieur de Loguières.*	775
87.	5 janvier 1698....	Le comte de Pontchartrain à Lefébure............. *Ordre de payer à la duchesse de Bourgogne ses étrennes et l'argent de ses menus plaisirs.*	776
88.	12 octobre 1698..	Le comte de Pontchartrain à Bignon, son neveu, ci-devant capitaine aux gardes................... *Il a demandé et obtenu du roi pour ce neveu le bien d'un Polonais mort à Paris, lequel bien est échu au roi par droit d'aubaine.*	Ibid.

Nos.	DATES.	ADRESSES ET ANALYSE DES PIÈCES.	PAGES.
89.	20 novembre 1700.	Le comte de Pontchartrain à d'Hozier.............	777
		Avis demandé sur les armoiries qu'on donnera au duc d'Anjou comme roi d'Espagne.	
90.	21 novembre 1700.	Le comte de Pontchartrain à de Massoles............	778
		Le roi d'Espagne ne sera point harangué dans les audiences en France.	
91.	19 janvier 1701, et 28 déc. 1703.	Le comte de Pontchartrain à Chamillart, secrétaire d'État...	Ibid.
		Du montant des revenus dont jouissait Rose, secrétaire du roi, et de ceux qu'aura son successeur. — Défense de payer les appointements du duc d'Étrées, gouverneur de l'Ile-de-France, jusqu'à ce qu'il ait prêté serment.	
92.	12 mars 1701....	Le comte de Pontchartrain à Soubeyran............	779
		Le roi ne veut pas s'obliger à rendre le pain bénit à Saint-Germain-l'Auxerrois, lorsqu'il ne réside pas à Paris.	
93.	26 juin 1702.....	Le comte de Pontchartrain à Pinon................	780
		Consultation sur la question de savoir si l'île de Bouin appartient au Poitou ou à la Bretagne.	
94.	19 juillet 1702....	Le comte de Pontchartrain à de Chamilly...........	Ibid.
		Le roi désapprouve la prétention du sénéchal de Poitou de commander la noblesse de la province, à l'exclusion des lieutenants généraux qui y sont institués.	
95.	14 janvier 1705...	Le comte de Pontchartrain à Michaélis, agent consulaire en Turquie.............................	781
		Réponse à la plainte de cet agent au sujet des licences des Français au carnaval.	
96.	10 février 1706...	Le comte de Pontchartrain à de Visé, rédacteur du Mercure...	782
		Réprimande pour avoir annoncé que le comte de Toulouse était nommé généralissime des armées de terre et de mer.	
97.	5 décembre 1708, et 27 févr. 1709.	Le comte de Pontchartrain à le Bret, intendant en Provence...	Ibid.
		Défendre aux Français de se marier, sans permission, dans l'île de Chypre. Ordre à ceux qui s'y sont mariés d'envoyer leurs enfants en France pour y être élevés.	

N°s.	DATES.	ADRESSES ET ANALYSE DES PIÈCES.	PAGES.
98.	16 juillet 1710....	Ordre du roi aux marguilliers de Saint-Eustache, à Paris. Avis de l'ordre donné pour effacer les armoiries représentées au mausolée du vicomte de Turenne, et défense de construire, à l'avenir, dans cette église des monuments de particuliers sans la permission royale.	784
99.	14 janvier 1711...	Le comte de Pontchartrain au comte Desalleurs, ambassadeur de France en Turquie................ Ordre de dresser un rôle des marchands et artisans français établis avec autorisation à Constantinople, et un autre rôle de ceux qui y sont sans permission, avec des notes sur leurs familles et leurs ressources.	785
100.	23 mars et 10 avril 1713.	Le chancelier de Pontchartrain au comte de la Garaye.. Le diplôme de chevalier du Saint-Sépulcre n'est ni reconnu ni autorisé en France.	786

FIN DE LA TABLE DES PIÈCES DU QUATRIÈME ET DERNIER VOLUME.

CORRECTIONS

POUR

LE TOME IV DE LA CORRESPONDANCE ADMINISTRATIVE.

Page	Ligne	Au lieu de :	Lisez :
XXXV	21	rédigeait un *Mercure* littéraire et quelque peu politique.	rédigeait une gazette anecdotique, quelque peu littéraire, mais non politique.
94	25	M. le cardinal Rospiglosi	M. le cardinal Rospigliosi.
111	14	Fronté, Forcoul	Froulay, Forcoal.
249	Titre de la pièce 115	Frassan	Frassen.
255	En note, 1re col. 7e lig., et 2e col. 1re ligne.	le sieur de Monmont	le sieur de Montmort.
261	21	M. le cardinal Fabioni	M. le cardinal Fabroni.
264	1	Guerronde	Guérande.
Ibid.	12	Chemillart	Chamillart.
299	14	vous mesme, vous fut faite	nous-mesme, nous fut faite.
321	En note, 1re col.	sans doute le fils d'Abel Brunyer	fils ou petit-fils d'Abel Brunyer.
353	6	la demoiselle Petcofsky	la demoiselle Petrofsky.
513	En note, 1re col. lig. 2.	était La Bruyère	était un sieur La Bruyère.
516	2	Saint-Jean-de-Milly	Saint-Jouin-de-Milly.

www.ingramcontent.com/pod-product-compliance
Lightning Source LLC
Chambersburg PA
CBHW070855300426
44113CB00008B/849